Primeira Parte

SOBRE A HISTÓRIA
E A TÉCNICA DO TEATRO (1907)[1]

1. *O Teatro-Estúdio*

Em 1905, deveria ser inaugurado em Moscou o assim chamado Teatro-Estúdio. Durante cerca de seis meses (na primavera – no *ateliê de maquetes* do Teatro de Arte de Moscou, no verão – no Parque Dupuis, em Mamontovka[2], na estrada de Iaroslav, no outono – no teatro situado perto das portas da Arbat[3]) atores, encenadores, cenógrafos e músicos reunidos por K. S. Stanislávski preparavam-se, com uma energia extraordinária, para a abertura desse novo jovem teatro; porém,

---

1 Publicado pela primeira vez em 1908 na coletânea *O Teatro: Livro do Teatro Novo* (São Petersburgo, Edições Chipóvnik. Meierhold começou a escrever este artigo no verão de 1906 (N. da T.).
2 Cidade entre Moscou e Iaroslav, onde se localizava a *datcha* de Sávva Ivanovitch Mamôntov, mecenas russo apaixonado pelo teatro. Atuou como dramaturgo e cenógrafo (N. da T.).
3 Meierhold se refere à rua Staraia Arbatskaia (Velha Arbatskaia), paralela à rua Povarskaia, onde se localizava o teatro. O Estúdio é nomeado Teatro-Estúdio ou Teatro da Rua Povarskaia (N. da T.).

esse teatro não estava predestinado a apresentar o seu trabalho nem ao círculo de espectadores, nem mesmo à roda de pessoas que se interessavam por esse novo empreendimento teatral.

Entretanto, embora o Teatro-Estúdio não tenha aberto suas portas ao público, desempenhou um papel muito importante na história do teatro russo. Podemos afirmar com toda a certeza que tudo o que mais tarde os nossos teatros de vanguarda introduziram em suas encenações, numa excitação nervosa e com uma pressa extraordinária, foi bebido de uma única fonte. E todos os temas que compunham o fundamento das novas interpretações cênicas eram familiares, conhecidos daqueles que vivenciaram a atmosfera criativa do Teatro-Estúdio. Mas o historiador está privado de constatar esse fenômeno, pois o trabalho teatral aconteceu a portas fechadas, e apenas alguns privilegiados tiveram a chance de conhecer as feições desse teatro que surgia.

Valerii Briússov escreveu sobre o ensaio-geral de *A Morte de Tintagiles*: "Eu estava entre os poucos que tiveram a felicidade de assistir no Estúdio o ensaio-geral de *A Morte de Tintagiles*, de Maeterlinck. Com certeza, esse foi um dos espetáculos mais interessantes que assisti em minha vida"[4].

Enquanto o trabalho fervia dentro do Teatro-Estúdio, os jornais e as revistas davam as seguintes notícias:

1. "Nesta primavera [1905] celebra-se o terceiro aniversário de existência da Cia. do Drama Novo (1902-1905) e este terceiro ano foi também o último. A Cia. do Drama Novo não existe mais. Seu diretor, Meierhold, está de volta a Moscou, ao Teatro de Arte, junto a Stanislávski. Stanislávski organiza uma nova companhia, que será dirigida por Meierhold. O repertório é "contemporâneo", dez a quinze peças. Durante a quaresma, haverá turnês pela província. Além disso, serão organizados saraus no auditório do Museu Histórico com a participação da trupe desse novo teatro. E serões consagrados a poetas, russos e estrangeiros (Baudelaire, E. A. Poe, Verhaeren, Briússov, Balmont, V. Ivánov, A. Biely e outros)"[5].

2. "A filial do Teatro de Arte (o Teatro-Estúdio), organizada sob o comando de Stanislávski e a direção de Meierhold, instalar-se-á

---

4 Briússov escreve sobre o ensaio geral de *A Morte de Tintagiles* com o pseudônimo de Avrelii na revista *Vesy*. Moscou, n. 1, 1906, p. 72-74 (N. da T.).

5 *Vesy*, 1905, n. 4, p. 75 (N. da T.).

no Teatro Guhirsch, perto das portas da Arbat. O objetivo desse empreendimento é implantar na província trupes e teatros dirigidos com seriedade e bem equipados"[6].

3. "A ligação com o Teatro de Arte aparece, sobretudo, nos princípios gerais, na medida em que se mantêm as mesmas bases para a encenação 'artística' das obras, mas com algumas diferenças de repertório"[7].

4. "Será interessante ver se esse teatro será o portador e continuador das convicções do Teatro de Arte ou se ele encarnará as novas aspirações e investigações da dramaturgia e da arte teatral"[8].

Esta última questão permaneceu sem resposta. E continua imprecisa a cara do teatro que tinha em seu repertório Maeterlinck ao lado de Górki, Przybyszewski ao lado de Ibsen, Verhaeren ao lado de Polevói (*A Cavalaria Russa*)[9]. Ninguém sabia com certeza se o Teatro-Estúdio era realmente uma filial do Teatro de Arte, ou seja, se esses dois teatros – O Teatro de Arte e o Estúdio – estavam unidos ideologicamente como, por exemplo, o Teatro Máli de Moscou e o Novo Teatro[10].

O Teatro-Estúdio foi fundado por K. S. Stanislávski. Também é verdade que eu entrei nele como encenador, junto com o núcleo constituído das melhores forças da Cia. do Drama Novo; mas o Teatro-Estúdio não era, de fato, uma filial do Teatro de Arte, ainda que Stanislávski quisesse que assim fosse.

Esta informação é necessária para que se compreenda que o Teatro-Estúdio vivia sua própria vida com toda liberdade, e, ao que me parece, foi precisamente por essa razão que se separou tão rápida e facilmente das amarras do Teatro de Arte, recusando, também, sem nenhum esforço, às formas prontas, lançando

6   *Novosti Dnia* (*As Novas do Dia*), Moscou, 13 de maio de 1905 (N. da T.).

7   *Russkie Vedomosti* (*Os Boletins Russos*), Moscou, 10 de abril de 1905 (N. da T.).

8   *Iskusstvo* (*Arte*), Moscou, 1905, n. 3 (N. da T. Fr.).

9   O repertório era formado por *As Sete Princesas*, de Maeterlinck, uma adaptação, duas novelas de M.Górki, *A Neve*, de Przybyszewski, *A Comédia do Amor*, de Ibsen, *As Albas*, de Verhaeren, entre outros (N. da T.).

10 O Teatro Máli (Pequeno), criado na metade do século XVIII, é um dos mais importantes, e o mais antigo, teatro dramático de Moscou, palco de alguns dos acontecimentos que marcaram a história do teatro na Rússia do século XIX, como a estréia do *Inspetor Geral*, de Gógol, das peças realistas de Ostrovski, dos dramas de Tolstói e dos clássicos ocidentais, como Molière e Shakespeare.
      O Novo Teatro (Novy Teatri), funcionou entre 1898 e 1907 como filial do Moskovskii Imperatorskii Teatrov (Teatro Imperial de Moscou) (N. da T.).

188 NA CENA DO DR. DAPERTUTTO

-se em um mundo novo, a fim de começar pela base a própria edificação.

A primeira reunião dos colaboradores do Teatro-Estúdio aconteceu no dia 5 de maio e, desde aquela ocasião, podia-se ouvir observações como estas: as formas contemporâneas de arte dramática estão superadas há muito tempo; o espectador contemporâneo exige outros procedimentos técnicos; o Teatro de Arte alcançou o virtuosismo no plano da naturalidade e da simplicidade da interpretação. Entretanto, surgiram dramas que exigem novas técnicas de encenação e de interpretação. O Teatro-Estúdio deve aspirar à renovação da arte dramática através de novas formas e de novas técnicas de interpretação cênica. Considerando que os atores leram um trecho de Antoine, parece evidente que se propunha para o jovem teatro um movimento apenas no sentido da *evolução* das formas descobertas pelo Teatro de Arte. E descobrir formas novas que correspondessem às novas tendências da literatura dramática e que as encarnassem sobre a cena não significava ainda uma ruptura tão violenta com o passado, como a que o trabalho do Teatro-Estúdio realizou mais tarde. "O Teatro de Arte, com sua representação naturalista, não é, evidentemente, a última palavra, e não pensa em permanecer aí; 'o jovem teatro', junto com o seu fundador (o Teatro de Arte), deve continuar a obra, ir mais longe"[11]. Assim, o Teatro-Estúdio, ao que parecia, estava destinado apenas a *evoluir*, e evoluir unicamente pelo caminho do Teatro de Arte. Já em junho, porém, na inauguração do celeiro de ensaios, em Mamontovka, um dos convidados exprimiu o desejo de que o Teatro-Estúdio não imitasse o Teatro de Arte.

A fim de buscar uma técnica de encenação correspondente para as formas literárias do novo drama e renovar a arte cênica com novos procedimentos técnicos, cenógrafos e diretores (a trupe foi dispensada até junho) concentraram-se durante um mês inteiro no ateliê de maquetes, que lhes foi amavelmente cedido pelo Teatro de Arte.

---

11 Trecho do discurso de Stanislávski na primeira reunião dos participantes do Teatro-Estúdio, em 05 de maio de 1905. O texto completo não foi localizado (N. da T.).

O mês de maio foi significativo para o Teatro-Estúdio. A primavera desempenhou um papel decisivo no destino de seus dirigentes.

No ateliê de maquetes "nasciam" os planos das peças: *A Cavalaria Russa*, de Polevói; *A Neve*, de Przybyszewski; *O Vendedor do Sol*, de Rachilde; *O Colega Krampton* e *A Festa da Paz*, de Hauptmann; *O Sphynx*, de Termayer; *As Sete Princesas*, de Maeterlinck e *A Mulher à Janela*, de Hofmannsthal.

Com os encenadores trabalhavam os cenógrafos: Deníssov, Uliánov, o príncipe Gugunava e Golst.

Mas o trabalho sobre maquetes, enquanto um meio de pesquisa das linhas, dos ângulos e da tonalidade geral do cenário, não é mais que um ofício, e isto é inaceitável para um artista.

Se o encenador e o cenógrafo pertencem à mesma escola pictórica, o encenador dá o desenho (plano) e o cenógrafo, de acordo com o desenho, dá a harmonia das cores e a disposição das manchas de cor. Deste trabalho de colaboração entre encenador e cenógrafo resultou em uma série de esboços. O rascunho a carvão ou a lápis do movimento esquemático das linhas, feito pelo encenador (ou, se este não domina a cor, um esboço em cores do cenário feito pelo cenógrafo), é suficiente para começar um trabalho sobre a cena, dispensando-se as maquetes.

Por isso, depois da construção de numerosas maquetes representando *intérieurs* e *extérieurs*[12] tal como existem na vida, o ateliê de maquetes tornou-se, de repente, sombrio, irritado e nervoso e esperava o momento em que alguém, o primeiro, finalmente gritasse que já era tempo de queimar e pisotear todas as maquetes.

Porém, não era o caso de se arrepender do caminho percorrido. Foi precisamente esse ofício que prestou um serviço ao teatro.

Todos compreenderam: se a construção de maquetes é tão complexa, é porque toda engrenagem teatral é complexa. Revirando uma maquete em nossas mãos, revirávamos o teatro contemporâneo. Queríamos queimar e pisotear as maquetes; e já não estávamos longe de queimar e pisotear os procedimentos caducos do teatro naturalista.

---

12 Interior – lugar íntimo e seu cenário; exterior – lugar aberto sob o céu (N. do A.).

O primeiro impulso para o abandono definitivo das maquetes foi dado pelos cenógrafos Sapúnov[13] e Sudéikin[14]. E este foi também o primeiro impulso para a busca de meios novos e simples de expressão cênica.

Eles foram encarregados de "solucionar" *A Morte de Tintagiles*, de Maeterlinck. Começaram com paixão esse trabalho, pois ambos estavam atraídos pela pintura cenográfica e amavam Maeterlinck. Os dois se comprometeram a apresentar esboços, mas recusaram-se categoricamente a fabricar maquetes. Somente quando os esboços estavam prontos é que aceitaram fabricar e colorir as maquetes, mas com o único objetivo de mostrar ao maquinista os lugares precisos por onde deveriam evoluir os atores ou, dito de outra maneira, com o único fim de tornar visíveis as partes da cena onde deveriam ser colocados os telões, o pavimento da cena, os praticáveis etc...

Quando, no ateliê de maquetes, souberam dos trabalhos de Sapúnov e Sudéikin, por meio dos quais eles "solucionaram" *A Morte de Tintagiles* sobre uma "superfície plana", pelo método de convenção, o trabalho dos outros cenógrafos ficou desestimulado.

E foi exatamente nesse período de recusa das maquetes que nasceram os procedimentos dos planos impressionistas; planos mesmo porque os cenógrafos, ao assumirem um compromisso e se dedicarem ao ofício – a fabricação de detalhes arquitetônicos nas maquetes (tarefa do teatro naturalista) –, não quiseram sacrificar, é claro, o seu estilo pictórico. E, por mais que todos esses *intérieurs* e *extérieurs* fabricados se aproximassem da realidade, cada cenógrafo tentava suavizar esse rude procedimento naturalista (construir em cena apartamentos, jardins, ruas) com a sutileza do colorido idealista e com os artifícios da disposição dos efeitos de luz (na pintura).

As maquetes anteriores foram abandonadas. Um novo trabalho entrou em ebulição. Deníssov, no primeiro ato de *Colega Krampton* (o ateliê do pintor), em lugar do quarto de tamanho natural e com todos os detalhes, coloca apenas as manchas mais grossas, volumosas, características de um ateliê. Quando a cortina se abre, a atmosfera geral do ateliê é

---

13   Sobre Sapúnov, ver supra, n. 12, p. 76 (N. do T.).
14   Sobre Sudéikin, ver supra, n. 20, p. 82 (N. do T.).

expressa apenas por uma tela gigantesca que ocupa a metade da cena, desviando a atenção do espectador de qualquer detalhe; mas, para que um quadro tão grande não distraia o espectador, apenas um canto da tela está pintado, estando o restante coberto com traços de carvão ligeiramente esboçados. Via-se apenas a extremidade de uma grande e alta janela, através da qual presumia-se um pedaço de céu. Uma escada para a pintura de uma tela grande, uma grande mesa, uma cama turca, um divã, exigido pela ação da peça, e a desordem dos estudos espalhados sobre a mesa.

Estava colocada a estilização como princípio[15].

O principal trabalho nesse sentido pertence ao cenógrafo Uliánov: a peça *Schluck e Jau*, de Hauptmann (coencenação de V. E. Répman). A proposta era tratar toda essa encenação no estilo do "século das perucas empoadas". O primeiro projeto compreendia construções muito complicadas. Não é brincadeira construir quartos, salas e jardins dos Ludovicos, de acordo com fotos ou desenhos baseados em preciosas obras dessa época faustosa.

Mas quando a estilização como princípio foi definitivamente adotada, o problema foi resolvido fácil e rapidamente. Em vez de uma grande quantidade de detalhes, uma ou duas pinceladas essenciais.

Primeiro ato: o portão do castelo, junto ao qual os caçadores encontram Schluck e Jau bêbados. Vemos em cena apenas o portão, com uma porta giratória redonda, enfeitada em cima por uma estátua de bronze de Eros. O portão está na borda do proscênio. Ele nos surpreende pela sua grandiosidade, de tão enorme e suntuoso que é. Através do portão não é possível ver o castelo, mas pela fileira dos arbustos, que se estendem até o fundo, o espectador compreende imediatamente tanto o estilo da época, como a riqueza daqueles que vivem atrás desse portão. E as figuras de Schluck e Jau, junto a esse portão luxuoso, criam

---

15 Não entendo por "estilização" a reprodução exata do estilo de uma determinada época ou acontecimento, como faz o fotógrafo em suas fotos. Para mim, o conceito de estilização está indissoluvelmente ligado à ideia de convenção, de generalização e de símbolo. "Estilizar" uma época ou um fato significa dar, através de todos os meios de expressão, a síntese interior dessa época ou desse fato, reproduzir os traços específicos ocultos de uma obra de arte (N. do A.).

192 NA CENA DO DR. DAPERTUTTO

imediatamente o contraste necessário à peça, e introduzem o espectador no domínio da tragicomédia, da sátira[16].

A atmosfera do quarto real é sintetizada por uma cama ridiculamente luxuosa e com dimensões exageradas, com baldaquins fabulosos, inverossímeis. Todas as dimensões são excessivas, de maneira que temos a impressão de luxo real e de uma riqueza comicamente amaneirada. O aspecto satírico manifesta-se de imediato, como nos desenhos de T. T. Heine.

No terceiro quadro, a convenção do procedimento é levada a seu ponto extremo. A atmosfera de ociosidade e o estilo afetado são expressos por uma fileira de arbustos em caramanchões semelhantes a cestos, que se estendem ao longo do proscênio. O pano de fundo (o fundo) – um céu azul com nuvens encrespadas. Linhas do horizonte – rosas vermelhas ao longo de todo o palco. As crinolinas, as perucas brancas, os figurinos das personagens combinam com as cores do cenário, e, juntos, determinam uma atmosfera pictórica: uma sinfonia que tem o brilho do nácar, o encanto dos quadros de K. A. Somov[17]. Antes da abertura da cortina, ouve-se um dueto, no estilo do século XVIII. Abre-se a cortina. Cada caramanchão-cesto está ocupado: no meio vemos Sidselill e, a seu lado, damas da corte. Todas bordam uma única fita larga com agulhas de marfim. Movem-se ao mesmo ritmo, como se fossem uma só, enquanto ao longe soa o dueto, acompanhado de cravo e harpa. São musicais e rítmicos: os movimentos, as linhas, os gestos, as palavras, as cores do cenário, as cores dos figurinos.

Tudo o que o público não devia ver, todos os vãos, eram cobertos por telas convencionais, sem se preocupar que o espectador se esquecesse de que estava em um teatro.

À questão colocada pela imprensa da época: "Seria interessante ver se esse teatro (Teatro-Estúdio) será o represen-

---

16 Uma outra variante proposta pelo cenógrafo era extremamente simplificada: nem porta nem grades, apenas arbustos em arco com cestos trançados; atrás, maços de flores (N. do A.).

17 Konstantin Andreievitch Somov (1869-1939), pintor associado ao *Mir Iskusstva* (*Mundo da Arte*). Durante seus estudos na Academia Imperial das Artes, fez amizade com Aleksandr Benois, que iria apresentá-lo a Sergei Diaghilev e Leon Bakst. Ao longo da década de 1910, pinta uma série de cenas estilizadas, inspiradas na figura do Arlequim, e ilustra os poemas de Aleksandr Blok. Emigra, após a Revolução de 1917, para os Estados Unidos e, posteriormente, para a França (N. da T.).

SOBRE O TEATRO: PRIMEIRA PARTE

tante e continuador das convicções do Teatro de Arte ou se encarnará as novas tendências e indagações da dramaturgia e da arte teatral" – só poderia ser dada uma única resposta.

Aconteceu que o Teatro-Estúdio não quis ser o representante e continuador das convicções do Teatro de Arte, mas lançou-se na construção de um novo edifício, começando por suas fundações.

Junto do Teatro-Estúdio foi criado um comitê literário, e nossos novos poetas pertencentes aos notáveis grupos literários Vesy e Voprosy jizni (Questões da Vida)[18] foram convidados a participar desse trabalho. Esse órgão – o Comitê Literário – foi incumbido de fornecer ao teatro as obras mais interessantes da nova literatura dramática de todos os países. Sua direção foi confiada a V. Briússov, que mais tarde teve uma participação ativa nos assuntos do teatro. Os próximos capítulos de minha obra esclarecerão porque precisamente Briússov foi chamado para colaborar mais estreitamente com o nosso teatro.

O Teatro-Estúdio tornou-se um teatro de pesquisa. Mas para ele se libertar das amarras naturalistas da escola dos Meininger não foi tão fácil. Quando sobreveio a fatalidade e o teatro "feneceu antes de ter florescido", V. Briússov escreveu em *A Balança*:

No Teatro-Estúdio, procurou-se de várias formas romper com o realismo da cena contemporânea e tomar audaciosamente a convenção como o princípio da arte teatral. Os movimentos privilegiavam a plástica em lugar da imitação da realidade, certos grupos pareciam afrescos de Pompeia reproduzidos em quadros vivos. Os cenários não levavam nem um pouco em consideração as exigências da realidade, os quartos não tinham teto, as colunas do castelo eram enlaçadas por cipós etc... Ouvia-se o diálogo sempre sobre um fundo musical, conduzindo as almas dos espectadores para o mundo do drama de Maeterlinck. Mas, por outro lado, manifestava-se imperativamente o hábito da tradição teatral, aprendido por muitos anos no Teatro de Arte. Os atores, que haviam estudado gestos convencionais, imaginados pelos pré-rafaelitas[19], continuavam

18 Grupo ligado à revista de caráter filosófico-literário de mesmo nome, criada em 1905 (N. da T.).
19 Escola de pintores e escritores ingleses que reúne jovens artistas (John Everett Millais, William Holman Hunt e Dante Gabriel Rossetti) ligados à Royal Academy de Londres. Formada em 1848, a Irmandade Pré-rafaelita tinha um caráter de sociedade secreta e pretendia reformar a arte britânica, recuperando o modelo dos pintores florentinos do Quattrocento (N. da T.).

esforçando-se em atingir a verdade do diálogo, e tentavam, através da voz, transmitir a paixão e a emoção tais como são expressas na vida. O cenário era convencional em seu conjunto, mas permanecia claramente realista nos detalhes. Onde acabava o trabalho do encenador, começava a representação ordinária do ator, e percebia-se logo que os atores eram ruins e não possuíam nem uma formação autêntica nem temperamento. O Teatro-Estúdio provava a todos que dele se aproximavam que não era possível reconstruir um teatro sobre antigos fundamentos: ou se prosseguia o caminho proposto pelo teatro de Antoine-Stanislávski, ou retomava-se tudo pela base.

Se os projetos não foram totalmente realizados, foi porque a trupe do Teatro-Estúdio foi composta antes de maio (o mês da brusca virada, da ruptura com a tradição dos Meininger), e porque era formada em sua maior parte por alunos dos cursos do Teatro de Arte. Para as novas exigências do Teatro-Estúdio após o período de maio, ou seja, no momento preciso em que o encenador começa os ensaios, tornou-se evidente que era necessário um outro material, mais flexível e menos familiarizado com os encantos de um teatro já fixado sobre esquemas bem definidos. O Teatro-Estúdio não possuía uma trupe. Apenas dois ou três atores da escola do Teatro de Arte e dois ou três outros da Cia. do Drama Novo assimilaram o novo método. Mas a maioria dos atores vinha dos cursos teatrais do Teatro de Arte, e os encenadores do Teatro-Estúdio defrontavam-se com a seguinte tarefa: não trabalhar com os atores na realização de um repertório, mas limitar-se a prepará-los para esse trabalho através de uma série de conversações, de experiências, sensibilizá-los para perceber o aroma do novo método. Foi então que comecei a pensar que uma escola vinculada a um teatro é um veneno para os atores que nela estudam, que uma escola deve ser independente, nela não deve ser ensinada a forma atual de representar. Uma escola deve ser organizada de tal maneira, para que dela nasça um teatro e que tenha, consequentemente, uma única porta de saída para seus estudantes: ou para um novo teatro, fundado apenas por eles, ou para lugar nenhum. Mas uma escola vinculada a um teatro, se não tem o *único* fim de preencher os lugares vagos de *seu* próprio teatro, tal escola, em caso de superprodução, invade também outros teatros, prejudicando-os – os atores

SOBRE O TEATRO: PRIMEIRA PARTE

que forma, por melhores que sejam do ponto de vista de *sua* escola, são estrangeiros em outros lugares.

O Teatro-Estúdio era um teatro de pesquisa de novas formas cênicas. Esse fato deveria ter forçado a crítica teatral a seguir o seu trabalho com uma atenção particular: deveria ter salientado o percurso do teatro e, assim, o auxiliaria no movimento de avançar. Mas todo o trabalho desse teatro passou despercebido. Tudo o que esse teatro destruiu e tudo o que produziu não foi levado em consideração. Não abriu suas portas ao público, e a história está privada da possibilidade de avaliar o valor de suas experiências.

Entretanto, a influência do Teatro-Estúdio sobre o destino do teatro russo foi importante – pode-se fazer uma ideia disso observando que, depois do seu desaparecimento, todas as vezes que se montou um espetáculo digno de nota em Moscou ou em São Petersburgo, o Teatro-Estúdio foi sempre lembrado.

Quando o Teatro de Arte montou *O Drama da Vida*, um jornal de Moscou escreveu que a encenação aplicava as ideias do Teatro-Estúdio. A *Teatr i iskusstvo* (*Teatro e Arte*) observou que todo esse empreendimento (a tentativa de "estilização") tinha o Teatro de Arte como origem, e também todas as minhas realizações no Teatro Dramático V. F. Komissarjévskaia, de acordo com o crítico Kugel[20], tinham sido incubadas por mim no laboratório do Teatro de Arte. E assim, mencionava-se sempre o Teatro-Estúdio como fonte de todas essas novas buscas e tendências.

Ajudar o futuro historiador do teatro a avaliar com exatidão a importância do Teatro-Estúdio, ajudar os homens de teatro que buscam penosamente novos meios de expressão, ajudar o espectador a compreender o que inspira o Teatro do Novo Drama, de que ele vive, o que ele busca, este é meu objetivo. Com esse objetivo eu me esforço em relatar com a maior quantidade possível de detalhes o trabalho realizado pelo Teatro-Estúdio, em desvelar da forma mais exaustiva possível as experiências realizadas por ele.

---

20 Aleksandr Rafalóvitch Kugel (1864-1928). Crítico teatral e literário, dramaturgo e diretor de teatro. Foi colaborador da revista *Teatro e Arte* durante quase vinte anos. Autor de um ensaio sobre Meierhold, em seu livro *Perfis do Teatro*, publicado em 1929. Usava o pseudônimo de Homo Nuvus (N. da T.).

196   NA CENA DO DR. DAPERTUTTO

É indispensável revelar, o mais exaustivamente possível, o processo de nascimento dos novos princípios de encenação sobre os quais se fundamenta o teatro de Convenção, e acompanhar, no plano histórico, o desenvolvimento da corrente que substituiu os princípios do teatro naturalista pelos princípios do teatro de Convenção.

Poderíamos destacar, em primeiro lugar, os serviços prestados ao Teatro-Estúdio pela provincial Cia. do Drama Novo, a primeira a criticar os procedimentos naturalistas, graças à participação de A. M. Rêmizov[21], diretor do escritório literário da Cia., que impulsionava energicamente o trabalho dos jovens a lutar por novos domínios; mas isso aumentaria muito as dimensões desse trabalho. Basta dizer qual foi o papel do Teatro-Estúdio na história da revolução (e não da evolução, como se esperava) da cena contemporânea e como, na busca de novos caminhos, influenciou o trabalho dos teatros de sua época, bem como daqueles que nasceram depois do seu desaparecimento.

O trabalho sobre uma peça (*A Comédia do Amor*[22]) conduziu-nos à crítica do "teatro de tipos" e nos abriu os olhos para o "teatro das sínteses", enquanto o trabalho sobre uma outra peça (*A Morte de Tintagiles*) pôs em nossas mãos o método da disposição das figuras em cena à maneira dos baixos-relevos e dos afrescos, o modo de revelar o diálogo interior através da música do movimento plástico, nos deu a possibilidade de experimentar a força dos acentos artísticos, em lugar dos velhos acentos "lógicos", e muitas outras coisas, das quais falarei mais adiante; o trabalho sobre a terceira peça (*Schluck e Jau*) nos ensinou a colocar em cena apenas o essencial, a "quintessência da vida", como dizia Tchékhov, e nos revelou a diferença entre *a reprodução de um estilo sobre a cena e a estilização das situações cênicas*. E quanto mais trabalhávamos com afinco, mais evidentes tornavam-se os erros de nosso "irmão mais velho", o Teatro de Arte.

Para mim – diretor principal da Cia. do Drama Novo e do Teatro-Estúdio – descrever o caminho percorrido na busca de novas formas cênicas implica em fazer uma crítica daquelas formas que me pareciam não apenas superadas, como também nocivas.

---

21   Sobre Rêmizov, ver supra, n. 10, p. 15 (N. da T.).
22   De H. Ibsen, escrita em 1858 (N. da T.).

SOBRE O TEATRO: PRIMEIRA PARTE

Os princípios dos Meininger tornaram-se meus maiores inimigos, e como o Teatro de Arte baseava uma parte de sua atividade nesse mesmo método, eu tive que, em minha luta para descobrir novas formas cênicas, tomá-lo também como meu inimigo.

Para chegar à exposição dos princípios do teatro de Convenção, eu não poderia silenciar sobre a maneira como, na busca de novos caminhos, os defeitos da técnica dos Meininger manifestaram-se pouco a pouco a meus olhos, nem sobre o que eu pensava ser necessário ultrapassar nas experiências do líder do Teatro de Arte.

Embora tenha em alta estima os enormes serviços que o Teatro de Arte, prestou à história do teatro contemporâneo, tanto russo quanto europeu, eu seria culpado a meus próprios olhos e perante aqueles a quem entrego este trabalho se não me ocupasse daqueles erros, que me ajudaram a encontrar um novo método de encenação.

Apresento uma série de reflexões sobre o Teatro de Arte, tal como as vi enquanto trabalhava na Cia. do Drama Novo e no Teatro-Estúdio.

II. *Teatro Naturalista e Teatro de Estados d'Alma*[23]

O Teatro de Arte de Moscou tem duas faces: uma – a do teatro naturalista[24], outra – o teatro de estados d'alma[25]. O naturalismo do Teatro de Arte é um naturalismo emprestado dos seguidores dos Meininger. Seu princípio fundamental é *a exata reprodução da natureza*.

Tanto quanto possível, tudo em cena deve ser verdadeiro: tetos, cornijas modeladas, lareiras, papéis de parede, portinhas de forno, respiradouros etc.

Vemos uma cascata em cena, e a chuva que cai é feita de água verdadeira. Recordo-me ter visto uma pequena capela fei-

---

23 Escrito em 1906 (N. do A.).
  O termo "teatr nastraoenia" pode ser traduzido por teatro de estados d'alma ou teatro de atmosfera. Optamos pelo primeiro por considerarmos mais apropriado às ideias do encenador (N. da T.).
24 Repertório: *Os Autocratas*, de Pisemski, *O Carreteiro Henschel*, de Hauptmann, *Os Muros*, de Naidionov, e *Os Filhos do Sol*, de Górki (N. do A.).
25 Repertório: peças de A. P. Tchékhov (N.do A.).

ta de madeira real, uma casa coberta com um fino compensado de madeira. As janelas duplas têm seus intervalos guarnecidos com algodão, e os vitrais estão ligeiramente cobertos de geada. Todos os cantos da cena são nítidos e detalhados. Chaminés, mesas, estantes, estão cobertas por uma grande quantidade de pequenos objetos que só são visíveis de binóculo, e sobre os quais um espectador curioso e perseverante não teria tempo de examinar durante um único ato. O trovão que assusta o público, uma lua cheia que desliza no céu em um fio de ferro. Vemos pela janela um verdadeiro navio costear um fiorde. A construção sobre a cena não tem apenas vários quartos, mas também vários andares, com escadas verdadeiras e portas de carvalho. A cena desloca-se e gira. Luzes de ribalta. Muitos refletores. Uma tela que representa o céu está suspensa, em semicírculo. Em uma peça na qual deve aparecer um pátio do campo, o palco é coberto de sujeira feita em papel machê. Enfim, o resultado é o mesmo que Yan Styka[26] busca em seus panoramas: o artificial confunde-se com o real. Como em Yan Styka, no teatro naturalista *o cenógrafo cria em estreita colaboração com o marceneiro, o carpinteiro, o encarregado de acessórios e o modelador*.

Ao encenar peças históricas, o teatro naturalista segue a regra de transformar a cena em uma exposição de verdadeiros objetos da época ou, na falta destes, de cópias feitas a partir de desenhos da época ou de *fotografias* feitas em museus. Além do mais, o encenador e o cenógrafo esforçam-se em fixar com a maior precisão possível o ano, o mês e o dia em que se desenrola a ação. Para eles, por exemplo, não basta que a ação aconteça no "século das perucas empoadas". Um arbusto bizarro, fontes fabulosas, pequenos caminhos tortuosos, alamedas de rosas, castanheiros podados e murtas, as crinolinas, o capricho dos penteados, nada disso seduz os encenadores naturalistas. Eles precisam determinar com precisão que tipos de mangas eram usadas na época de Luís xv e quais são as diferenças entre os penteados usados pelas damas dessa época e as da época de Luís xvi. Eles não tomam por modelo o procedimento de K. A. Somov – estilizar aquela época –, mas esforçam-se em descobrir

---

26 Pintor, poeta e escritor polonês (1858-1925) (N. da T.).

SOBRE O TEATRO: PRIMEIRA PARTE

uma revista de moda do ano, do mês, do dia em que o encenador decidiu que se desenrola a ação.

Assim, o teatro naturalista criou um procedimento – *cópia do estilo histórico*. Com tal procedimento, que é absolutamente previsível, a arquitetura rítmica de uma peça como, por exemplo, *Júlio César*[27], com a sua plástica luta entre duas forças opostas, passa absolutamente despercebida e, logo, não reproduzida. E nenhum dos diretores se dava conta de que a síntese do "cesarismo" jamais poderia ser reproduzida por um caleidoscópio de cenas "da vida" e nem por uma reprodução vistosa dos *tipos* saídos da multidão da época.

A maquiagem dos atores é sempre *expressivamente típica*. Todos são rostos vivos, tais como os vemos na vida. Uma cópia exata. Evidentemente o teatro naturalista considera o rosto como o principal meio de expressão das intenções do ator e, consequentemente, não leva em consideração todos os outros meios de expressão. O teatro naturalista não conhece os encantos da plástica, não obriga seus atores a exercitarem seus corpos e, quando abre uma escola, não compreende que a educação física deve ser a matéria principal, caso se aspire encenar *Antígone* ou *Júlio César*, peças que, por suas musicalidades, pertencem a um *outro* teatro.

Lembrar-se-á sempre da perfeição da maquiagem, mas jamais das posturas ou movimentos rítmicos. O encenador de *Antígone* expressou de maneira inconsciente a tendência de agrupar as personagens de acordo com afrescos e desenhos de vasos, mas não soube nem *sintetizar* nem *estilizar* o que vira nas ruínas; limitou-se a fotografar. Vemos em cena uma série de grupos que são cópias reproduzidas, feito cumes de colinas enfileiradas e, entre eles, como vales, gestos "da vida" e movimentos do corpo, em brutal desarmonia com o ritmo interno das cópias.

O teatro naturalista criou atores extremamente aptos à metamorfose. Entretanto, não se servem dos meios plásticos para essa metamorfose, mas da maquiagem e da capacidade de submeter suas línguas aos diversos sotaques e dialetos, e de sujeitar suas vozes à imitação de sons. Para os atores cria-se um objetivo:

---

27 Peça de Shakespeare que estreou no Teatro de Arte em 2 de outubro de 1903 (N. da T.).

perder a vergonha em vez de desenvolver um sentido estético, o qual teria repugnado a reprodução de fatos grosseiros e disformes. Desenvolve-se no ator uma capacidade própria do fotógrafo amador: a de *observar os detalhes do cotidiano*.

Em Khlestakov, segundo a expressão de Gógol, "nada é expresso com nitidez", e, entretanto, a personalidade de Khlestakov é muito clara. *Na interpretação das personagens, a nitidez dos contornos não é absolutamente necessária para a clareza da imagem.*

Os esboços dos grandes mestres frequentemente impressionam mais que seus quadros terminados.

As figuras de cera, embora a imitação atinja nelas seu mais alto grau, não produzem um efeito estético. Não podem ser consideradas obras de arte, uma vez que não propõem nada à *imaginação do espectador*[28].

O teatro naturalista ensina o ator a se expressar de uma maneira resolutamente limpa, acabada, *precisa*; jamais aceitará um jogo alusivo, uma atuação conscientemente reticente. Eis por que os exageros são tão frequentes na representação do teatro naturalista. Esse teatro ignora absolutamente o jogo alusivo. E, no entanto, alguns atores, mesmo no período do entusiasmo pelo naturalismo, já utilizavam em cena, em alguns momentos, uma atuação desse tipo: a execução da tarantela por V. F. Komissarjévskaia, em *Nora*[29], é apenas uma postura e nada mais. O movimento das pernas segue um ritmo nervoso. Se olharmos apenas para elas, é antes uma fuga que uma dança.

Uma atriz do teatro naturalista, ao contrário, primeiro teria aulas de dança, e depois executaria conscientemente todos os passos, iria até o limite de sua representação, entregando-se inteiramente apenas ao processo da dança. Mas qual a impressão que essa representação causaria no espectador?

No teatro, o espectador é capaz de acrescentar com sua imaginação o que permanece alusivo. Muitos são atraídos para o teatro precisamente por esse Mistério e pelo desejo de decifrá-lo.

28 Schopenhauer (N. do A.).

29 Personagem de *Casa de Bonecas*, de H. Ibsen. A primeira encenação desta peça no Teatro Komissarjévskaia foi realizada em 1904, ano de inauguração do teatro, sob a direção de A. P. Petrovski. Reestréia, em 18 de dezembro de 1906, com a encenação de Meierhold (N. da T.).

SOBRE O TEATRO: PRIMEIRA PARTE

Poemas, esculturas ou outras obras de arte contêm tesouros de profunda sabedoria, pois expressam a natureza das coisas, enquanto o artista somente revela e traduz suas sentenças em uma língua clara e compreensível. Mas é evidente que todo aquele que lê ou olha uma obra de arte deve por si mesmo, com seus próprios meios, contribuir para revelar essa sabedoria. Por conseguinte, cada um a compreenderá de acordo com suas capacidades e o seu desenvolvimento, assim como o marinheiro só pode mergulhar sua sonda na profundidade correspondente ao comprimento de sua linha[30].

O espectador que vai ao teatro deseja ardentemente, ainda que de forma inconsciente, esse trabalho da fantasia, que, por vezes, nele se transforma em criação. Sem isso, como poderiam existir, por exemplo, exposições de pintura?

Evidentemente, o teatro naturalista nega ao espectador a capacidade de completar o desenho e de sonhar, como quando se escuta música.

E, entretanto, o espectador possui essa capacidade. Na peça de Iartsev, *Junto ao Monastério*, no primeiro ato, que se desenrola na hospedaria do monastério, ouve-se o som apaziguador do sino das vésperas. O cenário não tem janelas, mas, pelo som que provém do campanário do monastério, o espectador imagina o pátio, coberto de blocos de neve azulada, os pinheiros, como em um quadro de Nésterov, caminhos traçados de uma cela a outra, as cúpulas de ouro da igreja; um espectador desenhara esse quadro; um outro, algo diverso; e um terceiro, uma terceira coisa. O Mistério toma conta dos espectadores e os arrasta ao mundo dos sonhos. No segundo ato, o encenador acrescenta uma janela e mostra ao espectador o pátio do monastério. Não são aqueles pinheiros, não são aqueles blocos de neve, não é aquela a cor das cúpulas. E o espectador não está apenas frustrado, mas também irritado: esvaneceu-se o Mistério e seus sonhos foram profanados.

E este teatro foi perseverante em sua vontade de eliminar da cena o poder do Mistério, o que fica demonstrado na primeira encenação de *A Gaivota*[31], no primeiro ato, em que não se podia ver para onde iam as personagens que deixavam o

---

30 Schopenhauer (N. do A.).
31 Meierhold se refere a montagem histórica que inaugurou o Teatro de Arte de Moscou em 1898, na qual participou como ator, no papel de Trepliev (N. da T.).

palco. Depois de atravessar rapidamente uma pequena ponte, elas desapareciam na mancha negra de um bosque, *em algum lugar* (nessa época o cenógrafo do teatro ainda trabalhava sem a colaboração dos modeladores). Já na remontagem de *A Gaivota*[32], ao contrário, todos os cantos do palco estavam descobertos: foi construído um pequeno caramanchão com uma cúpula e colunas verdadeiras; havia um barranco em cena e podia-se ver distintamente as personagens descendo por ele. Na primeira versão de *A Gaivota*, no terceiro ato, havia uma janela lateral, e não era possível ver a paisagem, e quando as personagens entravam na antessala com as suas galochas, secando seus chapéus, seus capotes e suas mantas, imaginava-se o outono com sua chuvinha fina, as poças no pátio e as tábuas escorregadias. Mas na remontagem da peça, sobre um palco tecnicamente aperfeiçoado, foram abertas janelas de frente para os espectadores. Via-se a paisagem. A imaginação de vocês só podia se calar, e, digam o que disserem as personagens sobre a paisagem, não acreditamos nelas, ela não pode assemelhar-se à sua descrição: ela está pintada, vocês a veem. A partida dos cavalos com guizos, no final do terceiro ato, na primeira encenação, acontecia fora de cena e desenhava-se assim de maneira muito mais viva na imaginação do espectador, porém, na segunda versão, uma vez que é mostrada a varanda de onde partem os viajantes, o espectador também quer ver os cavalos com seus guizos.

"Uma obra de arte só exerce influência por intermédio da imaginação. Por isso ela deve continuamente ser estimulada"[33]; deve, precisamente, ser incentivada, e "não deixá-la inativa", no esforço de tudo mostrar. Estimular a imaginação é "a condição necessária da ação estética e também a lei fundamental das Belas Artes. Daí resulta que a obra de arte não *deve oferecer tudo* aos nossos sentidos, mas apenas o bastante para direcionar a imaginação no sentido correto, deixando para esta a última palavra"[34].

Muitas coisas podem permanecer alusivas, o espectador por si mesmo as completará e, às vezes, como consequência disso, a ilusão nele ficará ainda mais forte; dizer demais, porém, é como desfa-

---

32 Trata da remontagem, de1905 (N. da T.).
33 Schopenhauer (N. do A.).
34 Schopenhauer (N. do A.).

SOBRE O TEATRO: PRIMEIRA PARTE   203

zer com uma cotovelada uma estátua feita de pequenos fragmentos, espatifando-a, ou como retirar a lâmpada de uma lanterna mágica[35].

Voltaire escreveu em algum lugar: "Le secret d'être ennuyeux c'est de tout dire"[36].

Quando a imaginação do espectador não for mais entorpecida, ela, pelo contrário, se aguçará, e a arte tornar-se-á mais requintada. Por que o drama medieval podia dispensar qualquer construção cênica? Graças à imaginação viva dos espectadores.

O teatro naturalista não nega apenas a capacidade de sonhar do espectador, mas também a de compreender os diálogos inteligentes que se desenrolam em cena.

Daí essa *análise* minuciosa de todos os diálogos das peças de Ibsen, que transforma as obras do autor norueguês em algo tedioso, monótono e doutrinário.

É precisamente aqui, na encenação das peças de Ibsen, que fica evidente o *método* do encenador naturalista e seu trabalho criativo.

Uma obra dramática divide-se em uma série de cenas. E cada uma dessa partes distintas é *analisada* em detalhe. Essa análise detalhada é aprofundada pelo encenador, que decupa o drama em minúsculas cenas. Depois, todas essas partes minuciosamente analisadas são reunidas para fazer delas um todo.

Essa operação, que reúne as partes para fazer delas um todo, pertence à arte do encenador, mas quando me refiro ao trabalho *analítico* do encenador naturalista, não penso no trabalho que funde num único conjunto as criações do poeta, do ator, do músico, do cenógrafo e do próprio encenador.

O célebre crítico do século XVIII, Pope[37], em seu poema didático *Ensaio sobre a Crítica* (1711), enumera as causas que

---

35   L. N. Tolstói, *Shakespeare e o Drama* (N. do A.).
36   Em francês, no original (o segredo de ser chato é dizer tudo) (N. da T.).
37   Alexander Pope (1688-1744), poeta inglês, conhecido por seus versos satíricos e pela sua tradução de Homero. Em 1711, publica anonimamente o seu mais importante poema, *An Essay on Criticism*, como uma resposta aos debates sobre a natureza da poesia: sua criação seria natural ou, ao contrário, escrita de acordo com regras herdadas do passado clássico? O poema é cheio de contradições e, ainda que admita a necessidade das regras, Pope salienta as qualidades misteriosas da criação poética. Propõe, ainda, leis que o crítico deve seguir ao criticar a poesia, ajudando os poetas, e não os atacando (N. da T.).

impedem o crítico de chegar a julgamentos precisos. Ele assinala, entre outras, o hábito de prestar excessiva atenção ao particular, visto que o primeiro objetivo do crítico deveria ser o de colocar-se no ponto de vista do próprio autor, a fim de, com um só olhar, abarcar a obra em sua *totalidade*.

Pode-se dizer o mesmo do encenador.

Pois o encenador naturalista, ao aprofundar sua análise decompondo a obra, não vê o *conjunto*. Apaixonando-se por um trabalho de filigrana – pela realização de algumas cenas que oferecem um material fecundo à sua imaginação criadora, como uma mina de "traços característicos" –, ele acaba por violar o equilíbrio e a harmonia do conjunto.

No palco, *o tempo* é muito precioso. Se uma cena que deveria ser fugaz, na ideia do autor, dura mais tempo do que o necessário, ela se torna um fardo para a cena seguinte, que é muito importante para o autor. E o espectador, cujo olhar permaneceu sobre algo que deveria ser rapidamente esquecido, está fatigado quando vem a cena importante. Isso porque o encenador a valorizou excessivamente. Na interpretação que o encenador do Teatro de Arte deu ao terceiro ato de *O Jardim das Cerejeiras*[38], pode-se observar semelhante violação da harmonia do conjunto. O autor deu um *leitmotiv* a esse ato: o pressentimento que tem Raniévskaia da tempestade que ameaça [a venda do jardim das cerejeiras]. Todos que a rodeiam levam uma vida absurda – satisfeitos, dançam ao som estridente e monótono da orquestra judia e, como em um turbilhão de pesadelo, giram em uma tediosa dança moderna, sem paixão, sem graça, sem alegria e mesmo sem prazer –, não sabem que a terra em que dançam está desmoronando sob seus pés. Somente Raniévskaia pressente a Desgraça, a espera; desvairada, chega a paralisar por um minuto essa roda adormecida, essa dança de pesadelo de marionetes em sua barraca de feira. Em um lamento, incita os homens a cometer um crime, contanto que deixem de ser esses "pequenos seres empertigados", uma vez que, através do crime, pode-se ascender à santidade, enquanto na mediocridade, ao contrário, não se vai a parte alguma,

---

38 A estreia de *O Jardim das Cerejeiras*, de A. Tchékhov, no Teatro de Arte, encenação de Stanislávski e Nemiróvitch-Dântchenko, foi em 17 de janeiro de 1904 (N. da T.).

SOBRE O TEATRO: PRIMEIRA PARTE

não se chega a nada. Eis, portanto, como surge a harmonia do ato: de um lado, os lamentos de Raniévskaia e seu pressentimento da desgraça iminente (o princípio fatal do novo drama místico de Tchékhov), e, de outro, a barraca de feira de marionetes (não é por acaso que Tchékhov faz Carlota dançar entre os pequenos burgueses vestida com o figurino favorito dos teatros de marionete – fraque negro e calças xadrez). Se transpusermos isso em linguagem musical, teremos um dos momentos da sinfonia, que tem em si: uma lânguida *melodia fundamental,* com variantes tonalidades, *pianissimo* e explosões em *forte* (os sofrimentos de Raniévskaia), e um *fundo* – o acompanhamento dissonante), o rangido monótono da orquestra provincial que marca o ritmo da dança dos cadáveres vivos (os pequenos-burgueses). Esta é a harmonia musical do ato. Assim, a cena dos truques é apenas um dos compassos dessa estúpida dança, e sua dissonância manifesta-se brutalmente. Essa cena deve – misturada às cenas de dança – brilhar por um minuto e de novo desaparecer, tornando a fundir-se nas danças, que podem continuar a soar em acompanhamentos estúpidos, desde que constituam apenas um fundo[39].

Mas o encenador do Teatro de Arte mostrou como se pode destruir a harmonia desse ato. Transforma os truques *em uma cena inteira*, com todos os seus detalhes. Longa e complicada. O espectador concentra muito tempo de sua atenção sobre a cena, perdendo de vista o *leitmotiv* do ato. E se no final do ato as melodias de fundo permanecem na memória, o *leitmotiv*, afundou, desapareceu.

Em *O Jardim das Cerejeiras*, como nos dramas de Maeterlinck, há um herói invisível em cena, mas cuja presença sentimos cada vez que cai o pano. Quando o pano que cai sobre *O Jardim das Cerejeiras* é o do Teatro de Arte de Moscou,

---

39 Encontramos outras notas idênticas, dissonantes e fugitivas, que, provindas do fundo, irrompem no *leitmotiv* do ato: a leitura dos versos pelo chefe da gare, a cena do taco de bilhar quebrado por Epikhodov, da queda de Trofimov nas escadas. E podemos ver, neste outro exemplo, como Tchékhov entrelaça fina e estreitamente essas duas melodias, o *leitmotiv* e o fundo:
ANIA (*com angústia*): E agora, na cozinha, um homem disse que o jardim das cerejeiras já foi vendido, hoje.
LIUBOV Andreievna: Vendido para quem?
ANIA: Ele não disse para quem; ele se foi. (*Ela dança com Trofimov*) (N. do A.).

a presença desse herói não se faz sentir. Não permanece em nossa memória nada além de tipos. Aos olhos de Tchékhov, as personagens de *O Jardim das Cerejeiras* são um meio, não a essência. Mas no Teatro de Arte as personagens tornaram-se a essência, e o aspecto lírico-místico permaneceu encoberto.

Se nas peças de Tchékhov o *particular* desvia o encenador da imagem do *conjunto*, pelo autor, os personagens, esboçados à maneira impressionista, constituem um material profícuo, que pode ser aproveitado para completar, pouco a pouco, o desenho em figuras (tipos), mas Ibsen, na opinião do encenador-naturalista, precisa ser *explicado*, pois o público não o compreende.

Em primeiro lugar, a encenação da dramaturgia ibseniana cria a seguinte experiência: tornar vivos os diálogos "tediosos", movimentando-os – as personagens comem, limpam a sala, fazem as malas, embrulham sanduíches etc. Em *Hedda Gabler*[40], durante a cena entre Tesman e a tia Julia, era servido o café da manhã. Recordo muito bem da elegância com que o intérprete do papel de Tesman comia, mas, sem querer, não consegue acompanhar a exposição da peça.

Nas peças de Ibsen, além do desenho preciso de "tipos" do universo norueguês, o encenador empenha-se em sublinhar todos os diálogos que, na opinião dele, são *complexos*. E se esquece que a essência de um drama de Ibsen, como *As Colunas da Sociedade*[41], por causa de um excessivo trabalho analítico, fica totalmente oculta pela refinada análise nas cenas de transição. Quanto ao espectador que leu a peça e a conhece bem, ele vê no teatro uma outra peça, que não compreende porque esta não corresponde à que ele leu. O encenador colocou em primeiro plano muitas cenas secundárias, e fez delas o essencial. *Mas a essência da peça não é feita pela soma das essências das cenas secundárias.* Um único momento fundamental de um ato, se colocado em relevo de forma justa, é decisivo sobre o espírito do público, mesmo que todo o resto tenha deslizado à sua frente como em um nevoeiro.

---

40 A estreia de *Hedda Gabler*, de Ibsen, no Teatro de Arte foi em 19 de fevereiro de 1899. Em 1906, no Teatro Vera Komissarjévskaia, Meierhold estreará sua versão da obra (N. da T.).

41 A estreia de *As Colunas da Sociedade*, de Ibsen, no Teatro de Arte, foi em 24 de fevereiro de 1903 (N. da T.).

SOBRE O TEATRO: PRIMEIRA PARTE

A ambição de *mostrar* tudo, custe o que custar, o medo do Mistério, das meias-palavras, fez do teatro uma simples *ilustração* do texto do autor.

"Novamente ouço o uivo de um cão", diz uma personagem. E fatalmente o uivo do cão é *reproduzido*. O espectador sabe da partida não somente pelo ruído dos guizos que se distanciam, mas também pelo barulho dos cascos dos cavalos sobre uma ponte de madeira que atravessa o rio. Ouve-se o ruído da chuva sobre um telhado de ferro. Pássaros, rãs, grilos.

Cito, a esse respeito, uma conversa que A. P. Tchékhov teve com os atores[42]. Ele assiste pela segunda vez aos ensaios de *A Gaivota* (11 de setembro de 1898) no Teatro de Arte de Moscou, e um dos atores lhe conta que nessa peça, fora de cena, se ouvirá o coaxar das rãs, o canto das cigarras e os latidos dos cachorros.

– Para que isso? – pergunta Anton Pavlovitch com um ar descontente.

– É real – responde o ator.

– É real – repete A. P. com um sorriso irônico. E acrescenta, depois de uma pequena pausa:

A cena pertence à arte. Kramskói[43] representou rostos magnificamente, em sua pintura de costumes. Que aconteceria se, em um desses rostos, retirássemos o nariz pintado para substituí-lo por um verdadeiro? O nariz seria real, mas o quadro estaria destruído.

Um dos atores conta com orgulho que, no final do terceiro ato de *A Gaivota*, o encenador quer colocar sobre o palco toda a criadagem, e uma mulher com o filho chorando.

Anton Pavlovitch disse:

– Não é preciso. É como se, no momento em que você toca uma passagem *pianissimo*, caísse a tampa do piano.

---

42 Retirado de meu diário (N. do A.).

43 Ivan Nikolaevich Kramskói (1837-1887), pintor, frequentou a Academia de Artes de São Petersburgo, onde participou dos protestos contra as regras que regiam a pintura acadêmica. Retratista excepcional, Kramskói é um dos principais representantes da pintura realista russa. Escreveu comentários sobre a arte em São Petersburgo, que formam um rico legado sobre as questões da estética e da história da arte russa (N. da T.).

– Na vida, frequentemente acontece de, em um *pianissimo*, irromper um *forte* totalmente inesperado – experimenta contrapor um dos atores do grupo.

– Sim, mas a cena – diz A. P. – exige uma certa convenção. Você não tem a quarta parede. Além do mais, a cena pertence à arte, a cena reflete a quintessência da vida, e não se deve colocar nela nada de supérfluo[44].

É necessário explicar, nesses diálogos, a condenação que A. P. Tchékhov faz do teatro naturalista? Esse teatro procurou infatigavelmente a quarta parede, e isso o conduziu a uma série de *absurdos*.

Esse teatro tornou-se prisioneiro da carpintaria: desejou que tudo em cena fosse "como na vida", e isso fez com que ele se transformasse numa loja de objetos de museu.

Se é verdade, nas palavras de Stanislávski, que o céu teatral algum dia poderá parecer verdadeiro ao público, torna-se uma dolorosa preocupação de todos os diretores do teatro: elevar ao máximo o telhado sobre a cena.

E ninguém percebe que, em vez de transformar a cena (porque isto é muito caro), melhor seria romper com o princípio de base do teatro naturalista. Foi somente esse princípio, e apenas ele, que levou o teatro a uma série de absurdos.

É impossível acreditar que é o vento, e não uma mão nos bastidores que balança a grinalda no primeiro quadro de *Júlio César*, uma vez que os mantos das personagens permanecem imóveis.

No segundo ato de *O Jardim das Cerejeiras*, as personagens andam por barrancos e pontes "verdadeiros", encontram-se junto a uma capela "verdadeira", mas ao mesmo tempo caem do urdimento dois grandes pedaços de tela pintados de azul, ornados de véus de tule, que de maneira nenhuma poderiam assemelhar-se a um céu, nem a nuvens. Está certo que as colinas no campo de batalha (em *Júlio César*) sejam colocadas de tal maneira que pareçam diminuir progressivamente no horizonte; mas por que então as personagens que se distanciam na mesma direção não diminuem também?

---

44 Os escritos sobre a conversa de Tchékhov com os atores foi publicado na revista *Mir Iskusstva*, n. 11/12, Kiev, 1907, p. 24 (N. da T.).

SOBRE O TEATRO: PRIMEIRA PARTE

Tal como é usualmente admitida, a cena coloca perante o espectador uma paisagem em profundidade sem, no entanto, ser capaz de ajustar o corpo das personagens a esse fundo distante. E tal cena pretende reproduzir fielmente a natureza! O ator que se distancia da boca de cena e percorre dez ou mesmo vinte metros parece sempre do mesmo tamanho, e é visto com a mesma precisão com que o víamos no proscênio. E, entretanto, de acordo com as leis da perspectiva aplicadas pela pintura cenográfica, seria preciso fazer o ator recuar o mais longe possível, e, caso se queira que ele apareça verdadeiramente proporcional às árvores, às casas, às montanhas que o rodeiam, ele deveria ser mostrado bem menor, às vezes como uma silhueta, às vezes reduzido a uma simples mancha[45].

Uma árvore verdadeira parece grosseira e artificial ao lado de uma árvore pintada, pois suas três dimensões introduzem uma desarmonia junto à pintura, que só possui duas.

Poderíamos dar ainda muitos exemplos desses absurdos a que levou o teatro naturalista ao tomar por fundamento o princípio da reprodução exata da natureza.

Captar o aspecto racional de um objeto, fotografar, ilustrar o texto de uma obra dramática com a pintura cenográfica, copiar o estilo histórico – tudo isso se tornou o objetivo fundamental do teatro naturalista.

E se o naturalismo levou o teatro russo a uma técnica mais complexa, o teatro de Tchékhov, segunda face do Teatro de Arte, revelou o poder do *estado d'alma* sobre a cena e criou aquilo sem o que o teatro dos Meininger já teria morrido há muito tempo. Mas, mesmo assim, o teatro naturalista não soube, no interesse de seu desenvolvimento futuro, tirar vantagem desse *novo tom* introduzido pela musicalidade tchekhoviana. O teatro de estados d'alma foi sugerido pela arte de A. P. Tchékhov. O Teatro Alexandrínski, quando montou *A Gaivota*, não captou a atmosfera sugerida pelo autor[46]. E seu segredo não estava nem no canto dos grilos, nem nos latidos dos cães, nem nas portas verdadeiras. Quando *A Gaivota* foi montada pelo

---

45 G. Fuchs, *Die Schaubühne der Zukunft* (*A Cena do Futuro*), p. 28 (N. do. A.).

46 A primeira montagem do texto *A Gaivota* foi no Teatro Alexandrínski em 17 de outubro de 1896, não alcançando sucesso nem de crítica e nem de público (N. da T.).

Teatro de Arte no Ermitage[47], a *maquinaria* não estava ainda muito aperfeiçoada, e a *técnica* ainda não havia estendido seus tentáculos por todos os recantos do palco.

O segredo dos estados d'alma tchekhovianos reside no *ritmo* de sua linguagem. E esse ritmo foi compreendido pelos atores do Teatro de Arte durante os ensaios da primeira encenação tchekhoviana. E ele foi compreendido graças ao amor que eles dedicavam ao autor de *A Gaivota*.

Se o Teatro de Arte não tivesse escutado o ritmo das obras tchekhovianas, se não tivesse sabido recriar esse ritmo em cena, jamais teria adquirido essa segunda face que lhe deu a reputação de Teatro de Estados d'Alma; e essa era a *sua própria face*, e não mais uma máscara emprestada dos Meininger.

Estou profundamente convencido de que essa circunstância, que permitiu ao Teatro de Arte abrigar sob o mesmo teto o teatro naturalista e o teatro de estados d'alma, foi o próprio Tchékhov quem contribuiu para criá-la, precisamente porque ele assistia aos ensaios de suas peças e, através do encanto de sua personalidade e das frequentes conversações que tinha com os atores, influenciou seus gostos e suas atitudes em relação aos problemas da arte.

O teatro deve essa nova face a um grupo bem preciso de atores, que, aliás, eram chamados de "atores tchekhovianos". A chave para a execução das peças de Tchékhov encontravam-se nas mãos desse grupo, intérprete quase invariável de todas as suas peças. E devemos considerar esses atores como os criadores do ritmo tchekhoviano sobre a cena. Cada vez que recordo da participação ativa dos atores do Teatro de Arte na criação das personagens e dos estados d'alma de *A Gaivota*, compreendo como pude começar a crer profundamente no ator enquanto elemento principal da cena. Nem a encenação, nem os grilos, nem o barulho dos cascos de cavalo sobre a ponte, nada disso cria o *estado d'alma*; somente a musicalidade excepcional dos intérpretes que compreenderam o ritmo da poesia tchekhoviana e que souberam envolver suas criações com uma neblina lunar.

---

47 Durante as quatro primeiras temporadas (1898-1902), o Teatro de Arte de Moscou se apresentava na sala do Teatro Ermitage (N. da T.).

SOBRE O TEATRO: PRIMEIRA PARTE

A harmonia não foi destruída nas duas primeiras encenações (*A Gaivota* e *Tio Vânia*[48]), já que a arte dos atores permaneceu totalmente livre. Depois, o encenador naturalista passa a fazer do conjunto uma essência, e acaba perdendo a chave da interpretação de Tchékhov.

A arte de cada um dos atores torna-se passiva, quando o conjunto é transformado em essência; o encenador, reservando-se o papel de maestro, influiu fortemente sobre o destino do *novo tom* e, em lugar de aprofundá-lo, em lugar de penetrar na essência do lirismo, o encenador naturalista pretendeu criar o estado d'alma pelo refinamento de procedimentos formais, tais como a penumbra, ruídos, acessórios, caracteres.

O diretor, apegado ao ritmo do discurso, perdeu as chaves da direção (terceiro ato de *O Jardim das Cerejeiras*), porque não notou que Tchékhov tinha passado de um realismo refinado a um lirismo de produndidade mística.

Munido da chave de interpretação das peças de Tchékhov, o teatro vê nela um modelo, que se põe a aplicar a outros autores. Interpreta Ibsen e Maeterlinck "como" Tchékhov.

Já vimos de que maneira esse teatro tratou Ibsen. Quanto a Maeterlinck, não foi abordado através da música de Tchékhov, mas sempre com a mesma técnica de racionalização. As personagens de *Os Cegos* eram divididas em caracteres e, n'*A Intrusa*[49], a Morte aparecia sob a forma de uma nuvem de tule.

Tudo era muito complicado, como acontece no teatro naturalista, e *nada era convencional*, enquanto tudo é justamente convenção nas peças de Maeterlinck.

O Teatro de Arte poderia ter saído desse impasse: seguir em direção ao novo teatro através do talento lírico e musical de Tchékhov, mas, depois, escolheu subordinar sua música à técnica e aos diferentes truques e, no final de sua atividade, perdeu a chave de interpretação de seu próprio autor – como os alemães perderam a da interpretação de Hauptmann que, rodeado de peças de costumes, pôs-se a criar peças (como *Schluck e Jau* e *Pippa Danse*), que exigiam uma abordagem completamente diversa.

---

48 A estreia de *Tio Vânia* no Teatro de Arte foi a 26 de outubro de 1899 (N. da T.).

49 As peças de Maeterlinck – *Os Cegos* e *A Intrusa* – foram apresentadas em uma só noite no Teatro de Arte, com estreia em 2 de outubro de 1904 (N. da T.).

III. Presságios Literários do Novo Teatro

Li em algum lugar que *a cena cria a literatura*. Isto não é assim. Se a cena influencia a literatura, é somente por um motivo: ela retarda um pouco seu desenvolvimento, criando uma plêiade de escritores "reunidos em torno de uma tendência dominante" (Tchékhov e seus epígonos). *O novo teatro nasce da literatura*. A ruptura das formas dramáticas é sempre uma iniciativa da literatura. Tchékhov escreveu *A Gaivota* antes do surgimento do Teatro de Arte, que a encenou. Van Lerberghe[50] e Maeterlinck escreveram antes dos seus teatros. Ibsen, *As Albas*, de Verhaeren, *A Terra*, de Briússov, *Tântalo*, de V. Ivánov – onde estão os teatros que poderiam montá-los? A literatura sugere o teatro. Sugere não apenas pelo fato de os dramaturgos oferecerem modelos de uma nova forma, exigindo outras técnicas, mas também pela crítica que rejeita as velhas formas.

Se reuníssemos todos os artigos críticos sobre os nossos teatros, escritos desde a abertura do Teatro de Arte de Moscou até a temporada de 1905, quando aconteceram as primeiras tentativas de criar um teatro de Convenção, e se lêssemos de uma só vez toda essa literatura, um *leitmotiv* surgiria claramente – *ataque ao naturalismo*.

O mais infatigável adversário do naturalismo na cena foi o crítico de teatro Kugel (Homo Novus). Seus artigos são sempre os de um sólido conhecedor da técnica cênica, e revelam um grande conhecimento da história das tradições teatrais, bem como um extraordinário amor pelo teatro – sob tal aspecto, esses artigos foram de um grande valor. E se julgarmos seu papel de um ponto de vista histórico, são precisamente essas críticas de Kugel que mais auxiliaram os futuros iniciadores do novo teatro e o novo espectador a tomar consciência de todas as consequências funestas resultantes da paixão pela *meiningerei*[51] russa. Todavia,

---

50 Charles Van Lerberghe (1861-1907), poeta, contista e dramaturgo belga. Seus poemas *Entrevison* e *La Chanson d'Eve* exemplificam o seu talento lírico e sua perspectiva idealista. Amigo de Maeterlinck, como autor dramático escreveu *Os Farejadores* (1889) (N. da T.).

51 Exageros na busca da "autenticidade" dos trajes e requisitos e no desenvolvimento de uma pompa, cuja imitação mecânica resulta no que veio a chamar-se de *meiningerei*. Ver A. Rosenfeld, *História da Literatura e do Teatro Alemão*, p. 268 (N. da T.).

SOBRE O TEATRO: PRIMEIRA PARTE 213

mesmo em seus artigos mais importantes, aqueles em que se esforçou tão ardentemente em separar o teatro de tudo o que este comporta de efêmero e de supérfluo, de tudo o que Chronegk (o encenador dos Meininger) inventou, não se poderia adivinhar qual o tipo de teatro com que sonhava Kugel. O que ele queria contrapor à complexa técnica do teatro naturalista? Fazendo do ator a base do teatro, Kugel aspira a um renascimento da "interioridade", mas temos sempre a impressão de que vê nessa "interioridade" alguma coisa que deve bastar-se a si mesma. É nesse sentido que seu teatro tem um aspecto caótico, e lembra, por sua falta de gosto, o pesadelo das cenas provincianas.

Não há dúvida de que o fogo devorador dos críticos de teatro contra o naturalismo prepara o terreno para a fermentação do meio teatral, mas, em sua busca de novos caminhos, os criadores do teatro de Convenção têm uma dívida particular, por um lado, com a propaganda que nossos poetas realizaram nas páginas das raras revistas artísticas[52], pela ideia de um Drama Novo, e, por outro lado, com as peças de Maurice Maeterlinck. Em dez anos, Maurice Maeterlinck escreveu uma série de peças[53] que provocaram somente perplexidade, sobretudo quando

52 Falarei mais adiante de dois poetas apenas (Valerii Briússov e Viatchesláv Ivánov), cujos artigos sobre arte e teatro são, a meu ver, os mais importantes sinais precursores da revolução que está a ponto de acontecer. Isso não significa, entretanto, que ignoro a importante influência dos outros. É, de fato, impossível esquecer autores como Anton Kraini que, em suas observações sobre o teatro em *Voprosy Jizni* e *Novy Put* (*Novos Caminhos*), rompeu audaciosamente com as velhas tradições teatrais e esboçou, com toda a liberdade, novas previsões no domínio da arte dramática, ou, como Przybyszewski, com sua concepção aristocrática da arte em geral e do teatro em particular. Também são importantes as excelentes páginas do *Livro de Uma Grande Cólera*, de A. L. Volynski, no capítulo "O Velho e o Novo Repertório" (N. do A.).
   Anton Kraini é o pseudônimo da poetisa simbolista Zenaide N. Gippius (1869-1945). Sua poesia revela as tensões e as polaridades de sua vida. Da sua obra emergem quatro tipos predominantes de imagens femininas: a mulher nos tradicionais papéis masculinos, a mulher como abstração, as mulheres na tradição religiosa e os andróginos. Escreveu peças de teatro, como *O Sangue Sagrado* (1903) e *O Anel Verde* (N. da T.).
   A revista *Novy Put*, editada em São Petersburgo entre 1903-1904, foi sucedida pela revista *Voprosy Jizni* em 1905. Meierhold se refere à coletânea de artigos críticos editada em 1904 (N. da T.).
53 A primeira foi *A Princesa Maleine*, escrita em 1890 (N. do A.).
   Meierhold não considera *Serres chaudes* (*Os Invernadeiros*, 1889) a primeira peça do autor. Outras obras do autor, no período: *La Princesse Maleine* (*A Princesa Malena*, 1889); *L'Intruse* (*A Intrusa*, 1890); *Les Aveugles* (*Os Cegos*, 1890); *Les Sept princesses* (*As Sete Princesas*, 1891); *Pelléas et Mélisande* (*Pelleas*

214 NA CENA DO DR. DAPERTUTTO

apareciam em cena. O próprio Maeterlinck com frequência afirmava que suas peças eram montadas de maneira muito complicada. A extrema simplicidade de seus dramas, sua linguagem singela, as cenas curtas com rápidas mudanças, tudo isso exige, de fato, uma técnica completamente distinta para sua encenação. Van Bever, descrevendo o espetáculo da tragédia *Pelléas e Mélisande,* realizado sob a direção do próprio autor[54], declara: "os acessórios foram simplificados ao máximo; a torre de Mélisande, por exemplo, era figurada apenas por um quadrado de madeira coberto com papel cinza"[55]. Maeterlinck quer que seus dramas sejam montados com a maior simplicidade, a fim de não impedir a imaginação do espectador de completar seu caráter alusivo. E isso não é tudo – Maeterlinck também teme que os atores, habituados a representar em meio ao pesado mobiliário de nossas cenas, permaneçam nesse nível de representação, e que assim acabem por ignorar o aspecto mais secreto, mais delicado, mais interior de suas tragédias. Tudo isso o levou a pensar que suas tragédias exigem uma grande imobilidade, como de uma marionete (*tragédies pour un théâtre de marionnettes*).

Durante muitos anos, as tragédias de Maeterlinck não fizeram nenhum sucesso. Mas aqueles que admiram a obra do dramaturgo belga sonham com um novo teatro, com uma outra técnica, sonham com o chamado teatro de Convenção.

Para elaborar o plano deste teatro de Convenção, para assimilar a nova técnica deste teatro, devemos partir das observações feitas sobre esse tema pelo próprio Maeterlinck[56]. Para ele, a tragédia não se exprime no desenvolvimento máximo da ação dramática, nem nos gritos que rasgam a alma, mas, ao

---

e Melisande, 1892); *Alladine et Palomides* (*Aladino e Palomides,* 1894); *Intérieur* (*Interior,* 1894); *La Mort de Tintagiles* (*A Morte de Titangiles,* 1894); *Le Trésor des humbles* (*O Tesouro dos Humildes,* 1896); *Douze chansons* (*Doze Canções,* 1896); *Aglavaine et Sélysette* (1896); *Ariane et Barbe-Bleue* (1901); *Soeur Béatrice* (*Irmã Beatriz,* 1901); *La Vie des abeilles* (*A Vida das Abelhas,* 1901); *Monna Vanna* (1902); *Joyzelle* (1903); *L'Oiseau bleu* (*O Pássaro Azul,* 1908), entre outras (N.da T.).

54 O próprio Maeterlinck foi responsável pela encenação de *Pelléas e Mélisande* em sua estreia no teatro Bouffes-Parisiennes, em Paris, em 16 de maio de 1893 (N. da T.).

55 A citação é retirada de A. Van Bever, *Maurice Maeterlinck, Ensaio Crítico e Biográfico,* São Petersburgo: Escorpião, 1904 (N. da T.).

56 *O Tesouro dos Humildes, A Beatitude da Alma* e *A Tragédia de Cada Dia.* (N. da T.).

SOBRE O TEATRO: PRIMEIRA PARTE

contrário, na forma mais estática, mais imóvel, e nas palavras pronunciadas a meia-voz.

É necessário um teatro da Imobilidade. E essa não é uma inovação sem precedentes. Esse tipo de teatro já existiu. As melhores tragédias antigas, *As Bacantes*, *Antígone*, *Electra*, *Édipo em Colono*, *Prometeu*, *As Coéforas*, são tragédias imóveis. Não há nelas nenhuma ação psicológica, nem mesmo uma ação material, nada que possamos denominar de "enredo".

Estes são alguns exemplos da dramaturgia do teatro da Imobilidade. O Destino e a condição do Homem no universo são o eixo da tragédia.

Se não há movimento no desenvolvimento de um enredo, se toda tragédia é construída sobre as relações recíprocas do Destino e do Homem, é preciso a Imobilidade teatral e que o sentido de sua técnica considere o movimento uma música plástica, como desenho exterior de uma vivência, e, por isso, a técnica da Imobilidade teatral prefere o gesto estático e a economia do movimento ao gesto comum. A técnica desse teatro receia os movimentos supérfluos, sempre capazes de desviar a atenção do espectador das complexas vivências interiores, que só podem ser reveladas num sussurro, numa pausa, num estremecimento de voz ou numa lágrima que vela os olhos do ator.

Além disso, toda obra dramática compreende dois diálogos: um "exteriormente necessário" – as palavras que acompanham e explicam a ação – e outro "interior". E é este diálogo que o espectador deve escutar, não nas palavras, mas nas pausas; não nos gritos, mas nos silêncios; não nos monólogos, mas na música dos movimentos plásticos.

O diálogo "exteriormente necessário" foi construído por Maeterlinck, de tal maneira que as personagens disponham de um mínimo de palavras durante uma ação extremamente tensa.

Para tornar manifesto aos espectadores esse diálogo "interior" dos dramas de Maeterlinck, para ajudá-los a perceber esse diálogo, o cenógrafo deve encontrar novos meios de expressão.

Não creio estar enganado ao afirmar que, entre nós, na Rússia, Valerii Briússov foi o primeiro a falar da inutilidade dessa "verdade"[57] que se quis colocar a toda força em nossas cenas

---

57 A Verdade Inútil, *Mir Iskusstva*, São Petersburgo, tomo VII, 3ª parte, 1902, p. 67 (N. da T.).

nos últimos anos; foi também o primeiro a indicar caminhos diferentes para o teatro dramático. Ele exigiu o abandono da verdade inútil das cenas contemporâneas em prol da *convenção consciente*[58].

No mesmo artigo, Valerii Briússov põe em primeiro plano *o ator*, como o elemento mais importante da cena. Mas ele não aborda a questão da mesma forma que Kugel, para quem a "interioridade" era alguma coisa que se bastava a si mesma, e a arte do comediante algo que não estava organicamente ligado ao projeto geral de criação do encenador, afastando-se extremamente, assim, do espírito indispensável de disciplina.

Embora a questão da *convenção consciente* levantada por Briússov esteja muito próxima do objeto fundamental deste meu artigo, para abordar as questões sobre teatro de Convenção e de sua nova técnica, devo ainda me ater sobre o *ator* no teatro, tal como o concebia Valerii Briússov.

Para Briússov: a fábula, a ideia da obra – isto é sua *forma*. O material das obras de arte são as imagens, as cores, os sons. Em arte, só tem valor a obra em que o artista colocou sua própria *alma*. O *conteúdo* de uma obra de arte é a *alma do artista*. A prosa, os versos, as cores, a argila, a fábula – tudo isso é para o artista apenas um meio de exprimir sua alma.

Briússov não distingue os artistas em artista criadores (poetas, escultores, pintores, compositores) e artistas executores (atores, cantores, instrumentistas, cenógrafos). Na verdade, em sua opinião, uns produzem uma arte duradoura (*permanent*), enquanto outros devem recriar sua própria arte toda vez que quiserem torná-la acessível ao público, mas, em ambos os casos, o artista é sempre um *criador*.

O ator em cena assemelha-se ao escultor diante de um bloco de argila: precisa encarnar em uma forma sensível o mesmo conteúdo que o escultor – *os impulsos de sua alma e de sua sensibilidade*. Os sons do instrumento são a matéria do pianista; a do cantor – sua voz; a do ator – seu próprio corpo, seu discurso, mímica e gestos. A obra que um artista interpreta é a forma na qual se derrama sua criação pessoal.

---

58 Os grifos no texto de Briússov, aqui e a seguir, são meus (N. do A.)

A liberdade criadora de um artista não está limitada pelo fato de ele receber pronta, do autor da peça, a forma de sua criação [...]. Os artistas criam livremente quando tratam dos grandes momentos da história do evangelho, embora também aqui a forma seja dada a priori.

A tarefa do teatro – oferecer todos os elementos necessários à arte do ator para que ela se manifeste com a maior liberdade, e seja percebida pelos espectadores da maneira mais completa possível. *Ajudar o ator a desvelar sua alma perante o espectador, esta é a única vocação do teatro.*

Eliminando estas últimas palavras – "esta é a única vocação do teatro" – e ampliando seu pensamento, eu diria: *é preciso, por todos os meios, ajudar o ator a desvelar sua alma, fundida com a alma do dramaturgo através da alma do encenador.* E da mesma forma que a liberdade criadora do ator não é limitada pelo fato de ele receber pronta, do autor da peça, a forma de sua criação, assim também aquilo que lhe dá o encenador não limita sua liberdade criadora.

Todos os meios do teatro devem ser colocados a serviço do ator. Ele deve reinar soberano sobre o público, uma vez que, em cena, a sua arte ocupa um dos primeiros lugares.

Briússov acha que todo o teatro europeu, com algumas raras exceções, está em um *falso caminho.*

Não voltarei aqui a todos os absurdos que Briússov aponta nos teatros naturalistas, resultantes de sua aspiração à reprodução mais verídica possível da vida, pois eles já foram denunciados na primeira parte da obra, a partir de um outro ponto de vista, mas de maneira suficientemente clara.

Briússov defende a convenção na cena – mas não essa convenção-clichê como quando os atores querem falar em cena como na vida e, não sabendo fazê-lo, sublinham artificialmente as palavras, fazem ridículos movimentos de mãos, suspiram exageradamente etc., nem dessa outra convenção utilizada pelo cenógrafo que, ao querer mostrar um quarto como ele é na vida, constrói um pavilhão com três paredes – Briússov não está de acordo com essa convenção-clichê, absurda e antiartística; o que ele quer, ao contrário, é a criação na cena de uma *convenção consciente* que seja um método artístico e que tenha o encanto original de um procedimento de encenação:

É por convenção que as estátuas de mármore e de bronze não são coloridas. É também convencional a gravura em que as folhas são negras e o céu é representado por listras, mas nem por isso deixamos de experimentar, ao olhar para uma gravura, um prazer puro e estético. Em todo lugar onde há arte, há convenção.

É claro que não é preciso suprimir totalmente o cenário e retornar assim aos tempos em que se descrevia a cena em um cartaz, apenas "é necessário trabalhar, criar cenários compreensíveis a todos, como é compreensível qualquer língua corrente, como são compreensíveis as estátuas brancas, os quadros planos e as gravuras negras".

Depois, Valerii Briússov sugere qual deve ser o papel ativo do espectador no teatro:

É tempo de o teatro deixar de arremedar a realidade. Uma nuvem representada em um quadro plano é imóvel, não muda nem de forma nem de luminosidade, mas há qualquer coisa nela que nos dá a impressão de uma verdadeira nuvem no céu. *A cena deve conter tudo aquilo que possa ajudar o espectador a reconstituir da maneira mais fácil possível, pelo jogo da imaginação, o cenário exigido pela fábula da peça.*

Falarei de V. Ivánov quando chegar ao repertório do teatro de Convenção.

IV. *Primeiras Tentativas de Criação de Um Teatro de Convenção*

As primeiras tentativas de criação de um teatro de Convenção, inspirando-se nas observações de Maurice Maeterlinck e de Valerii Briússov, foram realizadas pelo Teatro-Estúdio. E como a encenação da tragédia de Maeterlinck, *A Morte de Tintagiles*, por esse primeiro teatro de pesquisa aproximou-se muito, em minha opinião, do teatro de Convenção, me parece útil indicar quais foram os métodos de trabalho utilizados pelos encenadores, atores e cenógrafos, bem como expor os resultados obtidos.

O teatro tem sempre evidenciado a dissonância entre os diferentes criadores que, coletivamente, apresentam-no ao

SOBRE O TEATRO: PRIMEIRA PARTE

público. Autor, encenador, ator, cenógrafo, músico e aderecista jamais conseguem fundir-se idealmente em uma criação coletiva. É por essa razão que a síntese wagneriana das artes me parece impossível[59]. O pintor e o músico devem manter-se separados: o primeiro, em um teatro Cenográfico especial, onde possa expor seus telões na cena, e não como em uma exposição, com uma iluminação noturna, e não diurna, e planos múltiplos etc.; o músico deve consagrar-se unicamente à sinfonia, cujo modelo é a 9ª de Beethoven, e não tem nada a fazer no teatro dramático, onde à música é dado apenas um papel secundário.

Eu fiz essas reflexões mais tarde, quando passamos das primeiras tentativas (*A Morte de Tintagiles*) ao estágio seguinte (*Pelléas e Mélisande*).

Mas, quando estávamos começando a trabalhar em *A Morte de Tintagiles*, esse problema da dissonância entre os criadores já me atormentava; e se era impossível a fusão com o cenógrafo e o músico – cada um puxando para o seu lado, como é natural, cada um se esforçando instintivamente para fazer um trabalho isolado –, gostaria de fundir em um conjunto o autor, o encenador e o ator.

E neste ponto ficou claro justamente que esses três elementos fundamentais do teatro *poderiam fundir-se*, mas sob a condição expressa de abordar o trabalho da mesma maneira que nós, no Teatro-Estúdio, durante os ensaios de *A Morte de Tintagiles*.

Depois de percorrer o caminho habitual das "conversações" sobre a peça (precedidas, naturalmente, pelo trabalho do encenador, que deve conhecer sobre tudo o que já se escreveu sobre a peça), encenador e ator procuram, na sala de ensaio, ler versos de Maeterlinck e fragmentos de seus dramas com uma atmosfera próxima de *A Morte de Tintagiles* (quanto à peça, nós a deixamos de lado para que não se transformasse em um estudo ou exercício, para só abordá-la quando soubéssemos como fazê-lo). Um a um, os atores dizem versos e fragmentos. Esse trabalho, para eles, é como o estudo para um pintor ou o exercício para um músico. No estudo, a técnica é

---

59 Ver "Sobre a Encenação de *Tristão e Isolda* no Teatro Mariinski", infra, p. 239 (N. da T.)

aperfeiçoada e somente depois de ter exercitado sua técnica é que o pintor aborda o quadro. Ao dizer os versos e os fragmentos, o ator procura novos meios de expressão. O auditório (todos, e não somente o encenador) coloca suas observações e indica novos caminhos para o ator prosseguir em seu estudo. E todo esse esforço criador deve levar a um colorido no qual "ressoe" o texto do autor. Quando esse trabalho coletivo tiver revelado o autor, quando não restar um só fragmento ou um só verso que não ressoe como deve, então o auditório aborda a análise dos meios de expressão capazes de transmitir o estilo, o tom do autor.

Antes de enumerar os novos procedimentos técnicos descobertos intuitivamente, e enquanto permanece viva em minha memória a imagem do trabalho comum sobre os estudos, realizados pelo ator e o encenador, apontarei *dois métodos de criação de encenação*, que organizam de forma distinta as relações entre o ator e encenador: um dos métodos priva de liberdade criadora não somente o ator, mas também o espectador, enquanto o outro liberta não somente o ator como o espectador, obrigando este a criar, em vez de contemplar (ativando somente no princípio a esfera da fantasia do espectador).

Esses dois métodos se distinguem se *imaginarmos os quatro elementos fundamentais* do teatro (autor, encenador, ator e espectador) na seguinte representação gráfica:

1. Um triângulo cujo ápice representa o encenador, e os dois ângulos da base o autor e o ator. O espectador percebe a arte dos dois últimos *através da arte do encenador* (nesse esquema, o lugar do espectador encontra-se acima do ápice do triângulo). Este é o primeiro tipo de teatro ("o teatro-triângulo"):

2. Uma linha reta (horizontal), onde os quatro elementos fundamentais do teatro são representados por quatro pontos da esquerda para a direita: autor, encenador, ator e espectador; este é o outro tipo de teatro (o "teatro da linha reta"). O ator desvela livremente sua alma perante o espectador, assimilando a obra do encenador, assim como este último assimilou a criação do autor.

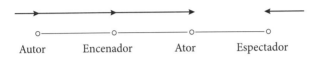

Autor   Encenador   Ator   Espectador

1) No "teatro-triângulo", o encenador primeiro expõe todo seu plano, em todos os seus pormenores, indica de que maneira vê as personagens, assinala as pausas e faz os atores ensaiarem até que seu projeto seja reproduzido exatamente, em todos os seus detalhes, até que ele escute e veja a peça como a escutara e vira ao trabalhar sobre ela sozinho.

O "teatro-triângulo" assemelha-se a uma orquestra sinfônica, onde o maestro seria o encenador.

Entretanto, a própria natureza do teatro, cuja arquitetura não prevê um lugar específico para o encenador, já marca a diferença que existe entre maestro e encenador.

Sim, mas em alguns casos, que poderão replicar, uma orquestra sinfônica pode tocar sem maestro. Imaginemos que Nikich[60] tivesse uma orquestra sinfônica permanente, com a qual ele toca há dezesseis anos, sem mudar quase nada em sua composição. Digamos que essa orquestra toca uma determinada obra musical várias vezes ao ano, e isso durante dezesseis anos.

É possível que um dia, embora Nikich não esteja no seu posto de diretor, a orquestra interprete essa obra musical sem ele, executando a sua interpretação? Sim, é possível, e o público escutaria essa obra musical na interpretação de Nikich. Uma segunda pergunta: essa obra seria interpretada exatamente como se Nikich a dirigisse? Sem dúvida, ela não a executaria tão bem, mas ainda seria a interpretação de Nikich que ouviríamos.

---

60   A. Nikich (1855-1922), maestro de origem húngara, célebre no período (N. da T.).

222 NA CENA DO DR. DAPERTUTTO

Eu responderia desta maneira: uma orquestra sinfônica sem maestro é, a rigor, possível, mas não podemos fazer um paralelo satisfatório entre essa orquestra sinfônica sem maestro e o teatro, onde os atores sempre estão em cena sem o seu encenador.

Uma orquestra sinfônica sem maestro é concebível, mas mesmo que seus músicos estivessem ligados de forma ideal, ela não inflamaria o público, pois só poderia transmitir-lhe a interpretação deste ou daquele maestro; ela só pode fundir-se em uma unidade na medida em que recria a composição de um outro.

A arte do ator é de tal natureza que lhe cabe um papel muito mais importante do que o de fazer o público conhecer o plano do encenador. O ator será acompanhado pelo público quando, tendo assimilado o autor e o encenador, puder se expressar sobre a cena.

E vamos mais longe: é qualidade essencial do músico de uma orquestra sinfônica possuir uma técnica virtuosa e executar exatamente as indicações do maestro, despersonalizando-se.

Comparável a essa orquestra, o "teatro-triângulo" deve utilizar um ator que seja dono de um virtuosismo técnico, mas é preciso que ele seja, em uma larga medida, despersonalizado, sendo capaz de executar o projeto sugerido pelo encenador.

2) No "teatro da linha reta" o encenador, tendo assimilado o autor, traz ao ator sua própria arte (aqui o autor e o encenador fundiram-se). O ator, tendo abordado a obra do autor por intermédio do encenador, vai encontrar-se face a face com o espectador (estando o autor e o encenador por trás do ator) e revela sua alma *livremente* perante o público, acentuando assim a ação recíproca dos dois elementos fundamentais do teatro: ator e espectador.

Para que a linha reta não se transforme em uma linha ondulada[61], *somente* o encenador deve dar o tom e o estilo à obra,

---

61 A. Blok teme que os atores desse teatro "possam quebrar a estrutura da peça". Mas, a meu ver, as *dissonâncias* e o naufrágio só podem surgir se a "linha reta" transforma-se em uma linha ondulada. O perigo é afastado se o encenador interpreta bem o autor, sabe transmiti-lo ao ator, e este último compreende bem o encenador (N. do A.).

Meierhold se refere aqui ao artigo de Blok, "O Teatro V. F. Komissarjévskaia", publicado na revista *Pereval*, n. 2, dezembro, 1906, p. 61-63 (N. da T.).

o que não impede que a criatividade do ator do "teatro da linha reta" permaneça livre.

O encenador expõe seu *plano* em uma *conversação* sobre a peça. É a *sua* leitura da peça que vai colorir toda a obra. Arrebatando os atores com sua paixão pelo texto, o encenador derrama neles a alma do autor, e a sua interpretação. Mas, *depois da conversação*, é preciso dar plena independência a todos os atores. Mais tarde, o encenador os reúne novamente para harmonizar as diferentes partes; mas como? Simplesmente equilibrando todas essas partes livremente criadas pelos outros criadores do coletivo. E depois de ter realizado essa harmonia, sem a qual um espetáculo não tem sentido, *o encenador não procura alcançar uma reprodução exata de seu projeto*, que é único, somente para que se obtenha um espetáculo harmonioso, para evitar que a criação coletiva seja composta apenas de peças e de fragmentos – o encenador aguarda o momento em que poderá ocultar-se nas coxias, deixando os atores "quebrarem a estrutura", se estiverem em desacordo com o encenador e com o autor (se não pertencem à "nova escola"[62]), ou revelarem suas almas em improvisações que por certo não serão acrescentadas ao texto, mas que completam aquilo que o encenador insinuou, permitindo ao espectador

---

62 O "teatro-triângulo" necessita de atores despersonalizados, e que sejam *virtuosos de primeira ordem*, sendo que a escola a que pertencem não tem muita importância. Para o "teatro da linha reta", ao contrário, o brilho individual do talento do ator é muito importante. Sem ele, com efeito, a criação livre não é concebível; por isso é absolutamente necessário *uma nova escola* para os atores. A nova escola não é um lugar onde se estuda novas técnicas, mas uma escola que nasce uma única vez, para engendrar um novo teatro livre, e que depois morre.

O "teatro de linha reta" nasce de uma escola, de uma única escola, como de uma só semente nasce uma única planta. E como, para obter uma nova planta, é preciso semear uma nova semente, da mesma forma um novo teatro nascerá de cada nova escola.

O "teatro-triângulo" tolera escolas em torno dele, escolas próximas do teatro, mas a tarefa dessas escolas limita-se a preparar um grupo de substitutos, de candidatos para os lugares vagos, formando assim imitadores dos grandes atores do teatro existente. Estou convencido de que precisamente essas escolas são as responsáveis pela ausência de talentos verdadeiros e novos em nossas cenas.

Uma escola fora do teatro deve produzir atores que sejam incapazes de trabalhar em um teatro que não seja aquele que eles mesmos fundarão. *Será nova a escola que engendrar um novo teatro* (N. do A.).

224 NA CENA DO DR. DAPERTUTTO

compreender o autor e o encenador através de sua criação. *O teatro é a arte do ator.*

Se considerarmos toda a obra de Maeterlinck – seus poemas e seus dramas, o prefácio que ele escreveu na última edição do seu livro, *O Tesouro dos Humildes*, no qual fala do teatro da imobilidade, penetrando no colorido e na atmosfera de suas obras –, vemos então claramente que o próprio autor não quer evocar o horror em cena, nem busca alarmar o espectador ou provocar-lhe gemidos histéricos, vemos que ele não quer que o público fuja, aterrorizado ou apavorado, e que seu objetivo é exatamente o contrário: o que ele deseja é derramar na alma do espectador a contemplação do inevitável, plena de sabedoria e tremulante, é fazer o espectador chorar, fazê-lo sofrer, mas ao mesmo tempo enternecê-lo e conduzi-lo a uma calma e a um bem-estar. O objetivo a que se propõe o autor, sua intenção fundamental, é "aliviar todas as nossas dores, semeando entre elas a esperança, que ora se apaga, ora se acende de novo"[63]. Quando o espectador tiver saído do teatro, a vida da humanidade recomeçará a fluir com todas as suas paixões, mas essas *paixões* não parecerão mais *vãs*, a vida fluirá com suas alegrias e tristezas, com seus deveres, mas tudo isso terá um sentido, pois teremos compreendido que é possível sair das trevas, ou *suportá-las sem amargura*. A arte de Maeterlinck é sã e vivificante. Ele convida os homens a uma sábia contemplação da grandeza do Destino, e seu teatro torna-se um templo. Não é à toa que Pastore faz o elogio de seu misticismo como do último refúgio dos dissidentes religiosos, que não querem inclinar-se perante o poder *temporal* da Igreja, mas que também não pensam em recusar uma fé livre em um mundo não terrestre. É nesse tipo de teatro que se pode encontrar a solução para os problemas religiosos. E, por mais sombrio que possa ser o colorido da obra, ela, sendo um *mistério*, dissimula em si mesma um infatigável apelo à vida.

Este é, a nosso ver, o erro essencial cometido por aqueles que encenaram os dramas de Maeterlinck antes de nós: tentaram assustar o espectador, em vez de reconciliá-lo com

---

63 Annibale Pastore, *Maurice Maeterlinck, Vestnik Inostrannoi literatury* (*Maurice Maeterlinck, O Mensageiro da Literatura Estrangeira*), setembro de 1903 (N. do A.).

o caráter inevitável do Destino. "Na base de meus dramas", escreveu Maeterlinck, "encontra-se a ideia do deus cristão ao lado da ideia do antigo destino". O autor escuta as palavras e as lágrimas dos homens como um ruído surdo, pois essas palavras e lágrimas caem em um abismo profundo. É do alto das regiões siderais que ele olha para os homens, e estes lhe surgem como fagulhas cintilantes. E tudo que ele quer é descobrir, surpreender em suas almas, algumas palavras de doçura, de esperança, de compaixão, de angústia, e mostrar-nos qual é a força do Destino que dirige nossa sorte.

Nossa interpretação cênica de Maeterlinck procura suscitar na alma do espectador essa impressão de quietude desejada pelo próprio autor. Um espetáculo de Maeterlinck é um *mistério*: encontramos nele tanto a harmonia quase inaudível das vozes, o coro das lágrimas silenciosas, os soluços estrangulados e o estremecimento da esperança (como em *A Morte de Tintagiles*), e o êxtase que convida à ação religiosa, à dança marcada pelas trombetas e pelo órgão, o bacanal da grande festa do Milagre (como no segundo ato de *Irmã Beatriz*). Os dramas de Maeterlinck são "primeiro e antes de tudo uma manifestação e uma purificação das almas". "Seus dramas são os coros das almas que cantam a *meia-voz* os sofrimentos, o amor, a beleza e a morte". É *a simplicidade* que nos faz deixar a terra pelo mundo dos sonhos. É a harmonia que anuncia a serenidade. É uma alegria estática.

Foi com essa concepção da alma do teatro de Maeterlinck que entramos na sala de ensaio para trabalhar sobre os estudos.

O que Muther[64] disse a propósito de Perugino, um dos mais maravilhosos artistas do *Quattrocento*, gostaríamos de aplicar a Maeterlinck: "Ao caráter contemplativo, lírico, de seus enredos, à grande calma e à majestade arcaica de seus quadros", só pode "corresponder uma composição onde a harmonia não seja destruída por um único movimento violento, nem por nenhum contraste brutal".

Fortificados por essas reflexões gerais sobre a arte de Maeterlinck e trabalhando sobre os estudos na sala de ensaio,

---

64 R. Muther (1860-1909), crítico e historiador da arte alemão (N. da T.).

atores e encenadores obtiveram, de maneira intuitiva, os seguintes resultados:

No Domínio da Dicção:

1. É necessário *uma fria cunhagem das palavras*: nenhuma entonação vibrante (trêmulos), nenhuma voz lacrimejante. Ausência total de tensão e de tons sombrios.

2. O som deve ter sempre um *suporte*, as palavras devem cair como gotas d'água em um poço profundo: ouve-se o ruído claro da gota sem a vibração do som no espaço. Nenhuma imprecisão no som, nem finais vibrantes nas palavras, como fazem os que dizem versos "decadentes".

3. O frêmito místico é mais forte que o temperamento do velho teatro. Este último era sempre descomedido e grosseiro exteriormente (mãos que se agitam, punhos que golpeiam o peito ou a coxa). O estremecimento interior do frêmito místico reflete-se nos olhos, nos lábios, nos sons, na maneira de pronunciar as palavras. É uma calma exterior que dissimula emoções vulcânicas. E tudo isso sem tensão, com leveza.

4. As emoções da alma e o trágico que há nelas estão indissoluvelmente ligados à emoção da forma, sendo esta parte integrante do conteúdo, especialmente em Maeterlinck, que dá uma forma muito particular àquilo que é tão simples e tão familiar[65].

5. Deve-se evitar a qualquer preço a *elocução rápida*, que só é concebível nos dramas de tons neurastênicos, naqueles em que o autor coloca tão amorosamente os pontos de sus-

---

65 Ao longo de nosso trabalho surge uma questão que, sem a intenção de solucionar, quero ao menos colocar: o ator deve começar por manifestar o conteúdo interior do papel, deixando surgir seu caráter, para em seguida experimentar essa emoção sob tal ou qual forma, ou a ordem deve ser invertida? Nós chegamos ao seguinte método: não deixar surgir o caráter enquanto não possuíssemos a forma. E me parece que agimos bem. Seja, dir-se-á, mas resta ainda um lamentável inconveniente: a forma fixa o caráter. Isso não é verdade. Os velhos atores naturalistas que foram nossos professores diziam: se não quiseres que o papel te escape, começa lendo-o, não em voz alta, mas interiormente, e não o pronuncie em voz alta senão quando tiver ressoado em seu coração. Abordar um papel em um drama de costumes por intermédio de uma leitura silenciosa e só abordar um papel estranho ao teatro de costumes após ter adquirido o ritmo da linguagem e o do movimento são dois procedimentos igualmente legítimos (N. do A.).

pensão. A serenidade épica não exclui a emoção trágica. As emoções trágicas são sempre majestosas.

6. O trágico com um sorriso nos lábios. Só compreendi e admiti com toda minha alma essa exigência, adquirida intuitivamente, depois de ter tido a oportunidade de ler esta passagem de Savonarole:

não pensem que Maria, quando seu filho morreu, andava pelas ruas gritando, arrancando os cabelos e comportando-se como uma louca. Foi com doçura e com grande humildade que ela seguiu seu filho. Certamente derramava lágrimas, mas seu aspecto exterior não traduzia apenas tristeza, mas, confundidas, *tristeza e felicidade*. E ao pé da cruz ela estava *triste e feliz*, tomada pelo segredo da imensa bondade divina.

O ator da velha escola, quando queria produzir uma forte impressão sobre o público, gritava, chorava, gemia, batia no próprio peito com os punhos. O novo ator, ao contrário, deve exprimir o grau superior do trágico da mesma forma que esse trágico ressoava em Maria, triste e feliz: uma calma exterior quase fria, sem gritos ou lamentos, mas em compensação com muita profundidade.

No Domínio da Plástica:

1. Richard Wagner utiliza-se da orquestra para mostrar o diálogo interior. Para ele, a frase musical emitida pelo cantor não tem poder suficiente para exprimir a emoção interior do herói. Wagner apela para o auxílio da orquestra, estimando que somente ela é capaz de dizer o que só pode ser dito a meias-palavras, de revelar o Mistério diante do espectador. Assim como a frase emitida pelo cantor no drama musical, a palavra no drama não é um instrumento suficientemente poderoso para mostrar o diálogo interior. Na verdade, se a palavra fosse o único instrumento capaz de revelar a essência de uma tragédia, evidentemente todo mundo poderia representar em cena. Pronunciar palavras, e mesmo pronunciá-las bem, não significa ainda saber dizê-las. É preciso buscar agora novos meios para exprimir as meias-palavras e de tornar manifesto o que está oculto.

Wagner dá à orquestra a incumbência de falar das emoções da alma, e eu faço o mesmo quando falo dos *movimentos plásticos*.

Entretanto, deve-se reconhecer que também no velho teatro a plástica surgia como um meio necessário de expressão. Salvini[66], em *Otelo* ou *Hamlet*, sempre nos assombrava por sua expressividade plástica. Portanto, existia verdadeiramente uma plasticidade, mas não é dessa plástica que estou falando.

Essa plástica harmonizava-se rigorosamente com as palavras pronunciadas. E eu falo aqui de "uma plástica que não corresponde às palavras".

Que significa "uma plástica que não corresponde às palavras"?

Duas pessoas conversam e falam do tempo, de arte, de suas casas. Uma terceira, que está próxima e as observa – na condição de ser suficientemente sensível e perspicaz –, pode definir precisamente o que essas pessoas são uma para a outra: amigas, inimigas ou amantes, mesmo que o conteúdo de sua conversa não revele nada sobre suas relações recíprocas. E o que lhe permite chegar a essa conclusão é o fato de que essas duas pessoas fazem certos movimentos de mãos, assumem determinada atitude, baixam os olhos de certa forma, de maneira que é possível deduzir que tipo de relação existe entre elas. Isso porque, enquanto falam do tempo, da arte etc., essas duas pessoas fazem movimentos que não correspondem às palavras que pronunciam. De acordo com esses movimentos que não correspondem às palavras, um observador determina quem são as pessoas que conversam: amigos, inimigos ou amantes...

O encenador constrói uma ponte entre o espectador e o ator. Colocando em cena, segundo a vontade do autor, amigos, inimigos ou amantes, o encenador deve dar aos movimentos e às atitudes um desenho que ajude o espectador não somente a escutar as palavras proferidas, mas também a penetrar no interior, no segredo do diálogo. E se o encenador, absorvendo-se no tema desenvolvido pelo autor, conseguiu perceber a música interior do diálogo, ele sugere ao ator movimentos plásticos que, na sua visão, são os mais adequados para fazer o especta-

---

66 T. Salvini (1829-1915). Ator italiano. Meierhold o assistiu nas turnês que fez na Rússia e em 1902, na Itália, em sua viagem a Milão (N. da T.).

SOBRE O TEATRO: PRIMEIRA PARTE

dor compreender esse diálogo interior tal como o entendem o encenador e os atores.

Gestos, atitudes, olhares, silêncios, determinam a *verdade* das relações entre os homens. As palavras não dizem tudo. Isso significa que, em cena, também é necessário *um desenho dos movimentos* que possa colocar o espectador na situação de um observador perspicaz, para colocar-lhe nas mãos esse mesmo material que os dois interlocutores de que falávamos davam a seu observador, ou, dito de outra maneira, um material que ajude o espectador a decifrar as emoções das personagens. As palavras são para os ouvidos, a plástica é para a visão. Dessa maneira, a imaginação do espectador trabalha sob o impacto de duas impressões, uma visual e outra auditiva. O que distingue o velho teatro do novo é que, neste último, a plástica e as palavras estão submetidas a seus próprios ritmos, por vezes encontrando-se.

Seria um erro, entretanto, pensar que, por vezes, em contraste, todos os casos necessitem de uma plástica que não corresponda às palavras pronunciadas. Nada impede que se dê a uma frase uma plástica que corresponda exatamente às palavras, mas este é um procedimento tão artificial quanto a coincidência do acento rítmico e do acento lógico na poesia.

2. Os quadros de Maeterlinck são arcaicos. Seus heróis têm nomes que só encontramos nos ícones. Arkiol[67] parece sair de um quadro de Ambrogio Borgognone[68]. De arcos góticos. De estátuas de madeira, polidas e brilhantes como se fossem de jacarandá. E temos vontade de dispor simetricamente as personagens, como queria Perugino, pois essa é a ordenação que melhor exprime a divindade do universo.

"Mulheres, adolescentes com aspecto feminino e doces anciãos fatigados podem, mais do que tudo, servir para exprimir os sentimentos de sonho e de doçura" que Perugino esforçava-se por transmitir. Não acontece o mesmo em Maeterlinck? Temos então o mesmo problema da iconografia.

À sobrecarga absurda das cenas do teatro naturalista substitui-se, no novo teatro, a necessidade de introduzir, nos planos,

---

67 Arkiol é uma personagem de *Pelléas e Mélisande* (N. da T.).
68 Pseudônimo de Ambrogio Stefani da Fossan, pintor italiano contemporâneo de Leonardo da Vinci,. Sua produção tem início em 1472. Falecido em 1523 (N. da T.).

uma construção rigorosamente submetida ao movimento rítmico das linhas e à harmonia musical das manchas de cor.

Também era preciso introduzir nos cenários a técnica da iconografia, pois nesse momento ainda não tínhamos chegado à sua total supressão. E como considerávamos o movimento plástico um meio de expressão primordial, que manifestava o diálogo interior fundamental, foi desenhado um cenário que não deixasse que esses movimentos se tornassem imprecisos. O objetivo era concentrar toda a atenção do espectador sobre os movimentos. Daí a escolha de um fundo decorativo único para *A Morte de Tintagiles*. Essa tragédia, ao ser ensaiada com um fundo de uma simples tela, produzia uma impressão muito forte, pois o desenho dos gestos era vivamente delineado. Mas quando os atores foram colocados em um cenário que tinha espaço e ar, a peça se perdeu. Daí a ideia de um painel decorativo. Entretanto, quando fizemos uma série de tentativas utilizando essa técnica (*Irmã Beatriz, Hedda Gabler, O Conto Eterno*), descobrimos que, se os cenários desenvolvidos em um espaço onde os movimentos plásticos se diluíam e onde não eram nem enfatizados, nem fixados – eram impróprios, assim como as telas decorativas. Nos quadros de Giotto, não há nada que destrua a harmonia das linhas, pois ele submete toda sua criação ao ponto de vista decorativo, e não ao ponto de vista naturalista. Mas se o teatro quer evitar qualquer retorno ao naturalismo, ele recusa e deve recusar exatamente da mesma forma o ponto de vista "decorativo" (exceto no sentido em que o teatro japonês o entende).

O painel decorativo possui, como a música sinfônica, um papel específico, e se as personagens lhe são necessárias como o são a um quadro, só podem ser personagens figuradas sobre a sua superfície, ou, então, no caso do teatro, marionetes de papelão, mas nunca de cera, de madeira ou de carne. Isto porque o painel decorativo, possuindo apenas duas dimensões, exige personagens igualmente bidimensionais.

O corpo humano e os acessórios que o rodeiam, mesas, cadeiras, camas, armários, tudo isso tem três dimensões, por isso o teatro, que tem no ator sua base fundamental, deve apoiar-se sobre as descobertas das artes plásticas e não sobre as da pintura. Para o ator, *a estatuária plástica* deve ser fundamental.

SOBRE O TEATRO: PRIMEIRA PARTE

Eis quais foram os resultados de um primeiro ciclo de pesquisas no domínio do Novo Teatro. Este ciclo historicamente necessário terminou, e gerou uma série de experiências de encenações convencionais, que levou a repensar o lugar da pintura decorativa no teatro dramático.

O ator da velha escola, ao ouvir que o teatro precisava romper com o ponto de vista decorativo, rejubilou-se, já que não via outra possibilidade senão retornar ao velho teatro. Pois no velho teatro, dizia, também encontrávamos esse espaço de três dimensões. Portanto, "abaixo o teatro de Convenção".

No momento em que a pintura decorativa ingressa na cena do teatro decorativo, e o músico na sala sinfônica, o teatro de Convenção, muito longe de desaparecer, continuará a caminhar para a frente, com um passo ainda mais audacioso.

Se recusa o painel decorativo, o novo teatro não recusa os procedimentos convencionais de encenação, e também não recusa interpretar Maeterlinck com o auxílio de procedimentos da pintura de ícones. Mas o meio de expressão deve ser arquitetônico, ao contrário do antigo, que era pictórico. Todos os planos da encenação convencional, tanto em *A Morte de Tintagiles* quanto em *Irmã Beatriz*, no *Conto Eterno* e em *Hedda Gabler*, foram conservados e estritamente respeitados; eles simplesmente foram transferidos para o livre teatro de Convenção. Enquanto o pintor trabalha sobre uma superfície plana, que não admite nem o ator nem os objetos, porque são distintas as exigências do ator e da pintura não teatral, decorativa.

v. *O Teatro de Convenção*

"Da verdade inútil das cenas contemporâneas", dizia Valerii Briússov, "clamo à convenção consciente do teatro antigo". Também Viatchesláv Ivánov quer o renascimento do teatro antigo. Mas, se Valerii Briússov, quando aponta no teatro antigo um exemplo interessante de convenção, contenta-se em mencionar isso de passagem, Viatchesláv Ivánov descobre o plano harmonioso da ação dionisíaca.

Restringindo sua perspectiva, geralmente se pensa que o teatro, segundo as ideias de V. Ivánov, só poderia ter em seu repertório as tragédias antigas, sejam originais, sejam mais recentes, mas em todo caso escritas no estilo da Grécia antiga, como *Tântalo*[69], por exemplo. Para convencer-se de que o projeto de V. Ivánov, longe de ser restritivo, engloba, pelo contrário, um vasto repertório, evidentemente não se deve ignorar nenhuma de suas frases, e infelizmente Ivánov não é estudado entre nós. Gostaria de me deter sobre as ideias de V. Ivánov para indicar com mais precisão, depois de ter penetrado em seus pontos de vista, as vantagens da técnica convencional, e mostrar que essa técnica, e somente ela, é que dará ao teatro a possibilidade de acolher em seu seio o variado repertório proposto por V. Ivánov, bem como esse buquê de flores teatrais que a dramaturgia contemporânea derrama sobre a cena do teatro russo.

O teatro passou do polo dinâmico ao polo estático[70].

O drama nasceu "do espírito da música, da forma coral do ditirambo, onde morava sua energia dinâmica". "Do culto extático e sacrificial surgiu a arte dionisíaca do drama coral".

Em seguida, veio "a separação dos elementos da ação original". O ditirambo destaca-se como um gênero lírico independente. Toda a atenção concentra-se sobre o herói-protagonista, cujo destino trágico torna-se o centro do drama. O espectador, de antigo cúmplice da ação sagrada, assiste agora a uma festa "espetacular". O coro, depois de ser separado, por um lado, da comunidade que se encontrava na orquestra, por outro lado, do herói, passa a ser um elemento que ilustra as peripécias do destino heroico. É assim que surge o *teatro* como *espetáculo*.

O espectador experimenta o que percebe em cena apenas de uma forma *passiva*.

Existe entre os atores e o espectador uma fronteira mágica, cria-se a linha da boca de cena que divide o teatro em dois mundos estranhos: um que só faz agir, outro que só faz perceber, e não existem artérias que possam unir esses dois corpos separados em uma circulação sanguínea comum, de energia criadora.

---

69 Peça de V. Ivánov (N. da T.).

70 Sobre a evolução do drama, do teatro-espetáculo e do destino da Máscara, ver o livro de Viatchesláv Ivánov, *Segundo as Estrelas*, São Petersburgo: Ory, 1909 (N. do A.).

SOBRE O TEATRO: PRIMEIRA PARTE

A orquestra aproximava o espectador da cena. Mas o proscênio foi colocado no lugar da orquestra e distanciou a cena do espectador. A cena desse teatro-espetáculo é "uma iconostase[71] distante, austera, que não convida todos a fundir-se em uma única multidão festiva", uma iconostase em lugar do "antigo tablado baixo do altar", no qual era tão fácil entrar em êxtase para comungar no rito.

O drama, nascido nos cultos ditirâmbicos de Dioniso, afastou-se pouco a pouco de suas fontes religiosas, e a Máscara do herói trágico, em cujos destinos o espectador vê seu próprio destino, a Máscara da sorte trágica de cada um, na qual se encarnou o Eu da humanidade – essa Máscara objetivou-se progressivamente ao longo dos séculos. Shakespeare descobre os caracteres. Corneille e Racine colocam seus heróis na dependência da moral de uma determinada época, remetendo-os a fórmulas materialistas. A cena deixa de ser religiosa-comunal, como na origem. A cena, com sua objetividade, torna-se alheia ao público, a cena não *contagia*, a cena não *transfigura* mais.

O novo teatro assinala um retorno a essa origem dinâmica. São os teatros de Ibsen, Maeterlinck, Verhaeren, Wagner[72]. As mais recentes buscas coincidem com os preceitos da antiguidade. Assim como outrora a ação sagrada da tragédia era uma das faces das "purificações" dionisíacas, agora nós exigimos do artista purificação e cura.

---

71 Divisória decorada por ícones que, nas igrejas ortodoxas, separa a nave principal, destinada aos fiéis , do local em que o padre oficia (N. da T.).
72 Por que colocar Maeterlinck junto de Ibsen, Maeterlinck ao lado de Verhaeren (*As Alvas*, por exemplo, ao lado de *A Morte de Tintagiles*)?
   É que o deus que sofre tem duas faces: Dioniso, a embriaguez, e Apolo, o sonho. A alma de V. Ivánov tende para as peças dionisíacas, no sentido em que encontramos nelas a embriaguez. Isso, entretanto, não significa que o drama dionisíaco, no sentido em que V. Ivánov o entende, deva ser necessariamente "orgíaco" em suas manifestações exteriores. Ele vê o princípio coral em seus dois quadros diferentes:
   A orgia e a loucura do vinho
   embalam o mundo com seus risos.
   Mas no silêncio sóbrio e sereno
   Também sopra por vezes a loucura,
   Escondida sem rumor nos ramos ameaçadores
   Ou espreitando em uma gruta ávida. (F. Sologub)
   "São igualmente dionisíacos", segundo V. Ivánov, "a dança dos sátiros nas florestas e o silêncio imóvel das mênades perdidas, extraviadas (na contemplação interior e na sensação do deus)" (N. do A.)

No novo drama, a ação exterior, a revelação dos caracteres, não é mais necessária. "Queremos penetrar *por trás* da máscara e *por trás* da ação, no caráter inteligível da personagem, e distinguir claramente sua 'máscara interior'".

Essa renúncia ao exterior em prol do interior que encontramos no drama novo, graças a um desvelamento das profundezas da alma humana, não quer fazer o homem renunciar à terra para conduzi-lo às nuvens (*théâtre ésotérique*), mas antes exaltar o espectador pela embriaguez dionisíaca do eterno sacrifício.

"Se o novo teatro torna-se dinâmico, então que ele o seja até o fim". O teatro deve desvelar definitivamente sua essência dinâmica; e assim, deve deixar de ser "teatro" no sentido de "espetáculo". Queremos nos reunir para criar, para "agir" em conjunto, e não somente para contemplar.

V. Ivánov pergunta: "qual deve ser o objeto do futuro drama?" E responde: "tudo deve ter lugar nele: a tragédia e a comédia, o mistério e o conto popular, o mito e a opinião pública".

O drama simbólico, que deixa de estar separado e encontra "uma correspondência harmônica com autodeterminação da alma do povo"; a *tragédia divina e heroica*, semelhante à tragédia antiga (a similitude não se limita, evidentemente, apenas à construção arquitetônica das peças; trata-se do Destino e da Sátira enquanto bases da Tragédia e da Comédia); o *mistério*, mais ou menos análogo ao mistério da Idade Média; a *comédia* no estilo de Aristófanes; eis o repertório proposto por V. Ivánov.

O teatro naturalista é capaz de adotar um repertório tão variado? Não. O teatro-modelo que encarna a técnica naturalista, ou seja, o Teatro de Arte de Moscou, tentou acolher em seu seio: o teatro Antigo (*Antígone*), o de Shakespeare (*Júlio César, O Mercador de Veneza*), de Ibsen (*Hedda Gabler, Os Espectros* etc.), de Maeterlinck (*Os Cegos* etc.). Mas, embora tivesse à sua frente o mais dotado dos encenadores russos (Stanislávski), e dispusesse de um grupo de excelentes atores (Knipper, Katchalov, Moskvine, Savitskaia), mostrou-se incapaz de encarnar um repertório tão amplo.

SOBRE O TEATRO: PRIMEIRA PARTE

Afirmo: foi sempre o entusiasmo pelos procedimentos de encenação dos Meininger que o tolheu, "o método naturalista" o impediu.

O Teatro de Arte de Moscou, depois de ter conseguido encarnar unicamente o teatro de Tchékhov, tornou-se de uma vez por todas "um teatro intimista". Os teatros intimistas – e todos aqueles que se apoiaram ou no método dos Meininger ou no "estado d'alma" do teatro de Tchékhov – mostraram-se incapazes de ampliar seu repertório, e ao mesmo tempo de ampliar seu público.

Século após século, o teatro antigo foi se diferenciando cada vez mais, e os teatros intimistas constituem o seu produto mais fragmentado, sua última ramificação. Nosso teatro dividiu-se em tragédia e comédia, enquanto o teatro Antigo era Um só. E parece-me que é precisamente essa divisão do Teatro Único em Teatros Intimistas que impede o renascimento de um Teatro Para Todo o Povo, de um Teatro-ação e de um Teatro-festa.

A luta contra os métodos naturalistas que os teatros de pesquisa e alguns encenadores[73] assumiram não é acidental, mas ditada por uma evolução histórica. A busca de novas formas cênicas não é um capricho da moda, a introdução de um novo método de encenação (o da convenção) não é uma fantasia oferecida ao prazer da multidão ávida de impressões sempre mais vivas.

O teatro de pesquisa e seus encenadores trabalham para criar um teatro de Convenção, para impedir o teatro de se sub-ramificar em Teatros Intimistas, para ressuscitar o Teatro Único.

O teatro de Convenção propõe uma técnica simplificada, que permitirá encenar tanto Maeterlinck quanto Wedekind, Andrêiev e Sologub, Blok e Przybyszewski, Ibsen e Rêmizov.

O teatro de Convenção liberta o ator do cenário, oferecendo-lhe um espaço de três dimensões e colocando à sua disposição uma estatuária plástica natural.

Graças aos procedimentos da técnica convencional, a maquinaria teatral complicada desmorona-se, e as encenações são levadas a um tal grau de simplicidade que o ator pode ir representar em praça pública, sem depender de cenários e

---

73 O Teatro-Estúdio de Moscou, Stanislávski (a partir de *Drama da Vida*), Gordon Craig (Inglaterra), Reinhardt (Berlim) e eu mesmo (São Petersburgo) (N. do A.).

acessórios especialmente adaptados à caixa do teatro, liberto de todas as contingências exteriores.

Na Grécia, no tempo de Sófocles e de Eurípides, o fato de os atores concorrerem a um prêmio dava-lhes *uma atividade criadora independente*. Depois, com a complicação da técnica cênica, as forças criadoras do ator desapareceram. Essa complicação da técnica evidentemente resultou, entre nós, no desaparecimento da iniciativa do ator. Por isso, Tchékhov tinha razão – "é verdade que temos poucos talentos excepcionais hoje em dia, mas o nível médio do ator é claramente mais alto"[74]. Ao libertar o ator dos acessórios supérfluos que atravancam gratuitamente a cena e ao simplificar ao máximo a técnica, o teatro de Convenção pode, ao mesmo tempo, colocar em primeiro plano a iniciativa criadora do ator. Orientando todo seu trabalho para o renascimento da Tragédia e da Comédia (a primeira centrada no Destino, a segunda na Sátira), o teatro de Convenção evita os "estados d'alma" do teatro de Tchékhov, cujo desvelamento arrasta o ator para emoções passivas, acostumando-o assim a colocar menos intensidade em sua criação.

Suprimindo o proscênio elevado, o teatro de Convenção abaixa a cena ao nível da plateia e, tomando o ritmo como base da dicção e do movimento dos atores, deixa entrever a possibilidade de um renascimento da *dança*, e a palavra, nesse teatro, poderá facilmente transformar-se em um grito harmonioso ou em um silêncio melodioso.

O encenador do teatro de Convenção tem por única tarefa sugerir uma linha diretriz aos atores, e não dirigi-los (ao contrário da direção dos Meininger). Seu único papel é construir uma ponte entre a alma do autor e a do ator. Encarnando a arte do encenador, o ator – *sozinho* e face a face com o público – faz surgir uma chama autêntica do contato entre esses dois princípios livres: a arte do ator e a imaginação criadora do espectador.

Assim como o ator é livre perante o encenador, o encenador é livre perante o autor. As indicações do autor para uso do encenador só se justificam para a técnica da época em que a peça foi escrita. Encontrando o diálogo interior, o encenador

---

74 *A Gaivota* (N. do A.).

revela-o livremente através do ritmo da dicção e da plástica do ator, e só leva em conta as indicações do autor que não se referem às necessidades técnicas.

O método convencional supõe no teatro a presença de um quarto *criador*, ao lado do autor, do encenador, do ator – o espectador. O teatro de Convenção elabora uma encenação em que a imaginação do espectador deve *completar* criativamente o desenho das alusões colocadas em cena[75].

No teatro de Convenção, o espectador

não esquece nem por um minuto que tem diante de si um ator que *representa*, e o ator que tem diante de si, ao pé da cena, a plateia, e a seu lado, um cenário. É como um quadro: olhando-o, não esquecemos nem um minuto que se trata de cores, de uma tela, de pincéis, e ao mesmo tempo experimenta-se um sentimento de vida elevada e iluminada. E frequentemente acontece que quanto mais o *quadro* se afirma, mais forte é a sensação de *vida*[76].

No teatro de Convenção, a técnica luta contra o procedimento da ilusão. O teatro não tem necessidade da ilusão, esse sonho apolíneo. Estabelecendo uma estatuária plástica, o teatro de Convenção imprime na memória do espectador grupos separados, para que surjam diante das palavras os acentos fatais da tragédia.

O teatro de Convenção não procura variar a qualquer preço suas *mises-en-scène*, como costuma fazer o teatro Naturalista, onde a riqueza dos lugares planejados cria um caleidoscópio de poses que mudam rapidamente. Aspira dominar habilmente as linhas, a construção dos grupos e os coloridos dos figurinos e, por mais imóvel que seja, sugere o movimento mil vezes melhor do que o teatro Naturalista. É que o movimento sobre a cena não é dado pelo movimento no sentido literal da palavra, mas pela disposição das linhas e das cores, e pela facilidade e maestria com que linhas e cores se entrelaçam e vibram.

---

75 Ver meu artigo "Excertos de Cartas sobre o Teatro", em *Vesy*, n. 6, 1907, (N. do A.).
     Ver "Max Reinhardt (Berliner Kammerspiele)", infra, p. 268 (N. da T.).

76 Leonid Andrêiev (excerto de uma carta que me escreveu) (N. do A.).
     Escritor e autor dramático (1871-1911). Meierhold montou duas de suas peças, *A Vida do Homem* e *Em Direção às Estrelas* (Terioki, na Finlândia).
     O leitor encontrará neste livro, ainda uma vez, o excerto citado, ver infra, p. 268). O artigo sobre Max Reinhardt, com a mesma citação da carta de Andrêiev, surgiu antes do artigo "Sobre a História e Técnica do Teatro" (N. da T.).

Se o teatro de Convenção quer destruir os cenários colocados sobre o mesmo plano que o ator e os acessórios, se ele recusa o proscênio elevado, se subordina a representação do ator ao ritmo da dicção e dos movimentos plásticos, se clama pelo renascimento da dança e leva o espectador a tomar uma parte ativa na ação, esse teatro de Convenção não conduz ao renascimento do teatro Antigo?

Sim.

Pela sua arquitetura, o teatro Antigo é precisamente aquele onde encontramos o que o teatro contemporâneo necessita: ausência de cenário, espaço de três dimensões e o imperativo da estatuária plástica.

É claro que seria necessário introduzir algumas modificações na arquitetura desse teatro, implicadas pelas exigências contemporâneas; mas o teatro Antigo, com sua simplicidade, com a disposição do público em ferradura, com sua orquestra, é o único que pode acolher toda a variedade de repertório desejável: *A Barraca de Feira*, de Blok; *A Vida do Homem*, de Andrêiev; as tragédias de Maeterlinck; as peças de Kuzmine; os mistérios de A. Rêmizov; *O Dom das Sábias Abelhas*, de F. Sologub[77], e muitas outras peças magníficas da nova dramaturgia que ainda não encontraram seu Teatro.

---

77 Ver infra, p. 295-296. Meierhold queria encenar *O Dom das Sábias Abelhas*, de F. Sologub no Teatro Komissarjévskaia, mas teve que abandonar o projeto pois a regulamentação dos teatros nessa época proibia que o público fosse colocado sobre a cena, como desejava o encenador. Ver Beátrice Picon-Vallin (org), *Écrits sur le Théâtre – Tomo I (1891-1917)*, p. 303, n. 53 (N. da T.)

SOBRE A ENCENAÇÃO DE *TRISTÃO E ISOLDA* NO TEATRO MARIÍNSKI[78]

I.

Se tirarmos a palavra da ópera e a representarmos sobre a cena – obteremos na essência uma espécie de *pantomima*.

Pois na pantomima cada episódio, cada um dos movimentos desse episódio (suas modulações plásticas), assim como os gestos de personagens isoladas e os agrupamentos do conjunto, são determinados precisamente pela música, por suas mudanças de ritmo, sua modulação e, de uma maneira geral, pelo seu desenho.

Na pantomima o ritmo dos movimentos, dos gestos e dos agrupamentos são rigorosamente sincronizados com o da música; e somente quando foi atingida uma concordância rítmica total entre o que é apresentado em cena e a música é que se pode considerar ideal a execução da pantomima na cena.

Por que então os movimentos e os gestos dos artistas de ópera não acompanham com uma precisão matemática o ritmo da música, o desenho tônico da partitura?

Seria porque, incluindo o canto, se modificam as relações música-encenação que existem na pantomima?

A causa está, a meu ver, no fato de que o ator de ópera constrói a essência de sua representação principalmente no plano material, explorando não a partitura, mas o libreto.

Esse material em geral é tão próximo da *vida* que leva irresistivelmente a procedimentos emprestados ao teatro de costumes. Podemos observar a história: se a arte lírica e a arte dramática vivem juntas um período em que reina o gesto de beleza convencional, que lembra a marionete, à qual damos apenas o movimento necessário para que pareça viva – a representação dos atores de ópera nesse período é igualmente convencional, como a dos atores franceses da época de Racine ou de Corneille; mas se a arte lírica e a arte dramática vivem uma época de admiração pelo naturalismo, a representação dos atores de ópera aproxima-se da vida real, e os "gestos de ópera" convencionais são substituídos por "gestos-automáticos" bastante reais; ou, dito

---

78 Este artigo foi publicado no *Anuário dos Teatros Imperiais*, São Petersburgo, n. 5, 1909 (N. da T.).

240 NA CENA DO DR. DAPERTUTTO

de outra maneira, os gestos de caráter reflexo com que acompanhamos nossas conversas na vida cotidiana.

No primeiro caso, a discordância entre o ritmo dado pela orquestra e o ritmo dos gestos e dos movimentos é quase imperceptível (mesmo se esses gestos são desagradavelmente belos ou estupidamente semelhantes aos das marionetes, ainda assim eles permanecem corrítmicos); a discordância reduz-se ao fato de que os gestos não possuem a inteligência e a expressividade rigorosa exigida, por exemplo, por um Wagner. No segundo caso, em compensação, essa discordância é intolerável: primeiro porque a música fica então em desarmonia com a realidade do gesto automático, do gesto cotidiano, e porque a orquestra, como nas más pantomimas, passa a ser simplesmente uma acompanhante que toca estribilhos e refrões; depois porque resulta em um desdobramento fatal do espectador: quanto melhor a representação, mais ingênua parece ser a própria arte lírica; nessa circunstância, parece naturalmente absurdo que pessoas que se comportam em cena como se tivessem saído da vida comecem a cantar. O embaraço de L. N. Tolstói[79] ao ver personagens que cantam é facilmente explicável: o canto de uma partitura de ópera acompanhado de uma interpretação realista das personagens em pouco tempo suscita no espectador um inevitável sorriso de troça. Há uma convenção na base da arte lírica – *canta-se*. Por isso não se deve introduzir na representação um elemento natural, pois a convenção, estando em desacordo com o real, revelará então sua pretensa fraqueza, e, privada de sua base, a arte ruirá. *O drama musical deve ser interpretado de tal forma que o auditor-espectador jamais se pergunte por que nesse drama os atores cantam ao invés de falar.*

Podemos tomar a arte de Chaliápin[80] como exemplo de uma interpretação dos papéis que não incita o auditor-espectador a interrogar-se: "por que o ator canta e não fala".

79 Meierhold faz referência ao primeiro capítulo de *O Que é Arte?*, de L. N. Tolstói. Nesse ensaio, Tolstói define a arte da seguinte maneira: "a atividade humana que consiste para um homem em transmitir a outros homens os sentimentos que ele sente e em comunicá-los utilizando conscientemente signos formais conhecidos". Ver Béatrice Picon-Vallin (org), *Écrits sur le Théâtre – Tomo 1 (1891-1917)*, p. 303, n. 1 (N. da T.).

80 Fiodor Ivanovich Chaliápin (1873-1938) foi um dos principais reformadores da ópera russa, atuando como cantor (baixo) e diretor. Não recebeu educação

SOBRE O TEATRO: PRIMEIRA PARTE   241

Chaliápin soube manter-se em equilíbrio sobre um fio de navalha, sem deixar-se cair para o lado do naturalismo, nem para o da convenção de ópera que nos veio da Itália do século XVI, quando o cantor preocupava-se antes de tudo em mostrar que possuía com perfeição a arte dos trinados, e quando não existia nenhuma ligação entre o libreto e a música.

A representação de Chaliápin é sempre *verdade*, não a verdade da vida, mas a do teatro. Ela está sempre um pouco além da vida – sempre um pouco embelezada pela verdade da arte.

Benois[81] escreveu em *O Teatro: Livro do Novo Teatro*: "o herói pode morrer, mas é importante que se faça sentir nessa morte a doçura de um sorriso divino"[82]. Esse sorriso é sentido no desenlace de algumas tragédias de Shakespeare (*Rei Lear*, por exemplo), em Ibsen no momento da morte, quando Solness escuta "as harpas infinitas", ou quando Isolda "desaparece no sopro dos mundos infinitos". Essa mesma "doçura de um sorriso divino" se faz sentir em Chaliápin, na morte de Boris. Aliás, é apenas no momento da morte que surge nele "o sorriso divino"? Basta recordar-se da cena da catedral em *Fausto*, onde Mefistófeles-Chaliápin, em lugar do espírito do mal triunfante, aparece como um pastor-acusador, como o aflito confessor de Margarida, a voz de sua consciência. Dessa forma, o aspecto indigno, monstruoso, baixo (no sentido schilleriano) torna-se assunto de um prazer estético, através da transfiguração de Chaliápin.

Chaliápin é também um dos raros artistas de ópera que seguem escrupulosamente as indicações da partitura do compositor e que fazem com seus movimentos um *desenho*. E esse

musical formal. Surgiu pela primeira vez em cena em 1890. Em abril de 1895 estreia no palco do Teatro Mariinski, no papel de Mefistófeles. Em 1896 tornou-se um solista da Ópera Privada de Mamontov, em Moscou, onde se consagrou nos papéis de Ivan, o Terrível, Boris Godunov e Mefistófeles, entre outros. Em 1899, tornou-se solista do Teatro Bolshoi. Na Europa, apresentou-se em Milão, Monte Carlo, Berlim e Roma, e participou dos espetáculos realizados por Diaghilev em Paris (1908 e 1913) e Londres (1913 e 1914). Foi diretor do Teatro Mariinski nos primeiros anos da Revolução de Outubro. Emigrou em 1922, fixando residência em Paris.

81 Sempre que aparecer esse nome neste livro, tratar-se-á do pintor Alexandre Nicolaievitch Benois (N. do A.).
      Sobre Benois, ver supra, n. 35, p. 57 (N. da T.).

82 Trata-se do artigo de Benois, "Conversa sobre o Teatro", publicado na coletânea *O Teatro: Livro do Novo Teatro*, de 1908 (N. da T.).

242 NA CENA DO DR. DAPERTUTTO

desenho plástico sempre se funde harmoniosamente com o desenho melódico da partitura[83].

A interpretação dada por Chaliápin do Sabá em Broken, no *Mefistófeles*, de Arrigo Boito[84], pode servir de exemplo para ilustrar a síntese do ritmo plástico e do ritmo musical, onde não são rítmicos apenas os *movimentos* e os *gestos* de Mefistófeles ao dançar, mas até na imobilidade tensa do êxtase (como que petrificado) o auditor-espectador adivinha o ritmo ditado pelo movimento da orquestra.

A síntese das artes que Wagner toma por princípio de sua reforma do drama musical evoluirá; o grande arquiteto, o pintor, o maestro e o encenador, que são os seus elementos, investirão no Teatro do Futuro suas novas iniciativas criadoras, mas, bem entendido, essa síntese não poderá ocorrer sem que nasça também *um novo ator*.

Tal aparecimento, como o caso de Chaliápin mostrou pela primeira vez ao ator do drama musical é o único caminho que pode conduzir ao grandioso edifício erigido por Wagner.

Mas a maioria das pessoas não soube ver aquilo que se deve tomar em Chaliápin como *ideal* para um artista de ópera; a verdade teatral de sua arte foi tomada como verdade da vida – pensaram que isso era naturalismo. Eis as razões desse equívoco: a entrada de Chaliápin na cena (na ópera privada de Mamontov) coincide com a supremacia do primeiro período do Teatro de Arte de Moscou (o período inspirado pelos Meininger).

Era demasiado forte o brilho de um fenômeno tão capital quanto o Teatro de Arte de Moscou, que é à luz de seus procedimentos, imitados dos Meininger, que foi interpretada a arte de Chaliápin, tomada por um princípio naturalista introduzido na ópera.

O encenador e os atores de ópera pensavam estar sendo fiéis a Chaliápin quando, no *Fausto*, Margarida, cantando a ária do *Rei de Tule* sobre um fundo de orquestra onde ressoa tão a

83 Meierhold utiliza o termo "tônico". Optamos por "melódico" para não confundir com a noção de acentuação sonora (N. da T.).

84 Poeta, escritor, libretista e refinado compositor italiano (1842-1918). *Mefistófeles* estreia em 1868 no Teatro Scala de Milão com uma violenta reação do público, que o acusava de "wagneriana". O debate desencadeou inúmeras manifestações nacionalistas e culminou com a interrupção da temporada. A obra foi reescrita pelo compositor e, a partir de 1876, integra o repertório de óperas clássicas (N. da T.).

propósito o ruído de uma roda, regava um canteiro de flores com um regador de jardim.

Para o ator do drama musical, a arte de Chaliápin representa a mesma fonte que, para a tragédia, é o altar de sacrifício a Dioniso.

Mas o ator do drama musical só poderá tornar-se um elemento capital da síntese wagneriana quando compreender a arte de Chaliápin não à luz do Teatro de Arte de Moscou, onde a representação do ator fundamenta-se sobre as leis da *mímesis*[85], mas à luz do ritmo todo-poderoso.

Focalizando minha atenção sobre o movimento dos atores no drama musical, embora ligando este problema às suas características, saliento de passagem que não tive absolutamente a intenção de fazer uma análise detalhada do estilo de representação de Chaliápin, que citei unicamente para que seja mais fácil compreender a que arte operística me refiro.

Começo então pelos movimentos e gestos dos atores, porque a encenação do drama musical não deve ser elaborada de maneira autônoma, mas em relação com esses movimentos, assim como estes últimos devem ser colocados na dependência da partitura.

No método de encenação, podemos distinguir pelo menos dois grandes gêneros. Tomando Gluck como ancestral do drama musical, obteremos dois ramos diferentes, duas linhas: na primeira, Gluck-Weber-Wagner; a outra, Gluck-Mozart-Bizet.

Tenho o dever de reputar que os dramas musicais do tipo dos de Wagner, em que libreto e música são criados sem uma sujeição recíproca, são passíveis de uma encenação comparável àquela de que falaremos adiante.

A concepção dramática do drama musical, para começar a viver, não pode ignorar a esfera da música, em virtude do poder que o mundo misterioso de nossas sensações exerce sobre ele; pois o mundo da alma não pode se revelar senão através da música, e, ao contrário, apenas a música possui o poder de revelar o mundo da Alma em toda sua plenitude.

Tirando seu trabalho criador das entranhas da música, o autor do drama musical concretiza a imagem desta criação através da *palavra* e do *tom*, e é assim que nasce a partitura – como texto tecido de palavras-música.

---

85 O autor usa o termo grafado em grego e, em nota, o traduz: "reprodução, simulacro" (N. da T.).

Appia[86] (*Die Musik und die Inszenierung*) julga ser impossível abordar a concepção dramática senão mergulhando em primeiro lugar no mundo das emoções – na esfera musical.

Appia considera impossível um caminho em linha reta; uma concepção dramática que não passe pela música resulta em um mau libreto.

E, ainda, vejamos como ele define as relações que os elementos da ópera mantêm entre si:

---

86 Adolph Appia (1862-1928). Arquiteto e encenador suíço cuja teorias foram determinantes para as transformações do teatro no século XX. O texto a que se refere Meierhold, *Die Musik und die Inszenierung* (*A Música e a Encenação*), foi publicado em 1899 (N. da T.).

SOBRE O TEATRO: PRIMEIRA PARTE

A música, que determina a duração de tudo aquilo que acontece em cena, fornece um ritmo que não tem nada a ver com o mundo do cotidiano. A vida da música não é a da realidade cotidiana. "A vida, não como ela é, nem como ela deveria ser, mas como ela é vista nos sonhos" (Tchékhov)[87].

Toda a essência do ritmo cênico está em absoluta oposição à da realidade, da vida cotidiana.

Por isso todo o aspecto do ator em cena deve ser o de uma ficção artística, que pode, sem dúvida, enraizar-se por vezes em um solo realista, mas que deve ao fim das contas, ser apresentada de uma maneira distanciada, não idêntica, daquilo que vemos na vida. Movimentos e gestos no ator devem *fazer pendant*[88] ao aspecto convencional dos diálogos cantados.

A maestria do ator do drama naturalista é a observação da vida e a transferência dos resultados dessa observação para sua representação; a maestria do ator do drama musical não poderia se submeter apenas à experiência da vida.

A maestria do ator do drama naturalista encontra-se, aliás, na maioria dos casos, submetida à arbitrariedade de seu temperamento. A partitura, ao contrário, prescrevendo um metro determinado, libera o ator do drama musical, da arbitrariedade do temperamento pessoal.

O ator do drama musical precisa conhecer a essência da partitura e traduzir todas as nuances do desenho orquestral na linguagem do desenho plástico.

E, assim, o ator do drama musical deverá adquirir a maestria da flexibilidade física.

O corpo humano, com sua flexibilidade e sua mobilidade, agora faz parte dos "meios de expressão", como a orquestra e o cenário, e começa a ter uma parte ativa no movimento cênico.

O *homem*, como o cenário que lhe é co-harmônico, como a música que lhe é corrítmica, torna-se *obra de arte*.

Onde o corpo humano, colocando sua flexibilidade a serviço da cena, a serviço da expressividade, atinge seu mais alto desenvolvimento?

Na *dança*.

---

87 Meierhold parafraseia uma fala da personagem Treplev em *A Gaivota,* 1º ato (N. da T.).

88 Semelhante, igual (N. da T.).

246 NA CENA DO DR. DAPERTUTTO

Pois a dança é o movimento do corpo humano na esfera rítmica. A dança é para o corpo o que a música é para a alma: uma forma criada artificialmente e não mediada pela consciência.

Richard Wagner definiu o drama musical como "uma sinfonia que se torna visível, que se desenvolve em uma ação visível e compreensível" (*ersichtlich gewordene Taten der Musik*). Pois o que dá valor à sinfonia aos olhos de Wagner é o fato de ele ter por base a dança. "A dança harmonizada é o fundamento da sinfonia contemporânea", observa ele. E vê na *Sétima Sinfonia* de Beethoven "a apoteose da dança".

Assim, "a ação visível e compreensível" – expressa pelo ator – é uma ação coreográfica.

E já que é a dança que constitui a raiz do gestual do drama musical, não é com o ator do teatro de costumes que os artistas de ópera deverão aprender, mas com o mestre de balé[89].

"É somente através da arte da dança que música e poesia tornam-se compreensíveis" (Wagner).

Lá onde a palavra perde sua força expressiva começa a linguagem da dança. No antigo teatro japonês, sobre a cena do nô, onde se representa peças semelhantes a nossas óperas, o ator deve obrigatoriamente ser também um dançarino.

Além da flexibilidade que faz do cantor de ópera, através dos movimentos, um dançarino, há ainda uma outra particularidade que o distingue do ator do drama literário. Este último, quando quer mostrar que uma lembrança lhe causa dor, emprega uma mímica para fazer o espectador entendê-lo. No drama musical, a música pode falar ao público sobre essa dor.

Por conseguinte, o artista de ópera deve adotar *um princípio de economia do gesto*, pois o gesto tem por única tarefa cobrir as lacunas da partitura, ou completar o desenho esboçado e abandonado pela orquestra.

---

89 Trata-se, bem entendido, de um mestre de balé de um novo tipo. O mestre de balé ideal da nova escola me parece ser, para o teatro contemporâneo, M. M. Fokine (N. do A.).

Mikhail Mikhailovich Fokine (1880-1942). Considerado um dos mais importantes coreógrafos do século xx e criador do balé moderno. Criou aproximadamente setenta coreografias: *Sílfides*, *Príncipe Igor*, *O Pássaro de Fogo*, *Sherazade*, *Petrushka*, entre outros. Em 1909, participa da turnê do Balés Russos, organizada por S. Diaghilev. Em 1913, coreografa, sob a encenação de Meierhold, *Pisanella*, de Gabriele D'Annunzio (N.da T.).

SOBRE O TEATRO: PRIMEIRA PARTE

No drama musical, o ator não é o único elemento que faz a ponte entre o poeta e o público. Aqui, ele é apenas um dos meios de expressão, nem mais nem menos importante que todos os outros, e é por isso que ele precisa saber tomar seu lugar entre os meios de expressão, seus semelhantes.

Isso não impede, evidentemente, que seja por meio do ator que a música traduza a medida do tempo no espaço.

Antes de haver encenação, a música criava um quadro ilusório com um desdobramento somente temporal. Com a encenação, a música triunfa sobre o espaço. O ilusório torna-se real graças à mímica e aos movimentos do ator submetidos ao desenho musical; o que até então flutuava no espaço, encontra-se agora amarrado ao tempo.

II.

Quando fala do "teatro do futuro", desse teatro que deve ser a "síntese de todas as artes", Wagner denomina Shakespeare (na época em que ainda não havia deixado a "confraria") de "Téspis da tragédia do futuro" ("o que a carroça de Téspis foi para o teatro de Ésquilo e de Sófocles, o teatro de Shakespeare será para o teatro do futuro"). Sobre Beethoven[90] ele fala – aquele que descobriu a linguagem do artista do futuro.

E Wagner vê o teatro do futuro ali, onde estes poetas estenderam, um e outro, suas mãos.

E ainda, Wagner precisou seu sonho em suas cartas com particular clareza: "o poeta encontrará sua redenção" lá onde "as criaturas marmóreas de Fídias se cobrirão de carne e de sangue".

O que é caro a Wagner no teatro de Shakespeare é primeiro o fato de que sua trupe formava uma confraria ideal, que surge como um "*thiasos*"[91] no sentido platônico do termo ("eine besondere Art von ethischer Gemeinschaftsform"[92], de acordo com a expressão de T. Lessing, Theater-Seele, Studie

---

90 Segundo Wagner, Beethoven é o principal fundador da sinfonia, em cuja base está "a dança harmonizada" tão estimada por Wagner (N. do A.).

91 Comunidade (N. do A.).

92 "Um aspecto particular da forma ética da comunidade" (N. do A.).

über Bühnenästhetik und Schauspielkunst[93]). Depois, Wagner viu no teatro de Shakespeare uma proximidade do modelo da arte popular: "O drama de Shakespeare é uma imagem do mundo tão fiel que, nas ideias representadas, não é possível discernir a subjetividade do poeta". Na criação de Shakespeare, segundo Wagner, se escuta a alma do povo.

Já que tomei o domínio técnico como base de minhas reflexões, sublinho os seguintes fatos nas observações que Wagner (com todo seu amor pelo mundo antigo) fez sobre Shakespeare enquanto modelo digno de ser imitado.

Na simplicidade arquitetural da cena shakespeareana, o que Wagner apreciou foi que os atores do teatro de Shakespeare representavam em uma cena cercada de espectadores por todos os lados. Wagner denomina, de maneira muito justa e muito astuciosa, o primeiro plano da cena do antigo teatro elisabetano de *"der gebärende Mutterschoss der Handlung"*[94].

O proscênio do teatro renascentista, tão utilizado pelos cantores italianos, poderia ser considerado por Wagner como uma retomada da interessante forma da cena elisabetana?

É claro que não. Primeiro Wagner entusiasmou-se pela forma do teatro antigo, e instalou uma orquestra dissimulada[95] na parte desse teatro que poderia lembrar o nosso proscênio; em seguida, propondo realizar um culto ao homem, e sonhando com sua transfiguração plástica em cena, Wagner evidentemente não poderia ver no proscênio do nosso teatro um lugar adequado para os grupos baseados *sobre o princípio da transfiguração plástica*, e eis como Wagner evoca essa transfiguração:

> Quando o homem... tiver desenvolvido magnificamente seu corpo, um homem *vivo*, um homem perfeito, então deverá tornar-se objeto de arte. Mas *o drama* é a arte que o homem ama acima de tudo. Porque a redenção da arte plástica será *a transformação mágica da pedra em carne e em sangue humanos, a passagem do imóvel ao animado, ao monumental, ao contemporâneo*. Somente quando as tendências passarem pela alma do dançarino, do mimo,

---

93 T. Lessing, *A Alma do Teatro, Estudo sobre a Estética Cênica e a Arte do Ator* (N. do A.).

94 "O seio onde nasce a ação" (N. do A.).

95 Cf. Wagner e a Ação Dionisíaca, no livro de V. Ivánov, *Segundo as Estrelas*, Ory: São Petersburgo, 1909 (N. do A.).

do cantor e do ator é que se poderá esperar ver satisfeitas essas aspirações. Haverá *uma arte plástica autêntica* quando a escultura desaparecer para dar lugar à *arquitetura*, quando a solidão atroz desse homem só e talhado na pedra substituir uma multidão infinita de homens reais e vivos, quando nossa querida escultura morta, encarnada no bronze morto ou no mármore, não for mais que uma lembrança para a carne e o sangue inspirados e eternamente renovados, *quando enfim construirmos em pedra as cenas de nossos teatros para acolher uma obra de arte viva,* e quando não nos esforçarmos mais para exprimir através dessa pedra o homem vivo.

Wagner recusa não só a escultura, mas também a pintura de retratos: "ela não terá nada a fazer quando o homem magnífico, nos livres quadros artísticos, sem pincel nem tela, for ele mesmo objeto de arte".

E Wagner invoca a arquitetura. É necessário que o arquiteto tenha por objetivo construir um edifício teatral tal que o homem se torne "objeto de arte para si mesmo". A partir do momento em que a imagem viva do homem se transforma em uma unidade plástica, surge o problema da nova cena (o sentido de sua arquitetura).

Durante todo o século XIX esse problema emerge de tempos em tempos, sobretudo na Alemanha.

Eis o que diz Ludwig Tieck[96], um dos principais representantes da escola romântica, em uma carta a Raumer (coloco aqui as ideias, sem citar): não é a primeira vez que tenho a ocasião de te dizer que acho ser possível a descoberta dos meios que permitirão reconstruir a cena de tal sorte que sua arquitetura a aproxime da do teatro elisabetano. Mas para isso nossos palcos devem ser pelo menos duas ou três vezes mais largos do que os que costumamos ver. Há muito tempo é necessário abandonar a profundidade da cena, pois ela torna os palcos antiartísticos e antidramáticos.

Para as "entradas" e as "saídas", deveríamos utilizar não o fundo da cena, mas os bastidores laterais, em outros termos,

---

96 Johann Ludwig Tieck (1773-1856). Poeta, tradutor, editor, crítico e dramaturgo que integra o movimento romântico alemão, do qual se distancia a partir de 1811. Escreveu, entre outras, a peça *A Tomada da Bastilha* (1790) e os contos dramáticos *Fortunat, O Gato de Botas* e *Barba Azul* (N. da T.).

deveríamos voltar a cena para o público, e colocar de perfil tudo aquilo que nos é apresentado *en face*[97].

"Os teatros são profundos e altos ao invés de serem largos e estreitos, semelhantes a baixos-relevos". Tieck achava que *a cena elisabetana tinha alguma semelhança com a cena grega*. O que lhe agradava nela era, em primeiro lugar, o fato de ser unicamente alusiva, em todos os domínios. Depois, que *a cena* (no sentido técnico da palavra) *achava-se em primeiro plano*; tudo aquilo que poderia lembrar nossos bastidores apresentava a ação aos espectadores em uma proximidade imediata e, como em uma arena de circo, os espectadores não perdiam de vista em nenhum momento as silhuetas dos atores que estavam sobre o palco.

Como colocar a pintura e as silhuetas humanas em planos diferentes, eis um problema que preocupa visivelmente, e sem cessar, o grande arquiteto clássico Schinkel[98], e ele propõe modelos de uma nova cena que correspondem ao sonho de Wagner, e "a pintura de paisagem" substitui o plano de fundo distante como, no teatro antigo, a paisagem grega era um fundo distanciado. "A natureza para os gregos não era mais que uma *moldura* para o homem, e os deuses personificados segundo a representação grega, as forças da natureza, eram precisamente deuses humanos. O grego esforçava-se em revestir de um aspecto humano todos os fenômenos da natureza, e esta tinha a seus olhos um encanto infinito quando encarnada na imagem única do homem".

"A pintura de paisagem deve tornar-se a alma da arquitetura; ela nos ensinará a elaborar a cena para o drama do futuro, no qual ela mesma apresentará *a moldura* viva da natureza para o homem vivo, e não copiado".

"Aquilo que o *escultor e o pintor da história* esforçam-se por criar na pedra e sobre a tela, o ator criará em si mesmo, em sua silhueta, em seus próprios membros, imprimirá sobre os traços de sua face, a fim de chegar a um caminho artístico consciente. Os mesmos motivos que guiavam o escultor, quando transcrevia a forma humana, guiam agora a mímica do ator. O

---

97 De frente (N. do. A.).

98 Karl Friedrich Schinkel (1781-1841). Pintor, urbanista e arquiteto alemão. Luta pela autonomia do teatro alemão da influência italiana. Foi responsável pela reforma da cidade de Berlim, para transformá-la em uma capital (N. da T.).

SOBRE O TEATRO: PRIMEIRA PARTE

olhar que ajudava o pintor histórico a elaborar um grafismo, as cores, as roupas, as disposições dos grupos, para que fossem as melhores possíveis, as mais sedutoras e as mais características, esse mesmo olhar regulamenta agora a disposição dos homens vivos" (Wagner).

Wagner falou do lugar da pintura em cena: necessidade de deixar o primeiro plano ao arquiteto, invocando o pintor no teatro não apenas em função da pintura (ela só tem um papel de *Hintergrund*[99]), mas também em função da encenação; aliás, ele fala de *Stimmung*[100] – a propósito de tudo aquilo que se relaciona à iluminação, às linhas e às cores –, da necessidade absoluta de perceber bem a cinzeladura dos movimentos e dos gestos do ator, sua mímica, e das condições acústicas favoráveis à declamação do ator. Se pensamos em tudo isso, é óbvio que a cena de Bayreuth não poderia satisfazer às exigências de Wagner, pois ela não rompia ainda de forma definitiva com as tradições da renascença. Mas, sobretudo, os encenadores que montaram Wagner não julgaram necessário levar em consideração a ideia fundamental desse reformador, para quem a cena deve servir de *pedestal à escultura*.

III.

Realizar o sonho de Tieck, K. L. Immermann[101], Schinkel[102], Wagner – que aspiraram fazer renascer as características particulares das cenas antigas e elisabetanas – é a tarefa que estabeleceu para si mesmo Georg Fuchs em Munique (Künstlertheater)[103].

---

99   Plano de fundo (N. do A.).

100   Atmosfera (N. do A.).

101   Dramaturgo e escritor (1796-1840). Fundador do teatro em Dusseldorf, foi o primeiro a realizar a preparação de um espetáculo com a leitura da peça em volta de uma mesa e a defender o coletivo de atores sem vedetes. Ver B. Picon-Vallin (org), *Écrits sur le Théâtre – Tomo I (1891-1917)*, p. 304, n. 10. (N. da T.).

102   Arquiteto neoclássico alemão.

103   Cf. a. *Anais dos Teatros Imperiais*, 1909, 3º fascículo, Cartas do Estrangeiro, Carta 3, O *Künstlertheater* de Munique; b. *Apollon*, 1909, n. 2, G. Fuchs, O Künstlertheater de Munique (N. do A.).
     "O Künstlertheater (Teatro de Arte) de Munique foi inaugurado em 1908 com uma encenação de *Fausto*, de Goethe. A arquitetura desse teatro inspira-se nas de Bayreuth (arquiteto Max Littmann). O diretor do *Künstlertheater,* G. Fuchs, realiza pesquisas que utiliza em *Die Revolution des Theaters*

252 NA CENA DO DR. DAPERTUTTO

Tal cena se caracteriza por um primeiro plano destinado unicamente aos *relevos*.

Por este termo entende-se os *praticáveis* no sentido amplo (a transposição literal do francês "praticable" e do alemão "praktikabel" é um bom termo para adotar). Por conseguinte, não se trata aqui de simples superfícies pintadas, executadas independentemente de qualquer "projeto", e que só poderiam ter um fim exclusivamente pictórico – como reforçar o efeito de perspectiva ou iluminar mais o projeto (nesse caso coloca--se os refletores atrás dos praticáveis); a palavra "relevo" não é empregada aqui no sentido estreito que lhe deu o Teatro de Arte de Moscou, no qual se denomina, assim, as partes esculpidas que se acrescenta ao cenário pintado para acentuar a ilusão de realidade.

Os *praticáveis-relevos* são, ao contrário, os elementos do arsenal teatral acrescentados ao cenário, que não engendram a ilusão no espectador, mas que são concretos e tangíveis; eles dão a possibilidade de o ator se apoiar neles, desempenham um pouco o papel de um pedestal para uma estátua. Desta maneira, o primeiro plano transforma-se em "cena-relevo", e, muito distante da pintura, rejeitada para o segundo plano, permite evitar ao senso estético do espectador o desgosto clássico de ver corpos humanos (com três dimensões) colocados ao lado de uma tela pintada (que tem duas) – desgosto este que ainda subsiste, para tentar reduzir a contradição entre essência fictícia do cenário e aquilo que o ator tem de "autêntico" sobre a cena, apenas pela presença de seu corpo se introduz o relevo no próprio seio do quadro; é o que se dá quando a pintura, não sendo relegada unicamente à *Hintergrund*, encontra-se também na frente da cena, sobre o mesmo plano dos relevos. "Introduzir o relevo em um quadro, a música na leitura, ou a pintura na

(*A Revolução do Teatro*), em 1909. A tradução russa dessa obra surge em 1911, com o subtítulo *História do Teatro dos Artistas em Munique*. Fuchs quer 'reteatralizar' o teatro e liberá-lo da dominação literária. Luta contra a 'caixa cênica', o naturalismo e a ilusão. Para ele, a encenação deve revelar o aspecto simbólico de uma peça. Ele insiste igualmente na originalidade do teatro em relação à literatura. No teatro, os veículos de expressão são o ritmo das palavras e uma espécie de coreografia do movimento". Beátrice Picon-Vallin (org), *Écrits sur le Théâtre – Tomo I (1891-1917)*, p. 304, n. 11 e 12 (N. da T.).

escultura, são todas faltas idênticas, cometidas contra o 'bom gosto' e que chocam o sentimento estético" (Benois).

Para colocar em evidência esse princípio da "cena-relevo", Georg Fuchs teve que reconstruir o teatro de cima a baixo.

Limitados a trabalhar em um palco italiano, e desejosos de experimentar esse método de divisão da cena em dois planos (no primeiro, o "baixo-relevo", no segundo, a "pintura") na encenação dos dramas wagnerianos, encontramos imediatamente um obstáculo gigantesco que nos fez detestar com todas as nossas forças a arquitetura do teatro à italiana.

Nos velhos bons tempos, o proscênio servia aos atores para cantar uma *aria* mais perto do público (como um estrado de concerto que um cantor utiliza para interpretar um romance, sem nenhuma ligação com os números precedentes ou seguintes do concerto). Esse proscênio tornou-se inútil com o desaparecimento dos cantores-castrados e as cantoras especializadas nos gorjeios de virtuose (as *soprani* ligeiras me perdoarão por não conceder-lhes um lugar no teatro do drama musical futuro de que estamos falando). Esse proscênio, portanto, que o ator de ópera contemporâneo abandonou, pois o libreto, ao perder a existência independente que tinha nas velhas óperas italianas, obriga-o a tecer a trama da ação cênica junto com seus companheiros, esse proscênio, que encaixa tão claramente na sala, infelizmente não pode ser utilizado como "cena-relevo", pois ele está colocado na frente da cortina, o que nos impediu de utilizá-lo em nosso plano de representação.

Esse desagradável obstáculo obrigou-nos a criar a "cena-relevo"[104] no primeiro plano, e não no proscênio. A cena-relevo, colocada desta maneira, não ficou tão próxima ao público como desejávamos, para que o jogo mímico e os movimentos plásticos dos atores fossem perfeitamente visíveis.

O palco italiano é uma caixa em que uma de suas paredes foi guarnecida de uma "janela" para o espectador (a base da caixa é o chão da cena, seus lados são os lados da cena, ocultos pelas cortinas laterais, e o teto da caixa é o alto da cena, invisível para o espectador).

---

104 Uma experiência com a "cena-relevo" foi realizada no segundo e no terceiro atos de *Tristão e Isolda* (N. do A.).

A largura não é suficiente (as paredes laterais da caixa não estão suficientemente distantes das bordas da janela) para que não seja preciso esconder as paredes laterais dos olhos do público, pendurando cortinas dos lados (tapadeiras); a altura também não é bastante para dispensar as cortinas da moldura superior e as frisas.

Os atores que se encontram nessa caixa cênica com suas cortinas (dos lados e acima) penduradas e pintadas com cores fortes, com seus praticáveis colocados sobre o palco e igualmente pintados, perdem-se nela "como miniaturas em um quadro enorme" (E. T. A. Hoffmann)[105].

Se colocarmos sobre o proscênio que está à frente da cortina um tapete, significando uma mancha de cor, em harmonia com as tapadeiras laterais, se transformarmos o plano contíguo ao proscênio em um pedestal, para os grupos, estabelecendo uma "cena-relevo", se enfim utilizarmos o plano de fundo, situado em profundidade, com um objetivo exclusivamente pictórico, fazendo dele um fundo que valoriza o corpo humano e seus movimentos, então os defeitos inerentes ao palco italiano serão notadamente atenuados.

Embora a construção do proscênio de Bayreuth seja muito recuada em relação à que Fuchs realizou em Künstlertheater, ela tinha, entretanto, uma característica apropriada a Wagner, no sentido de que, sobre o proscênio, as silhuetas pareciam maiores.

É precisamente esse o resultado, o aumento do tamanho das silhuetas, que torna interessante a "cena-relevo" para a representação do drama wagneriano, certamente não porque queiramos ver gigantes à nossa frente, mas porque as flexões de um corpo isolado e os grupos tornam-se plásticos.

Construir uma "cena-relevo" não é um fim em si mesmo, mas um meio; o fim é a ação dramática, e ela nasce na imaginação do espectador, estimulada pelas ondas rítmicas dos movimentos corporais. Essas ondas devem rolar em um espaço que possa ajudar o espectador a perceber as linhas dos movimentos, dos gestos, das atitudes...

Pois a cena deve defender o princípio do movimento corporal espacializado, deve ser construída de tal forma que as

105 Ver supra, p. 84.

linhas das revelações rítmicas sejam claras. Para tanto, tudo aquilo que serve de pedestal ao ator, tudo aquilo em que ele se apoia, que ele toca, tudo é escultura, mas a suavidade da pintura é dada pelo fundo.

O elemento mais incômodo é o chão da cena, com sua superfície plana. Assim como o escultor modela a argila, é necessário moldar o chão da cena e transformar essa superfície, largamente esparramada, em uma série compacta de planos de alturas diferentes.

As linhas são cortadas.

Os grupos humanos se formam em ondas rebuscadas e mais compactas.

Pode-se jogar harmoniosamente com os claros-escuros e concentrar os sons.

A ação adquire em cena uma certa unidade. É mais fácil para o espectador conhecer todos os personagens e todos os objetos cênicos se a harmonia for bela. O auditor-espectador não dispersa sua atenção em impressões visuais e auditivas. Esse procedimento, e apenas ele, permite sublinhar a originalidade de Wagner em seus personagens pintados em grandes traços, de maneira expressiva, com contornos simplificados. Não é sem razão que Lichtenberger[106] compara as personagens de Wagner aos afrescos de Puvis de Chavannes.

O ator, cuja silhueta não se dilui mais nas telas decorativas agora relegadas ao plano de fundo (*Hintergrund*), torna-se objeto de atenção enquanto obra de arte. E cada um de seus gestos, cuidadoso em não desviar a atenção do público do desenho musical e querendo-se sempre pleno de significação, cada um de seus gestos torna-se mais concentrado: simples, claro, em relevo, rítmico.

O trabalho dos cenógrafos na encenação limita-se habitualmente a desenhar os planos de conjunto e os praticáveis.

Entretanto, é importante harmonizar a superfície sobre a qual se movem as silhuetas dos atores; harmonizar as próprias silhuetas, bem como harmonizá-las com o cenário pintado sobre as telas.

---

106 Citações retiradas de *R. Wagner, Poeta e Teórico*, de A. Lichtenberger, publicado em 1905, em Moscou (N. da T.).

O cenógrafo ocupa-se em procurar cores e linhas para os diversos elementos do conjunto (os cenários), e deixa o conjunto a cargo do encenador (todo o contorno da cena). Mas esta é uma tarefa que está acima das forças de um não especialista, dito de outra maneira, de um encenador que não tenha conhecimentos específicos de desenho (quer tenham sido adquiridos na escola de Belas-Artes ou intuitivamente). No encenador devem coabitar as capacidades de um escultor e as de um arquiteto.

Para mim são muito preciosas estas linhas escritas por Maurice Denis[107]: "eu observei a maneira com que ele [o escultor Maillol], variando sempre e quase sistematicamente as formas redondas e as cilíndricas, esforçava-se por ser fiel ao preceito de Ingres: 'as belas formas são as superfícies arredondadas'".

O encenador dispõe de: uma superfície plana (o palco), madeira, com a qual ele deve, como um arquiteto, criar a quantidade necessária de "praticáveis", e o corpo humano (o ator). E sua tarefa é: combinar todas essas características, de maneira a obter uma obra de arte harmoniosamente acabada, um quadro cênico.

Se o método de trabalho do encenador é muito próximo ao do arquiteto, o método de trabalho do ator coincide totalmente com o do escultor, pois cada um de seus gestos, cada movimento de sua cabeça ou de seu corpo é idêntico à essência das formas e das linhas na obra do escultor.

Se os arquitetos do Palácio do Futuro confiaram a Maillol a tarefa de decorar suas estátuas, ninguém, segundo Maurice Denis, seria mais qualificado que ele para dar a essas estátuas o lugar exato que é devido à escultura para que não pareçam se sobrepor ao edifício.

Qual é a ideia criadora que funda os planos cênicos, com suas formas e suas cores? A ideia do cenógrafo? Nesse caso, ele cumpre a função de arquiteto, pois não se contenta em pintar telas, mas compõe também *todo o espaço* da cena para fazer em um conjunto harmonioso. Esse arquiteto deve ver um Maillol na pessoa do ator, a fim de que a escultura do ator (seu corpo) insufle vida nas pedras mortas (os praticáveis) e lhes

---

107 Pintor e escritor francês (1870-1943) ligado ao movimento simbolista (N. do A.).

dê a potência de um pedestal digno de apoiar essa grande escultura, um corpo vivo forjado pelo ritmo.

"Como são raros os arquitetos que estão na moda cujo trabalho seria digno do estilo, do ritmo de Maillol!", exclama Maurice Denis.

No teatro, o problema é inverso. Já temos os "arquitetos", mas como são raros os Maillol, ou seja, os atores-escultores! Os arquitetos existem na medida em que o espaço cênico é preparado para o ator como um pedestal para uma escultura, com um fundo pictórico. No teatro são também arquitetos seja o pintor e o encenador-arquiteto que trabalham juntos, seja o cenógrafo que, assumindo o trabalho do encenador não cenógrafo, realiza em si a síntese do encenador, do arquiteto e do escultor, como de Gordon Craig, por exemplo. Mas onde estão os Maillol, esses atores-escultores que possuem o segredo de insuflar vida nas pedras mortas e de derramar em seus corpos a harmonia da dança? Chaliápin, Erchov[108]... Que nomes poderíamos acrescentar? A cena ainda ignora totalmente a magia de Maillol.

Quando os atores começarem a interpretação das personagens wagnerianas, que, sobretudo, não se dirijam aos atores-cantores alemães como a mestres.

Eis, aliás, o que escreve Georg Fuchs a esse respeito (é um alemão que fala, o que é importante), em seu livro *Der Tanz* (*A Dança*):

A Alemanha ainda não tomou consciência da beleza do corpo humano, essa que se manifesta da forma mais evidente quando se torna insuportável olhar para as mais ridículas de suas deformações: os Siegfried com barrigas enormes cheias de cerveja, os Siegmund com pernas apertadas em calças tão justas a ponto de parecerem salsichões, as Valquírias que, ao que parece, ocupam todos seus momentos de lazer nas tavernas de Munique perante um prato de fígado fumegante e um chope espumoso, as Isolda que, como os gigantes de barraca de feira, só alcançam cativar irresistivamente a imaginação dos ajudantes de açougueiro.

---

108   Cantor de ópera (1867-1943) (N. do T.).

IV.

Wagner, nos anos de 1840, procurando um acontecimento dramático "nas páginas do grande livro da história", encontra nos episódios da conquista do reino da Sicília por Manfred, filho do Imperador Frederico II. Wagner viu um dia uma gravura representando Frederico II durante uma corte meio árabe, onde dançavam mulheres árabes. Essa gravura ajudou-o a compor um projeto dramático extraordinário de paixão e de brilho, mas ele rejeita esse esboço pela única razão de que o drama assim projetado, por mais que lhe tenha parecido "esplendoroso pelo reflexo das cores e pela suntuosidade do tecido histórico-poético, lhe ocultava, como sob um véu magnífico, a esbelta *forma humana*, a única que conseguia encantar os seus olhos" (Lichtenberger).

Wagner rejeitou os temas históricos, ele acha que as peças não devem ser a criação particular, individual e subjetiva de um poeta que dispõe a seu bel prazer do material que tem sob as mãos; ele quer que elas sejam marcadas tanto quanto possível pelo cunho da necessidade, signo distintivo das obras nascidas da tradição popular.

E Wagner, tendo recusado os temas históricos, volta-se doravante apenas para os mitos.

Eis como Lichtenberger resumiu as ideias de Wagner no tocante à superioridade do mito sobre os temas históricos:

Os mitos não são marcados pelo selo de uma época histórica estritamente definida[109]. As ações que eles narram realizam-se em algum lugar longínquo, em um passado que já não há, os heróis que eles cantam são *extremamente simples, e fáceis de representar sobre a cena;* eles já vivem na imaginação do povo que os criou e *bastam alguns traços bem definidos* para evocá-los; seus sentimentos são emoções elementares, obstinadas, que têm tocado o coração humano desde toda a eternidade; são almas cheias de juventude, *primitivas*, que carregam em si mesmas o princípio da ação e que são desprovidas de preconceitos hereditários e de opiniões convencionais. Assim são os heróis, as narrativas que convêm aos autores dramáticos.

---

109 Os grifos são sempre meus (N. do A.).

SOBRE O TEATRO: PRIMEIRA PARTE

O cenógrafo e o encenador que se propõem montar esta ou aquela obra dramática devem contar absolutamente com aquilo que constitui a própria base do drama que desejam encenar – um tema histórico ou um mito, pois as encenações desses dois tipos de peças, conforme elas sejam históricas ou míticas, evidentemente devem ter tons extremamente diferentes. Se um abismo deve separar uma peça de teatro histórica de uma sala de um museu histórico, a distância que separa uma peça com um tema histórico de uma outra que tenha um tema mitológico deve ser ainda maior.

A autoridade de Bayreuth deu aos dramas wagnerianos o estilo teatral de peças ditas históricas e fez disto o modelo para as encenações de Wagner. Daí esses capacetes de metal e esses escudos brilhantes como samovares, essas cotas de malhas tilintantes, essas maquiagens que fazem pensar nos heróis das crônicas históricas shakespeareanas, essas peles de animais utilizados nos figurinos e nos cenários, esses braços nus de atrizes e atores… E quando este fundo de historismo incolor, tedioso, que não é nem misterioso nem enigmático, incita o espectador a perguntar em que país, em que século e *em que ano* acontece a ação, e entra em contato com a pintura musical da orquestra, envolvida por um leve véu de magia – as encenações wagnerianas não deixam outra possibilidade senão escutar a música sem olhar para o que acontece em cena. Não era por isso que Wagner, como contam seus amigos íntimos, por ocasião das representações em Bayreuth, aproximava-se de seus amigos e colocava as mãos sobre seus olhos para que pudessem abandonar-se mais completamente aos sortilégios da pura sinfonia.

Wagner precisa que, em seu drama, a taça desempenhe o mesmo papel que o archote de Eros na Grécia antiga. O que tal precisão tem de interessante para nós não é tanto o fato de que o compositor insiste sobre o sentido profundamente simbólico desse archote, pois quem não seria capaz de adivinhá-lo? O que é interessante aqui é a maneira intuitiva com que Wagner se preocupa em criar uma atmosfera geral onde o archote e a feitiçaria da mãe de Isolda, os rodeios pérfidos de Melot e a taça de ouro, que contém o filtro do amor e muitos outros elementos, tomem em cena acentos convincentes e não evoquem uma coleção banal de acessórios de ópera.

Embora Wagner, "com todo conhecimento de causa", tenha querido aprofundar apenas o mundo espiritual de seus heróis, embora tenha concentrado toda sua atenção apenas sobre o aspecto psicológico do mito, o cenógrafo e encenador que se propuserem a montar *Tristão e Isolda* devem se esforçar absolutamente por fazer surgir em sua encenação uma totalidade que possa conservar o aspecto feérico da peça e com um toque seguro transportar o espectador para a devida atmosfera, o que não poderia de maneira alguma criar um obstáculo ao objetivo maior de Wagner – colher de uma lenda um elemento moral. E como o meio em que se passa a ação, bem longe de refletir-se por inteiro nos objetos cotidianos, exprime-se, antes de tudo, no ritmo da linguagem poética, nas cores e nas linhas da pintura, a primeira tarefa do cenógrafo sobre a cena, depois de ter preparado um fundo feérico, é ornamentar os personagens de tecidos puramente imaginados, tecidos cujas manchas de cor poderiam lembrar as páginas empoeiradas de velhos infólios. Assim como Giotto, Memling, Brughel e Fouquet são capazes de nos colocar na atmosfera de uma época melhor que um historiador, assim o cenógrafo que retira apenas de sua imaginação todos esses figurinos e acessórios, obriga-nos a acreditar que tudo isto realmente existiu um dia, de maneira bem mais convincente do que se quisesse reproduzir em cena as vestimentas e os objetos de um museu.

Alguns biógrafos de Wagner insistem sobre a influência inevitável que devem ter tido sobre o jovem Richard as lições de desenho que seu avô Geier esforçou-se em lhe dar. É sob a influência dessas aulas de desenho e de pintura que teria se desenvolvido em Wagner uma imaginação pictórica. "Cada ato encarna-se nele em uma sequência de quadros grandiosos". A recepção dos convidados na sala da Wartburg, a aparição e a partida de Lohengrin em uma barca puxada por um cisne, o jogo das três filhas de Rhin nas profundezas do rio, tudo isso seriam quadros "que até o presente nada na arte pode igualar".

Como pintor, Geier era especialista apenas em retratos, mas não devemos esquecer que ele era ao mesmo tempo comediante. O irmão e a irmã de Wagner também eram atores, e Wagner assistia, é claro, aos espetáculos em que Geier colaborava, bem como àqueles em que representavam seu irmão e irmã. E foram

SOBRE O TEATRO: PRIMEIRA PARTE

antes os bastidores nos quais ficava o jovem Wagner que podem ter influenciado os ricos cenários da sua imaginação fértil. Na partida de Lohengrin em que uma barca, puxada por um cisne, em lugar de um quadro "que até o presente nada na arte pode igualar", eu veria a influência dos bastidores de uma cidade provinciana alemã, de um bom gosto mediano.

O pintor Anselm Feuerbach[110] deixou-nos este julgamento sobre a época de Wagner:

Detesto o teatro contemporâneo, pois tenho bons olhos e, entretanto, não consigo distinguir toda essa parafernália de acessórios e esses rabiscos de maquiagem. Detesto com toda a minha alma o exagero na arte cenográfica. Ele corrompe o público, apaga os últimos vestígios do sentimento do belo e encoraja os gostos bárbaros; a arte volta as costas para semelhante teatro, e sacode sobre ele a poeira de suas sandálias.

O talento de "pintor de afrescos" que tantas pessoas atribuem a Wagner pode ser contestado, e para tanto basta aprofundar as observações do próprio compositor, que nos fazem compreender que Wagner era um criador mais auditivo que visual.

"A essência do espírito alemão é o fato de criar a partir do interior: um deus autenticamente eterno vivia nele antes de ter erigido um templo à sua glória" (Wagner).

Os dramas de Wagner, construídos a partir do interior, emprestaram ao "deus eterno" o melhor de sua seiva inspiradora para criar esta *interioridade* que reside na música e na palavra, fundidas em uma partitura. O *exterior* de seus dramas, ou seja, a forma da obra (neste caso, entendo a concepção cênica de seus dramas como a encenação) é, por seu turno, destituída dos dons divinos. Boecklin[111] não chegou a se entender com Wagner sobre a encenação de *O Anel de Nibelungos* e, por fim, deu-lhe apenas um esboço da maquiagem de Fafner[112].

---

110 Pintor alemão (1829-1880), professor da Academia de Viena. Sua pintura retrata figuras humanas, baseada em artistas clássicos e nos renascentistas italianos, e paisagens com temas mitológicos (N. da T.).
111 A. Boecklin (1827-1901). Pintor suíço. Sua obra mais conhecida são as cinco versões do quadro *A Ilha dos Mortos* (N. da T.).
112 Personagem da *Tetralogia*, de Wagner (N. do A.).

Depois de ter reclamado uma nova arquitetura teatral para seus *Bühnenfestspiele*[113], Wagner submergiu a orquestra para torná-la visível, mas deixou a própria cena tão imperfeita tecnicamente quanto era antes dele.

As indicações do autor dependem do nível da técnica cênica na época em que sua peça foi escrita. A técnica da cena evoluiu, e devemos levar em conta as indicações do autor à luz da técnica cênica atual[114].

O cenógrafo e o encenador que queiram montar *Tristão e Isolda* devem se inspirar, para seus quadros, em motivos que identificam na sinfonia. Que colorido medieval original na canção de Kurwenal, nas exclamações do coro dos marinheiros, no misterioso *leitmotiv* da morte, nas fanfarras dos coros de caça e nas do Rei Marke, quando encontra o navio de Tristão que lhe traz Isolda. Depois disso, como Wagner poderia dar valor à tradicional cama de ópera sobre a qual deve repousar Isolda no primeiro ato, àquela outra não menos tradicional em que morre Tristão no terceiro ato, e a este *Blumenbank*[115] em que Tristão faz Isolda sentar-se durante o *intermezzo* do dueto de amor? Mas como a orquestra ilustra notavelmente o jardim do segundo ato, onde o ruído das folhagens mistura-se ao som das cornetas! Procurar representar essas folhagens sobre a cena seria testemunho de tanta falta de gosto quanto ilustrar as páginas de Edgar Poe. Nosso cenógrafo só fornece ao segundo ato o enorme muro do castelo que foge para as alturas e que serve de fundo para esse archote místico que desempenha no drama um papel tão importante.

K. L. Immermann escreveu sobre o *Campo de Wallenstein* (de Schiller): "na encenação desse gênero de peças, todo o problema resume-se em explorar a imaginação do espectador de tal sorte que ele creia naquilo que não está sobre a cena"[116].

Pode-se sobrecarregar uma grande cena com todos os detalhes imagináveis sem que, entretanto, se acredite que há um

---

113 Festivais (N. da T.).

114 Falo das indicações que dizem respeito à encenação, não dessas indicações que são tão extraordinárias em Wagner, quando, por seu intermédio, nos revela a essência interior da sinfonia orquestral (N. do A.).

115 Banco de Flores (N. do A.).

116 Immermann, em suas encenações, atribui uma grande importância, no cenário, ao som e à iluminação, elementos mais sugestivos que descritivos.

SOBRE O TEATRO: PRIMEIRA PARTE

navio diante de vós. Problema tão difícil quanto a representação sobre a cena do convés de um navio que navega! De fato, basta uma simples vela que ocupe toda a cena para construir esse navio apenas na imaginação do espectador. "Dizer muito com poucos meios, eis a essência do trabalho. A mais sábia economia ligada à maior riqueza é toda a arte do cenógrafo. Os japoneses, desenhando um só ramo de flores, evocam toda a primavera. Entre nós, desenha-se toda a primavera, e não se alcança sequer um ramo de flores!" (Peter Altenberg[117]).

No terceiro ato, de acordo com Wagner, a cena é coberta com as altas construções do castelo, com seu caminho circular, do qual uma torre de vigia ocupa o centro; as portas do castelo estão no fundo da cena, onde uma tília estende seus amplos ramos. Nosso cenógrafo nos deu tudo isso apenas com um espaço desolado e com os rochedos nus e tristes da Bretanha[118].

---

117 P. Altenberg (N. do A.).
     Pseudônimo do escritor austríaco R. Engländer (1859-1910) (N. da T.).
118 Para aqueles que quiserem aprofundar a bibliografia dos problemas que abordamos aqui:
     1. WAGNER, Richard. *Gesmmelt Schriften und Dictungen*. Leipzig: Siegel's Musikalienhandlung: R. Linnemann, 4. edição. (Em meu artigo, cito Wagner nas seguintes traduções: A. P. Koptiaev, *Russkaia Muzykalnaia Gazeta* (*Jornal Musical Russo*, 1897-1898, K. A. Siunnerberg. Tiro dessas traduções as citações de Fuchs e de Feurbach).
     2. _____. *Nachgelassene Schriften und Dichtungen von R. Wagner*. Leipzig: V. Breitkopf und Härtel, 1902.
     3. APPIA, Adolphe. *Die Musik und die Inszenierung*. München: Verlagsanstalt F. Bruckmann, 1899.
     4. LICHTENBERGER, A. *R. Wagner, Poeta e Teórico*, na tradução de F. Soloviov.
     5. FUCHS, Georg. *Die Revolution des Theaters*. München-Leipzig: bei G. Muller, 1909.
     6. _____. *Der Tanz. Flugblätter für künstlerische Kultur*. Stuttgart: Strecker und Schröder, 1906.
     7. HAGEMANN, C. *Oper und Szene*. Berlin-Leipzig: Verlag Schuster und Loeffler, 1905.
     8. SAVITS, J. *Von der Absicht des Dramas*. München: Verlag Etzold, 1908.
     9. WESTERMANS *Illustrierte Deutsche Monatshefte*, Japans Bühnenkunst und ihre Entwickelung von A. Fischer, Januerm, 1901.
     10. SCHINKEL, K. F. *Künstler-Monographien von Knackfuss*, XXXVIII.
     11. LESSING, Dr. Th. *Theater-Seele*. Berlin: Verlag von Priber und Lammers, 1907.
     12. CHAMBERLAIN, Houston Stewart. *Richard Wagner*. München: F. Bruckmann, 4. edição. 1907.
     13. DENIS, Maurice Aristide Maillol. *Kunst und Künstler,* Almanach. Berlin: Verlag Bruno Cassirer, 1909.
     14. GOLTHER, Wolfgang. *Tristan und Isolde*. Leipzig: Verlag von S. Hirzei, 1907.

15. CRAIG, Gordon. *The Art of the Theater.*
16. LITTMANN, Max. *Das Münchener Künstlertheater.* Verlag L. Werner, 1908.
17. K. L. IMMERMANN's *Reisejournal*, Ausgabe Botberger. Berlin, bei, Hempel, 2, Brief 11.

Segunda Parte

extratos de jornal (1907-1912)

I. MAX REINHARDT (BERLINER KAMMERSPIELE) (1907)[1]

Max Reinhardt[2], organizador de espetáculos de "câmara", busca transformar a técnica cênica firmemente estabelecida até agora. Quando Reinhardt montou em seu teatro *Pelléas e Mélisande* de Maeterlinck, não se podia ainda afirmar que, em seu espírito, suas ideias de encenação fossem reformadoras. Sobre esse espetáculo, escreveu:

1 A primeira publicação desse artigo na revista *Vesy*, Moscou,1907, n. 6, p. 93-98, intitulava-se "Carta sobre o Teatro: Berliner Kammerspiele. Direção de Max Reinhardt". Em viagem a Berlim, em abril de 1907, Meierhold assistiu as encenações de Max Reinhardt, *Aglavaine et Sélysette*, no Kammerspiele. Suas impressões sobre os espetáculos foram relatadas nas cartas que escreveu para sua mulher, Olga Meierhold (N. da T.).

2 Max Reinhardt, ex-ator do Deutsches Theater (Teatro Alemão) na época em que reinava o repertório de Hauptmann; agora está instalado com sua trupe, que antes representava sob sua direção no Kleines Theater e no Neues Theater. No Deutsches Theater Reinhardt monta, paralelamente, dois tipos de espetáculos: na sala grande, peças para o "grande público", e na sala pequena, que tem no máximo duzentos lugares, os espetáculos ditos *Kammerspiele*, pensados para um público de gosto refinado. Nessa pequena sala foram encenadas peças de Wedeking, Maeterlinck etc. O nome de Reinhardt foi mencionado pela primeira vez em *Vesy*, n. 1, 1904, (N. do A.).

os cenários eram verdadeiramente magníficos – havia uma série de quadros artisticamente acabados: o mar e o céu, os rochedos e a floresta produziam *a ilusão total da vida*. Uma floresta espessa, por exemplo, em vez de se limitar a duas ou três árvores no proscênio, com uma perspectiva em profundidade, era feita com um grande número de troncos no volume *natural*, e com uma altura correspondente à da cena etc.[3]

E era mesmo assim. Reinhardt procurava verdadeiramente criar em cena "a ilusão da vida" e o "natural", enquanto os berlinenses achavam que ele lutava contra o naturalismo teatral e que suas encenações apoiavam-se em procedimentos convencionais.

Reinhardt montou *Pelléas* há cinco anos, e nessa época ele precisava passar sem transição das paródias bufônicas (*Schall und Rauch*)[4] de sua própria composição – essa encenação marca o início da atividade independente de Reinhardt como diretor e encenador – ao ritmo trágico de um *Pelléas* plástico. Depois de *Pelléas* vieram *Irmã Beatriz, Salomé, Sonho de Uma Noite de Verão, Os Espectros, A Comédia do Amor, Hedda Gabler* e *Conto de Inverno*... E, com exceção das suas tentativas de encenação sobre "telas" das peças de Shakespeare, Reinhardt ainda não tinha rompido com as grosseiras formas cênicas da velha técnica naturalista do teatro de Brahm[5] (o antigo Deutsches Theater), e tinha apenas noções confusas sobre as técnicas próprias do teatro de Convenção. E enquanto solicitou a colaboração do pintor Lovis Corinth, do escultor Max Kruse, ou, dito de outra maneira, de seu *Beirat*[6], seu teatro limitou-se a reunir os antigos procedimentos da técnica de encenação.

---

3 Jornal *Pravda* (*A Verdade*), Moscou, 1904, n. 3, p. 286-300, correspondência da Senhora Max-Li, *Revista dos Teatros Berlinenses* (N. do A.).

4 Reinhardt funda em 1901, em Berlim, o cabaré Schall und Rauch (Ruído e Fumaça) (N. da T.).

5 Otto Brahm (1856-1912), crítico e diretor do Deutsches Theater, entre 1894 e 1904. Foi diretor do Freie Buhne (A Cena Livre), criado com o objetivo de conquistar espectadores para as novas obras da dramaturgia moderna. Pioneiro ao propagar no teatro alemão as ideias modernas (N. da T.).

6 Conselho Consultivo, em alemão (N. da T.).

SOBRE O TEATRO: SEGUNDA PARTE

Mas eis que Reinhardt monta *O Despertar da Primavera*, de Wedekind, e *Aglavaine e Sélysette*, de Maeterlinck, e agora parece que ele sabe muito bem o que é o "teatro de Convenção".

Quando se fala em "teatro de Convenção", não é no mesmo sentido em que se fala de "teatro Antigo", de "teatro de Mistérios medievais", de "teatro do Renascimento", de "teatro de Shakespeare", de "teatro de Molière", de "teatro de Wagner", de "teatro de Tchékhov", de "teatro de Maeterlinck" ou de "teatro de Ibsen" – englobando nessas expressões tanto o estilo literário das obras dramáticas quanto a concepção que cada fundador de determinada época teatral tem da essência do trágico e do cômico, dos objetivos do teatro etc. Pelo contrário, a expressão "teatro de Convenção" refere-se a uma técnica específica de encenação. Qualquer dos teatros acima mencionados, pode ser encenado segundo as leis do teatro de Convenção e tornar-se-á imediatamente "teatro de Convenção". E se um desses teatros for encenado segundo as leis da técnica naturalista, tornar-se-á "teatro naturalista".

É comum entre nós, quando se fala em "teatro naturalista", pressupor imediatamente uma tendência literária; e quando se fala em "teatro de Convenção", citar obrigatoriamente Maeterlinck e o drama simbolista. Mas pode-se dizer que o "teatro naturalista", quando monta *Os Cegos*, de Maeterlinck, ou qualquer outro drama simbolista, deixa de ser "naturalista" e torna-se "convencional"? E não se deve entender por "teatro de Convenção" aquele que, apresentando tanto Wedekind quanto Maeterlinck, Leonid Andrêiev ou Sófocles, monta cada uma dessas peças segundo a técnica da convenção?

Os teatros da época shakespeareana e os da antiguidade grega eram, por essência, convencionais. Mesmo assim, *Júlio César* e *Antígone* podem, embora isto seja um disparate, ser montados de forma "naturalista" à maneira de Meininger. *O Drama da Vida*[7] e *Hedda Gabler*, que contêm exatamente os mesmos elementos que permitem uma interpretação a partir de dois pontos de vista, como peças de costumes e como peças que não tratam do cotidiano, podem ser montadas de maneira convencional e de maneira não convencional. Quem combate

---

7 Peça de Knut Hamsun (1859-1952), dramaturgo norueguês (N. da T.).

o teatro naturalista deve assumir a técnica convencional, e esta jamais convirá ao defensor do naturalismo em cena.

Seja qual for o repertório do Teatro do Futuro, renascerá: da tragédia antiga (como idealiza Viatcheslâv Ivánov) ou da vitória do neorrealismo de Knut Hamsun, F. Wedekind, V. Briússov, L. Andrêiev, A. Blok – seja qual for o Teatro do Futuro, sempre se colocará a questão sobre o método da técnica cênica empregado nas encenações desse teatro.

Se considerarmos autêntico o método que satisfaz às exigências de construção de peças de diversos gêneros, das peças antigas às de Ibsen, então não há dúvida que o método convencional triunfará sobre os procedimentos naturalistas.

O método convencional supõe no teatro a presença de um quarto *criador*, ao lado do autor, do encenador e do ator – o *espectador*. O teatro de Convenção elabora uma encenação em que a imaginação do espectador deve *completar criativamente* o *desenho* das *alusões* postas em cena.

No teatro de Convenção, o espectador

não esquece nem por um minuto que tem diante de si um ator que *representa*, e o ator, que tem diante de si, ao pé da cena, a plateia, e ao seu lado, o cenário. É como um quadro: olhando-o, não esquecemos nem um minuto que se trata de cores, de tela, de pincéis, e ao mesmo tempo, experimenta-se um sentimento de vida elevada e iluminada. E frequentemente acontece que quanto mais o *quadro* se afirma, mais forte é a sensação de *vida*[8].

*   *   *

Max Reinhardt tentou audaciosamente, até o fim, montar Maeterlinck de maneira inteiramente convencional.

Pode ser que Reinhardt tenha chegado à técnica que aplicou na encenação de *Aglavaine*, de Maeterlinck, sem conhecer as tentativas extremamente interessantes efetuadas no mesmo domínio sobre uma cena inglesa; pode ser que Reinhardt não tenha lido o curioso livro de um reformador inglês sobre a nova técnica de encenação; entretanto, ao assistir *Aglavaine*, espetáculo "de câmara", não se pode deixar de pensar

---

8   Ver, supra, n. 76, p. 237, sobre o excerto da Carta de Leonid Andrêiev (N. da T.).

em Edward Gordon Craig[9]. E não porque *Aglavaine* – talvez por acaso – foi montada no estilo de Craig, sobre um fundo composto de cortinas; pensamos em Craig porque nessas encenações convencionais os erros mais terríveis são aqueles nos quais Reinhardt caiu.

Esse encenador não possui a arte do desenho.

Em outras palavras, ele não sabe criar, a partir de personagens vivas (e não a partir da *mise-en-scène*), as linhas e os ângulos de valor estético em harmonia com as linhas e os ângulos da concepção geral do cenário. Não sabe orquestrar os movimentos das personagens vivas a ponto de alcançar o segredo da imobilidade. Ignora que uma permuta frequente de grupos, "necessária" quando reinava o princípio da riqueza dos "planos cênicos" (com os atores deslocando-se muitas vezes com o único objetivo de variar as impressões dos espectadores), é atualmente tida por falta de gosto, ainda mais grave porque os frequentes "vai-e-vem" das personagens somente visam o efeito que os interessantes grupos podem produzir por si mesmos, em vez de se justificar pela necessidade plástica do momento trágico ou psicológico.

Hoje, para dispor as personagens sobre a cena, pode-se recorrer tanto ao método de simplificação (relacionado ao pano ornamental primitivo, utilizado como fundo) quanto ao método "escultural" ("sem cenários", como na minha encenação de *A Vida do Homem*). Um cenário pintado de maneira convencional não basta para tornar convencional um teatro. A principal preocupação do encenador do teatro de Convenção deve ser a forma de dispor as personagens. Nisso o encenador deve ser, evidentemente, auxiliado em larga

---

9 Jovem cenógrafo inglês. Nasceu e cresceu no teatro. Filho de uma célebre atriz, Ellen Terry. Ele mesmo é ator. Foi aluno de Henry Irving e atuou em seu teatro. G. Craig percebeu que esse grande encenador fundava seu sucesso nos efeitos, resultantes de princípios temporários, mutantes, que são fáceis de abalar. Ele viu que Irving era impermeável aos aspectos profundos das encarnações cênicas, pois se recusava – ou não ousava – a adotar as ideias de Craig, para não pôr em risco o seu sucesso. E então Craig abandona o teatro de Irving, constitui sua trupe e segue para a província; depois abandona o ofício de ator e, o que é mais importante, torna-se encenador e cenógrafo. De volta a Londres, começa a montar espetáculos de acordo com o método de que trata posteriormente no seu livro *The Art of the Theatre* (*A Arte do Teatro*) (N. do A.).

270 NA CENA DO DR. DAPERTUTTO

medida pelos próprios atores, cujo sentido plástico é agora exigido cada vez mais.

A tentativa feita por Reinhardt de substituir os habituais cenários pintados por simples cortinas (*intérieurs*) monocromáticas e por um tule (*extérieur*) igualmente monocromático é, sem dúvida, audaciosa. Mas tudo se torna horroroso quando surgem em cena as lenga-lengas das revistas "modernistas" do tipo *Die Kunst, The Studio, Jugend*[10]. É horroroso quando o *art nouveau* e o *modern style* que encontramos hoje por toda parte – nas bengalas, nas casas, nas confeitarias e nos cartazes – penetram em cena, mesmo quando se apresentam em suas formas mais nobres.

O primeiro dos três cenários de *Aglavaine* é feito de cortinas que substituem paredes e tetos, portas e janelas. Mas elas caem à maneira dos "drapeados" que, nos melhores fotógrafos, constituem o fundo "decadente" sobre o qual os modelos posam em vestimentas *modernes.*

Como não possui a arte do desenho, como não sabe que essas "cortinas" devem ser penduradas de tal maneira que o espectador possa logo esquecer a sua existência, Reinhardt agrupa as personagens como um fotógrafo e não como um pintor, e faz os grupos permutarem com tanta frequência que se torna tedioso, como se o movimento exterior favorecesse o movimento interior. Por outro lado, seus atores deslocam-se em cena exatamente como se faz nos teatros naturalistas, em quartos verdadeiros e em paisagens reais.

Além disso, esse encenador – por não possuir a arte do desenho – também não sente as cores. Ignorando o segredo das linhas, não sente o ritmo dos movimentos relacionados à mudança das manchas de cor.

Eu passaria em silêncio sobre a *dicção* do espetáculo, pois ela depende dos atores, mas não me sai da memória os movimentos frouxamente entrecortados de Sélysette, que passa do riso às lágrimas, como exigia o papel de Kate em *As Almas Solitárias;* Melleandre, torcendo as mãos como todos os "neuras-

---

10 *Die Kunst (A Arte)*, revista alemã publicada em Munique desde 1899. *The Studio*, revista inglesa publicada em Londres desde 1895. *Jugend (Juventude)* é uma revista alemã lançada em Munique em 1896, e publicada por mais de vinte e cinco anos (N. da T.).

tênicos" de província nas peças de Przybyszewski; o figurino decadente de *Aglavaine*, posando sobre um fundo de "telas" como os desenhados nos cartazes "decadentes".

Em vez de uma floresta pintada, temos em Reinhardt um conjunto de tules, talhados de tal maneira que toda a composição deixa entender que se trata de um *extérieur*. No centro, através de um arco recortado nesses tules, vemos o céu, cujas cores evoluem em função do desenvolvimento da tragédia (técnica japonesa).

A ideia e a realização da Torre são excelentes (não sob qualquer iluminação, entretanto). Se Reinhardt tivesse utilizado esse plano com um desenho seguro, após ter disposto as personagens, essa encenação poderia ser um grande evento na esfera das descobertas de novas formas cênicas. É impossível descrever esse cenário. Seu segredo reside em suas linhas e na extraordinária simplicidade dos meios de expressão utilizados.

Uma simplicidade refinada, eis a que deve aspirar o encenador do teatro de Convenção.

O "modernismo" penetrando no estilo dos figurinos, nos grupos, nos motivos cenográficos, no estilo cenográfico, eis o perigo.

Mas encontramos ainda todo um mar de dificuldades.

Como conseguir unificar as concepções cenográficas de todos os atos, o estilo do cenário e a forma de dispor as personagens? Como chegar à harmonia das cores nos cenários e figurinos, a um frio cinzelamento das palavras que não permita que sejam encobertas pelo tremor das vozes queixosas dos atores? Como obter um frêmito místico nesse frio cinzelamento das palavras colocando nelas um acento místico? E tantas questões, às quais poderíamos acrescentar muitas outras, que sequer passaram pela cabeça de Reinhardt!

272 NA CENA DO DR. DAPERTUTTO

II. EDWARD GORDON CRAIG (1909)[11]

E. G. Craig é da raça dos atores.

Tem por mãe uma célebre atriz, Ellen Terry[12]. De seu pai[13], Max Osborn declara que ele frequentava o meio teatral e que se sentia atraído pela ideia de reformar a arte da encenação. E. G. Craig estreia como figurante, depois interpreta pequenos papéis no teatro de Henry Irving, famoso crítico teatral e ator mais célebre ainda. Enfim, torna-se diretor de uma trupe ambulante, com a qual representa na província durante nove anos.

E. G. Craig não é somente um ator. É também um cenógrafo nato.

Quando Craig, depois de suas peregrinações provinciais, conhece William Nicholson, célebre por suas madeiras gravadas, e James Pryde, coautor com Nicholson de toda uma série de litogravuras, quando penetra no círculo dos jovens pintores

11 Primeira publicação na *Revista Teatral da Sociedade de Literatura e Arte*, São Petersburgo, 1909-1910, n. 3.

Em um artigo dedicado ao teatro soviético, Gordon Craig fala de Meierhold (The Russian Theatre Today, *The London Mercury*, 1935, v. xxxii, n. 192, outubro, p. 537):

"Na Rússia os diretores são muito respeitados – são respeitados pelos críticos, dramaturgos e pelas trupes dos teatros que eles dirigem. Eles adoram Stanislávski e Niemiróvich Danchenko, amam Taírov e quanto a Meierhold – Meierhold surpreende todo mundo, eles o adoram e também o amam.

E ele ainda lhes propõe charadas. Ele é um grande experimentador, conquistador de cumes, ele não conhece descanso e quase a cada ano, erguendo com orgulho a cabeça, alcança uma nova altura.

Conheçam a história do seu caminho e vocês verão o quanto é livre o seu espírito – ele nunca está agarrado nem às suas convicções nem aos seus preconceitos anteriores.

Tenho muita vontade de ir à Rússia para conhecer a arte de Meierhold em toda sua plenitude. Aquilo que eu apenas entrevi já me agradou enormemente, de tão audacioso. Não pude, dessa vez, observá-lo cotidianamente em seu trabalho a fim de ter uma espécie de impressão de conjunto. Por isso, se eu retornar a Moscou, será com muito prazer, para usar uma imagem, que me deixarei amarrar em uma poltrona durante várias semanas a fim de assistir aos ensaios e aos espetáculos do teatro de Meierhold e então, e somente então, sem me dispersar por uma vintena de outros teatros, poderei observar e compreender esse gênio do teatro, e dele receber lições.

As horas que passei com ele eram despojadas de qualquer pedantismo; passei-as na companhia de um homem que queria, como eu também queria, ser um artista de Teatro. Ele se pergunta, como me pergunto sempre: 'o que é afinal o teatro?'" (N. da T.).

12 Atriz e diretora inglesa (1848-1928) (N. da T.).

13 E. W. Godwin, arqueólogo, arquiteto e cenógrafo de teatro (N. da T.).

SOBRE O TEATRO: SEGUNDA PARTE

do *New English Art Club*, do qual fazia parte Beardsley, o gosto que nutria desde a infância pela pintura torna-se tão forte que o ator Craig decide servir o teatro por outros meios. Depois de ter se dedicado totalmente à pintura cenográfica, Craig quer tornar-se cenógrafo, mas não para manejar pincéis e cores. Parece-lhe que somente aquele que opera a síntese do autor, do encenador, do pintor e do músico é capaz de encontrar a harmonia das linhas e das cores na cena, o rigor das proporções e das diversas partes, que somente ele é capaz de submeter à onipotente lei do ritmo o conjunto de criadores[14].

É significativo ter sido precisamente no ano I do novo século que Craig lançou um desafio ao teatro naturalista – foi, com efeito, em 1900 que montou *Didon*, ópera de Henry Purcell, compositor inglês do século XVII, depois uma peça de Ibsen, *Os Vikings*. Esse jovem inglês deu, portanto, o primeiro passo no caminho do novo teatro.

Nossos críticos de teatro não nos avisaram no devido tempo desse evento tão importante que são as novas experiências cênicas de E. G. Craig (é verdade que podemos nos regozijar com o pensamento de que o movimento teatral revolucionário na Rússia nasce desta vez livremente, independente de qualquer influência ocidental, pois o Teatro-Estúdio[15], por exemplo, não sabia nada ainda sobre o livro de Craig[16]; e também a experiência de N. N. Vachkévitch[17] em Moscou, com os cenários musicais de N. N. Sapúnov e S. I. Sudéikin, não devem nada às ideias de Craig). Foram nossos vizinhos alemães que ajudaram aqueles que se interessavam pelos destinos do novo teatro a tomar conhecimento das técnicas originais de encenação de E. G. Craig. Foi necessário o surgimento do teatro de Reinhardt para que, por trás de seus "espetáculos de câmera", déssemos com o nome de E. G. Craig. Durante a temporada teatral de 1904-1905, Craig estava em Berlim. Encarregou-se dos cenários de uma peça de Hofmannsthal no Lessing-Theater e,

14 Como afirma Picon-Vallin, Meierhold faz alusão à concepção do *mastermind* de Craig. Ver B. Picon-Vallin (org). *Écrits sur le Théâtre – Tomo I (1891-1917)*, p. 306, n. 3 (N. da T.).
15 Moscou, 1905 (N. do A.).
16 *The Art of the Theatre* (N. do A.).
17 N. Vachkévitch, *A Representação Dionisíaca Atual. Esboço sobre a Fusão das Artes*, 1905, edição Scorpion (N. do A.).

274   NA CENA DO DR. DAPERTUTTO

sobretudo, expôs toda uma série de desenhos, cenários apenas delineados e esboços no Kunst und Kunstgewerbe; seu livro, *The Art of the Theatre*, foi igualmente objeto de duas edições alemãs muito próximas uma da outra.

Mas é curioso: em Berlim, Craig, ao lado de Otto Brahm – que ironia! –, ao lado do cabeça do movimento naturalista alemão. É verdade que Brahm foi recentemente corredor da revista *Die Freie Bühne*[18], com H. Bahr[19], o primeiro a lançar as fórmulas então em moda de *décadence* e *fin de siècle* (graças a ele, Brahm pode se familiarizar um pouco com o simbolismo). Apesar disso, O. Brahm, que dirigia há muito tempo a *Die Freie Bühne* – por intermédio de Arno Holz[20] e de Johannes Schlaf[21], os epígonos mais enfurecidos de Émile Zola, essa revista esforçava-se por fazer do naturalismo a fonte da arte contemporânea –, podia ser considerado um homem acabado pelos jovens entre os quais surgiam os reformadores da cena, tais como E. G. Craig, M. Reinhardt e G. Fuchs.

Devo prevenir o futuro leitor do livro de E. G. Craig[22] para não cometer o erro de acreditar que o autor enaltece *a marionete em detrimento do ator em cena*. Craig, percebendo como o grande encenador Irving tinha fundado sua glória sobre efeitos precários, abandona sua trupe. O teatro de Irving é o teatro de um inglês com gosto americano. E o que Knut Hamsun escreveu sobre o teatro americano seria uma boa resenha dos espetáculos de Irving. E como essa resenha coincide com as ideias de Craig!

Os cenários têm, na cena americana, uma importância tal que são eles que têm direito às maiores letras nos anúncios e cartazes; isso é denominado "encenação real" […]. Dado que na cena americana o cenário é tão importante, e levando em conta o fato de que é entre os americanos que a técnica atingiu seu mais alto grau de perfeição, teríamos o direito de esperar que eles pos-

18   Fundada em 1890, a revista publicou obras de Zola e de Hauptmann (N. da T.).

19   Escritor e crítico austríaco (1863-1934) (N. da T.).

20   Teórico do movimento naturalista alemão (1893-1929) (N. da T.).

21   Dramaturgo, narrador e tradutor (1862-1941). A parceria artística com Arno Holz teve início nos tempos de estudante. Escreveram juntos duas peças, *Papa Hamlet* e *Familie Selicke* (N. da T.).

22   N. I. Butovskaia lançou, no verão de 1912, a coletânea de artigos de Gordon Craig, *A Arte do Teatro* (N. do A.).

SOBRE O TEATRO: SEGUNDA PARTE

sam nos apresentar realmente cenários de uma maravilha inaudita. Mas este não é absolutamente o caso. Eles têm muito pouco sentido artístico para harmonizar entre si as diferentes partes dos cenários; eles não têm sequer o gosto para harmonizar entre si diferentes partes do cenário; sobre a melhor cena de Nova York, vi uma peça de efeitos, um verdadeiro triunfo da arte cenográfica. Havia rochedos que não tinha visto melhores em Norvège, uma floresta de papelão, animais de papelão, pássaros de papelão, um elefante de papelão – que não pesavam mais que uma chave de relógio. Todo esse mundo de papelão era iluminado pelo sol vespertino, verdadeiro milagre da técnica americana. Reproduzia-se completamente a potência luminosa do sol americano e fazia-se com que o espectador esquecesse o lugar em que se encontrava: reproduzia-se a sucessão de todas as nuances de um pôr-do-sol com um naturalismo verdadeiramente sedutor... E fazia-se brilhar esse sol sobre uma paisagem de papelão, sobre montanhas e rios que estremeciam e se agitavam ao menor sopro vindo das coxias. Era uma contradição insolúvel! A paisagem era absolutamente sem vida; o homem era, ele e o sol, o único ser vivo nessa paisagem[23].

"O que falta precisamente ao teatro americano é o espírito artístico", escreveu ainda Knut Hamsun.

"O que falta precisamente ao teatro inglês é o espírito artístico", provavelmente disse também E. G. Craig quando se exilou definitivamente. Parece-me que Craig-cenógrafo, quando ataca os "atores-patrões", não fala de Irving-Hamlet, mas de Irving-diretor e encenador[24].

"O teatro não tem necessidade de um encenador que não seja cenógrafo, que não tenha uma formação muito ampla, assim como o hospital não tem necessidade de carrascos!"

23 K. Hamsun, A Vida Espiritual da América, em *Obras Escolhidas*, São Petersburgo: Eglantier, 1909 (N. do A.).

24 E. G. Craig, Etwas über den Regisseur und die Bühnen-Ausstattung, *Deutsche Kunst und Dekoration*, 1904-5, julho. Ou conferir com a minha tradução em *Jurnal Literaturno Khudojestvennovo obchtchestva* (Revista da Sociedade Literária e Artística, São Petersburgo, 1909-10, n. 9), Algumas Palavras sobre o Encenador e a Encenação (Craig não inclui esse escrito em seu último livro, *A Arte do Teatro*, editado por N. I. Butkovskaia). Na mesma revista (1909-10, n. 3), conferir com a minha tradução de um outro artigo interessante de Craig, A Ambientação Cênica (N. do A.).

III. (1908)[25]

O teatro conseguiu realizar em três anos (1905-1908) o que a literatura levou dez anos para fazer. E, embora a literatura tenha alcançado um avanço que o teatro não poderia igualar, o teatro atual está muito mais próximo da literatura contemporânea do que há três anos.

Ainda é muito cedo para avaliar a importância do papel que desempenhou, no destino do teatro contemporâneo, a difusão das novas ideias teatrais, mas estou convencido de que para escolher com suficiente critério os caminhos das futuras reformas não se pode ignorar o que são verdadeiramente os teatros de hoje em dia, e o que eles podem vir a ser dadas as forças que representam os *atores* contemporâneos. Quaisquer que sejam as intenções dos encenadores, dos cenógrafos-pintores e dos cenógrafos-escultores, se eles ignorarem em seu trabalho o feixe de forças que representam os atores, forças que, a meu ver, manifestaram-se claramente ao longo do período de pesquisas, exercerão um constrangimento sobre a individualidade dos atores, prolongando assim a dissonância que reinou no teatro nos últimos anos. E o fato de que o teatro de hoje aproximou-se do drama novo indicou de maneira mais evidente ainda os caminhos que pode e deve trilhar um teatro que deseja manter-se em um harmonioso equilíbrio.

Três elementos emergiram brutalmente do fluxo efervescente das reformas teatrais após as experiências do Teatro-Estúdio: 1. os representantes do passado; 2. os homens de teatro contemporâneos; 3. os fundadores do futuro.

Os representantes do passado e os contemporâneos (gostaria de limitar-me a esses dois grupos) são os elementos do "grande teatro". Convém denominar assim o teatro destinado a um grande público. Esses dois grupos têm uma tal concepção do mundo e uma tal maneira de representar que chegou o tempo para os homens novos (os fundadores do futuro) de compreender que duas castas sacerdotais diferentes não podem encontrar lugar no mesmo templo!

---

25 Esse artigo teve como título "Carta sobre o Teatro" em sua primeira publicação na revista *Zolotoe Runo* (*O Tosão de Ouro*), Moscou, 1908, n. 7-9. Quando de sua publicação no livro, Meierhold não lhe deu título (N. da T.).

Estou seguro de que o fundador do Teatro do Futuro não pegará agora sua picareta para demolir o teatro contemporâneo, nem em parte, nem integralmente. Sem dúvida a interdição de colocar vinho novo em odres velhos deve valer pelos séculos dos séculos. E o fato de demolir parte do teatro não transgride essa sábia interdição? Quanto a demoli-lo integralmente, não é o pior dos crimes que se pode cometer perante o passado, que devemos ter o cuidado de deixar morrer em sua bela morte? O fundador do futuro deve saber piedosamente que é grosseiro abafar os tristes acordes de um outono dourado sob os urros dos impulsos primaveris.

É na terra recentemente trabalhada que encontramos as seivas novas. Não é com os "grandes teatros" que os homens novos cultivarão suas mudas criadoras. É nas células ("estúdios") que nascerão as novas ideias. É daí que sairão os homens novos. Constatou-se com a experiência que o "grande teatro" não pode tornar-se um teatro de pesquisa, e as tentativas para alojar sob o mesmo teto um teatro acabado, destinado ao público, e um teatro-estúdio, resultam em fracasso.

Chegou o momento: os estúdios voarão com suas próprias asas, de forma independente, sem começar seu trabalho sob a tutela dos teatros, constituindo, ao contrário, novas escolas de onde nascerão novos teatros.

As formas do Teatro do Futuro serão moldadas pelos talentos dos representantes das escolas que vão nascer, por suas ideias, sua maneira, que se manifestará em suas experiências criadoras. E pode ser que se diga: "teatro de tal escola", como se diz: "pintura de tal escola".

Deixo para o leitor o cuidado de prever a face do Teatro do Futuro; de minha parte falarei dos representantes do passado e dos contemporâneos.

Assim como é perigoso, em um plano teórico, fixar-se unicamente no teatro-utopia quando se fala do Teatro do Futuro, também é perigoso abandonar o teatro contemporâneo à sua própria sorte, que é o que acontecerá se toda a energia dos homens novos concentrar-se apenas na criação dos teatros-estúdios.

Se o teatro de hoje não está morto, é porque ele ainda esconde seivas vivificantes. Que ele morra se estiver condenado, mas que seja reanimado se for capaz de sobreviver!

Gostaria de assinalar o grosseiro erro que cometem os teatros contemporâneos ao não avaliarem suas próprias forças. É aí que, a meu ver, deve-se procurar a razão do desacordo que distancia o espectador do teatro contemporâneo, bem como da desagregação que reina nos seus bastidores.

* * *

Uma série de nomes brilhantes[26]. Grandes talentos formados na escola de Ostróvski, nas tragédias clássicas, nas peças de caráter e na ênfase romântica. Cada aparição desses veteranos da cena em um repertório de tempos passados suscita no espectador um autêntico entusiasmo. Todos se inclinam a admirar esses ecos do passado, e ninguém gostaria de ver esses atores substituírem suas máscaras rachadas pelo tempo por outras mais novas. É somente sob as máscaras do passado que se admira o talento brilhante dos velhos atores. E cada vez que eles surgem em um repertório que lhes é estranho, é uma ofensa feita à bela harmonia. Esses "representantes do passado", esses velhos tão belos em seus últimos dias, cada vez que procuram aproximar-se dos elementos da nova vida, rompem a harmonia de um outono dourado.

Entretanto, em vez de considerar o caráter das forças criadoras de um grupo cujo "núcleo" só é sólido em um repertório denominado "clássico", em vez de conservar em sua integridade harmoniosa o conjunto do "velho teatro" (que denominei "teatro antigo"), esse "teatro antigo", afastando-se de sua única tarefa – a ressurreição permanente do passado – deixa-se submergir, não se sabe porquê, por um arranjo de dramaturgos-de-costumes contemporâneos ou de peças modernas ao estilo de Przybyszewski.

Enquanto existirem os grandes representantes do passado, o teatro em que eles trabalham deve viver para eles (ele não saberia viver sem eles). O repertório deve apoiar-se somente em peças que encontram um eco no coração dos anciãos. O velho ator russo ama Shakespeare, Schiller, Goethe, mas evidentemente é apaixonado acima de tudo por Ostróvski, Griboiedov, Gógol.

---

26 Era assim que começava o parágrafo nomeado "Os Grandes Teatros. Os Teatros Imperiais na Capital", em "Cartas sobre o Teatro", *Zolotoe Runo*, 1908, n. 7-9 (N. do A.).

Mas seria um erro acreditar que tudo se reduz ao repertório, quando falamos da necessidade para os velhos atores de se apegar aos autores que preferem. A pergunta "o que" representar, em nossos dias, implica necessariamente em outra: "como" encenar?

O centro de atenção dos reformadores do teatro contemporâneo é o aspecto pictórico do espetáculo. Parece que o papel das manchas coloridas, o jogo das correspondências entre as linhas, a expressividade dos grupos, tornaram-se muito importantes. Pode-se revelar a ideia de uma obra não apenas através dos diálogos das personagens, que nascem da arte dos atores, mas também pelo ritmo de todo o quadro, colocado em cena pelo cenógrafo, pelo jogo de cores, e pelo que determinará o encenador na disposição dos praticáveis, no desenho dos movimentos e nas relações entre os grupos.

Falar da necessidade para os velhos atores de conservar as velhas máscaras não significa, bem entendido, que alguém deva resignar-se em conservar também as velhas encenações.

E é aí que os interesses dos atores do passado confundem-se facilmente com as tarefas dos novos artistas.

O Inspetor Geral, A Desgraça de ser Inteligente, O Baile de Máscaras, Hamlet ou *A Tempestade* jamais foram representadas sob a luz de sua época (não entendo por isso a reconstituição das particularidades etnográficas – pois não se trata aqui de encenações "arqueológicas"); essas peças jamais nos foram apresentadas com o encanto das imagens que a simples menção de seus títulos faz surgir em nós. Que terreno para o "grande teatro"!

Os maiores talentos dos atores do antigo teatro russo carregam consigo as personagens do repertório de Gógol, Griboiedov, Ostróvski, Shakespeare, Goethe. Existe na Rússia toda uma série de pintores-cenógrafos capazes de reproduzir com requinte e amor a intimidade das velhas casas e o encanto dos jardins abandonados. Algumas tentativas lançaram uma nova luz em obras que já tinham tido tempo suficiente para se tornarem insípidas sob os comentários-clichês que se fez sobre elas; é assim que Merejkovski, com seu engenhoso artigo "Gógol e o Diabo"[27]

---

27 Filósofo e escritor (1866-1941). D. S. Merejkovski escreve em 1893 um dos manifestos da "decadência russa". É autor de: *O Cristo e o Anticristo* (trilogia), *O Romance de Leonardo da Vinci, Tolstói – Vida e Obra*, entre outros. O artigo sobre Gógol é de 1906 (N. da T.).

280 NA CENA DO DR. DAPERTUTTO

dá aos atores uma caracterização tão original das personagens de O *Inspetor Geral* que se torna fácil aos veteranos retomar as personagens gogolianas.

Por que não poderiam fundir-se em um só e harmonioso acordo: o nobre realismo dos antigos atores, a poeira cinzenta das velhas casas nos cenários dos novos pintores e as linhas proféticas do velho livro que os atores fazem viver com uma nova vida à luz de uma interpretação das personagens à maneira de Merejkovski?

Acrescento: como as galerias de pintura e os museus, esses teatros de estilo império são necessários, com esses veteranos da cena impregnados até a medula dos ossos das tradições herdadas dos Motchalov[28], dos Chumski[29], dos Chtchepkine[30], dos Karatíguin[31]. E se um verdadeiro artista substituísse os cenários estereotipados feitos pelos cenógrafos-pintores sem gosto da velha escola, esses cenários em que vimos por muitas vezes nas peças de Ostróvski, Griboiedov ou Gógol, obras-primas que estão em harmonia com as cornijas e as volutas douradas da sala, com o veludo surrado das poltronas e dos camarotes, e, sobretudo, com os ecos do passado perceptíveis na representação dos veteranos de nossas cenas, se esses talentos maravilhosos, em vez de apresentarem este frágil repertório contemporâneo – de costumes ou de estilo moderno – representassem para nós, com amor e infatigavelmente, Ostróvski, Goethe, Shakespeare, em um cenário em estilo apropriado, aprofundando o realismo de uma maneira nova, com que nova luz brilharia o "grande teatro"!

Eu chamaria semelhante teatro de *Echo du temps passé*[32]. Sua tarefa principal é fazer constantemente o passado reviver. Não é um "teatro antigo" no sentido em que se representaria uma peça antiga como era representada nos velhos bons tempos. E também não é um teatro que, apresentando *A Desgraça*

---

28 P. S. Motchalov (1800-1848), ator de melodramas (N. da T.).

29 S. V. Chumki (1820-1870). Ator, não se fixou em nenhum teatro e se distinguia por representar um amplo repertório: de *vaudeville* a autores como Molière e Ostróvski (N. da T.).

30 M. S. Chtchepkine (1788-1863). Grande ator do Teatro Maly, consagrado pelas atuações dos personagens de Górki (N. da T.).

31 P. V. A. Karatíguin (1802-1853), ator, descende de uma grande família de atores (N. da T.).

32 "Eco do tempo passado", em francês, no original (N. da T.).

SOBRE O TEATRO: SEGUNDA PARTE 281

de ser Inteligente, faz como o Teatro de Arte de Moscou, abarrotando a cena de móveis e acessórios "de época" (onde a tarefa do cenógrafo assemelha-se à de um arqueólogo). É, ao contrário, um teatro que, passando por Shakespeare, Calderón, Molière, estabelecerá uma filiação entre o teatro da Grécia antiga e os dramas da Idade Média por um lado, o teatro russo dos anos de 1830, com Gógol à frente, e um teatro contemporâneo qualquer... É um realismo que, sem evitar os temas da vida cotidiana, ultrapassa-os, porque busca somente o *símbolo* do objeto e sua *essência mística*[33].

iv. (1909)[34]

Quando um povo, ocupado em reorganizar a vida, coloca a força como princípio de suas ações, surge um problema – o *da Revolução e do teatro*. Este problema, o Wagner da primeira fase[35] tentou resolver em um plano teórico, mas parece-me que a própria vida o resolveu, depois de muito tempo. Na França, no final do século xviii, o teatro, deixando de ser a Casa das Artes, transformou-se em um púlpito para pregações;

33 Esta carta ficou inacabada. Seu plano inicial era: depois de ter classificado os teatros das capitais, fazer uma descrição dos tipos mais marcantes dos dois grupos: dos "grandes teatros" e dos "teatros de pesquisa". No primeiro grupo coloco: o Teatro de Arte de Moscou, o Teatro Suvorinski em São Petersburgo, os Teatros Korch e Nezlobine em Moscou. No segundo grupo coloco: A Casa dos Intermédios, o Teatro Antigo, o Teatro Jovem, o Teatro da Baía, O Espelho Deformante (na medida em que este último seguiu em seu primeiro ano o programa do Teatro da Baía, e em que atualmente, de vez em quando, procura seguir as indicações de N. N. Evrêinov, infelizmente com excessiva circunspecção, e dá lugar às experiências de seu "monodrama"). O Teatro V. F. Komissarjévskaia quis conciliar o inconciliável: ser um "teatro de pesquisa" (no período das minhas encenações, e depois nas encenações de Evrêinov), e permanecer ao mesmo tempo um teatro destinado ao grande público. É aí que devemos buscar a causa da morte prematura do Teatro V. F. Komissarjévskaia. K. S. Stanislávski agiu com sabedoria ao criar agora um laboratório para suas pesquisas fora do Teatro de Arte de Moscou. Visivelmente, ele compreendeu que as tendências modernistas de seu "grande teatro" não tinham feito qualquer mudança nas bases solidamente estabelecidas de um teatro em declínio (N. do A.).
34 Publicado na revista *Apollon*, São Petersburgo, 1909, n. 1, p. 70-7 com o título "Sobre o Teatro". Quando de sua publicação no livro, Meierhold não lhe deu título (N. da T.)
35 R. Wagner, *Die Kunst und die Revolution* (*A Arte e a Revolução*), Gesammelte Schriften und Dichtungen, B. iii, R. Linnemann, Leipzig, 1907, 4. (N. do A.).

os autores dramáticos ofereciam ao público, através da cena, aquilo que não podia ser transmitido por livro, brochura ou artigo de revista, e apenas uma pequena minoria de escritores lutava contra essa tendência de debater na cena ideias e acontecimentos políticos.

Quando um país procura forjar a face de uma nova sociedade servindo-se de uma pacífica instituição cultural, um outro problema surge perante nós – o do *Teatro enquanto Festa*. Então a Casa das Artes deixa de ser um meio para tornar-se um fim.

Se as buscas religiosas dos poetas e dos filósofos russos contemporâneos, a persistência da efervescência de diversas seitas, e a inclinação de dois ou três de nossos dramaturgos "não reconhecidos" por "um desabrochar luxuriante do drama nobre com grandes paixões, uma ação extraordinária, uma corrente profunda de ideias"[36] – são consideradas como fenômenos importantes, então o "povo"[37], que abre para si um caminho em direção à nova cultura a golpes de picareta, e não com dinamite, não tem necessidade de um teatro que satisfaça a plateia da mesma maneira que na época em que este último era quase "uma reunião política organizada, uma espécie de quarto subterrâneo com um programa de ação definido"[38].

Colocar em relação os destinos da Casa das Artes e os da realidade social é tarefa do historiador da cultura e da arte. Limito-me a observar que a característica da *crise* do nosso teatro é que o autor dramático tornou-se o criado da sociedade. Uma sociedade que vive uma época de reorganização político-social habitua-se a ver no teatro um meio e não um fim: o teatro, com efeito, não era um meio de propaganda

---

36 A. Blok, "Do Teatro", em *Zolotoe Runo*, 1908, n. 5, p. 55 (N. do A.).

37 Há dois grupos sociais que não querem ouvir falar de teatro contemporâneo; o primeiro, porque o teatro permanece inalcançável para ele, por causa do seu preço, o segundo porque não suporta que a cena lhe dê lições e o instrua através de sermões. "Nicht Wissen, sondern *Geschmack*, nicht kritische Dialektik, sondern machtbewusstes *Haldeln* sind die Masstäbe unserer Lebensführung". "Não é o saber, mas o gosto, não é a dialética crítica, mas o ato que reconhece sua força, que constituem as normas de nossa conduta na vida". Eis o que diz esse segundo grupo com G. Fuchs (*Revolution des Theaters*, bei G. Müller, München und Leipzig, 1909) (N. do A.).

38 I. Ivánov, *O Papel Político do Teatro Francês e a Filosofia do século XVIII*, Moscou, 1895 (N. do A.).

SOBRE O TEATRO: SEGUNDA PARTE 283

durante as "épocas de liberdade", não era também um meio de divertimento durante os dias de fadiga política? E a *intelligentsia*, por hábito, não concede à cena senão duas justificações: que ela se engaje ou que ela distraia. Os autores dramáticos – e deixo a palavra a um de meus poetas preferidos – "desceram à nossa vida de todos os dias... Perderam o hábito de despertar... sentimentos elevados, tornaram-se indiferentes à ação teatral e estão afundados em um psicologismo sem saída" (A. Blok)[39]. O teatro russo desmoronou. O que se apresenta na cena de nossos dias – salvo raras exceções – é antiarte, talvez "literatura", mas não é arte. Surgiu um gênero particular de peças, que se qualifica de "drama literário". Como não exclamar com Wagner: "Alguma coisa de tedioso tornou-se possível: criou-se dramas – somente para serem lidos".

*   *   *

O autor dramático e o público estão em constante rivalidade. Onde o público é importante, a comunidade cultural da época – a Cidade – tem o teatro que o público quer.

Mas acontece que se produziu o contrário. Vemos então um Wagner vencer, graças a sua gigantesca energia, o gosto rotineiro do público, e nascer o teatro de Bayreuth. Acontece o mesmo em nossos dias, mas o gênio de um só homem é frequentemente substituído pelo esforço de toda uma geração. É somente porque em Munique toda uma vida cultural se estratificou durante dezenas de anos, graças à influência de artistas e de poetas de vanguarda, que o Künstlertheater de Munique, verdadeiras Casa das Artes, pode ver a luz do dia.

Mas o que aconteceu entre nós? A "minoria cultural" que se agrupou em torno da *Mir Iskusstva*, da *Novy Put* (e em seguida ao redor da *Vopros Jizni* e da *Fakelov*) não realizou a educação das massas, não suscitou nelas as altas exigências, e é por isso finalmente que não temos teatro, um teatro contemporâneo – seja um teatro de gosto refinado ou um de ações e de paixões. O importante não tem sido o dramaturgo. O público, ao contrário, tem a última palavra. Ele criou seu pró-

39   Do Teatro, artigo citado (N. do A.).

prio teatro, ou mais exatamente, criou-se tantos teatros quantos eram os grupos sociais. E quando o teatro encontra-se assim submetido ao público, o dramaturgo torna-se o criado de seu amo. Quanto à literatura dramática contemporânea, ela toma o aspecto, segundo as necessidades, ora de peças *à thèse*, ora de um mingau psicológico, ora de dramas sociais, que têm por objetivo a propaganda ou a agitação, ora de comédias, que se propõem divertir o espectador por meio de situações surpreendentes das personagens, ora de pesquisas psicopatológicas da forma dramática, ora de peças de costumes, que confinam-se à etnografia. Nosso teatro é o que convém à rua: colorido e de mau gosto, como as tabuletas e os cartazes.

E, além disso, há alguma coisa de original no teatro russo de hoje em dia? Não. É tudo urdido de empréstimos. E seu internacionalismo não tem nada a ver com a intenção de integrar-se à dramaturgia europeia, e muito menos com uma aspiração à universalidade. É o internacionalismo do chapéu coco, que é encontrado em todas as cabeças do planeta. Todo mundo usa, nós usamos também. Mas sobre as cabeças cuja roupa e caráter nacionais não foram ainda apagados, sobre uma cabeça tipicamente russa, o chapéu coco é menos repugnante. Como todos esses dramas russos à Ibsen, à Przybyszewski, à Maeterlinck.

E mesmo o punhado de fenômenos originais de nossa cena atual não está isento de numerosos defeitos: enquanto a época da vida russa em que surgiu Tchékhov já está acabada, ainda existem autores dramáticos para tentar escrever utilizando seus procedimentos, sem compreender que o tom de Tchékhov está indissoluvelmente ligado à vida social dos anos de 1880-90, que o teatro "de estado d'alma" aos nossos olhos já pertence ao passado, e que só podemos admirar as criações desse teatro em uma perspectiva histórica. Não temos um verdadeiro teatro, um teatro atual!

Surgiram duas ou três pessoas que tentaram se expressar na língua original da arte, mas não passam por enquanto de audazes paradoxos. Mesmo que as obras desses autores dramáticos estejam longe da perfeição, seus dramas e suas comédias visam o "Teatro enquanto Festa" e enquanto "Casa das Artes", ou seja, um teatro que o público deve seguir e não um teatro escravizado ao público. Abriu-se um profundo fosso entre esses "novos" e o público teatral.

"O público inteligente do teatro de hoje em dia" e seu dramaturgo-criado que é obrigado a divertir seu amo, são uma primeira tendência. Os atores, encenadores e cenógrafos que, junto com os dramaturgos menosprezados, tentam tomar o teatro do espectador que o escravizou, são a segunda tendência. A crise do teatro russo é o turbilhão que se formou do encontro dessas duas tendências.

Há uma circunstância que agrava ainda mais a *crise*: nossos encenadores, cenógrafos e atores lutam uns contra os outros, por causa de toda espécie de problemas estéticos.

∗ ∗ ∗

Não há um auditório único para vários reparos. Nosso teatro chegou ao grau supremo de diferenciação. Como se uma grande máquina elaborada durante séculos tivesse parado repentinamente, como se alguém a tivesse desmontado e distribuído as peças por diversos lugares para reparações variadas.

Mas se nossos pressentimentos não nos enganam, esperamos que chegará, enfim, o dia em que o teatro, despedaçado que está, formará de novo um todo! Se ainda vale a pena trabalhar pelo teatro, é somente com a esperança de que, na fragmentação do teatro atual, consigamos colocar as bases do futuro Teatro Único – ignorar isso é ser o lacaio do público, e ponto final. Assim como o trabalhador especializado que participa da elaboração de uma grande máquina recebe do engenheiro todas as indicações e todos os planos, da mesma forma é indispensável que cada teatro existente saiba, com firmeza, em que parte do Teatro do Futuro está trabalhando, em que domínio do Teatro do Futuro está aperfeiçoando. É somente a esse título que as cenas contemporâneas têm direito à existência. Eles são as forjas onde serão construídas as partes do futuro gigante – um Teatro para todo o Povo.

v. (1910)[40]

O teatro russo contemporâneo modificou seu aspecto unicamente no plano da técnica cênica. O surgimento de novos encenadores permitiu-lhe encontrar uma nova chave para a encenação, a nova geração de cenógrafos também trouxe ao teatro novos temas de pintura cenográfica. Sem dúvida os encenadores e cenógrafos disputam para saber quem empunhará a baqueta do mastro. Essa disputa, que no momento permanece latente, dissimulada, cedo ou tarde vai se agravar e abrirá novos horizontes à tarefa de construção de um novo teatro; mas é uma disputa puramente técnica.

O espectador, que dispõe hoje do caminho de ferro elétrico e do telégrafo sem fio, que disporá amanhã do aeroplano, está encantado pela máquina cinematográfica. Esse espectador quer que lhe apresentem Maeterlinck com ajuda dos últimos aperfeiçoamentos conquistados. Os gêneros de espetáculos chegaram a um grau de diferenciação extrema. E quanto à tendência da maior parte do público a ir divertir-se nos pequenos teatros criados à imagem dos *Cabarets* e dos *Ueberbrettl* ocidentais[41], devemos tomá-la como uma reação contra os espetáculos maçantes da dramaturgia russa "contemporânea" que constrói suas peças à maneira de Hauptmann, de Ibsen ou de Tchékhov. O teatro alemão, o teatro escandinavo e o teatro de estados d'alma de Tchékhov, eis os desgastados modelos que utiliza o dramaturgo contemporâneo e que invadiram toda a cena russa. E a reação contra as peças não russas do repertório russo faz nascer novamente no espectador o gosto pelo "clássico". Há duas tendências no público: 1. vontade de "divertir-se" nos pequenos teatros do tipo *Cabaret*; 2. submissão ao irresistível encanto do repertório clássico, em breve modelarão totalmente o "repertório contemporâneo".

A extrema diferenciação dos teatros intimistas é um fenômeno característico de um período de crise, e é justamente esse

---

40 A primeira publicação, sem título, deste artigo foi na coletânea *Para onde vamos? O presente e o futuro da intelligentsia russa, da literatura, do teatro e das artes*, Moscou, Zaria, 1910, p. 104-105 (N. da T.).

41 Cabaré (em francês), sobre tablados (em alemão) – arte de rua e de variedades (N. do A.).

SOBRE O TEATRO: SEGUNDA PARTE

fenômeno que se considera quando se fala do teatro russo. O teatro russo contemporâneo, modificando seu aspecto no plano da técnica cênica, permanece, todavia, *sem peças*, e a nova técnica adquirida pelas experiências dos encenadores e que eles utilizam para montar o repertório clássico transforma provisoriamente em "antiquários" os construtores do novo teatro.

É na ausência de um repertório nacional (só um repertório autenticamente russo pode modelar a face do novo teatro russo) que devemos buscar a razão da apatia do ator russo que não toma a menor parte na construção da nova cena. E entretanto sua participação ativa na nova construção poderia ajudar o teatro a sair do círculo vicioso da discórdia geral (enquanto a *disputa* entre encenadores e cenógrafos ainda se aproxima de sua agudização, a que opõe os atores aos encenadores é grave: eles não andam em uníssono no caminho da evolução da técnica cênica).

De onde virá o novo dramaturgo russo, o único que poderá facilmente e simplesmente tirar o teatro de sua situação de crise para colocá-lo no caminho de uma verdadeira regeneração?

Por que ele não poderia vir das próprias profundezas da mitologia nacional?

vi. DRAMATURGOS RUSSOS (1911)[42]

Ensaio de classificação com um esquema de desenvolvimento do drama russo[43].

O repertório – é o coração de todo Teatro.

A verdade dessa situação foi confirmada pelo século de ouro dos teatros da Espanha, da Itália e da França: o teatro dos séculos xvi e xvii floresceu com tanto esplendor porque seu coração (seu repertório) pulsava graças ao fluxo saudável de sangue.

42 Publicado pela primeira vez neste livro - *Sobre o Teatro* (N. da T.).
43 Este esboço é o resultado de minha correspondência pessoal com o especialista inglês de teatro russo, George Calderón, que tratou sobre as novas correntes do teatro inglês e russo de hoje. N. B. George Calderón fez uma notável tradução de duas peças de A. P. Tchékhov. Ver *Two Plays by Tchekhoff* - *The Seagull, The Cherry Orchard*. Tradução, introdução e notas de George Calderón. London, Grant Richards Ltd, mdccccxii. E sobre o teatro russo, ver "The Russian Stage", de George Calderón, *The Quarterly Review*, n. 432, julho de 1912 (N. do A.).

O repertório já é o Teatro.

Conhecemos o teatro espanhol do século XVII pelas peças de Tirso de Molina, Lope de Vega, Calderón, Cervantes.

Conhecemos o teatro francês do século XVII pela suntuosa biblioteca de Molière.

A força do talento dos mestres da dramaturgia que acabamos de citar não é a única em causa.

O repertório, esse conjunto de peças que têm em comum ideias e procedimentos técnicos, revelou sua face.

As peças do teatro espanhol são profundamente impregnadas do sentimento fundamental da potência nacional, sentimento que impulsiona constantemente aos temas da honra nacional e pessoal. Os dramaturgos espanhóis do século XVII são inseparáveis do movimento religioso popular. No teatro espanhol aparece uma aspiração original da personalidade a se libertar dos entraves da escolástica medieval.

Isto no plano das ideias.

No plano técnico, o teatro espanhol tem por denominador comum uma única tarefa: concentrar uma ação que se desenvolve rapidamente na intriga. Como um raio que, solidamente fixado no centro em uma de suas extremidades, percorre com a outra extremidade toda a circunferência. E esse teatro também se esforça em levar à sua mais alta tonalidade a ênfase trágica, mas sem temer destruir a harmonia pela introdução do grotesco cômico, que pode chegar a uma grande altura por seu caráter individual.

As peças do teatro francês estão unidas por sua relação comum ao indivíduo que luta para escapar aos entraves de uma religião estagnada. Têm ainda em comum o estado de espírito progressista do pensamento filosófico. Isto no plano das ideias; quanto ao plano técnico, o teatro francês segue as tradições dos teatros italiano e espanhol.

* * *

Entre nós, sob o reinado da imperatriz Anna Ioanovna[44], o público russo teve a oportunidade de ver autênticas peças de

---

44 Ver supra, p. 109-114, os acontecimentos que marcam a *Commedia dell'Arte* na Rússia entre os séculos XVIII e início do século XX (N. da T.).

Commedia dell'Arte interpretadas por excelentes atores italianos[45].

E a dramaturgia do século XVIII e do início do século XIX permite-nos constatar como a influência desses italianos estava solidamente enraizada. Kniájnin[46] utiliza temas italianos, mas foi nos teatros de feira da Rússia central onde os atores italianos, que haviam representado na corte de Anna Ioanovna, exerceram sua mais brilhante influência até hoje. As tradições da *Commedia dell'Arte*, que os atores russos rejeitam, enraizam-se profundamente nos teatros de feira do povo russo. E se não foi encontrado nenhum sucessor para Kniájnin, nem por isso o teatro dos italianos deixará de exercer sua influência sobre os destinos do teatro russo.

As personagens da *Commedia dell'Arte* chegaram-nos através dos franceses e dos ingleses que mantinham sólidas relações com os elementos do Teatro de Máscaras.

Embora o teatro russo não tenha conhecido um florescimento comparável ao dos teatros ocidentais do século XVII, também teve importantes períodos de desenvolvimento. E esses períodos sempre coincidiram com as épocas em que os dramaturgos consideravam uma condição indispensável ao progresso o retorno aos elementos de um passado histórico, bem como sua retomada, iluminado por uma experiência secular.

O teatro russo do século XIX inscreveu em seus anais três nomes gloriosos: o primeiro, já universalmente reconhecido, é Gógol; o segundo, ainda insuficientemente reconhecido (no plano teatral), é Púschkin; o terceiro, ainda totalmente desconhecido (sempre no plano teatral), é Lérmontov.

Gógol está ligado ao teatro francês do século XVII, pois ele introduziu instintivamente na comédia russa a força elementar do humor e da mística original de Molière.

Púschkin, quando concebe e medita um drama, toma Shakespeare por modelo, mas quando se põe a fazer o elogio de seu mestre, apressa-se em acrescentar, à guisa de reserva, que não leu nem Calderón nem Lope de Vega. E quando se põe a escrever dramas, ultrapassa seu mestre em direção ao

---

45 Na trupe que se formou na corte de Anna Ioanovna encontravam-se Constantini, Pedrillo, Casanova, Vulcani (N. do A.).

46 Sobre Kniájnin, ver supra, n. 5, p. 111 (N. da T.).

290 NA CENA DO DR. DAPERTUTTO

teatro tradicional seguindo instintivamente os preceitos dos espanhóis.

Os espanhóis sempre tiveram a tendência de submeter a criação dramática às leis do drama antigo. "A história da literatura nos mostra que na época do Renascimento, desde o início do século XVI, pelo menos desde Bartolomeu de Torres Naharro[47], viu nascer na Espanha uma aspiração a submeter a criação às normas do drama antigo, mas que essas tendências romperam-se contra o espírito medieval e contra o direito do gosto popular, forte demais para que os reformadores eruditos pudessem alcançar seus próprios fins. É assim que a Espanha produziu Lope de Vega e Calderón. Na França, essas tendências conseguiram implantar-se e produziram Racine e Corneille, cujo imenso talento, segundo a opinião de muitos (por exemplo, segundo a de Sepet[48], o autor do *Drame chrétien au moyen âge*), teria sido ainda muito mais útil à arte nacional se, em vez de estar sob o jugo despótico da teoria, tivesse conservado mais os laços com *a tradição nacional da arte dramática*"[49].

O que Púschkin teria contribuído para o teatro se tivesse conhecido os espanhóis, ele que, seguindo a escola de Shakespeare, traía já o Teatro de caracteres em prol do Teatro de ação! "Pode-se conceber uma tragédia sem ação?", pergunta Averkiev, e responde "não". "Pode-se concebê-la sem caracteres?" "Sim, sem eles ainda é possível".

Comparando Púschkin e Shakespeare, Averkiev[50] escreve: "Shakespeare era um dramaturgo, Púschkin é um poeta na mais ampla acepção do termo, todos os gêneros de poesia lhe eram igualmente acessíveis. Shakespeare pintava o ser humano dominado pela paixão que possui o homem, os heróis shakespeareanos fazem-nos experimentar o terror de uma luta desigual contra a paixão".

---

47 Dramaturgo, poeta e teórico do teatro espanhol (1485-1530). Seu nome de batismo é Torre de Miguel Sesmero (N. da T.).
48 Marius Sepet (1845-1925). Importante historiador francês do período medieval, autor de *Les prophetes du Chris, St. Louis, entre outros* (N. da T.).
49 *Coletânea dos Trabalhos da Seção de Língua Russa e de Literatura da Academia de Ciências Imperiais,* t. 58, São Petersburgo, 1895, p. 25 (N. do A.).
50 *Sobre o Drama, Reflexão Crítica* de D. V. Averkiev, com o artigo Três Cartas sobre Púschkin, São Petersburgo, 1893 (N. do A.).

SOBRE O TEATRO: SEGUNDA PARTE

"Buscaríamos em vão algo semelhante nos grandes trágicos antigos; eles tinham uma outra noção do trágico": despertando um terror trágico, eles despertam também a compaixão,
o que, de acordo com Averkiev, é o objetivo único da tragédia.
Em Púschkin, o tema do *domínio da paixão* encontrou sua
expressão poética na personagem Tatiana[51]. O que caracteriza
Púschkin é *uma contemplação tranquila da realidade,* e o poeta
que possui essa capacidade de contemplação tranquila pode,
mais claramente e mais completamente que os outros, exprimir ideias nas quais a tranquilidade será o *elemento* indispensável. Em *Boris Godunov,* Púschkin aborda seu personagem
não mais sob o ponto de vista da paixão, como Shakespeare,
mas pelo da fatalidade de um destino inelutável desencadea-
do pela grave falta de Boris. Esse tema aproxima a tragédia de
Púschkin das obras dos trágicos gregos e espanhóis na medida em que estes últimos esforçaram-se para conformar-se, às
normas da tragédia antiga.

Lérmontov, cujo *O Baile de Máscaras*[52] foi interditado pela
censura por conter excesso de paixões, tenta antes de tudo criar
um Teatro de ação. Em seus dramas animados por um espírito
demoníaco, e em uma sucessão de cenas com um rápido encadeamento, Lérmontov desenvolve a tragédia daqueles que
desejam com ardor vingar uma honra ultrajada, daqueles que
se debatem nas loucuras do amor, no círculo fatal dos jogado-
res, nos crimes cometidos em lágrimas e no riso que segue-se
ao crime. O turbilhão do talento trágico de Lérmontov evoca
em nós a lembrança tanto de *Castigo sem Vingança* de Lope
de Vega, quanto das melhores passagens de *O Condenado por
Falta de Fé* de Tirso de Molina[53]. *Os Dois Irmãos,* peça que
muitos editores sérios de Lérmontov excluem de suas obras
completas, tomando sem dúvida esse drama como uma obra
de juventude – o melhor drama de Lérmontov depois de *O*

51 Personagem do romance *Eugênio Oneguin* de Alekdandr Púschkin um dos clássicos da literatura russa. Sua primeira publicação, em formato de série, foi realizada
entre os anos de 1823 e 1831. A primeira edição completa é de 1833 (N. da T.).

52 M. I. Lérmontov (1814-1841). Poeta, romancista e dramaturgo. Meierhold
preparou a encenação dessa peça entre 1911 e 1916 e estreou no Teatro Aleksandrínski (N. da T.).

53 A notável tradução dessa peça (de valor comparável ao original) feita pelo
poeta V. Piast foi publicada pela M. E. S. Subachmikov, Moscou (N. do A.).

Baile de Máscaras –, introduz-nos na força da poesia do teatro espanhol pelo desenho brilhante dos caracteres dramáticos e pela intensidade da intriga. E é tentando escrever uma tragédia espanhola que Lérmontov inaugura sua obra teatral.

Esses três autores dramáticos – Gógol, Púschkin e Lérmontov – forjaram em um metal robusto os primeiros elos da corrente que sustentará solidamente a ponte, religando os teatros ocidentais do Século de Ouro ao Teatro do Futuro.

Durante os anos de 1860, Ostróvski acrescenta um novo elo a essa corrente e com suas peças define, como Gógol, Púschkin e Lérmontov com suas comédias e seus dramas, a base do repertório russo. (Ostróvski é o fundador do teatro de *costumes* cujas realizações em seguida serão mal utilizadas na evolução do teatro russo).

Assim como Gógol, Púschkin e Lérmontov, Ostróvski reforça sua originalidade tomando consciência dos modelos fornecidos pelas grandes épocas do teatro ocidental. É assim que ele traduz dos espanhóis os *intermédios*, de Cervantes, e pode-se compreender, comparando seu teatro de costumes com o de Lope de Vega, quais as lições que ele recebeu de Cervantes.

O repertório que pode tornar-se o coração do teatro russo é o que, como na idade de ouro dos teatros ocidentais do século XVII, reconhece as seguintes obrigações: no que concerne às ideias, pulsar no ritmo do sentimento popular; no que concerne ao aspecto técnico, criar um teatro de ação incluindo a música da ênfase trágica (Lérmontov) e um teatro do grotesco que transfigura todo "tipo" em um esgar trágico, no espírito de Leonardo da Vinci ou de Goya (Gógol).

* * *

Apesar das bases sólidas que Gógol, Púschkin, Lérmontov e Ostróvski deram ao teatro russo, seus herdeiros não quiseram (alguns) ou não souberam (os outros) edificar sobre esses fundamentos o grandioso edifício do Drama Russo.

Com seu teatro de estados d'alma, Tchékhov parece acrescentar um pavimento ao edifício do teatro de costumes de Ostróvski, mas essa nova construção revela imediatamente toda sua fragilidade.

SOBRE O TEATRO: SEGUNDA PARTE

O teatro de Tchékhov surgiu das raízes do teatro de Turguêniev. Este último, quase ao mesmo tempo que Ostróvski, inaugurou uma segunda corrente, praticamente paralela ao teatro de costumes, introduzindo no drama russo um novo elemento: a musicalidade. Esse aspecto permaneceu durante muito tempo na sombra e foi apenas mais tarde que ele foi admiravelmente desenvolvido na obra de Tchékhov; mas aquilo que em Turguêniev era apenas um leve ornamento, Tchékhov desenvolve no mais alto grau.

O teatro de Turguêniev[54] é muito intimista, parece destinado unicamente aos palcos familiares das casas antigas ou aos estrados teatrais ao ar livre, cercados por um bosque, nas propriedades dos anos de 1850-60.

Sob as bétulas das alamedas meio abandonadas e nas galerias de retratos é tecida preguiçosamente a renda de diálogos intermináveis, sem nenhum movimento, sem nenhuma ênfase. É assim que nasce a poesia épica e lírica do grande escritor. Mas é isto que é o teatro?

Vale a mesma coisa para o "teatro de estados d'alma".

Tchékhov partilha com a época de profunda estagnação espiritual da Rússia a responsabilidade sobre o fato de que, por um longo período, os elementos autênticos do teatro russo foram substituídos por elementos que lhe eram estranhos. Os anos de 1890 marcaram assim com um selo fatal o destino do teatro de Tchékhov.

A ligação entre o teatro de Tchékhov e a tradição de Turguêniev leva Tchékhov a permanecer ainda mais amarrado à época que a criou. Nada de espantoso, portanto, se o teatro de Tchékhov morre ao mesmo tempo que a apatia social enterrada pelo ano de 1905. O elo constituído pelo teatro de Turguêniev não estava unido em uma de suas extremidades aos princípios da teatralidade tradicional, nem na outra extremidade estava preparado para unir-se ao Teatro do Futuro. Tal como o teatro de Tchékhov, que não conseguiu fixar à corrente elaborada pela grande tríade (Gógol, Púschkin, Lérmontov) o elo que forjou,

---

54   I. S. Turguêniev (1818-1883). Escritor e dramaturgo, um dos principais romancistas da literatura russa do século XIX. Escreveu os romances *Pais e Filhos, Um Ninho de Nobre, Assia* e as peças *Um Mês no Campo, O Parasita, O Celibatário*, entre outros (N. da T.).

pois o metal tchekhoviano tinha validade apenas por uma década. Turguêniev e Tchékhov não souberam ligar suas peças ao repertório saído do subsolo da autêntica teatralidade.

O teatro de estados d'alma, graças à energética propaganda que lhe fez o Teatro de Arte de Moscou, operou um domínio tal sobre a cena russa que depois de Tchékhov o teatro russo vê aparecer toda uma série de imitadores, Maxim Górki à frente. Esses dramaturgos são imitadores do teatro de estados d'alma, mas destruíram sua integridade procurando ligar formalmente as particularidades do teatro de Turguêniev-Tchékhov ao teatro de Ostróvski (Naidenov[55] é um exemplo típico).

Se esses dramaturgos não souberam acrescentar novos elos à corrente do teatro russo, já começada, e se, o que é mais importante, eles deixaram surgir nessa corrente as primeiras manchas de uma terrível ferrugem (a predominância de elementos literários no teatro), os dramaturgos de nova formação decidiram conscientemente aumentar essas manchas, ou seja, romper a corrente sagrada.

Victor Krylov[56] conduziu à destruição a grande obra do teatro russo devido aos esforços dos melhores dramaturgos dos anos de 1830-60.

Como se estivesse apressado para deteriorar tanto quanto possível o teatro russo de sua própria vida, esse fecundo dramaturgo submergiu a cena russa com suas produções de uma forma extraordinária. Escreveu dramas, comédias, *vaudevilles*, farsas, traduziu do francês e adaptou comédias decadentes, e bloqueou por longo tempo o progresso do teatro russo. Foi auxiliado nisso por toda uma falange de discípulos que não perdem em nada para seu chefe, nem em fecundidade, nem pelo poder de seu "talento".

E vêm os imitadores do teatro de costumes. Em Moscou, os dramaturgos repetem os temas de Ostróvski, em São Petersburgo reinam os dramaturgos que, ou servem os preceitos de

---

55 S. A. Naidenov (1868-1922). Dramaturgo. Entre suas peças: *O Filho Pródigo, O Quarto Número 13, A Vida de Avdotia, Um Homem Rico* e *La Mignonne* (N. da T.).

56 V. A. Krylov (1838-1906). Dramaturgo russo. Escreveu: *A Criança Mimada, Infantilidades,* entre outras (N. da T.).

SOBRE O TEATRO: SEGUNDA PARTE

Krylov, ou então procuram escrever à maneira como Ostró-vski compreendia os meios de fotografar a vida.

Eis então as bases do teatro russo abaladas, o gosto do espectador corrompido ao extremo; e o ator russo perdeu todo contato com seus predecessores, os grandes atores da metade do século xix.

Apesar das tentativas audaciosas de investigação a que se dedica a juventude cheia de talento da nova onda literária, bem como aqueles que se enfileiram acidentalmente a seu lado, a mais perfeita ausência de gosto e uma total falta de princípios deixam ainda o teatro no vazio e na confusão.

O Teatro dos "Decadentes"[57]

No início do nosso século, uma série de dramaturgos dedica--se a investigações audaciosas e esforça-se por romper com as tradições teatrais. Esses dramaturgos (que escreviam mais para a leitura que para a cena) criam obras *antiteatrais,* muito interessantes enquanto tais. Entre eles distinguem-se: Balmont, Briússov, Minski, Zinovieva-Hannibal (*Os Anéis*), Z. Hippius (*O Sangue Sagrado*), Tchulkóv e Leonid Andrêiev. Este último (basta comparar suas *Máscaras Negras* aos *Dias de Nossa Vida*) pertence ao grupo dos "decadentes" apenas em um plano estritamente formal, pois pela natureza de seu gosto, por sua maneira de ver, e em geral por toda sua personalidade literária, pertence antes ao círculo dos escritores que se declaram seguidores de Maxim Górki.

O Novo Teatro[58]

Os promotores do Novo Teatro tentam antes de tudo fazer com que renasça uma ou outra particularidade de um dos teatros dos autênticos períodos teatrais. Viastcheslâv Ivánov tenta restabelecer as particularidades do teatro antigo, quer suprimir a ribalta e fazer com que renasça em seu lugar a orquestra grega. Aleksandr Blok segue as tradições da comédia popular italiana, embora relacione suas investigações às concepções

57 Ver quadro, p. 297 (N. da T.).
58 Ver quadro, p. 297 (N. da T.).

de mundo dos românticos alemães (Novalis, Tieck). Alexei Rêmizov estabelece os princípios do mistério contemporâneo tomando por modelos os mistérios do início da Idade Média. Mikhail Kuzmin[59] escreve peças no espírito do drama medieval e retoma igualmente o teatro cômico francês. Andréi Biely tenta criar um mistério contemporâneo original. Fedor Sologub é atraído pela forma do teatro antigo (*O Dom das Sábias Abelhas*) ou pelos princípios dos dramaturgos espanhóis (*A Vitória da Morte*). L. Zinovieva-Hannibal tenta utilizar a maneira das comédias shakespeareanas (compare-se o seu *Asno Cantor* com o *Sonho de uma Noite de Verão*, de Shakespeare). Com sua peça *O Príncipe Transformado*, Eugênio Znosko-Boróvski introduz no drama russo as características fundamentais do teatro espanhol, condensando os procedimentos do grotesco. V. N. Soloviov, com suas peças *O Diabo Verde* e *Arlequim Alcoviteiro*, faz com que o teatro retorne à Comédia de máscaras.

Os dramaturgos do Novo Teatro, ao contrário dos decadentes que criaram um teatro sem raízes, aspiram submeter suas obras às leis dos teatros tradicionais das autênticas épocas teatrais.

---

59 Poeta, tradutor, historiador da literatura e dramaturgo (1875-1936) (N. da T.).

I. A. N. Ostróvski (anos 50-70)

III. A "plêiade" de Ostróvski (anos 50-70)
1. Pisemski (anos 50 e 60)
2. Soukhovo-Kobyline (anos 50)
3. N. Potekhine (anos 60-70)
4. A. Potekhine (anos 50-70)
5. Dântchenko (anos 60-70)

IV. Conde L. N. Tolstói (anos 80-90)

V. Victor Krylov (anos 70-90)

EPÍGONOS

VI. EmMoscou (anos 80 e seguintes)

Chpajisnki
Boborykine
Nevejine
V. I. Nemiróvitch-Dántchenko
A. F. Fedotov
V. Alexandrov
Tmkovski
Goslavski etc

VII. Em Petersburgo (anos 80 e seguintes)

Gneditch
M. Tchaikovski
E. Karpov
Suvórin
Potapenko
Trakhtenberg
Tunochenski
etc.

II. I. S. Turguêniev (anos 50-70)

VIII. A P. Tchékhov (anos 90)

IX. Maxim Górki

X. Epígonos:
Tchirikov
Naídenov
Iuchkévitch
O. Dymov
B. Zaitsev
Aizman
A. Fedorov
L. Andréiev (Os Dias de Nossas Vidas) etc.

I. C. Balmont (Três Auroras, 1905)

II. V. Briússov (A Terra, 1905)

III. Minski (Alma, 1900)

IV. L. Zinovieva-Hannibal (As Argolas, 1904)

V. Leonid Andréiev (Tsar Fome, As Máscaras Negras, 1908)

VI. Hippius (O Sangue Sagrado, 1903)

VII. G. Tchulkóv(Taïga)

V. Fedor Sologub
A Vitória sobre a Morte
As Danças Noturnas
O Demônio Mesquinho
A Dádiva das Abelhas Sábias
Vanka, o Anministrador e o Pagem Jean
Refens da Vida

O NOVO TEATRO

I. Viatcheslav Ivánov
Tantale (1905)

II. Alex Rêmizov
As Representações Diabólicas (1906)
Judas, o Escariote (1909)
Georgi Podedonotsev (1912)

III. Mikhail Kouzmine
A Comedia
a) de Eudosia
b) de Alexis
c) de Martiniano
O Relógio do Amor, Lisa, a Holandesa

IV. Aleksandr Blok
A Barraca de Feira
Um Rei na Praça
A Desconhecida
O Canto do Destino

VI. L. Zinovieva-Hannibal
Ana, cantora (1907)

VII Andréi Biély
O Recém-Chegado, extrato (1903)

VIII. E. Znosko-Boróvski
O Príncipe Transformado (1910)

IX V. Soloviov
O Diabo Verde (1910)
Arlequin Intermediário (1911)

VII. O "TEATRO ANTIGO" DE SÃO PETERSBURGO (PRIMEIRO PERÍODO) – 1907[60]

Enquanto certos teatros atuais tendem para um modernismo barato, e toda tradição, qualquer que seja, faz falta aos teatros que se mantêm a uma respeitosa distância das recentes correntes, oportunamente surgiu um teatro que assumiu como seu objetivo revigorar as forças criativas dos teatros atuais, seguindo os modelos de extrema simplicidade e de ingenuidade das cenas antigas. Assim como o exame contínuo e atento das miniaturas medievais pode influenciar a técnica de um artista – em particular a de um artista decadente que ignora totalmente o valor do desenho e que tem o hábito de se deixar levar por inteiro, apenas pela força da "música" das cores –, do mesmo modo um teatro cujas encenações submetem-se rigorosamente às técnicas tradicionais pode ter uma influência benéfica sobre a técnica de outros teatros, mesmo se esses últimos não incluam peças antigas em seu repertório.

O Teatro Antigo[61] podia escolher entre dois caminhos: 1. pegar as peças dos antigos teatros e submeter sua encenação a um método arqueológico, dito de outro modo, preocupar-se antes de tudo com a exatidão da reconstrução cênica, ou 2. pegar as peças escritas à maneira dos antigos teatros e colocá-las em cena em uma composição livre, inspirando-se no teatro primitivo (é assim, por exemplo, que encenei *Irmã Beatriz* no Teatro V. F. Komissarjévskaia).

O Teatro Antigo toma *textos autênticos* dos teatros medievais, textos de mistérios, de milagres, de moralidades, de pastorais, de entremezes ou de farsas. Este é um passo no primeiro de nossos dois caminhos. Quais serão os seguintes? Construir a cena seguindo com os materiais iconográficos de que se dispõe ou seguindo os dados obtidos pelas investigações dos especialistas sobre as cenas tradicionais[62]. O encenador será então

---

60 Primeira publicação no livro *Sobre o Teatro*.
61 Criado por N. N. Evrêinov, encenador e dramaturgo, funcionou nas temporadas de 1907 e 1908 e, três anos mais tarde, entre 1911 e 1912. Colaboram com Evrêinov os músicos A. K. Glazunov, L. A. Sakketti e I. A. Sats e os cenógrafos pertencentes ao *Mir Iskusstva* (N. da T.).
62 Como, por exemplo, Hugo Albert Rennert (*The Spanish Stage in the Time of Lope de Vega*, New York, 1909, e *The life of Lope de Vega*, Glasgow, 1904, Rowans and Gray) (N. do A.).

SOBRE O TEATRO: SEGUNDA PARTE

obrigado, queira ou não queira, a acomodar todos os movimentos dos atores às exigências da arquitetura cênica.

É impossível reconstituir as representações dos mistérios rituais de Conventry (na Inglaterra dos anos setenta do século XVI) sem ter antes construído o pequeno palco sobre rodas que permitia o deslocamento de um lugar para outro. Esse palco-carroça[63] definia já a forma dos dispositivos cênicos, forma indissoluvelmente ligada ao conteúdo dos mistérios de Conventry. Se quisermos ver surgir diante de nós os textos desses mistérios ingleses medievais sem termos antes construído um palco-carroça, jamais conseguiríamos obter o passado ingênuo em sua integridade. Trata-se de peças em que a encenação está indissoluvelmente ligada à construção dos estrados sobre os quais eram representadas.

O proscênio dos teatros italianos da Idade Média não define de forma suficientemente clara uma *mise-en-scène* situada no primeiro plano?

O Teatro Antigo, depois de ter pego textos autênticos, deu o segundo passo no caminho que escolhera? Não. Desprezou o estudo das técnicas tradicionais e, tendo convidado um cenógrafo-estilizador contemporâneo[64], obrigou-o a preparar telões submetidos à livre composição, para encenar autênticos modelos de teatro medieval.

Eis porque o Teatro Antigo está numa situação tão instável.

Pois quando se aplica aos cenários, aos figurinos e aos acessórios o princípio da livre composição, o espectador exige que ele também seja aplicado ao texto como, por exemplo, no milagre de Maeterlinck *Irmã Beatriz*, e nos mistérios de Rêmizov.

É absolutamente necessário que reine uma unidade no princípio de livre composição – no texto por um lado, nos cenários e figurinos por outro – para que o espectador possa fazer

---

63 Meierhold refere-se ao *pageant* do teatro inglês medieval. Perante espectadores imóveis e dispersos por vários lugares de uma cidade, carroças com os atores paravam umas depois das outras, e em cada uma dessas estações, apresentavam cada uma as diferentes cenas de uma peça, por ordem cronológica. Mais tarde, a peça assim representada foi ela mesma denominada *pageant*". Ver B. Picon-Vallin (org). *Écrits sur le Théâtre – Tomo I (1891-1917)*, p. 309, n. 2 (N. da T.).

64 Cenógrafos ligados ao *Mir Iskusstva* (N. da T.).

uma ideia justa das concepções do encenador: do desenho dos grupos, dos movimentos e dos gestos dos atores.

Nos procedimentos dos encenadores do Teatro Antigo notam-se traços de primitivismo. Isto aproxima suas concepções daquelas do encenador do Teatro Dramático[65] (*Irmã Beatriz*). Mas, neste último, a maneira de encenar a peça no estilo dos primitivos decorria da necessidade de fundir em um todo a encenação e o texto estilizado. E no Teatro Antigo? O espectador tem bruscamente o sentimento de que os atores estão parodiando os intérpretes de *Irmã Beatriz*. Ele é aliás incitado a isso pelo fato de que na moralidade *Os Irmãos de Hoje em Dia*[66] os traços primitivos dos movimentos e dos gestos eram executados pelos atores com uma evidente ironia. A revista *Vesy* (*A Balança*, 1908, n. 4) observou: "Os intérpretes contemporâneos sublinham particularmente os aspectos bizarros e ingênuos do passado e, utilizando-os equivocadamente e exagerando-os, provocam frequentemente um riso fora de lugar". Eis aí! Faltou objetividade na utilização da técnica primitivista. Por que sentiram a necessidade de *sublinhar os aspectos bizarros*? Nos procedimentos do teatro tradicional, não há um único gesto, não há um único movimento que, aos olhos do público da época, teria parecido de mau gosto. É preciso, portanto, criar um meio adequado no qual cada movimento, cada gesto da cena tradicional torne-se convincente mesmo na sala de um teatro atual.

Se o encenador do Teatro Antigo tivesse se consagrado sinceramente à livre composição sobre um tema do teatro primitivo, o espectador não teria percebido como uma paródia o que lhe era apresentado em cena. O encenador, sem dar-se conta (não suspeito de maneira alguma de más intenções do Teatro Antigo), tornou ridículos os procedimentos primitivos de um outro teatro. Assim também essa indesejável ausência de unidade refletiu de forma desagradável no espectador: do diretor, que escolheu os textos autênticos; do cenógrafo, que

---

65 Encenação que realizou no Teatro Dramático V. F. Komissarjévskaia, em 1906 (N. da T.).

66 Eduard Stark, em *O Teatro Antigo*, São Petersburgo, 1922, p. 22, dá a seguinte informação: "trata-se de uma moralidade do século xv composta em Paris por Nicolas le Chrétien" (N. da T.).

SOBRE O TEATRO: SEGUNDA PARTE

não recriou as particularidades arquiteturais das cenas antigas e que concebeu cenários estilizados; e do encenador, que desprezou a técnica dos atores da cena antiga. O tom dos atores que parodiaram a técnica primitiva, em oposição à autenticidade do texto, levou o espectador a se perguntar: seria assim que representavam os atores da Idade Média? Não havia no Teatro Antigo nem ingenuidade, nem sinceridade ginástica. Não há refinamento. Não há elasticidade nos movimentos. Não há musicalidade nas entonações.

VIII. A ENCENAÇÃO DE *DON JUAN* DE MOLIÈRE[67] (1910)

Quando falei das possibilidades técnicas de que dispõem hoje os encenadores que se esforçam em recriar as particularidades cênicas das exemplares épocas teatrais, quando falei dos dois procedimentos de que dispõem os encenadores que querem montar as peças dos teatros antigos, não considerei nenhuma exceção possível à regra proposta. Quando se monta uma peça de um teatro antigo, não se é obrigado, de forma alguma, a submeter a encenação, como escrevi, a um *método arqueológico* – não é necessário que o encenador preocupe-se, em sua obra de reconstrução, em reproduzir exatamente as particularidades arquiteturais das cenas antigas. A encenação de uma peça autêntica do velho teatro pode ser feita segundo uma

---

67 Primeira publicação no livro.
   A peça foi reapresentada no palco do Teatro Imperial Alexandrínski no dia 9 de novembro de 1910. No cartaz da estreia pode-se ler: "Tradução de V. Rodislavski; cenários, figurinos e acessórios de A. I. Golóvin; encenação de V. Meierhold; Don Juan: I. M. Iúriev; Sganarelo: K. A. Varlámov, artista emérito dos teatros imperiais; Elvira: N. G. Kovalenskaia; Don Carlos: K. N. Vertychev; Don Alonzo: M. A. Vladimirov; Don Luís: L. N. Pavlov; Carlota: E. I. Timê: Maturine: V. A. Ratchovskaia; Pierrô: I. E. Ozarovski; Domingos: S. V. Braguin; O Mendigo: V. A. Garlin; Personagem duvidoso: K. N. Berliant; Os servos: D. K. Pachkovski e N. D. Loktiev; O Cavalariço: N. M. Kasarin; Os fantasmas; a Dama Mascarada e o Tempo em falso; Três bandidos. A música foi tomada das obras de J.-Ph. Rameau, *Hippolyte et Aricie* e *Les Indes galantes,* e arranjada para orquestra de cordas por V. Karatíguin. A canção dos servos (4. ato) foi dirigida (conforme o plano do encenador) por O. K. Kotinski" (N. do A.).
   Meierhold ao longo de todo esse artigo nomeia "reprise" a encenação que fez de *Don Juan*, montada antes dele no Teatro Alexandrínski (N. da T.).

livre composição efetuada no espírito das cenas primitivas, sob a condição necessária, entretanto, de, ao abordar o trabalho, tomar das velhas cenas a *essência* das particularidades arquiteturais que sejam melhores adaptadas ao espírito da obra representada.

Assim, para encenar *Don Juan* de Molière, seria um equívoco tentar recriar, a todo custo, a cópia exata de uma cena do tempo de Molière, o Palais Royal ou o Petit Bourbon.

Ao estudar a alma da obra de Molière, constata-se que ele esforçou-se por ampliar o quadro das cenas de sua época, que convinha melhor à ênfase corneliana do que às peças provindas dos elementos da criação popular.

O teatro acadêmico do Renascimento, não tendo sabido explorar o interesse de um proscênio muito avançado na sala, pôs uma distância respeitável entre o ator e o público. Não somente os primeiros lugares das poltronas começavam às vezes já no meio da plateia, mas até mais longe ainda, do lado oposto à cena.

Molière poderia aceitar que o ator fosse assim separado do público? A exuberante alegria de Molière poderia, sob tais condições, manifestar-se livremente? Haveria então espaço suficiente para toda a amplitude de seus grandes traços, totalmente francos? Os vagalhões dos monólogos acusadores do autor ultrajado pela interdição de *Tartufo* poderiam, em uma tal cena, chegar até o espectador? As colunas das coxias laterais não impediam a liberdade dos gestos do ator de Molière e seus movimentos ginásticos?

O maior entre os mestres da cena do Rei-Sol, Molière se esforça em levar a ação, do fundo e do meio da cena, ao limite extremo do proscênio.

Nem a cena antiga, nem a cena popular da época shakespeareana tinham necessidade de cenários semelhantes aos nossos, que visam criar a ilusão. E nem na Grécia antiga, nem na velha Inglaterra o ator era um elemento da ilusão. O ator, com seu gesto, sua mímica, seus movimentos plásticos, era o *único* que sabia e devia exprimir todas as ideias do dramaturgo.

Vale o mesmo para o Japão medieval. Nos espetáculos de teatro nô, com suas cerimônias refinadas onde os movimentos, os diálogos, o canto eram rigorosamente estilizados, onde o coro desempenhava um papel semelhante ao coro grego, onde a música, por suas sonoridades selvagens, tinha por objetivo transportar o espectador para um mundo de alucinações – os encenadores colocavam os atores sobre os estrados muito próximos ao público a fim de que suas danças, seus movimentos, seu gestual, suas caretas e suas poses fossem visíveis.

E quando falo da encenação de *Don Juan* de Molière, não é por acaso que me vêm à memória os procedimentos da antiga cena japonesa.

Graças às descrições das representações teatrais japonesas feitas mais ou menos na mesma época em que reinava na França o teatro de Molière, sabemos que determinados personagens, os servos da cena – denominados *kurombo* – vestidos com um figurino negro especial semelhante a uma batina, sussurravam para os atores à vista de todos. Quando o figurino de um ator que representa um papel feminino[68] amarrota-se em um momento de impulso patético, o *kurombo* apressa-se em dobrar sua extremidade em belas pregas e em arrumar seu penteado. Inclui-se em suas funções limpar a cena dos objetos jogados ou esquecidos pelos atores. Depois de uma batalha, ele limpa o palco dos penteados, das armas, dos mantos perdidos. Quando o herói morre em cena, o *kurombo* apressa-se em jogar sobre o "cadáver" um pano negro, sob a proteção do qual o ator "assassinado" abandona a cena. Quando a cena escurece pelas exigências da ação, o *kurombo* ajoelha-se aos pés do herói e ilumina a face do ator com a ajuda de uma lamparina fixada na extremidade de um longo bastão.

Ainda hoje os japoneses conservam as técnicas de representação, dos atores contemporâneos aos criadores do drama japonês[69]: Onono Otsou (1513-1581), Satsuma Dziooun (nasc. 1595) e Chikamatsu Monzeamon, o Shakespeare japonês.

---

68 Kanei (1624-1643) proibiu às mulheres o acesso à cena, as quais, antes, eram os principais intérpretes do teatro; depois, eram os jovens que representavam os papéis femininos. Um decreto de 1651 proibiu também os jovens de se apresentarem em cena (N. do A.).

69 Meierhold assistiu às cias japonesas que se apresentaram na Rússia na primeira década do século XX, como a do ator Kawakami Sodojiro e da atriz Sada Yakko, em 1902, e a Cia. de Gamako, em 1909. Sobre Chikamatsu Monzeamon, ver supra, n. 66, p. 140 (N. da T.).

Da mesma forma a Comédie-Française não procura agora ressuscitar as tradições dos atores de Molière?

No extremo-ocidente (França, Itália, Espanha, Inglaterra) e no extremo-oriente, nos limites de uma mesma época (a segunda metade do século XVI e durante todo o século XVII), ouve-se no teatro soar os guizos da pura teatralidade.

Será que não compreendemos por que cada truque, pertença ele a qualquer uma das cenas dessa brilhante época teatral, tinha seu lugar justamente neste maravilhoso tablado denominado proscênio?

Mas o que é o proscênio?

Semelhante a uma arena de circo cercada por todos os lados pelo círculo dos espectadores, o proscênio avança por entre o público para que nenhum gesto, nenhum movimento, nenhuma mímica do ator perca-se na poeira das coxias. E notem com que cuidado são estudados todos os gestos, os movimentos, as poses e as mímicas do ator do proscênio. É natural! Como é possível suportar que um ator realize afetações grandiloquentes ou movimentos corporais sem maleabilidade quando ele se coloca em uma relação muito próxima dos espectadores, lá onde está o proscênio dos antigos teatros inglês, espanhol, italiano ou japonês?

O proscênio, que o próprio Molière utilizou com tanta arte, era a melhor arma contra a secura metodológica dos procedimentos corneilleanos, fruto dos caprichos da corte de Luís XIV.

Vamos mais longe. Há para Molière muitas vantagens em ser representado sobre um proscênio artificialmente criado, dadas as condições desfavoráveis da cena de seu tempo! Com que liberdade começaram a viver esses personagens grotescos de Molière sem nenhuma restrição nesse tablado muitíssimo avançado! A atmosfera que preenche esse espaço não é asfixiada pelas coxias, e a luz espalhada nessa atmosfera sem poeira incide apenas sobre a silhueta maleável dos atores – parece que tudo em torno é criado para reforçar o jogo da luz viva provinda dos candelabros da cena e da sala que, ao longo do espetáculo, nunca é mergulhada nas trevas.

Tomando por supérfluos os detalhes que pertencem unicamente à cena do tempo de Luís XIV (a cortina aberta no centro, por exemplo, para deixar passar a cabeça do anunciador),

SOBRE O TEATRO: SEGUNDA PARTE

o encenador deve ignorar o ambiente estreitamente ligado ao estilo da época que criou o teatro de Molière?

Algumas peças, como, por exemplo, a *Antígone*, de Sófocles, ou *A Desgraça de Ser Inteligente*, de Griboiedov, podem ser compreendidas pelo espectador contemporâneo através do prisma de sua época. *Antígone* ou *A Desgraça de Ser Inteligente* podem mesmo ser representadas com figurinos modernos; na primeira dessas peças, o hino à liberdade, na segunda, a luta de duas gerações, a nova e a antiga, são expressos por um *leitmotiv* claro e obsessivo e podem, por sua evidência, revelar-se em qualquer ambientação[70].

Por outro lado, há obras cuja ideia só será compreendida em toda sua integridade pelo espectador se o público contemporâneo, ao mesmo tempo em que compreender todos os detalhes da ação, puder penetrar também na atmosfera impalpável que cercava os atores e os autores teatrais, seus contemporâneos, na plateia daquela época. Certas peças não podem ser percebidas a não ser que sejam apresentadas ao espectador contemporâneo em uma ambientação que, reunindo condições idênticas àquelas que cercavam o espectador de outrora, ofereçam-lhe os meios para compreender o que se passa em cena. É o caso de *Don Juan*, de Molière. O público só perceberá todo o refinamento dessa bela comédia se puder rapidamente familiarizar-se com seu contexto e assimilar todos os pequenos traços da época que engendrou essa obra. Por isso o

---

70 Dos três grandes trágicos da Grécia antiga, é em Sófocles que vemos melhor a predominância de elementos racionais. Em Ésquilo, o coro é um *personagem* e toda a tragédia constitui um mundo de aspirações musicais ligadas ao ritmo dançante da cultura plástica. Em Eurípides, que se consagrou à pintura das paixões, predomina o caráter emocional (cf. *As Fenícias*), e, apesar dos evidentes esforços do autor para tentar separar teatro e religião, suas tragédias permanecem, entretanto, estreitamente ligadas às particularidades da vida cotidiana da época. Na *Antígone* de Sófocles, o coro, que é transformado em "arrazoador", é fastidiosamente lógico. A corrente principal da intriga é quase separada das bases religiosas e o centro de gravidade encontra-se deslocado para o tema da luta pela liberdade. São justamente esses defeitos da *Antígona* de Sófocles que dão ao espectador contemporâneo a possibilidade de escutar e compreender a tragédia em uma encenação que não esteja ligada às particularidades da cena antiga. Devo fazer aqui uma reserva: quando sublinho o aspecto racional da tragédia de Sófocles, apresentando-o como um defeito, restrinjo-me ao exemplo de *Antígone*. Em suas outras peças, esse defeito não aparece de forma tão violenta (N. do A.).

encenador que empreende a montagem de *Don Juan* deve, antes de tudo, envolver a cena e a sala em uma atmosfera tal que a ação não possa ser compreendida totalmente senão através do prisma dessa mesma atmosfera.

Quando se lê *Don Juan*, de Molière, sem conhecer a época que engendrou o gênio de seu autor, como essa peça nos parece chata! Como o assunto é tratado superficialmente, se o comparamos até mesmo ao tema de *Don Juan*, de Byron, sem falar, é claro, de *El Burlador de Sevilla*, de Tirso de Molina. Quando, por outro lado, lemos *A Desgraça de Ser Inteligente*, de Griboiedov, pode-se dizer que encontramos em cada página os reflexos de nosso tempo, o que torna a peça particularmente importante para o público contemporâneo. Mas quando lemos os longos monólogos de Elvira no primeiro ato ou o longo monólogo em que no quinto ato Don Juan fustiga a hipocrisia – ficamos entediados. Para que o espectador contemporâneo ouça esses monólogos sem entediar-se, para que toda uma série de diálogos não lhe pareça distante, é indispensável, durante todo o espetáculo e sem descanso, recordar-lhe de uma forma ou de outra todos esses milhares de ofícios que, nas manufaturas lionesas, teciam a seda para a gigantesca corte de Luís XIV, "O Ramo dos Gobelins", com todos os seus pintores, seus escultores, seus joalheiros e seus torneadores, os móveis executados sob a direção do grande Lebrun, todos esses mestres que fabricavam espelhos e rendas com modelo veneziano, meias três-quartos à maneira inglesa, lençóis à maneira holandesa, folhas-de-flandres e couro à maneira alemã.

Centenas de velas de cera em três lustres suspensos do teto e em dois candelabros postos sobre o proscênio; negrinhos espalham sobre a cena excitantes perfumes, derramando gota a gota de um frasco de cristal sobre uma chapa aquecida; negrinhos correm de um lado para outro em cena, seja recolhendo o lenço de renda de Don Juan, seja trazendo cadeiras para os atores fatigados; negrinhos amarram os cadarços dos sapatos de Don Juan, enquanto ele briga com Sganarelo; negrinhos entregam lanternas aos atores quando o palco é mergulhado em trevas; negrinhos fazem desaparecer da cena mantos e espadas espalhados por ele depois da feroz batalha entre os bandidos e Don Juan; negrinhos deslizam sob a mesa

SOBRE O TEATRO: SEGUNDA PARTE

quando aparece a estátua do Comandante; negrinhos convo-
cam o público fazendo soar uma sineta de prata e anunciando
os entreatos na ausência de cortina; não há nenhum truque
destinado a agradar os esnobes, tudo é feito em nome do essencial: envolver vaporosamente toda a ação no reino perfu-
mado e dourado de Versailles.

Quanto mais riqueza encontramos no fausto e no pitoresco
dos figurinos e acessórios (mesmo se a arquitetura da cena for
extremamente simples), mais cintila o temperamento de comediante de Molière em oposição a essa Versailles amaneirada.

É às suas peregrinações pela província que o caráter de
Molière deve essa franqueza brutal? Ou à sua vida nos "teatros
de feira" montados às pressas? Talvez à luta contra a fome?
Ou sua zombaria resulta das numerosas decepções com suas
atrizes-amantes, que subjulgaram o poeta? Parece não ter sido
sem razão que Luís XIV esfriou em relação a Molière depois de
um curto período de benevolência para com ele.

Que dissonância entre o Rei-Sol, cuja imagem é sugerida
para o espectador pela atmosfera de um proscênio luxuosa-
mente ornado, e o poeta que, nessa brilhante ambientação, faz
Sganarelo falar sobre seu desarranjo intestinal – que contraste entre os refinamentos do quadro e a violência do grotesco
de Molière, mas essa dissonância não se transforma então em
uma harmonia tal que o espectador abandona-se inelutavel-
mente ao poder do teatro de Molière. Nessas condições, como
poderia o espectador deixar escapar um único detalhe desse
criador genial?!

O *Don Juan* de Molière representa-se entre nós sem cortina. Não era assim nem no Théâtre du Palais Royal, nem no
Théâtre du Petit-Bourbon.

Por que a cortina foi suprimida? O espectador fica em geral friamente disposto quando vê uma cortina, não interessa
a maneira como foi pintada e por qual grande mestre. O espectador veio ao teatro para ver o que está atrás da cortina, e,
enquanto ela não é erguida, ele olha para o motivo dessa pintura distraidamente, preguiçosamente. Quando a cortina se
erguer, passará um certo tempo antes que o espectador se im-
pregne dos encantos da atmosfera em que vivem os personagens da peça. Será diferente se a cena permanecer descoberta

do início ao fim e se os figurantes prepararem o palco aos olhos do público, com determinada pantomima. Quando o ator apresentar-se sobre os estrados, o espectador já terá tido tempo para impregnar-se até a saciedade da atmosfera da época. E então tudo o que na peça parecia-lhe supérfluo ou tedioso na leitura aparece-lhe sob uma outra luz.

E não se deve mergulhar a sala na obscuridade, nem durante os entreatos nem durante o curso da ação. Uma iluminação viva comunica aos espectadores um clima de festa. O ator, vendo o espectador sorrir, começa a admirar-se como diante de um espelho. O ator que vestir a máscara de Don Juan conquistará os corações não apenas das atrizes que portam a máscara de Maturine e de Carlota, mas também das espectadoras de belos olhos, cujo brilho o ator notou na plateia como uma resposta ao sorriso de seu papel.

ix. DEPOIS DA ENCENAÇÃO DE *TRISTÃO E ISOLDA* (1910)[71]

1. Benois escreveu[72]: "o século xiii, todo *o estilo histórico da encenação* não tem nesse caso nenhum fundamento"[73].

Benois pensou em uma das três encenações possíveis nesse caso?

Em primeiro lugar, uma encenação onde o aspecto histórico seja arqueológico (é assim que se montou *Júlio César* no Teatro de Arte de Moscou, segundo Hottenroth); em segundo, uma encenação fora do tempo e do espaço (*A Morte de Tintagiles* no Teatro-Estúdio com cenários de Sapúnov e de Sudeikin, e *O Conto Eterno* no Teatro V. F. Komissarjévskaia, com cenários e figurinos de Deníssov); em terceiro, uma encenação em que todo o estilo seria como que romântico; é o que acontece quando o cenógrafo utiliza, por exemplo, para

71 Primeira publicação no livro *Sobre o Teatro*.
 A encenação de Meierhold estreou no Teatro Mariinski com cenário do Príncipe A. K. Chervachidzé (N. da T.).

72 Sobre a polêmica Meierhold-Benois, ver *A encenação de Tristão e Isolda no Teatro Mariinski – 30 de outubro de 1909*, p. 243, supra, e *Sobre o Teatro de Feira*, p. 321, infra (N. da T.).

73 *A mise-en-scène de Tristan.* Jornal *Retch* (A Palabra). Cartas sobre a Arte. 5 de novembro de 1909 (N. do A.). O grifo é de Meierhold (N. da T.).

colocar em evidência o estilo da época, miniaturas. O príncipe Chervachidzê, autor dos cenários de *Tristão e Isolda,* optou precisamente por essa terceira via. Como se pode então qualificar de "histórico" o estilo da encenação de *Tristão e Isolda?*

2. Benois propõe deslocar a ação para um domínio fora de um lugar e de um tempo determinado. Uma peça-mito está, entretanto, sempre ligada a um lugar e a uma época mais ou menos determinada (é assim que Tristão morre nos rochedos da Bretanha, e não em um rochedo qualquer).

3. "Não se trata aqui de cortes da indumentária, nem de formas arquiteturais, mas de símbolos. Mesmo o barco do primeiro ato é um barco simbólico" (Benois).

Por que, se a peça inclui símbolos, é absolutamente necessário que o corte da indumentária seja imaginário e que o barco não se assemelhe a um navio do século XIII? O objeto não exclui o símbolo; mas ao contrário: o cotidiano, por pouco que seja aprofundado, se aniquila. Dito de outra maneira, o cotidiano faz-se símbolo quando se torna sobrenatural. O mais naturalista dos navios no estilo do século XIII, por pouco que seu aspecto material seja reproduzido por um artista com um tal grau de fidelidade que se possa dizer: nesse caso a imitação da natureza tomou o caminho do imaginário (Cézanne), o mais naturalista dos navios no estilo do século XIII torna-se então mais simbólico que um outro, intencionalmente simbólico, e cuja aparência não tivesse ligação alguma com a natureza.

4. "Seria necessário – avalia Benois – representar o mistério do recato virginal, uma espécie de cela, a atmosfera enfeitiçante e asfixiante de uma paixão que transborda, selvagem, criminosa e devoradora".

Benois esqueceu-se da exclamação de Isolda: "É aqui que eu, Isolda, aguardo um vassalo!" Apesar de toda a doçura aparente da heroína do mito, a primeira coisa que salta aos olhos na interpretação que lhe dá Wagner é que Isolda tem uma vontade de ferro. Não é absolutamente necessário encerrar Isolda em uma cela, ela não aspira deixar a atmosfera asfixiante da plataforma do navio, ela se debate porque luta para afirmar ardentemente sua paixão.

5. Benois, de acordo com outro alguém que afirma que os cenários do príncipe Chervachidzê no segundo ato de *Tristão*

310 NA CENA DO DR. DAPERTUTTO

e Isolda poderiam servir para *Macbeth*, escreve: "Os rochedos, as árvores de outono nodosas, as pedras nuas das torres avançando sobre o espectador – tudo isso deixa pressentir apenas a catástrofe". Mas todo o segundo ato de *Tristão* não é uma catástrofe?

6. Condenando a atmosfera do segundo ato, Benois escreve:

> Eu jamais poderia crer que os personagens que cantam em cena a voluptuosidade suprema, acompanhados por uma orquestra enlouquecida, cometendo um crime sedutor, abandonando-se à embriaguez do pecado e, iluminados por sua paixão, entusiasmados por seus deleites, percebessem claramente sua última inocência...

Se comparamos o texto de Wagner, *Tristão e Isolda*, na adaptação de Joseph Bédier, ou, por exemplo, *Tantris o Bufão*, de E. Hardt[74], constatamos que a arquitetura dramática ressente-se em Wagner do fato de ele conscientemente centralizar seu drama em torno dos únicos elementos do mito que não o impedem de elaborar uma concepção filosófica complexa em torno do problema da Vida e da Morte ("toda a significação e toda a existência do mundo exterior são postos aqui sob a dependência dos movimentos interiores, espirituais" –Wagner). No coração do drama musical, no segundo ato, o longo duo de Tristão e Isolda é inteiramente construído sobre as relações dos heróis com o Dia, símbolo da realidade e da positividade do mundo, e com a Noite – símbolo da vida irracional. A música genial mergulha o ouvinte em um mundo de sonhos no qual nenhum trabalho cerebral é imaginável. "Was dort in keuscher Nacht dunkel verschlossen wacht, was ohne Wiss und Wahn ich dämmernd dort empfah'n, ein Bild, das meine Augen zu schau'n sich nicht getrauten – von des Tages Schein betroffen lag mir's da schimmernd offen"[75].

74 *Tantris der Narr* (*Tantris, o Bufão*) de E. Hardt - (1876-1947), escritor e autor dramático alemão. - encenada por Meierhold em 1910 (N. da T.).

75 "Aquilo que, nas profundezas, na noite casta velava, obscuramente oculto, aquilo que sem sabê-lo, sem pensá-lo eu tinha obscuramente concebido: uma imagem que meus olhos não ousavam fitar, atingida pela luz do dia oferecia-se a mim em todo seu esplendor" R. Wagner, *Tristão e Isolda,* drama em três atos – ii° ato (N. do A.).

O primeiro tradutor do texto wagneriano[76], depois de ter terminado a tradução desse longo período, apressa-se em explicar em uma nota: "isto significa que a luz da razão expulsou as trevas misteriosas do sentimento; em vez de amar, Tristão põe-se a raciocinar". Comentários ingênuos como esse são suscitados pelo excesso de reflexão que encontramos nesse dueto. Basta percorrer todas essas observações ingênuas de V. Tchechikhin sobre o dueto do segundo ato para convencer-se de que o seu conteúdo é demasiado complexo para um drama musical; o ouvinte no final das contas abandona-se tão inteiramente ao mundo da música que não há espaço para a filosofia.

Gostaria que Benois me dissesse se a discussão metafísica entre Tristão e Isolda sobre o sentido da partícula "e" que liga seus nomes – vou falar disso grosseiramente – e de sua excessiva racionalização sobre o problema do Dia e da Noite, constituem "palavras de voluptuosidade suprema".

7. Benois censura o estilismo medieval do espetáculo. Segundo ele, não haveria nada de medieval em *Tristão* porque a essência da Idade Média, o cristianismo, não aparece nele.

Reportemo-nos a Lichtenberger[77]: "no plano inicial de seu drama, Wagner propunha-se opor Tristão, herói da paixão, a Parsifal, herói da renúncia. É precisamente no terceiro ato (no plano inicial), no momento em que Tristão aos pés de Isolda aspira à morte sem poder morrer, que aparece Parsifal, sob os traços de um viajante. Ele tenta, através de palavras consoladoras, acalmar a dor de Tristão, que busca em vão o sentido da vida nos tormentos de uma paixão inextinguível". A tragédia é precisamente concebida sob um ângulo cristão, e Wagner, apoiando-se em sua tarefa nos elementos da Idade Média, não poderia deixar de lembrar-se de um herói característico do mistério.

8. Benois pergunta: "O que há de comum entre Tristão e o século XIII?". E acrescenta em seguida: Godefroy[78] não fez nada mais que arranjar de maneira nova uma antiga saga". E mais

---

76 Foi traduzido para o russo por V. Tchechikhin em 1899 (N. da T.).
77 Richard Wagner, poeta e pensador (N. do A.).
78 Godefroy de Strasbourg, *minnesinger* (trovador) alemão do final do séc. XII, que cantava o poema *Tristão e Isolda* (N. da T.).

adiante: "Para Godefroy, Tristão não surgia como um herói contemporâneo, mas um personagem místico, que teria vivido nos tempos mais remotos".

O esqueleto de *Tristão*, tal como lhe era necessário, Wagner encontrou precisamente no século XIII no poema de Godefroy de Strasbourg.

No homem de hoje, os limites da imaginação visual dependem do grau de cultura histórica.

Para o homem do século XIII, os limites da imaginação visual eram determinados pelas formas do cotidiano de sua época. E Godefroy não poderia representar Tristão senão sob os traços de um cavaleiro do século XIII (eis porque o príncipe Chervachidzê reportou-se às miniaturas, pois elas refletiam da maneira mais satisfatória a forma de ver dos seus contemporâneos).

Em Wagner "não há nada de medieval, pois a essência da Idade Média, o cristianismo, está ausente" (Benois).

É possível que Wagner, baseando-se precisamente em Godefroy de Strasbourg, tenha sido obrigado a eliminar Parsifal. Benois não quis considerar Godefroy separado já da Idade Média, de onde estará separada também, como uma segunda etapa, a paixão de Paolo e Francesca no *Inferno* de Dante. Não é precisamente no século XIII que devemos buscar o início do renascimento das artes plásticas?

9. O crítico musical de *Novoe Vremia* (*Novos Tempos*), M. Ivánov, pergunta-se com perplexidade: "O que sabemos nós dos navios do século XIII?". Aconselho M. Ivánov a reportar aos seguintes documentos: 1. *Archéologie navale*, Paris, Bertrand, 1839; 2. (Camille) Enlart, *Manuel d'archéologie française*, Paris, Picard et fils, 1904 (ver a edição ilustrada); 3. Bogoliubov, *História do Navio* (2 volumes); 4. Os manuscritos do século XIII da biblioteca pública de São Petersburgo; 5. (Jean) Le Sire de Joinville, *Histoire de Saint Louis,* ed. De M. Nat (alis) de Wailly. 6. (Eugène Emmanuel) Viollet-le-Duc, *Dictionnaire raisonné du mobilier français*, Paris, Morel, 1874; 7. (Jules) Quichérat, *Histoire du costume en France*, Paris, Hachette, 1877.

SOBRE O TEATRO: SEGUNDA PARTE

X. ENCENAÇÃO DE *CÉSAR E CLEÓPATRA* NO NOVO TEATRO DRAMÁTICO (1910)[79]

(Resenha)

Todo Teatro Dramático atualmente está condenado a vegetar miseravelmente já que ele não tem suficiente vigor para apoiar-se sobre um repertório clássico e para inventar um cânone, não importa qual. Nessas condições as pessoas preferem, e com razão, os espetáculos apresentados por um teatro que rejeita abertamente todo modernismo, um teatro envelhecido que não quer se fazer passar por jovem. Sabemos que tal teatro apodrecerá ainda um pouco mais, e depois desabará. As pessoas suportam-no somente porque ele vive seus últimos dias.

Mas quando aparece um teatro cuja essência já é caduca[80], como é o caso de qualquer teatro contemporâneo, e quando esse teatro toma um ar de desafio e se faz passar por "novo" simplesmente porque estocou um saco cheio de clichês modernistas – aí é insuportável. A vulgarização do modernismo torna-se uma peça habilmente construída e que permite vender ao público, sem o menor escrúpulo, uma mercadoria apodrecida com aparência de nova.

Quando um encenador não tem os conhecimentos técnicos especiais que lhe permitam lançar uma luz nova e original sobre as diversas partes de um conjunto cênico, quando ele não sabe fundir em uma harmonia única as iniciativas criadoras parciais, então (que caminho perigoso!) esse encenador, que não soube elaborar em um trabalho comum com os atores nem uma nova dicção, nem um novo gestual, nem novos grupos, lança mão dos cenógrafos e músicos modernistas e com a ajuda de seus figurinos, de seus cenários e de suas ilustrações musicais, ele procura cobrir toda a nudez de uma rotina invariável. E a crítica teatral aclama os procedimentos de estilização aplicados com tanta inteligência e com tanto gosto. Assim como o provinciano, folheando as páginas da revista *Niva* (*Trigal*),

79 Publicado pela primeira vez na revista *Apollon,* São Petersburgo n. 4 , janeiro de 1910, p. 79-80 (N. da T.).

80 O Novo Teatro Dramático funcionou do outono de 1909 à metade de 1911, em São Petersburgo, no antigo Teatro V. F. Komissarjévskaia. *César e Cleópatra*, de Shaw, encenada por F. F. Komissarjévski estreou em 29 de dezembro de 1909 (N. da T.).

314 NA CENA DO DR. DAPERTUTTO

com versos de Blok e reproduções de Vrubel, pensa iniciar-se no modernismo, assim o "grande público", de acordo com a crítica teatral, aplaude a nova arte.

Os cenários foram criados por autênticos artistas, Sapúnov, Sudeikin, Arapóv. Mas eles tiveram uma repercussão qualquer sobre o tom da interpretação? O encenador só vê na ironia profunda de Shaw uma paródia de personagens históricos, nada mais. Por isso a peça é tratada no estilo da *farsa* (sem o grotesco, o que talvez resultasse interessante). Por isso a cena em que César esboça um plano sobre a mesa, molhando o dedo no vinho, foi suprimida (não há necessidade de farsa para César em seu papel de estrategista genial). Por isso o encenador não recorreu ao padre sacrificador que Cleópatra manda chamar para a cerimônia de feitiçaria. Por isso reina uma tal dissonância na cena em que Theodotus grita de horror diante da perda da biblioteca de Alexandria; esse mesmo Theodotus, que fez com que o público risse tanto com um tom de muito mau gosto. Que Cleópatra parecia sair de um quadro de Maliavin[81], que César lembrasse um mercador disfarçado por Leifert[82] para mascaradas de clube, com isso o encenador não se preocupou.

E por que ele sentiu a necessidade de introduzir na peça todo um entreato humorístico onde cinco atrizes imitam comicamente as danças de Isadora Duncan? Talvez nem o encenador nem essas dançarinas mal preparadas tivessem absolutamente a intenção de ridicularizar o duncanismo, e que tenham acreditado seriamente que se transportavam, com suas danças, para a atmosfera da época representada? Eles decidiram, os ingênuos, que o próprio Shaw, ornando o roteiro histórico com todo um bordado de motivos contemporâneos, indicava ao encenador que era preciso encher a peça de toda a espécie de anacronismos. Somente interpretando essa peça como uma farsa é que se pode incluir nela uma ausência de gosto tão flagrante quanto a substituição da harpista indicada pelo autor pelas cinco Isadoras Duncans.

No momento em que os teatros de balé e de ópera exigem de seus "artesãos" o conhecimento indispensável de todas as

---

81 Meierhold se refere ao pintor F. A. Maliavin (N. da T.).
82 L. A. Leifert possuía um famoso ateliê de roupas e acessórios (N. da T.).

SOBRE O TEATRO: SEGUNDA PARTE

sutilezas técnicas do ofício, o teatro dramático abre suas portas com toda a liberdade a todos que batem. É somente sob essa condição que pode surgir ali um encenador desprovido dos conhecimentos elementares da técnica de encenação...

A escadaria, tomada, cá entre nós, de *A Vitória da Morte* de Sologub (ou seria de *Conto Eterno* de Przybyszewski?)[83], mergulha em um alçapão aberto em toda a largura da ribalta; os personagens que descem nesse longo buraco desaparecem com infinitas precauções. Ao chegar diante do alçapão, eles devem girar para apresentar-se de perfil ao espectador; ao chegar no fundo, procuram desaparecer para o público meio de esguelha e não diretamente, e com o ar de quem desliza em um subterrâneo. Quando se ergue a cortina e vemos os figurantes, de costas para o público, dispostos à beira do alçapão e preparando-se para subir a escada, temos a impressão que cabeças cortadas foram arranjadas sobre a boca de cena. Nesse ato, os grupos de atores são tão mal marcados e os figurinos dos dois povos representados distinguem-se tão pouco nas suas cores que essa multicolorida desordem nos obriga a piscar os olhos. Shaw, num de seus quadros, apresenta em cena a base de um farol; no alto, sobre o farol, há uma grua de onde pende uma longa corrente que serve para içar as matérias incandescentes destinadas a alimentar o fogo do sinal. Pela simples razão de que o encenador não sabia nem quando nem como utilizar as varas (que não estavam ocultas) – tinha-se a impressão de que a corrente pendia não dos altos do farol, mas do céu. O encenador revelou, portanto, sua perfeita ignorância da técnica cênica, em particular tentando conciliar em um mesmo espetáculo elementos inconciliáveis. *César e Cleópatra* consistia em um mosaico de truques *à la* Stanislávski, *à la* Fuchs, *à la* Meierhold[84], *à la* Evrêinov... Os gritos da multidão, semelhantes aos dos Meininger, nas coxias e em cena (Stanislávski), o proscênio apertado entre dois portais "convencionais" e presentes durante todo o espetáculo (Fuchs),

83 *O Conto Eterno* foi encenada por Meierhold em 1906 e *A Vitória da Morte* em 1907 no Teatro Komissarjévskaia (N. da T.).

84 O termo *Meirholdovchtchina* foi criado por Meierhold em 1910. O sufixo *ovchtchina* tem em russo um aspecto pejorativo e, como afirma Béatrice Picon Vallin, essa palavra durante toda sua trajetória inclusive no discurso que redigiu na prisão, em 1939 (N. da T.).

a forma de dispor os personagens como em um baixo-relevo no primeiro quadro (Meierhold), as escravas nuas de saltos altos e a harpa de Salomé[85] (Evrêinov). Nós assistimos ao nascimento de um novo tipo de encenador, o encenador-compilador. Mas os compiladores também devem conhecer seu ofício, e saber costurar de tal sorte que não se veja os fios do forro. Enquanto aqui vemos todos eles.

XI. EXTRATOS DE BLOCOS DE NOTAS[86]

1. Henri-Louis Lekain escreve a Monsieur de la Ferté:

"A alma, eis a primeira qualidade do ator, a segunda é a inteligência, a terceira a sinceridade e o calor da interpretação, a quarta *o desenho refinado dos movimentos corporais*". "*Voir son art en grand*[87], esta é a divisa do ator", acrescenta ainda Lekain.

Henri-Louis Lekain é um ator francês da segunda metade do século XVIII.

Gordon Craig e Georg Fuchs, no início do século XX, retomam o propósito de Lekain, o desenho refinado dos movimentos corporais em cena.

Será que dois séculos não são suficientes para que se dê por chegada à maturidade esta verdade: a importância do desenho ao qual deve estar submetido nosso corpo em cena?

2. O teatro perdeu o coro.

Nos gregos antigos, o herói era rodeado por um grupo, o coro. Em Shakespeare também o herói encontra-se no centro do círculo formado pelos "caracteres" secundários. Isto, é claro, não é a mesma coisa que encontramos nos gregos, mas talvez na multidão dos personagens secundários que, no teatro

---

85 A peça de O. Wilde, encenada por N. N. Evrêinov, apresentada no Teatro Komissarjévskaia duas vezes - em 27 de outubro (ensaio geral) e a 4 de novembro (estreia) de 1908. O espetáculo foi proibido pelo Sínodo.

86 Essas notas foram publicadas pela primeira vez no *Jurnal Teatra literaturnokhudojestvennovo obchtchevsta* (Revista teatral da Sociedade de Literatura e de Arte), São Petersburgo, 1909-1910, n. 4, p. 13-14 com o título *Sobre o Teatro*. (*Extratos de Blocos de Notas.*)

87 "Ver sua arte com amplidão", em francês no original (N. da T.).

shakespeareano, circundam o herói principal, vibrasse ainda um pouco do eco do coro grego.

No centro, o herói – aqui e lá.

Esse centro desaparece completamente com Tchékhov.

"As individualidades" em Tchékhov diluem-se no grupo dos personagens desprovidos de centro. Desaparece o herói.

Depois de Tchékhov, temos novamente saudade do herói. O herói, Leonid Andrêiev, bem que tentou reabilitá-lo em cena. Mas é muito difícil em nossos dias. Para que os traços próprios do herói ganhem maior relevo, foi preciso, em *A Vida do homem,* mascarar o rosto dos personagens secundários. E quando isto foi feito ficou subitamente claro que esse grupo de personagens todos semelhantemente mascarados era o eco do coro perdido. É possível que os personagens secundários de *A Vida do Homem* tenham alguma semelhança com o coro grego? Certamente que não, mas há aí um sintoma. Eu não sei se ele está próximo, mas chegará o dia em que alguém nos ajudará a restabelecer aquilo que o teatro perdeu: o coro reaparecerá sobre a cena.

3. Uma pequena página de *Gil Blas*, de Lesage:

"A atriz Florimunda declara: 'parece que o Senhor Pedro de Moya (o autor da peça) não está muito contente'".

– Ah, minha senhora, exclama Rosimiro, vale a pena preocupar-se com isso? Os autores merecem a nossa atenção? Se estamos em boas relações com eles – eu os conheço, a esses senhores – acreditam logo nisso. No futuro os trataremos como escravos. Não temeremos fazer-lhes perder a paciência. Mesmo se eles forem embora, em um momento de irritação, não é coisa grave: a febre literária logo fará com que retornem. O simples fato de aceitarmos representar suas peças já os transporta ao sétimo céu!

Poderíamos ouvir uma conversa desse gênero entre nossos atores contemporâneos. E eu não me surpreenderia de encontrar uma página semelhante em *A Casinha de Papelão* de M. Kuzmin[88].

---

88 *A Casinha de Papelão* é uma narrativa que tem como tema a vida das pessoas de teatro. Publicada no almanaque *As Noites Brancas*, São Petersburgo, Volnaia Tipografiia 1907, p. 111-151 (N. da .).

Diz-se com frequência que, nos teatros de hoje, os senhores encenadores ignoram os autores.

Mas que o dramaturgo contemporâneo não imagine que, se conseguir livrar-se do encenador, ele não se tornará então escravo do ator.

A lição de história não será vã, aliás, se o dramaturgo contemporâneo, face a face com o ator, seguir o exemplo de Eurípides.

Valère Maxime[89] conta que um dia, durante um ensaio, uma ideia tinha desgostado aos atores e aos poucos espectadores que estavam lá; todos em uníssono achavam que ela desgostaria aos deuses e exigiam que fosse rejeitada. Isto deixou Eurípides furioso; ele saltou para a cena e gritou: "calados, imbecis, não lhes cabe julgar aquilo que, em meus versos, agradará ou desagradará aos deuses. Vocês não compreendem absolutamente nada; quando lhes dou minha tragédia para representar, não tenho lição a receber de vocês, ao contrário, eu é que lhes ensino!"

---

89 Cf. M. Kublitski, *Ensaio de História do Teatro nos Povos Antigos*, Moscou, 1849, Ed. Gauthier (N. do A.).

Terceira Parte

O TEATRO DE FEIRA (1912)[1]

I

"Um Mistério no Teatro Russo" – assim Benois intitulou uma de suas *Cartas sobre a Arte*[2]. Poder-se-ia pensar que esse artigo trata da representação na cena russa de uma das peças de Alexei Rêmizov, ligada às tradições dos espetáculos da Idade Média. Ou então que, tendo Scriabine conseguido realizar um de seus sonhos, Benois apressa-se em informar o público sobre este grande acontecimento para o teatro russo, sobre o aparecimento de uma nova forma cênica, que recria os mistérios da antiga cultura grega.

Esse mistério não foi realizado entre nós nem por Alexei Rêmizov nem por Scriabine[3], mas, segundo Benois, sobre a

---

1 Meierhold escreveu com I. M. Bondi outro artigo com o titulo "O Teatro de Feira", em 1914 (N. da T.).
2 *Retch (O Discurso)*, n. 114, 27 de abril de 1912.
3 Scriabine, nos últimos anos de sua vida, se dedicou à criação de um *Misteria* (Mistério) um grande trabalho multimédia a ser apresentado nos Himalaias que, para ele, desencadearia o Armagedão – ou seja, a grandiosa síntese religiosa de todas as artes que faria nascer um novo mundo.

cena do Teatro de Arte de Moscou, com *Os Irmãos Karamazov*[4].

Sem dúvida, Benois não deriva a palavra mistério do grego *mistérion*. Pois quem poderia supor que ele tenha percebido nesse espetáculo o menor traço dos maravilhosos mistérios de Elêusis?

Talvez então o mistério, segundo Benois, aproxime-se do *ministerium*[5]? Mas que características do mistério medieval encontramos em *Os Irmãos Karamazov*? Talvez uma mistura da purificação própria ao mistério da Grácia antiga com aspectos do mistério medieval, como, por exemplo, sua clara intenção moralizante?

No romance de Dostoiévski encontramos elementos moralizantes de purificação, mas eles surgem através de uma genial construção em tese e antítese: deus e o diabo. Zózimo e o "karamazovismo", símbolos do divino e do demoníaco, são os pilares indissociáveis do romance.

Em cena, ao contrário, é Mitia que se torna o centro de gravidade da intriga. A adaptação teatral do romance faz desaparecer a tríade essencial em Dostoiévski: Zózimo, Aliocha e Ivã, com suas relações recíprocas. Visto sob esse aspecto, *Os Irmãos Karamazov* limita-se pura e simplesmente à encenação da intriga do romance, ou antes, de alguns capítulos do romance. E uma tal adaptação teatral nos parece um sacrilégio não apenas em relação a Dostoiévski, mas também à ideia do autêntico mistério, se é que os adaptadores tiveram a intenção de fazer um mistério.

Pois se o teatro russo pode nos dar um mistério, de quem poderíamos esperá-lo senão de Alexei Rêmizov ou de Scriabine! Mas eis outra questão: chegou a hora de isso acontecer? E uma outra ainda: o teatro pode acolher o mistério em seu seio?

Scriabine fez de sua primeira sinfonia um hino à arte como religião e, na terceira sinfonia, descobriu a força do espírito que se liberta e da personalidade que se afirma; no *Poema do Êxtase* –o homem sente-se tomado pela alegria da consciência

---

4 A encenação do romance de F. M. Dostoiévski, realizada em duas partes, estreou no Teatro de Arte de Moscou em duas noites sucessivas - 12 e 13 de outubro de 1910 (N. da T.).

5 Ofício religioso (N. da T.).

SOBRE O TEATRO: TERCEIRA PARTE

de ter percorrido livremente o caminho de espinhos, e de haver soado para ele a hora da criação. Nessas etapas, Scriabine extraiu um material de grande valor, pronto para ser utilizado em um rito grandioso denominado mistério, no qual comungarão em uma única harmonia a música, a dança, a luz e o odor embriagante da erva e das flores do campo. Se atentarmos para a rapidez extraordinária com que Scriabine percorreu o caminho que vai de sua primeira sinfonia a *Prometeu*, podemos dizer com toda certeza: Scriabine está pronto para oferecer ao público um mistério. Mas, se o seu *Prometeu* não conseguiu fundir os auditores contemporâneos em uma comunidade única, Scriabine aceitará apresentar-lhes um mistério? Não é sem razão que o autor de *Prometeu* sente-se atraído pelas águas do Ganges. Ele ainda não possui uma sala que convenha a um mistério, ele ainda não tem ao seu redor verdadeiros crentes, iniciados.

Quando se fala em mistério e na possibilidade de criá-lo entre nós para o uso de um vasto público, sempre tenho vontade de invocar dois fenômenos retirados da história do teatro francês e que muito poderiam nos instruir.

Les Confrères de la Passion (Os Confrades da Paixão)[6], conservando escrupulosamente os preceitos do mistério autêntico, acabaram se fechando na estreita comunidade da Santa Trindade, fazendo seus espetáculos apenas para iniciados. Funda-se, assim, a Casa dos Mistérios.

Mas os Clérigos de Basoche[7], tomando o mimo como base de seus espetáculos, precipitaram-se nas ruas. E foi somente então que se criou o autêntico teatro, unindo intimamente os histriões e o povo.

---

6 Sociedade que possuía o monopólio das representações dramáticas em Paris. Criada oficialmente em 1402 por Carlos VI, especializaram-se na representação dos *Mistérios* medievais recrutando atores e figurantes entre a população e organizando as procissões que misturam espectadores e atores. Perde a autorização das representações sacras em 1548, por interdição do Parlamento de Paris. Se mantém com um repertório de peças profanas até 1676, quando será dissolvida (N. da T.).

7 Corpo de clérigos do Parlamento de Paris e de outras cidades da província. Corporação de atores não profissionais chamados *basoche*. No início do século XVI homenageavam a corte personificando o rei coroado, os príncipes, princesas e interpretando jogos e farsas em um cortejo pelas ruas das cidades. Será interditada em 1582 (N. da T.).

322   NA CENA DO DR. DAPERTUTTO

Nos atos públicos há dois domínios absolutamente distintos: o mistério e o teatro.

Mas entre nós, todos se recusam com obstinação a separar esses dois domínios.

Foi no teatro que Rêmizov fez sua *Representação Diabólica*, ou seja, no mesmo lugar em que na véspera o autor de *A Barraca de Feira*, esse autêntico mago da teatralidade, tinha impressionado o público[8]. Mesmo que uma parte da plateia tenha vaiado Blok e seus atores, esse teatro era teatral. E talvez essa circunstância, o fato de o público ter ousado assoviar tão freneticamente, demonstre que ali se instaurou uma relação verdadeiramente teatral. Como todo mistério, o neomistério de Rêmizov exigia do público uma reação completamente diferente daquela representação nova, mas o espectador-auditor conduziu-se nesse espetáculo como havia se conduzido em *A Barraca de Feira*. Como é que Rêmizov pode arriscar-se a fazer sua *Representação Diabólica* na mesma sala onde Blok tinha sabido criar, com um só golpe de sua varinha mágica, uma atmosfera de autêntica teatralidade?

Enquanto os criadores do neomistério não romperem toda a ligação com o teatro, enquanto não o abandonarem definitivamente, estou convencido de que o mistério só poderá prejudicar o teatro, e o teatro o mistério.

Andrei Biely tem razão. Analisando o teatro simbólico contemporâneo, ele chega à seguinte conclusão: "que o teatro permaneça teatro e que o mistério permaneça mistério". Perfeitamente consciente do perigo que representa a mistura de dois tipos de representação opostos, e levando em conta que nossa religião rotineira torna impossível a criação de um mistério autêntico, Andrei Biely pede que "seja restabelecido o teatro tradicional em sua modesta dignidade"[9].

É o próprio público que contraria o restabelecimento do teatro tradicional, fazendo uma aliança com supostos dramaturgos que transformam literatura para ser lida em literatura para o

---

8   A peça de A. N. Rêmizov, *A Representação Diabólica*, encenação por F. F. Komissarjévskii no Teatro Komissarjévskaia, estreia em 4 de janeiro de 1907. *A Barraca de Feira* de A. A. Blok foi encenada por Meierhold no mesmo teatro, estreia em 30 de dezembro de 1906. (N. da T.).

9   Andrei Biely, "O Teatro e o Drama Contemporâneo", em *O Teatro: Livro do Novo Teatro*, Tchipovnik, 1908, p. 288-289 (N. da T.).

SOBRE O TEATRO: TERCEIRA PARTE

teatro. Já reina no espírito do público a mais completa confusão a propósito do teatro. E Benois, que invoca como um mistério o espetáculo *Os Irmãos Karamazov*, aumenta a confusão instalada no espírito do público a respeito do teatro teatral, impedindo ainda mais o restabelecimento do teatro tradicional.

O caos, em que se afunda o teatro contemporâneo, onde encontramos pouquíssimos homens enérgicos capazes de levá-lo a se desdobrar, como aconteceu com o teatro da velha Paris, foi esse caos sem dúvida que criou em Benois uma certa confusão. Senão, como explicar que ele possa denominar "representação de uma ordem autenticamente religiosa" um espetáculo que não tem nada a ver com um mistério?

Aliás, certas passagens dessa mesma carta de Benois permitem compreender, se não a maneira como o autor concebe o mistério, ao menos as relações que ele estabelece com o teatro teatral. Benois escreve: "E eu repito que, como Mitia, o Teatro de Arte não sabe mentir". E mais adiante: "Tudo que resulta como Comédie-Française, tudo o que resulta como Reinhardt e Meierhold, tudo que é mentira, cabotinismo, tudo isso é inadmissível para eles".

Benois entende "cabotinismo" em um sentido pejorativo. Benois parece querer imputar a certas pessoas a tendência nociva que reina no teatro. Os reformadores da cena contemporânea induzem o público em erro, pelo que diz Benois, criando a ficção de uma renovação teatral.

Segundo ele, é só o Teatro de Arte de Moscou que "não sabe mentir".

Benois considera uma mentira a introdução do cabotinismo na esfera teatral.

"Tudo que é mentira, cabotinismo, é inadmissível para eles", os dirigentes do Teatro de Arte de Moscou, "que não sabem mentir".

Contudo, pode-se conceber um teatro sem cabotinismo, e o que é esse cabotinismo tão odiado por Benois? Um *cabotin* é um comediante ambulante[10]. Um *cabotin* – pertence à família dos mimos, dos histriões, dos jograis. Um *cabotin* – possui uma

---

10   Historicamente o termo *cabotin*, usado em francês, por Meierhold, é empregado para designar um ator medíocre que atuava no teatro ambulante e que se esforçava para atrair a atenção sobre o seu jogo cênico (N. da T.).

maravilhosa técnica de ator. Um *cabotin* – é o representante das tradições da autêntica arte do ator. Foi ele quem permitiu que o teatro ocidental atingisse seu florescimento (com os teatros italiano e espanhol do século XVII). Benois, interessando-se pelo mistério, felicitando-se por vê-lo renascer sobre a cena russa, fala com desdém do cabotino, como de um flagelo do teatro, e, entretanto, os mistérios também atraíram os *cabotins*. Encontrava-se o *cabotin* em todo lugar em que houvesse uma representação, qualquer que ela fosse, e era dele que todos os organizadores dos mistérios solicitavam a execução minuciosa de todas as tarefas mais difíceis de seus espetáculos. Sabemos que na história do teatro francês o ator do mistério era incapaz de cumprir seu papel sem a ajuda do jogral. Sob o reinado de Filipe, o Belo, por entre os temas religiosos, a farsa surgiu inesperadamente, com suas obscenas referências a propósito de Lise. A quem cabe a interpretação dessa farsa, senão ao *cabotin*? Os mistérios, com o desenvolvimento progressivo dos cortejos, abordam assuntos sempre novos, que exigem intérpretes com técnicas sempre novas. Para resolver os problemas muito complexos propostos pelas representações dos mistérios, somente o *cabotin* estava à altura. Assim, podemos ver com clareza que o cabotinismo não era estranho aos mistérios; o cabotino desempenhou um importante papel no seu destino.

Sentindo sua impotência, o mistério pouco a pouco começou a assimilar um elemento popular, encarnado pelos mimos, saiu do púlpito da igreja – através do átrio e do cemitério, e chegou à praça. Cada vez que o mistério tentou aliar-se ao teatro, inevitavelmente apoiou-se sobre o mimo, mas desde que o mistério aliou-se à arte do ator, logo se dissolveu nesta arte e deixou de ser mistério.

E talvez aconteça sempre assim: se não há *cabotin*, não há teatro, e, ao contrário, quando o teatro recusa as leis fundamentais da teatralidade, logo se sente capaz de passar sem o *cabotin*.

Para Benois, o "mistério" é visivelmente aquilo que pode salvar o teatro russo da decadência, e o cabotinismo é tudo aquilo que o prejudica. Parece-me, ao contrário, que o mistério de que fala Benois é prejudicial ao teatro russo, e que o que poderia restaurá-lo é precisamente o cabotinismo. E para

SOBRE O TEATRO: TERCEIRA PARTE

salvar o teatro russo de sua tendência à escravidão literária, é absolutamente necessário restabelecer o culto ao cabotinismo, no sentido amplo do termo.

Mas como fazê-lo?

Antes de tudo, parece-me que é preciso trabalhar no estudo e no restabelecimento dos antigos teatros, onde reinava esse culto ao cabotinismo.

Nossos dramaturgos ignoram completamente as leis do autêntico teatro. No teatro russo do século XIX surgem em cena, em lugar do velho *vaudeville*, peças de uma dialética brilhante, peças *à thèse*, peças de costumes, peças de estados d'alma[11].

O beletrista reduz cada vez mais as passagens descritivas e, para tornar mais viva a sua narrativa, aumenta sem cessar a quantidade de diálogos entre as personagens e acaba finalmente propondo a seus leitores que passem da sala de leitura para a sala de espetáculo. O beletrista necessita dos serviços do *cabotin*? É claro que não. Os leitores podem eles mesmos ir para a cena, dividir os papéis e ler, em voz alta e em público, os diálogos de seu querido beletrista. Denomina-se isso de "representar uma peça entre amigos". O leitor transforma-se em ator, e logo é batizado com uma nova expressão, "ator intelectual". Instaura-se na plateia o mesmo silêncio de morte de um salão de leitura. É que o público cochila. Tal imobilidade e semelhante sonolência somente são possíveis em uma sala de leitura.

Para que o beletrista que se envolve com o teatro possa tornar-se um dramaturgo, seria bom obrigá-lo a escrever algumas

---

11 Falo do velho *vaudeville* não para recuperar a qualquer preço seu lugar no teatro, mas como exemplo de uma forma cênica ligada, de um lado às tradições teatrais, e não literárias, e de outro lado ao gosto do povo. Devemos recordar que o *vaudeville* nos veio da França, e que o *vaudeville* francês surge da seguinte maneira: "Perto da porta Saint-Jacques existiu durante muito tempo um teatro popular de improvisação; o povo vinha em massa ver e escutar cenas e canções jocosas interpretadas por três jovens inesgotáveis e inesquecíveis. Os três, originários da Normandia e aprendizes de padeiro, tinham vindo a Paris para tentar a sorte, e trouxeram para a capital a generosidade, a força, a audácia e o frescor das representações e dos cantos populares normandos, que mais tarde deram à França o seu *vaudeville*. Toda a cidade os conhecia e amava, e os nomes que eles adotaram, Gaultier-Garguille, Turlupin e Gros-Guillaume, permanecem para sempre na história do humor francês". Ver Victor Fournel, *Tableau du Vieux Paris. Les spectacles ppopulaires et artiste des rues,* Paris, E. Dentu, 1863, p. 320-321. Assim, o *vaudeville* nasceu da canção popular e dos procedimentos das representações populares (N. do A.).

pantomimas. Esta seria uma boa reação contra o abuso inútil das palavras. Esse novo autor não deve inquietar-se, pensando que se quer roubar-lhe para sempre a possibilidade de exprimir-se em cena. Ele será autorizado a dar a palavra ao ator, mas somente depois de ter criado *o roteiro dos movimentos*. E será que enfim se inscreverá nas tábuas da lei teatral esta sentença: *As palavras no teatro não são mais que desenhos feitos sobre o roteiro dos movimentos?*

Li em algum lugar:

O elemento dramático de um livro reside antes de tudo no diálogo, na discussão, na tensão dialética. Sobre a cena, o elemento dramático é antes de tudo a ação, a tensão da luta. As palavras aqui são como os harmônicos da ação. Elas devem sacrificar a si mesmas ao ator, em prol do movimento cego da luta dramática.

Os organizadores dos mistérios solenes da Idade Média conheciam perfeitamente a força mágica da pantomima. As cenas mais comoventes dos mistérios franceses do final do século xiv e do início do século xv eram sempre mudas. Os movimentos das personagens explicavam o conteúdo do espetáculo muito melhor que a abundância de raciocínios em verso ou em prosa[12]. E é instrutivo constatar que, assim que o mistério abandona a seca retórica das cerimônias religiosas pelas novas formas de representação plenas de elementos emocionais (primeiro o milagre, depois a moralidade e, enfim, a farsa), logo interveem simultaneamente sobre a cena o jogral e a pantomima.

---

12 Sobre o propósito do impacto e o alcance da pantomima, lembro de uma anedota de uma outra época: "Conforme a narrativa de um escritor romano, um senhor estrangeiro assistia, sob o reinado de Nero, à interpretação de uma pantomima em que o ator apresentava os 12 trabalhos de Hércules, com uma tal expressividade e uma tal clareza que o estrangeiro compreendeu tudo, sem necessidade de nenhuma explicação. Isso o tocou tão vivamente que ele pediu a Nero que lhe desse esse ator. E como Nero espantou-se com o pedido, o convidado explicou-lhe que vivia nos arredores de suas terras um povo selvagem que não podia compreender sua língua, e que esses selvagens também não conseguiam compreender o que seus vizinhos queriam deles. Por intermédio de sua pantomima, esse famoso ator poderia transmitir-lhes as suas solicitações e aqueles certamente o compreenderiam muito bem". Ver "As Danças, Sua História e Seu Desenvolvimento da Antiguidade a Nossos Dias", de Viule, *Novyi jurnal inostranói literatury* (*Nova Revista de Literatura Estrangeira*), São Petersburgo, 1902, p. 15 (N. do A.).

A pantomima fecha a boca do retórico, cujo lugar é um púlpito, e não o teatro. O jogral afirma o valor autônomo do jogo do ator: expressividade do gesto, linguagem do corpo e dos movimentos, não somente na dança, mas também em todas as situações cênicas. O que o jogral necessita primeiro é uma máscara, o máximo de farrapos para compor uma colorida vestimenta ridícula, galões, plumas, guizos, enfim, tudo aquilo que pode dar brilho e ruído ao espetáculo.

Por mais piedosas que fossem as intenções dos organizadores de espetáculos religiosos, elas não os impediam de, na entrada solene de Luís XI, mostrar duas meninas nuas representando o papel de sereias e do mesmo modo, para a vinda de Isabel da Baviera, ao lado de uma ambientação de caráter religioso, os burgueses deviam representar a grande batalha do rei Ricardo contra Saladino e os sarracenos. Na entrada da rainha Ana da Baviera aparecia um ator, representando o Prólogo, e que se dirigia em versos à multidão.

Em todos esses exemplos, não é evidente a tendência a submeter todo o espetáculo ao cabotinismo?

As figuras simbólicas, os cortejos, as batalhas, os prólogos, as paradas, todos esses elementos de autêntica teatralidade – os mistérios não poderiam dispensá-los.

É exatamente no tempo em que floresceu o cabotinismo que devemos buscar o começo do teatro. Seria um erro acreditar, por exemplo, que é dos mistérios que procede o teatro do Hospital da Santa Trindade. Não. Ele nasceu na rua, das pantomimas apresentadas nas entradas solenes dos reis.

A propósito.

Atualmente, a maioria dos encenadores volta-se para a pantomima, e preferem-na ao drama literário. Não penso que isso aconteça por acaso. Também não se trata de uma simples questão de gosto. Os encenadores não se esforçam em cultivar esse gênero apenas pelo encanto original e autêntico que tem a pantomima. É para reconstruir o teatro Antigo que o encenador contemporâneo considera necessário começar pela pantomima, pois nessas peças mudas e em sua encenação, revela-se, tanto para os atores como para os encenadores, todo o impacto dos elementos primordiais do teatro: impacto da máscara, do gesto, do movimento e da intriga.

A máscara, o gesto, o movimento e a intriga são elementos que o ator contemporâneo ignora completamente. Ele perdeu totalmente a ligação com as tradições dos grandes mestres da arte do ator. Deixou de ouvir o que expressavam os velhos companheiros de sua corporação sobre o valor autônomo da técnica do ator.

No ator contemporâneo, o comediante transformou-se em "declamador intelectual". "A peça será lida por atores vestidos e maquiados", eis o que poderíamos escrever hoje nos cartazes. O novo ator dispensa a máscara e a técnica do jogral. A máscara é substituída pela maquiagem, que visa reproduzir com a maior exatidão possível os traços de um rosto surpreendido na própria vida. Quanto à técnica do jogral, o ator contemporâneo não tem nenhuma necessidade dela, pois em lugar de "jogar", contenta-se em "viver" na cena. Ele não compreende essa palavra mágica do teatro, o "jogo", porque um imitador jamais será capaz de elevar-se à improvisação, que se apoia sobre a infinita variedade de combinação e de alternância dos procedimentos técnicos do histrião.

O culto do cabotinismo que, tenho certeza, ressurgirá quando renascer o teatro Antigo, ajudará o ator contemporâneo a voltar-se para as leis fundamentais da teatralidade.

Aqueles que se dedicam a reconstruir as antigas cenas, retirando seu saber das esquecidas teorias da arte cênica, dos velhos manuscritos e das antigas iconografias teatrais, propõem-se levar o ator a acreditar na importância e na potência de sua técnica de atuação.

Assim como o romancista estilizador, a partir dos materiais fornecidos pelos velhos cronistas, ressuscita um passado, embelezado por sua própria imaginação, da mesma forma o ator, a partir dos materiais reunidos para ele por um erudito que deseja reconstruir o teatro Antigo, pode recompor a técnica de esquecidos comediantes[13]. Entusiasmado pela simpli-

---

13 É pouco o que fala uma rubrica de Calderón: "Don Gutierre entra como se saltasse uma cerca" não fala nada ao homem de teatro contemporâneo? A partir desse "como se" o ator define a entrada ginástica de seu confrade espanhol, e o encenador adivinha, a partir dessa indicação, o aspecto sumário do cenário nessa época. É um serviço análogo o que presta ao encenador esta lista de um inventário teatral de 1598, conservada até nossos dias:
Item: um rochedo, um calabouço, uma goela do inferno, o túmulo de Didon;

cidade, a refinada nobreza, o imenso senso artístico das velhas técnicas de atuação eternamente novas, as de todos esses *histriones, mimi, atellani, scurrae, jaculatores, ministrelli*, o ator do futuro, se quiser continuar ator, pode ou, antes, deve conciliar seu impulso emocional e sua maestria, e exprimir ambos nos quadros tradicionais do Antigo teatro.

Quando se fala em reconstruir as antigas cenas, sempre se ouve dizer: é pena que os dramaturgos contemporâneos devam compor suas obras à moda antiga, para rivalizar com os entremezes de Cervantes, os dramas de Tirso de Molina, os contos de Carlo Gozzi. De fato, se o dramaturgo contemporâneo não quiser seguir as tradições dos teatros antigos, se, por um instante, afasta-se de um teatro que vê no passado a fonte de sua renovação, isso só poderá ser benéfico para o teatro contemporâneo. O ator que se incomoda em "exercer seu ofício" para utilizá-lo em peças ultrapassadas logo vai querer não somente atuar, mas também improvisar. E então renascerá enfim *o teatro da improvisação*. Se o dramaturgo quer ajudar o ator, seu papel no teatro reduzir-se-á a algo que parece muito simples à primeira vista, mas que em realidade é muito complexo, a composição de um roteiro e a criação de prólogos que exponham ao público, esquematicamente, o conteúdo da representação dos atores. Um tal papel, espero, não poderia humilhar um dramaturgo. Carlo Gozzi perdeu algo de sua reputação por ter dado à trupe de Sacchi[14] roteiros nos quais deixou aos atores toda liberdade para criar os monólogos e os diálogos *ex improviso*?

Item: oito dardos de arremesso, uma escada para que Phaeton possa subir ao céu;
Item: dois bolos de biscoito e a cidade de Roma;
Item: um tosão de ouro, dois tripés, um louro;
Item: a abóbada celeste em madeira, a cabeça de Maomé velho;
Item: três cabeças de Cérbero, uma serpente, um leão, duas cabeças de leão, um grande cavalo em pé;
Item: um par de luvas vermelhas, uma mitra papal, três coroas imperiais, um cadafalso para executar João;
Item: uma caldeira para cozinhar os judeus;
Item: quatro vestes sacerdotais para Herodes, uma manto verde para Mariana, uma capa acolchoada para Eva, uma vestimenta de Espírito e três chapéus de fidalgo espanhol.

14 Antonio Sacchi, ator-chefe da trupe de comediantes italianos do século XVIII. Foi o primeiro a atuar o Arlequim da obra *Arlequim, Servidor de Dois Amos*, de C. Goldoni (N. da T.).

330 NA CENA DO DR. DAPERTUTTO

Poderiam me replicar: mas por que o teatro tem necessidade de todos esses prólogos, dessas paradas etc.?

Apenas o roteiro não bastaria?

O prólogo, e a parada que lhe segue, assim como a fala final ao público, tão caros aos italianos e espanhóis do século XII como aos autores de *vaudeville* franceses, todos esses elementos do teatro Antigo obrigam o espectador a ver a representação dos atores como um jogo, e nada mais. E cada vez que o ator conduz o espectador muito longe no país das maravilhas, rapidamente procura lembrar a esse espectador, por uma réplica inesperada ou uma longa apóstrofe num *à parte*, que ele assiste apenas a um "jogo".

Enquanto Rêmizov e Scriabine buscam seu lugar nos espaços cênicos preparados para os novos teatros, enquanto seus mistérios aguardam uma reunião de iniciados, o Teatro, conformando-se ao jogral, combaterá sempre com mais ardor os dramas de costumes ou dialéticos, as peças *à thèse* ou de *estados d'alma*. O novo *teatro de máscaras* aprenderá com os italianos e os espanhóis do século XVII a construir seu repertório sobre as leis do teatro de Feira, onde sempre se "diverte" antes de "instruir", e onde se dá aos movimentos uma importância muito maior do que às palavras. Não é à toa que a pantomima era a forma dramática preferida dos *clercs de basoche*.

A. Schlegel[15] sustenta que as pantomimas gregas atingiam um grau de perfeição inexprimível. M. K. acrescenta que só "um povo que se dedicou com tanto sucesso às artes plásticas, um país onde havia tantas estátuas e onde tudo ensinava a graça, podia desenvolver e aperfeiçoar a pantomima"[16].

Na falta do céu e do sol da antiga Ática, os exercícios contínuos na arte da pantomima não nos conduzirão, também nós, aos milagres da graça?

15 Crítico literário alemão (1767-1845). Ver *Ueber dramatische Kunst und Literatur, Vorlesungen von A. W. von Schlegel* (*A Arte Dramática e a Literatura*), primeira edição alemã em 1808/1809 (N. da T.).

16 *Ensaio de História do Teatro*, Moscou: Gauthier, 1848, p. 136 (N. do A.).

II

Existem dois teatros de marionetes.

O diretor do primeiro quer sua marionete semelhante ao homem, dotada de todos os seus aspectos cotidianos e de particularidades. Assim como o pagão precisava que seu ídolo acenasse com a cabeça, o mestre dos brinquedos precisa que sua marionete emita sons semelhantes à voz humana. No seu objetivo de reproduzir a realidade "tal como ela é", nosso diretor aperfeiçoa constantemente sua marionete e a reforma, até que lhe venha à cabeça a solução mais simples deste complicado problema: a substituição da marionete pelo homem.

O segundo diretor constata que, em seu teatro, o que diverte o público não são apenas as tiradas cheias de espírito das marionetes, mas também o fato (e talvez isso seja o essencial) de que os movimentos e as situações das marionetes, apesar de sua intenção de reproduzir a vida sobre a cena, não tem absolutamente nenhuma semelhança com aquilo que o público vê na vida.

Quando vejo os atores de hoje representando, tenho a clara impressão de que tenho sob meus olhos o teatro de marionetes do nosso primeiro diretor, agora aperfeiçoado, ou seja, aquele em que o homem substituiu a marionete. Aqui o homem não cede uma polegada à aspiração da marionete de falsificar a vida. Se o homem foi chamado a substituir a marionete, é porque só ele é capaz de chegar, na reprodução da realidade, àquilo que não está ao alcance do boneco: identificar-se à vida com a maior fidelidade possível.

O segundo diretor, que também tentou levar sua marionete a falsificar o homem vivo, não tardou em perceber que o aperfeiçoamento do mecanismo fez o boneco perder uma parte de seu encanto. Chegou mesmo a acreditar que a marionete recusava com todo seu ser a essa bárbara modificação. Esse diretor parou a tempo, ao compreender que os melhoramentos tinham limites, que não podiam ser ultrapassados sob pena de chegar a uma inevitável substituição da marionete pelo homem.

Mas ele poderia aceitar separar-se da marionete, depois de ela ter conseguido criar em seu teatro um mundo tão encantador, com gestos tão expressivos, submetidos a uma técnica particular, mágica, com uma angulosidade que já se tornou plástica[17], com movimentos tão específicos?

Descrevi esses dois teatros de marionetes para fazer com que o ator reflita: ele deve substituir a marionete e perseguir esse papel auxiliar, que lhe recusa toda liberdade de criação pessoal, ou deve fundar um teatro análogo ao que a marionete soube conquistar, negando-se a se submeter à vontade do diretor de modificar a sua natureza? A marionete não queria identificar-se completamente ao homem, porque o mundo que ela representa é o maravilhoso mundo da ficção, porque o homem que ela representa é um homem inventado, porque o estrado em que ela evolui é a mesa de harmonia onde se encontram as cordas de sua arte. É assim, e não de outra maneira, que ela age sobre seus estrados, não de acordo com as leis da natureza, mas de acordo com a sua vontade – o que ela quer não é copiar, mas criar.

Quando a marionete chora, sua mão utiliza um lenço que não toca seus olhos, quando a marionete mata, bate tão delicadamente em seu adversário que a ponta da espada nem toca seu peito, quando a marionete dá uma bofetada, a face da vítima não perde sua maquiagem, e, nos abraços das marionetes apaixonadas reina um tal cuidado que o espectador, admirando suas carícias delicadas e cheias de respeito, não pensa em perguntar a seu vizinho – como pode terminar esse abraço.

Quando o homem surge em cena, por que fica tão cegamente submetido a seu diretor, que gostaria de fazer do ator uma marionete da escola naturalista?

O homem não tem buscado criar sobre a cena *uma arte do homem*.

O ator contemporâneo não quer compreender que o comediante-mimo tem por tarefa levar o espectador ao país das maravilhas, pelo divertido caminho de seus fascinantes procedimentos técnicos.

O gesto inventado que só convém ao teatro, o movimento convencional que só é pensável no teatro, o caráter artificial da dicção teatral – tudo isso não está ao alcance dos ataques do

---

17 Ver o que é dito das obras do cubista A. Lhote (pintor francês, 1885-1962) em *Apollon*, n. 6, 1912: "depois de ter se dedicado ao estilo colorido e plano do vitral, o jovem artista entusiasmou-se *pela angulosidade rítmica da escultura em madeira*", p. 41, o grifo é meu (N. do A.).

SOBRE O TEATRO: TERCEIRA PARTE

público e da crítica senão porque o conceito de "teatralidade" ainda não eliminou a linguagem acumulada pela arte dos assim chamados "atores da interioridade". O "ator da interioridade" só busca revelar seu estado de alma pessoal. Ele se recusa a obrigar sua vontade a dominar os procedimentos técnicos.

O "ator da interioridade" orgulha-se de ter dado à cena o brilho da improvisação. Ele pensa, o ingênuo, que suas improvisações têm algo em comum com a antiga comédia italiana. O "ator da interioridade" não sabe que os intérpretes da *Commedia dell'Arte* só desenvolviam suas improvisações a partir do roteiro gerado por sua técnica refinada, e não de outra maneira. O "ator da interioridade" recusa categoricamente toda técnica – "a técnica entrava a liberdade de criação". É o que ele sempre diz – o "ator da interioridade". Para ele só tem valor o momento de criação inconsciente fundamentado na emoção. Se chega esse momento – é o sucesso; se não – o fracasso.

Quer dizer que um jogo calculado dificulta que o ator manifeste a emoção? Todos os gestos do homem que agia junto ao altar de Dionísio eram movimentos plásticos. As emoções o incendiavam, parece, irresistivelmente; o fogo do altar engendrava nele um êxtase profundo. Entretanto, o ritual consagrado ao deus do vinho prescrevia antecipadamente metros e ritmos precisos, procedimentos técnicos determinados para as transições e os gestos. Eis um exemplo no qual o jogo calculado do ator não impedia a manifestação de seu temperamento. O dançarino grego, embora tivesse que observar toda uma série de regras tradicionais, não deixava de introduzir em sua dança todas as invenções pessoais que desejasse.

O ator contemporâneo não dispõe, até agora, de nenhuma regra relativa à arte do comediante (pois não há arte que não esteja submetida a leis, como indica esta ideia de Voltaire: "A dança é uma arte porque está submetida a leis"[18]), o que faz com que instale nela o mais horrível caos. Mas este é ainda um mal menor, pois ele também toma por um dever absoluto introduzir o caos nos outros domínios da arte, quando entra em contato com eles. Se ele quer então apoiar-se sobre a música, violando suas regras fundamentais, inventa a melodecla-

18 Cito de acordo com o brilhante artigo de A. Levinson, "Noverre e a Estética do Balé no Século XVIII", *Apollon*, n. 2, 1912 (N. do A.).

mação. Se quer então dizer versos em cena, fixando-se apenas em seu conteúdo, empenha-se em colocar um acento lógico, e não quer saber nem de metro e ritmo, nem de cesuras e pausas, nem de entonações musicais.

Os atores contemporâneos, em seu desejo de metamorfose, estabelecem para si a tarefa: suprimir seu "eu" e criar em cena a ilusão da vida. Por que motivo nos cartazes figuram os nomes dos atores? Na encenação de *Ralé* de Górki, o Teatro de Arte de Moscou substituiu um ator por um autêntico vagabundo. A aspiração à metamorfose chegou a um tal grau que era mais cômodo liberar o ator de uma tarefa que estava acima de suas forças: encarnar uma personagem até a ilusão total. Para que colocar nos cartazes o nome do intérprete do papel de Teterev[19]? Pode-se denominar "intérprete" àquele que aparece em cena como na realidade? Para que induzir o público a este erro?

O público vai ao teatro para ver um homem praticar sua arte, mas trata-se da arte de ser ele mesmo sobre a cena! O público quer a invenção, o jogo, a maestria. E o que lhe dão é a vida, ou sua servil imitação.

A arte do homem sobre a cena não aparece quando, tendo descartado de si as aparências externas, ele soube escolher uma máscara, um figurino ornamental, e exibe perante o público toda sua técnica brilhante – seja como dançarino, como intrigante, em um baile de máscaras, seja como bobo da antiga comédia italiana, ou como jogral?

Uma leitura atenta das páginas quase reduzidas a pó das velhas compilações de roteiros, como, por exemplo, as de Flamínio Scala[20] (1611), permite compreender o poder mágico da máscara.

Arlequim, nascido em Bérgamo, servo de um Doutor sovina, é obrigado, devido à avareza de seu senhor, a usar um traje feito de peças de cores diferentes. Arlequim é um tolo,

---

19   O papel de Teteriev em *Pequenos Burgueses*, de Górki, foi confiado ao cantor profissional, N. A. Baranov. Ver K. S. Stanislávski, *Coletânea*, t. i, p. 252-254 (N. da T.).

20   Ator e diretor de uma trupe de comediantes italianos (1547- 1624). Publicou a primeira coletânea de *scennari* em 1611 com o título *Il Teatro delle faviole representative...*, em Veneza (N. da T.).

SOBRE O TEATRO: TERCEIRA PARTE 335

um pobre de espírito, e um servo espertalhão cujas maneiras são sempre as de um soldado jovial.

Mas vejamos, o que essa máscara dissimula?

Arlequim – um poderoso mago, encantador e mágico.

Arlequim – representante das forças infernais.

A máscara é capaz de dissimular essas duas figuras tão opostas.

Duas faces de Arlequim – dois extremos. Entre os quais há uma graduação infinita de diferentes nuances. Como mostrar ao espectador as mil facetas de um caráter? Com a ajuda da máscara.

O ator que possui a arte do gesto e do movimento (nisto reside sua força) vira a máscara do lado que é preciso para que o espectador saiba sempre claramente quem está à sua frente: o tolo estúpido de Bérgamo ou o diabo.

Esta arte de camaleão, oculta sob a aparência imutável do comediante, leva para o Teatro o encantamento de seu jogo de sombra e luz.

Não é a máscara que permite ao espectador alçar-se ao país das maravilhas?

A máscara permite ao espectador ver não somente um determinado Arlequim, mas Arlequins que vivem na sua memória. E o espectador vê também todas as pessoas cujo caráter recorda, por pouco que seja, essas figuras. Mas devemos ver unicamente na máscara a principal fonte das encantadoras intrigas do teatro? Não.

É pela arte de seus gestos e de seus movimentos que o ator leva o espectador a um reino feérico onde voa o pássaro azul, onde os animais dialogam, onde Arlequim, o preguiçoso e o canalha, saído dos reinos das trevas, encarna-se em um tolo capaz de truques espantosos. Arlequim é equilibrista, quase um funâmbulo. Seus saltos revelam uma habilidade extraordinária. Suas brincadeiras *ex improviso* tocam o espectador por sua hiperbólica inverossimilhança, com a qual nem mesmo os senhores satiristas sonharam. O ator é um dançarino. Ele sabe dançar tão bem os graciosos *monferini*[21] quanto o grosseiro *jig*

---

21 Dança popular originária de Monferato na região de Piemonte, e que se espalhou por toda a Itália setentorial e central, geralmente dançada por vários casais e acompanhada pelo canto (N. da T.).

inglês[22]. O ator sabe fazer chorar, e fazer rir alguns segundos depois. Carregando em suas costas o pesado Doutor, ele salta em cena como se não carregasse nada. Ele é tanto elástico e flexível quanto desajeitado e pesado. O ator possui um registro de mil entonações diferentes, mas em vez de utilizá-lo para imitar esta ou aquela personagem, faz dele um ornamento a mais para seus diferentes gestos e movimentos. O ator sabe falar rápido quando representa o papel de um velhaco e salmodiar em uma voz arrastada quando interpreta um pedante. O ator sabe jogar com seu corpo para traçar figuras geométricas sobre os palcos, e outras vezes para saltar arrogante e alegremente, como se voasse nos ares.

O rosto do ator carrega uma máscara morta, mas o seu domínio permite ao ator colocá-la em uma tal condição, e dobrar seu corpo em tais atitudes que, de morta, ela torna-se viva.

Com o aparecimento de Isadora Duncan, e ainda mais agora com o nascimento da teoria rítmica de Jacques-Dalcroze[23], o ator contemporâneo pouco a pouco começa a refletir sobre o sentido do gesto e do movimento em cena. Quanto à máscara, ele se interessa por ela tão pouco quanto antes. Quando se começa a falar da máscara, o ator pergunta imediatamente: será possível que se queira fazer ressurgir sobre a cena contemporânea a máscara e os coturnos do ator antigo? O ator só vê na máscara um elemento acessório ao papel: para ele, ela é apenas algo que outrora permitia marcar o caráter de um papel e resolver dificuldades acústicas.

Esperamos ainda que o aparecimento sobre os palcos de um ator sem máscara provoque o descontentamento do público, como aconteceu no reinado de Luís XIV, quando o bailarino Gardel[24] ousa pela primeira vez apresentar-se de rosto nu. Mas por enquanto o ator contemporâneo não quer de

22 Termo que denomina uma dança popular e a música que a acompanha, originária da Inglaterra do século XVI.
23 Compositor e pedagogo suíço (1865-1950), criador da *euritmia* – sistema de treinamento musical que utiliza a resposta do aluno ao ritmo proposto, através de movimentos rítmicos e corporais. O método visa a consciência do valor plástico do ritmo e das suas diferentes dinâmicas. Suas teorias são conhecidas na Rússia desde 1911 através da palestra proferida pelo príncipe Volkonski, "O Homem e o Ritmo", no Congresso de Artistas Russos (N. da T.).
24 Maximilien Gardel (1741-1787), bailarino, professor e principal reformador do balé francês do século XVIII (N. da T.).

SOBRE O TEATRO: TERCEIRA PARTE   337

nenhuma maneira ver na máscara o símbolo do teatro. E não apenas o ator.

Eu procurei interpretar a personagem de Don Juan de acordo com o princípio do teatro de máscara[25]. Mas ninguém percebeu a máscara sobre o rosto do intérprete de Don Juan, nem mesmo um crítico de arte como Benois.

"Molière ama Don Juan, Don Juan é seu herói, e como todos os heróis, também é um pouco o retrato de seu autor. Nessas condições, substituir esse herói por um tipo satírico [...] não é somente um erro, mas algo pior que isso"[26].

É assim que Benois concebe o Don Juan de Molière. Ele gostaria de ver em Don Juan a personagem do "sedutor de Sevilha" tal como o pintaram Tirso de Molina, Byron, Púschkin.

Ao passar de um poeta a outro, Don Juan conservou os traços fundamentais de seu caráter, mas, como um espelho, ele refletiu os mais diversos e a expressão dos mais variados ideais sociais.

Benois esqueceu completamente que, se Molière voltou-se para essa personagem, Don Juan não era para ele um objetivo em si mesmo, mas apenas um meio.

Molière escreveu *Don Juan* depois da tempestade de furor que *Tartufo* tinha provocado nos meios do clero e da nobreza. Imputou-se a Molière toda uma série de crimes ignóbeis, e os inimigos do poeta buscavam com avidez um castigo que fosse digno dele. Molière só poderia responder a essa injustiça com suas próprias armas. E para fazer a sátira da categoria dos membros da Igreja e da hipocrisia dos representantes da aristocracia, que ele odiava, agarrou-se em Don Juan como a uma tábua de salvação. Molière coloca em sua peça toda uma série de cenas e de réplicas particulares, que vão contra o tom geral da ação e o caráter fundamental da personagem principal, somente para vingar-se com dignidade daqueles que contribuiram para o fracasso de *Tartufo*. Se Molière fez desse "astuto saltitante, dançante e amaneirado"[27] um objeto de riso e ultraje, foi precisamente para oferecer-lhe como alvo às violentas

---

25 No Teatro Imperial Alexandrínski. A estréia foi em 9 de novembro de 1910 (N. do A.).
26 *Retch* (*O Discurso*), n. 318, 19 de novembro de 1910 (N. do A.).
27 *Retch* (*O Discurso*), n. 318, 19 de novembro de 1910 (N. do A.).

338 NA CENA DO DR. DAPERTUTTO

invectivas dirigidas contra o orgulho e a vaidade, que o poeta odiava. E ao mesmo tempo, pela boca desse cavalheiro frívolo de que acaba de zombar, Molière faz uma análise espiritual dos dois vícios predominantes nessa época – a hipocrisia e a beatice.

Também não devemos esquecer que, ao enorme desgosto que a interdição de *Tartufo* na cena causou a Molière, se acrescenta um drama em sua vida pessoal. "Sua mulher, incapaz de apreciar o gênio de seu marido e seus sinceros sentimentos, o enganava com os mais indignos de seus rivais, apaixonava--se pelos tagarelas de salão que tinham por única vantagem a nobreza de seu nascimento. Molière não perdia uma oportunidade de escarnecer dos *marquis ridicules*"[28]. Agora, é sob a capa de Don Juan que ele volta a atacar os seus rivais.

Para Molière a cena dos pastores é menos necessária para caracterizar seu herói do que para derramar o fluxo atordoante de suas cenas cômicas sobre o drama do homem, privado de sua felicidade familiar por personagens frívolas e egoístas, "destruidores de corações femininos".

É evidente que, para Molière, Don Juan – é uma marionete, que o autor necessita para acertar as contas com a inumerável multidão de seus inimigos. Don Juan, para Molière, é o portador de uma máscara. Ora nós vemos a máscara da dissolução dos costumes, da irreligião, do cinismo e da hipocrisia de um cortesão do Rei-Sol, ora a do autor-acusador, ora a máscara de pesadelo que sufoca o próprio autor, essa máscara torturante que ele precisa colocar nos espetáculos da corte, ou então perante sua mulher infiel. E é apenas no final que o autor dá à sua marionete a máscara de *O Burlador de Sevilha* que havia visto nas companhias italianas em turnê.

O mais belo elogio que poderiam sonhar o cenógrafo[29] e o encenador[30] de *Don Juan* de Molière foi feito por Benois, quando denominou esse espetáculo de "*balagan* sofisticado".

O teatro de máscara sempre foi Teatro de Feira, e a ideia de que a arte do ator deve estar fundamentada sobre um pro-

---

28 *Artist.* (*Os Artistas.*), 1890, n. 9 (N. do A.).
29 A. I. Golóvin (N. do A.).
30 O autor deste livro (N. do A.).

SOBRE O TEATRO: TERCEIRA PARTE

fundo amor pela máscara, pelo gesto e pelo movimento, está indissoluvelmente ligada à noção de Teatro de Feira.

Aqueles que se ocupam em reformar o teatro contemporâneo sonham em encarnar sobre a cena os princípios do Teatro de Feira. Aos céticos, entretanto, parece que o cinema cria um obstáculo ao renascimento dos princípios do Teatro de Feira.

Cada vez que se fala em ressuscitar o Teatro de Feira, encontra-se pessoas que negam absolutamente a necessidade cênica dessas técnicas, ou então prosélitos do cinema que querem que o teatro tome o cinema a seu serviço.

Os defensores do cinema dão uma importância excessiva a esse ídolo da vida moderna. O cinema é um instrumento científico de uma importância indiscutível quando permite fazer espetaculares demonstrações; o cinema – é um jornal com imagens (atualidades cotidianas), para alguns ele chega mesmo (um horror!) a substituir as viagens. O cinema não tem lugar no domínio da arte, mesmo quando pretende contentar-se como um acessório. E se o cinema, não se sabe por que razão, utiliza também o nome de teatro[31], é simplesmente porque, na época em que o naturalismo suscitava um interesse particularmente apaixonado (interesse que já esfriou consideravelmente), colocou-se a serviço do teatro tudo aquilo que continha elementos mecânicos.

O extraordinário sucesso do cinema explica-se em primeiro lugar pelo extremo entusiasmo pelo naturalismo que caracterizava as largas massas no final do século XIX e no início do século XX.

Os severos quadros das tragédias clássicas primeiro deram lugar à suavidade dos devaneios românticos sobre o passado. Depois o romantismo, por seu turno, deveria ceder o passo aos defensores do drama naturalista.

Os naturalistas exibiram este *slogan*: representar a vida "tal como ela é", misturando assim dois conceitos em arte: a ideia e a forma.

Embora reprovando aos clássicos e aos românticos sua paixão pela forma, os naturalistas também se dedicaram a aperfeiçoá-la, e transformaram a arte em fotografia.

---

31 O termo Cine-Teatro (Kino-Teatr) que nomeava os cinemas no inicio do século XX são, ainda hoje, usados na Rússia (N. da T.).

A eletricidade veio em sua ajuda, e o resultado é o cinema – comovente síntese do princípio da fotografia e de uma técnica.

Depois de ter banido a ficção do teatro, o naturalismo deveria, logicamente, banir também as cores, e pelo menos a dicção afetada dos atores.

E o cinema vingou tomando para si o desenvolvimento do natural, substituindo as cores dos figurinos e dos cenários por uma tela em branco e preto, e perscindindo do uso da palavra.

O cinema é a realização do sonho dos que aspiram a uma fotografia da vida, ao mesmo tempo em que é um exemplo claro do entusiasmo pelo quase natural.

De uma importância incontestável para a ciência, o cinema, quando se quer fazê-lo colaborar com a arte, sente por si mesmo sua impotência e tenta em vão agregar-se àquilo que denominamos arte. Daí sua tentativa em rejeitar o princípio da fotografia: ele reconhece que é necessário justificar a primeira metade de sua dupla denominação, "teatro-cinema", mas, enquanto o teatro – é arte, a fotografia – não é arte. E o cinema apressa-se em incorporar de qualquer maneira elementos estranhos à sua natureza mecânica; e eis que ele tenta introduzir em suas realizações a cor, a música, a declamação e o canto.

Assim como todos os teatros que continuam a divulgar o drama e a literatura dramática naturalistas, que são bons sobretudo para serem lidos, não podem impedir que se desenvolvam peças autenticamente teatrais e nada naturalistas, também o cinema não pode impedir que a ideia do Teatro de Feira esteja no ar.

Agora que reina o cinema, eis que nos parece que o Teatro de Feira não existe mais. Mas o Teatro de Feira é eterno. Seus heróis não morrem. Somente mudaram as aparências e tomaram novas formas. Os heróis das antigas *atelanas*, Maccus, o tolo e Pappus, o ingênuo, ressuscitaram vinte séculos depois para tornarem-se Arlequim e Pantaleão, principais personagens do Teatro de Feira do Renascimento (*Commedia dell'Arte*). E o público dessa época não ouvia tanto as palavras quanto via uma abundante riqueza de movimentos, desde bastonadas até acrobacias, passando por todos os divertimentos próprios ao teatro.

O Teatro de Feira é eterno. Mesmo se seus princípios foram temporariamente banidos da esfera do teatro, sabemos que estão solidamente inscritos nos textos manuscritos dos verdadeiros escritores de teatro.

Molière, o maior autor cômico francês, e ao mesmo tempo *grand divertisseur* do Rei-Sol, representou em suas comédias--balés o que tinha visto quando criança no Teatro de Feira de Gaultier-Garguille, assistido por seus famosos *collaborateurs* Turlupin e Gros-Guillaume, bem como nos estrados da praça da feira de Saint-Germain.

Lá, a multidão divertia-se com os espetáculos de marionetes.

A julgar pelo pequeno número, infelizmente muito pequeno, de peças para marionetes que chegaram até nós, e pelos numerosos testemunhos dos contemporâneos, o teatro de marionetes se distinguia em sua pobreza pela audácia profunda de seus achados e a universalidade de sua sátira, os fracassos da política francesa, as sujas intrigas da corte, as monstruosidades da vida social, a divisão da sociedade em castas, os costumes dos nobres, os dos comerciantes, tudo era igualmente pretexto para as zombarias das audaciosas marionetes (Alexei N. Vesseloski)[32].

Aqui Molière armazena essa força denunciadora que mais tarde o poder e a aristocracia combaterão.

Na feira de Saint-Germain, Molière viu como as farsas populares eram representadas alegremente sob um teto de lona, como os acrobatas rodopiavam ao som dos tambores e dos guizos, como o charlatão andarilho, o prestidigitador e o curandeiro todo-poderoso atraíam a curiosidade de uma multidão.

Molière aprendeu com os atores ambulantes das trupes italianas. Foi com eles, assistindo às comédias de Pietro Aretino, que encontrou a personagem Tartufo, como das bufonarias italianas e retirou o tipo Sganarelo. *O Despeito Amoroso* – foi inteiramente imitada dos italianos. Quanto ao *Doente Imaginário* e ao *Senhor de Pourceaugnac*, Molière inspirou-se em toda uma série de roteiros do Teatro de Feira italiano cujo tema eram os médicos (*Arlequim, Médico Volante* etc.).

---

32 Historiador de literatura e de teatro. Meierhold cita os seus *Estudos sobre Molière* (N. da T.).

NA CENA DO DR. DAPERTUTTO

Banidos do teatro contemporâneo, os princípios do Teatro de Feira refugiaram-se por enquanto nos *cabarets* franceses, nos *Ueberbrettl* alemães, nos *music-halls* e nas *variétés*[33] do mundo inteiro.

Basta ler o manifesto dos *Ueberbrettl* de Von Wolzogen[34] para ver que ele é, de fato, uma apologia dos princípios do Teatro de Feira.

Não se deve desprezar a arte das *variétés*. Assim anuncia esse manifesto. Ela deita raízes profundas nas entranhas de nossa época. Seria um erro considerar essa arte "uma deformação passageira do gosto".

Preferimos as *variétés*, prossegue o autor, aos grandes teatros, com suas peças que ocupam a noite inteira, cheias de tristes acontecimentos narrados com grande eloquência. E se preferimos as *variétés* no teatro, não é pelo empobrecimento de espírito que gostariam de nos imputar certos pseudo-Catões[35] e outros *laudatores temporis acti*. É exatamente o contrário. Aspiramos à brevidade e à profundidade, à clareza e à sã concisão.

As grandes descobertas e as mudanças da técnica e do espírito contemporâneo novamente aceleraram a cadência do pulso mundial. Não dominamos o tempo. Por isso exigimos em todos os campos brevidade e precisão. Para contrabalançar audaciosamente a decadência testemunhada pela fragilidade e pelo exagero de detalhes, apelamos à precisão, à profundidade e à vivacidade. Sempre e em todos os lugares, só visamos o que é grande.

---

33 Eu não falo, evidentemente, das *variedades* que G. Fuchs ridicularizou e que se apresentam, segundo sua expressão, como um "Simplicissimus-stil" (estilo da revista humorística *Simplicissimus*), transportado para os palcos diretamente das páginas desta revista de Munique. E devo também fazer algumas reservas: dois terços dos números apresentados não têm nada em comum com a arte e, entretanto, são precisamente esses pequenos teatros, e o único terço de suas "atrações", que são mais artísticos que todos os teatros pretensamente sérios nutridos de péssima literatura (N. do A.).

34 Ernst von Wolzogen (1855-1934), crítico, escritor alemão. Fundou no início do Século xx o primeiro cabaré – os *Uberbreti Cabare* um jogo do termo *Übermensch* de Nietzsche. Seu manifesto foi publicado por Carl von Levetzov, *Ernst von Wolzogen's offizielles Repertoir. Erster Band. Buntes Theater*, Berlin, Julius Bard Verlag, 1902 (N. da T.).

35 Marcus Porcius Cato (234-149 a.C.) defensor da reforma moral da nobreza romana pregando a austeridade de costumes e o retorno à simplicidade (N. da T.).

Não é verdade que não saibamos rir. Sem dúvida, o riso estúpido e amorfo do cretino está morto em nós. Em compensação, o nosso é breve, harmonioso, é o riso de um homem cultivado que aprendeu a ver as coisas do alto e em profundidade.

Profundidade e concisão, brevidade e contrastes! O pálido pierrô de longas pernas desliza sobre a cena, e o espectador adivinha nesse movimento a eterna tragédia da humanidade que sofre em silêncio, e eis que, sucedendo a esta visão, irrompe uma viva arlequinada. O trágico dá lugar ao cômico, a canção sentimental dá lugar à sátira violenta.

Encontramos nesse manifesto a apologia do procedimento favorito do Teatro de Feira, o *grotesco*.

Entende-se por grotesco (do italiano *grottesco*) um gênero literário, musical e plástico grosseiramente cômico. O grotesco limita-se essencialmente a uma extravagância monstruosa, é a obra de um humor que associa, sem razão aparente, os conceitos mais dessemelhantes porque, *ignorando os detalhes e só jogando a partir de sua própria originalidade, ele só se apropria daquilo que convém à sua alegria de viver e à sua atitude caprichosa e brincalhona perante a vida*[36].

Essa forma abre ao criador os mais maravilhosos horizontes.

O que prevalece sou *eu*, é minha própria atitude perante o mundo. E todos os materiais de minha arte, em vez de se referir à verdade do real, dependem unicamente de meu capricho de artista.

Não é na capacidade de refletir a plenitude da realidade, ou, dito de outra maneira, das representações e de suas transformações no tempo, que reside a arte. Ela decompõe o real utilizando tanto formas espaciais quanto formas temporais. Por isso a arte liga-se ora à ideia ora à mudança das ideias: no primeiro caso surgem as formas estéticas espacializadas, no segundo, as formas temporais. *É a impossibilidade de abarcar o real em toda sua plenitude que funda a esquematização da realidade (e, em particular, a estilização)*[37].

---

36 *Grande Enciclopédia* de 1902. O grifo é meu (N. do A.).
37 Andréi Biely, "As Formas da Arte", *Simbolismo*, segunda parte. O grifo é meu (N. do A.).

344   NA CENA DO DR. DAPERTUTTO

Há ainda na estilização uma certa verossimilhança. E o estilizador também surge como analista *par excellence* (Kuzmin[38], Bilibin[39]).

"Esquematização". Esta palavra soa como se implicasse em um certo empobrecimento da realidade. Como se em algum lugar se perdesse algo de sua plenitude.

Segunda etapa no caminho da estilização, o grotesco soube regular definitivamente sua relação com a análise. Seu método é rigorosamente sintético. O grotesco, negligenciando sem compromisso todos os detalhes, cria (com "uma inverossimilhança convencional"[40], é claro) toda a plenitude da vida.

A estilização empobrece a vida reduzindo à unidade típica a riqueza da experiência humana.

O grotesco não se limita *somente* ao que é baixo ou *somente* ao que é elevado. O grotesco associa os contrários, exacerbando conscientemente as contradições e *só jogando a partir de sua própria originalidade*.

Em Hoffmann, os fantasmas preocupam-se com seus males de estômago, a sarça de lírios de fogo transforma-se no roupão colorido de Lindkhorst, e o estudante Anselmo enfia-se em uma garrafa.

Em Tirso de Molina, ao monólogo do herói que, como os sons majestosos do órgão católico, coloca o espectador em um registro solene, sucede o monólogo de um *gracioso*[41] cujas saídas cômicas desmancham instantaneamente o piedoso sorriso no rosto do espectador, forçando-o a rir o rude riso de um bárbaro medieval.

Sob uma chuvosa tarde de outono, um cortejo fúnebre passa pelas ruas. As atitudes das pessoas que seguem o enterro testemunham uma profunda dor. Mas eis que o vento arranca o chapéu de um dos aflitos; ele se abaixa para pegá-lo, mas o vento arremessa o chapéu de poça em poça. Cada salto do senhor curvado que corre atrás do seu chapéu faz sua silhueta dançar de maneira tão cômica que o sombrio cortejo de luto é

38 Sobre M. A. Kuzmin, ver supra, n. 59, p. 296 (N. da T.).
39 I. I. Bilibin (1876-1942), cenógrafo, aluno de I. E. Repin. Atuando desde 1907, trabalhou no Teatro Antigo e nos espetáculos de Diaghilev em Paris Especializou-se em produzir cenários para peças inspiradas nos contos russos (N. da T.).
40 Expressão de Púschkin; ver infra, p. 347 (N. da T.).
41 Personagem da comédia espanhola (N. da T.).

imediatamente transfigurado por uma mão diabólica, e surge o movimento de uma multidão em festa.

Se fosse possível alcançar em cena um efeito semelhante!

"O contraste". Só se utiliza o grotesco para criar contrastes, ou para acusá-los?! O grotesco não é um fim em si mesmo? Como o estilo gótico de uma catedral, por exemplo. A flecha lançada contra o céu exprime o *pathos* do homem em oração, enquanto os relevos de suas diferentes partes, decoradas com figuras monstruosas e terríveis, atraem as almas para o inferno. A luxúria animal, a voluptuosidade herética, as monstruosidades insuportáveis da vida – tudo isso parece destinado a preservar da desmedida os impulsos idealistas e dissuadi-los a não submergir no ascetismo. Como no gótico tudo se equilibra de maneira surpreendente: a afirmação e a negação, o celeste e o terrestre, o belo e o monstruoso, assim o grotesco, procurando enfeitar a monstruosidade, impede a Beleza de cair no sentimentalismo (no sentido schilleriano do termo).

O grotesco constitui uma nova abordagem do cotidiano.

O grotesco aprofunda o cotidiano a tal ponto que ele deixa de parecer simplesmente natural.

Na vida, naquilo que vemos, existe ainda uma imensa região indecifrável. Na busca do supranatural, o grotesco associa sinteticamente a quintessência dos contrários, cria a imagem do fenomenal, leva o espectador a tentar resolver o enigma do inconcebível.

A. Blok (1º e 3º atos de *A Desconhecida*), F. Sologub (*Vanka, o Intendente* e *O Pajem Jean*), F. Wedekind[42] (*O Espírito da Terra, A Caixa de Pandora, O Despertar da Primavera*), souberam manter-se no domínio do drama realista dando ao mesmo tempo uma nova abordagem do cotidiano. E foi o grotesco que os ajudou, o grotesco graças ao qual conseguiram obter extraordinários efeitos no drama realista.

Nas peças que citamos, os dramaturgos fazem intervir um tipo de realismo que obriga o espectador a se desdobrar para acompanhar o que se passa em cena.

---

42 Em F. Wedekind, infelizmente, duas coisas aborrecem muito, sua falta de gosto e sua tendência a introduzir em cena elementos de má literatura (N. do A.).

Manter continuamente no espectador uma dupla atitude em relação à ação cênica que se desenvolve em movimentos contrastantes, não é esse o objetivo do grotesco no teatro?

O que funda o grotesco é o desejo constante do criador de tirar o espectador de um plano que ele acaba de compreender para projetá-lo em um outro, que ele não esperava de maneira alguma.

"Entende-se por grotesco um gênero literário, musical e plástico grosseiramente cômico". Por que "grosseiramente cômico"? E o grotesco é *unicamente cômico*?

Nenhum autor de obras puramente humorísticas reuniu sinteticamente, sem nenhuma razão aparente, os fenômenos naturais mais dessemelhantes.

O grotesco não é somente cômico, como aquele que Flögel[43] estudou em *Geschichte des Groteskkomischen (História do Grotesco Cômico)*, há também um grotesco trágico, que encontramos nos desenhos de Goya, nas narrativas aterradoras de Edgar Poe, e, sobretudo certamente em E. T. A. Hoffmann.

E nosso Blok, em seus dramas líricos, seguiu o caminho do grotesco tal como o concebiam esses mestres.

> Bom dia, mundo. Estás de novo aqui comigo!
> Há tanto tempo tua alma está junto à minha!
> Vou respirar o sopro da tua primavera
> Por tua janela dourada![44]

Eis o que grita Arlequim ao céu de Petersburgo, frio e estrelado, antes de se jogar pela janela. Mas "a vista que se descortina por trás dessa janela não passa de um cenário pintado sobre o papel".

O fantoche deixou seu corpo cair em convulsões na boca de cena, e grita ao público que está perdendo através de sua ferida todo seu suco de *kliokveni*[45].

A ornamentação, introduzida no século xv pela pintura do Renascimento, e cujo modelo foi tomado das construções

---

43 Karl Friedrich. Flögel (1727-1788), historiador alemão de literatura que escreve um dos primeiros livros consagrados ao grotesco (N. da T.).

44 *Balagantchick (A Barraca de Feira)*, de A. Blok. Foi encenado por Meierhold em 1906, no Teatro Vera F. Komissarjevskaia (N. da T.).

45 Suco de frutas vermelhas muito comum na Rússia (N. da T.).

SOBRE O TEATRO: TERCEIRA PARTE

subterrâneas (*grottes*) da antiga Roma, nas termas e nos palácios imperiais, tomou a forma de entrelaçamentos simétricos de plantas estilizadas e de silhuetas de animais fantásticos, de sátiros, de centauros e de outros seres mitológicos, de máscaras, de guirlandas de frutas, de pássaros, de insetos, de armas e de vasos.

Não é essa particular acepção do grotesco que se reflete na encarnação cênica que dá Sapúnov das figuras de *A Echarpe de Colombina*, pantomima de Schnitzler-Dapertutto[46]?

Para criar o grotesco cênico, Sapúnov transformou Gigolo em um papagaio, penteando os cabelos de sua peruca de trás para frente, como plumas, e retorcendo como uma cauda as fraldas de suas vestes.

Púschkin, em uma pequena peça cuja ação remete à Idade Média, coloca em cena dois camponeses que batem com golpes de foice nas patas dos cavalos dos senhores; "os cavalos feridos caem, enquanto os outros se enfurecem", precisa o autor.

Púschkin sugeria prestar-se particular atenção "aos antigos, a suas máscaras trágicas e à dualidade da personagem teatral"[47]; Púschkin elogiava a "inverossimilhança convencional", como poderia querer que quando sua peça fosse encenada, trouxessem ao palco cavalos de verdade, ensinando-os antes a cair e a enfurecer-se?

Dando essa indicação cênica, Púschkin parece prever que o ator do século XX entrará em cena montado sobre um cavalo de madeira, como foi feito em *Robin e Marion*[48], a pastoral de Adam de la Halle, ou carregado por maquinistas cobertos de uma carapaça e portando uma cabeça de cavalo feita de papel machê, como na peça de E. Znosko-Boróvski, *O Príncipe Transformado*[49].

E é sobre tais cavalos que o príncipe e seu séquito encontraram o meio de realizar sua longa viagem.

O cenógrafo tinha curvado o pescoço dos cavalos em um arco tão agudo, suas cabeças possuíam plumas de avestruz tão

46 Sobre a pantomima, ver supra, p. 55-56 (N. da T.).
47 Rascunhos de cartas (em francês) a Raevski, 1829 (N. do A.).
48 Encenação de N. N. Evrêinov no Starinii Teatro (Teatro Antigo) com cenários de M. V. Dobujinski (N. do A.).
49 Encenação do Doutor Dapertutto na Casa dos Intermédios, cenários de S. L. Sudéikin (N. do A.).

348 NA CENA DO DR. DAPERTUTTO

ridículas, que os desajeitados maquinistas dissimulados sob a carapaça não precisavam fazer muita coisa para evocar os movimentos de galope ligeira e graciosamente empinados.

Nessa mesma peça, o jovem príncipe, voltando de viagem, fica sabendo da morte do rei, seu pai. E os cortesãos, ao proclamá-lo rei, colocam no jovem uma peruca e uma longa barba branca. Sob os olhos do público, o jovem príncipe se transforma então em um venerável ancião, de acordo com a ideia que se faz do soberano de um reino de contos de fadas.

Em *A Barraca de Feira*, de Blok, no primeiro quadro há em cena uma longa mesa, coberta com um pano preto que desce até o chão, e colocada paralelamente à boca de cena. Os "místicos" sentam-se a essa mesa, de maneira que o público só possa ver a parte de cima dos seus corpos. Terrificados por uma réplica, os místicos abaixam as cabeças, de forma que subitamente só ficam à mesa bustos sem braços e sem cabeças. É que os contornos dos corpos eram feitos *em papelão*, no qual, em giz e fuligem, haviam sido pintados sobrecasacas, peitilhos, colarinhos e punhos de camisa. Os braços dos atores eram enfiados em orifícios redondos abertos nos bustos de papelão e a suas cabeças, apoiadas sobre os colarinhos.

Em Hoffmann, uma marionete lamenta ter, em lugar do coração, um mecanismo de relógio.

No grotesco cênico, como no grotesco de Hoffmann, é importante *o motivo da substitui*ção. Acontece o mesmo em Jacques Callot. Hoffmann escreveu a propósito desse espantoso desenhista: "Mesmo nos desenhos retirados da vida (cortejos, guerras), há uma fisionomia muito particular, plena de vida, que dá a suas figuras e a seus grupos *algo de familiar e de estranho ao mesmo tempo*". Sob a cobertura do grotesco, "as personagens ridículas de Callot revelam a um observador arguto *misteriosas alusões*"[50].

A arte do grotesco fundamenta-se na luta entre forma e conteúdo. O grotesco esforça-se por subordinar o psicologismo a um objetivo ornamental. Eis porque, em todos os teatros onde reina o grotesco, o aspecto ornamental no sentido amplo do termo tem tanta importância (teatro japonês). Não somente

---

50 Grifo meu (N. do A.).

SOBRE O TEATRO: TERCEIRA PARTE

a ambientação e a arquitetura da cena e do próprio teatro eram ornamentais: mas também a mímica, os movimentos do corpo, os gestos e as atitudes dos atores; é no aspecto ornamental que reside sua expressividade. Por isso os elementos coreográficos fazem parte integrante dos procedimentos do grotesco; somente a dança pode subordinar as concepções grotescas a um objetivo ornamental. Não é sem razão que os gregos buscaram a dança em todos os movimentos rítmicos, mesmo na marcha. Não é sem razão que os movimentos do ator japonês, que oferece em cena uma flor a sua bem-amada, evocam uma dama dançando uma quadrilha japonesa, com balanços da parte superior do busto, leves inclinações e rotações da cabeça, gestos afetados dos braços estendidos à esquerda e à direita.

"*Não é verdade que o corpo, suas linhas, seus movimentos harmoniosos, cantam por eles mesmos, como sons?*"

A essa pergunta, retirada de *A Desconhecida*, de Blok, respondemos afirmativamente quando a arte do grotesco na luta entre a forma e o conteúdo faz triunfar a primeira, então a alma do grotesco tornar-se a alma da cena.

O fantástico afirmar-se-á na representação com sua própria originalidade; existirá a alegria de viver tanto no cômico quanto no trágico; um aspecto demoníaco na ironia mais profunda; o tragicômico no cotidiano; aspirar-se-á à inverossimilhança convencional, às alusões misteriosas, às substituições e às transformações; sufocar-se-á no romântico seu deplorável aspecto sentimental. A dissonância surgirá em harmoniosa beleza, e é no cotidiano que se transcenderá o cotidiano.

Lista de Trabalhos de Encenação

1905-1912

	PEÇA	AUTORES, TRADUTORES, COMPOSITORES	CENÓGRAFOS	TEATRO	ANO
I	A Morte de Tintagiles	de M. Maeterlinck / A Rémizov (tradução) / I. A Sats (música)	S. I. Sudéikin (Atos I, II e III) / N. Sapúnov (Atos IV e V)	Teatro-Studio de Moscou	1905 (verão e estréia no outono) NB. O teatro não foi aberto
II	Schluck et Jaú	de G. Hauptmann / I. Baltrouchaitis (tradução) / R. Gliére (música) / V. E. Repman (codiretor)	N. P. Oulianov		
III	A Neve	de S. Przybyszewski / Rémizov (tradução) / A. e S.	V. I. Deníssov		
IV	A Comédia do Amor	de H. Ibsen	V. I. Deníssov (1ª variante) / V. I. Deníssov (2ª variante)	Teatro V. F. Komissarjievskaia (Petersburgo)	22/1/1907
V	Os Espectros	de H. Ibsen / C. D. Balmont	C. C. Kostin	Confraria do Novo Drama[1] (Poltava)	Verão de 1906
VI	Caim	de A. Dymov	C. C. Kostin	Confraria do Novo Drama (Poltava)	Verão de 1906
VII	O Grito da Vida	de A. Schnitzler / V. E. Meierhold (tradução)	C. C. Kostin	Confraria do Novo Drama (Poltava)	Verão de 1906

1 A Confraria do Novo Drama apresentou minhas encenações em: Kherson, no inverno de 1902-03; Nicolaiev, durante a quaresma de 1903; Sebastopol, na primavera de 1903; Kherson, no inverno de 1903-04; Nicolaiev, durante a quaresma de 1904; Penza, no outona de 1904; Tiflis, no inverno de 1904-05; Nicolaiev, na primavera de 1905; Tiflis, na quaresma de 1906; Novatcherkassk, na primavera de 1906; Rostov-sur-le-Don, na primavera de 1906 e a Poltova, no verão de 1906.

	PEÇA	AUTORES, TRADUTORES, COMPOSITORES	CENÓGRAFOS	TEATRO	ANO
VIII	Hedda Gabler	de H. Ibsen A. e P. Ganzen P. M. Lartsev (redator da tradução)	C. C. Kostin, N. Sapúnov (cenário e adereços) V. D. Milioti (figurinos)	Teatro V. F. Komissarjévskaia (São Petersburgo)	10/11/1906 (Verão)
IX	Na Cidade	de S. Iuchkévitch P. M. Iartsev (codiretor)	V. C. Kolenda	Teatro V. F. Komissarjévskaia	13/11/1906
X	O Eterno Conto	de S. Przybyszewski E. Tropovski P. M. Iartsev (codiretor)	V. I. Deníssov	Teatro V. F. Komissarjévskaia	4/12/1906
XI	Irmã Beatriz	M. Maeterlinck M. Somov A. C. Liadov (musica)	S. I. Sudékine	Teatro V. F. Komissarjévskaia	22/11/1906
XII	O Milagre de Santo Antônio	M. Maeterlinck E. Mattern e V. Binchtok	C. C. Kostin	Confraria do Novo Drama (Poltava)	1906 (Verão)
			V. C. Kolenda	Teatro V. F. Komissarjévskaia	30/12/1906
XIII	A Barraca de Feira	A. Blok M. A Kuzmin (música)	N. N. Sapúnov	Teatro V. F. Komissarjévskaia	30/12/1906
XIV	A Tragédia do Amor	J. Heiberg Tiraspolskaia	V. I. Sureniants	Teatro V. F. Komissarjévskaia	8/01/1907
XV	O Casamento de Zobeide	V. von Hofmannsthal O. N. Tchiumina	B. I. Anisfeld	Teatro V. F. Komissarjévskaia	1907
XVI	Casa de Boneca	H. Ibsen A e P. Ganzen		Teatro V. F. Komissarjévskaia	(1906)

				Teatro V. F. Komissarjévskaia	1907
XVII	*A Vida do Homem*	L. Andreiv	Os cenários e os adereços foram concebidos segundo o meu plano e indicações	Teatro V. F. Komissarjévskaia	1907
XVIII	*O Despertar da Primavera*	F. Wedeking Feder e F. Sologub	V. I. Deníssov	Teatro V. F. Komissarjévskaia	15/11/1907
XIX	*Pelléas e Melisande*	M. Maeterlinck V. Briússov S. Spiess von Echenbruch (música)	V. I. Deníssov	Teatro V. F. Komissarjévskaia	10/10/1907
XX	*A Vitória da Morte*	F. Sologub	Os cenários foram concebidos segundo o meu plano e indicações. Realizador Popov	Teatro V. F. Komissarjévskaia	6/11/1907
XXI	*Petrouchka* (1 ato)	P. P. Potemkine V. F. Nouvel (música)	M. V. Dobujinski	Teatro Baía	1908
XXII	*O Passado de Usher* (1 ato)	Trakhtenberg V. G. Karatiguin (música)	M. V. Dobujinski (cenário) Tchembers (figurinos)	Teatro Baía	1908
XXIII	*A Honra e Vingança* (1 ato)	F. Sologub	I. I. Bilibin	Teatro Baía	1908

	PEÇA	AUTORES, TRADUTORES, COMPOSITORES	CENÓGRAFOS	TEATRO	ANO
XXIV	*A Echarpe da Colombina*	A. Schnitzler Doutor Dapertutto (adaptação) Donani (música) S. M. Nadejdine, V. I. Presniakov e A Bolm (encenação dos episódios dançados)	N. N. Sapúnov	Casa dos Intermezzos	Temporada 1910/1911
XXV	*O Príncipe Transformado*	E. Znosko-Boróvski	S. I. Sudékin	Casa dos Intermezzos	Temporada 1910/1911
XXVI	*Arlequim Intermediário*	V. N. Soloviov V. Spiess von Echenbruch e I. L. De Bour (música)	K. I. Evseev	Estrada da Assembleia dos Nobres	8/11/1911
			N. I. Kulbin	Terioki (Finlândia) Confraria dos atores, Pintores, Escritores e Músicos	1912 (Verão)
XXVII	*Os Amorosos*	Doutor Dapertutto Composição sobre dois prelúdios de C. Debussy	V. Chukhaev e A. Iakovlev (sob a direção de A. I. Golóvin) N. I. Kulbin	Representação privada na casa de O. e N. Karabtchevski (palco em semi-círculo), Terioki (Finlândia) Confraria dos Atores, Pintores, Escritores e Músicos	Temporada de 1911/1912 1912 (Verão)
XVIII	*A Devoção da Cruz*	Calderón C. D. Balmont	S. I. Sudékin	Teatro da Torre (apartamento de V. Ivaánov)	19/04/1910
			I. M. Bondi	Terioki (Finlândia) Confraria dos Atores, Pintores, Escritores e Músicos	1912 (Verão)
XIX	*Culpados ou Inocentes?*	Strindberg A. e P. Ganzen	I. M. Bondi	Terioki (Finlândia) Confraria dos Atores, Pintores, Escritores e Músicos	Verão de 1912

ENCENAÇÕES NOS TEATROS IMPERIAIS DE PETERSBURGO

PEÇA		AUTORES, TRADUTORES, COMPOSITORES	CENÓGRAFOS	TEATRO	ANO
XXX	*O Limiar do Reino*	K. Hamsun Tradução baseada na edição de V. N. Sabline	A. I. Golóvin	Teatro Alexandrínski	30/09/1908
XXXI	*Tristão e Isolda*	R. Wagner V. Kolomiitsev	Prince A. K. Chervachidzé	Teatro Mariínski	30/10/1909
XXXII	*Tantriss, o Bufão*	E. Hardt P. Potemkin (redator da tradução – M. A. Kuzmin e V. Ivánov) M. A. Kuzmin (música)	Prince A. K. Chervachidzé	Teatro Alexandrínski	9/3/1910
XXXIII	*Don Juan*	Molière V. Rodislavski Música de Rameau, com arranjos de V. D. Karatyguine	A. I. Golóvin	Teatro Alexandrínski	9/11/1910
XXXIV	*Boris Godunov*	M. P. Moussorgski Legat (encenação da polonesa)	A. I. Golóvin	Teatro Mariínski	6/01/1910
XXXV	*O Cabaré Vermelho*	I. Beliaáv M. I. Kouzmine (música)	A. I. Golóvin	Teatro Alexandrínski	23/3/1911
XXXVI	*O Cadáver Vivo*	L. N. Tolstói A. L. Zagarov (codiretor)	K. A. Korovin	Teatro Alexandrínski	28/09/1911

	PEÇA	AUTORES, TRADUTORES, COMPOSITORES	CENÓGRAFOS	TEATRO	ANO
XXXVII	*Orpheu*	C. W. Gluck V. Kolomiitsev M. M. Fokine (encenação dos balés)	A. I. Golóvin	Teatro Mariínski	21/12/1911
XXXVIII	*O Refém da Vida*	F. Sologoub V. G. Karatyguine (música)	A. I. Golóvin	Teatro Alexandrínski	6/11/1912
XXXIX	*Mascarada*	M. I. Lermontov A. K. Glazunov (música)	A. I. Golóvin	Teatro Alexandrínski	Encenação em preparação
XL	*Electra*	R. Strauss H. Von Hofmannsthal M. Kuzmine (música)	A. I. Golóvin	Teatro Mariínski	Encenação em preparação
XLI	*O Reino de Maio*	C. W. Gluck L. M. Vassilevski	A. I. Golóvin	Teatro Mariínski	Encenação em preparação

SOBRE O TEATRO: LISTA DE TRABALHOS DE ENCENAÇÃO 357

COMENTÁRIOS À LISTA DOS TRABALHOS DE ENCENAÇÃO

A arte do teatro reencontra a arte da forma.

A tarefa cenográfica deve fundir-se à ação dramática, posta em movimento pelo jogo do ator; desta forma, deve se manifestar uma estrita correspondência entre a ideia fundamental e a música interior da obra, entre as nuanças psicológicas e o estilo, o aspecto ornamental da encenação.

Na *mise-en-scène* e no jogo do ator elaboram-se novos procedimentos de representação deliberadamente convencionais. Às formas da arte teatral associam-se elementos de uma concisão premeditada – em cena nada pode ser fortuito.

Em certos casos, o ator coloca-se o mais próximo possível do espectador. Isto o liberta das contingências do cotidiano que sempre engendram um aparato cênico pesado. Isto dá à mímica do ator uma expressividade mais refinada. Isto ajuda a voz do ator a atingir matizes mais sutis, aumenta a receptividade do espectador e abole de alguma forma a linha que o separa do ator.

Atitudes, movimentos e gestos dos atores tornam-se os próprios meios da expressividade e submetem-se às leis do ritmo. Atitudes, movimentos e gestos nascem das palavras e de suas propriedades expressivas, e, reciprocamente, as palavras vêm aperfeiçoar as construções plásticas.

Mas é o próprio ator que deve derramar, em uma forma dada, um conteúdo apropriado. O ator que não o consegue não sofre apenas um fracasso pessoal, mas ainda leva consigo para o abismo toda a encenação. É o que muitas vezes aconteceu quando novas formas cênicas, sugeridas pelo encenador, não foram preenchidas por um conteúdo vivo. Houve, entretanto, momentos em que as novas experiências fundiram-se com as antigas conquistas; o ator da velha escola dava então a impressão de reencontrar-se, e o público tomava como o "novo teatro" um jogo, uma forma de expressão familiar.

P. M. Iartsev[2] (cf. *Zolotoe Runo* [*O Tosão de Ouro*], n. 7-9, 1907, e o jornal *Literaturno-Khudojestvennaïa Nedelia* [*Semaná-*

---

2 M. Iartsev (faleceu em 1930), crítico, dramaturgo e encenador. Seus artigos foram publicados em diferentes jornais e revistas de São Petersburgo, Moscou e Kiev. Entre 1906 e 1907 dirigiu o escritório literário do Teatro V. F. Komissarjévskaia.

rio literário e artístico], Moscou, n. 1 e 2, 1908) observa que *Irmã Beatriz* tinha o aspecto de um melodrama. O ator cuja paleta não comportava as cores e os sons que lhe exigia o novo teatro passou a arremedá-las. Do novo tom proposto pelo encenador cai-se então no tom melodramático (que só tem a ver com o novo teatro o fato de ser, também, convencional). Segundo Iartsev, o ator não tinha ainda maestria suficiente para abordar o domínio do novo teatro. As novas experiências de criação teatral buscam sempre uma expressão harmoniosa, simplificada, e manifestam-se na arte do ator pela imobilidade e pela musicalidade. Imobilidade e musicalidade não são, em si mesmas, formas que a arte cênica ignorasse até agora: o melodrama é tanto imóvel (monólogo) quanto musical (melodeclamação). Se o novo teatro avança tão lentamente na via de suas pesquisas é porque o ator contemporâneo retorna incessantemente àquilo que lhe é acessível: o melodrama e a melodeclamação. O que prejudica o ator contemporâneo é o hábito adquirido com o repertório romântico, de onde retira os elementos de melodrama, e sua constante tendência à melodeclamação, que não exige dele nem estudos especiais das leis do metro e do ritmo, nem conhecimentos especiais da teoria musical, tão necessários ao novo teatro.

O novo teatro espera um novo ator, munido de toda uma série de conhecimentos especiais nos domínios musical e plástico.

Quando o ator do novo teatro abandona-se ao poder do ritmo, isto não significa que deverá substituir o "discurso do seu temperamento" pelo que se chama de "leitura rítmica". O que denominamos entre nós de "leitura rítmica" não tem nada a ver com o que se chama de "leitura musical do drama" (conforme a teoria ainda inédita de M. F. Gnessin)[3]. A "leitura rítmica" tem todos os defeitos da melodeclamação. Geralmente não se introduz a música em um drama senão com o fim de sustentar uma atmosfera, ela de hábito não mantém nenhuma

---

Entre suas peças, destacam-se *Brak, U Monastiria*. Emigra após a Revolução de 1917 (N. da T.).

3 Cf. artigo de C. Bondi "Sobre a *Leitura Musical* de M. F. Gnessin" em *M. F. Gnessin – Artigos, Memórias, Materiais*. Moscou, Sovietskii Kompozitor, 1961, p. 80-81 (N. da T.).

relação com os elementos da ação dramática; e na "leitura rítmica" nenhuma subida ou descida corresponde às particularidades musicais dissimuladas no coração da obra. Na leitura musical, que Gnessin propõe ao novo ator, o ritmo deve nascer absolutamente de um roteiro métrico estabelecido, o que jamais acontece na "leitura rítmica" nem na famosa melodeclamação. A leitura musical, segundo Gnessin, compreende momentos de entonações musicais, a leitura torna-se às vezes um fenômeno puramente musical e facilmente se afina com o acompanhamento musical.

Quanto às indicações do autor, é indispensável notar o seguinte: o importante não é que o ator siga escrupulosamente, e em todos os seus detalhes, uma indicação cênica do autor, mas, antes, que ele compreenda o estado de espírito que a suscitou. Tomemos um exemplo: "furioso, ele avança". O ator pode não avançar (violação da indicação), mas ficar enfurecido (a indicação é respeitada), pode não enfurecer-se (violação da indicação), mas avançar (a indicação é respeitada). O ator sempre deve esforçar-se por obter a primeira combinação. As indicações não são obrigatórias para o encenador, pela mesma razão, e também porque dependem sempre da técnica cênica da época em que a peça foi escrita. O que as indicações cênicas das edições contemporâneas de Shakespeare, por exemplo, podem trazer de bom para um encenador de hoje, que dispõe de meios de representações mais diversificados, de uma técnica mais refinada? As indicações do autor, que dependem sempre das condições da técnica cênica, não são em nada essenciais no plano técnico, mas em compensação desempenham um papel fundamental na medida em que ajudam a penetrar no espírito da obra.

A Neve (III), *A Comédia do Amor* (IV), *Os Espectros* (V), *Caim* (VI), *O Grito da Vida* (VII), *Hedda Gabler* (VIII), *Na Cidade* (IX), *A Tragédia do Amor* (XIV), *Casa de Bonecas* (XVI), *Culpados ou Inocentes* (XXIX) e *No Umbral do Reino* (XXX) foram encenadas com técnicas derivadas de um mesmo princípio, as únicas diferenças que poderíamos apontar entre essas encenações provêm das particularidades individuais dos

360 NA CENA DO DR. DAPERTUTTO

diversos cenógrafos desses espetáculos[4]. Para que possam fazer uma ideia clara dos meus métodos de encenação, aqueles que não assistiram nem esses espetáculos nem os outros que citei na lista de meus trabalhos como encenador, creio ser necessário propor-lhes uma análise "reflexiva" de alguns espetáculos, ou mais exatamente uma descrição, às vezes detalhada, às vezes abordando somente alguns momentos particulares do espetáculo. Entre as peças que acabamos de citar e cujas encenações resultam dos mesmos princípios, faremos uma descrição das seguintes encenações como as mais características: *Hedda Gabler, Culpados ou Inocentes, Os Espectros* e *O Grito da Vida*.

P. M. Iartsev[5] assim descreveu a encenação de *Hedda Gabler*:

O teatro de Petersburgo preferiu dar ao palco cênico um fundo único, espiritual ou simplesmente colorido. Nos figurinos, em vez do verossímil, do cotidiano, nota-se uma concordância de cores

4 Sobre esses espetáculos, Meierhold relata em uma conversa no momento da estreia de *No Umbral do Reino* – sua primeira encenação no Teatro Alexandrínski:

"Os resultados das pesquisas, em relação ao tipo de peças como a de K. [Gamsun] – não realistas – são levados em conta.

No período de pesquisa, *Hedda Gabler* ganhou um toque não desejado de modernismo, a pintura se diluiu em exotismo, a forma dada corretamente em vez das cores frias recebeu um sufoco de estufa, o reconhecimento da não necessidade da caixa de três lados deu panos perfurados em vez de telas frias.

No período de pesquisa, a encenação de *Nora* ficou demasiado esquemática, seca e mais uma vez modernista, graças aos panos, cuja forma e coloração lembrava o panejamento dos fotógrafos, quando são usados como fundo.

Foram levados em conta os erros de todas as encenações que usavam os mesmos meios que a encenação de *Hedda Gabler, Na Cidade* de Iuchkévitch, *Comédia do Amor* e *Nora*. A encenação de *Nos Portões do Czar* pertence a esse ciclo de minhas encenações. A encenação da peça de Gamsun, graças ao talento extraordinário de A. Y. Golovin, é bastante realista, mas ao mesmo tempo é não realista na medida em que não há nela a famigerada convenção que determina o *atemporal* e o *não-espacial*. Tampouco há nela aqueles pequenos detalhes que poderia transformar o *intérieur*, tomado de empréstimo do teatro naturalista" (N. da T.).

5 P. M. Iartsev dirigia o escritório literário do Teatro V. F. Komissarjévskaia e participava em certas encenações como coencenador (*Contos Eternos* e *Na Cidade*). Exercia no teatro, sobretudo, a atividade literária, aquelas que nos teatros alemães denomina-se "dramaturgismo". Fez, depois, uma análise "reflexiva" de certas encenações (*Hedda Gabler, Irmã Beatriz, Na Cidade, O Milagre de Santo Antônio, A Barraca de Feira, O Conto Eterno*). Foi o primeiro a mostrar a importância que pode ter o procedimento descritivo nas críticas teatrais. Cf. *Literaturno-Khudojestvennaïa Nedelia* (*Semanário Literário e Artístico*, Moscou, n. 1, 1907).

SOBRE O TEATRO: LISTA DE TRABALHOS DE ENCENAÇÃO

com o fundo ("a mancha") e uma certa síntese dos dados da época, do meio, da subjetividade do cenógrafo, dos desenhos dos figurinos e da expressão formal, simplificada, da essência interior do personagem. É assim que o figurino de Tesman (*Hedda Gabler*) não corresponde a nenhuma moda específica, e se algo nele faz pensar nos anos vinte do século passado [século XIX], ele possui também certos traços contemporâneos. É precisamente nesse figurino (nas ombreiras caídas da ampla vestimenta, na gravata deliberadamente enorme, nas calças largas que se estreitam bruscamente para baixo) que o cenógrafo (Vassili Milioti) viu algo de "simplificado *à la* Tesman*"*, o que o encenador sublinhou nos movimentos de Tesman e nas situações do quadro geral. Em concordância com as cores do fundo pictural concebido por Sapúnov para *Hedda Gabler*, Milioti escolheu para o figurino de Tesman uma cor cinza chumbo. No fundo tinha o azul-claro da parede, dos cortinados, do céu que se via por uma enorme janela envolvida de hera, e tínhamos a cor palha dourada do outono, numa tapeçaria que ocupava toda a parede e os bastidores abertos que desciam de um lado a outro. Os figurinos de todos os personagens compunham entre si e com o fundo uma gama harmoniosa de cores: verde para Hedda, marrom para Levborg, rosado para Tês, cinza-escuro para Brak. A mesa no centro, os pufes e o divã-banco longo e estreito colocado sob a tapeçaria, ao longo da parede, cobertos de um tecido azul-claro cheio de manchas douradas que lhe davam um aspecto brocado. À direita do espectador, uma enorme poltrona completamente coberta por um forro branco; sob a tapeçaria, a mesma forração branca jogada sobre o divã cobria-o em parte; o mesmo tecido azul e dourado descia do lado esquerdo de um piano branco, com uma angulação que o fazia avançar por trás dos bastidores abertos do primeiro plano.

Sobre um pedestal coberto com o mesmo tecido azul-claro, à direita, atrás dos bastidores – destacava-se o contorno de um enorme vaso verde envolvido por hera. Atrás dele, imaginava-se uma lareira; é diante dela que se desenrolam as cenas entre Tesman e Hedda, onde Hedda queima o manuscrito de Levborg. A lareira era indicada por uma luz avermelhada que acendia no momento necessário.

Junto ao divã, sob a tapeçaria da direita, havia um móvel branco com formas retangulares, em cuja gaveta superior Hedda esconde o manuscrito; em vários momentos, Levborg e Brak colocam nele os seus chapéus; sob o móvel, um vidro verde contendo pistolas, quando esse vidro não está sobre a mesa.

Em pequenos vasos brancos e esverdeados – sobre o piano, sobre a mesa, sobre o pedestral junto ao grande vaso – flores, sobretudo crisântemos brancos. Crisântemos também nas dobras do forro no espaldar da poltrona. O chão é coberto com uma tela cinza-escuro delicadamente decorada em tons ouro e azul-claro. O céu, pintado de uma maneira particular, aparece através de um ângulo da janela. Há dois céus: o diurno e o noturno (IVº ato). No céu noturno brilham estrelas tranquilas e frias.

A cena tem dez metros de largura por três metros e meio de profundidade (é, portanto, uma longa faixa estreita); com o auxílio de estrados especiais, ela pode ser avançada até a ribalta, cuja iluminação vem dos refletores superiores.

Esse estranho quarto (se é que o podemos chamar de quarto) – não tem nada a ver, bem entendido, com a vila antiquada da generala Falk. O que significa seu mobiliário que não se parece a nada, e dá uma impressão de imensidão azul, fria, murcha? Por que de um lado e de outro, por onde aparecem e desaparecem os personagens, as cortinas transparentes e douradas são baixadas, colocadas em um lugar onde só deveria haver portas ou então nada, se o quarto continuasse além do pano da porta? É realmente assim na vida, é isto o que Ibsen escreveu?

Não é assim na vida. E Ibsen não escreveu assim. A encenação de *Hedda Gabler* no Teatro Dramático é "convencional". Sua tarefa é mostrar essa peça ao espectador graças a procedimentos inabituais e particulares de representação cênica; e a impressão de imensidão azul, fria e murcha (não era mais do que uma *impressão*), que dava o elemento pictural da encenação, correspondia bem às intenções do teatro. É nas tonalidades frias e azuis, sobre um fundo dourado de outono, que o teatro viu Hedda. Em vez de representar o outono por trás da janela, onde foi pintado um céu azul, transpôs suas cores de palha dourada sobre a tapeçaria, sobre os tecidos, nos bastidores abertos. O teatro inclinou-se para uma expressão primitiva, simplificada, do que sentia na peça de Ibsen: uma Hedda fria, outonal e principesca.

Na representação cênica de *Hedda Gabler* (tanto na arte do ator quanto nas soluções do encenador), o teatro se propôs à mesma tarefa: submeter o espectador ao poder da sugestão, evitando a verossimilhança, a "imitação da vida" – através de uma *mise-en-scène* de convenção e com pouco movimento, da economia do gesto e da mímica, por um estremecimento interior dissimulado, e que se traduz exteriormente por um olhar que se inflama ou se apaga, por um sorriso furtivo, sinuoso etc. A longa faixa da cena, acentuada pela sua estreiteza, permitia os planos largos que o encenador utilizava, colocando os interlocutores nas suas duas extremidades opostas (início da cena entre Hedda e Levborg no IIIº ato),

SOBRE O TEATRO: LISTA DE TRABALHOS DE ENCENAÇÃO

ou espalhando-os amplamente sobre o divã colocado sob a tapeçaria (Tea, Hedda e Levborg no II° ato). Às vezes (particularmente neste último caso) isto não se fazia necessário, mas contribuía para dar a impressão de fria majestade almejada pelo teatro. A enorme poltrona com forros brancos era para Hedda um trono original: é nessa poltrona, ou perto dela que Hedda tem a maioria de suas cenas. O teatro esperava que o espectador associasse o trono e a impressão produzida por Hedda, e que guardasse essa impressão complexa e indissociável.

Brak tem uma relação semelhante com o pedestal do grande vaso: é ali que ele se senta, pernas cruzadas, as mãos enlaçando os joelhos, e que, sem tirar os olhos de Hedda, produz contra ela argumentação cáustica, brilhante. Ele faz pensar em um fauno. Em geral, Brak desloca-se em cena e ocupa outros lugares (como Hedda e como todos os outros personagens), mas sua atitude de fauno junto ao pedestal está associada a seu personagem como Hedda a seu trono.

A mesa serve de pedestal para as silhuetas imobilizadas, que o teatro se esforça em imprimir na memória do espectador. No segundo ato, quando Levborg pega o manuscrito, ele está em pé junto à cortina, no fundo da cena; Hedda e Tesman – estão no segundo plano, Brak perto dos bastidores, do lado esquerdo; o centro da cena (a mesa) permanece vazio. Para folhear mais comodamente o volumoso manuscrito, Levborg dirige-se para a mesa e, pronunciando esta fala: "estou lá, por inteiro" – queda-se pensativo, aprumado, a mão posta no manuscrito aberto sobre a mesa. Depois de alguns segundos, expõe a Tesman, que acaba de se aproximar, o conteúdo de seu trabalho, folheando-o. Mas no instante precedente Levborg, imóvel e solitário, e seu manuscrito destacam-se, sós, diante do espectador. E devem dizer o que se encontra por trás das palavras: elas devem fazê-lo sentir, vagamente, e com um quê de inquietude – quem é Levborg, o que liga Levborg a seu manuscrito, e o que liga o manuscrito de Levborg à tragédia de Hedda.

É também em volta da mesa que acontece a primeira cena entre Levborg e Hedda. Durante toda essa cena, Levborg e Hedda estão sentados lado a lado – tensos, imóveis, os olhos fixos diante de si. As suas réplicas emocionantes, pronunciadas em voz baixa, caem ritmicamente dos lábios que são percebidos como secos e frios. Sobre a mesa, a chama do ponche e dois copos (há, em Ibsen, o "ponche frio" norueguês). Nem uma única vez durante toda essa cena eles modificam a direção de seus olhares e a imobilidade de suas atitudes. Somente nesta fala: "tu também estás sedenta de vida!", que Levborg faz um movimento brusco em direção a Hedda. Mas esse movimento põe fim à cena, que logo termina.

364 NA CENA DO DR. DAPERTUTTO

Do ponto de vista da verossimilhança, é impensável que Hedda e Levborg conduzissem sua cena dessa maneira, é impensável que seres vivos possam conversar assim uns com os outros. O espectador ouve um diálogo que parece endereçado a ele – espectador; ele tem sempre diante dos olhos as faces de Hedda e de Levborg, nas quais lê suas sensações mais sutis e, no ritmo das palavras que pronunciam, monótonas, sente, por trás do diálogo manifesto e articulado, o diálogo interior dissimulado, o diálogo dos pressentimentos e das emoções que as palavras não exprimem. O espectador pode esquecer as palavras trocadas entre Hedda e Levborg, mas ele não deve esquecer as sugestões que foram insinuadas na cena de Hedda e de Levborg.

O cenógrafo I. M. Bondi[6] assim descreve o espetáculo *Culpados ou Inocentes?*

Com a encenação dessa peça de Strindberg, procurou-se fazer com que os cenários e os figurinos participassem diretamente na ação da peça.

Para tanto era preciso que tudo, até o menor detalhe do cenário, tenha algo a exprimir (um papel determinado a desempenhar). Em muitos casos, por exemplo, utilizou-se a capacidade que certas cores têm de exercer sobre o espectador uma ação precisa. Alguns *leitmotive* traduzidos nas cores pareciam então revelar (sublinhar) mais profundamente o laço simbólico e profundo entre momentos isolados. É assim que a partir do terceiro quadro o amarelo era progressivamente introduzido. Ele aparece pela primeira vez quando Maurício e Henriete estão sentados no Auberge des Adrets[7]; o negro dá sua tonalidade ao conjunto do quadro; a grande janela multicor acaba de ser coberta com um tecido negro; sobre a mesa um candelabro com três velas. Maurício retira a gravata e as luvas que Joana lhe deu. É a primeira aparição do amarelo. A cor amarela torna-se o motivo da "queda" de Maurício (ele está também idissoluvelmente ligado a Joana e a Adolfo). No quinto quadro, quando, depois da partida de Adolfo, seus crimes tornam-se evidentes para Maurício e Henriete são trazidas para a cena muitas flores grandes e amarelas. No sétimo quadro, Maurício e Henriete estão sentados (atormentados) em uma alameda do Jardim de Luxemburgo. Todo

6 I. Bondi escreveu esta descrição especialmente para o livro de Meierhold, *Sobre o Teatro* (N. da T.).
7 Restaurante que funcionava em Paris. Seu nome está ligado, provavelmente, ao melodrama de B. Antier e G. Saint-Amant encenado em 1923 com o importante ator Frédérick Lemaître (N. da T.).

SOBRE O TEATRO: LISTA DE TRABALHOS DE ENCENAÇÃO

o céu é amarelo vivo, e é sobre este fundo que se destacam em sombras chinesas o entrelaçado nodoso dos ramos negros, o banco e as silhuetas dos dois personagens.

Outras cores também se combinam com o amarelo: o vermelho de Henriete, por exemplo (não da própria Henriete, mas do papel fatal que é chamada a desempenhar). Todas as outras cores acompanham-no e concorrem para manifestar as associações necessárias.

No conjunto, os momentos visuais fundiam-se em um sistema único ao longo de toda a representação. Alcançava-se um certo equilíbrio; mas bastava que um só elemento do sistema fosse violado para que desabasse.

É necessário precisar que o conjunto da peça era tratado no plano místico e que o próprio espetáculo tinha um caráter fúnebre: era dedicado à memória de A. Strindberg. Todos os cenários (e toda a ação) estão em uma grande moldura fúnebre; no fundo desse quadro foram colocadas suspensas telas abertas que figuravam salões de restaurante, troncos de árvores em um cemitério, árvores na alameda de um jardim. Mais atrás estavam estendidos tecidos transparentes e unidos, iluminados por trás. Mas as silhuetas dos atores só destacavam seus contornos sobre o fundo de um céu amarelo. A cena tinha que apresentar constantemente o aspecto de um quadro. A figura dos atores, cenários, acessórios e móveis estavam no segundo e terceiro planos, afastados da linha da ribalta. Toda a larga plataforma do primeiro plano (o proscênio), muito escura pela ausência de ribalta, ficava constantemente vazia; os atores só se colocavam nela quando suas silhuetas deviam destacar-se da ação geral da peça e então seus discursos soavam como rubricas abertas. Na mesma ótica, os responsáveis pelo espetáculo queriam construir toda a ação (o jogo dos atores) sobre o princípio da imobilidade; queriam que até mesmo as palavras da peça ressoassem e queriam transportar e encerrar toda a dinâmica da ação nos momentos de linhas e de cores.

Na Cidade (ix) cf. sobre este espetáculo: *Literaturno-Khudojestvennaïa Nedelia*, n. 2, 1907, artigo de P. M. Iartsev: "O Velho e o Novo Teatro. Uma Peça de Costumes no Teatro de 'Convenção'. Edificante dificuldade".

É a unidade de lugar que é enfatizada em *Os Espectros* (v) e em *Caim* (vi) (nesta última peça, de encontro com as rubricas do autor). Essas peças foram representadas sem cortina. Foi o equipamento eficaz da cena do Teatro de Poltava –onde fiz, durante o verão de 1906, uma série de experiências retomadas depois (em novas variantes) no Teatro V. F. Komissarjévskaia e mais tarde no Teatro Alexandrínski (*Don Juan*) – que nos permitiu recorrer à técnica. No Teatro de Poltava, a ribalta é facilmente desmontável, o espaço reservado à orquestra é astuciosamente recoberto por uma prancha ao nível da cena; o estrado assim formado constitui um proscênio que avança sobre a plateia. "Graças à supressão da cortina, o espectador está sempre colocado diante do cenário único da ação. Isso permite melhor conservar e sustentar a impressão precisa que o drama suscitou"[8].

O Grito da Vida (VII). Procuramos, na encenação dessa peça, dar ao cenário dimensões exageradas. Um gigantesco divã, que se estendia (paralelamente à ribalta) por toda a cena, um pouco reduzido, devia, por seu peso, pela massa de suas formas opressivas, representar um *intérieur* e quem se instalasse nele pareceria oprimido, aniquilado pelo poder desmesurado dos objetos. Uma profusão de tapetes, tapeçarias, almofadas de divã reforçam essa impressão – transposição dos "estados d'alma" tchekhovianos em nome do fatal e do trágico. As brilhantes sonoridades do discurso não prejudicam as finezas de um tom místico aprofundado. Onde as paixões atinjam uma extrema tensão, interveem os procedimentos do grotesco. Encontramos nessa peça um ensaio de narrativa friamente épica feita sobre a cena, quase sem paixão, sem que nenhum detalhe particular seja enfatizado, isto para reforçar o caráter apaixonado de outras cenas vizinhas. As "transposições" ou precedem o discurso dos atores, ou o concluem. Cada movimento do ator é considerado como uma dança (procedimento japonês), mesmo quando esse movimento não procede de uma emoção.

A Morte de Tintagiles (I). Sobre a encenação dessa peça, cf. o artigo "História e Técnica do Teatro". Ao conteúdo desse

8   Cf. o jornal *Poltavski Rabotnik* (*O Trabalhador de Poltava*), n. 6, 1906 (N. do A.).

SOBRE O TEATRO: LISTA DE TRABALHOS DE ENCENAÇÃO 367

artigo, é necessário acrescentar que toda a representação era acompanhada de música. Os efeitos exteriores que Maeterlinck indica nessa peça, como, por exemplo, o uivo do vento, a ressaca das ondas ou o rumos das vozes, bem como todas as particularidades do "diálogo interior" enfatizadas pelo encenador, eram indicadas sempre com a ajuda da música (orquestra e coro a *capella*). A orquestra e o coro conservavam as nuances que conseguiam obter a cada ensaio; sem dúvida, os detalhes isolados desapareciam ou transformavam-se, mas o essencial, descoberto e estabelecido pelo maestro da orquestra (I. A. Sats), continuava solidamente presente na interpretação da orquestra e do coro. A partitura os auxiliava. Mas isto não acontecia com os atores. Os resultados obtidos em certas condições (a granja que abrigava os ensaios em Mamontovka) tinham não somente evoluído em seus detalhes, como tinham mesmo desaparecido completamente em novas condições (o teatro da porta Arbatskaia). Enquanto os movimentos plásticos conservavam uma certa estabilidade (para isto, os atores utilizavam-se visivelmente de certas marcas), o ritmo e as entonações eram de uma extrema instabilidade. E não estava em questão examinar a diferença de tamanho entre os dois ensaios de uma cena. Para que a maneira de pronunciar o texto pudesse fixar-se faltava aos atores uma notação gráfica (o equivalente das notas). Quando conseguimos reunir para um ensaio comum os atores e a orquestra, a ausência desse grafismo musical surgiu, de uma forma particularmente clara, como o maior defeito de um teatro dramático desejoso de abordar peças que incluam uma música e que sejam interpretadas com um acompanhamento musical. Encontrar um meio de fixar, de uma maneira ou de outra, na leitura dos atores o ritmo e as entonações que eles tinham descoberto – problema que surgiu nessa época – é uma questão que permanece sem resposta. Independentemente do Teatro-Estúdio, M. F. Gnessin começou o trabalho para encontrar uma resposta para essa pergunta. Mais tarde, na temporada de 1908-1909, em um curso destinado aos alunos de meu Estúdio de Petersburgo, Gnessin fundou a teoria da "leitura musical do drama". Os alunos de meu Estúdio interpretaram de acordo com o método de Gnessin a *Antígone,* de Sófocles e *As Fenícias,* de

Eurípides. Durante o verão de 1912, em Terioki, numa Confraria de atores, pintores, escritores e músicos, Gnessin deu continuidade a seu curso e preparou todo um espetáculo, que infelizmente não estreou. Pela primeira vez (desde a Antiguidade) alguém tentou aplicar rigorosamente ao drama os princípios da arte musical.

O Conto Eterno (x). "A ação desenrola-se na aurora da humanidade". O plano do encenador inspirou-se nos procedimentos do teatro infantil. Na mesa foi espalhada uma quantidade de cubos de diversos tamanhos, pequenas escadas, colunas quadradas e redondas. Era preciso construir com esses materiais um castelo feérico. Surge primeiro uma plataforma que suportará dois tronos. Como nessa construção tudo é fortuito, pois tudo é ditado pela pressa nervosa das mãos ágeis da criança-construtora e por sua tendência inata à arquitetura bizarra, nos cubos e degraus, elevam-se a partir dos dois lados da plataforma principal dos tronos duas estreitas escadas que conduzem em duas alas às plataformas superiores, invisíveis para o espectador. Atrás dos tronos voltados *en face* para o espectador, e atrás das duas alas das escadas, altas colunas quadrangulares formam uma fileira de janelas altas e estreitas, bem como uma grande porta de entrada aberta na mesma parede das janelas (a mão infantil admite esse absurdo). Para que os tronos não caiam para trás quando o Rei e a Rainha ajoelharem, será preciso guarnecer o grande arco da entrada principal com um pequeno pedaço de brocado ou de um tecido colorido, tanto faz. Da plataforma principal descem três ou quatro degraus, sobre uma faixa estreita (cuja largura é igual à de toda a construção), e quatro degraus ainda mais baixos, conduzindo a uma outra faixa estreita. Toda a construção ficou inacabada por falta de material. Há ainda à disposição duas colunas cilíndricas; pode-se fazer delas dois suportes laterais para os candelabros que, em vez de velas, portarão dois fósforos de cera. No papel colorido, será preciso recortar três copas de árvores para cada lado das escadas, e uma pequena faixa de céu; no céu, serão coladas depois estrelas douradas.

"Os cenários e figurinos de *Conto Eterno* foram pintados em telas por Denissov[9]. O conto é azul, agradável, de uma simplicidade épica. O fundo – uma intriga de corte – era deliberadamente descolorido e simplificado. Haviam sido dispostos simetricamente sobre a escadaria os altos dignitários, paralelos uns aos outros; no final do III° ato, pelos estreitos recortes das janelas, só se percebia suas cabeças superpostas. No colorido de cada um desses papéis disfarçava-se quase toda sua subjetividade, fazendo deles um coro. Isto formava: à direita os partidários do Rei, à esquerda seus adversários. A cena da conspiração (com o grupo composto pelo chanceler e quatro altos dignitários) acontecia sobre o fundo do plano médio direito atrás da escadaria. Harmonizando-se com o fundo, esse grupo estático dava a impressão de um baixo relevo. As cenas do Rei, de Sonka, do Chanceler, do Bufão, de Bogdar e das jovens (como os altos dignitários, as jovens dividiam-se em dois grupos: as que sentiam simpatia por Sonka e suas inimigas), aconteciam sobre os degraus do primeiro plano e quase todas as cenas importantes entre o Rei e Sonka aconteciam sobre uma plataforma de dois metros diante dos tronos. Ali, o princípio de imobilidade era aplicado a cenas muito longas, matizadas por um lirismo nobre e verborrágico. E era necessário muito temperamento, nessas condições, para interpretá-las e não simplesmente lê-las.

Os bons atores que interpretaram *O Conto* provaram ter um temperamento que se manifestou nos moldes do mais puro melodrama, aliás muito bem acolhido pelo público. Tudo aquilo que o teatro queria mostrar de novo e de inspirado afogou-se no lirismo verborrágico e pretensioso do texto e em uma interpretação rigidamente melodramática. O fundo pictural da peça, bem como seu plano de encenação, foram frustrados pela interpretação. O teatro não quis 'apresentar' aqui nenhum 'símbolo', ao contrário do que escreveram os jornais de Moscou, quis simplesmente apresentar *O Conto Eterno* de Przybyszewski. Quis torná-lo mais conciso, simplificá-lo formalmente, organizá-lo segundo linhas rigorosas para concentrar suas ideias, apesar das suas falas e de seus longos diálogos".

---

9 Cf. P. M. Iartsev, *Zolotoe Runo*, n. 7-9, 1907 (N. do A.).

Hoje, com a distância, é fácil fazer o inventário dos erros e dos sucessos. Quase todos os erros provinham do fato de nosso trabalho de pesquisa de novos procedimentos técnicos, ter utilizado um material particularmente ingrato. Para evitar toda semelhança com a realidade formal, o teatro, em consonância com o texto de Przybyszewski, procurou destacar-se da terra, mas o texto transformou em "modernismo" comercial, e contra nossas intenções, a simplicidade desejada (no domínio da pesquisa), em nome da qual a nova arte estava empenhada em combater.

Podemos avaliar, nas palavras de Land, qual foi a influência da encenação de *Conto Eterno*: "Em Stanislávski, o essencial é o caráter vivo dos cenários; no novo teatro, o essencial é o caráter decorativo dos atores. No primeiro, temos uma encenação realista; no segundo, uma representação espetacular. O elemento fundamental é o aspecto decorativo do ator. Daí uma certa cristalização de sua interpretação, da *idée maîtresse* dos *leitmotiven* mímicos, que determina toda a encenação. O ator não "interpreta" toda a plenitude e diversidade da personagem que representa; ele realiza de forma estilizada, decorativa, um *leitmotiv* mímico, uma atitude congelada, um gesto cristalizado. Assim como uma silhueta em papelão é a esquematização de um retrato, esse estilo é uma esquematização da interpretação da psicologia da personagem, empobrecendo-a, mas ao mesmo tempo definindo-a de maneira mais esquemática, mais clara". Iuri Beliaev, que no conjunto não é favorável a essa encenação, foi o único a mencionar a ideia do teatro infantil, distinguindo em particular os altos dignitários que lhe recordaram valetes de jogos de cartas ou figuras de moedas antigas[10].

Irmã Beatriz (xi). Montamos *Irmã Beatriz* no estilo dos quadros pré-rafaelistas e das pinturas do início do Renascimento. Mas seria um engano pensar que a encenação visava retomar as cores e os assuntos de um pintor dessa época. Os autores das críticas relativas à peça procuravam em sua encenação alusões aos mais diversos pintores; citavam Memling, Giotto, Botticelli e muitos outros – *Irmã Beatriz* só deve aos velhos mestres

---

10 Artigo publicado no jornal *Novoe Vremia* (*Novos Tempos*), São Petersburgo, 6 de dezembro de 1906 (N. da T.).

SOBRE O TEATRO: LISTA DE TRABALHOS DE ENCENAÇÃO

uma maneira de se exprimir; movimentos, grupos, acessórios e figurinos eram a síntese das linhas e das cores que encontramos nos primitivos. Encontramos uma descrição desse espetáculo em Maximilien Volóschin[11] ("As Feições da Criação" e "O Teatro é uma Visão Onírica"[12]) e em P. Iartsev ("Os Espetáculos do Teatro Dramático de São Petersburgo"[13]):

Uma parede gótica cujas pedras esverdeadas e lilazes mesclam-se aos tons de cinza das tapeçarias, e que lança breves clarões de prata pálida e de ouro velho... As Irmãs vestem hábitos estreitos cinza-azulados e véus desgastados que enfatizam suas faces. Sua visão fazia ressurgirem sempre diante de mim os frescos de Giotto na catedral de Florença – a maravilhosa dormição de São Francisco, com toda sua impiedosa realidade e sua beleza ideal. Em pensamento eu estava apaixonado por essa Virgem católica que me lembrava tanto uma que vira em Sevilha, e eu sentia o horror do corpo pecador da terrestre Beatriz, que se adivinhava sob seus andrajos púrpura[14].

"As Irmãs formavam um único grupo – um coro: era ritmicamente, de forma coletiva, que falavam suas réplicas: "A Madona desapareceu!", "Roubaram a estátua!", "As paredes se vingarão!" Na cena do êxtase (no segundo ato), as Irmãs abraçavam-se, separavam-se, distanciavam-se umas das outras através do piso da capela, uniam-se em seu grito extático: "Irmã Beatriz é uma santa". No momento em que silenciavam o coro por trás da cena e os sons dos sinos, as Irmãs – todas enfileiradas – ajoelhavam-se, com a face voltada para a capela. Da entrada da capela surge a Madona, – já revestida com as vestimentas religiosas de Beatriz, um cântaro de ouro nas mãos. Simultaneamente – mas do lado oposto – apareciam três jovens peregrinos, apoiados em longos bastões delgados, vestidos de castanho (com rostos "à Vrubel"[15]); eles se ajoelhavam, as mãos elevadas sobre as cabeças. Lentamente, a Madona atravessava

11 M. Volóschin (1877-1932). Poeta, tradutor, crítico literário (N. da T.).
12 *Irmã Beatriz* no Teatro V. Komissarjévskaia. Jornal *Rusi*, São Petersburgo, 9 de dezembro de 1906 (N. do A.).
13 *Zolotoe Runo*, n. 7-9, 1907 (N. do A.).
14 M. Volóschin (N. do A.).
15 M. A. Vrubel (1856-1910). Pintor e cenógrafo que integra o movimento simbolista russo. Seus quadros, em um estilo pouco usual, com figuras delicadas e misteriosas, tem uma forte relação com a pintura bizantina. Cria o cenário de inúmeras óperas na sala privada de S. I. Mamontov em Moscou (óperas de Rímski-Korsákov, *Sadko*, 1897; *A Noiva do Tsar*; *Mozart e Saliéri*; *O Conto do Tsar Saltan*, 1900) (N. da T.).

372 NA CENA DO DR. DAPERTUTTO

a cena ao som do órgão, e as Irmãs inclinavam a cabeça à sua passagem. Perto do grupo dos peregrinos, a Madona elevava seu cântaro de ouro acima de suas mãos elevadas... Mendigos agrupavam-se na abertura atrás da qual deveria ser a porta do convento. Colocavam-se em um grupo compacto – os que estavam em primeiro plano ajoelhados – e todos com as mãos estendidas horizontalmente para a Madona. Quando, depois de ter largado sua cesta, a Madona voltava-se para eles, e, ao abençoá-los, deixava perceber sob a capa de Beatriz suas vestes de Madona – os mendigos faziam um gesto primitivo de ingênuo espanto: abriam as palmas de suas mãos elevadas. No terceiro ato, os grupos que formavam as Irmãs reunidas em torno de Beatriz agonizante lembravam o motivo da "descida da cruz" na pintura dos primitivos (P. Iartsev).

O ritmo era construído sobre pausas de tamanho estritamente calculado, determinado pela cinzelagem precisa dos gestos. O trágico primitivo estava antes de tudo desembaraçado do sentimento romântico. A dicção cantante e os movimentos ralentados deviam sempre dissimular a expressão, e cada frase pronunciada quase em um murmúrio devia encarnar sofrimentos trágicos. Os cenários estavam junto à ribalta, e toda a ação estava tão próxima do espectador que ele tinha a impressão de estar no ambom de uma basílica.

No projeto do encenador (que permaneceu na intenção, pois o teatro não tinha os meios necessários), toda a parte da frente e inferior da cena que dava para a plateia deveria estar recoberta de madeira polida (semelhante à palissandra), a fim de que os atores completamente destacados do painel pictural pudessem, de uma maneira quase inaudível, murmurar o texto terno mas palpitante de Maeterlinck.

Encontramos em Iartsev uma alusão à interpretação convencional dos atores em *Irmã Beatriz*: "não é só no terceiro ato que, no grupo de Irmãs que rodeiam Beatriz agonizante, a superiora, em vez de beijar os pés de Beatriz, simplesmente aproximava sua face deles – no primeiro ato, Bellidor também beijava Beatriz com o canto dos lábios".

O Milagre de Santo Antônio (xii). Quando Maeterlinck observa no manuscrito de *A Morte de Tintagiles*: "para um

SOBRE O TEATRO: LISTA DE TRABALHOS DE ENCENAÇÃO

teatro de marionetes", quer dizer com isto que é absolutamente necessário utilizar marionetes em sua peça? Quando escreve, bem mais tarde, *A Vida das Abelhas* e *O Milagre de Santo Antônio*, sua concepção de mundo revela-se de forma particularmente clara e completamente análoga à de um outro romântico, E. T. A. Hoffmann, também fascinado pelas marionetes. Ver o mundo como via Hoffmann e como via Maeterlinck é vê-lo como um teatro de marionetes. "Os homens não passam de marionetes, aqueles que atraem o movimento do destino, como Diretor do Teatro da Vida"[16]. Para concentrar a ironia que manifesta em relação à realidade, Maeterlinck, como Hoffmann, precisa do teatro de marionetes, mas não unicamente dele. Se um ator de carne e osso sentir-se capaz de manifestar com sua interpretação a ironia profundíssima do autor de outra maneira, que não uma imitação cega da marionete, isto não seria menos expressivo. Mas, por enquanto, o ator não é capaz. E a imitação do teatro de marionetes no espetáculo *O Milagre de Santo Antônio* – não era um procedimento para criar um ator-marionete que pudesse substituir o homem vivo no novo teatro. Adotamos essa técnica unicamente porque ela representava a melhor forma de mostrar a vida tal como a concebe Maeterlinck. "No vasto palco do mundo real, somos também marionetes animadas por uma mão invisível" (S. Ignatov). O teatro de marionetes manifesta-se então como um pequeno mundo que nos dá o mais irônico reflexo do mundo real. Nos teatros japoneses os movimentos e as atitudes das marionetes são, ainda hoje, tidos como o ideal para o qual devem tender os atores. E eu estou convencido que o amor desse povo pelas marionetes tem sua fonte na sabedoria de sua visão de mundo. As marionetes que o teatro apresentou na encenação de *O Milagre de Santo Antônio* não queriam ser cômicas, mas assustadoras, como um pesadelo. Essa peça poderia ser montada sem o apelo às técnicas do teatro de marionetes, simplesmente como uma "comédia nobre" e sem enfatizar o sorriso do autor depois de cada réplica; mas o teatro teria então negligenciado o mais

---

16 O livro de S. S. Ignatov foi editado em 1914, ou seja, depois do livro de Meierhold. Meierhold, portanto, como amigo de Ignatov, cita conforme o manuscrito (N. da T.).

importante, pois não teria suscitado ao final, com seu espetáculo, impressões trágicas. Se, infelizmente, o *vaudeville* insinuava-se frequentemente na interpretação dos atores, era porque as formas cênicas propostas pelo encenador (rigidez e caricatura) tinham sido equivocadamente assimiladas a outra formas cênicas já existentes. Mas aqui a semelhança com os procedimentos do *vaudeville* era apenas exterior, assim como o melodrama e a melodeclamação têm apenas uma semelhança formal com esse algo de novo que o teatro buscava criar em *Irmã Beatriz*. Se os atores tivessem ido até o fim no caminho dessa nova técnica, teriam ultrapassado em muito os tons grosseiros, quase do domínio da farsa, e ali onde era preciso enfatizar, por exemplo (com a ajuda da maquiagem e da voz), a brutalidade e a abjeção de Gustavo, de Aquiles, do Pároco e do Doutor, é nos procedimentos das marionetes que os atores teriam encontrado precisamente todas as cores necessárias para que as máscaras grosseiras pudessem situar-se no mesmo plano do leito de morte da defunta envolvida em sua mortalha.

A Barraca de Feira (XIII). As laterais e o fundo da cena estão cobertos com uma tela azul escuro; esse espaço azul desempenha o papel de fundo e matiza a cor dos figurinos do pequeno "teatrinho" construído sobre a cena. O "teatrinho" com seus estrados, sua cortina, seu buraco do ponto, seus quadros de cena e seus frisos. A parte superior do "teatrinho" não é dissimulada pela tradicional bambolina, o que faz com que o urdimento, com todas as suas cordas e varas, seja visível da plateia; quando, no "teatrinho", os cenários sobem nas verdadeiras varas do teatro, o espectador vê o movimento.

Em cena, na frente do "teatrinho", um espaço livre ao longo de toda a linha da ribalta. É aí que aparece o autor, como se servisse de intermediário entre o público e a ação que se desenrola na pequena cena.

A ação começa ao sinal de um grande tambor; primeiro toca-se a música, e logo depois se vê o ponto deslizar para seu buraco e acender as velas. Quando ergue-se a cortina do "teatrinho", sua cena surge como um pavilhão com três paredes:

uma porta à esquerda do espectador, outra no centro, e uma janela à direita. Em cena, paralelamente à ribalta, encontra-se uma longa mesa à qual estão sentados os "místicos" (cf. a descrição da cena dos "místicos" em meu artigo "O Teatro de Feira"); sob a janela, uma pequena mesa redonda com um vaso de gerânios e uma pequena cadeira dourada na qual está sentado Pierrô. Quando Arlequim aparece pela primeira vez, sai de baixo da mesa dos "místicos". Quando o autor entra correndo no proscênio, não consegue terminar a fala que começara, uma mão invisível puxa-o pela sobrecasaca e o devolve às coxias; nota-se que uma corda o retém e o impede de interromper o solene andamento da ação sobre a cena. "O triste Pierrô (no segundo quadro) está sentado sobre um banco no meio da cena", e atrás dele, um pedestal que sustém um amoroso. Quando Pierrô termina seu longo monólogo, o banco, o pedestal e o amoroso elevam-se nos ares, junto com os cenários, sob os olhos do público, e desce do alto uma tradicional sala com colunas (N. N. Sapúnov). Na cena em que aos gritos de "luzes!" as máscaras surgem das coxias, maquinistas trazem duas hastes metálicas com fogos-de-bengala incandescentes e nota-se não apenas esses fogos, mas também as mãos que carregam essas hastes metálicas.

"Os personagens só fazem gestos típicos e se é um Pierrô, por exemplo, suspira de forma monótona, e agita os braços de forma monótona" – observou Andréi Biely ("O Teatro Simbólico" e como subtítulo "As Turnês de S. F. Komissajévskaia"[17]).

Na primeira "palestra que precedeu a encenação, G. S. Tchulkov fez uma conferência sobre a peça, depois publicada em parte no *Molodoi Jizni* (*Vida Moderna*, n. 4, 17 de dezembro de 1906).

A Vida do Homem (XVII). Montei essa peça *sem cenários*, no sentido em que geralmente se entende este termo. Toda a cena era coberta de telas; mas não como em *A Barraca de Feira* – onde as telas estavam suspensas sobre os planos habitualmente ocupados pelos cenários; aqui, mesmo as paredes

---

17 Jornal *Ultra Rossi* (*Manhã Russa*). Moscou, 28 de setembro de 1907 (N. do A.).

do teatro estavam cobertas, e até os planos mais profundos da cena onde habitualmente estão figuradas as "perspectivas". Tudo foi suprimido: ribalta, refletores e projetores, "cuidadosamente". Disso resultava um espaço "cinza fumê, monocromático". "Paredes cinza, teto cinza, assoalho cinza". "De uma fonte invisível jorra uma luz difusa, fraca, e ela também é cinza, monótona, monocromática, transparente, que não produz nem sombras nem manchas definidas". Ali é lido o prólogo. Depois a cortina se abre sobre profundas trevas, onde tudo é imóvel. Ao final de três segundos o espectador vê destacar-se à sua frente os contornos dos móveis num canto da cena. "Como um monte de camundongos cinzas, apertados uns contra os outros, desenham-se confusamente as silhuetas cinzas de velhas". Elas estão sentadas em um grande divã antigo e em duas poltronas colocadas de um lado e de outro. Atrás do divã um biombo. Atrás do divã, uma lâmpada. As silhuetas das velhas só recebem a luz que vem do abajur dessa lâmpada. Isto se repete em todos os outros quadros. Uma única fonte de luz projeta sobre uma parte da parede uma mancha luminosa, suficiente apenas para iluminar o mobiliário que se encontra nas suas proximidades e o ator que se coloca perto dessa mesma fonte. Banhando a cena com essa bruma cinza, iluminando apenas algumas de suas zonas e nunca utilizando mais de uma única fonte de luz de cada vez (a lâmpada atrás do divã ou a que pende acima da mesa redonda no primeiro quadro, um lustre de salão de baile, lâmpadas acima das mesas na cena dos bêbados), conseguimos criar no espectador a impressão de que as peças representadas em cena têm paredes, e que se não as vemos é porque a luz não as atinge.

Em uma cena desembaraçada dos cenários habituais, o papel do mobiliário e dos acessórios ganha maior importância. É apenas nesse caso que o caráter dos móveis e dos acessórios determina o caráter do aposento e sua atmosfera. Percebemos que é necessário apresentar em cena móveis e acessórios com dimensões exageradas. E há sempre muito poucos móveis. Um só objeto característico substitui com vantagem muitos outros menos característicos. O que deve chegar ao espectador é o contorno inabitual de um divã, uma coluna grandiosa, uma poltrona dourada, uma biblioteca que toma toda a cena, um bufê volumoso e, a partir desses elementos isolados do conjunto, o espectador deve acabar de desenhar todo o resto, ao sabor de sua imaginação. Naturalmente, o aspecto das personagens devia ser claramente modelado, como uma escultura, e as maquiagens deviam ser violentamente enfatizadas; os atores deviam reproduzir no porte das personagens que interpretavam aquilo que Leonardo da Vinci e F. Goya gostavam de enfatizar em seus retratos.

Infelizmente o cenógrafo não tinha se ocupado também dos figurinos (F. F. Komissarjévskii[18], que estava na direção do Teatro V. F. Komissarjévskaia, os havia escolhido nos guarda-roupas do teatro). Quando a cena é iluminada apenas por uma fonte de luz, o papel dos figurinos é extremamente importante, e quando trabalhamos com silhuetas, a linha das vestimentas é um elemento muito significativo.

"Tudo tem o aspecto de um sonho". Esta indicação cênica do autor serviu de ponto de partida para toda a encenação ("a vida do homem passará diante de vocês como um eco distante e ilusório").

Essa encenação demonstrou que, no novo teatro, nem tudo se reduz a fazer da cena uma superfície plana. As pesquisas do novo teatro não se limitam, de maneira alguma, ao contrário do que pensa muita gente, a resumir todo o sistema de cenário a um painel pictural, elas consistem também em fundir com esse painel as silhuetas dos atores, a torná-las planas, convencionais como baixo-relevos.

Pelléas e Mélisande (xix) e *A Vitória da Morte* (xx). Esses dois espetáculos próximos apontaram claramente dois caminhos nos métodos de encenação. A pintura e a silhueta do

---

18 O encenador (1882-1954), irmão da atriz Vera Komissarjévskaia, começou sua carreira como diretor técnico no teatro de sua irmã, no período em que Meierhold foi o diretor artístico. Após o seu afastamento, assume sozinho a direção em 1907 e, posteriormente, com Evrêinov. Transfere-se para Moscou, após o fechamento do teatro, onde encena textos simbolistas, Molière, Shakespeare, entre outros. A partir de 1919, encena inúmeros espetáculos na França, Itália, Áustria, eua, Grã-Bretanha, etc. combatendo tanto o naturalismo stanislavskiano como o teatro de Convenção meierholdiano, e defendendo um *teatro sintético* (pintura, dança e música) (N. da T.).

ator estão em um único plano (*Pelléas e Mélisande*). Cf. como isto ocorre em meu artigo "História e Técnica do Teatro". Em *A Vitória da Morte*, a silhueta do ator, avançada sobre o proscênio, foi colocada no mesmo plano que a escultura. A experiência fez surgir um novo problema. "As cenas de massa, montadas de maneira realista, impressionavam pelo contraste com o caráter de 'alto-relevo' das encenações precedentes"[19]. Se vamos falar de "alto-relevo" é precisamente a propósito desse espetáculo e não das "encenações precedentes" ("o grupo que circunda o Rei, que situa-se ao longo dos pesados pilares do palácio, assemelha-se às guirlandas de pedra que formam as silhuetas humanas nas paredes das antigas catedrais"[20]). Esse aspecto de alto-relevo deu-nos toda a liberdade de interpretar de forma realista a situação fundamental da tragédia. E, bem entendido, o encenador jamais se propôs unir os princípios do "velho" teatro aos das marionetes, embora V. F. Komissarjévskaia o tenha pretendido em uma carta que me escreveu (novembro de 1907)[21].

"Visivelmente, na cena em que a multidão cai em frenesi orgíaco em torno da bela Algiste, o autor queria violar a fronteira sagrada, 'destruir a ribalta'. E isto poderia ser feito não apenas no espetáculo, mas também na ação, prolongando a escadaria da cena até o nível da plateia e instaurando uma cena trágica no círculo dos espectadores"[22]. O palco estava coberto em toda sua largura de degraus paralelos à linha da ribalta. Bastaria descer esses degraus até a plateia. O teatro não ousou fazê-lo, cedendo apenas em parte ao desejo que tinha de romper a linha da ribalta.

Arlequim Alcoviteiro (xxvi). Esta arlequinada, que o autor criou para a cena com o único objetivo de ressuscitar o Teatro de Máscaras, foi encenada com a ajuda de procedimentos tradicionais adquiridos pelo estudo dos roteiros da *Commedia*

19 A. Zonov, Crônicas do Teatro da Rua Ofitserskaia, coleção *Alkomost*, livro I, São Petersburgo, 1911, p. 71 (N. do A.).

20 A. Vorotnikov, *Zolotoe Runo*, n. 11-12, 1907, p. 108 (N. do A.).

21 A carta em que Vera Komissarjévskaia despede Meierhold está publicada no livro de N. Volkov, *Meierhold – tomo I*, p. 346-347 (N. da T.).

22 Jornal *Tovorichtch* (*Camarada*), São Petersburgo, 8 de novembro de 1907 (N. do A.).

dell'Arte. O autor e o encenador dirigiam os ensaios simulta-neamente e da seguinte maneira: o autor, naquele momento o reconstrutor da cena antiga, indicava a *mise-en-scène*, os movimentos, as atitudes e os gestos tais como os havia encontrado descritos nos *roteiros* da comédia improvisada; o encenador, inventando novas coisas no estilo dos procedimentos tradicionais, ligando os elementos do teatro antigo com os que vinha criando, esforçando-se em submeter a representação cênica à unidade de um desenho. A arlequinada foi escrita sob forma de pantomima. Se o autor escolheu essa forma de encarnação cênica foi porque, mais que nenhuma outra, ela pode tornar mais próximo o momento em que renascerá a improvisação no teatro. A pantomima dá ao ator uma estrutura geral, e, durante os episódios intermediários que ligam na peça momentos determinados, rigorosamente fixados, o ator dispõe de plena e inteira liberdade para construir seu jogo *ex improviso*. Entretanto, essa liberdade do ator permanece relativa, na medida em que está submetida ao desenho musical da partitura orquestral. Do ator que representa uma arlequinada exige-se que seja particularmente sensível ao ritmo, extremamente ginástico, e que saiba dominar seu temperamento. É necessário que esse ator passe do seu ofício ao ofício de acrobata, torne-se equilibrista, porque o grotesco da concepção geral propõe-lhe tarefas que só podem ser desempenhadas por um acrobata.

Em lugar de cenários – dois simples biombos pintados, colocados a uma certa distância um do outro, fazem as vezes das casas de Pantaleão e do Doutor (em cima das mesas colocadas atrás desses biombos, vemos aparecer esses dois personagens que saúdam-se mutuamente em uma cena de conversação mímica a propósito do casamento do Doutor com Aurélia). As personagens estão sempre dispostas simetricamente. Os movimentos dos atores são acrobáticos. A bufonaria é intencionalmente grosseira nas "brincadeiras próprias ao teatro", quer sejam elas pré-estabelecidas ou *ex improviso*: golpes no rosto do adversário com a ponta do sapato, travestimento mágico com a ajuda do tradicional gorro e da falsa barba, atores que deixam a cena montados nos ombros de outros, bastonadas, nariz cortado com uma espada de madeira, pancadarias, saltos pela sala, números de dança e de acrobacia, cambalhotas de

380 NA CENA DO DR. DAPERTUTTO

Arlequim, gestos obscenos feitos das coxias, saltos e tromba-
das, saída final com todos os atores em fila, acenando comicamente com a cabeça para o público. Movimentos ritmicamente
definidos. Máscaras. Exclamações e gritos agudos no momento da fuga final. Introdução de frases curtas nos momentos de
extrema tensão da ação.

Antes de chegar a uma encenação que se possa ter por
suficientemente acabada, é preciso experimentar muitas variantes. Como uma variante característica que foi abando-
nada depois, vale a pena assinalar aquela em que a cena era
convencionalmente dividida em três planos: o proscênio, uma
primeira plataforma (um pouco mais alta que o proscênio), e
uma segunda plataforma (mais alta ainda); essas duas plataformas eram estreitas, semelhantes a passarelas, conduzindo
de uma coxia a outra ao longo da linha da ribalta. No curso da
ação, cada plano tinha sua particular transformação. Assim,
na parada, quando o autor nomeia as personagens ao dizer o
prólogo, o ator que é designado destaca-se do plano de fundo
e avança, enquanto seus companheiros permanecem na plataforma superior. Uma das variantes foi consecutiva à substituição da música de Spiess von Echenbruk[23] pela de M. de Bour
(e depois Haydn e Arroyo). A música do primeiro compositor prejudicava as nuanças das improvisações, enquanto a do
segundo abria-lhes um campo mais amplo. E, como o autor e
o encenador tinham como único objetivo apresentar uma arlequinada típica, solidamente enraizada na tradição do Teatro
de Máscaras, determinar que a música serviria aos movimentos dessa arlequinada estava longe de ser indiferente.

A apresentação desse espetáculo em uma sala de concerto,
sobre um estrado quadrado, fez com que surgisse uma nova
interpretação em cena; o estrado estava disposto de tal forma
que não ocupava toda a largura da sala, determinando assim
dois fossos laterais. Isso permitia a Arlequim saltar do estrado
para o chão, ou ao contrário aparecer bruscamente como um

---

23 V. A. Spiess von Echenbruk (1872-1919), compositor. Trabalha com Meierhold
no Estúdio Musical criado pelo encenador em uma temporada na Finlândia,
em 1907, destinado a organizar sessões de música e encenações musicais. Nas
pesquisas realizadas, Spiess von Echenbruk e Meierhold utilizavam a música
como base para o movimento cênico (N. da T.).

deus ex machina. Uma outra variante ainda: nossa arlequinada foi apresentada um dia (na casa de F. Sologub) por atores de *smoking*, fraque e roupa de baile; apenas os atributos típicos da *Commedia dell'Arte* vinham completar os figurinos contemporâneos: máscara, tamborim, bastão de arlequim, chapéu que enfatizava este ou aquele caráter da personagem[24].

A Devoção da Cruz (XXVIII). Esta peça foi montada duas vezes. Sua primeira encenação no Teatro da Torre, na casa de Viatcheslav Ivánov, foi descrita por E. Znosko-Boróvski no número 8 de *Apollon* no ano de 1910. A encenação de Terioki conservava os mesmos princípios. Diferia, sobretudo, no aspecto formal: a elaboração dos cenários e da *mise-en-scène*. Tudo era muito simplificado; só havia de fato um cenário. O que se buscou foi simplesmente criar uma atmosfera que pudesse facilitar o jogo dos atores e fazer aparecer da melhor maneira possível o universo de Calderón.

A cena tinha o aspecto de uma vasta tenda branca; os atores entravam e saíam por trás da tenda, cuja lona era cortada em estreitas faixas verticais. Essa cortina branca, decorada por uma longa fileira de cruzes azuis pintadas, representava a fronteira simbólica que separava o lugar da ação da peça católica de um mundo exterior (hostil). Os triângulos formados pelos lados superiores da tenda eram decorados com estrelas pintadas. Altos postes de lampiões brancos postavam-se à direita e à esquerda da cena; eles tinham pequenas lâmpadas colocadas atrás do papel machê, mas esses postes eram puros símbolos, uma vez que a cena era iluminada unicamente pelos refletores superiores e laterais (não havia ribalta). Nenhuma mudança de cenário. Simplesmente, na segunda *jornada*[25], para mostrar que a ação se passa em um monastério, dois adolescentes, ao som monótono de um sino, traziam e dispunham em cena dois grandes biombos brancos com três folhas, nas quais estava pintada uma severa composição de santos católicos. De uma forma geral, o fato de haver deixado tudo branco tornava

---

24　Cf. descrição do espetáculo *Arlequim Alcoviteiro* em M. Baventchikova, "Teriokskii Teatr Tovaritchestva Aktiorov, Musikantov, Pisateleii e Jivopistziev", *Novaia Studia* ("Teatro da Associação de Atores, Músicos , Escritores e Pintores de Terioki" *Novo Estúdio*), n. 7, 1912 (N. do A.).

25　São os atos nas peças do teatro espanhol (N. da T.).

382 NA CENA DO DR. DAPERTUTTO

o dispositivo cênico severo, lúgubre e simples: os desenhos da tenda e do biombo (muito simples e severos) eram apenas indicados por um contorno de pintura azul. O espectador deveria perceber que os cenários aqui não representavam nada; apenas os atores interpretavam. O cenário é apenas a página em que se escreve o texto. Por isso tudo o que se relacionava ao cenário era realizado de uma forma intencionalmente convencional.

Os atores não eram amarrados às árvores (não havia árvores em cena): eles simplesmente apoiavam as costas em dois pilares que limitavam a cena no primeiro plano (e que faziam parte da arquitetura do teatro); a corda que havia sido colocada em suas mãos não podia atá-los, pois pendia com um nó muito frouxo. Hill, o camponês que devia esconder-se nos arbustos, apenas envolvia-se com a cortina. No final da peça, "uma cruz obstrui a estrada" para Eusébio, ferido de morte, que corre em cena. Isto era literalmente assim: no momento em que Eusébio estava a ponto de cair, um adolescente vestido de negro trazia e colocava diante dele uma cruz de madeira.

Orfeu (XXXVII) foi montada segundo a partitura editada em 1900 por A. Durand (*Orfeu e Eurídice*, tragédie-opéra en trois actes. Musique de Gluck. Poème de Moline d'aprés Calzabigi. Text allemand de Max Kalbeck. Text italien de Giovanni Pozza. Publié par Mlle F. Pelletan, C. Saint-Saëns et Julien Tiersot avec le concours de M. Édouard Barre. Paris. A. Durand et fils, Éditeurs, 4, Place de la Madeleine[26]). O arranjo da ópera que Gluck tinha composto para a cena parisiense dez anos antes da encenação vienense (1762), embora ele pudesse dar à sua tragédia uma redação mais perfeita, servia de base para essa partitura. O papel de Orfeu, primeiro escrito para contralto, devia ser agora cantado por um tenor. Nessa versão, a primeira encenação da ópera ocorreu em 1774, na presença do autor e com Le Gros no papel de Orfeu.

Foi somente em 1859 que surgiu a nova partitura com Orfeu-contralto. Como, felizmente, Berlioz remanejou a parti-

26   Em francês no original (N. da T.).

SOBRE O TEATRO: LISTA DE TRABALHOS DE ENCENAÇÃO

tura da ópera para Pauline Viardot, a nova redação (para contralto) teve assim uma grande difusão. Saint-Saëns estima ser impossível considerar essa tradição como um passo à frente. Criando o papel para um *castrato*, em Viena, Gluck fez apenas uma concessão às exigências do tempo. Ele o demonstrou suficientemente ao romper com a velha escola quando se pôs a remanejar o primeiro manuscrito.

Em nossa encenação, no Teatro Mariínski, poderíamos ter representado *Orfeu* com figurinos iguais aos da época de Gluck, ou então dar ao espectador a ilusão completa da realidade antiga. Essas duas possibilidades pareceram ao cenógrafo e ao encenador desacertadas, tanto uma quanto a outra, uma vez que Gluck tinha sabido colocar habilmente sobre o mesmo plano o real e o convencional. No Teatro Mariínski víamos a peça pelo prisma da época em que o autor viveu e criou. Tudo estava submetido ao estilo antigo, mas tal como o compreendiam os pintores do século XVIII.

Do ponto de vista técnico, conseguimos nessa encenação operar uma divisão do espaço cênico em dois planos rigorosamente limitados: o proscênio, onde não havia nenhum cenário pintado, onde tudo havia sido construído unicamente com o auxílio de tecidos bordados, e o plano posterior, outorgado ao poder da pintura. Tínhamos dado uma importância muito particular àquilo que se denomina de planos cênicos: praticáveis colocados aqui ou ali determinavam a disposição dos grupos e os trajetos das personagens. É assim que, no segundo quadro, o caminho que conduzia Orfeu aos Infernos descia em cena a partir de uma certa altura, e de um lado e de outro, e diante dele, encontravam-se duas grandes elevações rochosas. Esta organização dos planos cênicos permitia à silhueta de Orfeu dominar a multidão das Fúrias ao invés de decompor-se. As duas grandes elevações rochosas à direita e à esquerda da cena não deixavam outra possibilidade senão dirigir o coro e o balé, dando-lhes a forma de dois grupos que se distendiam das coxias laterais para o alto. Dessa forma, o quadro da entrada dos Infernos não era mais dividido em uma série de episódios; obtinha-se, ao contrário, nesse quadro a expressão sintética de dois movimentos antagonistas: o de Orfeu que aspira elevar-se, e o das Fúrias que o acolhem inicialmente de forma ameaçadora, submetendo-se a ele depois. Nesses exemplos, a marcação dos grupos era estritamente determinada pelos planos cênicos concebidos pelo cenógrafo e pelo encenador.

Nos Campos Elíseos, deslocamos o coro para os bastidores. Isto nos permitia evitar o hiato habitual nos espetáculos de ópera entre essas duas partes do espetáculo lírico ainda não fundidas harmonicamente: o coro e o balé. Se tivéssemos mantido o coro em cena, saltaria imediatamente aos olhos que um grupo cantava e o outro dançava, ao passo que nos Campos Elíseos o grupo homogêneo (*Les Ombres heureuses*) exige dos atores uma plástica com um estilo unificado.

Na segunda cena do terceiro ato, o Amoroso, que acaba de ressuscitar Eurídice e de pronunciar a última frase de seu recitativo: "*Je viens vous retirer de cet affreux séjour / Jouissez désormais des plaisirs de l'amour*", conduz Orfeu e Eurídice para fora dos degraus rochosos do segundo plano (cheio de praticáveis) e os conduz sobre o tapete convencional do proscênio. Quando Orfeu, Eurídice e o Amoroso aparecem na boca da cena, a paisagem por trás deles é coberta por uma cortina bordada (a cortina principal) e os atores cantam o trio final dessa cena como um número de concerto. Durante a interpretação do trio, o cenário de *La sortie des enfers* é substituído por trás da cortina pelo da Apoteose, que aparece ao final do trio, a um sinal do Amoroso.

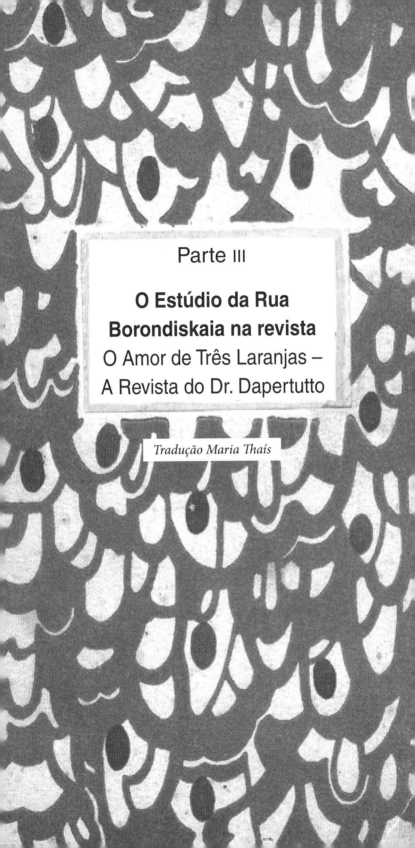

Parte III

O Estúdio da Rua Borondiskaia na revista
O Amor de Três Laranjas –
A Revista do Dr. Dapertutto

Tradução Maria Thaís

Anexo I

ESTÚDIO[1]

1. Classe de M. F. Gnessin
Leitura Musical do Drama

Estudo das leis do ritmo e das melodias, e sua aplicação à leitura de versos. O ritmo e o metro. A relação de duração e de expressão das notas. O ajuste das notas. Ruptura do tecido musical (pausas). Expressividade dos intervalos.

Interpretação musical dos ritmos poéticos. A notação dos versos através dos signos musicais. O *meio-acento* e o *triolet*[2]. Aplicação dos ritmos complexos. O *meio-acento* no verso e na música. Os pés líricos. A métrica antiga. Alongamentos.

O estudo da técnica da leitura musical. As entonações naturais. Diferença entre a leitura e o canto. Técnicas de

---

1 *O Amor de Três Laranjas...*, livro 1, 1914, p. 60-62.
2 Termos que designam ornamentos (floreios) da linha melódica (há muitas variações desses ornamentos, dependendo da época, lugar, língua). *Triolet* é também uma forma poética (N. da T.).

388   NA CENA DO DR. DAPERTUTTO

alongamento na leitura[3]: glissando e nota de transição[4]. Leitura rítmica e musical.

Estudos dos coros de *Antígona*, de Sófocles, e *As Fenícias*, de Eurípides.

Encenação de fragmentos de *Antígona* com coro e alguns intérpretes.

2. Classe de V. N. Soloviov.

Procedimentos do jogo cênico dos atores da *Commedia dell'Arte*[5]. *Podus beccarius*, como movimento básico, obrigatório a todas as personagens da comédia italiana. A dança bergamesa, ficção pedagógica necessária para a superação das futuras dificuldades técnicas.

Arlequinada de Volmar Luscinius – *Arlequim, o Alcoviteiro*, aprendizagem de alguns gestos e movimentos característicos das máscaras mais conhecidas: Arlequim, Esmeraldina, o Doutor e Pantaleão (velhos), Aurélio e Sílvia (os enamorados carinhosos).

Briguela, Truffaldino, Tartáglia e as máscaras secundárias da comédia italiana: Eulária, Célio e outros.

A determinação do desenho geométrico na combinação das máscaras. A aprendizagem e o surgimento da *mise-en-scène* tradicional, de acordo com os roteiros[6] conservados.

Reconstrução das cenas: *a noite, a cidade, o duelo, o harém*, como início de um trabalho independente no campo da decifração dos esquemas básicos.

Os princípios da parada. Os servidores do proscênio e seu papel no espetáculo. O sentido do grotesco, que Carlo Gozzi denomina "maneira de paródia exagerada".

A encenação do segundo intermédio de divertimento, *O Amor de Três Laranjas*.

3   A ideia "alongamento da leitura" parece ser a elaboração da leitura musical, da performance a partir das notas escritas, por meio desses ornamentos (N. da T.).

4   Glissando (escorregando, em italiano); nota de transição; parece aludir a qualquer nota adicional de ornamentação realizada "entre" as notas escritas (daí o conceito de "leitura") (N. da T.).

5   As palavras em itálico foram utilizadas pelo autor no idioma original (N. da T.)

6   Refere-se aos *scenari* da *Commedia dell'Arte*.

A definição do momento de tensão na ação e o início da improvisação verbal.

A aplicação da técnica cênica da *Commedia dell'Arte* às peças: de Marivaux, *Arlequin poli par l'amour*; e de Cervantes, *A Gruta de Salamanca*.

3. Curso de V. E. Meierhold

Os movimentos cênicos

Exercícios em movimentos *ex improviso*; o corpo humano no espaço, o gesto como onda – ressuscitando a vida por meio do movimento do corpo.

A semelhança entre os movimentos do novo ator e o movimento dos atores da *Commedia dell'Arte*.

O preceito de Guglielmo: *partire del terreno*, a habilidade de adaptar-se no espaço concedido ao ator para o seu desempenho.

Os movimentos em círculo, em quadrado, em retângulo.

Os movimentos em aposento ou em céu aberto.

Os movimentos e o fundo musical. Diferença entre os fundos musicais: na senhora Füller, na senhora Duncan e seus herdeiros (a psicologização das obras musicais), no melodrama, no circo e no teatro de variedades, nos teatros chinês e japonês. O ritmo como suporte dos movimentos. O desenho do movimento é sempre a música, ou a que realmente existe no teatro, ou a que é suposta, como se o ator cantarolasse enquanto age.

O ator – de um lado, é unido ao fundo musical que sempre o domina, de outro, tendo aprendido a manejar seu corpo e deslocá-lo corretamente no espaço segundo a lei de Guglielmo, compreende os encantos do ritmo cênico e quer brincar, como se estivesse em um quarto de criança. A alegria torna-se a esfera sem a qual o ator não pode viver, mesmo quando deve morrer em cena.

Fé do ator. O ator é um apaixonado. Morte do psicologismo. As fronteiras entre o fantástico-assustador e o alegre. A união do passado e do presente. Como o grotesco ajuda o ator a mostrar o real como simbólico e a substituir a charge pela paródia exagerada.

A ausência de enredo, no estudo escolhido como exercício (cena muda), sublinha o cuidado com a forma (o desenho dos movimentos e dos gestos dos atores), como valor cênico independente. Diferenças entre o enredo, no sentido habitual da palavra, e o enredo que se desenvolve sob os olhos do público, sem as sugestões do autor (como no texto dramático), mas como: 1. pela improvisação dos gestos e da mímica; 2. pelas novas combinações da *mise-en-scène*; 3. pela persuasão dos atores com a ajuda de sugestões do ator-encenador.

O ator-cenógrafo e sua preocupação: viver segundo a forma do desenho. O ator – é ele mesmo o desenhista ou reproduz o desenho de um outro, como um pianista lendo as notas de uma partitura que ele não compôs.

Por que é melhor estudar os procedimentos da *Commedia dell'Arte* e do teatro japonês.

Por que o estudo dos primitivos se constitui no único caminho certo para a compreensão do sentido do desenho cênico.

Anexo II

ESTÚDIO[1]

1. Classe de M. F. Gnessin
A Leitura Musical do Drama

M. F. Gnessin viajou, por um mês e meio, para a Palestina, confiando a classe ao seu assistente, S. M. Bondin.

Neste momento, o trabalho desenvolve-se com o grupo de novos integrantes do Estúdio.

Durante a análise dos ritmos poéticos, os ouvintes estudam como reconhecer a base musical da fala. A notação dos versos em notas fortalece, na consciência dos alunos, a ideia de Ordem, inevitável na arte.

Foi preparado com a base dos procedimentos da leitura musical um trecho de *Antígone*, de Sófocles, em tradução de D. S. Mieriejkóvski – cena final de Antígone, Coro e Creonte (que se inicia na frase "Cidadãos, vejam...").

---

1 *O Amor de Três Laranjas...*, livro 2, 1914, p. 60-63.

Todos os coros e também os momentos de maior *pathos* nos monólogos de *Antígone* são pronunciados com o acompanhamento musical.

V. N. Klepinina, que desempenha o papel de Antígone, foi aluna na classe de *Leitura Musical* de M. F. Gnessin, no Estúdio V. E. Meierhold, no período de 1908-1909. Esse trecho de *Antígone* foi apresentado três vezes no Estúdio para os convidados (M. P. Birtier, A. N. Scriabine, A. M. Tirkova, A. I. Golóvin, B. Ivánov, N. N. Rimrskii-Korsakov, B. I. Bilskii, D. V. Filosofov, entre outros).

2. Classe de V. N. Soloviov
Commedia dell'Arte

A classe está dividida em dois grupos. O primeiro ocupa-se do estudo da técnica cênica da *Commedia dell'Arte*; o segundo, por iniciativa própria, inicia as aulas interpretando os roteiros da comédia improvisada italiana.

Os estudantes de ambos os grupos assimilam os princípios de construção do desenho geométrico da *mise-en-scène*, baseado na composição dos números pares e ímpares das personagens (o círculo cênico, como figura geométrica perfeita de composição; as três formas fundamentais de parada).

São realizadas aulas cujo objetivo é ensinar aos alunos o uso de um espaço restrito. A cortina como material propício para a preparação do *jeux du théâtre*.

Palestras sobre as apresentações teatrais na feira do subúrbio de S. German. A semelhança da técnica do ator, na *Commedia dell'Arte*, com os procedimentos cênicos do teatro de feira (farsescos, operadores, charlatões, equilibristas, malabaristas).

3. Classe de Meierhold
Movimentos no Palco

A classe é dividida em vários grupos. Cada um deles é formado pelos estudantes do Estúdio que possuem semelhança com os procedimentos técnicos congênitos, ou atração por este ou aquele gênero de apresentações dramáticas, ou, ainda, pelo estilo dos quadros apresentados no palco.

Os estudantes do Estúdio, que já representaram no palco os procedimentos das antigas escolas, reúnem-se separadamente, numa classe especial denominada "classe de atores". É-lhes proposto, ao se exercitarem nos *vaudevilles* dos anos 1830/40 e nos dramas espanhóis (*O Médico da Própria Honra*, de Calderón), estudar os procedimentos do novo teatro que tenham afinidade com os procedimentos tradicionais do jogo dos atores da *Commedia dell'Arte* e de outros épocas verdadeiramente teatrais. Nesta mesma classe, os atores conhecerão exemplos de drama rejeitados pelo repertório moderno, mas que constituem o forte esteio do teatro: A. Blok, V. Briússov, O. Sologub, V. Ivánov, I Ánnenskii, A. Rêmizov, L. Zinoviev-Anibal, V. Soloviov, E. Znosko-Boróvski, M. Maeterlinck (primeiro período), Paul Claudel, Villier Liles Adam, entre outros.

O grupo de estudo do grotesco cria não somente procedimentos cênicos de representação absolutamente novos, como ainda suas próprias peças, compostas no Estúdio. Durante esse período foram apresentadas: 1. *As Velhinhas* (Bodin)[2]; 2. *Os Três* (Geintz); 3. *A Bola* (Radlov); 4. *Filha de Iofáia* (Dimskaia); 5. *A Vingança* (Zinobieva); 6. *A Bailarina* (Vereg(u)ina); 7. *O Horror* (Pisarevski); 8. *O Bobinho* (Radlov); 9. *Cena com Carta* e *A Ratoeira* (V. Meierhold); 10. *O Rei Que Está Crescendo* (Gripitch); 11. *Comédia indiana sem palavras* (Meierhold e Bondin); 12. *Panopticum* (Soloviov, Pisarevski, Gripitch); 13. Pantomima no Modelo dos Scenari da Commedia dell'Arte (Vereg(u)ina e Timie); 14. *Cleopatra* (Krol); 15. *Otelo* (Marinetti); 16. *Sadcó* (Pierozio).

Em uma das classes do grupo de grotesco, Marinetti esteve presente. Ele propôs ao grupo que representasse a peça *Cleopatra* (três personagens principais e quatro criados de proscênio) e o tema *Otelo*, para ser apresentado *ex improviso*. Durante três minutos os alunos combinaram o desempenho (sem sair do palco), elegendo as partes mais importantes da

---

2 Entre parênteses, os nomes dos criadores dos enredos.

tragédia, e interpretaram a cena, que durou apenas três minutos, e que apresentou uma síntese da tragédia shakespeariana.

Logo começarão as aulas dos grupos: a. Teatro da Antiguidade e b. do século XVIII.

Anexo III

ESTÚDIO[1]

Em 1 de dezembro de 1914 o grupo de trabalho do Estúdio é formado por: K. A.Vogak, E. M. Gólubieva, V. E. Meierhold e V. N. Soloviov – M. F. Gnessin ministrou, na temporada de 1913-1914, o curso Leitura Musical no Drama e nesta temporada (1914-1915) o trabalho desse curso está temporariamente suspenso, diante da sua necessidade de se transferir para Rostov na Danu, neste inverno.

1. Classe de V. E. Meierhold e V. N. Soloviov[2]

1. Técnica dos movimentos cênicos; 2. Estudo prático dos elementos materiais do espetáculo: funcionamento da estrutura do palco, cenário e iluminação do espaço cênico, figurino do ator e acessórios de mão.

---

1 *O Amor de Três Laranjas...*, livro 4-5, 1914, p. 90-98.
2 Neste ano (1914-1915), além das classes de V. N. Soloviov e V. E. Meierhold, foi aberta mais uma classe sob orientação de ambos.

Depois de uma série de discussões introdutórias, durante o mês de setembro, tiveram início em outubro as lições práticas das classes de V. E. Meierhold e de V. N. Soloviov, orientadores que acumulam mais de uma classe, e cujos resultados são uma série de peças, compostas pelos orientadores e pelos estudantes do Estúdio:

1. *Duas Cestas, ou Quem Pegou o Melhor de Quem, estudo.*
2. *Dois Jograis, uma Velha com Uma Cobra* e *O Clímax Sangrento sob o Dossel*, de Volmar Liucinius e Doutor Dapertutto.
3. *Ofélia, Estudo* (Ofélia e dois criados de proscênio).
4. *A História do Pajem Que era Fiel ao Seu Amo, e de Outros Acontecimentos Dignos de Apresentação*, de Zamiatchinskaia e Kalinina.
5. *Arlequim, o Vendedor de Bastonadas*, de Volmar Liucinius e Doutor Dapertutto.
6. Fragmento de uma peça chinesa – *A Mulher Gato, o Pássaro e a Cobra*, de Volmar Liucinius e Doutor Dapertutto.
7. *As Duas Esmeraldinas*, de Vereg(u)ina, *estudo.*
8. *Colin-Maillard*, de Smirnova , *estudo.*
9. *Os Mágicos de Rua*, de Dziobinskaia.
10. *De Cinco Cadeiras a Quadrilha* (Nos Quarenta Anos), de Volmar Liucinius e Doutor Dapertutto, *estudo.*
11. *O Padeiro e o Limpador de Chaminés, estudo.*
12. *As Três Pessoas, estudo.*
13. *A Cordinha, estudo.*
14. *A Perda das Bolsinhas*, de Smirnov, *estudo.*
15. *Três Laranjas, O Telescópio Astrológico ou a Que o Amor de Alguém pela Medida do Palco Pode Conduzir*, de Iliatchenko e Notman.
16. *Como Eles Executaram Sua Intenção*, de Iliatchenko e Notman.

Os alunos do Estúdio foram convidados a se exercitar nas peças enumeradas, nas quais os orientadores da classe objetivavam desenvolver, nos atores, especialmente a arte do movimento e a harmonização com o espaço cênico em que se desenvolve o jogo. A origem do jogo se baseia na alternância

O AMOR DE TRÊS LARANJAS ANEXO III

dos números pares e ímpares das personagens no espaço cênico e seus diferentes *jeux du théâtre*[3], e não no enredo. A significação do *otkaz*[4] e diferentes procedimentos de intensificação do jogo. A precisão e o valor absoluto do gesto. O narcisismo do ator no processo de jogo. O uso da técnica dos dois planos (cena e proscênio). O papel do grito no momento de tensão da ação. A roupa do ator como adereço decorativo e não como uma necessidade utilitária. O adorno de cabeça como pretexto para agradecimento teatral. Bastões, espadas, tapetinhos, lampiões, xales, capas, armas, flores, máscaras, narizes etc. Os acessórios, como material de exercício para a habilidade das mãos. O surgimento do objeto no palco e o desenvolvimento do enredo motivado pelos objetos.

Grandes e pequenas cortinas (fixas e móveis, cortinas tradicionais e "velas"), como os mais simples procedimentos de metamorfose. O biombo e a transparência como instrumento de expressividade teatral. O tule nas mãos dos servos de proscênio como modo de acentuar o jogo das personagens principais, seus movimentos e suas falas. A parada como parte necessária e independente na apresentação teatral. As diversas formas de parada de acordo com a composição geral da peça. A geometrização do desenho da *mise-en-scène* criada também *ex improviso*. A correlação entre a palavra e o gesto no teatro atual e no teatro que o Estúdio aspira.

2. Classe de V. N. Soloviov
Princípios Cênicos Fundamentais da Técnica de
Improvisação da Comédia Italiana

No mês de setembro corrente o orientador da classe dedicou-se a informar aos membros do Estúdio uma série de questões importantes ligadas, diretamente, com o método cênico da aprendizagem da técnica da *Commedia dell'Arte*: fontes necessárias para o estudo da comédia improvisada italiana; o destino da antiga comédia Ática; a comedia Ática medieval e nova;

3 Todas as palavras em itálico forma mantidas como no original (N. da T.).
4 Ver supra, p. 120 e 157.

a origem das apresentações teatrais em Roma; a *commedia palliata*, a comédia togata, as atelanas, os mimos; as apresentações teatrais na época do império decadente; a arte medieval do *menestrellerie*; as razões da criação do antigo teatro italiano; a comédia erudita, *Mandrágora* de Maquiavel; a improvisação na comédia italiana; a fórmula das quatro máscaras tradicionais; Conde Carlo Gozzi, abade Kiari e Senhor Goldoni; *O Amor de Três Laranjas*, Gozzi e seus dez contos dramáticos; *Memorie inutili*; E. T. A. Hoffmann e seu conto *Princesa Brambilla*, como nova compreensão do destino da comédia de improviso italiana pelos românticos alemães; os comediantes italianos na França; Molière e a comédia italiana.

Paralelas às palestras, continuavam as aulas práticas (ver *O Amor de Três Laranjas*, livro 1, p. 60-61). O orientador da classe chamou a atenção especial para que os estudantes do Estúdio assimilassem os princípios da estrutura do espaço teatral dos espetáculos italianos de improvisação e a geometria das *mise-en-scènes* das personagens. Para explicar esta ideia o orientador da classe elaborou um sistema de desenhos, que tornava visível os princípios acima mencionados.

Concomitantemente a este trabalho continuavam as aulas práticas, em que os estudantes do Estúdio, usando os signos teatrais elaborados junto com o orientador, traçavam o esboço da ordem de todos os movimentos e procedimentos dos personagens da comédia italiana. Destacaram-se os trabalhos de A. I. Kuliabko-Korietchkoii e M. H. Petrovoi que apresentaram duas novas, e extremamente interessantes, variantes da tradicional *cena da noite* da comédia italiana.

3. Classe de V. E. Meierhold
Técnica de Movimentos Cênicos

(Palestras em setembro: introdução aos objetivos do Estúdio; sobre o problema dos movimentos cênicos; a pantomima cinematográfica e a pantomima no Estúdio; sobre o papel da música na classe de movimentos).

A relação com o movimento como fenômeno sujeito às leis da forma na arte. O movimento como o mais potente meio de expressão na criação do espetáculo teatral. O papel do movimento cênico é mais importante que de outros elementos teatrais. Eliminando-se a palavra, o figurino do ator, o palco cênico, o edifício teatral e os bastidores, deixando-se somente o ator e a sua arte do movimento, o teatro continuará sendo teatro: o ator comunicará o seu pensamento ao espectador por meio do seu movimento, do seu gesto, da sua mímica – o principal edifício para o ator – qualquer praça sem construção, onde ele pode construir e firmar o que desejar, como desejar e tão rapidamente como sua habilidade o permitir (leia o texto sobre as trupes de ambulantes chineses). A natureza específica dos procedimentos do gesto e do jogo de fisionomia no cinema e na pantomima. Se o objeto no cinema é apresentado na tela de forma utilitária, no Estúdio (para a pantomima) o objeto serve para mostrar a virtuosidade do ator, fazendo com que o seu jogo cause alegria ou tristeza nos espectadores, o que significa dizer que o ator de cinema e o ator do Estúdio separam-se nos seus caminhos. Sobre a maior preocupação do cinema, como comover o espectador com o enredo. Sobre a pantomima, em que o espectador não se interessa pelo enredo, mas pelos procedimentos do ator, movido pelo único desejo de *reinar* no palco cênico que ele próprio cria, orna, ilumina, fascinando o público com seus truques, inesperados até mesmo para ele próprio. O que significa a encarnação da personagem a tal ponto que o ator se deixa absorver completamente pela personagem, e o que significa a demonstração de si mesmo nas várias personagens do drama. Na pantomima não é o enredo que comove o espectador, mas a própria pantomima, como ela se desenvolve, qual a forma do enredo e como nela se manifesta a arte do ator. Sobre os movimentos que se modificam em função do figurino, dos acessórios e do fundo decorativo. A escolha do figurino teatral, e como ele faz parte da unidade (espetáculo). A importância da sua forma e o significado da sua cor. A maquiagem convencional. Máscara (cf. K. A. Vogak, "Sobre as Máscaras Teatrais", *O Amor de Três Laranjas, A Revista do Dr. Dapertutto*, n. 3). Sobre a forma inevitável da teatralidade.

A relação do teatro e da vida. O teatro, que reproduz a vida de modo fotográfico (teatro naturalista), considera o movimento do ponto de vista da sua utilidade para esclarecer ao espectador esse ou aquele objetivo do dramaturgo (exposição obrigatória, ideia da peça, psicologia das personagens; seus discursos visando os objetivos do dramaturgo, mas não do espectador; a existência cotidiana na cena etc.). O teatro é arte e, consequentemente, tudo deve ser submetido às leis dessa arte. As leis da vida e da arte são diferentes. A tentativa de estabelecer analogia entre as leis do teatro e as leis das artes plásticas. Para descobrir as leis fundamentais do teatro é necessário não somente desfazer o novelo, mas desfazê-lo de outra maneira, num requintado sistema (disposição geométrica das figuras, etc.). O principal na arte teatral é o jogo. Até mesmo nos casos em que é necessário mostrar no palco os elementos da vida, o teatro reconstrói seus fragmentos com a ajuda dos meios orgânicos para a arte cênica, cujo lema é o *jogo*. Mostrar a vida no palco significa interpretar a vida, e tudo que é sério torna-se divertido, e o que é divertido torna-se trágico. A numeração por Polônio dos tipos de representações teatrais demonstra que, representada por um ator, uma simples comédia torna-se tragicômica, e uma série de canções interligadas pelas saídas dos atores torna-se uma pastoral. O ator do novo teatro deve elaborar um código de procedimentos técnicos, que ele pode adquirir com o estudo dos princípios de representação das épocas verdadeiramente teatrais. Existe uma série de axiomas obrigatórios para qualquer ator, independentemente do teatro em que ele atue. Sobre o processo de estudo dos teatros antigos é necessário dizer: é um modo de *accumuler des trésors,* não com o fim de ostentar as preciosidades adquiridas tais como elas são, mas para (depois de ter aprendido a guardá-las e preservá-las) ornar-se com elas, buscar entrar em cena enriquecido, e saber viver em cena de maneira teatral: reverenciar com um gorro de mendigo como se fosse ornado de pérolas, vestir uma capa furada com gesto de fidalgo, bater num tambor furado não para fazer barulho, mas para através dos movimentos da mão mostrar todo o brilho de seu refinamento e maestria, e fazer isso de tal forma que o espectador esqueça a ausência do couro no tambor. É o que significa, na nossa concepção, trazer o tradicional do passado para o presente. Não procuramos repetir simplesmente o que já foi feito (a simples repetição é o exercício do Teatro Antigo[5]). A diferença entre a simples reconstrução e as tarefas da livre construção da nova cena, embasada no estudo e na escolha do tradicional. A relação do novo ator com a cena, [vista] essa como um espaço preparado para [ações] cênicas inéditas. "Como eu sei – diz o nosso ator – que entro no palco onde o cenário não é ocasional; onde o chão do palco (tablado) compõe-se com o desenho da plateia; onde reina o fundo musical, então não posso ignorar como devo entrar nesse palco. Já que o meu jogo chegará ao espectador simultaneamente com o fundo pictórico e musical, então, para que o conjunto de todos os elementos do espetáculo tenha *um sentido determinado,* o jogo deve ser um dos componentes da soma dos elementos atuantes". O ator, sabendo por qual razão aquilo que o circunda foi concebido de um determinado modo, sabendo que é produto da arte teatral, ao entrar no palco transforma-se em uma obra de arte. O ator – novo dono da cena – apresenta a sua alma feliz, a sua fala musical e o seu corpo maleável como cera. Os movimentos, surgidos da subordinação à lei de Guglielmo (*partire del terreno,* cf. *O Amor de Três Laranjas, a Revista do Dr. Dapertutto*, livro 1), impõem uma virtuosidade próxima à do acrobata (o ator japonês é também acrobata e dançarino). A palavra obriga o ator a ser músico. A pausa o faz recordar sobre a contagem do tempo; no seu caso ela é tão importante quanto para um poeta. Sobre as diferentes relações do espetáculo com a música: em J. Dalcroze, em Isadora Duncan e L. Füller, no circo, no teatro de variedade, no teatro chinês e japonês. O papel da música como de um fluxo que acompanha os movimentos do ator no palco e os momentos estáticos do seu jogo. Os planos da música e do movimento do ator podem não coincidir, mas chamados à vida simultaneamente no seu desenvolvimento (música e movimento, cada um no seu plano) formam uma espécie de polifonia. O surgimento de um novo tipo de pantomima, na qual a música reina no seu plano enquanto os movimentos do ator correm num plano paralelo. Os atores imediatamente, seguindo a vontade do mestre

---

5   Refere-se ao Teatro Antigo dirigido por Evrêinov. Optamos por acompanhar os estudiosos ocidentais, como Ripellino, que utilizam o termo *antigo* para traduzir o termo *starinn*, por considerarmos que a palavra *velho* não expressa o sentido original. Por outro lado, *antigo* foi utilizado no sentido de "velhos tempos", e não da Antiguidade (N. da T.).

do ritmo, e sem revelar ao espectador a construção da contagem rítmica da música e do movimento, procuram tecer a rede rítmica. Na série de movimentos do ator dramático, a pausa não significa ausência ou interrupção dos movimentos, assim como na música a pausa contém em si o elemento de movimentação. Se num dado momento o ator não age, isto não significa que tenha abandonado a esfera musical. O ator permanece o tempo todo em cena, não apenas porque, pela ausência de coxias, não existe lugar fora do palco, mas, principalmente, para, depois de ter assimilado o significado da pausa, não interromper a vida na ação cênica. E é nesta pausa que se define muito claramente a inevitabilidade das inquietações provocadas pela luz, música, pelo brilho dos instrumentos, pelo luxo dos figurinos. O significado dos dois planos do palco e do proscênio para o ator, que não deixa a cena por nenhum minuto, baseia-se na vida ininterrupta, na esfera da música que não se ouve mais (cf. a expressão "ouvir o silêncio", em Rubeika, no teatro de Ibsen).

4. Classe de K. A. Vogak
Técnica da Declamação em Verso e em Prosa

Chega ao fim a exposição da primeira parte do curso sobre a técnica de declamação em verso, que contém a teoria de construção do verso de acordo com o seguinte programa:

Três sistemas de versificação – métrico, silábico e tônico: suas interrelações e suas principais unidades. Conceito de métrica e ritmo do verso. Relação da rítmica e da métrica nos sistemas métrico e tônico de versificação. A estrofe na versificação e o compasso na música. O erro desta analogia e a decorrente necessidade de leitura musical como arte independente. Definição da estrofe. Estrofes trissilábicas: *Amfíbraco*[6] e seu campo de utilização. *Dáctilo*[7] e *Espondeu*[8]. A evidência da existência do *espondeu* na versificação russa em decorrência da análise de modificação do esquema do hexâmetro grego

---

6 Pé de verso, trissilábico, que tem uma sílaba longa entre duas breves (N. da T.).
7 Pé de verso, formado de uma sílaba longa seguida de duas breves (N. da T.).
8 Pé de verso, formado por duas sílabas longas (N. da T.).

5. *Arlequim, o Vendedor de Bastonadas**

Personagens: Arlequim, Velha com um saco, Arauto, 2 acompanhantes do Arauto, 3 bisbilhoteiras, Juiz, Mulher do juiz, 2 porteiros, 2 homens fortes, 3 personagens do povo.

* Pantomima no estilo das arlequinadas francesas do meio do século XIX.

* Objetos: cortina que representa o palácio de um rei; a varinha do Arlequim; saco com bastões; cajado da Velha; guizos; chapéu com borlas e guizos (para Arlequim); lanças; cartaz do Arauto.

Brincadeiras apropriadas para o teatro:

1. O comediante que representa Arlequim joga o saco da velha contra a porta do palácio do rei com um grito; o saco voa sobre todo o proscênio, sobre todo o espaço cênico e entra voando na porta, agarrado pelos servos do proscênio.
2. Uma forma especial da "saída" final, quando os comediantes que atuam no proscênio juntam-se com os comediantes que atuam no palco, numa fila que o Arlequim expulsa pela porta, acompanhando a fuga grotesca dos comediantes com o grito: "Holla!".

Parte III
Estudos *e pantomimas*

1.*Três Laranjas, O Telescópio Astrológico* ou *Onde Pode Levar o Amor aos Diretores**

Personagens: Esmeraldina e Arlequim.

* Clownerie circense.

Objetos: telescópio astrológico; três laranjas; cesta; punhado de guizos; três cadeiras; lança.

Brincadeiras características do teatro:

1. O surgimento, imperceptível para o público, de três mestres de cena no proscênio. Esmeraldina, sem que o Arlequim veja, passa-lhes três laranjas e diz ao Arlequim que as laranjas voaram para o céu; no final do estudo as laranjas são passadas por cada um dos mestres às suas respectivas damas.
2. A luneta, com a ajuda da qual é possível ver tudo o que se passa no céu, mas é impossível ver o que se passa na terra.

2. *Colin-Maillard**

Personagens: Dama; 2 cavalheiros.

* *Estudo* desenvolvido independentemente pelos estudantes segundo a maneira pictórica de Lancret.

Objetos: chapéu que simboliza o momento do triunfo de um dos rivais do duelo amoroso.

3. *Duas Cestas, ou Ignora-se Quem Enganou Quem**

Personagens: Primeira vendedora de maçãs; Segunda vendedora de maçãs; Ladrão.

* Um dos primeiros estudos, o mais curto e o mais preciso na execução.

Objetos: duas cestas; duas bengalas. Toda a obra foi tecida de brincadeiras próprias do teatro.

4. *Fragmento de Uma Peça Chinesa* – A Mulher, o Gato, o Pássaro e a Cobra*

Personagens: Jovem príncipe chinês; seu Secretário; 2 Guerreiros; Mulher; Gato, Pássaro e Cobra (representados por uma atriz); 2 Criadas; 2 Bailarinas; Princesa; Mago; Ídolo; 4 atores de intermédios; 2 servos de proscênio; o exército do príncipe (representado por todos os comediantes).

* O fragmento não aspira nem à estilização nem à etnografia. A pantomima aproxima-se daquele tipo de representação cênica que conhecemos no Conde Carlo Gozzi em *Turandot*. A China na visão veneziana do final do século xviii. Toda peça é representada pelos comediantes no proscênio, com exceção da última cena, quando o jovem príncipe chinês, montado nos ombros dos comediantes que representam os guerreiros, mas, que temporariamente, fazem papel de cavalo, realiza uma longa viagem pelo deserto; quando todos os comediantes do espetáculo com longas lanças partem para a batalha com o inimigo invisível (o efeito de muitas linhas verticais, que produzem uma ilusão de ótica em relação ao número de personagens presentes em cena). Cf. J. Callot e Velasquez.

Anexo v

ESTÚDIO[1]

I.

Críticas da imprensa sobre o vesperal do Estúdio, de 12 de fevereiro de 1915, e anotações da redação da *Revista do Doutor Dapertutto*[2].

II. Classe de K. A. Vogak
Técnica da declamação em verso e em prosa

Encerramento da exposição da primeira parte: técnicas da declamação em verso.

A primeira parte do curso desta técnica foi encerrada com o seguinte programa[3]:

---

1 *O Amor de Três Laranjas...*, livro 1-2-3, 1915, p. 149-156.
2 São trechos publicados nos jornais e revistas sobre as apresentações públicas do Estúdio, acompanhadas de notas que contestam as críticas, criticam e fazem correções às informações divulgadas (N. da T.).
3 Início do programa cf. *O Amor de Três Laranjas...*, livro 4-5, 1914, p. 98-99.

416   NA CENA DO DR. DAPERTUTTO

Iambo. O caráter fundamental das medidas iâmbicas. O papel do *iambo* nas obras dramáticas. Particularidade da cesura no pentâmetro e no iâmbico de seis pés. O papel do *pirríquio* no verso iâmbico. A lei da medida ascendente e redução do número de acentos no ritmo iâmbico. O papel do *peon* na poesia iâmbica. Peon como medida independente em relação aos problemas da *peonização* dos versos iâmbicos e da poesia corêutica. Medidas heterogêneas – casos da oscilação do metro. Cesura. Cesura e *diérese* nos antigos. Diferença entre cesura e pausa relacionada à diferença entre ritmo e metro. Exemplos de verso com cesura constante: o verso iâmbico de cinco e seis pés (verso alexandrino), hexâmetro. Pausa no verso russo moderno (Aleksandri Blok e sua obra). Conceito de estrofe. Estrofe e antiestrofe na lírica de coro da Grécia antiga. A estrofe na versificação moderna. Exemplos de estrofes de diferentes pés e poemas de diferentes estrofes.

Com isto, a primeira parte do curso, Teoria da Construção do Verso – foi encerrada. Como exercício prático sobre esta parte do curso foi feita uma detalhada análise, rítmica e métrica, dos poemas de A. Blok, sugeridos por um dos participantes do Estúdio (G. G. Feiguin), *Moça Cantava no Coro da Igreja*, e de Z. Guippius, *Oh! Não Acreditem na Hora Noturna*. Paralelamente, foi examinada a questão do surgimento na métrica russa, além de *iambo, coreu, dáctilo, anapesto, anfíbraco,* reconhecidos pelos livros escolares, e *peons* novos para os versos russos, e com estrofes mais complexos *pirríquio, respondeu, molósso, anfimakra, dicoreu, diiambo, coriamba* não apenas como unidades rítmicas, mas, também, às vezes como unidades métricas. Com relação a isso, foram introduzidas as correções correspondentes ao esquema tradicional do desenvolvimento histórico do verso russo: a partir do verso popular passando pelo sistema silábico e chegando ao sistema métrico. (Conceito de sistema puramente tônico e de sistemas tônico-métrico e tônico-rítmico. Elementos da tônica pura na poesia popular. O significado das últimas conquistas rítmicas da poesia russa). Como exemplo de métrica e estrofes antigos foi analisado um trecho da tragédia *Electra*, de Sófocles, na tradução de F. F. Zelinski.

O AMOR DE TRÊS LARANJAS ANEXO V

A segunda parte do curso – *estudo da harmonia do verso* – foi apresentada pelo seguinte programa[4]:

Aliteração[5], no sentido amplo da palavra. *Aliteração de consoantes* ou aliteração no sentido estrito da palavra. *Assonância*[6]. *Onomatopéia*. Assonância-aliteração. Rima e suas subdivisões segundo as coincidências sonoras. Conceito sobre a consonante de apoio, fundamento da rima e apoio final. Distribuição da rima nos versos. Rimas masculinas, femininas, dactilábicas e quadrissilábicas. *Casos particulares de rima*: rima interna, rima inicial, rima minúscula, rima enrolada e de retorno. A evolução da rima na poesia russa. A *teoria das formas complexas de verso* foi terminada com o exame da parte *técnica da fala em verso,* de acordo com o seguinte programa: Séries – unidade principal, pé, verso, estrofe, unidade complexa[7]. Exemplos de formas poéticas desenvolvidas. O teatro grego antigo. Poema épico. A parte coral e a sua estrofe. Particularidades da lírica teatral da Grécia Antiga. Análise detalhada de trechos da *Electra*, de Sófocles

Por causa do início dos trabalhos de um grupo de alunos do Estúdio sobre o texto de Calderón, o drama *O Médico da Própria Honra* (na tradução de K. D. Balmont) e também por causa da encenação pelo Teatro Aleksandrínski do drama de Calderón *O Príncipe Constante*, foram analisadas as principais características da versificação dos dramaturgos espanhóis. O plano destas aulas foi o seguinte: formas do verso popular espanhol (soleares, coplas, seguidilhas), relacionadas com fenômenos semelhantes em outros povos. Exemplos das formas versificadas monoestróficas. As coplas russas. A *tanka*[8] e o haicai japonês. Condição obrigatória: grande dramaticidade e

---

4 É necessário assinalar que, no estudo da harmonia do verso, a prosódia foi deixada totalmente de lado, levando-se em conta o fato dela não ter grande importância para o intérprete, que é o ator, nas obras em verso.

5 Repetição de fonema(s) no início, meio ou fim de vocábulos próximos, ou mesmo distantes (desde que simetricamente opostos) em uma ou mais frases, em um ou mais versos (N. da T.).

6 Conformidade ou aproximação fonética entre as vogais tônicas de palavras diferentes (N. da T.).

7 Formas complexas como soneto, (trioleto, gazela) foram deixadas de lado por não terem relação com o teatro.

8 Na poesia japonesa, tipo de estrofe de três linhas, duas longas e uma curta (N. da T.).

418 NA CENA DO DR. DAPERTUTTO

potencial descritivo (as canções espanholas e os melhores *tankas* e haicais de Mibu no Tadamine e Bashô). A faculdade das formas monóstroficas de serem dialogizadas. (Exemplos do ciclo das canções espanholas e das coplas russas). Ligação das formas monóstroficas com danças, inclusive as de roda, isto é, com a ação dramática primária. O elemento rítmico–dançante das medidas espanholas. As quadras em Calderón. Divisão das quadras entre diferentes personagens e as maneiras de declamação do texto no drama espanhol. Como os acontecimentos cênicos importantes refletem sobre a interpretação das quadras – saída de personagens, surgimento de objetos importantes. O verso rimado e não rimado em cena. As cesuras na leitura do ator. A relação do ator com os adornos do verso – assonâncias, aliterações, rimas etc.

As últimas aulas da temporada que passou foram dedicadas à elaboração de uma série de procedimentos práticos, para colocar de acordo a leitura métrica e rítmica do texto do drama *O Médico da Própria Honra*.

III. Classe de V. E. Meierhold
Técnica de Movimentos Cênicos

O período até o final das atividades do Estúdio foi totalmente dedicado às aulas práticas. O orientador se propôs a tarefa de habituar os comediantes por um lado às composições mais complexas e, por outro, à execução de tarefas técnicas também mais complexas. Para isto foi sugerido aos comediantes o *Estudo* A Caça.

O *estudo* foi dividido em duas partes. Na primeira parte trabalharam cinco [atores]. Na segunda parte trabalharam todas as mulheres que participavam do Estúdio.

IV. Classe de V. N. Soloviov
Princípios Fundamentais
da Técnica de Improvisação da Comédia Italiana.

No período após o espetáculo, essas aulas representaram uma finalização lógica do trabalho dos meses do outono (setembro e outubro).

O AMOR DE TRÊS LARANJAS ANEXO V

Toda a atenção do orientador estava voltada para o engajamento dos participantes do Estúdio em composições próprias[9]. Para esse fim, foi oferecido aos comediantes do Estúdio um novo tablado, que diferia muito daquele no qual eles estavam acostumados a trabalhar no período do espetáculo. No lugar de dois planos: 1. o palco elevado com duas descidas laterais e 2. no proscênio, situado mais embaixo, foi oferecido apenas um plano que continha, simultaneamente, o proscênio e o palco (uma faixa estreita) com três portas *en face* e que definiam previamente apenas determinadas combinações no desenho geométrico da *mise-en-scène*, e quatro cortinas que regulavam as passagens laterais.

Nesse novo tablado foi representada *ex improviso* pelos comediantes do Estúdio uma série de estudos, com o fim de assimilação dos princípios de representação condicionados pelo novo espaço teatral.

Foi com base nesses exercícios que se desenvolveu a cena da noite, que no início era toda construída sobre a combinação de três portas, e depois se incorporou à composição com grande variação dos planos cênicos (cf. p. 160)[10].

A cena da noite foi representada pelos comediantes do Estúdio: casal de velhos, casal de jovens amantes, duas filhas do casal velho, dois servos (Zanni), Esmeraldina.

Com a transferência do trabalho para um tablado comum, com dois planos cênicos, foi pela primeira vez sugerida aos comediantes do Estúdio a seguinte tarefa: utilizando os fundamentos do esquema da cena da noite, começar a orná-la com os meios da expressividade teatral.

Primeira versão: Os dois Zanni, com a ajuda de seus lacaios, vestem os jovens amantes com roupas fantásticas e trajes de príncipes orientais. Nessa versão, desempenham um papel importante os servos (Zanni), que repassam sucessivamente um ao outro partes das roupas teatrais dos jovens amantes.

---

9 Junto com as aulas práticas continuou o curso teórico (foi analisada principalmente a lei cênica de alternância do número par e ímpar de personagens numa dada situação cênica). No último dia de trabalho no Estúdio o orientador da classe fez um seminário sobre o tema: Carlo Gozzi e Teodora Ricci.

10. Meierhold se refere ao artigo de V. Soloviov, "Experiência de Marcação da Cena da Noite nas Tradições da Comédia Italiana de Improviso", *O Amor de Três Laranjas*..., livro 1-2-3, 1915 (N. da T.).

Segunda versão: Os dois Zanni, querendo enganar e castigar os velhos, vestem-se com roupas de mulher.

Nesse tablado, seguindo a tradição da segunda versão da cena da noite, foi desenvolvido um plano de *mise-en-scène* do primeiro ato do *scenari* de Basilio Locatello, "jogo prima", sendo que a cena final de Furbo e Zanni foi interpretada como um intermédio independente e representada no proscênio[11]. Fazem parte da cena Pantaleão, Lelio, Zanni, Coviello, Flamínia e Furbo.

Os últimos dias de aula dessa matéria foram dedicados à encenação da pantomima *A Princesa e a Ervilha*. Nesse caso, a primeira entrada da intérprete do papel principal foi elaborada como uma marcha solene do cortejo suntuoso da "pobre" princesa teatral imaginária.

V. Classe de E. M. Gólubeva

Dezembro, janeiro e fevereiro foram dedicados à ginástica do peito e dos pulmões, correção dos defeitos de respiração, impostação da voz e correção da dicção.

Março e abril foram ocupados com a leitura do hexâmetro, primeiro somente com a evidenciação da métrica do verso, depois com um certo acabamento artístico. Foram lidos os hexâmetros de Gniéditch e Jukovski. Algumas alunas do Estúdio (Botchárnikova) tentaram passar à análise de versos com uma métrica mais complexa.

O programa das aulas de inverno de 1914 e 1915 foi apresentado aos orientadores do Estúdio, com bons resultados, no dia 31 de abril, revelou o grupo de comediantes...

---

11 No proscênio são postos três tamboretes. Furbo vem correndo do meio da plateia, e, segurando bem alto um baralho teatral, convida Zanni a começar uma partida. Em seguida, ele tira do bolso mais dois baralhos de mentira e dispõe as cartas na beira do proscênio, diante do público. Furbo e Zanni sentam-se nos tamboretes laterais, deixando o baralho no do meio. Segue a *cena do jogo*.

Anexo VI

ESTÚDIO[1]
(Trabalhos realizados em setembro, outubro, novembro e dezembro de 1915)

Neste ano, ao recomeçarem as aulas, foram feitas as seguintes propostas à diretoria do Estúdio: O Estúdio é formado por: 1. Os alunos; 2. Os comediantes. Tornam-se comediantes aqueles que apresentarem *curriculum vitae*, que terminam os trabalhos introdutórios e os exames, além de realizarem o estágio determinado pela direção do Estúdio.

O tempo de duração dos aprendizados no Estúdio não se limita a um prazo determinado. Aqueles cujo trabalho não atende aos planos do Estúdio devem deixar de assistir as aulas.

O comediante que alcançar resultados artísticos excepcionais pode ser convidado a entrar na organização do teatro. Para os que trabalham no Estúdio todas as aulas são obrigatórias – tanto as introdutórias como as principais.

Os que trabalham no Estúdio devem estar prontos, a qualquer momento, para os exames.

---

1 *O Amor de Três Laranjas…*, livro 4-5-6-7, 1915, p. 203- 212.

O estudo do material exigido é obrigatório nos prazos determinados.

Com certeza a revista do Estúdio é um material obrigatório.

O esporte é necessário para todos.

O aperfeiçoamento na esgrima, na dança e na música é obrigatório. Os mestres serão indicados pela direção do Estúdio.

São incompatíveis com a participação no Estúdio:

1. A participação em apresentações teatrais públicas, quaisquer que sejam, que não as do Estúdio ou as que forem permitidas.

2. Frequentar aulas, em qualquer escola artística, sem a autorização da direção do Estúdio.

A presença em aulas de forma desordenada e o atraso às aulas quebram a unidade da aprendizagem do material. As aulas têm duração determinada, com intervalos curtos. A entrada na oficina só é permitida nos intervalos. O aluno que chega atrasado deve, por si mesmo, recuperar o conteúdo perdido. As faltas frequentes e todo tipo de descuido no trabalho resultarão no afastamento do aluno das apresentações públicas.

É obrigatório avisar, por meio de cartas, telegramas e telefonemas, a impossibilidade de comparecimento ao trabalho.

O uso do uniforme adotado para o trabalho é obrigatório. Os que não conseguiram trocar-se dez minutos antes do início das aulas serão considerados ausentes na aula em curso.

O cuidado com os acessórios é obrigatório para todos.

Para fumar, existe uma sala especial.

O telefone e o *buffet* podem ser usados pelos estudantes do Estúdio somente nos intervalos.

Exceto as pessoas autorizadas pela direção do Estúdio, a presença de estranhos só é permitida nos dias das apresentações públicas.

Os espetáculos do Estúdio diferenciam-se das aulas habituais apenas pela presença do público. Uma atenção permanente ao trabalho, às mudanças rápidas e à presença nos lugares determinados são obrigatórios em ambos os casos.

Os que não estão ocupados nas montagens das peças presenciam necessariamente o trabalho para que possam, a qualquer momento, estar preparados para entrar no palco.

Os que participam nas peças devem reunir-se ao primeiro toque de campainha. Fazem parte da apresentação a rapidez e a precisão com que se colocaram nos seus respectivos lugares antes do inicio do espetáculo. Não é admitida a ausência no palco durante o trabalho ou no processo de preparação.

Cada peça é dirigida por um orientador que não integra o elenco.

Todos os participantes ocupam um lugar atrás do palco, que é indicado pelo orientador, para não prejudicar a entrada e saída de cena.

Nos dias de apresentações públicas, todos os comediantes devem estar prontos para o início do espetáculo meia hora antes da hora determinada.

As indicações do orientador devem ser executadas automaticamente. As reclamações podem ser feitas somente ao final do trabalho e na presença do orientador da cena.

A distribuição dos papéis determinada pelo orientador da cena, em concordância com o autor da peça, é obrigatória.

O material de maquiagem, figurinos e acessórios determinados pelo cenógrafo são obrigatórios. Nenhuma mudança voluntária é admitida.

As consequências da infração às regras da vida quotidiana do Estúdio são as seguintes: o afastamento do papel e a impossibilidade de participação nas apresentações públicas; afastamento do trabalho no Estúdio (temporário ou definitivo).

Os recursos do Estúdio (a mensalidade dos estudantes e a venda da revista) destinam-se à manutenção do Estúdio e às despesas de publicação.

Os participantes do Estúdio pagam: 1. matrícula de 15 rublos (que inclui a assinatura anual da Revista); 2. O valor da mensalidade é definido em função das despesas do Estúdio; 3. 10 rublos, em novembro e em fevereiro (para as despesas da montagem).

Classe V. N. Soloviov

O orientador da classe realizou palestras com os alunos do Estúdio sobre a teoria da composição cênica[2] e discutiu as questões ligadas aos estudos da técnica cênica da comédia italiana[3].

As aulas práticas dessa classe foram compostas por:

1. A criação de grandes composições cujo objetivo era a elaboração do desenho geométrico e das *mise-en-scène* mais difíceis, e o desenvolvimento do conjunto artístico dos participantes do Estúdio.
2. Composição de alguns estudos que visavam à resolução de alguma tarefa, absolutamente técnica.

Ao primeiro grupo pertencem as seguintes composições:

1. *A Felicidade do Planeta do Rei Maomed*

Personagens: Arlequim, Colombina, Pierrô, Servos de chapéus vermelhos com retângulos amarelos, Servos de Proscênio.

Objetos teatrais: cortina, três tamboretes, bola, garrafa, duas taças de cristal, flores, carta.

Após a segunda cena dessa composição seguia-se um intermédio tradicional: *Os Fios Encantados* ou *Os Intermináveis Sofrimentos do Pierrô Branco*.

À noite, Arlequim invade pela janela o quarto de Pierrô na mansarda. Arlequim conta ao público que deseja fazer de bobo o dono deste quarto. Com extraordinária seriedade ele começa a executar sua ideia.

---

2 Cf. o artigo publicado nesta edição Sobre a Questão da Teoria da Composição Cênica.

3 Cf. números de *O Amor de Três Laranjas – Revista do Doutor Dapertutto*, 1914, seção Estúdio, classe de V. N. Soloviov

Batidas na porta. Arlequim esconde-se. Entra Pierrô. Ele está muito alegre. Retira a cartola e o sobretudo, que cuidadosamente pendura no cabide. Senta-se diante do espelho e admira a si mesmo e os bilhetes que recebeu do *cotillion,* à noite, na mascarada. Sente-se sonolento. Ao apagar a vela, deita-se na cama áspera.

Arlequim começa a puxar os fios do papagaio, do cabide, do espelho, da cama, que são tirados do lugar, e que assustam Pierrô. Pierrô sofre, correndo pelo palco, como um jovem apaixonado, vitimado, *pela primeira vez,* pela má sorte.

Avista o Arlequim, o autor dessas proezas noturnas, e bate nele com as suas longas luvas brancas.

Arlequim desaparece. O espelho, a cama, o papagaio e o cabide cobrem Pierrô de uma cortina teatral e o expulsam do palco com assobios e batidas da matraca, que tinha sido esquecida por Arlequim.

As personagens do intermédio foram distribuídas do seguinte modo: Arlequim, Pierrô, Cabide, Papagaio, Espelho, Cama.

Objetos teatrais: cortinas, cadeira com vela, tamborete para o Arlequim.

2. Fragmentos do conto de fadas: *Três Infantes.*

Personagens

3. *História sobre um Marido Ciumento e um Jantar Divertido na Casa de Campo que Termina de uma Maneira Tristonha*

Personagens: Cavaleiro, Dama, Marido da dama, Servos da *datcha.*
Objetos teatrais: cortina, mesa, tamboretes, duas espadas, chapéus, capas, velas na mesa, punhal.

426 NA CENA DO DR. DAPERTUTTO

Ao segundo grupo pertencem os estudos:

1. *Jogo de Cartas*
2. *Arlequim – o Alcoviteiro*
3. *Nada Deu em Nada*

Classe V. E. Meierhold
Técnica dos movimentos cênicos

1. A tentativa de passar dos exercícios da *Técnica dos Movimentos Cênicos* para o trabalho, a partir de trechos do drama, com o uso da palavra.

a.   Cena da loucura de Ofélia (Tragédia sobre *Hamlet, o Príncipe Dinamarquês*)

Personagens: Ofélia, Rei, Rainha, Horácio, um servo de proscênio:

O roteiro trabalhado no ano passado, temporariamente sem palavras, foi, na nova etapa, retrabalhado e apresentado sob nova forma, com a incorporação da palavra.

A intérprete da personagem Ofélia, com gestos adocicados (que desagradaram tanto aos críticos teatrais nas apresentações do ano passado), luta contra a *mise-en-scène* pretensiosa, em prol da simplicidade *naïf* do verdadeiro *balagan*.

As canções ainda não dispostas na música. A marcação temporária de acompanhamento: um bastão de bambu, na tábua de madeira (lembrem da pronúncia dos versos e que não há, nem haverá, aquela liberdade que habitualmente o ator procura na *vivência,* sem se submeter à forma; vejam que alegria é possível na liberdade com submissão). O que parece fácil para o ator-músico torna-se impossível para o ator cuja musicalidade ainda não foi despertada. Este trecho foi trabalhado duas vezes: em setembro e em dezembro. Os intervalos no trabalho cênico devem ser aceitos como sistema. Várias falhas das primeiras seções foram diminuídas durante o intervalo feito no trabalho; no intervalo, a imaginação não dorme porque já foi alimentada. A tensão da assim chamada *vivência* transformou-se pelo trabalho da imaginação, ativada para libertar a técnica do jogo cênico, que não admite nenhum freio. O sucesso no trabalho sobre esse trecho pode ser esperado somente quando estiver definitivamente ultrapassada a plasticidade do tipo de Duncan[4] e quando se revelar no palco a vontade do malabarista, que domina a fala como domina as bolas e, cortando a esfera sobre a cabeça do ator, cria sua própria sequência e suas marcações rítmicas (ritmo e rimas). Memorize o termo teatral *jogar as palavras*; pergunte a si mesmo se você sabe dominar a respiração; se a sua assim chamada *vivência* não estraga a cadência da respiração; talvez valha a pena perguntar a algum indiano experiente o que ele sabe sobre a arte da respiração.

É tempo de chegarmos a um acordo definitivo sobre o que diz respeito ao problema da *vivência* na cena. Para os admiradores de Oscar Wilde, esse problema foi resolvido há tempos, pela declaração da atriz Sibila Wen em *O Retrato de Dorian Gray*: "eu poderia apresentar a paixão que eu não sentia, mas eu não posso apresentar a paixão que me queima como fogo".

O Estúdio colocou para si a tarefa de montar o espetáculo *Tragédia sobre Hamlet, o Príncipe Dinamarquês* sem omitir cenas e sem cortes em algumas delas. Tal tipo de montagem só poderia ser realizado se, durante o trabalho, fosse encontrada, nesses trechos, a chave para a interpretação das tragédias de Shakespeare. Com certeza, somente nos estudos da forma e na sua realização no palco a peça poderia ser encenada.

Vem à memória a história, contada por um cientista, sobre o sucesso da tragédia *Kambys*, de Thomas Preston, nos anos sessenta do século XVI, nos palcos de Londres. Falando do sucesso da peça, "lamentable tragedy mixed full of pleasant mirth"[5], eis para onde nossos olhares são atraídos. Não seria adequado olharmos a tragédia de *Hamlet* como uma peça onde as lamentações são misturadas a alegres gracejos, próprios do teatro? Não seria adequado esquecermos para sempre

---

4 Refere-se à plasticidade da dança como expressão abstrata proposta por Isadora Duncan. (N. da T.)

5 "Tragédia lamentável inteiramente mesclada com agradável júbilo" ou "mescla de lamentável tragédia cheia de agradável júbilo".

a discussão dos estudiosos sobre a vontade, fraca ou forte, de Hamlet, e sobre todos os tipos de *tendências* do autor, e os que foram a ele impostos? Ficou ainda, na época de Shakespeare, aquilo que definia o teatro anterior a ele:

Toda a gama das impressões artísticas estava presente em duas notas, uma triste e uma alegre: e frequentemente a triste misturava--se com a horrível, e a alegre com a caricatura; as notas intermediárias que refletiam as sensações mais sutis quase não eram escutadas. O povo exigia que a música, a canção, a peça teatral o emocionassem profundamente, e provocassem do riso às lágrimas; se tais resultados fossem alcançados, juntos, na mesma canção ou peça, melhor ainda[6].

Na Tragédia sobre *Hamlet*, obviamente ocorre uma mistura da elevada-patética e da comicidade-vulgar não apenas em toda a peça, mas também na personagem principal. Reconstruir esta particularidade, como um efeito cênico especial, quer dizer construir aquele prédio, único, onde o ator vai apresentar levemente e com prazer.

b.   O segundo quadro de *O Hóspede de Pedra*, de Púschkin.

Dois períodos de trabalho: 1. Não há palavras; construção dos quadros em forma de pantomima (preparo para a aceitação das palavras); 2. O movimento e as palavras são harmonizados.

O trabalho com a peça ainda está em um período inicial.

A busca de Nietchaiv[7] está no caminho certo.

2. Dois fragmentos complexos da classe de composição:

a.   *A Caça*
b.   Sem nome (persa)

---

6   N. Storojenko. *Antecessores de Shakespeare*, tomo i. Lilli Marlo, São Petesburgo, 1872, p. 89.

7   Ator do Estúdio que desempenhava o papel de Dom Carlos (N. da T.).

Em *A Caça*, a atriz Kuliabko-Korietskaia revelou a maestria da técnica cênica, à maneira dos atores da escola japonesa, que foi mostrada na Rússia pela maravilhosa atriz Ganako. O realismo teatral aqui não se manifesta como a expressão da realidade da vida transferida para o palco. A interpretação de Kuliabko--Korietskaia está no limite da teatralidade e do naturalismo, mas a comediante, pisando perto desse limite, mas nunca sobre ele, não chega ao compromisso da balança entre uma e outra. A comediante compõe todo o seu desempenho somente na esfera da verdade teatral e aí, onde ela quer captar completamente os corações do seu público, usa tais efeitos, que mostram apenas por um momento uma face naturalista, e logo ela conduz o público ao campo das imagens de natureza cênica.

3. Treinamento na técnica dos movimentos cênicos

Três estudos:
1. Atores
   Objetos: capa vermelha, vassourinha, chapéu.
2. Atores
   Objetos: dois bastões de bambu, tamborim, chapéu.
3. Atores
   Objetos: carta, bengala de bambu, flor, capa preta, livro.

Nos primeiros dois estudos, a interpretação dos comediantes foi composta com elementos da autêntica acrobacia (cf. Sobre os Elementos Acrobáticos dos Comediantes, livro 1-2-3, 1915, *O Amor de Três Laranjas...*, p. 77). O terceiro *Estudo* não pretende dar aos seus participantes mais do que foi dado aos integrantes do Estúdio Colin-Maillard.

O título de *Comediante do Estúdio* foi outorgado pela primeira vez durante a existência do Estúdio à sra. Kuliabko--Korietskaia (admitida em 1913/1914).

Anexo VII

ESTÚDIO V. MEIERHOLD (1916- 1917)[1]

Principais Matérias

1. Estudo da técnica de movimentos cênicos.
   NB[2]. É indispensável aos participantes do Estúdio o domínio da dança, música, atletismo e esgrima (o diretor do Estúdio indicará os mestres capazes de ensinar bem as técnicas dessas artes). Esportes recomendados: tênis, arremesso de disco, vela.
2. Estudo prático dos elementos componentes da apresentação teatral: organização, cenário, iluminação do tablado, figurino do ator e seus acessórios.
3. Princípios fundamentais da técnica de improvisação da comédia italiana (*Commedia dell'Arte*).
4. Aplicação no novo teatro de métodos tradicionais das apresentações teatrais dos séc. XVII e XVIII.

---

1 *O Amor de Três Laranjas…*, livro 2-3, 1916, p. 145-150.
2 Do italiano *nota bene* (N. da T.).

NB (aos pontos III e IV). O estabelecimento de um cânone formal baseia-se num estudo das formas tradicionais, não escolar-dogmático, mas genético, e qualquer desvio em direção ao academicismo inerte é considerado prejudicial.

5. *Leitura musical no drama.*

NB Por causa da partida de São Petersburgo de M. Gnessin, professor desta matéria, ela sai temporariamente do programa.

Temas de palestras[3]

- Mimetismo, o seu grau mais baixo (imitação sem idealização criativa), o seu grau mais alto (máscara), as suas faces mais profundas (grotesco-cômico, trágico, tragi-cômico).
- Análise dos procedimentos de representação em relação às características de atores importantes e estudo das peculiaridades dos períodos teatrais em que eles atuavam.

NB Ao aceitar a exigência estética necessária de qualquer arte, de que o *material* da obra artística é o que expressa a sua concordância em aceitar as formas a ele dadas pelo artista, e destacando como requisito necessário do palco que o ator apresente a sua arte apenas através da *técnica,* superando na sua representação os elementos do material de que dispõe por meio de *técnicas especiais,* que estão em conformidade com as particularidades do corpo e espírito humanos, assinalamos que, junto com a elaboração do material (no caminho do aperfeiçoamento da flexibilidade corporal), o ator deve conhecer o quanto antes a sua face de artista-histrião. Para que o diretor possa adivinhar corretamente os menores caprichos do ator que cria sobre o tablado, e que está ocupado com a busca do seu *empolai,* todo participante do Estúdio deve, já no primeiro mês (e não depois), escrever uma espécie de *curriculum vitae,* no qual lembra todas as ocasiões em que atuou amadoristicamente na sua infância e juventude, e também como ator profissional (para aqueles que

---

3 Todos os temas têm como finalidade um único objetivo: revelar o valor autônomo dos elementos *teatrais* na *arte do teatro.*

O AMOR DE TRÊS LARANJAS ANEXO VII

já chegaram a esta fase), e no qual define a sua visão de teatro, tal como ela era antes e como ficou agora.

* Análise das obras dramáticas do teatro russo dos anos 30 e 40 do séc. xix (Púschkin, Gógol, Lérmontov).
* Papel do *balagan* (teatro de feira) nas inovações teatrais (Molière, Shakespeare, Hoffmann, Tieck, Púschkin, Gógol, A. Rêmizov, A. Blok…).
* Circo e teatro.
* Conde Carlo Gozzi e seu teatro.
* Teatro espanhol.
* Métodos convencionais do drama indiano (Calidas).
* Peculiaridades do tablado cênico e dos métodos de representação no teatro chinês e japonês.
* Estudo das novíssimas teorias teatrais (G. Craig, V. E. Meierhold, N. N. Evrêinov, F. F. Komissarjévski, M. F. Gnessin, J. Dalcroze).
* O papel do diretor e do cenógrafo no teatro.
* Programas de escolas teatrais (projetos de A. N. Ostróvski, S. Iúriev, Voronov, Ozaróvski etc.)
* O teatro e o navio (sobre a questão da disciplina).

NB Certos materiais didáticos são considerados indispensáveis pelo diretor e pelos professores do Estúdio, seu estudo é obrigatório nos prazos predeterminados. A Revista do Estúdio (*O Amor das Três Laranjas – a Revista do Doutor Dapertutto*) é um material indispensável. Para os participantes do Estúdio é obrigatória a frequência em todas as aulas. Os participantes devem estar sempre prontos para as aulas-testes, que acontecem periodicamente.

Aqueles que desejam entrar para o Estúdio no ano letivo de 1916-1917 serão agrupados da seguinte maneira:

1. Aqueles que já faziam parte do Estúdio nos anos letivos passados e que não receberam diploma de fim de curso[4].
2. Aqueles que entram pela primeira vez no Estúdio.

---

4 Pode ser considerado como formado pelo Estúdio de V. E. Meierhold somente aquele que tem o certificado de fim de curso com a assinatura do diretor e carimbado, segundo as normas, pela escola musical e dramática de V. E. Meierhold (Estúdio de V. E. Meierhold).

A todas as pessoas, desses dois grupos, é proposta uma prova no momento do ingresso.

São admitidas à prova aquelas pessoas do primeiro grupo que: a) não passaram pelo estágio resultante da decisão do diretor do Estúdio, b) não apresentaram um *curriculum vitae* no momento oportuno, e c) cujo trabalho foi marcado por uma série de desvios dos principais objetivos do Estúdio.

Membros do primeiro grupo são convidados a um encontro particular com o diretor do Estúdio V. E. Meierhold, sendo necessário agendar previamente o dia e a hora do encontro por telefone.

Membros do segundo grupo devem enviar uma carta (para o endereço....) falando do seu interesse em comparecer à prova de admissão, indicando na carta o nome patronímico e o sobrenome, assim como o seu endereço, para o qual será enviado o aviso sobre o dia, a hora e o lugar da prova.

Aqueles que receberam o título de comediante do Estúdio entram para o novo curso sem teste.

Os participantes da prova devem demonstrar:

a. O nível de musicalidade (aqueles que tocam algum instrumento devem tocar, aqueles que cantam, cantar);
b. O nível de flexibilidade corporal (exercícios de ginástica ou acrobáticos; trecho de uma pantomima com truques acrobáticos *ex improviso*);
c. A capacidade mimética (representar uma cena sem palavras sobre um tema que acaba de ser proposto; a *mise--en-scène* será estabelecida e as principais técnicas demonstradas pelo diretor do Estúdio);
d. A clareza de dicção (leitura à *livre ouvert*);
e. Conhecimentos da teoria de versificação;
f. Conhecimentos (se tais existirem) em outras áreas artísticas (pintura, escultura, poesia, dança) e as suas criações, se tais existirem;
g. Conhecimento da história do drama, nos limites do curso escolar (respostas às perguntas).

Àqueles que, por uma timidez excessiva, forem impedidos de se mostrarem na prova de admissão, será sugerido ingressar no Estúdio condicionalmente por período de um mês, durante o qual a pessoa poderá demonstrar o seu material cênico nas aulas-testes.

Os participantes do Estúdio são considerados: 1. em fase de teste (no primeiro mês); 2. alunos (primeiro mês e todos os demais).

O aluno passa a ser comediante depois de passar por uma série de testes, segundo um programa previamente estabelecido, e depois de ter terminado o estágio segundo a indicação do diretor do Estúdio.

A permanência no Estúdio não é limitada por um tempo determinado. No entanto, periodicamente são dispensados aqueles cujo trabalho não está mais nos planos do Estúdio.

O comediante considerado capaz de extraordinários êxitos artísticos pode ser convidado a fazer parte da organização do teatro que está sendo criado.

É incompatível com a permanência no Estúdio:

1. Participar de apresentações teatrais públicas não organizadas pelo diretor do Estúdio;
2. Cursar outras escolas artísticas sem o conhecimento do diretor do Estúdio.

As aulas do Estúdio são divididas por horas e separadas por curtos intervalos. A entrada nas oficinas é permitida apenas nos intervalos. Os atrasados deverão completar por conta própria a matéria perdida. Diante da impossibilidade de estar presente nas aulas é obrigatório avisar por telefone, carta ou telegrama.

Levando em conta que a frequência irregular das aulas e atrasos prejudicam a unidade da matéria aprendida, faltas constantes e negligência em relação ao trabalho implicam em afastamento dos trabalhos do Estúdio (provisório ou permanente).

O uniforme estabelecido para os trabalhos cotidianos é obrigatório.

É obrigatória uma relação cuidadosa com os figurinos e objetos de cena, não importando onde eles estejam: no palco ou na coxia.

É reservado um quarto especial aos fumantes. O telefone e o bar estão à disposição dos participantes do Estúdio somente nos intervalos.

A entrada de pessoas estranhas, exceto as que têm permissão do diretor do Estúdio, é permitida apenas nos dias de apresentações públicas.

A distribuição de papéis estabelecida pelos mestres de cena (ou, com o conhecimentos deste, pelo autor da peça) é obrigatória.

A maquiagem e seus apetrechos, o figurino e os objetos de cena estabelecidos pelo cenógrafo são aceitos sem discussão. Não são permitidas quaisquer substituições arbitrárias.

Aqueles que não participam da peça em preparação devem obrigatoriamente estar presentes nos ensaios para a qualquer momento entrar em cena pela solicitação do diretor ou do autor da peça.

Os espetáculos do Estúdio diferenciam-se das aulas comuns apenas pela presença do público. Grande atenção em relação à coesão do trabalho, rapidez nas trocas e presença nos lugares são igualmente obrigatórios nos dois casos. Rapidez e exatidão de presença nos lugares antes da entrada em cena fazem parte da representação. Não é permitido o abandono do palco durante os trabalhos ou durante a sua preparação.

Nas apresentações públicas, todos os participantes devem estar prontos para a parada meia hora antes do início.

Cada peça será dirigida por um assistente de direção, escolhido entre aqueles que não participam diretamente da peça.

As ordens do assistente são automaticamente acatadas. Divergências podem ser expostas após o final do trabalho, na presença do mestre de cena.

Todos os participantes da apresentação, assim como aqueles que ficam na coxia, ocupam os lugares exatos indicados pelo assistente para não atrapalhar as entradas e saídas do tablado.

Os recursos do Estúdio (provenientes dos pagamentos dos participantes e da receita da revista) vão para o pagamento: 1. do imóvel, luz, dos funcionários, 2. do acompanhador, 3. da decoração do tablado cênico e dos objetos cênicos adquiridos, 4. das despesas de edição do material didático principal (revista *O Amor de Três Laranjas*).

Os participantes do Estúdio pagam mensalmente 10 rublos, com exceção do primeiro mês, em que são pagos 20 rublos (em que entram a matrícula de 10 rublos e a assinatura da revista para o ano corrente), e de janeiro, quando também são pagos 20 rublos (em que entra a taxa de montagem de 10 rublos para a organização da apresentação pública dos participantes do Estúdio). Os admitidos apenas para o mês de teste pagam somente a taxa de matrícula.

As aulas ocorrem de primeiro de setembro a primeiro de maio (às segundas, quartas, sextas e sábados) das 4 às 7 horas da noite.

MARIA THAIS LIMA SANTOS

Professora, pesquisadora e diretora teatral. Graduada em artes cênicas pela Universidade do Rio de Janeiro (1984), com mestrado (1994) e doutorado (2002) em artes pela Universidade de São Paulo, onde atua na pós-graduação e na graduação (nas áreas de interpretação e direção teatral). Desenvolve o projeto de pesquisa Encenação e Pedagogia no Teatro Contemporâneo, com ênfase no teatro russo e do extremo oriente. É diretora do TUSP – Teatro da Universidade de São Paulo e da Cia. Teatro Balagan. Atua, desde 1998, como diretora-pedagoga da Moscow Theatre-School of Dramatic Art, dirigida por Anatoli Vassiliev.

TEATRO NA ESTUDOS

João Caetano
 Décio de Almeida Prado (E011)
Mestres do Teatro I
 John Gassner (E036)
Mestres do Teatro II
 John Gassner (E048)
Artaud e o Teatro
 Alain Virmaux (E058)
Improvisação para o Teatro
 Viola Spolin (E062)
Jogo, Teatro & Pensamento
 Richard Courtney (E076)
Teatro: Leste & Oeste
 Leonard C. Pronko (E080)
Uma Atriz: Cacilda Becker
 Nanci Fernandes e Maria T. Vargas
 (orgs.) (E086)
TBC: Crônica de um Sonho
 Alberto Guzik (E090)
Os Processos Criativos de Robert Wilson
 Luiz Roberto Galizia (E091)
*Nelson Rodrigues: Dramaturgia e
Encenações*
 Sábato Magaldi (E098)
José de Alencar e o Teatro
 João Roberto Faria (E100)
Sobre o Trabalho do Ator
 M. Meiches e S. Fernandes (E103)
Arthur de Azevedo: A Palavra e o Riso
 Antonio Martins (E107)
O Texto no Teatro
 Sábato Magaldi (E111)
Teatro da Militância
 Silvana Garcia (E113)
Brecht: Um Jogo de Aprendizagem
 Ingrid D. Koudela (E117)
O Ator no Século XX
 Odette Aslan (E119)
Zeami: Cena e Pensamento Nô
 Sakae M. Giroux (E122)
Um Teatro da Mulher
 Elza Cunha de Vincenzo (E127)
Concerto Barroco às Óperas do Judeu
 Francisco Maciel Silveira (E131)
*Os Teatros Bunraku e Kabuki: Uma
Visada Barroca*
 Darci Kusano (E133)
O Teatro Realista no Brasil: 1855-1865
 João Roberto Faria (E136)
Antunes Filho e a Dimensão Utópica
 Sebastião Milaré (E140)

A Procura da Lucidez em Artaud
 Vera Lúcia Felício (E148)
*Memória e Invenção: Gerald Thomas
em Cena*
 Sílvia Fernandes (E149)
O Teatro de Heiner Müller
 Ruth C. de O. Röhl (E152)
Falando de Shakespeare
 Barbara Heliodora (E155)
Moderna Dramaturgia Brasileira
 Sábato Magaldi (E159)
Work in Progress na Cena Contemporânea
 Renato Cohen (E162)
*Apresentação do Teatro Brasileiro
Moderno*
 Décio de Almeida Prado (E172)
Da Cena em Cena
 J. Guinsburg (E175)
O Ator Compositor
 Matteo Bonfitto (E177)
Ruggero Jacobbi
 Berenice Raulino (E182)
Papel do Corpo no Corpo do Ator
 Sônia Machado Azevedo (E184)
O Teatro em Progresso
 Décio de Almeida Prado (E185)
Édipo em Tebas
 Bernard Knox (E186)
Depois do Espetáculo
 Sábato Magaldi (E192)
Em Busca da Brasilidade
 Claudia Braga (E194)
A Análise dos Espetáculos
 Patrice Pavis (E196)
As Máscaras Mutáveis do Buda Dourado
 Mark Olsen (E207)
Crítica da Razão Teatral
 Alessandra Vannucci (E211)
Caos e Dramaturgia
 Rubens Rewald (E213)
Para Ler o Teatro
 Anne Ubersfeld (E217)
Entre o Mediterrâneo e o Atlântico
 Maria Lúcia de S. B. Pupo (E220)
*Yukio Mishima: O Homem de Teatro
e de Cinema*
 Darci Kusano (E225)
O Teatro da Natureza
 Marta Metzler (E226)
Margem e Centro
 Ana Lúcia V. de Andrade (E227)

TEATRO RUSSO NA PERSPECTIVA

Maiakóvski e o Teatro de Vanguarda
Angelo Maria Ripellino (D042)

Stanislávski e o Teatro de Arte de Moscou
J. Guinsburg (D192)

O Truque e a Alma
Angelo Maria Ripellino (E145)

O Inspetor Geral *de Gógol/Meyerhold*
Arlete Cavaliere (E151)

Stanislávski, Meierhold e Cia
J. Guinsburg (E170)

Na Cena do Dr. Dapertutto
Maria Thais (E267)

O Cotidiano de uma Lenda
Cristiane Layher Takeda (PERS)

Ibsen e o Novo Sujeito da Modernidade
Tereza Menezes (E229)
Teatro Sempre
Sábato Magaldi (E232)
O Ator como Xamã
Gilberto Icle (E233)
A Terra de Cinzas e Diamantes
Eugenio Barba (E235)
A Ostra e a Pérola
Adriana Dantas de Mariz (E237)
A Crítica de um Teatro Crítico
Rosangela Patriota (E240)
O Teatro no Cruzamento de Culturas
Patrice Pavis (E247)
Teatro em Foco
Sábato Magaldi (E252)
A Arte do Ator entre os Séculos XVI e XVIII
Ana Portich (E254)

O Teatro no Século XVIII
Renata S. Junqueira e Maria Gloria C.
Mazzi (orgs.) (E256)
A Gargalhada de Ulisses
Cleise Furtado Mendes (E258)
A Cena em Ensaios
Béatrice Picon-Vallin (E260)
Teatro da Morte
Tadeusz Kantor (E262)
Escritura Política no Texto Teatral
Hans-Thies Lehmann (E263)
A Cinética do Invisível
Matteo Bonfitto (E268)
Luigi Pirandello:
Um Teatro para Marta Abba
Martha Ribeiro (E275)
Teatralidades Contemporâneas
Sílvia Fernandes (E277)

Este livro foi impresso na cidade de São Bernardo do Campo,
nas oficinas da Bartira Gráfica e Editora S.A., em fevereiro de 2010,
para a Editora Perspectiva S.A.

HISTÓRIA
MODERNA

Dados Internacionais de Catalogação na Publicação (CIP)
(Câmara Brasileira do Livro, SP, Brasil)

Rodrigues, Antonio Edmilson M.
   História moderna : os momentos fundadores da cultura ocidental / Antonio Edmilson M. Rodrigues, João Masao Kamita. – Petrópolis, RJ : Vozes, Rio de Janeiro : Editora PUC, 2018. – (Série História Geral)

   Bibliografia.
   ISBN 978-85-326-5810-4

   1. Capitalismo – História 2. Cultura 3. Europa – História 4. História moderna 5. Historiografia – Europa 6. Renascimento I. Kamita, João Masao. II. Título. III. Série.

18-16470   CDD-909.08

Índices para catálogo sistemático:
1. História moderna   909.08

Maria Alice Ferreira – Bibliotecária – CRB-8/7964

Antonio Edmilson M. Rodrigues
João Masao Kamita

HISTÓRIA MODERNA
OS MOMENTOS FUNDADORES DA CULTURA OCIDENTAL

Petrópolis

© 2018, Editora Vozes Ltda.
Rua Frei Luís, 100
25689-900 Petrópolis, RJ
www.vozes.com.br
Brasil

Todos os direitos reservados. Nenhuma parte desta obra poderá ser reproduzida ou transmitida por qualquer forma e/ou quaisquer meios (eletrônico ou mecânico, incluindo fotocópia e gravação) ou arquivada em qualquer sistema ou banco de dados sem permissão escrita da editora.

CONSELHO EDITORIAL

Diretor
Gilberto Gonçalves Garcia

Editores
Aline dos Santos Carneiro
Edrian Josué Pasini
Marilac Loraine Oleniki
Welder Lancieri Marchini

Conselheiros
Francisco Morás
Ludovico Garmus
Teobaldo Heidemann
Volney J. Berkenbrock

Secretário executivo
João Batista Kreuch

Pesquisa iconográfica: Paloma Brito
Editoração: Maria da Conceição B. de Sousa
Diagramação: Sheilandre Desenv. Gráfico
Revisão gráfica: Alessandra Karl
Capa: Felipe Souza | Aspectos
Ilustração de capa: ©vaivirga | 123rf

ISBN 978-85-326-5810-4 (Vozes)
ISBN 978-85-8006-214-4 (PUC-Rio)

© Editora PUC-Rio
Rua Marquês de S. Vicente, 225 –
Casa da Editora PUC-Rio/Projeto Comunicar
Gávea
22451-900 Rio de Janeiro, RJ
Tel.: (21) 3527-1838/1760
Site: www.puc-rio.br/editorapucrio
Editorial: edpucrio@puc-rio.br

Reitor
Pe. Josafá Carlos de Siqueira, S.J.

Vice-reitor
Pe. Álvaro Mendonça Pimentel, S.J.

Vice-reitor para Assuntos Acadêmicos
Prof. José Ricardo Bergmann

Vice-reitor para Assuntos Administrativos
Prof. Luiz Carlos Scavarda do Carmo

Vice-reitor para Assuntos Comunitários
Prof. Augusto Luiz Duarte Lopes Sampaio

Vice-reitor para Assuntos de Desenvolvimento
Prof. Sergio Bruni

Decanos
Prof. Júlio Cesar Valladão Diniz (CTCH)
Prof. Luiz Roberto A. Cunha (CCS)
Prof. Luiz Alencar Reis da Silva Mello (CTC)
Prof. Hilton Augusto Koch (CCBM)

Conselho Gestor Editora PUC-Rio
Augusto Sampaio, Danilo Marcondes, Felipe Gomberg, José Ricardo Bergmann, Júlio Diniz, Luiz Alencar Reis da Silva Mello, Luiz Roberto Cunha, Miguel Pereira e Sergio Bruni.

Editado conforme o novo acordo ortográfico.

Este livro foi composto e impresso pela Editora Vozes Ltda.

Dedicatória

Ao Ricardinho Benzaquen, que teve uma presença constante na produção deste livro, indicando, comentando e ensinando, e que deixou um enorme vazio em nós e no Departamento de História da PUC-Rio.

Sumário

Lista de figuras e ilustrações do caderno iconográfico, 9

Parte I – Entre tradições e novidades – Reflexões sobre o estabelecimento do novo na cultura europeia, 13

    Antonio Edmilson M. Rodrigues

Introdução, 15

1 História e cultura na Europa moderna, 23

2 Os diferentes caminhos de emergência do capitalismo, 69

3 As reformas religiosas: protestantismo *versus* catolicismo na Europa renascentista, 81

4 A querela entre antigos e modernos: genealogia da Modernidade, 105

5 As manifestações locais e sua dinâmica, 143

Parte II – A arte no Renascimento e no Barroco, 217

    João Masao Kamita

Introdução, 219

1 Arte como forma de conhecimento, 223

2 Cultura artística e a cidade ideal renascentista, 257

3 O *Cinquecento*: vértice e ruptura da tradição renascentista, 277

4 O maneirismo, 329

5 O Barroco, 339

Referências, 371

Índice, 385

Lista de figuras e ilustrações do caderno iconográfico

Parte I, entre as p. 80 e 81

Figura 1 Agricultura. Ilustração do século XV, do *Livre des profits ruraux*

Figura 2 *A cidade de Deus*, de Santo Agostinho (1375)

Figura 3 Mapa do mundo, por Cláudio Ptolomeu

Figura 4 Detalhe de uma miniatura do rei da Boêmia derrotando os austríacos e sarracenos (século XV)

Figura 5 Autópsia. Dissecação de cadáveres humanos por médicos. Miniatura do livro das propriedades das coisas (*De rerum proprietatibus*), por Bartholomeus Anglicus (1475-1500)

Figura 6 Ocidental e árabe praticam geometria. Manuscrito, c. século XV

Figura 7 Uma reunião de médicos da Universidade de Paris. Manuscrito *Chants royaux* (1537, fol. 27V)

Figura 8 A cidade de Saint-Denis viveu na Idade Média uma febre construtiva genuína. Miniatura sobre a vida do Conde Gerard de Rousillon (1448)

Figura 9 *Dois coletores de impostos* (1540). Atribuído a Marinus van Reymerswaele. Óleo sobre painel

Figura 10 *Vida de Martinho Lutero e heróis da Reforma*, do litógrafo H. Breul. Original por H. Brückner

Figura 11 *Lei e graça*, de Lucas Cranach o Velho

Figura 12 *João Calvino em seu leito de morte*. Litografia por W.L. Walton (*c.* 1865)

Figura 13 *João Hus na fogueira em 1415*

Figura 14 *Aristóteles com o busto de Homero*. Rembrandt (1653)

Figura 15 *Luís XIV, rei de França* (1638-1715), de Hyacinthe Rigaud (1702). Óleo sobre tela

Figura 16 *Palácio de Versalhes* (*c.* 1668), por Pierre Patel

Parte II, entre as p. 256 e 257

Figura 17 *São Francisco doando manto ao pobre viajante*. Giotto (1296)

Figura 18 *Cúpula da Catedral de Santa Maria dei Fiori*. Brunelleschi (1420-1436)

Figura 19 *Trindade*. Masaccio (1426-1427)

Figura 20 *São Jorge*. Donatello (1417-1420)

Figura 21 *Condottieri Guattamelata*. Donatello (1443-1453)

Figura 22 *Anunciação*. Fra Angelico (1440)

Figura 23 *Primavera*. Botticelli (1478)

Figura 24 *Nascimento de Vênus*. Botticelli (1485)

Figura 25 *Anunciação*. Leonardo da Vinci (1475)

Figura 26 *Última ceia*. Leonardo da Vinci (1495-1497)

Figura 27 *Monna Lisa*. Leonardo da Vinci (1503-1506)

Figura 28 *Sagrada Família "Tondo Doni"*. Michelângelo (1504)

Figura 29 *David*. Michelângelo (1501-1504)

Figura 30 *Capela Sistina*. Michelângelo (1508-1512)

Figura 31 *Juízo final*. Michelângelo (1536-1541)

Figura 32 *Tempestade*. Giorgione (1508-1509)

Figura 33 *Vênus de Urbino*. Ticiano (1548)

Figura 34 *Nossa Senhora de Ca'Pesaro*. Ticiano (1526)

Figura 35 *Bela do Jardim*. Rafael (1507-1510)

Figura 36 *Escola de Atenas*. Rafael (1508-1511)

Figura 37 Nossa Senhora do Pescoço Longo. *Parmeggianino* (1535-1540)

Figura 38 *Baldaquino*. Bernini (1624-1633)

Figura 39 *Colunata da Praça São Pedro* – Roma. Bernini

Figura 40 *Cúpula da catedral*. Michelângelo (1557-1593) / (1656-1676)

Figura 41 *Las Meninas*. Velázquez (1656)

Figura 42 *Autorretrato*. Rembrandt (1669)

Figura 43 *Conversão de São Paulo*. Caravaggio (1601)

Figura 44 *Triunfo do Nome de Jesus*. Giovanni Battista Gauli (1674)

Figura 45 *Êxtase de Santa Teresa*. Bernini (1645-1652)

Figura 46 *Igreja de São Carlos nas Quatro Fontes* – Fachada. Borromini (1634-1667)

Figura 47 *Igreja de São Carlos nas Quatro Fontes* – Interior. Borromini (1634-1667)

Ilustrações, entre as p. 256 e 257

Ilustração 1 *Dia de Santa Maria das Neves*. Leonardo da Vinci (05/08/1473)

Ilustração 2 *Igreja de Jesus de Roma* – Fachada desenhada por Vignola

PARTE I

ENTRE TRADIÇÕES E NOVIDADES

Reflexões sobre o estabelecimento do novo na cultura europeia

Antonio Edmilson M. Rodrigues

Introdução

A leitura desta seção é uma chamada para a reflexão sobre os séculos decisivos da Modernidade europeia. Nele, o ponto de partida é o exame dos momentos fundadores da cultura ocidental. Mas cabe a pergunta: Por que momentos fundadores? O que apresentamos aqui interferiu e interfere nas nossas vidas de maneira dupla.

Ao mesmo tempo em que observamos a formação da Europa moderna e, com ela, a do homem e do mundo, aí incluídos o Humanismo e o Renascimento, as reformas religiosas, a formação dos estados modernos, além de inúmeros outros temas; teremos também a oportunidade de perceber a importância desses eventos para o nosso reconhecimento como homens do mundo contemporâneo, expostos a questões ainda mais complexas do que aquelas que apresentavam um mundo de possibilidades abertas. Hoje, o presentismo tomou conta das nossas vidas.

Lembremos a cultura grega e as várias soluções que ela deu para a vida em sociedade, aí incluída a política. A respeito da Idade Média, recordemos que nunca foi um período de trevas; pelo contrário, durante aquele período histórico as tradições clássicas foram preservadas por meio dos debates realizados no próprio espaço da Igreja e fora dela. Também tiremos de nossas cabeças a ideia de que o período medieval, ao contrário da Época Moderna, era dominado apenas por práticas agrícolas realizadas nas senhorias. As várias experiências modernas da vida urbana estão presentes ali, principalmente a partir do século XII.

Outro aspecto que devemos ter em mente se refere ao que em geral consideramos como sendo o momento de início da Época Moderna, que foi a tomada de Constantinopla em 1453, que teria não apenas modificado o eixo econômico para o Atlântico, mas também provocado a ida dos sábios para a Europa Centro-ocidental, possibilitando acontecer o Renascimento. Os preços das mercadorias podem ter aumentado; as relações, ficado mais complexas. Mas o fluxo se manteve e a determinação da mudança, decorrente do cálculo da razão moderna, é que realizou a alteração.

Mas cuidado! Não estamos afirmando que a tomada de Constantinopla não teve importância. Por certo teve, só que não isoladamente. E, mais do que isso, o comércio com o Oriente não acabou, os custos inerentes a ele é que subiram, viabilizando os investimentos ibéricos no Atlântico.

Quanto aos sábios de Constantinopla, sua importância foi a de oferecer aos estudiosos ocidentais novos dados e informações para as descobertas e pesquisas, por meio das tradições persas de reflexão sobre os textos gregos, apresentados nos seus originais, o que proporcionou o estabelecimento de um campo crítico de comparação entre as traduções latinas e originais, permitindo que as inclusões feitas na Idade Média pudessem ser retiradas. Outro ponto a destacar é a experiência marítima no Mar Mediterrâneo, que auxiliou, com as técnicas de navegação ali desenvolvidas, a realização do domínio dos oceanos.

Deixemos de lado, então, as explicações fáceis para a passagem da Idade Média para a Época Moderna; abandonemos as velhas dicotomias que asseguravam que as diferenças entre um momento e outro estavam centradas na oposição campo-cidade, ou entre a vida rural e a urbana, ou ainda entre nobres e burgueses, entre vida contemplativa e vida ativa. Essas dicotomias só serviram para retirar da interpretação aspectos que mostravam a heterogeneidade da cultura medieval e limitar o alcance de certas inovações que se processaram na Europa Centro-ocidental a partir do século XII.

As dicotomias, por outro lado, também produziram interpretações que transformaram a Europa medieval numa região onde só haviam senhorias férteis, capazes de alimentar uma população que não demandava mais do que o necessário para sobreviver e que, com sua força de trabalho, constituía os exércitos dos nobres ou os homens do clero.

Até hoje, muitos veem a Idade Média como sinônimo de domínio religioso e de unidade da Igreja, baseada em relações de dependência que anulam a possibilidade de pensarmos uma sociedade medieval dinâmica que respondia aos desafios que se colocavam no tempo, como enfrentar guerras e pestes, atender às necessidades dos homens da Igreja e produzir uma vida privada independente.

É a variedade de situações vividas no final da Idade Média que nos permite vislumbrar como os valores modernos tomam forma e adquirem sentido. A principal representação desse processo de inovação está centrada na cidade. A cidade é o palco das experimentações que abriram caminho para a cultura moderna.

Fruto do desenvolvimento do feudalismo, a cidade ocupou um papel decisivo no movimento de mudanças que se realizou a partir do século XII. E não apenas por sua associação ao que é tomado como o grande elemento de produção da decadência feudal: o comércio.

Assim, o comércio é um desdobramento do potencial que as cidades adquirem no final da Idade Média e é apenas uma das suas atividades. A vida urbana produziu modificações que tiveram efeito decisivo na configuração da cultura moderna. Foi nas cidades que se desenvolveu a vida universitária, que, junto com os debates teológicos e os estudos de hermenêutica, abriu caminho para o conhecimento mais efetivo dos textos da Antiguidade Clássica.

Foram essas cidades que deram condições de crescimento a muitas ordens religiosas que praticavam seus atos de acordo com as condições locais, permitindo a divulgação da fé por intermédio das línguas e dos dialetos locais, afastando-se do latim, propiciando, assim, uma comunicação maior das informações e do conhecimento, antes mesmo da invenção da imprensa. Nesses espaços urbanos, os homens perceberam que possuíam uma história que se diferenciava da história religiosa, por meio da qual as experiências podiam ser trocadas e as distinções entre cada um deles podiam ser reconhecidas, abrindo espaço para dúvidas acerca da natureza humana e divina e iniciando um processo de secularização, no qual a ideia de transcendência dava lugar à imanência. O homem começava a descobrir sua fortaleza e sua condição de ação no mundo. O individualismo e o subjetivismo se anunciavam como portadores da condição de homem moderno.

As cidades também foram espaços de comércio e ativaram com ele um conhecimento do mundo que ultrapassava seus limites, transformando os comerciantes em homens cosmopolitas e realizadores de um processo de trocas que ia além da economia. As práticas religiosas começavam, a partir daí, a ganhar expressões particulares, desafiando as tentativas de unidade da Igreja Católica e provocando conflitos entre o Papado e o Sacro Império.

Os centros urbanos se transformaram em espaços de vivência de sentimentos e de vontades, que promoveram a introdução de uma história individual que anunciava a diferença entre os seus habitantes e os fazia experimentar formas de vida que dependiam exclusivamente de suas ações e produziam novas relações entre os homens e deles com a natureza.

Esses novos espaços urbanos passaram, então, a ser centros de referência e informação, diferenciando os seus habitantes daqueles de outras cidades. Havia cidades dominadas por nobres que as protegiam nas guerras; cidades organizadas a partir de interesses comuns dos habitantes, gerando autogovernos e servindo de base para as formas políticas republicanas, e cidades religiosas que o domínio da Igreja transformava em santuários.

Essas unidades urbanas se constituíam como lugares de novas experiências quanto à produção e à habitação, passando a representar a riqueza e o luxo e, com eles, o poder e a autoridade. Só que elas apresentavam também um panorama social novo: a inclusão daqueles que não eram proprietários de terras nem membros da Igreja. Os burgueses se anunciavam como os homens que melhor conheciam a vida urbana e poderiam gerar sua dinâmica.

A atmosfera urbana revelava o caminho para o mundo moderno e isso acelerava o crescimento demográfico, principalmente porque as cidades desempenhavam um papel importante na diminuição da mortalidade e na proteção contra as pestes e outros males. A presença das cidades também reduziu as atividades de guerra, equilibrando a produção agrícola e, com ela, propiciando uma melhor alimentação nesses centros.

Essa renovação populacional requeria condições de produção diferentes. As novas medidas tomadas para alimentar as cidades alteraram o comércio e a agricultura, além de desenvolver as atividades artesanais. Como a Europa Centro-ocidental não era homogênea, foi possível observar um movimento de população em direção às cidades mais progressistas da época. Isso representou, em parte, o processo de crescimento da vida urbana na Itália e a importância do Mar Mediterrâneo como espaço das experiências mercantis (cf. Figura 1 do caderno iconográfico).

A riqueza das cidades ampliou sua importância na região onde estavam localizadas e projetou sobre esse entorno mudanças que foram da economia à cultura, o que atraía para elas os senhores feudais e a Igreja. O resultado mais imediato foi o confronto com os poderes tradicionais da Idade Média, porque os centros urbanos provocavam a fuga dos servos, que se dirigiam a elas, por um lado, com o intuito de se livrar dos impostos medievais, e, de outro, porque esses espaços ofereciam novas oportunidades de riqueza. Além disso, essa potencialidade dos centros urbanos gerou alterações na renda e na produção, exigindo renovações técnicas.

A exposição dos novos poderes urbanos fez com que a cidade se tornasse fragmentada de interesses que se localizavam em espaços distintos, tendo a praça central como núcleo. O palácio representava o poder da nobreza e ocupava um lugar privilegiado ao redor da grande praça, que era o lugar dos burgueses; no outro lado da praça estava a catedral, que representava o poder da Igreja. Mas a dinâmica urbana era dada pelo movimento do comércio na praça, onde era possível encontrar não apenas novidades nas mercadorias oferecidas, como informações sobre suas origens e sobre o mundo além dos limites urbanos. Muitas vezes, os habitantes se deparavam com tipos humanos exóticos que vinham apresentar os seus produtos.

A Igreja, representada pela catedral e pelos clérigos, os palácios, nomeadamente vinculados à nobreza, e a praça, lugar dos burgueses, determinaram nas cidades ordem e organização, produzindo novas relações das quais resultaram novas formas de administração que serviram de base para o progresso das ideias e das práticas políticas. O amor à cidade cantado em prosa e verso é um sinal da força que elas terão como espaço de realização da vida humana.

Além disso, esses espaços urbanos também se diferenciavam por sua produção cultural, por suas relações com as tradições. Aos poucos, eles se transformaram em centros de saber. O resultado foi que cada cidade estabeleceu uma história com o passado, afirmando-se enquanto possuidora de forças intelectuais que resultaram no desenvolvimento de bibliotecas, universidades e centros de estudos, como as academias, que transformaram as cidades em laboratórios de renovação do saber e geraram a vontade de inventar e descobrir o mundo. As viagens se tornaram um instrumento de ampliação do conhecimento pela condição de estabelecimento das diferenças.

Essas renovações afetaram a economia. Em primeiro lugar, porque o novo jogo político dependia da riqueza, e isso significava maior empenho na exploração senhorial ou religiosa e maior desenvolvimento do comércio.

No que tange às transformações no modo de produzir na agricultura, o impacto foi formidável e gerou um movimento de população decorrente da fuga de servos, não mais apenas da Europa Centro-ocidental, mas também da Europa oriental, onde o avanço da servidão provocou um êxodo em direção ao Ocidente. Esse êxodo permitiu que houvesse um alargamento das opções de comércio marítimo e das manufaturas na Europa ocidental.

Mas a alteração mais importante produzida por esse movimento das cidades foi a renovação das maneiras como as senhorias obtinham sua renda. Essas formas criaram a oportunidade de novos ganhos e transformaram muitos servos em proprietários e em comerciantes, expandindo a base da riqueza e renovando as cidades.

Na Europa Centro-ocidental, essas mudanças ocorreram em ritmos diferenciados de lugar para lugar e com características específicas para cada região. A Península Ibérica se voltou, por sua posição geográfica, para o comércio do Mediterrâneo e do Atlântico, com vinculações com o mar do Norte por conta do comércio do sal. A França foi o grande centro articulador das rotas terrestres da Europa desde a Idade Média, devido à posição de Paris. A Península Itálica voltou sua atenção para dentro e para fora, iniciando a um só tempo a renovação agrícola e o desenvolvimento mercantil, e se conectou com o Oriente e com as áreas germânicas, que se articularam com o mar do Norte, a Inglaterra e as cidades dos Países Baixos.

Os movimentos de trocas exigiram dos centros urbanos novas alterações para aumentar a velocidade de circulação, o que acarretou desde novas estruturas financeiras, envolvendo créditos e letras de câmbio, até meios de transportes mais rápidos e seguros.

Temos, assim, um novo sistema de necessidades, de ordenamentos e de desenvolvimento cultural. O resultado talvez mais significativo tenha sido no âmbito da Igreja. Além do processo de secularização do mundo e da consciência vinda do homem em oposição à transcendência defendida pela Igreja, a autoridade universal da religião foi desafiada pela configuração de territórios que cada vez mais se envolviam com a renovação mercantil, com a experiência intelectual e com as pesquisas sobre a natureza, afastando-se do controle da Igreja e desenvolvendo formas políticas de acordo com as quais a liberdade se tornava o fundamento da experiência humana.

Podemos continuar considerando a renovação moderna como fruto da invenção da bússola, do astrolábio, da pólvora e da imprensa, mas não podemos deixar de observar que esses elementos foram o resultado de transformações profundas que mudaram a paisagem da terra e propiciaram a descoberta do homem e do mundo.

Agora, temos uma Europa moderna que descobriu uma profusão de novidades absurdas. Entre elas, encontraremos uma especial: o Novo Mundo.

1
História e cultura na Europa moderna

O alvorecer da vida moderna entre os séculos XIV e XVI

Quando se estuda a Época Moderna, toma-se como parâmetro das mudanças a ultrapassagem da Idade Média. O século XVI é apresentado como o século do Alto Renascimento, momento de fixação dos valores modernos, do individualismo, da subjetividade. Ele se destaca, assim como o século XVIII, como o momento inicial do processo de constituição da sociedade burguesa ocidental.

Esse grande século se oporia aos séculos XIV e XV, que a presença das marcas do feudalismo tornava um período de transição, acumulando contradições e confrontos, ao contrário do século XVI, durante o qual tudo parece caminhar na direção da harmonia e da proporcionalidade. Ele poderia ser representado por uma linha reta apontando para o futuro. A partir dela era possível enxergar o mundo de nova maneira. Os conceitos de beleza e de perspectiva orientavam o olhar dos homens modernos.

Isso fazia com que o século XVII fosse tomado como aquele marcado pela crise desses valores do Alto Renascimento. Expresso por uma visão de mundo barroca, o século XVII era o século da Contrarreforma, da decadência, do retorno dos valores feudais e do absolutismo. Essa inversão de expectativas com relação ao século XVI realçava o século de ouro do Iluminismo e instalava uma certa lógica que pode ser representada pela relação exposta a seguir.

Os séculos XIV e XV se caracterizavam pela tensão entre morte e vida, própria de um período de contradições; o século XVI marcava uma inversão dessa lógica, com a descoberta do homem e do mundo modernos e a celebração da vida ativa, que o transformariam no Grande Século; tudo isso abria caminho para a associação do século XVII à decadência, no qual vida e morte voltavam a marcar a vida dos homens. Esse esquema se completa pelo retorno da celebração da vida e da razão no século XVIII.

É interessante notar que a decadência estava associada aos séculos ímpares, enquanto a vida marcava os séculos pares, redondos, nos quais tudo se encaixava em harmonia, criando uma atmosfera que permitia enxergar o progresso e o futuro (cf. Figura 2 do caderno iconográfico).

Esse desenho é apenas uma imagem das possibilidades que esse período que estudaremos apresenta, e talvez seja um quadro um tanto radical. Mas esse radicalismo se presta a mexer um pouco com as interpretações sobre os inícios da Época Moderna, dando-lhes um corte na razão natural e linear, apresentando o período como um momento de sinuosidade, ao longo do qual os eventos se atropelam e os homens vão entendendo a sua condição de modernos.

Por isso, propomos uma periodização à moda antiga, por vezes necessária, para que os leitores compreendam o que está em jogo na nossa interpretação. Essa periodização também estabelece certa resistência ao que hoje é a chave de resolução das marcas do período que propomos analisar.

Sem querer discutir, por ora, o conceito de modernidade, diríamos que o Renascimento cobre o período entre os séculos XIV/XV e o século XVII. Dessa maneira, já pode ser observado que, para nós, o que chamamos de Barroco está vinculado diretamente ao fenômeno compreendido como Renascimento.

Assim, nos séculos XIV e XV tivemos a presença importante do neoplatonismo, que forneceu as condições para que surgissem ideias e conceitos representativos do novo, do moderno. O primeiro deles se referia à cidade, entendida como ideal, mas não como utopia. A cidade moderna está referida diretamente ao reconhecimento da liberdade e da dignidade humanas. Além disso, ela envolve responsabilidades para seus habitantes que lembram, de longe, a polis grega e a república romana, mas que vão mais longe: sem regra escrita, demarcam os comportamentos do cidadão, condição vivenciada pelo elogio da cidade república e marcada pela *virtù* cívica, a partir da qual todos se reconhecem como iguais e partilham as mesmas questões políticas, representadas pelo autogoverno.

A existência dos homens, nesse primeiro Renascimento, criava uma forma de vida ativa, na qual a reflexão, o pensamento secularizado, fora do âmbito de controle da Igreja Católica, abria caminho para uma experiência de mundo capaz de produzir novas formas de representação, todas coladas no percurso crítico vivenciado pelos indivíduos. Nessa experimentação do primeiro Renascimento, era mais importante inventar um caminho do que atingir um resultado, que veio na forma das descobertas.

Nesse processo, os homens descobrem a possibilidade de narrar sua vida, de entender o que faziam, para além da dependência de Deus presente na Idade Média. Essa transcendência é substituída pela imanência. No entanto, ela não coloca o Renascimento na contramão da religião e da fé, mas sim da Igreja Católica e de seus cânones. Esses valores estão presentes em pensadores como Nicolau de Cusa, Marsilio Ficino e Pico della Mirandola.

Essas condições criaram a base de desenvolvimento do Humanismo renascentista e produziram eventos capazes de fazer com que a educação e a política convivessem, capacitando os homens a revelar suas qualidades. Entretanto, esse alto padrão de civilidade abriu caminho para tensões. A cidade como marca viva desse primeiro Renascimento permitia a compreensão da liberdade e da dignidade, mas também conduzia os homens numa outra direção. As críticas da Igreja Católica agiam fundo na constituição de defesas contra a nova ordem.

O apelo para a identificação desse período como do pecado reavivou misticismos e superstições, assim como manteve o medo da morte pregado pelo clero.

O fim do século XV foi marcado pelo desespero, e a fé em indulgências e patuás reduziu a capacidade dos homens de enxergar o novo. A volta dos cultos dos padroeiros, a sagração da Virgem Maria e de Santana avançavam. O resultado para a Igreja não foi o que ela havia imaginado. Esse clima de lágrimas deu lugar, no contato, com os novos valores, as formas primeiras do pietismo individual que, de certo modo, rompia com a hierarquia da Igreja e com o seu domínio sobre os fiéis. De outro lado, o medo contaminou a vida cotidiana, a educação e a política.

A *virtù* cívica e a cidade perderam as suas marcas iniciais. O medo tomou conta do espaço urbano, seja no sentido do receio das pestes oriundas dos pecados, seja no da perda da substância política republicana. Os homens perderam a fé nos magistrados e procuraram os homens de poder para que eles assumissem o controle do desespero. Esse reboliço fez com que os indivíduos olhassem para si com mais atenção, procurando as razões do desespero. Esse mergulho na subjetividade ativou uma nova forma de percepção da personalidade, dando luz ao reconhecimento do sentido da dicotomia bem/mal, traduzida sob a forma das virtudes *versus* os vícios.

Os humanistas, que durante esse primeiro momento do Renascimento fizeram o elogio do novo, da liberdade e da dignidade humanas, assim como da República, assumiram duas posições, receosos de suas perdas. A primeira, reacionária, foi retomar o contato com a Igreja Católica, vislumbrando a possibilidade de ela ser o instrumento de salvação da crise, como portadora de uma tradição universalista. A segunda foi o elogio dos príncipes. Através dos retratos deles, realizaram a propaganda de uma nova forma de política, calcada no poder monárquico e na autoridade antiga, denotando uma ação conservadora.

No fundo, essas duas atitudes podem ser traduzidas numa só: a aliança entre o Papado e os príncipes e a abertura de uma discussão que já havia sido colocada antes da origem dos poderes materiais, recolocando a questão do poder de Deus. Da mesma forma, esses resultados fizeram surgir práticas com a da Imitação de Cristo, associada à vida cotidiana.

Os humanistas renascentistas mudavam de rumo: partiam do elogio da cidade para o dos príncipes como forma de regular e equilibrar a sociedade e a vida. Essa nova conduta e o novo Humanismo marcam o século da regularidade. O século XVI disfarçou muito bem as suas contradições, fazendo com que a questão religiosa fosse encarada especialmente sob o ponto de vista teológico, escondendo a falta de regularidade e o apoio da Igreja aos processos de unificação territorial.

Nesse sentido, a República é substituída pela Monarquia, a cidade ideal, pelo Estado moderno. Platão é deixado de lado, perde a sua importância como referência filosófica, passando a ser associado a Aristóteles ou sendo substituído por ele através da relação entre fé e razão. Todas as formas de experiências marcantes do primeiro período são absorvidas e passam a fazer parte de um grande código de comportamento que define as ações dos homens no mundo, colocando-os debaixo do controle dos príncipes.

Não era mais necessário experimentar, bastava seguir o modelo. A noção de modelo passa a fazer parte da vida e a regula. A liberdade e a dignidade se transformam em conceitos que são delegados aos príncipes. A ordem moderna se estabelece pela concretude material. A organização política dos novos estados estabeleceu hierarquias, definiu posições e refinou a educação através de textos como o *O cortesão* (1528), de Baldassare Castiglione.

Exército e burocracia, combinados com um sistema geral de impostos, mantinham a autoridade e o poder dos novos agentes da política, e o rei passava a ser a referência para os homens, todos agora designados como súditos. Chegava-se a um modelo de regularidade que utilizava padrões de ação repressivos, aproveitando inclusive mecanismos de poder como o Santo Ofício. Estava concretizada a marca de regularidade dada por um modelo que substituía o da experiência. A experiência agora se localizava em áreas especiais que mantinham vivas as representações do primeiro momento, traduzidas, entretanto, de forma a serem mais utilitárias.

Vozes discordantes surgiram. Entre elas, três em especial: Nicolau Maquiavel, Thomas Morus e Erasmo de Roterdã. Embora Skinner (1996) cite apenas Morus como um humanista crítico dos humanistas, achamos possível estender essa designação para os outros dois. Suas vozes chegaram a ecoar na época, mas só mais tarde, no século XVII, ganharam uma recepção condizente com a sua importância.

Por agora, deixaremos esses autores de lado. Eles voltarão em outro momento do livro. O que nos interessa, por enquanto, é mostrar que a linha reta e a harmonia não eram tão tranquilizadoras. A tranquilidade aparente era dada pelas novas unidades territoriais chamadas de estados, que produziam uma nova territorialidade.

O terceiro momento do Renascimento é o que constitui o século XVII. A delicadeza dessa afirmação faz com que deixemos a análise para outra parte do livro. Por enquanto, queremos acentuar que, na contramão da concepção unificadora do conceito de modernidade, destacamos esse terceiro momento do Renascimento como representante do auge do embate entre os valores do primeiro e do Alto Renascimento. A crise do século XVII, a cultura barroca, a presença da Igreja e da ciência envolvem um movimento que se estabelece ao longo do período, tendo como momento especial, no século XVII, o surgimento da crítica e do romance moderno, frutos de uma nova razão, decorrente de um olhar também novo dos homens: a razão social.

As dimensões clássicas do Renascimento

> *Livre de inúmeras barreiras que, em outras partes, inibiam o progresso, tendo atingido um alto nível de desenvolvimento individual e versado nos ensinamentos da Antiguidade, o espírito italiano volta-se, então, para o descobrimento do mundo exterior, aventurando-se em sua representação pela palavra e pela forma.*
>
> Jacob Burckhardt

Humanismo e Renascimento

Para entender a cultura renascentista é necessário que comecemos pelas relações entre Renascimento e Humanismo. Elas são decisivas para a compreensão do processo de eleição do homem como centro do mundo.

Qualquer manual escolar aponta para a relação entre Humanismo e Renascimento. Há alguns que até preferem transformar os dois em sinônimos. Poucos são aqueles que, ao estabelecer a relação, preocupam-se em diferenciá-los de modo a se compreender que a tradição humanista é um dos principais instrumentos para a compreensão do Renascimento na sua dimensão maior: a descoberta do homem e do mundo.

A retirada do véu que envolvia a realidade e a natureza do mundo na Idade Média é feita a partir desse movimento do pensamento e da ação, aproveitando boa parte do que foi conservado da tradição greco--romana e de seus avanços críticos durante o período medieval. Desse modo, os estudos sobre a Antiguidade não eram novidade.

Durante toda a Idade Média a preocupação em estudar e copiar os textos identificados como clássicos foi mantida, portanto não foi o Renascimento que inventou os estudos sobre a Antiguidade. Pelo contrário, a manutenção dos estudos dos clássicos abriu caminho para a renovação renascentista, pois nos séculos XII e XIII, no período do conhecido Renascimento carolíngio, era possível desfrutar de textos que continuavam a ser discutidos nas escolas monásticas e nos novos depositários da cultura na Idade Média, as universidades e as catedrais.

O que o Renascimento moderno fez foi, partindo do que existia, estabelecer um novo modo de leitura e de interpretação desses textos, procurando dar-lhes vida através de novas questões e novos temas, associando-os aos problemas do homem em seu cotidiano.

Desse modo, os mesmos textos e suas avaliações medievais foram submetidos ao crivo dos novos métodos de interpretação, a uma nova hermenêutica capaz de fazê-los responder a ansiedades e inquietudes que começavam a caracterizar os estudos. O homem continuou a olhar para o seu mundo, mas iniciava uma nova etapa, começando a se desprender do olhar para o alto e fincando os seus pés no mundo sublunar, na terra, e, com isso, incluindo a si mesmo nesse mundo, tanto no que se referia a sua ação externa ao seu corpo quanto para dentro de si próprio, descobrindo com isso sentimentos e emoções que ainda não havia experimentado e que saudavam um novo mundo. A natureza aparecia diante dos seus olhos cheia de cores e mistérios, e só ele, homem moderno, poderia descrevê-la, figurá-la, concebê-la e transformá-la.

Essa descoberta chamou-lhe a atenção, mas para ela se completar era preciso que as coisas novas fossem ditas através de uma nova linguagem que pudesse expressar a felicidade da descoberta e permitir a comunicação do que ia sendo desvendado. Mas não bastava uma linguagem; era necessário que ela representasse de forma eficaz o novo, saindo dos limites da linguagem medieval. Era necessário associar a voz à letra.

Tudo isso provocou novas perguntas e dúvidas. Para respondê-las e saná-las, foi preciso retornar à Antiguidade como uma forma primeira de tentar entender o significado dos novos temas, ao mesmo tempo em que se produzia a condição crítica de leitura da cultura medieval. Esses novos temas aprofundaram a necessidade de novas formas de interpretação que fossem capazes de associar observação e experiência. Um dos aspectos mais relevantes dessas novas atitudes do homem diante do mundo foi a vida urbana.

Os homens, colocados diante de si mesmos na cidade, iam descobrindo novos usos e costumes, em especial virtudes e vícios da natureza humana, mistérios que existiam no fundo de suas almas. Esses mistérios só podiam ser entendidos se o homem conseguisse entender a si mesmo.

A cidade se transformou no laboratório dessas experiências. É nela que o homem pode observar a ação dos outros indivíduos e experimentar relacionamentos diretos. É no espaço urbano que o homem testemunha as transformações oriundas das novas técnicas financeiras e bancárias, a chegada dos metais preciosos vindos da América, as alterações no espaço com o desenvolvimento do comércio e das cidades, as novas formas de obtenção de riqueza e, principalmente, os novos homens de fora da Europa, seus costumes e suas histórias, confirmando muito daquilo que havia povoado o imaginário europeu no fim da Idade Média. Esses estrangeiros são um acréscimo ao conhecimento das diferenças e à produção de comparações que acentuam a necessidade de conhecer mais e mais.

O mundo se apresenta como um espaço infinito que precisa ser conquistado de todos os modos possíveis. É esse novo mundo que exige desse homem um novo conhecimento, que deve começar pela crítica ao saber medieval. No interior da produção desse novo conhecimento, a questão do Humanismo se torna central porque pode explicar o homem e valorizar a sua experiência (cf. Figura 3 do caderno iconográfico).

Essa viagem à Antiguidade lhes revela um Humanismo que atravessa o tempo e sugere a possibilidade de associar a ele uma nova qualidade: o moderno. O Humanismo renascentista não se confunde como o Humanismo da Antiguidade, pois serviu de base para o aprimoramento dos estudos sobre o ser moderno.

Que o Renascimento não é imitação da Antiguidade já é ponto pacífico. Mas se não é imitação, então o que ele é? Mantendo a referência à Antiguidade, pode-se dizer que o Renascimento a usou para produzir um novo conhecimento. Esse uso se fez através da construção de uma crítica que comparava os três momentos que eram conhecidos: a Antiguidade, dita clássica, a Idade Média e os novos tempos. Essa aplicação também fez surgir uma maior atenção para a observação e a experiência. Foi por meio desse novo modo que o Renascimento se ocupou da Antiguidade.

Entretanto, em que momento isso começou e quais valores selecionados tiveram maior eficácia na construção do mundo moderno? Para alguns autores, o Renascimento é

> [...] o período da história da Europa Ocidental que abarca, aproximadamente, de 1300 a 1600, sem permitir-me nenhuma ideia preconcebida a respeito das características ou mé-

> ritos desse período ou daqueles que o precederam e o seguiram. Não pretendo afirmar que houve uma ruptura súbita ao começo ou ao fim do Renascimento ou negar que houve muita continuidade. Simplesmente insisto em que o chamado período renascentista tem uma fisionomia própria, e que a incapacidade dos historiadores para encontrar uma definição sensível e satisfatória do dito período não nos autoriza a duvidar de sua existência (KRISTELLER, 1995: 33-34).

Para Paul Kristeller, o Renascimento existiu e pode ser cronologicamente delimitado como compreendendo os anos entre 1300 e 1600, ou seja, os séculos XIV, XV e XVI. A definição nos interessa por duas outras afirmações. Em primeiro lugar, a referência ao Renascimento como fenômeno da Europa Ocidental e não só italiano. Em segundo lugar, a menção à possibilidade de superação da dicotomia entre Idade Média e Renascimento, ou seja, ultrapassar a discussão de ter havido ruptura ou continuidade.

Isso, no entanto, não nos autoriza a imaginar que o Renascimento se verificou da mesma maneira por toda a Europa Ocidental. Há nuances e diferenças que decorrem das condições socioeconômicas e culturais de cada região. Assim, o mundo ibérico também estaria incluído no alcance da mudança cultural, ao lado das cidades italianas e dos Países Baixos.

Essa variedade de modos de recepcionar as novidades dificulta as generalizações, mas não impossibilita a afirmação de que encontramos a inquietude moderna por toda a Europa Ocidental. O ponto comum é a relação com a Antiguidade Clássica, a busca de uma base para a elaboração do movimento de renovação. Embora possa ser um terreno comum, a Antiguidade não possuiu uma lógica única, e a homogeneidade que nos transmite solidez é ilusória; ela deve ser observada como uma construção heterogênea, embora seja fácil dizer que os gregos nos legaram a cultura e a vida urbana; e os romanos, a política e a retórica.

Na verdade, é possível dizer que o olhar renascentista se concentra no século IV a.C., momento em que a literatura e o pensamento adquirem uma forma de resposta direta aos problemas da vida e quando há uma junção direta entre a Grécia e a ilustração romana. Esse é, ao mesmo tempo, o ponto de contato com a Europa medieval que também recebeu a influência romana, centrada no latim, mas pouco aberta ao grego e a sua literatura. Isso explica as relações e indica as consequências: as primeiras manifestações modernas se concentram nas traduções latinas dos textos gregos. A força do Renascimento avança com os contatos com Bizâncio e a recepção dos textos gregos no original.

A Europa medieval assiste aos esforços do clero católico de conciliar os estudos clássicos pagãos com o ensino e os mandatos do cristianismo. Essas tentativas projetam um clima de inquietude que começa no século XI e vai até o fim do século XIII. Nesse período, há uma efervescência intelectual que altera os estudos sobre filosofia e ciências, com o aumento do interesse profissional pela maior aproximação com a cultura árabe e pela intensa produção de traduções latinas do árabe e do grego, que fez com que Aristóteles, Euclides, Ptolomeu, Galeno e Hipócrates se tornassem presentes na Europa Ocidental. Além disso, estabelece-se o conflito das artes liberais e das disciplinas científicas e filosóficas com os seguidores dos autores dos grandes livros.

Entretanto,

> [...] os eruditos do Renascimento continuam ou recontinuam o estudo dos autores latinos cultivados pelos gramáticos medievais, mas ampliando-os e melhorando-os muito e criando um gosto de estudá-los. Não eram anticristãos, mas, enquanto leigos, não se subordinavam ao desenvolvimento da sabedoria secular a seu amalgamento com a doutrina religiosa ou teológica. Além disso, agregaram ao anterior o estudo do grego e de toda a sua literatura, superando em muito os limites da ciência e da filosofia aristotélicas.
>
> Finalmente, guiados pelo entusiasmo que lhes produzia todo o antigo, assim como por um programa consciente de imitação e revivificação da erudição e da literatura antiga; os intelectuais renascentistas teriam um interesse muito mais cabal pela literatura antiga do que os estudiosos medievais e modernos (KRISTELLER, 1995: 36).

Entre os autores preferidos encontramos Cícero e Virgílio, que apresentavam aos seus leitores o gosto elegante pela oratória e pela retórica. Essa recepção dos autores clássicos é o que acelera as modificações no olhar dos homens do final da Idade Média. As questões vinculadas aos valores humanos adquirem importância tão acentuada que, aos poucos, possibilitam o início de uma crítica tímida à hierarquia social e religiosa, ao mesmo tempo que se expressam num apuramento do gosto urbano, colocando-o definitivamente em oposição ao espírito rural.

As várias experiências das cruzadas e do comércio intercambiam valores que configuram novos interesses e aceleram a curiosidade desses europeus ainda medievais. Isso vai tornando esse pensamento cada vez mais original e perigoso para a Igreja, embora em nenhum momento esses pensadores questionassem os dogmas e as proposições teológicas. Ao contrário, esmeravam-se em produzir uma síntese que renovasse a escolástica, incorporando o sentido dos temas modernos (cf. Figura 4 do caderno iconográfico).

Entretanto, esses novos valores, que começavam a adquirir forma, vinculavam-se a lugares de produção distintos. Enquanto a escolástica reforçava os vínculos de dependência do homem com Deus, através da sabedoria da Igreja, os novos autores buscavam a imanência, o entendimento do homem no mundo; tentavam encontrar um modo de definir aquilo que a própria Bíblia, no Gênesis, anunciava: se o homem era feito à imagem e semelhança de Deus, ele teria as mesmas qualidades da divindade. Isso lhes dava dignidade, a qual poderia se transformar rapidamente em liberdade para a exploração dos mistérios da natureza e para entender o seu lugar no mundo. Esse esforço de autonomia vai, evidentemente, ser recebido com receio pela Igreja, e o modo de anulá-lo é colocando-o contra a doutrina, como heresia ou como presença do diabo.

Mas as atividades de defesa da dogmática da ortodoxia só fizeram com que o processo de ampliação do novo conhecimento se realizasse sempre no sentido da negociação, que, aliás, era uma velha prática da

Igreja em seu período inicial, no qual o conciliarismo era a assembleia que dava as diretrizes religiosas.

Esse Humanismo que estava em pauta, entretanto, só ganha espaço na discussão histórica no século XIX, mesmo assim de um modo equivocado. Ferrater-Mora (1978) define o Humanismo como a educação secundária, aquela que se restringia aos clássicos gregos e latinos e, desse modo, para ele, era oposta à educação mais prática e científica.

Nós já sabemos o mal que esse equívoco provocou no mundo ocidental. Entretanto, devemos nos lembrar que o autor está vivendo a euforia do Iluminismo, da razão mecanicista, e essa distinção é, portanto, compreensível. O problema é que foi exatamente desse modo que ela começou a ser utilizada para a cultura moderna, patrocinando uma sucessão de erros e abrindo debates até hoje intermináveis sobre a relação entre moderno e medieval, já que a educação humanista se restringia ao espírito e, desse modo, poderia ser facilmente associada a uma atitude contemplativa.

Esse era o grande tema. Até hoje, ao falar da Idade Média e do Renascimento, costumamos sublinhar que a diferença estaria definida através da oposição entre a vida contemplativa e a ativa, fazendo com que a noção de moderno adquirisse um sentido de ação construtiva, de intervenção no seu ambiente, elevando o homem ao lugar de ser absoluto na explicação do mundo, simplesmente porque além de ter razão passou a viver uma experiência utilitária.

Isso faz com que o moderno seja pensado como movimento e a Idade Média, como estática. Assim, o moderno seria representado pela inquietude do homem diante do desafio de entender e de usar os resultados de suas observações e experiências, enquanto na Idade Média não haveria nem observação, nem experiência.

Hoje se sabe que não era assim por dois motivos. Primeiro, pela afirmação de J. Burckhardt (1991) de que o Renascimento se realizaria mesmo que não tivesse havido esse retorno à Antiguidade Clássica. Em segundo lugar, o Renascimento, na forma que tem, só foi possível porque durante todo o período medieval continuou-se a discutir, interpretar e ler os autores clássicos. As universidades foram, ao lado das abadias e dos conventos, os lugares da manutenção desses textos.

Assim, considerar a diferença entre vida ativa e contemplativa não resolve a questão e lhe dá uma roupagem maniqueísta. Não só houve a continuidade da contemplação, como ela foi responsável pelas grandes descobertas da filologia e da arquitetura. O "ver" renascentista é construído com a eleição do neoplatonismo, que efetivamente realiza um movimento de combinação entre vida ativa e contemplativa. Dá até para entender a manutenção da dicotomia quando observamos que a maioria das histórias gerais passa pela Renascença querendo chegar ao capitalismo, demarcando esse período ou como já capitalista ou como de transição do feudalismo ao capitalismo. Daí o Renascimento, nos manuais escolares, poder ser resolvido com uma lista de grandes pintores ou escultores.

O Renascimento não é visto como um movimento intelectual que age sobre o homem, fazendo-o despertar para temas até então inexistentes ou proibidos. Não há uma economia renascentista e nem mesmo o mercantilismo é apresentado como resultado desse novo modo de pensar o mundo. Mercantilismo, Renascimento e Absolutismo são apenas formas de representação da transição do feudalismo ao capitalismo.

Lamentavelmente, essa é ainda hoje a opinião de muitos historiadores. Por tudo isso, pensa-se o Humanismo como algo que se define pela ideia do humanista, em especial porque humanista no século XVI indicava os professores, os mestres e os estudantes de humanidades. Nossa atenção deve se voltar para a diversidade de significados que as palavras humanista e Humanismo possuem. Seja porque seu uso envolveu, nas universidades italianas, a condição de diferenciação entre os humanistas e os legistas, juristas, canonistas e artistas, seja porque decorre da Antiguidade Clássica, dos chamados *studia humanitatis*, que já aparecem em Cícero como semelhantes à educação liberal ou literária – e é nessa formulação que chega ao século XIV.

No século XV, o *studia humanitatis* compreende um conjunto de disciplinas que se intercruzam, na medida em que configuram um modo ou método de interpretação e leitura dos escritos latinos, com a presença de alguns textos gregos. Essas disciplinas eram a gramática, a retórica, a história, a poesia e a filosofia. É bom que se compreenda que elas formavam a condição de aprimoramento do conhecimento através de um método, não eram conhecimentos especializados, mas sim voltados para a formação de um novo homem: o humanista. Assim, o Humanismo renascentista não era uma tendência e nem mesmo um sistema filosófico, mas um programa cultural e educativo.

Pelas questões que surgiam, esse programa vai acentuando aos poucos a necessidade de incluir outras áreas de conhecimento, como a filosofia natural, a matemática, a metafísica, a astronomia, a medicina, as leis e a teologia, abrangendo tudo o que é possível conhecer naquele momento. A inclusão dessas outras disciplinas desfaz a compreensão apressada do Humanismo renascentista como apenas uma educação secundária. A única maneira de resolver essa questão é observar a ação desses humanistas. Por meio dessa observação, além de comprovarmos o sentido de programa nas figuras de Maquiavel, Alberti, Marsilio Ficino, Pico della Mirandola, Erasmo de Roterdã e outros, percebemos como esse Humanismo da renascença coloca em pauta a tradição retórica da cultura ocidental.

Assim, é pelo mapeamento da retórica que entendemos a genealogia do Humanismo, sua vinculação na origem aos sofistas gregos e aos debates entre retóricos e filósofos. Na Idade Média, esse debate continua na excelência dos estudos filosóficos e, no Renascimento, apresenta-se sob a forma da erudição humanista que compete com a tradição escolástica da filosofia aristotélica, na qual a retórica era anunciada como parte da filosofia.

Na Itália do século XI, observava-se a manutenção da tradição retórica nos *dictatores* que compunham documentos, cartas e discursos públicos, constituindo-se na origem dos humanistas renascentistas, que herdaram daqueles o conhecimento da epistolografia e da oratória. O que os diferencia é uma revolução mental que não é pouca coisa.

Para os humanistas renascentistas, o ato de escrever e falar bem dependia do estudo e da imitação dos clássicos, ou seja, os autores humanistas modernos conferiam às palavras conteúdos que faziam com que elas adquirissem pesos distintos daquilo que apresentavam; elas agora representavam ideias, pensamentos, proposições.

Os antigos modelos dos *dictatores* inspiram os modernos, que os transformam em base para a produção de novos temas. Se antes se produziam cartas-modelo que estabeleciam a melhor forma de se apresentar ao príncipe ou ao cardeal, no Renascimento esses modelos serão a base da crítica do viver humano ou da defesa da cidade. A linguagem se torna portadora de um sentido útil que garante o conhecimento de todos os problemas da vida e da cidade. Sucedem-se os elogios à cidade, as orações de comemoração, sempre enfatizando a presença de um homem que se torna sujeito do que diz ou, se quisermos, autor.

É essa dimensão de autoria que esvazia o modelo e acrescenta aos humanistas renascentistas a dimensão da *poiesis*. É preciso estudar para ter ideias e enxergar o que se passa no mundo. Essa é a grande conquista dos humanistas modernos.

Para conhecer as mudanças que iniciaram o conhecimento do moderno, é preciso discutir o surgimento do *saber moderno* no contexto singular do Renascimento europeu, durante o período compreendido entre os séculos XIV e XVII.

O desenvolvimento do tema implica uma reflexão sobre o homem, criatura singular e universal, pensado como construtor do processo de apreensão do mundo, de Deus e da natureza e, por isso, moderno; em seguida, na análise do cenário onde essa ação de intervenção se realiza, discutida em uma dupla perspectiva: como idealização de um homem produtor e como espaço natural que o antecede e age sobre ele de forma condicionante, representando o desafio à sua potência e à sua liberdade[1].

---

1 Para um panorama das diferentes interpretações sobre a Renascença no nível das ideias e dos princípios que orientam o movimento, cf. Chabod (1990).

O "novo" homem

Em seu livro sobre a Itália renascentista, Jacob Burckhardt (1991) destaca a descoberta pelo homem do mundo e de si mesmo – nessa ordem – como um dos elementos fundamentais dessa explosão artística e intelectual do período. O autor sustenta que a Itália foi o lugar que apresentou condições singulares para a elaboração dessa descoberta, que abriram novas possibilidades e um horizonte mais vasto no desenvolvimento das pesquisas sobre a natureza e a psicologia humanas.

A Itália, assim, constituiu-se como lugar privilegiado da explosão do individualismo, representado pelo esforço contínuo de intervenção do homem no mundo e por um processo perene de realizações. Esse individualismo qualifica o homem como *uomo singulares*.

Ainda segundo o autor, é no espaço sociopolítico italiano, antes de qualquer outro lugar, que esse homem descobre:

a) Sua potência – seu poder –, que substitui a presença medieval da providência, entendida em sua associação a Deus e ao ordenamento do mundo concebido como exterioridade do homem.

b) Sua individualidade, que substitui a visão hierárquica medieval, de acordo com a qual a representação do homem se fazia sem sua presença real, sem sua manifestação humana, o que provoca o surgimento de uma nova concepção de humanidade, definida agora pelo reconhecimento das diferenças entre os vários homens, e que abre caminho para a reflexão sobre a existência de um outro que potencializa a própria dimensão do eu.

c) sua cidade, que se transforma em um espaço de afirmação das diferenças (cidade-espelho), onde é possível conhecer o outro e afirmar seus méritos e qualificações no mercado social e suas qualidades cívicas no exercício da atividade política.

d) por último, sua razão, que substitui a vida contemplativa medieval e lhe garante ação sobre o mundo, em uma associação entre entendimento e conhecimento, história e experiência, cidadania e política, previsão e intervenção (cálculo das necessidades).

Esse conjunto de descobertas conflui para um privilégio da experiência como valor e condição de ação e conhecimento. O que estabelece, por sua vez, o reconhecimento das diferenças pela comparação de resultados, transformando o *estar no mundo* em uma sucessiva repetição e avaliação de ações, o que conduz à produção de conceitos que definem os limites desse movimento do homem, ao mesmo tempo que tornam possível a introdução, na experiência, do prazer e da curiosidade de se sentir humano.

Esse movimento o leva a incorporar técnicas de interpretação que abrangem a constituição de um espaço de reflexão histórica, caracterizado pelo constante relembrar, registrar, descrever e figurar do acontecer humano. Principalmente através do uso das biografias e da introdução de relações provenientes da observação de todos os espaços que envolvem esse movimento, desde a escrita dos signos até a configuração do espaço celeste, há a possibilidade de um uso mais sistemático e pragmático da magia e da astrologia orientais.

Cria-se, dessa forma, uma percepção da natureza radicalmente distinta daquela que provém dos textos medievais e qualitativamente diferente daquela que se apresenta na experiência clássica greco-oriental, permitindo pensar o Renascimento como um movimento com características singulares que o diferenciam da Antiguidade Clássica e da Idade Média.

Entretanto, a percepção da natureza e sua observação obrigam a um procedimento analítico sempre renovado, que requer um aprimoramento da forma de olhar esses objetos construídos nessa explosão fortemente humana. Olhar, agora, resultante da permanente observação dos fenômenos, mais especializado e apurado, classificador e organizador, capaz de alimentar de informações as novas áreas de estudo, em especial a cartografia e a filologia, e produtor de uma compreensão e de uma explicação da natureza que a associam a uma construção humana. Essa associação é fruto da constância de conflitos que animavam o homem, caracterizando-o como *moderno* e confirmando sua condição de sujeito dessas realizações.

A representação da natureza, desse momento em diante, jamais poderá ser feita sem a marca mágica desse homem, mesmo que sua presença não se evidencie pela sua representação concreta, como nas produções pictóricas da natureza. Ou seja, não é porque o homem não está figurado no quadro que se observa a sua ausência. Acrescente-se a isso que o registro da *paisagem* simboliza, para o homem, o seu encontro experimental com a natureza. Sua forma de descrevê-la se faz com o domínio de sinais que asseguram a sua permanência no mundo, levando-o a contemplá-la através da magia e da astrologia, da lógica e da filosofia. O sentido do *natural* é estabelecido pelas conclusões do olhar que cria, através da ideia, o mundo, classificando-o para melhor compreendê-lo.

Assim, a cartografia, a cosmologia e a geografia são descobertas de uma natureza simples e produtos da evidência física, mas também são expressões do alcance e da extensão desse novo olhar do homem, que aprisiona o mundo e passa a descrevê-lo e figurá-lo. Já no período das cruzadas esse homem havia experimentado, de forma contemplativa, um novo horizonte para o olhar, terras exóticas e longínquas, aparentadas com o paraíso terrestre, despertando-o, segundo Jacob Burckhardt (1991), para o gosto da aventura e das viagens, mas também para um apreço pela comparação das diferenças de costumes e da paisagem física.

A manutenção desse espírito ganha, ao longo da explosão renascentista, precisão e objetividade, despertando novos interesses ao anunciar procedimentos normativos para realização da operação interpretativa. Isso leva a entender esse movimento não como mera obra do acaso. Ao contrário, esse gosto estabelece *regras* de conhecimento que diferenciam e comparam homens, naturezas e sociedades e que as descrevem como *maravilhosas*, não pela sua associação simples à criação de Deus, mas como um ideal de um lugar de absoluta harmonia entre homem, Deus e natureza, onde o homem seria o *contador* dos mistérios descobertos, da invenção de uma visão do paraíso.

Essa qualidade de *contador* terá um duplo sentido e uma dupla referência. De um lado, transferindo para o homem a função de contabilizar o seu acontecer pela via da evidência e, por outro, dando-lhe a responsabilidade de narrar esse acontecer para a posteridade. A tensão entre esses dois sentidos leva duas referências: uma de configuração de disciplinas da natureza e outra de estabelecimento das bases de desenvolvimento das ciências do espírito.

No entanto, essa interpretação não ganha seu contorno completo no período da renascença. Só a partir do século XVII essa diferenciação ganhará espaço no debate, o que sugere que o homem renascentista não associa as disciplinas da natureza ao *moderno* e as disciplinas do espírito ao *velho*, levando-se em conta a diferenciação feita por G. Vasari (2011) entre *antigo*, *moderno* e *velho* e tendo como resultado a indiferenciação entre disciplinas que cuidam da natureza e disciplinas que dão conta das qualidades humanas, pois o homem torna-se o centro de articulação de sentido entre o material e o divino.

À experiência é associada a fantasia, como resultante da reunião de conhecimentos e informações, tornando possível falar do *maravilhoso* como palpável e encontrável e acrescentando a essa possibilidade de narrar a utopia um certo sentido pragmático ou qualificador, já produzido no período medieval, da descrição do maravilhoso como possível e lógico, utilizável e portador da qualidade de gerar riquezas.

As duas posições projetam resultados distintos, mas se identificam ao poder do homem de produzir um determinado procedimento de olhar, um método que supõe provas, críticas e possibilidades de repetição, garantindo um controle da experiência pela constante avaliação dos resultados. Dessa forma, a crítica – que identifica a realidade da experiência – passa a constar como elemento da observação, admitindo que o procedimento crítico é uma das possibilidades de conhecimento no campo de uma hermenêutica compreensivista.

Embora distintas na forma de olhar, as duas posições têm como elemento comum a definição do cosmos e de sua história como infinitos, radicalmente abertos às conquistas e totalmente diversos das concepções providencialistas da Idade Média. A partir desse conjunto de transformações e das atitudes empíricas e teóricas delas resultantes, esse homem jamais terá limites para o olhar e para as ideias:

> O verdadeiro descobridor, no entanto, não é aquele que casualmente chega pela primeira vez a um lugar qualquer, mas sim aquele que, tendo procurado, encontra. Somente este possuirá vínculos com as ideias e os interesses de seus predecessores, e as contas que presta serão determinadas por esses vínculos (BURCKHARDT, 1991: 212).

Fundamentar mais detalhadamente essa afirmação, revela Jacob Burckhardt, é tarefa de uma história específica dos descobrimentos. Interessa *descobrir* o seu significado para a constituição de um novo homem, em seu novo mundo, que descobre um outro mundo, também novo – ou assim designado pelo descobridor.

O impacto dessa dupla descoberta é de tão longo alcance que projeta a definição das bases epistemológicas do saber moderno[2], que são, num primeiro nível, a descoberta de sua subjetividade e os procedimentos que podem aproximar a subjetividade da experiência objetiva; num segundo nível, o estabelecimento, pelo sujeito, do cenário, identificado e classificado, no qual ele se reconhecerá como agente e onde descobrirá a alteridade, através da intervenção, da produção e da realização de seus projetos, impondo uma ordem dos signos que representa não as coisas que são reais, mas as reais possibilidades de conexão entre todos os elementos que constituem a ordem social. A linguagem específica desse movimento de descobertas e invenções dá o tom da mudança e se identifica, pelo seu novo conteúdo de significado, com o *moderno*.

Essa associação entre o moderno e a nova gramática do mundo não se verifica pelo surgimento de formas locais de composição discursiva, mas pelo sentido dado a essas composições pela secularização da vida cotidiana, pela referência da linguagem à cultura ou a um modo de síntese que reúne as expectativas humanas no tempo.

O rompimento com a visão centrada na graça de Deus encanta o homem e o desenvolve como potência, na medida em que ele se reconhece livre e autônomo, porém responsável pela tarefa de con-

---

2 Para uma visão geral dessas mudanças de orientação, cf. Foucault (1970).

cretização da obra do cosmos. O existir humano vai se libertando do exercício contemplativo para buscar uma vida ativa, na qual predomine o uso de seu intelecto[3].

O homem orienta sua intervenção no mundo através da penetração do sujeito nos mistérios, até então ocultos, da busca da felicidade na imensidão do céu e da natureza. Sem receio de se transformar em Deus, mas se aproximando da perfeição divina, o homem orienta sua intervenção no mundo, superando a culpa do pecado original que o afastara do paraíso e reinventando criticamente um novo paraíso, definido melhor em termos de espaço do homem, pois já considera os males produzidos pelas ações humanas não racionais.

Entretanto, para que tais visões e experiências possam ser compartilhadas e experimentadas, são necessários sua demonstração e seu registro como garantia da ausência de erro. Isso promove um aprimoramento das formas de explicação dos fenômenos naturais e humanos, por meio da busca de uma base filológica e gramatical que torne clara a comunicação, provocando uma sofisticação nos mecanismos de divulgação das ideias que levará ao uso intensivo da imprensa.

Tudo isso acarreta a constituição de novos campos de saber e de novos procedimentos analíticos, que resultam num aprimoramento do sujeito e que explicam à consciência humana suas atitudes até então consideradas místicas, unindo esse processo a uma experimentação do real capaz de eliminar as hierarquias relacionadas ao sangue e à descendência, projetando a ideia dos méritos do homem como qualidade da sua fama, da sua glória e da sua potência. A crítica é o instrumento através do qual o sujeito compara e elabora as relações entre passado, presente e futuro (cf. Figura 5 do caderno iconográfico).

O homem é a medida de todas as coisas, o mago de si mesmo, como afirmam Ficino, Pico e Maquiavel[4]. Esse último, mais que os

---

3 Com relação a este ponto, existem duas interpretações distintas, porém significativas: a de H. Arendt (1982) e a de A. Heller (1979).

4 Como poderá ser visto mais adiante, quem mais se aproxima dessa formulação em seu sentido literal é Nicolau de Cusa.

dois primeiros, descobre que a potência do homem pode acabar em desastre caso não haja um limite que não implica aprisionamento da consciência crítica do homem, mas deve servir-lhe de base para um projeto de vida. O trabalho reflexivo de Maquiavel se liga diretamente a esse objetivo, ou seja, é uma tentativa de eliminar o desastre pela via do uso pragmático da liberdade na construção do espaço da política.

O homem é o mundo enquanto produtor da liberdade, revelador das essências das coisas e construtor da realidade: "Ao homem, Deus concedeu esta condição paradoxal: a de não ter condição, este limite: o de não ter limite, esta clausura: o de ser posto como autopondo a si próprio" (BURKHARDT, 1991: 213).

Dessa forma, o que está afinal em jogo

> [...] é o culminar de uma autêntica revolução do posiciona-
> mento do homem perante o mundo e perante a verdade. Se
> até o século XV o homem perscrutava apenas os segredos
> do universo para, através da sua interpretação cantar as ma-
> ravilhas da criação e a glória do seu autor, ao longo do sécu-
> lo XVI o homem foi adquirindo uma consciência cada vez
> maior de que essas maravilhas tinham sido criadas para o seu
> bem-estar e a partir do século XVII reconhece que a leitura do
> grande livro do mundo se deve traduzir na sua reescrita e na sua
> recriação, ou seja, no exercício do seu poder e do seu domínio.
> Assim, é todo o conhecimento que vai ser atingido e moldado
> pela nova magia do poder (BURKHARDT, 1991: 213).

O novo cenário

O Renascimento revela, em resumo, um novo tempo de transformações, que indicam, de saída, a fundação de um novo mundo e de um novo homem.

A volta à Antiguidade Clássica não é simplesmente uma imitação, no sentido de ser uma cópia, mas um avanço, já que, mesmo que essa volta não tivesse ocorrido, as mudanças se realizariam. É possível que não tivessem a universalidade que adquiriram, mas as condições de mudança já eram verificáveis.

O homem aos poucos se transforma em sujeito da história e construtor da existência – arquiteto do social, gerando *o nascimento de no-*

vas concepções de mundo[5] que transitam contraditoriamente ao longo de três séculos e que permitem a formação de novas estruturas mentais e de perspectivas próprias para fazer progredir as investigações e as descobertas[6].

A partir da obra dos humanistas, da divulgação dos textos da Antiguidade, do peso das técnicas artesanais e artísticas (artes mecânicas) e do crescimento das cidades – espaços privilegiados das descobertas –, o homem alça voo por um mundo infinito. A cada instante novas impressões o motivam a continuar na luta incessante para dominar essa grandeza infinita.

Esses processos de secularização do conhecimento que atingem a dimensão política e econômica são entendidos como um acontecimento cultural em que o mundo e a sociedade entram, pela primeira vez, nos projetos racionais de compreensão humana, o que significa que o mundo e a sociedade fogem à tutela exclusiva da Igreja e da religião, isto é, começam por si mesmos a projetar, por meios interpretativos, o seu próprio futuro.

A razão do homem funda a existência. A crítica, através da filologia e da história, desenvolve uma consciência estética, um sentido de passado, uma dimensão de história vivida e a expressão do moderno, além de projetar um novo momento de descoberta do homem e do mundo, verificável de forma explícita no Renascimento:

> Liberto dos padres, o homem novo via-se, ao mesmo tempo, solicitado a aprofundar o seu diálogo com Cristo e a gozar o mundo. Na arte como na vida, os desejos humanos dividem-se entre a imitação de Cristo (renovação das atitudes e dos sentimentos religiosos) e a possessão do mundo impondo-lhe novos símbolos (BURCKHARDT, 1991: 214).

Trata-se então de refletir sobre os termos dessa passagem e situar o novo campo de embate do homem com o conhecimento, sabendo de

---

5 Para a discussão deste surgimento de novas concepções, cf. E. Garin (1988), E. Cassirer (1986) e as análises de W. Dilthey sobre o conceito de homem no século XVI.

6 Ainda no interior da discussão do mundo das ideias, é importante a leitura do livro *O homem e o mundo natural*, de Keith Thomas.

antemão que esse novo homem se reconhece enquanto agente pleno de sua realização terrena, através da descoberta de si mesmo e do seu poder de construção ou criação, da sua imanência, de um novo olhar sobre a natureza, que o faz tomar conhecimento do outro.

Para Georges Duby, no século XV essa passagem ganha fecundidade e evolui, alterando três áreas expressivas do viver humano:

a) Modifica sensivelmente a geografia da prosperidade, colocando nos novos lugares os fermentos da atividade intelectual e artística.

b) Altera as relações sociais. Através da crise e da regressão demográfica, verifica-se uma concentração de riquezas individuais e uma alta geral do nível de vida, provocando um mecenato ativo e a vulgarização da cultura.

c) Gera uma ruptura com um certo número de valores que até então tinham enquadrado a cultura do Ocidente.

As consequências desse movimento de renovação das percepções e dos sentimentos do mundo vão além do estabelecimento de um *homem novo*, consciente do seu papel de organizador do mundo natural, e sugerem a constituição de um movimento subterrâneo de mudança na ordem de encaminhamento da reflexão sobre homem e natureza, ao tornar evidente que não basta um homem novo. É necessário ter um mundo novo ou um campo de exercício de ação que anuncie a predisposição para a recepção do novo, que pode ser, em princípio, identificado por uma *crise* do pensamento medieval, expressa de forma clara no advento da cidade moderna e dos processos de secularização relacionados ao estabelecimento de um corpo social não mais vinculado aos laços exclusivos do parentesco ou dos preceitos religiosos comunitários.

São as novas maneiras de pensar a ligação entre homem e Deus – *devotio moderna* – e os novos mecanismos de incorporação das alegrias terrenas ao existir humano resultantes do processo de "desclericalização" do mundo – *ars nova* – que preparam esse campo do novo e aceleram a libertação dos cânones que limitam tanto o existir social quanto o olhar plástico sobre o mundo.

O resultado é a irrupção de valores mundanos – e até, no limite, profanos – na arte religiosa, provenientes da harmonia que o novo tempo produz entre homem e mundo, pela espantosa curiosidade humana de penetrar nos mistérios do mundo, iluminada pela possibilidade de comparar o que existia antes com o que é agora vivido. O resultado cria a possibilidade de os valores mundanos se tornarem objetos do conhecimento sem que isso se traduza na eliminação do encantamento do mundo ou no processo de dessacralização. E, por fim, eles revelam a íntima ordenação do cosmos, afirmando a capacidade da razão de oferecer explicações para os fenômenos que o sujeito pode observar.

A consequência dessa *revolução* é o surgimento de uma nova linguagem que tem a pretensão de se transformar em comum a todos os homens, ultrapassando os limites da alta cultura e introduzindo uma possibilidade concreta de desenvolvimento do individualismo, que se expressa pela ação enquanto produção discursiva e interpretativa, gerando uma igualdade proveniente da liberdade e da autonomia do homem.

Ilustração, descrição e narração são as evidências mais concretas do papel da nova linguagem na configuração de um novo campo de experimentação do homem, pois traduzem esse movimento através de uma memória que não mais se alimenta de um caráter transcendente, mas que se concretiza na produção da história do homem, que serve de base ao reconhecimento do próprio homem, do seu esforço eterno de progresso, alimentado pela liberdade e em momento algum limitado pela produção de qualquer visão finalista.

Essas novidades determinam, também, o surgimento de um novo censo de relacionamento entre os homens. A descoberta da subjetividade e da alteridade propicia o desabrochar de um novo conceito de humanidade que privilegia o espírito cívico e a cidadania, fazendo com que o homem se reconheça como detentor de poder pela presença e pela ação de outro homem.

Do confronto entre olhares e interpretações resulta a liberdade, em especial no espaço urbano, lugar fundamental do reconhecimento das diferenças por meio das obras construídas pelos homens.

Dessa forma, o estranhamento das diferenças, para além de significar a ruptura com a unidade da perspectiva medieval, motiva o homem a continuar experimentando o mundo e a alargar sua vontade crítica de perceber as diferenças, principalmente no que diz respeito a um universo mais longe do seu, que ele conhece pelos relatos de viagens e que se transforma em objeto do desejo, demonstrando que o medo do desconhecido perdeu seu caráter de limitador do poder de interpretação e de experimentação do homem.

Essa consciência do novo também aparece associada à rebelião contra a autoridade hierárquica da Igreja. Entretanto, essa rebelião não pode ser interpretada como mera desvinculação de um universo de conhecimento limitado. A crítica ao formato de poder da Igreja pressupõe a constituição de novos elementos integrantes de um projeto de vida distinto daquele que a Igreja anuncia, mas que mantém sua vinculação direta à autoridade de Deus.

A Igreja, enquanto instituição, passa a ser concebida como uma criação humana decorrente de uma determinada interpretação da relação entre homem e Deus, que, na Terra, terá obrigatoriamente que ser mediada pelo clero. Essa crítica se move, assim, no campo de busca da liberdade que, nesse aspecto, é produto da síntese de uma educação moderna associada a um novo modo de relacionamento com a natureza, representando, de um lado, uma viagem ao mundo clássico e, de outro, a proclamação do fim da Idade Média.

Esse movimento em direção à síntese, em vez de ter como resultado uma única escolha ou um único caminho, apresenta-se como produtor de múltiplas alternativas. Cada uma delas encaminha soluções que incorporam os vários níveis de percepção das mudanças, como, por exemplo, a relação entre moderno e tradição. Mas o que chama mais atenção é que esse procedimento de renovação mental institui, pela via da liberdade, a ideia de que há muitas possibilidades de construção da ação do homem e que limitá-las será romper com a liberdade. Existem mundos possíveis que serão alcançados pela ação interpretativa e crítica do homem e que fundam a noção de *utopia* como crítica e realização do futuro humano.

Desta forma, verifica-se que não é objetivo desses homens de um novo tempo construir o capitalismo. A sua percepção introduz a ideia de uma modernidade com utopia, na qual a possibilidade de outros mundos afirma a ação criativa e intervencionista do homem no seu ambiente, especialmente na condição de sujeito, sem o qual o mundo não faz sentido. Dar sentidos ao mundo é a grande tarefa do saber renascentista.

Vasari, contemporâneo dessas mudanças, identifica-as de forma clara ao estabelecer a oposição entre *velho* (bizantino) – associado àquilo que à época expressava o *moderno* (gótico) – e o *antigo* – entendido como a força necessária ao espírito para se recuperar através do ensinamento dos clássicos. E acrescenta que essas novidades começam no século XIII, com a maneira de pintar, vinculada a um exercício de conhecimento que requer, de saída, que esse homem-artista identifique as expectativas em torno da imagem que os homens fazem de seu Deus e de toda a corte divina, com o risco de, não projetando a identificação, acabar perdendo suas pensões ou condições de trabalho, na melhor das hipóteses. Na pior das hipóteses, o resultado será a cadeia ou a morte como herético. Assim, pintar exige, como todas as atividades reflexivas do período, um longo processo de pesquisa que envolve principalmente o conhecimento das tradições por parte do artista.

Esse processo de renovação interpreta não apenas a Antiguidade Clássica, com o uso da crítica, mas também olha criticamente a Idade Média, sem deixar de destacar que o retorno à Antiguidade se deveu, em larga medida, à introdução dos clássicos na Idade Média, propiciando novas avaliações comparativas. Ou seja, se a crítica preside esse renovar intelectual – rompendo com a Escolástica e projetando instrumentos mais sensíveis de avaliação de formas, conteúdos e processos – e aguça a curiosidade pelos textos gregos e orientais, a genealogia desses textos acaba por fazer com que eles encontrem a Idade Média. O resultado é a produção de duas diferentes formas de interpretação do período medieval.

Entretanto, ambas são importantes para a explosão de novos métodos de análise e interpretação das relações que traduzem essa primeira modernidade e são responsáveis, em certo sentido, pela história natural, numa perspectiva mais pragmática, e pela constituição da ideia de ordem (definição de lugar), que não se opõe à ideia de liberdade, mas se vincula à noção de racionalidade no uso da capacidade reflexiva do homem (qualidade de um homem que tem controle das suas ações e percebe as ações dos outros indivíduos).

A primeira interpretação identifica a Idade Média com as trevas e acentua o caráter limitador da potencialidade humana. Essa limitação se associa ao domínio dos valores da transcendência divina, sem, entretanto, deixar de frisar a dimensão lógica desse pensar, personificada na inteligibilidade do mundo da perspectiva aristotélico-tomista. O resultado é conceber o *novo* como radicalmente distinto do *velho*. Os novos conhecimentos se constituem como fundadores exclusivos de uma nova ordem de pensamento e organização do mundo.

A segunda interpretação vê a Idade Média como um momento de cerceamento da tradição clássica, porém incapaz de limitar o seu potencial. Essa incapacidade é demonstrada através da análise da produção teológica, que sempre manteve como elemento de referência a tradição clássica. As heresias religiosas e as tendências à mundanização são, junto com as tentativas de dar um sentido concreto, moral e ético, aos preceitos religiosos, os elementos que identificam essa incapacidade, opondo a ordem divina à ordem natural (GARIN, 1988).

O resultado é o estabelecimento de uma conexão fundamental entre o momento *velho*, que continha o *antigo* e a tentativa de aprisioná-lo, e o momento *novo*, que passará a ser ordenado pela atualização do *antigo*. Essa segunda linha interpretativa, marcadamente presente nos autores que são tomados como referência, não deixa de ter um efeito radical.

No entanto, ela tem mais consistência, uma vez que traduz a transcendência como a qualidade racional do novo homem de descobrir os mistérios mais profundos da relação do homem com Deus e com a natureza. Neste aspecto, procura a qualificação da universalidade do homem e explica a passagem como resultado de uma atitude crítica de libertação da consciência humana criativa e utópica.

O Renascimento é o produto-síntese da observação espaço-temporal das várias experiências históricas do homem na Antiguidade Clássica e na Idade Média. Por isso, terá como consequência a construção da tipologia qualificadora do novo homem em oposição ao homem dessas duas idades anteriores, encaminhada através da ideia de explorar, investigar e descobrir, de reencontrar o homem e sua realidade, de superar os modelos e de associar a esse novo homem, pela via da comparação, aquilo que a Antiguidade Clássica tinha de melhor para atingir a razão imanente, mantendo a ideia de transcendência como projeção do espírito humano.

Concebe-se, assim, uma nova percepção do espaço: tridimensional, vinculado à passagem da ótica à perspectiva e socialmente idealizado. Com isso, o elo entre o homem e a natureza é simplificado numa humanização da natureza e em teorias da enunciação universal: todas as coisas se assemelham, trazem em si uma alma como o homem. As figuras de conhecimento *simpatia* e *analogia*, entre outras produzidas no período, são exemplos do método de conhecimento pela aproximação.

Abrem-se as fronteiras do infinito, ultrapassa-se o mundo fechado medieval. As cidades são, enquanto corpos políticos, a representação mais apurada dessa nova experiência humana. As críticas à religião e a insistência na tolerância e no ecumenismo acentuam as modificações mentais. As discussões da magia e da astrologia revelam um sentido novo de interpretação, que culminará com a nova imagem do homem e do mundo, projetada por concepções de vida, visões de natureza, ideias e teorias filosóficas produtoras de novos saberes.

No entanto, essas nossas ideias podem levar a uma idealização do Renascimento e provocar conclusões que ultrapassam em muito o conhecimento da época, provocando o que Lucien Febvre denominou *anacronismo*, em especial quanto ao modo como o historiador estabelece a sua narrativa sobre um tempo passado que é transformado em objeto, sem que o mesmo historiador perceba que, no fundo, o objeto por ele constituído é um sujeito que tem ação e que produz um discurso sobre essa ação.

Por precaução, aceitando o conselho de Lucien Febvre, o caminho é reforçar a análise. Nessa direção, é necessário destacar mais alguns aspectos que definem o caráter moderno do Renascimento, insistindo na comparação entre o homem medieval e o homem moderno.

O homem medieval e o homem moderno

O homem medieval acredita na revelação bíblica, numa realidade divina que está fora do mundo e que é soberana com relação ao mundo habitado pelos homens. Essa soberania se acentua nas ideias de criação e potência de Deus, traduzidas pelo inefável poder da transcendência divina que tudo comanda.

Acreditar, para o homem medieval, é confiar na revelação de Deus, aceitar tal revelação como fundamento de sua personalidade finita e exteriorizá-la como forma primordial de vida: a contemplação e a liberdade interior. O melhor exemplo dessa concepção finita está na forma de representação do cosmos medieval. Ele é representado por um globo que contém no centro a Terra (redonda). Em volta dela circulam as esferas, vasos enormes feitos de substância indestrutível, onde se encontram os astros (nove); o último é a *primum moville*, que fecha o mundo. Em volta deles está o *empíreo*, que arde e tem luz, lugar de Deus, espaço transcendente.

Em oposição a essa representação da potência de Deus está a profundeza da Terra, lugar do demônio, do mundo finito. Toda essa representação faz lembrar Dante Alighieri, um homem no umbral do novo tempo, acossado pela dupla sensibilidade – medieval e moderna –, que, ao construir *A divina comédia* (1955), utiliza a expressão dinâmica do mundo, dando atenção especial às conexões entre os vários *círculos* e responsabilizando-os, cada um em separado, por uma função definida, atribuindo um movimento uniformemente harmonioso que tende a manter o equilíbrio entre os corpos e a ordem dos círculos.

A representação cósmica apresentada permite observar que Deus-potência está tanto fora quanto dentro do homem (o fundo da alma).

A posição de cada um é determinada pelo valor e pela medida de sua semelhança. Assim, a noção de humanidade, na perspectiva medieval, relaciona-se a cada homem isoladamente, não individualmente. Sua relação de conjunto é dada pela presença de Deus e, por isso, o isolamento evidencia um comportamento humano, que não necessita das relações entre os homens para se reconhecer enquanto humano; ser homem decorre da graça divina e não do envolvimento com as diferenças entre os homens. A noção de humano é definida de fora do ser-homem.

A partir desse ponto de referência, transcendente, a existência humana e natural aparece como conjunto de intervenções de Deus, reatualizadas através de formas simbólicas, nos respectivos momentos históricos e com a dimensão de felicidade configurada na eternidade.

A sua forma espacial é o edifício da Igreja, que identifica a plenitude e a riqueza do mundo e sua unidade, como na idealização de Dante. O homem medieval vê símbolos em tudo. A existência não é constituída por elementos, energias e leis, e sim por formas que transcendem o mundo real, representando-o.

Tudo isso se modifica quando, a partir do século XIV, o sentimento da vida se transforma, fazendo aparecer a exigência de uma liberdade individual de movimentos e, com ela, a clara identificação da opressão pela autoridade, projetando uma nova consciência humana e um novo conceito de humanidade, agora referidos à comunicação entre os homens e ao conhecimento de si próprio através das diferenças, de comparações entre os indivíduos e da descoberta da dimensão psicológica do ser humano e de seus atributos de sensibilidade – desejos, interesses, famas e glórias individuais.

O resultado desse movimento das forças humanas, em suas conexões com as forças naturais, projeta o nascimento do saber moderno, daí em diante pensado como um conjunto de atitudes críticas que diferenciam, epistemológica e metodologicamente, o mundo moderno do antigo. Trata-se de um modo de olhar o mundo produzido e dirigido diretamente para a realidade e a essência das coisas, acentuando o desejo do homem de enxergar com os próprios olhos. Ao mesmo tempo, demonstra a sua potência criadora, sua inteligência para atingir uma reflexão fundamentada criticamente.

A experimentação dessas novas atitudes é reafirmada de maneira constante pelo homem, seja através da repetição da experiência ou do seu registro documental, porém sem excluir as diferenças resultantes da experimentação. A crítica à teologia dogmática afirma o princípio da relativização do conhecimento através das distinções de horizontes de erudição, que vão aos poucos sendo delimitados por proposições resultantes da associação entre crítica, filologia e história.

A produção de uma linguagem adequada ao novo, povoada ainda do bestiário medieval e recepcionando o hermetismo oriental, acaba por fazer esse novo homem reconhecer o seu poder e se assegurar de que ele é processado através do controle mágico dos elementos que compõem o mundo. A decifração das linguagens matemáticas e lógicas configura essa associação entre poder e magia no Renascimento (cf. Figura 6 do caderno iconográfico).

Entretanto, essa magia não corresponde a um processo de compreensão do mundo por meio de elementos externos a ele, e sim através da capacidade de decifrar elementos que até então não podiam ser objeto da compreensão dos homens. Esse feito prometeico é fundador do saber moderno, enquanto expressão da individualidade e da liberdade humanas e também do prazer e do gozo de experimentar os resultados das descobertas, transformando-as em sensualidade procriadora do novo através do exagero da aventura e da curiosidade.

Assim, o saber moderno não exclui, por definição, nenhum campo possível de conhecimento. Ele se identifica a qualquer expressão de renovação que indique uma nova expressividade do homem com o objetivo de estabelecer sua potência mágica, seja ela corpórea ou de ideias, e que contenha um senso estético atento à beleza como manifestação sublime da relação do homem com os seus outros, sejam eles Deus, homens ou a natureza.

Saber é sinônimo de transitoriedade, de exploração, de obra aberta, infinita, e não de normatização ou disciplina. Saber é poder.

O conceito de natureza

No tocante à visão da natureza, esse saber moderno acentua a experiência da classificação e do entendimento causal do mundo. Com referência à tradição, fará desenvolver a crítica humanista e uma teoria da história fundada sobre as bases e fonte da Antiguidade Clássica, produzindo, em consequência, uma nova noção de tempo e de espaço.

Neste sentido, fala-se de saber como equivalente à produção de uma nova sensibilidade que se projeta num produto: a cultura moderna. A consequência é a constituição de uma sociologia interpretativa e compreensiva dos vínculos sociais, que dará origem às noções de Estado, direito, espírito cívico e religiosidade, expressas pela relação entre os méritos dos homens e suas preocupações filosóficas, acentuando a conexão entre concorrência e Modernidade.

A partir daí, o saber se separa da unidade religiosa e transcendente da vida e se constitui como domínio autônomo da cultura-vida, tendo como sua manifestação mais refinada a poesia, forma mais sublime de produção da nova historicidade do mundo dos homens.

Nessas novas condições, as concepções cosmológicas da antiga representação do mundo como grandeza limitada se transformam. O infinito aparece como extensão da transcendência por uma qualidade de intensidade, produzindo um absoluto simbólico que medeia todas as associações possíveis.

O mundo limitado se abre e se estende, desfazendo seus antigos contornos. Descobre-se que ele se prolonga para todos os lados. Nesse aspecto, os descobrimentos adquirem uma importância ímpar, uma vez que colocam em presença novas configurações mentais e culturais, que necessitam de uma interpretação portadora de sentido que confirme a primazia desse novo homem. É um novo mundo que descobre outro novo mundo. Vive-se um novo momento, em que o aumento quantitativo do horizonte físico é visto como emancipação, uma vez que alarga as possibilidades de conhecimento e reconhecimento. A cartografia e a geografia estão diretamente vinculadas a esse período.

Esse novo saber descobre a Terra girando em torno do Sol, desfazendo a ideia do planeta como centro cósmico do universo. Giordano Bruno expõe a filosofia de um mundo infinito, até de um número infinito de mundos[7].

A representação do mundo não pode mais ser produzida sem a presença do homem. A representação de um processo histórico, vivido de um passado sempre mais afastado e de um futuro sempre mais longínquo, acaba por se impor. A investigação das fontes, dos monumentos e dos vestígios da cultura fez aparecer um enorme conjunto de circunstâncias e acontecimentos, permitindo o desenvolvimento de vários gêneros literários, sendo o principal deles a produção das biografias, que indicam a relevância do homem-indivíduo e de sua obra. A interrogação das causas e das consequências e o conhecimento das estruturas do existir humano descobrem novas relações e ligam umas coisas com as outras, estabelecendo uma lógica que induz a constituição de um teatro filosófico do mundo e de uma teoria do progresso.

Nessa perspectiva, o acontecimento particular perde seu significado diante da multiplicidade dos eventos e do fluxo ilimitado do tempo. O singular é substituído pelo plural. A descoberta do infinito cósmico afeta o espaço terreno. O homem sente o inexplorado como atrativo. Começa a descobrir, verifica a possibilidade de se aventurar no mundo infinito e se tornar seu senhor.

Ao mesmo tempo, esse processo de valorização do homem acaba por constituir uma consciência do social e, mais importante, da personalidade: o indivíduo passa a se interessar por si mesmo, tenta compreender suas reações e ações, assim como as dos outros. Surge o sentimento do que é extraordinariamente humano. O conceito de gênio ganha importância decisiva, pois acentua o caráter eterno do homem e de suas obras, além de expressar pedagogicamente a noção de imitação ou exemplaridade.

Todas essas descobertas são experimentadas de duas maneiras contraditórias: a) como liberdade de movimento e de afirmação pes-

---

7 Para uma leitura mais aprofundada das teorias de Giordano Bruno, cf. F. Yates (1989) e A. Debus (1986).

soal: o homem atua, arrisca e cria através do seu *ingenium*, conduzido pela fortuna e recompensado pela fama e pela glória; b) como crise pela insegurança de ter perdido um lugar objetivo e que ameaça a sobrevivência do próprio homem, originando a angústia que provoca culpas e dúvidas[8].

A certeza e a incerteza, a felicidade e a infelicidade, o temor e o amor caminham juntos, provocando dúvidas e angústias que sugerem para Maquiavel a crise e o desastre desse tempo.

Mas, então, o que é realmente novo?

O que é novo é um homem que enxerga o mundo através de uma reflexão baseada na intuição, na empiria e na erudição, um mundo capaz de ser produzido por qualidades novas atribuídas por ele à natureza, definida, a partir daí, como associada: a) a um conjunto de coisas que existem antes que o homem faça qualquer coisa nelas – conjunto de energias e substâncias, essências e leis, descobertas pelo homem e organizadas em função de sua utilidade para a vida humana. O homem foi criado por Deus por último para poder apreciar a obra divina e entendê-la enquanto espaço de sua obra de vida; b) o natural enquanto beleza, paisagem, criação e perfeição.

O conceito de natureza exprime, pois, qualquer coisa de supremo que é, de um lado, natural e impossível de transcender, e, de outro, uma construção, uma criação, possível de ser transcendida, até mesmo pela sua antropomorfização.

Entretanto, a primeira visão começa a ganhar maior expressão, uma vez que a partir dela é possível deduzir que tudo o que foi observado é definitivo, tem uma perspectiva de regularidade. O que se pode fundamentar nos seus critérios está justificado.

O *natural* é sagrado e religioso (Deus = natureza e mãe = natureza) porque é a causa primeira e última de tudo. O próprio homem pertence à natureza segundo o seu papel fundacional, físico e psíquico. Quando a reconhece e quando a domina, sai do todo que forma com a natureza e coloca-se diante dela. Essa experiência fundamenta um

---

8 Mais uma vez, para este ponto é importante a leitura de Agnes Heller (1979).

segundo elemento essencial da significação da existência moderna e que diferencia o homem do meio natural, dando-lhe a condição de intervenção: *a subjetividade*.

O Renascimento funda uma nova experiência do eu. O homem se torna importante diante de si próprio. O *eu*, sobretudo o *diferente*, o *genial*, o *notável*, é a medida de valor da vida. A subjetividade surge como *personalidade*, como forma humana que se desenvolve a partir das disposições e iniciativas próprias (autenticidade e sinceridade).

Entre a natureza e o sujeito aparece o mundo da ação e da criação do homem, o mundo das realizações que indicam a força criativa do homem e sua disposição de transformar.

O resultado é o estabelecimento do conceito de cultura e de técnica como manifestações mais avançadas da intervenção humana, que se apresentam na política, na arte e na religião. Na esfera da política, além daquilo que se relaciona às formas de governo, surge a classificação do homem político enquanto nova expressão da funcionalidade social. Essa atitude cívica é tão importante que se transforma em expressão de moda e exemplo de vida associado a qualidades como ter experiência de vida, dominar a si próprio, trabalhar com discrição, ser diplomático, possuir porte distinto, não se intimidar diante das intrigas e – a qualidade máxima – subordinar os interesses pessoais ao bem comum, além de ser curioso (ter vontade e apetite de saber), galante (ter alegria de viver) e ter aspirações e *virtù* (cálculo e razão).

Nicolau Maquiavel, Baldassare Castiglione e Baltasar Gracián são algumas das expressões mais importantes do novo tempo. Com isso, estão constituídos os elementos indicadores das transformações. Resta abordar os seus desdobramentos através da avaliação de suas conexões na fundação da sociedade moderna. Entretanto, com a vontade alimentadora da curiosidade, indica-se, em seguida, alguns pontos que mostram como essas transformações ultrapassam o contexto italiano, tomado pela historiografia como ponto de referência para a análise do Renascimento.

As experiências renascentistas e os homens ibéricos

Além da Itália, outras regiões na Europa Ocidental se destacam nesse movimento de secularização. O exemplo ibérico, por não ser paradigmático, oferece um terreno fértil para novas questões. Muito mais envolvida com a tradição medieval, a Ibéria mostra uma forma singular de renovação, devedora, em parte, da explosão italiana e, de certa forma, inovadora em relação a certos critérios oriundos da reflexão italiana. Se a Inglaterra encontra um caminho próprio para sua inserção no novo tempo, relacionando tradição e Modernidade, fechando-se ao Humanismo continental, a Ibéria caminha no sentido da recepção dos novos procedimentos críticos e em seu uso para projetar um novo futuro. Logicamente, a tradução ibérica do Renascimento italiano produzirá um modo específico de conceber o Humanismo, delimitado pelas condições concretas de sua história, em especial no que tange ao processo de unificação dos estados português e espanhol.

Outro ponto relevante é o da presença da tradição medieval, que numa primeira mirada pode nos levar à conclusão do seu peso refrator à mudança. Entretanto, essa presença acaba ganhando uma expressão positiva pela introdução de um campo de enfrentamento que vai relacionar aventura e experiência.

Embora se possa, acompanhando a reflexão feita por Sérgio Buarque de Holanda (1970), diferenciar espanhóis e portugueses, destacando, nos primeiros, a força da aventura da descoberta do maravilhoso e, nos outros, a sistemática de racionalizar qualquer nova descoberta, atribuindo-lhe um lugar já definido e conhecido *a priori*, o importante é estabelecer a junção entre esses *mundos ibéricos* e procurar demarcar suas contribuições ao saber moderno, na forma de adaptação, tradução e imitação do modelo italiano.

O gênio ibérico, mesmo premido pela religiosidade, é criador e individualista. Mantém sempre a consciência clara da necessidade da constante vigilância sobre aquilo que é produzido. Isso nos faz observar a repetição, também no mundo ibérico, da atitude de curiosidade pela experimentação, e o resultado é uma inovação das próprias concepções religiosas.

O gênio criador ibérico identifica-se numa singular forma de interpretação do mundo e da projeção da liberdade humana, na qual a associação entre a escolástica e o platonismo adquire importância. O sentimento cristão, assim renovado, expressa vivamente o poder do homem ibérico, indicando como ação a experimentação da existência real que produz a caridade e a tolerância, superando a teologia dogmática.

A renovação se concentra no universo das reflexões teóricas e filosóficas que têm como lugar as antigas abadias e as novas universidades, indicando o papel da tradição hermenêutica medieval. Nessa caminhada intelectual, o mundo ibérico se insere no debate entre antigos e modernos, buscando uma via que encaminha resultados distintos, mas que no conjunto têm uma repercussão poderosa sobre o restante do mundo intelectual, principalmente o da teologia oficial (cf. Figura 7 do caderno iconográfico).

Associa ao seu universo reflexivo a tradição greco-romana, representada pelas figuras de Raimundo Lúlio e Luís Vives, entre outros. As universidades de Coimbra e Salamanca são consideradas lugares de vanguarda na discussão dos temas da Modernidade, e seus docentes adquiriam fama e importância, atraindo estrangeiros que bebem o saber sistemático e racional dos homens ibéricos.

Essa distinção envolve também os próprios governantes, dentre os quais pode-se destacar, já no século XIII, Afonso, o Sábio, que influi positivamente na reformulação da escolástica através de suas posições de liberdade e de tolerância com árabes e judeus, dando-lhes espaço para praticamente tornarem-se os reformadores. Associando a reinterpretação da escolástica ao aristotelismo renovado, os dois grandes centros dessa renovação são Córdoba e Sevilha.

Além dessa renovação filosófica, o mundo ibérico é também o nascedouro de novas propostas de relacionamento do homem com Deus. O exemplo mais incontestável é a reflexão de Santa Teresa d'Ávila, ao exprimir a relação entre o homem e Deus como uma operação do pensamento, ou seja, intelectual. No campo das artes, a Ibéria também contribui, em especial na poesia épica, com El Cid e os Infantes de

Lara, que são produções literárias renovadoras e se opõem à tradição medieval de Carlos Magno e do Santo Graal.

Entretanto, a contribuição mais significativa do mundo ibérico se localiza nos estudos geográficos e nas grandes navegações, que são precedidas de uma persistência intelectual e de aventura, encontradas em Dom Henrique e na Escola de Sagres, onde se formaram homens, como Bartolomeu Dias, que exerceram grande influência sobre Fernão de Magalhães e Cristóvão Colombo.

A potência ibérica se dirige para o mar e o transforma em complemento do território, elemento de união entre terras, podendo assim ser melhor conhecido. Mas, além das descobertas e do que elas representam em termos de mudanças, deve-se acrescentar seus resultados acadêmicos e suas correlações com o Renascimento.

Isso se realiza através da renovação dos estudos nas universidades, com a introdução dos debates sobre a literatura clássica em sua língua original. Entre as 43 universidades existentes na Europa no século XVI, 14 localizam-se na Espanha, provocando um movimento geral de transformação no cenário intelectual ibérico.

Um estilo e uma nova forma de narração são também produzidos no mundo ibérico, com Camões, Cervantes, Gil Vicente, Sá de Miranda (irmão de Mem de Sá), Lope de Vega e outros. O mundo ibérico também revela o grande mestre de Montaigne – o português Sanches – e os humanistas, entre eles André de Resende, Diogo de Teive e Damião de Góis.

Para entender com maior profundidade esse cenário ibérico, nos aventuremos no lugar de Portugal na primeira modernidade, partindo da seguinte pergunta: Como seria possível situar e interpretar a realidade dos países ibéricos em relação aos diferentes elementos constitutivos dos primórdios da Modernidade?

Temos a convicção de que a resposta a tal indagação conduz a uma espécie de *paradoxo*, que decidimos batizar como o da oposição entre a precocidade das *promessas* e os *azares* da maturidade.

Primeiramente, as *promessas*.

Não chega a ser propriamente uma novidade a afirmação de que as sociedades ibéricas foram palco, nos últimos séculos da Idade Média e no começo do século XVI, de uma série de mudanças que configurariam algo como uma *modernidade precoce*, cujos principais elementos constitutivos seriam:

1) Um intenso desenvolvimento das atividades marítimas mercantis, que desembocou no autêntico pioneirismo navegador e descobridor dos séculos XV e XVI – os grandes descobrimentos.

2) O relativo desenvolvimento de um capital comercial dos mais ativos e empreendedores, em mãos de uma burguesia mercantil dinâmica, conectada a outras áreas geoeconômicas caracterizadas também por um surto mercantil significativo. Tal circunstância teria assegurado a esses setores/segmentos burgueses – também denominados de *grupo mercantil* – uma atuação das mais importantes no processo da expansão marítima comercial.

3) As diversas especificidades que caracterizam a formação das monarquias ibéricas, a começar pela *Reconquista*, as quais favoreceram uma centralização precoce da administração real, um grande fortalecimento do poder monárquico, configurando, afinal, autênticos *estados modernos*.

4) O papel decisivo desempenhado pelas respectivas Coroas, sobretudo em Portugal e Castela, no financiamento de boa parte dos custos das grandes viagens, de tal maneira que a presença do Estado se mostra decisiva desde as origens da empresa marítima, mercantil e colonizadora.

A consciência dessa *modernidade precoce* pode ser detectada sob inúmeras formas na bibliografia tanto de Portugal quanto de Espanha. Bastam-nos, porém, dois exemplos muito conhecidos:

1) A interpretação geralmente produzida sobre a chamada Revolução do Mestre de Avis (1383/1385) – a *primeira revolução burguesa da história*; uma revolução da burguesia e do povo miúdo de Lisboa; uma revolução que significou a tomada do poder pelos setores populares sob a liderança do grupo mercantil português etc. Apenas a título

de indicação, recordemos o quanto já se escreveu para demonstrar que em Portugal *jamais existiu o feudalismo*, tão diferente era o reino luso de seus congêneres europeus contemporâneos.

2) As interpretações que atribuem um peso ponderável, por vezes decisivo, à existência de uma numerosa e rica burguesia mercantil em Castela e Aragão, com segmentos importantes voltados para o crédito – bancos – ou para a criação das primeiras manufaturas modernas; donde se deduz a significativa presença dessa burguesia na conquista e na exploração do Novo Mundo. Uma burguesia que experimentou um surto dos mais significativos ao longo da primeira parte do século XVI, fazendo pairar no *horizonte das possibilidades* um desenvolvimento *capitalista* real, mas que teve uma duração tão curta que J. Vicens Vives batizou-o de *meteoro* burguês.

O curioso – ou, quem sabe, trágico – é que tais conjecturas, ao lado de muitas outras, têm alimentado *teorias* que postulam a existência nos países ibéricos, no século XVI pelo menos, de uma verdadeira burguesia mercantil *capitalista*, cuja atividade e cujo *espírito empreendedor* estariam nas bases do sucesso da empresa marítima de descobrimento e colonização. Tudo isso em evidente contraste com o pouco que sabemos sobre a estrutura e a composição social de tais sociedades ibéricas. Na realidade, pouco ou quase nada sabemos sobre o peso numérico efetivo de tal *burguesia*, e muito menos sobre seu real peso econômico e financeiro. No entanto, há algo que sabemos perfeitamente: se tais *teorias* estivessem corretas, seria preciso corrigir com urgência as informações que possuímos a respeito do curso histórico ulterior dessas sociedades.

Tais foram as *promessas*. Vejamos agora quais foram os *azares* que mencionamos. Foram muitos, aliás, e sobretudo muito mais poderosos e eficazes do que as promessas:

1) O papel preponderante do Estado monárquico ao longo de toda a empresa marítima, comercial e colonial, mantendo sempre, salvo raríssimas exceções, um controle praticamente total sobre as principais etapas dos empreendimentos, da montagem das naus e das frotas à comercialização dos produtos. Bem, poder-se-á indagar, e daí?

E *daí* esse Estado monárquico centralizado possuir, como tal, duas características não muito *capitalistas* ou *burguesas*: ser um Estado no qual a aristocracia constituía o setor social dominante; ser um Estado muito mais *fiscalista* do que *mercantilista*. Sendo assim, se os empreendimentos deviam dar lucros, eles eram maciçamente apropriados pelo tesouro real; se a empresa colonial era importante economicamente, não o era menos como instrumento de distribuição de cargos e rendimentos em favor de uma nobreza ambiciosa e às voltas com a insuficiência de suas próprias rendas hereditárias. Segundo João Lúcio de Azevedo, o Estado – a Coroa – era o grande mercador; sim, desde que reconheçamos que esse *Estado* não era algo socialmente abstrato ou neutro.

2) Mas nem toda a sociedade portuguesa se interessou pela expansão ou dela participou. Lentamente, o peso inercial das estruturas econômicas e sociais internas, indiferentes, se não mesmo hostis aos custos da expansão – em homens e dinheiro –, influiu no sentido de assegurar a tradição, a fé e a mentalidade contrárias ao *lucro fácil* do comércio. Esse peso das permanências estruturais também ainda é pouco conhecido em seus pormenores.

3) A dominação aristocrática que fez do Estado monárquico um instrumento dos mais eficientes para assegurar os interesses dessa mesma aristocracia – inserindo-se nas engrenagens da empresa mercantil e assumindo seu controle –, também marcou sua presença ao favorecer a reação tanto aos interesses mercantis dos segmentos burgueses quanto à penetração e à difusão de novas ideias. Criando a instabilidade e a insegurança, desestimulando a concorrência e os investimentos, tal reação, apoiada no *braço eclesiástico*, instaurou o medo e o terror através das perseguições movidas aos *cristãos novos* e às *heresias* em geral.

Talvez tentarmos avaliar os efeitos economicamente inibidores desse processo de reação à Modernidade em favor da *pureza da fé* e da luta contra os hereges de todos os tipos seja uma tarefa impossível. A imposição de tais formas de pensamento pré-modernas, sustentada pelos aparelhos repressivos – com a Inquisição em lugar destacado –, marginalizou física, social e mentalmente boa parcela dos indivíduos pertencentes aos segmentos sociais mais empreendedores e dinâmicos, estigmatizando com a suspeita de heresia tanto os *inovadores* internos quanto os que, vindos do exterior, eram, por isso mesmo, igualmente suspeitos de algum tipo de contágio com as ideias e os costumes estranhos à ideologia dominante em Portugal.

4) A par de todas as vicissitudes internas das sociedades ibéricas, notadamente a lusitana, cuja hostilidade intrínseca tanto às práticas quanto ao *espírito* capitalista se nos afigura evidente, não podemos deixar de lado os problemas da inserção portuguesa no mundo de então: desde as debilidades contidas no funcionamento do monopólio do comércio com o Oriente, que favoreceram bem mais aos flamengos e aos holandeses do que aos próprios portugueses em termos de lucros reais, até a progressiva dependência de Portugal ao poderio marítimo da Inglaterra, especialmente a partir da Restauração de 1640.

Com efeito, o domínio espanhol custou a Portugal a perda da maior parte do seu império asiático para os inimigos de Espanha, e por pouco não lhe custou também a perda da sua parte mais substancial – o Brasil. Com a Restauração, a Coroa portuguesa, necessitando de aliados contra espanhóis e holandeses, viu-se diante da contingência de buscar na *aliança inglesa* a proteção indispensável à preservação do pouco que lhe restou na Ásia e a garantia do muito que possuía na América. Nela irão se concentrar os recursos e as atenções da Coroa portuguesa – o Brasil passa a ser verdadeira base dos rendimentos *públicos* e *privados* da metrópole portuguesa, desde o final do século XVII.

Mas a conservação do Brasil custou a Portugal uma dependência econômica, financeira e política cada vez mais considerável dos interesses britânicos.

Desse jogo entre a *precocidade* e o *azar*, o resultado decisivo foi uma situação social para a qual só conseguimos encontrar uma palavra:

cristalização, ou seja, consolidação de uma sociedade de tipo aristocrático, sob hegemonia do *estamento* eclesiástico, no qual preponderam os jesuítas. O *moderno* foi simplesmente proscrito, e essa proscrição se materializou, em particular, na perseguição aos *cristãos-novos* e na desconfiança em relação aos estrangeirados. A *pureza de sangue*, o ódio à *nação* e a *raça* hebreia, o horror à *heresia*, o medo diante do *estrangeiro*, eis alguns dos componentes da mentalidade que irá triunfar após o grande clarão dos descobrimentos.

Assim, é muito difícil vislumbrarmos em Portugal as transformações e os processos que marcam o começo dos tempos modernos que antes foram mencionados. Um mundo fechado sobre si mesmo, autossuficiente, não era exatamente a melhor situação para o desenvolvimento mercantil. Como fazer uma expansão *capitalista* sem garantias mínimas a empresários que se debatiam interminavelmente entre o rochedo da intolerância persecutória inquisitorial e o rochedo do aparelho de Estado onipresente, sempre controlando, vigiando, não raro expropriando os lucros em benefício de nobres enquistados em posições-chave da administração mercantil e colonial?

Um Estado *mercantil* e que, no entanto, atuava no sentido de se apropriar de boa parte dos rendimentos mercantis, além dos de natureza fiscal, a fim de sustentar a sua própria máquina, isto é, a pequena multidão de nobres e clérigos vivendo às expensas dos rendimentos *do Estado*, como ocupantes de *ofícios* e *empregos* reais ou apenas honorários.

Expulsos os judeus, no final do século XV, lançada a universal suspeição de heresia sobre os judaizantes – os cristãos novos –, noção que podia abarcar na prática cotidiana a imensa maioria dos *homens de negócios*, restringiram-se violentamente quaisquer possibilidades de expansão significativa do capital mercantil. Pequenos comerciantes, pequenos lojistas, pequenas oficinas artesanais. Fica então bem mais clara a noção exposta, por exemplo, por Vitorino Magalhães Godinho, de uma *reação feudal* a partir de meados do século XVI. Tal reação não foi mais do que o esforço da nobreza e do clero visando barrar o caminho a uma eventual ascensão burguesa e reconquistar assim o pouco terreno que haviam perdido desde o século XV. Cristalizou-se em Portugal uma sociedade dominada política e mentalmente pelos interesses tradicionais, aristocráticos, sob a proteção do Estado absolutista, comprometido com tais interesses e com a inércia mental que a intolerância ideológica estimulava.

Segundo Agnes Heller (1979) uma das características do Humanismo renascentista vem a ser a possibilidade de a sua existência ocorrer como algo separado e distinto da estrutura social e das realidades da vida cotidiana, do que resultaria uma espécie de vida própria suficiente para permitir o seu desenvolvimento até mesmo em sociedades onde não tenha existido um autêntico Renascimento – fenômeno social total. Em tais casos, o Humanismo se manteria desenraizado e isolado, conseguindo adesões somente no seio da aristocracia política e dos intelectuais. Cremos que o Humanismo português se aproxima muito desse modelo, tanto levando-se em conta as características da sociedade lusa dessa época, quanto a posição social da quase totalidade dos seus humanistas.

Ao mesmo tempo, se a afirmação de Heller nos ajuda a compreender a natureza social desse Humanismo, a concepção de Kristeller, ao destacar no fenômeno humanista o caráter literário, de tipo retórico, e os fins pedagógicos das práticas dos humanistas, com eventual inclusão da ética em seus estudos, ajusta-se perfeitamente ao conteúdo do Humanismo luso. Nele também vamos encontrar a predominância das *Humanidades* e a inspiração literária e retórica cujos modelos e valores são os de origem greco-romana, se bem que devamos ressaltar a importância praticamente marginal que teve a retórica para a maioria dos respectivos autores.

2
Os diferentes caminhos de emergência do capitalismo

Com toda certeza vocês já assistiram a alguma aula de história que lhes explicou as formas de desenvolvimento do capitalismo no final do século XVIII. Por isso, todos vocês sabem que o capitalismo adquiriu sentido e estabeleceu as suas formas de domínio a partir do final do século XVIII com o processo de desenvolvimento das revoluções burguesas.

Entretanto, muito antes da vitória dos burgueses e da inauguração de uma nova etapa na história da humanidade, o homem, a vida e as relações sociais e políticas já haviam se transformado com relação ao que foram as antigas formas de exploração da Idade Média (HOBSBAWM, 1975).

Em especial, o século XVIII, não por acaso identificado com as Luzes, foi o momento onde ganharam consistência novos modos de pensar o homem e o mundo, funcionando como momento de síntese de mudanças já anunciadas pela secularização da Igreja, em especial, pelas reformas religiosas, pelo rompimento com a tutela teológica naquilo que diz respeito à natureza e ao natural, através da revolução cartesiana, e pelas transformações científicas dela oriundas (HAMPSON, 1970).

Ao lado dessas rupturas com a tutela religiosa, desenvolveu-se uma forte tendência de explicação daquilo que era o desenrolar da vida social e do seu entendimento como resultado da ação das virtudes humanas decorrentes do exercício da razão.

O século XVIII representou, para a história da humanidade, um momento novo, no qual a primazia da razão elegeu o homem e as suas virtudes como responsáveis pelo progresso material e técnico e pela descoberta de que essa nova experiência só podia alcançar seus objetivos se a liberdade de viver e pensar fossem o leito do novo caminho (VACHET, 1970).

Representado pela associação entre razão e liberdade, o Século das Luzes, inaugurou uma nova forma de ver a humanidade, onde a igualdade foi a nova mestra das trocas e das virtudes humanas e a referência para todas as críticas ao domínio aristocrático das sociedades do Antigo Regime (GOUBERT, 1971).

Esse movimento do esclarecimento, através da razão, fortaleceu as rupturas com as formas estatais do século XVII – os estados absolutistas –, reivindicando uma participação no Estado que se originou das ações de transformação, principalmente da economia, valorizando o homem produtor em detrimento do nobre que vivia às custas do rei nas sociedades de corte (HOBSBAWM, 1980).

Essas transformações também elegeram um novo lugar de onde as Luzes podiam se expandir e, ao mesmo tempo, se consagrar na forma de movimentos intelectuais. A cidade, em oposição, ao campo, passou a ser o espaço original das novidades, onde os novos valores anunciavam-se e divulgavam-se, transformando-se em ideais burgueses, em novas visões de mundo e em novas formas do viver social.

O desenrolar desse movimento de privilégio das cidades foi a tomada de consciência política por parte dos burgueses. A nova sociedade modificou as suas relações, introduzindo a virtude e o conhecimento e produzindo novas formas de sociabilidade, não mais representadas pela hierarquia do nascimento, mas marcadas pela eficácia das ações dos homens, pela capacidade de transformação da natureza (WEBER, 1975) (cf. Figura 8 do caderno iconográfico).

As teorias sobre o progresso material, técnico e intelectual assumiram importância decisiva para que esses novos homens entendessem que a sua história seria o resultado de sua construção do futuro no presente e que o progresso era aquilo que movia o aperfeiçoamento da razão humana.

A natureza, alterada pela ação do trabalho humano, ganhou uma nova qualificação. Ela foi, ao mesmo tempo, o campo de ações do homem e o troféu final dessa aplicação, por sua eleição de portadora da abundância.

Entretanto, para que esses valores adquirissem a condição de norteadores de novos sistemas sociais e políticos foi preciso derrotar aqueles que controlavam a antiga ordem. Tornou-se urgente eliminar as honras e os privilégios decorrentes de relações pessoais com o Estado. Esse movimento de crítica ao Antigo Regime antecipou a consolidação da ordem burguesa, no modo dos estados nacionais, e assegurou as transformações através das revoluções burguesas (HOBSBAWM, 1980).

A construção da nova ordem resultou, assim, das revoluções burguesas, denominação genérica e abrangente, que quer unificar os variados modos de luta dos burgueses contra os antigos regimes e que, historicamente, envolveram um movimento social, político e ideológico, que se introduziu na sociedade do Antigo Regime, pulverizando-a de cima a baixo e estabelecendo relações que sugeriam alianças entre nobres e burguesas para garantir o novo tempo, que propunham sistemas políticos onde interesses diferentes estabeleceram uma pauta comum de mudanças.

A segunda metade do século XVIII foi, por excelência, o período de apogeu dessas contradições e críticas, fazendo com que os novos ideais de liberdade e igualdade ultrapassassem o mundo europeu e fossem, em outras áreas, as bases de processos revolucionários distintos, tanto no século XVIII, com o exemplo americano, como no século XIX, com a experiência de modernização do Japão. É bom lembrar que também no próprio continente europeu ocorreram transformações ligadas ao progresso e às revoluções diametralmente diferentes dos exemplos de França e Inglaterra, tomados pelos historiadores como os tipos clássicos de revoluções burguesas, como o caso da Alemanha (HAMPSON, 1970).

Antes de examinarmos cada um dos casos de desenvolvimento diferenciado e desigual de consolidação do capitalismo, resta-nos apresentar um quadro amplo e geral das condições que motivaram essas revoluções e que, ao fim e ao cabo, permitiram-lhes uma identidade comum ocidental.

O mundo europeu da Modernidade: o longo movimento de transformações do Renascimento ao Iluminismo

O século XVI foi o momento de constituição dos ideais modernos no Ocidente. O Renascimento e o Humanismo libertaram o homem da contemplação medieval e o elevaram à categoria de centro do mundo; o homem passou a ser a medida de todas as coisas.

Essa nova ação humana que experimentou o mundo, descobrindo modos de transformar a natureza, não só anunciou uma nova composição política – os estados modernos – mas agiu como fomentadora de novas atitudes mentais diante, principalmente, da Igreja, determinando o desencadeamento dos movimentos das reformas religiosas e com elas o estabelecimento de uma nova concepção de indivíduo e de ação individual.

Ao mesmo tempo, a invenção da perspectiva e o uso da matemática construíram a noção de infinito, gerando novas descobertas marítimas e alargando o horizonte humano, tanto no conhecimento de novos costumes como na capacidade de dar utilidade, especialmente, econômica, aos novos mundos descobertos (RODRIGUES, 1995).

O mercantilismo, como um conjunto de práticas e projetos econômicos desenvolvidos na Europa moderna, só foi possível pela associação dos mercadores aventureiros com os estados modernos. A associação entre mercantilismo, reformas religiosas e estados modernos originou os novos registros do espaço geográfico. O campo, até então, a base do processo de riqueza, transformou-se, adquirindo um novo lugar na expansão da economia moderna. Não valia mais a pena ser proprietário de vastas áreas de terras improdutivas, era preciso transformá-las em terras de trabalho e produção com capacidade de produzir riqueza mais sólida (FALCON, 1983).

Entretanto, as consequências dessas mudanças já apresentaram de saída situações contraditórias. Se, de um lado, essas mudanças realçaram um novo tipo de produção, por outro, trouxeram problemas, pois na maioria das regiões rurais europeias esse processo provocou não só riqueza, mas também pobreza (cf. Figura 9 do caderno iconográfico).

Em estados como a Espanha, o processo de acesso aos metais preciosos coloniais induziu uma política de desvalorização da produção interna com o consequente movimento de incentivo às atividades comerciais e não agrícolas, fazendo com que a riqueza mercantil possuísse um elemento de instabilidade, fosse nos mecanismos de troca, nas garantias de reservas estatais, ou na manutenção de um custo alto de controle dos mares para evitar a pirataria. O exemplo espanhol favoreceu o crescimento da miséria e da pobreza nos campos que tiveram repercussões importantes nas cidades (KOENIGSBERGER, 1971).

Um exemplo de outro tipo foi o da Inglaterra, onde a valorização da produção aumentou os preços das terras e dos produtos agrícolas, afastando um elevado número de camponeses e pequenos proprietários dos campos, favorecendo a transformação das áreas agrícolas em terras de trabalho e produção, mas paradoxalmente, fazendo surgir movimentos sociais de rebeldia (THOMPSON, 1979).

As mudanças atingiram também as formas de organização social. Com o crescimento do comércio, as cidades expandiram-se, promovendo alterações nos modos de realização das trocas, incentivando a invenção de novos instrumentos financeiros e consolidando a ideia de mercado e circulação associados à produção.

Novos homens, ricos e urbanos, dominaram o cenário das cidades, afastando delas os velhos hábitos rurais. Se até o século XVI, a cidade moveu-se em decorrência do movimento econômico dos campos, agora a direção se modificava. As transformações consolidaram a hegemonia da cidade sobre o campo. A paisagem rural se urbanizou pela ação direta dos homens ricos e urbanos (HILL, 1975).

No ímpeto de aumentarem as suas rendas, os novos burgueses avançaram pelo campo, não apenas estabelecendo relações comerciais, mas tornando-se proprietários rurais de novo tipo, para os quais as terras interessavam como consolidadoras de suas riquezas, uma vez que além de representarem maior patrimônio, aumentavam incessantemente suas riquezas. Essa atitude, mais clara na Inglaterra, mostrou como, ao lado das formas de riqueza oriundas do mercantilismo ibérico, formaram-se outros mecanismos de aumento das rendas, mais estáveis que os do comércio de longo curso, menos custosos no controle e mais garantidos em termos de patrimônio (RODRIGUES, 1975).

A associação campo-cidade foi positiva para ambos, no nível dos interesses dos proprietários urbanos. Nos campos, de forma diferenciada na Europa Ocidental, as relações sociais se modificaram. Os antigos proprietários nobres, pressionados pelos novos tempos, adaptaram-se aos poucos e passaram a investir na produção, participando ativamente da vida urbana e da organização dos mercados, provocando um processo de incorporação dos novos valores e sugerindo um movimento político de alianças com os homens ricos urbanos. Este procedimento observou-se tanto na Inglaterra como nas áreas rurais da Alemanha.

Na França, entretanto, verificou-se um movimento mais complexo e, por isso, menos modernizador do ponto de vista dos interesses privados. A necessidade de manutenção da máquina administrativa e militar do Estado francês fez com que as iniciativas reais para ampliação das rendas estatais promovesse um movimento de reciprocidade entre rei e nobreza rural, favorecendo o processo de incorporação da nobreza à vida urbana na forma improdutiva da sociedade de corte e produzindo um movimento de fragmentação das propriedades rurais como única alternativa de produção de rendas da nobreza (ELIAS, 1987).

A consequência mais penosa foi que o retalhamento das terras inviabilizou o desenvolvimento da circulação interna de mercadorias, criando um obstáculo à introdução de novos investimentos e provocando tensões entre a nobreza urbana e a nobreza provinciana, aqueles que os historiadores comumente identificaram com os interesses feudais por combaterem a centralização real (DOBB, 1981).

Se as elites novas e antigas beneficiaram-se desses novos modos da economia e da política, elas não foram os únicos. Os comerciantes adquiriram uma nova expressão no meio urbano. De simples intermediários entre as áreas de produção e os mercados, transformaram-se em investidores, renovando os mercados com a incorporação das novidades do Novo Mundo, ou investindo na ampliação do uso utilitário dos campos através da atribuição de novas funções a determinadas matérias-primas. Um dos exemplos mais importantes foi o uso da lã e as suas consequências em termos de desenvolvimento das manufaturas urbanas e rurais (KOENISBERGER, 1974).

Os comerciantes foram, sem dúvida, a expressão mais pontual da inexistência de fronteiras entre o campo e a cidade. Mas não houve benefícios apenas para os proprietários. Setores de trabalhadores rurais especializados e de pequenos proprietários também se beneficiaram do processo de circulação de mercadorias e matérias-primas, fosse explorando os rebanhos de ovelhas em regiões improdutivas, ou através das formas coletivas de desenvolvimento do artesanato, incorporando-se à economia monetária e associando-se aos comerciantes; a consequência foi o aumento da rapidez do fluxo entre campo e cidade (FALCON, 1983).

Os trabalhadores urbanos também, em certo sentido, se beneficiaram com as novas condições urbanas, pois elas abriram oportunidades nas manufaturas e no comércio, além do surgimento de novas profissões urbanas no embalo das transformações (THOMPSON, 1979).

Os muitos pobres e os antigos nobres, que não modificaram seus antigos hábitos e valores, formaram o contingente daqueles que não obtiveram benefícios diretos e que lutaram constantemente para manter suas posições.

As rebeliões sociais e a continuidade das guerras, acompanhadas das tensões urbanas resultantes do aumento da riqueza e das disputas políticas, favoreceram a centralização política, entendida como mecanismo de ordem para garantia do progresso. Foi, nesse sentido, comum identificar o absolutismo de Luís XIV com um tipo específico de progressismo capaz de efetuar reformas que asseguraram o fortalecimento da economia francesa, principalmente através de Colbert (DEYON, 1973).

A radicalização da economia monetária alterou a paisagem europeia. Cresceram as cidades, aumentaram as populações, ampliaram-se as atividades comerciais, industriais e financeiras. Os bancos passaram a garantir a circulação e movimentar a intensificação das trocas.

Na apreciação até aqui realizada, notou-se um crescimento das atividades burguesas, principalmente nas cidades. No entanto, a partir do século XVII, as cidades foram ocupadas pelo poder real, no sentido de atribuírem a algumas delas a função do Estado, como capitais, criando um modo de vida que incorporou à vida urbana, as experiências do luxo das sociedades de corte (RIBEIRO, 1982).

Se o primeiro resultado foi positivo para os homens ricos e urbanos, o desenvolvimento da política nacional nas cidades atraiu, para elas, uma população que não as viam como portadoras do sentido do novo, não as identificavam com uma razão individual, mas sim com a razão do Estado e utilizavam-nas para a construção da identidade aristocrática.

O resultado mais importante foi a descoberta, por parte do homem burguês, de que o Estado do Antigo Regime era um freio aos anseios de liberdade de interesses. Nesse momento, os homens ricos e urbanos descobriram os limites do Estado e passaram a buscar instrumentos que lhes permitissem manter seus interesses. O movimento das Luzes nasceu como resultado dessas modificações e trouxe consigo a recuperação dos valores construídos pelo Renascimento, acentuando mais radicalmente a independência do homem diante de Deus e do Estado (HAZARD, 1974).

A crítica iluminista identificou a falta de liberdade e de tolerância religiosa, a exploração dos homens comuns pelos setores privilegiados e a centralização real como os males que eram obstáculos à construção de uma sociedade baseada na produtividade da razão humana.

As críticas concentraram-se na forma de organização do poder absoluto, denunciando o luxo como resultado da imoralidade dos altos setores do clero e da nobreza; revoltaram-se também contra os privilégios de sangue, tomando-os como exemplo da desigualdade e, por isso, a necessidade de sua eliminação.

Essas críticas se constituíram na base ideológica de um novo projeto de sociedade, definido pelo direito natural e pela liberdade, contrário a qualquer forma de privilégios que não decorressem da avaliação da ação produtiva dos homens. Uma sociedade livre e harmoniosa, liberta da religião e do Estado, baseada na virtude, no conhecimento e na utilidade prática da razão (VACHET, 1975).

Essa visão crítica das Luzes fortaleceu-se pela incorporação que fez de todos os setores que, de variadas maneiras, sofriam com os procedimentos absolutistas, e anunciou-se como projeto político de oposição. Os camponeses, cada vez mais excluídos da vida econômica e política; os burgueses, embora dominassem a vida urbana, estavam debaixo do controle do Estado. O campo e a cidade eram afetados, indistintamente, pelas necessidades do luxo da corte e da manutenção da máquina real, na forma de elevação de contribuições fiscais ou criação de novos impostos.

Os atos de demonstração de insatisfação eram reprimidos em nome da ordem e da manutenção da unidade do Estado, aumentavam as contribuições para o exército permanente e as despesas com as guerras. Esse contexto provocou, como resultado, a criação de uma situação limite: burgueses e trabalhadores rurais e urbanos se uniram em torno da eliminação da fonte de sua exploração.

Ocuparam um papel importante na divulgação do novo projeto o surgimento de sociedades científicas e clubes literários como locais importantes de discussão das novas ideias. Os panfletos e os livros produzidos pelo movimento dos intelectuais das Luzes emergiram do interior da sociedade do Antigo Regime, demonstrando como a insatisfação poderia estar tanto na nobreza, como no clero e nos burgueses.

Essas ações mais organizadas tiveram como resultado o aumento da consciência histórica e do momento vivido pelos homens, fazendo surgir, mais altos, os gritos de liberdade, anunciando a revolução e a nova sociedade.

As revoluções burguesas, resultantes dessa atmosfera crítica, apresentaram-se trazendo em si um duplo conteúdo. Organizaram, por um lado, os novos ideais de liberdade, de igualdade e posteriormente de fraternidade que modificaram as relações sociais, privilegiando os interesses privados e a noção de homem produtor e acumulador, ao mesmo tempo em que construíram um sistema de governo, baseado nos interesses públicos da nação, identificada com todos os homens livres que viviam num território. Por outro lado, as revoluções burguesas introduziram a identidade do mundo ocidental e do modo pelo qual a sua história dignificou a ação do trabalho e da produção (HOBSBAWM, 1980).

Além disso, as revoluções burguesas identificaram os burgueses como portadores do sentido do progresso, universalizando os ideais de uma sociedade urbano-industrial.

A esses processos de mudança e as suas formas de organização política, econômica e social é que identificamos como revoluções burguesas. Cada um dos estados europeus que trafegaram pelo século XVIII definiram um perfil de desenvolvimento particular, singular, acrescentando ao conteúdo universal dos ideais liberais, características próprias, que os diferenciaram entre si.

A consolidação desses ideais, na forma de projetos nacionais, atingiu, inclusive, áreas que fora da Europa, envolveram-se com as críticas iluministas e as assumiram com horizontes de um novo tempo. O exemplo dos Estados Unidos da América foi o caso típico da abrangência desses valores ainda no século XVIII e indicou não a sua dependência, enquanto revolução das matrizes europeias, mas a efervescência dos ideais de liberdade consubstanciados na oposição à política colonial britânica.

No século XIX, os exemplos italiano e alemão na Europa e o caso do Japão, fora da Europa, na Ásia, representaram formas tardias de desdobramento das revoluções burguesas, norteadas por composições sociais e articulações ideológicas distintas, mais associadas à modernização do que às revoluções.

Os casos inglês e francês são clássicos na visão da historiografia; nesse aspecto, é impossível, apresentar outros exemplos sem que as referências sejam a Revolução Industrial e a Revolução Francesa.

Em todos esses casos observamos que a denominação revoluções burguesas indica o desenvolvimento econômico e político dos ideais liberais, na forma da urbanização e da industrialização, e a consolidação da ordem burguesa capitalista.

Figura 1 Agricultura. Ilustração do século XV, do *Livre des profits ruraux*.
Fonte: Biblioteca Britânica.

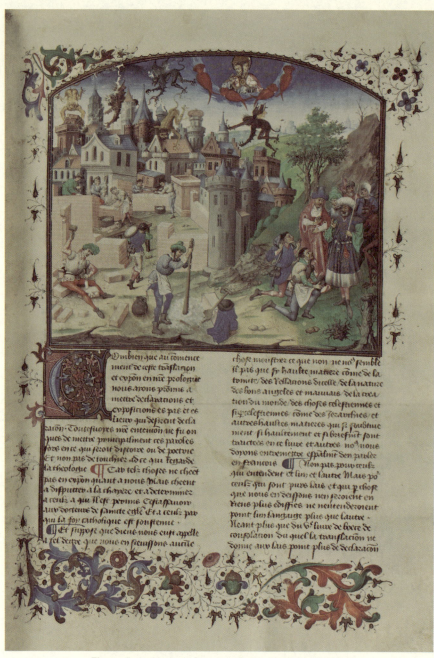

Figura 2 *A cidade de Deus*, de Santo Agostinho (1375).
Fonte: Biblioteca Nacional da França. Paris.

Figura 3 Mapa do mundo, por Cláudio Ptolomeu.
Fonte: Biblioteca Nacional da Polônia.

Figura 4 Detalhe de uma miniatura do rei da Boêmia derrotando os austríacos e sarracenos (século XV).
Fonte: Biblioteca Britânica.

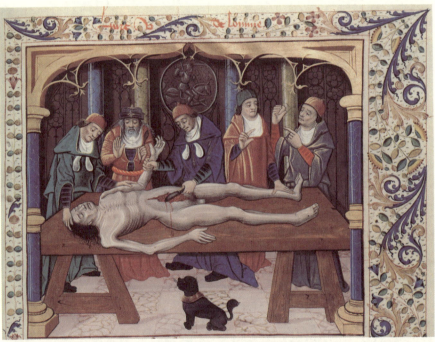

Figura 5 Autópsia. Dissecação de cadáveres humanos por médicos. Miniatura do livro das propriedades das coisas (*De rerum proprietatibus*), por Bartholomeus Anglicus (1475-1500).
Fonte: Biblioteca Nacional da França. Paris.

Figura 6 Ocidental e árabe praticam geometria. Manuscrito, *c.* século XV.
Fonte: Biblioteca Nacional da França. Paris.

Figura 7 Uma reunião de médicos da Universidade de Paris. Manuscrito *Chants royaux* (1537, fol. 27V).
Fonte: Biblioteca Nacional da França. Paris.

Figura 8 A cidade de Saint-Denis viveu na Idade Média uma febre construtiva genuína. Miniatura sobre a vida do Conde Gerard de Rousillon (1448).
Fonte: Biblioteca Nacional da França. Paris.

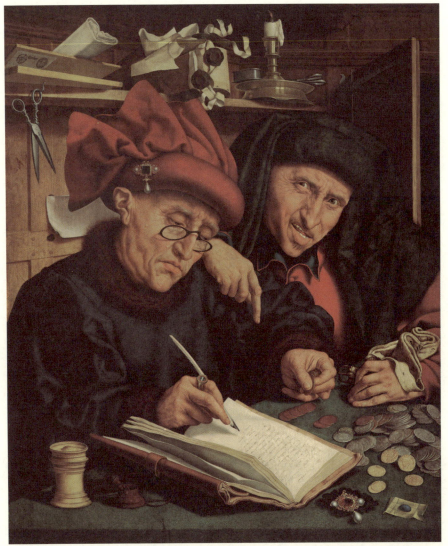

Figura 9 *Dois coletores de impostos* (1540). Atribuído a Marinus van Reymerswaele. Óleo sobre painel.
Fonte: Museu de Arte de Nancy.

Figura 10 *Vida de Martinho Lutero e heróis da Reforma*, do litógrafo H. Breul. Original por H. Brückner.
Fonte: Livraria do Congresso Nacional dos Estados Unidos da América.

Figura 11 *Lei e graça*, de Lucas Cranach o Velho.
Fonte: Stiftung Schloss Friedenstein. Gotha.

Figura 12 *João Calvino em seu leito de morte*. Litografia por W.L. Walton (*c*. 1865).
Fonte: Welcome Library. UK.

Figura 13 *João Hus na fogueira em 1415.*
Fonte: Biblioteca Nacional da República Tcheca.

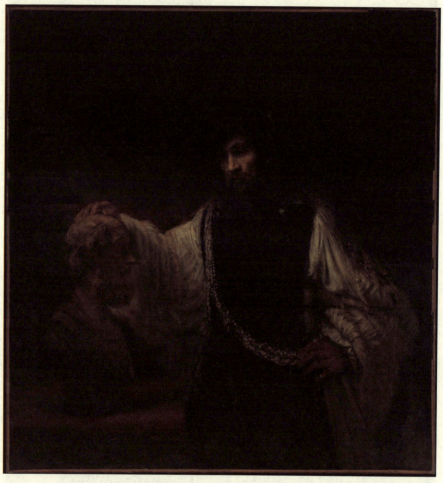

Figura 14 *Aristóteles com o busto de Homero*. Rembrandt (1653).
Fonte: Metropolitan Museum of Art. Nova York.

Figura 15 *Luís XIV, rei da França* (1638-1715), de Hyacinthe Rigaud (1702). Óleo sobre tela.
Fonte: Palácio de Versalhes. Paris.

Figura 16 *Palácio de Versalhes* (*c*. 1668), por Pierre Patel.
Fonte: Palácio de Versalhes. Paris.

3

As reformas religiosas: protestantismo *versus* catolicismo na Europa renascentista

No século XVI, no momento de apogeu do Renascimento, observa-se um fenômeno que é bem representativo do novo clima na Europa Centro-ocidental. As reformas religiosas são indicativas das forças em oposição que demandam novos e velhos interesses.

A primeira coisa que deve ser observada é que as reformas religiosas fazem parte do conjunto de eventos que constituem a nova cultura moderna europeia. Isso quer dizer que elas se anunciam como guerras civis europeias e refletem a especificidade das várias unidades territoriais consolidadas no século XVI.

As reformas religiosas – protestante e católica – interagiram de tal modo que não se compreendem as suas consequências se não levarmos em conta as relações entre ambas. Neste sentido, a reação protestante ativou e antecipou mudanças que a Igreja Católica já vinha considerando.

Por isso, não faz sentido apresentar a Reforma Católica como um retorno à Idade Média. Há, sem dúvida, uma questão teológica que surgiu sob a forma dos questionamentos a respeito da cobrança das indulgências, mas que era mais significativa porque se relacionava ao debate sobre a interpretação da Bíblia e do mundo moderno.

Também há questões de caráter político que possuem uma história muito mais antiga do que o século XVI e remetem às antigas tensões entre Império e Papado. Há, ainda, questões econômicas que envolvem mudanças nos mercados e na produção e que se relacionam com as novidades éticas e morais trazidas pelo debate entre protestantes e católicos.

Consideremos, também, a novidade do Novo Mundo que dialogou com todas essas questões e que foi fundamental para a compreensão de uma terceira via, na qual uma das revelações mais importantes foi a ideia da utopia como forma de crítica aos dogmatismos católico e protestante.

A pergunta é a seguinte: Por que a Reforma Protestante? A esta questão o historiador Jean Delumeau (1984) respondeu fazendo uma avaliação das três principais doutrinas do protestantismo, e que se configuram como críticas ao catolicismo: a justificação pela fé que garante a relação direta do homem cristão com Deus, combatendo a hierarquia católica; o sacerdócio universal que anuncia o livre exame das escrituras; e a infalibilidade da Bíblia, transformada em texto central dos reformistas.

Elas se justificariam pela perda de religiosidade que crescia na Igreja Católica, especialmente no âmbito do clero e da organização administrativa, e pela perda de espiritualidade em decorrência da opção pelo mundo material. Boa parte dos reformistas protestantes iniciou suas críticas sem a intenção de se afastar da Igreja Católica; eles tinham a vontade de reformar a partir da Cúria Romana, definida como o local de onde os males provinham.

Essas críticas evidenciavam as diferenças e os dogmatismos do Papado, que resultaram na intolerância católica. A estratégia do Papado a partir do século XVI se modificou, pois a Igreja sabia que não possuía mais o poder universal e que mesmo o seu poder espiritual estava em xeque. Os impulsos urbanos na Itália do século XV colocaram em questão o poder da Igreja e a nova cultura aumentou essa crise. A solução para se manter foi dividir a autoridade.

Neste quadro, a reforma não veio simplesmente contra a força da Igreja romana, mas no embalo de sua crise e intransigência. Essas atitudes fomentaram a crise, pois confirmavam as críticas à licenciosidade do clero e da administração romana. Entretanto, não nos satisfaz a explicação de que os críticos da Igreja se afastaram dela por causa da devassidão do clero.

Havia muito essas situações eram denunciadas e várias ordens religiosas foram fundadas para conter essas críticas, reivindicando a volta à pureza original e ao fortalecimento da fé, atestando a condição de pecador dos homens.

Para Delumeau, foi também significativo que em vários concílios e reuniões do clero não fosse discutida a devassidão do clero. Ao contrário, o debate de fundo era teológico e incluía temas como a comunhão sob uma única espécie, da missa como sacrifício, do celibato eclesiástico, dos votos de religião, dos jejuns e das abstinências.

A insatisfação era geral no século XVI e trouxe consequências que se expressavam pelo maior destaque para a vida comum. As orações já não davam resultado e as confissões não resolviam as questões de fé, nem mesmo os ritos e os sacramentos.

A vida cotidiana expressava novidades como o aumento de dependência dos campos em relação às cidades. A cultura urbana dominava os preços e subjugava os produtores nobres e camponeses. O poder político dividia a cidade e os seus habitantes eram obrigados a optar por um dos lados da política, perdendo a sua liberdade.

Nesse sentido, a Reforma Protestante foi uma resposta mais do que religiosa para essa grande angústia coletiva e envolveu indivíduos de vários níveis culturais e econômicos. Na avaliação de Delumeau, essa angústia produziu uma culpa só explicada pela condição de pecador do homem, que provocava desgraças.

A Igreja Católica, por sua vez, aumentava esses receios, transformando-os em terror. A Igreja Católica aproveitou esse clima de medo para acentuar os cenários da morte com o objetivo de trazer os fiéis para perto dela, anunciando que lhes daria a salvação.

Essa individualização da salvação indicava importantes mudanças na forma da Igreja considerar a graça divina. Essa ênfase na individualidade ampliou um elo particular entre Igreja, indulgências e indivíduo, provocando um inchamento no valor de cada indulgência que passou a depender da condição econômica e da posição social de cada um dos que almejavam a salvação.

Esse clima de "lágrimas" despertou visões de mundo diferenciadas. Todas buscavam defesas contra a morte terrena e a morte eterna, tentando se livrar dos males da vida e do inferno. Uma das devoções mais marcantes retomadas na Renascença, foi a da Virgem Maria, mãe de Jesus Cristo, pensada como aquela que como mediadora e intercessora poderia salvar a humanidade.

Ligada a essa devoção à Virgem Maria foi renovada a fé no rosário e nas peregrinações. O desespero era tamanho que antigas e novas surgiram como no caso dos santos protetores e da devoção à Santa Ana, mãe de Nossa Senhora, que alcançou Flandres e boa parte da Alemanha, fazendo de Erasmo e Lutero, quando jovens, seus devotos.

Nesse contexto, disputavam-se relíquias e, com elas, a ideia dos padroeiros. Desse clima à intensificação da venda de indulgências foi um pulo. Importante ressaltar que, de início, as indulgências envolviam a confissão, a comunhão e a devoção como registro de fé. Não havia vinculação com o dinheiro. A possibilidade de comprar indulgências acelerava a condição de salvação.

Essa nova possibilidade abriu um caminho novo só possível aos ricos e favoráveis à riqueza da Igreja. Mas, essa mercantilização da fé não ficava restrita às indulgências: medalhas, relíquias, escapulários ou qualquer coisa que protegesse os homens da morte passaram a ter valor econômico.

A loucura da salvação ao atingir o seu auge produziu consequências negativas para a Igreja Católica. Heresias, abusos e falsificações anunciam-se num mundo em que cada dia surgia uma nova devoção. Urgia a Igreja definir quem era do bem ou do mal, e o uso da excomunhão e das interdições foram os instrumentos utilizados, especialmente porque na maioria das vezes, as falsificações e exageros provinham da própria hierarquia da Igreja.

Mas, se a Igreja se preocupava com o desmedido, houve também um movimento que se originou na busca de uma purificação dos homens fora dos limites da Igreja, na sociedade e nas ordens religiosas. Essa forma de piedade produziu um movimento de afastamento das liturgias tradicionais.

Nesse aspecto, as multidões preferiam as procissões à missa, o rosário à comunhão, as peregrinações e flagelações à assembleia paroquial. As reformas protestante e católica eclodiram para dar conta das necessidades dos homens nessa sociedade do desespero.

Nesse clima, a vida dos homens só poderia ser justificada pela fé. Daí derivaram o individualismo e o espírito laico, a ascese, a ideia de uma vida justa. Os homens buscaram qualquer mecanismo capaz de salvá-los, começaram a ter dúvidas sobre o alcance das medidas anunciadas pela Igreja Católica.

A consequência foi o descrédito nos sacramentos e no clero, o que provocou a reabilitação de autores que mostraram a qualidade de pecador dos homens, como Santo Agostinho. Seguindo as orientações de Santo Agostinho, os homens começaram a crer que a sua salvação dependia unicamente de Deus e de sua vontade e bondade.

Assim sendo, aos homens só restava mostrar que reconheciam a sua condição de pecador, e por isso inferiores, e que deveriam demonstrar a Deus o seu arrependimento e a sua fé na salvação, porque sabiam que nem todos entrariam no reino dos céus.

Também na Igreja Católica começaram a surgir tensões e contradições entre os seus teólogos. Guilherme de Occam (1270-1347) anunciava a incapacidade da razão para atingir a Deus. Deus só se mostrava se quisesse e pela revelação. Assim, o homem era livre, mas não a imagem de Deus.

Guilherme de Occam se opunha a São Tomás de Aquino que anunciava a união entre fé e razão. As palavras e ideias de Guilherme de Occam afetaram a Cúria romana na medida em que estendiam ao clero a condição de homens pecadores. Como resultado do clima apareceu uma outra forma de individualismo que consistiu na imitação da vida de Cristo e que deu origem à forma de piedade pessoal.

Os misticismos, que elevaram o homem à condição de conversar direto com Deus e a sentir a sua presença no mundo, se desenvolveram. Um dos exemplos mais notáveis foi o de Mestre Eckhart. Martinho Lutero, na sua formação, envolveu-se com os místicos e a sua teologia. Nesta não havia sacramentos, nem a imagem da Virgem Maria e dos santos.

Essa atitude dos místicos reformava a piedade individual e promovia a relação direta do homem com Deus. Mas houve outra consequência, mais perigosa para a Igreja, que foi a eliminação do clero como intermediário entre os homens e Deus. O resultado foi a depreciação do sacerdócio e o avanço da ideia de sacerdócio universal, ou seja, cada homem podia falar livremente com Deus e exercer o papel de propagador de seus ensinamentos. A mistura entre religião e vida cotidiana afetava as relações políticas e sociais.

Os sinais de tensão já estão presentes nas revoltas de John Wycliffe e John Huss. Para o primeiro havia uma rejeição aos sacramentos e uma dura crítica à hierarquia da Igreja. Huss radicalizava a sua crítica ao clero afirmando que um padre em pecado não era um padre autêntico e criticava o sistema hierárquico e eclesiástico, assim como a comunhão nas duas espécies.

Essas críticas ao clero decorriam da sua falta de preparação; os seminários só foram criados no final do século XVI. Essa crise da Igreja provocou outros descontroles. A radicalização social afetava a autoridade dos 8 príncipes, prejudicando a sua manutenção no poder e gerando lutas civis nas cidades.

A única alternativa era reforçar o poder da Igreja, colocando-a sobre o controle da política laica. Essa ação desmontava a tensão secular entre o Império e o Papado e foi essencial na configuração dos poderes dos príncipes na Europa Centro-ocidental.

Nesse momento crítico a Igreja tinha que negociar essa relação, pois cada vez mais aumentava o poder dos príncipes soberanos e os cismas avançavam na contramão da universalidade da Igreja. Em vários territórios, os cleros locais seguiram indicações dos poderes laicos.

Dois exemplos mostram essa situação. O primeiro foi da Espanha e diz respeito ao controle sobre a Inquisição que passou para as mãos dos soberanos laicos. O mais significativo exemplo, entretanto, foi o da França. Francisco I arrancou do Papado uma prerrogativa – a Concordata de 1516 – que lhe dava autoridade sobre a Igreja na França, submetendo-a ao controle administrativo e político, transformando-a em instrumento de centralização.

A consequência foi a ampliação do poder dos príncipes na Igreja e na sociedade: eles se transformaram em guias espirituais de seus súditos. Essa alteração na composição de forças deu oportunidade de avanços na crítica à Igreja ou ao Estado, mobilizando setores intelectuais no sentido de buscarem uma alternativa que agora teria que envolver a sociedade, ameaçada por dois poderes combinados.

Esse clima de agitação decorreu ainda das críticas à Igreja e à sua teologia. Para desautorizar a Igreja, os críticos deveriam mostrar como ela havia se afastado dos ditames espirituais e a saída mais radical foi demonstrar que a teologia da Igreja romana não tinha base na história da Cristandade.

A ênfase dos críticos recaiu sobre a Bíblia como instrumento de confronto com a direção temporal da Igreja e como base de explicação das relações de poder. A Bíblia foi tomada como a rocha entre as tempestades, o ancoradouro da fé e como a palavra de Deus.

Utilizá-la significava observar a distância entre o que era dito pela Igreja Católica e aquilo que estava escrito. Os católicos não liam a Bíblia, apenas a conheciam sob a forma das exposições do clero. De imediato, o mais importante era liberar a sua leitura para todos. Isso requeria traduções nacionais e divulgação. As traduções foram feitas pelos críticos da Igreja que ainda pertenciam à hierarquia romana, e a divulgação graças à invenção da imprensa por Guttemberg.

As atitudes dos humanistas serviram de base para a busca de uma solução para as tensões religiosas, pois embora não negassem o pecado original não o tomavam como base dos males e não insistiam nele como base da vida. Não buscavam o caminho até Deus pelo desespero, como Lutero, e muito menos concordavam com o servo-arbítrio. Responsáveis diretos pelo debate sobre o homem e o mundo, os humanistas foram os grandes incentivadores das mudanças na Igreja Católica.

Na busca de uma posição intermediária entre o desespero de Lutero e a intolerância do Papado, criaram uma possibilidade alternativa: partiam da desaprovação da violência e dos cismas, muitos intelectuais se recusaram a passar para a Reforma. Erasmo e Morus acabaram por criar uma terceira via, que se apresentava sobre a forma de uma renovação das doutrinas e dos sentimentos diante do mundo.

A utopia foi uma das representações dessa terceira via. O papel do Humanismo na Reforma vinculou-se à proposição da volta às Escrituras e à atenção dada à religião interior, reduzindo a importância da hierarquia, do culto dos santos e das cerimônias.

Para Delumeau, a alternativa humanista não foi suficiente para as angústias da época, pois extraíam da Bíblia uma moral, enquanto os homens queriam uma fé.

A Reforma Protestante: luteranismo e calvinismo

Lutero

Após a apresentação de um quadro geral dos movimentos das reformas, é interessante estudar algumas de suas facetas principais. Comecemos por Lutero (1483-1546). Lutero viveu sua infância num mundo em mudanças. Teve uma educação severa e foi excelente aluno na Escola de Magdeburgo dos Irmãos da Vida Comum.

Posteriormente, ingressou na Escola de Eisenach e finalmente partiu para a Universidade de Erfurt, onde concluiu o bacharelado em 1502 e a licenciatura em filosofia em 1505, ano no qual resolveu estudar direito. Em 02 de julho de 1505, quando se dirigia para Erfurt, Lutero foi surpreendido por uma tempestade com muitos raios e fez uma promessa a Santana de que, se sobrevivesse, se tornaria monge.

Em 17 de julho ingressou na ordem dos Eremitas de Santo Agostinho de Erfurt. Nesse período, diz o historiador Lucien Febvre, não havia nada que pudesse envolver Lutero com a reforma da Igreja. O que estava em jogo era uma mudança pessoal. Por conta de sua atuação na Ordem, se envolveu em duas disputas que lhe garantiram liderança e reconhecimento e o fizeram delegado à Roma para responder por questões de disciplina interna da ordem.

Ficou em Roma do final do ano de 1510 até o início do ano seguinte. Essas quatro semanas foram decisivas na vida de Lutero. Suas expectativas com relação à cidade eram aquelas comuns a qualquer católico da época: ver o papa. Não só Lutero não viu o papa, como não aprovou aquilo para o qual havia sido indicado como delegado. Mas, sua estada lhe revelou mais: o descaso da Igreja com os seus fiéis.

Na volta a Erfurt, Lutero refez suas ideias e passou a meditar sobre questões teológicas nos evangelhos. Em seguida, viajou para Wittemberg para aprofundar seus estudos. Em 1512, doutorou-se em teologia e acumulou as funções de pregador e professor na Universidade e superior da comunidade.

Rápida carreira para quem inicialmente optou por ser monge por um acidente. Os anos entre 1511 e 1512 foram decisivos, pois neles se envolveu com novas leituras que o levaram a discutir as ideias dogmáticas da teologia católica. Por suas novas funções estava em contato com as questões administrativas e políticas da Igreja; e, além disso, tinha diante de si fiéis e estudantes. Sua carreira universitária começou em 1513 e todos os seus cursos revelavam sua tendência para a interpretação crítica das epístolas de São Paulo.

Em seus cursos foi se envolvendo com os textos de Santo Agostinho e de Pedro Lombardo e aprofundando os seus estudos da Bíblia. Desses estudos resultaram alternativas teológicas, retiradas da Bíblia, que se opunham ao que Lutero considerava os erros da Igreja Católica.

A consistência de suas ideias também era oriunda da leitura dos místicos alemães do século XV, que lhe revelaram uma história que diferenciava a Alemanha de Roma. Para Lutero, só Deus era misericordioso. Havia nesse reconhecimento uma aproximação com São Paulo.

O homem é justificado pela fé, independente das obras, isto porque, pecado e tentação andam juntos. Feliz o homem a quem Deus não imputa o pecado. A teoria da justificação pela fé vai se tornar a base do protestantismo oficial. Em sentido oposto ao da Igreja Católica, Lutero insistia sobre o pecado original para acentuar a degradação do homem. A condenação dependia de Deus.

Com isso, os sacramentos ligados à obtenção das graças perdiam importância. O diálogo entre o homem e Deus substitui a liturgia e os sacramentos. Lutero acentuava a ideia de que só a fé salvava e não as obras. Esse é o argumento para atacar as "falsas boas obras", principalmente aquelas que envolviam dinheiro.

A conclusão foi que ninguém se salva comprando indulgências. Dessas reflexões resultaram as 95 teses expostas nas portas da catedral de Wittemberg. Elas já haviam sido enviadas às autoridades envolvidas com as indulgências. Só depois de não ter recebido resposta foi que Lutero as enviou a alguns amigos.

Com elas, Lutero reafirmava que o homem era pecador, mostrando a ineficácia das indulgências, e restringia o poder da hierarquia da Igreja quando dizia que a autoridade eclesiástica não podia diminuir as penas daqueles que se encontravam no purgatório.

Como só Deus era capaz de perdoar os pecados, era necessário que o homem confirmasse essa ação e não a Igreja. Lutero exaltava o amor desinteressado ao próximo e o cumprimento do dever de cada dia, reforçava a importância dos evangelhos como únicos tesouros do cristianismo.

As teses de Lutero chegaram a Roma, foram estudadas e a partir dos comentários das autoridades da Cúria foi aberto um processo na Câmara Apostólica. Enquanto isso, a polêmica avançava na Alemanha por conta da divulgação das teses que foram impressas sem o conhecimento de Lutero.

Em 7 de agosto de 1518, Lutero recebeu uma intimação para ir a Roma, no prazo de dois meses, e junto à intimação um panfleto escrito contra ele por um dos que estavam incumbidos de julgá-lo na Câmara

Apostólica. Percebeu, então, que não adiantava ir a Roma e aceitou o convite para ir à Dieta de Augsburgo, em outubro de 1518 (cf. Figura 10 do caderno iconográfico).

Mas, foi tudo em vão. Lutero voltou à Universidade e recebeu amparo e proteção dos príncipes alemães, que se recusaram a entregá-lo às autoridades romanas. Essa tensão entre Roma e os príncipes levou a um acordo no qual Lutero não falaria mais contra as indulgências e os seus adversários cessariam suas críticas.

O papa entregaria o processo de Lutero a um bispo alemão e Lutero escreveu um pequeno texto, em fevereiro de 1519, conciliador e respeitoso. Mas, nada se modificou na prática, pois os adversários de Lutero continuaram com suas críticas. Em 22 de fevereiro de 1519, Lutero pronunciou um violento sermão contra o poder pontifício.

Em julho do mesmo ano, em Leipzig, a ruptura foi anunciada no debate sobre o livre-arbítrio. Na volta a Wittemberg, Lutero viu na Primeira Epístola de São Pedro a justificativa para seus atos através da confirmação da teoria do sacerdócio universal. As ideias de Lutero impressionaram positivamente os humanistas alemães, principalmente Justus Jonas, Ulrich de Hutten e Felipe Melanchton.

Este último tornou-se o principal discípulo de Lutero, pondo em ordem a sua doutrina. Mas não só os homens da igreja aplaudiram as ideais de Lutero. Artistas como Albrecht Dürer e Hans Holbein aderiram às ideias de Lutero, assim como vários nobres da pequena nobreza alemã. Nas cidades burguesas o apoio era consagrador.

Essa recepção acabou por fazer com que a reforma se estabelecesse em Nuremberg em 1524 e, entre 1522 e 1525, atingisse Erfurt, Magdeburgo, Halberstadt, Breslau e Bressen. Em 1523, por decisão do bispo da cidade, Konisberg tornava-se luterana. A proteção dos príncipes alemães levou Lutero, após o exílio, para o castelo de Wartburg.

No período final de sua estada nesse castelo iniciou a publicação da sua bíblia em alemão e terminou a edição quase no final de sua vida, em 1545. Os estudos de Lutero, nesse período, se concentraram na justificativa do poder secular diante do poder divino, o que provocou dissensões no seio dos cristãos, pois apoiava o poder dos príncipes e justificava as suas ações.

O evento-chave foi a rebelião dos camponeses da Floresta Negra, que apregoava a doutrina de Lutero como aquela que lhes fortalecia o movimento, uma vez que chamava atenção para o reino de Deus na Terra e arremetia contra os seis exploradores. Lutero negou que sua doutrina explicasse o movimento e se colocou contra ele.

Esse fato deu origem aos anabatistas, comandados por Thomas Munzer, antigo discípulo de Lutero, mas que se afastara do Luteranismo. Para Delumeau, esse foi o momento em que o Lutero da liberdade cristã foi substituído pelo Lutero da Igreja do Estado.

A outra polêmica importante se verificou com Erasmo. Quando Lutero viu que ia ser condenado escreveu, em 1519, uma carta a Erasmo dizendo que era um admirador convicto dele e queria sua aprovação para as ideias que defendia. Erasmo recusou a adesão, não sem antes dizer que era contra a atitude de Roma e a excomunhão de Lutero, embora não aceitasse a sua violência.

Em 1524, em nova carta, Lutero diz a Erasmo que ele se contentava em assistir à tragédia de Lutero como espectador e pedia que Erasmo não escrevesse contra ele, assim como ele, Lutero, não publicaria nada contra Erasmo. Mas Erasmo escreveu, em setembro de 1524, *Diatribe sobre o livre-arbítrio*, incentivado por Henrique VIII, no qual mencionava a posição de Lutero contra o livre-arbítrio.

Para Erasmo, havia na Bíblia exortações para não pecar, e por que elas existiam se o homem estava condenado? E definia o livre-arbítrio como "o poder que a vontade humana possuiu de aplicar-se a tudo o que é exigido para a eterna salvação". Lutero respondeu em dezembro de 1525 com *Do servo-arbítrio*, no qual Erasmo era tratado como "venenoso polemista", "porco de Epicuro", escritor ridículo, sacrílego, tagarela, sofista, ignorante. Sua doutrina era uma mistura de lixo e imundices (cf. Figura 11 do caderno iconográfico).

Calvino

A Reforma Protestante na Suíça, que se separou do Sacro Império em 1499, começou a tomar forma com Ulrich Zwinglio, que desenvolveu as ideias de Lutero a partir de 1529, desencadeando um processo violento de guerra civil.

Esse clima foi que deu a Calvino, nascido *Jehan Cauvin*, a oportunidade de ter em Genebra a base de seus princípios reformistas. A presença de Calvino no contexto das reformas religiosas deu a estas um sentido profundamente revolucionário, especialmente uma disciplina que construiu a dignificação do trabalho, da vida ativa e das práticas da ascese.

A rápida expansão dos ideais do calvinismo se deveu à profunda relação entre vida, religião e política. Calvino nasceu em Moyon, em 1509. Estudou em Paris e Montagu. Seu primeiro contato com as ideias de Lutero foi através de um professor, opositor do luteranismo, chamado John Mair.

Em 1529, Calvino trocou Paris por Orleans, a teologia pelo direito e desenvolveu os seus estudos de latim. O fato mais significativo no que se refere ao seu posicionamento religioso adveio da humilhação de ver o pai, morto e excomungado pela Igreja, e isso marcou seu temperamento e personalidade, além de ter alterado a sua visão da Igreja Católica.

Calvino regressou a Paris e passou a frequentar os cursos da Universidade. Aprimorou suas amizades com os humanistas e, em 1532, publicou a sua primeira obra, um comentário do *De Clementia* de Sêneca, que não teve praticamente nenhuma recepção.

Nesse texto, apresentava-se como um humanista católico, possível sucessor de Erasmo de Roterdã. Calvino manteve uma vida católica, mesmo com a tragédia do pai, e não se aproximou dos livros protestantes, principalmente, porque discordava do modo pelo qual estes tratavam o sacramento da comunhão.

No final de 1533, iniciou seu processo de crítica à doutrina católica através da revisão da Bíblia. Amigo de Nicolas Cop, reitor da Universidade de Paris, colaborou no discurso apresentado por este à

Assembleia universitária, no qual estavam presentes longas passagens dos textos de Lutero.

O discurso foi mal recebido e obrigou Calvino e Cop a fugirem de Paris. Calvino vai para Claix, e depois para a corte de Margarida de Navarra, uma das mulheres humanistas mais importantes da Europa. Foi ali que ele encontrou, pela primeira vez, Lefevre d'Etaples, um dos humanistas mais significativos da França e profundo conhecedor das novidades protestantes.

Em 1534, Calvino renunciou a toda sua riqueza terrena e retornou a Paris, mas deixou a cidade de novo quando os radicais protestantes se mobilizaram para expressar os seus princípios. Com as perseguições aos protestantes, Calvino fugiu para Basileia.

A partir daí, dedicou-se ao estudo aprofundado da nova teologia e ao trabalho de convencimento de que o protestantismo era o caminho reto para a salvação. A afirmação de sua visão do protestantismo não foi recebida de modo tranquilo.

Os conflitos com as outras seitas protestantes, fizeram com que Calvino apresentasse os seus ideais através de um texto que faria as vezes da constituição do calvinismo: *Da instituição cristã*. Escrita em latim na sua primeira versão, a obra fez de Calvino um protestante conhecido e, nas palavras de Boussuet, o "segundo Patriarca da Reforma".

Em seguida, Calvino se dirigiu à Itália, para a Corte de Ferrara, e por pouco não se tornou o diretor de consciência de outra importante humanista, Renata de Ferrara. Como o Edito de Coucy suspendera a perseguição aos heréticos na França, Calvino retornou à França, onde liquidou a herança do pai e retomou o caminho do exílio se dirigindo a Strasburgo.

Todavia, com o acirramento das guerras religiosas, decidiu se dirigir a Genebra. Em Genebra, a Reforma Protestante tinha vencido e era preciso consolidá-la. Calvino foi convidado a ficar na cidade para ajudar a concretizar a vitória da reforma.

Tornou-se leitor da Sagrada Escritura na Igreja de Genebra e também pregador e jurista. Nesse tempo, escreveu vários artigos sobre a forma de governo da nova igreja e uma Confissão de Fé, dando o testemunho do que era ser um verdadeiro cristão.

A experiência do governo da cidade de Genebra e o aumento da perseguição aos protestantes fizeram com que Calvino se transformasse em um duro e radical representante do novo credo. Isso lhe trouxe problemas, porque a mistura entre política e religião desgastava a sua teologia, porque a vitória política levou os protestantes a exigirem que todos os habitantes da cidade de Genebra aderissem à Confissão de Fé de Calvino, mostrando intolerância com o diferente e realizando aquilo que eles mesmos criticavam na Igreja Católica.

Em fevereiro de 1538, o partido que dirigia a cidade perdeu as eleições, tendo assumido o poder um partido reformado pouco favorável aos refugiados franceses e que expulsou os líderes reformados da cidade. Mais uma vez Calvino tomou o caminho de Basileia, mas acabou indo para Strasburgo.

Nesta cidade, organizou a paróquia dos reformados de língua francesa, que vai se tornar o modelo para as outras paróquias protestantes da França. O sucesso em Strasburgo chamou a atenção das autoridades católicas. Em 1540, Calvino entrou em choque direto com vários bispos.

Num desses embates Calvino afirmou que a verdadeira Igreja não era a que estava em Roma, mas a do Evangelho do Senhor. Essa resposta colocou-o diante da intolerância dos católicos. Seu destaque no mundo religioso o tornou alvo de atenção e reconhecimento, e o levou a aceitar o convite para assistir os colóquios programados por Carlos V, com o objetivo de acabar com a cisão na Igreja, realizados entre 1539 e 1541.

Calvino retornou a Genebra porque novamente os seus amigos reformadores haviam retomado o poder na cidade. Mas, para voltar a Genebra ele estabeleceu algumas condições, a principal delas era de que os magistrados da cidade apoiassem a reforma por meio da aceitação da doutrina e da disciplina calvinistas.

O resultado final foi positivo para Calvino, pois sua doutrina transformou-se nas Ordenações eclesiásticas que foram os códigos legal e moral de Genebra durante dois séculos. A vitória trouxe a possibilidade de alargamento do calvinismo, especialmente porque os princípios de Calvino haviam politizado as ideias de Lutero numa Europa em que a afirmação dos novos estados centralizados corria a uma velocidade nunca vista.

A doutrina calvinista está contida em *Da instituição cristã*. Ali, Calvino ensinava, como Lutero, que a Igreja era essencialmente invisível e constituída pelo conjunto de eleitos, de quem apenas Deus sabia o nome. A Igreja organizar-se-ia em pequenas comunidades (cf. Figura 12 do caderno iconográfico).

Se as primeiras experiências calvinistas haviam envolvido religião e política, não era esse o intuito de Calvino, que afirmava que os protestantes deveriam zelar pela sua autonomia diante do poder secular. Para que essa organização fosse eficaz, Calvino desenvolveu uma espécie de hierarquia de funções que começava pelos pastores, com a função de anunciar a palavra, ministrar os ensinamentos do catecismo, administrar os sacramentos (batismo e ceia), benzer sepulturas e abençoar casamentos.

Os doutores tinham a função de instruir os fiéis na Santa Doutrina e dirigiam as escolas. A direção da Igreja era colegiada – o Consistório –, onde se reuniam pastores e anciãos. Por fim, os diáconos que faziam o trabalho duro da igreja: o contato com o público por meio da organização das formas de conservar os bens e transferi-los para os pobres, cuidar e medicar os doentes.

A Santa Doutrina partia da ideia de que fora da revelação não havia salvação e acentuava a transcendência divina ao afirmar a distância que havia entre Deus e os homens, que não podia ser imaginada pelos pecadores. Daí a impossibilidade de fazer qualquer imagem de Deus e o reconhecimento de que só o conhecemos porque Ele não quis ficar escondido.

É na leitura das Escrituras que o cristão conhece a divindade, pois ela é o espelho de Deus, mas para poder reconhecer a figura de Cristo nas Escrituras era preciso ter fé, que só existe nos homens por meio de Deus, transformando-a numa graça gratuita.

Nesse sentido, Deus se dá a conhecer de duas formas: diretamente, pela semente da religião que coloca em cada homem; e, indiretamente, pelo espetáculo da natureza. A missão da Igreja era, antes de tudo, dar a conhecer a Palavra reveladora da fé e por isso dispensava os sacramentos católicos, preservando apenas aqueles que se apresentavam nas Escrituras: o batismo e a ceia.

A forma de Calvino ver o batismo e a eucaristia o colocou também contra a Igreja Católica. Para ele, os sacramentos possuíam uma força mágica. Mas a questão mais controversa era a da comunhão, pois para Calvino o pão e o vinho não se transformavam em momento algum no corpo e no sangue de Cristo, mas eram apenas os instrumentos, os sinais e os meios pelos quais os fiéis comungavam realmente a substância de Cristo.

A experiência política do calvinismo tomou a sua forma principal na Inglaterra, onde foi desencadeada pelo próprio rei Henrique VIII, a partir do pretexto de anulação de seu casamento com Catarina de Aragão para casar-se com Ana Bolena. Entretanto, o rompimento da Inglaterra com o papa, fazia parte de uma estratégia mais ampla de afirmação do poder de Henrique VIII, principalmente com o intuito de reformar as bases da tradição das leis do reino representadas na Inglaterra pelo Parlamento. Romper com o papa significava poder confiscar as terras da Igreja e lotear o território entre aqueles que poderiam apoiar as pretensões reais, como nobres presentes no parlamento.

Em 1534, Henrique VIII publicou o Ato de Supremacia, fundando a Igreja Anglicana, da qual se tornava líder, estabelecendo uma combinação no Estado, entre religião e política. O momento mais significativo da experiência protestante na Inglaterra se verificou na implantação da república de Oliver Cromwell, o eleito de Deus, quando o calvinismo adquiriu a sua feição puritana.

A Reforma Católica e a ética protestante

A conhecida Contrarreforma será, para nós, a Reforma Católica. Isso se deve à nossa perspectiva de considerá-la como uma reforma que não teve apenas como inimigos os protestantes, e que se realizaria mesmo que os protestantes não surgissem no mundo da religião.

A reação da Igreja Católica aos protestantes foi apenas um dos motivos que levaram às mudanças implementadas pelo Papado que reafirmavam o poder da Igreja Católica num contexto de consolidação do poder secular e que preconizavam um envolvimento mais direto com os fiéis se apropriando de várias das técnicas de doutrinação e de ritos protestantes.

A Reforma Católica é, sem dúvida, o modo de a Igreja se adaptar aos novos tempos, substituindo o silêncio da morte pela alegria da vida, mas preservando suas tradições. Nesse aspecto, o desenvolvimento do movimento protestante foi o indicador da necessidade de mudança e todas as críticas feitas pelos líderes protestantes foram avaliadas e discutidas na Cúria Romana, e só foram descartadas quando se opunham radicalmente à doutrina.

Essa renovação católica tomou a forma de um processo de modernização da Igreja, mas consistiu também numa estratégia de negação do conciliarismo, que contribuiu para a força e o poder da Igreja, mas que nos novos tempos servia para a perda de sua autonomia frente aos estados seculares e também para a diminuição da autoridade do papa, experimentada por várias vezes.

Boa parte da doutrina da autoridade dos concílios ganhou expressão nas religiões protestantes que acentuaram, principalmente, no seu início, a força do corpo de fiéis e da assembleia geral. Esses princípios também se mantiveram entre aqueles que mesmo sem aceitar as práticas divisionistas dos protestantes criticavam a doutrina católica, como era o caso de Erasmo de Roterdã e Thomas Morus.

A Reforma Católica definiu que a ação deveria se concentrar na ida ao encontro dos fiéis e no estabelecimento do mundo material como o lugar do embate com os seus inimigos: sair de Roma e do Papado e tomar o mundo. Para isso, precisava ter a competência dos protestantes, no que se refere à defesa de sua doutrina, reconhecendo a fraqueza do clero e suas atitudes contrárias aos ensinamentos das Escrituras.

A principal iniciativa foi a criação de uma nova ordem religiosa em 1534, modelo para todas as outras. A Companhia de Jesus surgiu como o pilar mais forte da Reforma Católica e do que eram os seus princípios. Ignácio de Loyola, um ex-soldado da Espanha, fundou a ordem com o intuito de reformar a Igreja e o mundo. Seu retrato mostrava um homem de vontade e inteligência, que soube usar as ferramentas modernas para afirmar a sua fé nos homens e em Deus.

O retrato do disciplinador funcionava bem como exemplo, principalmente se fosse transferido para a ordem e para aqueles que a serviam como jesuítas. Os soldados de Cristo entraram preparados na batalha. Além da disciplina que servia para calar os protestantes que criticavam o clero, o conhecimento do mundo e seu aprimoramento, realizados através dos Exercícios Espirituais, que fortaleciam a fé e o esclarecimento, transformavam os jesuítas em profundos e importantes intérpretes do mundo e daquilo que acontecia nele.

Era, então, por meio do ensino e do convencimento que os jesuítas barrariam as pretensões protestantes, demonstrando a força de uma igreja renovada que tomava como referência a necessidade de fortalecer os homens para tirá-los do caminho errado, exaltando a inteligência humana. Nesse sentido, os jesuítas mostravam suas vinculações com os valores humanistas.

Um dos aspectos significativos da ação dos jesuítas e responsável por sua eficácia na evangelização foi o reconhecimento que fizeram das culturas diferentes da europeia, seja na América, na África ou na Ásia. Se na América foram criadas as reduções na forma das missões, na Ásia construíram cidades como Nagasaqui.

Essa amplitude da ordem se revelou não apenas no sentido quantitativo, mas na enumeração que pode ser feita de vários jesuítas que foram grandes intelectuais do seu tempo. Os investimentos em trabalho mostravam que a fé não era uma coisa simplesmente natural, mas que precisava ser o resultado da vontade. Essas atitudes da ordem indicavam a aproximação com a ideia de vocação e de vontade dos protestantes. A segunda importante forma de realizar a Reforma Católica foi a convocação pelo Papa Paulo III do Concílio de Trento.

Convocado em 1545, esse concílio durou o período restante do século XVI e contou em vários de seus momentos com a presença de teólogos protestantes, pois seu intuito era discutir também a cisão, ao lado de uma renovação da doutrina. Possuía a intenção de fortalecer os quadros da Igreja diante do avanço dos protestantes, unindo-os em torno de decisões comuns.

O resultado foi positivo para a Igreja Católica, porque recompôs a sua autoridade e renovou o seu caráter universal, dando a impressão de que os católicos eram os únicos que possuíam direito ao uso da noção de humanidade e colocando os protestantes como interessados nos poderes locais, tomando a Reforma Protestante como mais um capítulo do velho problema entre Papado e Império.

Os resultados mais positivos foram a proibição da venda de indulgências e a criação de escolas para a formação dos quadros eclesiásticos para que eles pudessem explicar com mais competência os mistérios da fé e os princípios da doutrina. O concílio reforçou a autoridade do papa, não só por meio da fixação do dogma de sua infalibilidade, mas da sua qualidade de autoridade centralizadora.

A decisão mais polêmica, entretanto, foi aquela referente à reativação do Tribunal do Santo Ofício. Sua marca polêmica refere-se não apenas à violência que evidenciou em vários lugares da Europa, em especial no mundo ibérico, mas ao seu caráter político.

O Santo Ofício resultava de um conjunto de queixas que os príncipes e os reis faziam com relação ao apoio da Igreja aos seus respectivos projetos de centralização e transformou-se em um dos instrumentos mais eficazes para afirmação do poder absoluto. De um lado, porque permitia e legitimava a repressão, e, de outro, porque livrava o rei de seus compromissos com parlamentos e cortes e com a tradição das leis dos reinos.

Criado no século XIII, o Santo Ofício serviu e foi responsável pela Inquisição, principal instrumento de repressão aos movimentos religiosos e políticos que contestavam a autoridade da Igreja e dos reis, alcançando a Europa e o mundo. Ao lado do Santo Ofício, criou-se também o Index, que era um rol de publicações proibidas pela Igreja (cf. Figura 13 do caderno iconográfico).

Para concluir, há um livro que merece a nossa atenção nesse capítulo das reformas católica e protestante. Trata-se de *A ética protestante e o espírito do capitalismo*, escrito por um alemão protestante chamado Max Weber, no século XIX. Weber abordou os resultados produzidos por esse embate religioso político do século XVI.

Para Weber, as atitudes produzidas pela Reforma Protestante alteraram os valores, rompendo com o que ainda havia de velho nos Tempos Modernos. Isso porque as reformas solicitaram dos homens novas atitudes diante do mundo, atitudes morais e éticas que correspondiam a uma tentativa de eliminar os males da devassidão e do pecado que diminuíam a vontade e a fé em Deus e amoleciam o espírito. Daí as proibições que foram feitas por Calvino quanto às festas, ao jogo e às bebidas, não apenas porque levavam o homem à desrazão, mas porque retiravam dele a riqueza.

O melhor remédio era o trabalho porque enaltecia o poder da vontade do homem e lhe dava conforto e paz. O trabalho ensinava os homens a poupar como um sinal da marca de eleito. A dimensão moral produzia uma ascese, uma disciplina que fazia com que os homens calculassem suas atitudes sempre tendo em mira sua salvação.

Esse valor novo cunhou uma nova atitude do homem diante do mundo, o que para Weber produziu uma mentalidade, um modo de vida, que foi responsável pela efetiva institucionalização do capitalismo. Weber analisa quatro formas diferentes de reação ao catolicismo: o calvinismo, o metodismo, o pietismo e as seitas batistas.

De saída, ele mostrou como as condições materiais do Ocidente deram origem ao espírito do capitalismo. Essas peculiaridades ocidentais estariam nas formas de desenvolver a educação e nas maneiras de pensar os papéis da tradição e da religião que formulariam princípios éticos e morais capazes de produzir uma noção de cálculo que teria contribuído para a formulação das bases do capitalismo.

O resultado seria o desenvolvimento de instituições administrativas e jurídicas que indicavam para o homem a melhor forma de prestar serviço a Deus, como a iniciativa privada e em decorrência dela a propriedade privada como algo garantido aos que fossem bons cristãos. Essa individualização seria frágil se esses valores permanecessem na esfera privada de interesses.

Era necessário que eles se estabelecessem como valores civilizatórios. Só desse modo estaria garantido o equilíbrio necessário para o progresso do mundo de Deus. A modificação da natureza como demonstração da qualidade de bom cristão fez os protestantes se vincularem às atividades técnicas e ao comércio, assim como às fabricas.

Para Weber, haveria um outro fator que explicaria o sucesso das práticas protestantes: em um mundo dominado pelo catolicismo, os protestantes buscaram modos alternativos de sobreviver e desenvolveram uma ética de cálculo do futuro, o que criou uma forma de acumulação especial para prover as necessidades.

Desse modo, a ética protestante vinculou-se à busca sistemática pela sobrevivência e à atribuição de um prêmio dado a eles pela Providência, que seria a sua diferenciação com relação aos ateus e aos católicos. Como decorrência desses argumentos é possível observar como, para Weber, ganha importância a noção de trabalho vinculado à satisfação do homem e ao seu autorreconhecimento de criatura ligada a Deus.

Lutero é quem, para o autor, melhor desenvolve essa concepção quando reflete sobre a ideia de vocação como tarefa diária da vida e ligada à vida ativa dos protestantes. A vocação combinaria a valorização das atividades seculares com o fervor religioso, dando um sentido religioso a qualquer atividade mundana.

Essa foi a justificativa moral para as atividades mundanas, contribuição da Reforma Protestante. Para Lutero, como já vimos, a vocação seria individual e relativa à atividade mundana, mas construída pela vontade divina, requisitando uma aceitação incondicional.

Calvino justifica as atividades seculares e principalmente o ascetismo como ligado ao testemunho dos cristãos, que em meio às tentações mantêm o caminho da fé sem se desligar do mundo. Nos quatro tipos de protestantismo examinados por Weber o traço comum era uma conduta moral que valorizou o trabalho e promoveu a renovação da vida através da aplicação das regras éticas.

Nos quatro casos, as atividades mundanas foram criadas para glorificar a Deus, como cumprimento do papel atribuído por ele aos homens. Assim, a ascese burguesa confunde, em sua origem, a retidão do caráter com a vivência religiosa, mantém o padrão de uma fé que combina Deus e mundo, confirmando o ideal renascentista de que o homem realizava o nexo entre Deus e o mundo.

Esses valores também confirmam a presença da predestinação, já que o homem é servidor de Deus e a sua criação, assim como a do mundo natural, é um meio para a glória e majestade de Deus e é a marca que diferencia a boa humanidade da humanidade perdida.

Neste sentido, jamais um protestante se salvaria do Inferno por sua Igreja ou por sacramentos como no catolicismo. Com isso, mesmo configurando uma visão de mundo religiosa, há a produção de um mundo racional que elimina qualquer prática de magia e com ela as fórmulas inventadas pela Igreja Católica.

Entretanto, alguns sacramentos católicos serviriam de marcas para o efetivo reconhecimento da graça de Deus, como o batismo. Os puritanos ingleses genuínos evitavam sinais, cânticos e rituais. A finalidade dos protestantes, especialmente dos calvinistas, não é salvar almas, o que seria possível somente a Deus, mas aumentar a glória divina.

O pietismo foi uma forma radical de levar adiante os valores divinos, tornando a fé em Deus objeto de ação sobre os homens, vislumbrando a partir daí que o principal ato de um cristão é a piedade com relação aos outros cristãos e principalmente aos que repudiam a fé.

Para esses homens que se intitulam de piedosos o mundo transpira medo e maldade, principalmente no que se refere à religião e à política. Com essa visão de mundo, os pietistas se transformaram numa das principais forças de defesa da tolerância. Para eles, a salvação estaria ligada à radicalização do ascetismo por meio de uma vida religiosa livre de tentações e dedicada a Deus.

Esses comportamentos mostram como os cristãos protestantes imaginavam a sua salvação como graça de Deus. Graça que seria reforçada pelo conhecimento das vontades de Deus, realizada através do estudo de suas obras. Os metodistas se opunham a Calvino porque viam nas riquezas do mundo um perigo, pois gerariam a inveja e os desequilíbrios em todas as circunstâncias, na contramão do que era a forma de ver dos calvinistas, que viam perigo nas riquezas quando estas levassem ao ócio, ao relaxamento, preceito já indicado pela Igreja Católica na Idade Média.

Nesse sentido, a perda de tempo seria o primeiro e pior dos pecados, pois somente a atividade serviria para aumentar a glória de Deus, e este seria o papel do homem no mundo. O puritanismo via a mão de Deus em todas as partes, já que tudo era criação divina. Interpretavam uma oportunidade de lucro como um chamado de Deus, e consequentemente a chance deveria ser aproveitada como dever de vocação.

A riqueza só seria condenada se se apresentasse como tentação ou a propiciasse, ou se fosse obtida para o ócio posterior. Querer ser pobre era entendido como querer ser doente. Na prática, o trabalho veio a ser a própria finalidade de vida, embora os puritanos defendessem que qualquer atividade que se desse fora da vocação do indivíduo consistiria predominantemente em ócio.

4
A querela entre antigos e modernos: genealogia da Modernidade

Como ninguém pode ter simultaneamente muita fama
e muita tranquilidade, que cada um tire proveito de
sua própria época sem diminuir a época dos outros.

Tácito

Em fins de século renovam-se questões que são presenças constantes na cultura ocidental. No fim do *quattrocento* discutia-se a arte e sua relação com a natureza através do debate em torno da mimeses e da representação. Em fins do século XVI, anunciava-se a razão social e a sociedade de imagens, discutindo-se figura e alegoria num cenário de determinações laicas e religiosas. Na passagem de 1700, colocava-se a ruptura com os sistemas dogmáticos do Barroco e introduzia-se a cientificidade dos modos de produção, revelando-se uma razão virtuosa e emancipadora, portadora da consciência da liberdade e apropriadora de uma forma de ver o mundo, marcada pela consciência estética e caracterizada pelo domínio do progresso.

Nos anos da *belle époque*, discutia-se o fim dos cientificismos brutais, impedidores da liberdade e da autonomia do homem; criticava-se a selvageria do mercado, que a tudo dava a condição de mercadoria, o aprisionamento da razão estética pela razão técnica, ao mesmo tempo em que se elogiava o "espírito do novo tempo" na forma da Modernidade, garantindo, na crítica, um lugar para a técnica e um não lugar para a arte.

E agora, em nosso fim de século, discute-se o modernismo e o pós-modernismo, a volta da radicalidade estética que procura descobrir coisas já descobertas e indicar novos/velhos lugares para a arte[9].

Ao percorrer esses cenários, nota-se que as suas genealogias apresentam, entre os vários fins de século, um elemento constante: a cada 100 anos recoloca-se a querela entre antigos e modernos. A cada novo século, a construção de sua identidade passa pela definição de um campo de diferenciações que produz um novo moderno.

No entanto, desde o início da renascença que esse espaço de constituição do moderno sofre a intromissão do antigo. Em um artigo muito conhecido no Brasil, Hans Robert Jauss discute a Modernidade estabelecendo um modo de genealogia que me parece importante para acentuar a importância do debate entre antigos e modernos, dando-lhe novo formato[10].

A pergunta central de Jauss:

> Neste sentido, a série de *Querrelles des anciens et des modernes*, todas oriundas da sempre renovada pergunta e resposta sobre o caráter modelar da Antiguidade e sobre o sentido de sua imitação e marcando o caminho da literatura europeia em direção a seus classicismos nacionais, não constituiria ela própria ainda uma "herança da Antiguidade", caracterizada por um modelo clássico? (JAUSS, 1996: 48).

O problema apresentado por Jauss é central para a construção da genealogia do moderno, posto que anuncia um procedimento de separação entre dois modos distintos de conceber, interpretar e compreender o antigo e o moderno. Mas, além do antigo e do moderno com essa sugestão de interpretação aparece o meio-termo – o médio ou o medieval – o que obriga a reflexão a caminhar de volta à Antigui-

---

9 Para uma posição mais moderna sobre as questões da Modernidade, do Modernismo e do Pós-modernismo torna-se hoje fundamental a leitura da produção de H. Gumbretch, especialmente, a tradução recente dos seus artigos sobre a Modernidade incluídos no livro *A modernização dos sentidos*, publicado pela Editora 34, em 1998.

10 A linha central dessa reflexão está ligada ao modo de perceber a Modernidade retirado do estudo de Jacob Burckhardt sobre a renascença italiana, indicado nas referências.

dade para tomá-la como parâmetro ou medida de definição do antigo, do novo e do médio.

Por conta dessa *demarché* chega-se ainda à possibilidade de opor, descaracterizando, a potência da ideia no antigo através da associação simplificada da noção de imitação da natureza que perpassou um moderno que iria até o século XIX, e incluiu o Renascimento, o Barroco e o Iluminismo, tornando-a sinônimo de antigo em oposição à ideia de arte criativa, que anunciou o movimento de ruptura com as formas de arte envolvidas com o par forma/conteúdo.

Essas confusões de interpretações fazem com que Jauss diga que:

> A "querela entre antigos e modernos", nesse contexto, tem o mesmo significado: trata-se de um topos literário que remonta à Antiguidade e que se repete nas revoltas periódicas dos jovens no conflito de gerações, revelando, de século em século, mudanças na relação entre os escritores antigos e os mais novos (JAUSS, 1996: 49).

O caminho tomado por Jauss privilegia a análise do *modernus*, ou seja, a avaliação do modo pelo qual se produz, na cultura ocidental, a despedida de um passado pela autoconsciência histórica de um novo presente, produtora do conjunto de elementos opostos: *hoje = novo = atual X ontem = antigo = envelhecido.*

Há, entretanto, entre nós historiadores, historiadores da arte e críticos de arte, um exemplo de um modo particular de interpretar o moderno, na diferença entre arte moderna e história contemporânea. Para entender o significado desse exemplo torna-se necessário acompanhar, até certo ponto, a genealogia da palavra *modernus* proposta por Jauss.

A primeira querela estaria situada no século V, associada à figura de Gelasius, onde aparece a oposição entre *modernus* e *antiquitas*, considerada como a linha de demarcação entre a Antiguidade romana e o impulso do cristianismo. Essa demarcação da oposição volta a aparecer em Cassidoro – *passado romano = antiquitas x saeculis modernis* e, também em Orose – *passado romano = antiquitas x tempora christiana.*

No século XII, o Renascimento carolíngio radicaliza a diferença entre presente cristão e Antiguidade pagã, associando *modernus* ao

Império de Carlos Magno e definindo-o como *saeculum modernum*. Na literatura, diz Jauss, a oposição entre os *moderni*, autores cristãos, e os *antiqui*, autores gregos e romanos tem Boécio como linha divisória.

No século XIII, a diferença começa a acentuar a ideia de tempo com mais insistência e a oposição passa a, de um lado, representar um curto lapso de tempo entre o presente e o passado, passando por um certo afastamento do sentido de um tempo histórico, transformado, nesse momento, em tradição. Além disso, aparece, de outro lado, a oposição entre *antiqui* e *moderni*, ligada a duas tendências intelectuais em Paris, aqueles que ensinaram entre 1190 e 1220 e os que os sucederam e introduziram uma nova filosofia, inspirada em Aristóteles (cf. Figura 14 do caderno iconográfico).

No século XIV, com o avanço da reflexão sobre o homem e o mundo e com a recuperação da Antiguidade, o conteúdo da discussão modifica-se, ganha novo sentido e amplia o seu significado, pois passa a fazer parte do debate intelectual e dos modos distintos de compreensão dos homens e de suas atitudes com relação à vida e à sua história cultural. A oposição entre *antiqui* e *moderni* consolida-se na justificação do modo de proceder a análise sobre os objetos, as coisas divinas ou materiais.

Neste aspecto, há de início um distanciamento da noção de tempo natural e a reapropriação do tempo histórico, agora não mais como um procedimento de busca da origem do conhecimento, mas como cultura, como modo de interpretação. O que sugere que a recuperação da Antiguidade foi feita através de dois caminhos: o da imitação, que definiu um modo de paralelismo que incita o avanço da experiência do homem no mundo, quase entendendo que em condições iguais poderiam se repetir as mesmas respostas; o outro caminho é o da tomada de consciência do modo pelo qual os antigos chegaram à produção da sua potência intelectual, ou seja, analisar com detalhes, e isso significava traduzir e para traduzir tornou-se necessário saber ler. Após analisar foi necessário verificar se funcionava para utilizar, não os resultados, mas os caminhos críticos desenvolvidos. O exemplo é o debate entre os nominalistas – Occam – e os realistas – Escoto e Tomás de Aquino. Estabelecem-se, assim, duas vias, a *moderna* e a *antiga*.

No entanto, esse novo modo de tratar a relação entre *antigo* e *moderno* tem de dar conta daquilo que existiu entre os antigos e os novos modernos: a Idade Média e com ela a sua expressão artística, o gótico, que será tomado, em bloco, como característica principal da arte medieval. A questão é que este modo negativo de conceber o gótico advém das alterações produzidas pelo novo modo de apresentação da oposição, derivada de uma concepção de *antiqui* renovada.

Parece-me estranho que Jauss simplifique esse momento. Primeiro, por dizer que com o correr dos séculos *antiqui* afasta-se da Antiguidade pagã para estar referida aos *veteres* cristãos e, em segundo, por não mencionar a discussão feita por Vasari na *Vida dos pintores*. Entendo que, desde o século XIV, o Humanismo atribui um valor de potência e de essência à Antiguidade, elevando-a à categoria de modelo e de ideal, como modos diferentes de apreciá-la. Assim, verifica-se a necessidade de recortar o período entre os *antigos* e os *modernos*, dando a esse tempo a ideia de um momento de trevas.

O estranhamento é maior porque a conclusão de Jauss coloca no seu devido lugar as relações entre *antigo* e *novo*, destacando a dialética entre ganhos e perdas: "A tipologia estabelece entre o antigo e o novo, que estão separadas no tempo, uma relação de ultrapassagem de um pelo outro. O novo realça o antigo, o antigo sobrevive no novo. O novo é a redenção do antigo e nele se fundamenta" (JAUSS, 1996: 55).

A passagem do século XIV para o século XV anuncia uma consciência histórica agudizada do florescimento de uma nova cultura, experimentada pela realização e aperfeiçoamento e não pela imitação. Como a arte é o lugar da consciência do moderno vivida como perfeição, associando perspectiva e proporção à matemática, é ela que indica mais prontamente essa autoconsciência de um novo tempo. A estética passa a ser o elemento de ponta até mesmo para a narração de novos empreendimentos técnicos.

Feitas essas observações, percebe-se como a história não pode ser só da palavra moderno, há que incluir a palavra antigo. Apresentado como contraponto e até mesmo como a negação do moderno, o antigo acabou por adquirir um lugar especial no debate do moderno. Travestido de várias denominações, o antigo aparece na cultura ocidental pós--renascentista como tradição clássica, como exemplaridade, ou seja, na forma pela qual o moderno constrói as referências opostas e as permanências necessárias para identificar suas origens, valores e qualidades, assim como, a sua história.

Ao pretender discutir a presença da tensão entre antigos e modernos não há como escapar a chamada "Querela entre antigos e modernos" e ao debate sobre a Modernidade, enquanto categoria decorrente. Assim, torna-se obrigatório tomar o tema em três momentos diferentes.

O primeiro localiza-se na Renascença e é promovido, principalmente, pela reflexão de Giorgio Vasari quando da publicação de seu *Vidas dos pintores*, onde verifica-se o pronunciamento da autoconsciência do moderno por parte dos homens renascentistas; o segundo, localizado em fins do século XVII, em pleno desenvolvimento da cultura barroca, associado ao debate que tem lugar em Paris e que ficou tradicionalmente conhecido como "a querela entre antigos e modernos" e que se desdobra no Iluminismo; o terceiro, localizado no século XIX, ambientado na Europa Ocidental e identificado à análise de Baudelaire naquilo que diz respeito aos seus conceitos de modernidade e da teoria racional e histórica da arte.

O primeiro caso: a polêmica entre antigos e modernos no Renascimento

Ao tomar Vasari como símbolo da polêmica entre antigos e modernos no Renascimento, não estou definindo o autor como aquele que introduz a *querela*, uma vez que já foi assinalado o caráter de universalidade que a noção de moderno tem na renascença, vinculado ao processo de incorporação da cultura clássica. A questão já está presente desde o século XII, quando do Renascimento carolíngio, onde as cidades passam a ocupar um novo lugar na paisagem medieval, transformando-se em lugares produtores de um novo olhar sobre o mundo, proporcionado pela ampliação das universidades; um olhar marcado por preocupações com a natureza e pela busca da imanência humana, através do seu reconhecimento como sujeito de ação. Daí decorreram tensões de vários níveis entre a demarcação religiosa e mundana do pensamento medieval, acelerando atitudes que vão do aprofundamento da materialidade da natureza até o envolvimento divino, traduzido pelo *devotio moderna*[11].

No entanto, se o crescimento das cidades introduz uma novidade, o seu processo de alargamento econômico e a construção da política republicana acabam por transformar as cidades em símbolos da ação renovada do homem, e, no campo de experiências dessa novidade, como topos privilegiado da engenharia intelectual da renascença.

A cidade é a novidade porque é o espaço do novo, suas transformações não são apenas físicas, qualquer mudança no seu desenho implica um novo começo ou um novo debate, que forja aos poucos a noção de espaço e de projeto. Além disso, é esse lugar-espaço que, aos olhos dos homens renascentistas, apresenta-se como obra humana, fazendo com que os homens a identifiquem com a dinâmica de seu pensar e fazer. A cidade é a configuração da potência do homem e, por isso, obra de arte e se constitui naquilo que legitima a ideia de homem como medida de todas as coisas[12].

Esse novo papel da cidade desenvolve novos usos e novas funções. A arquitetura da cidade não mais se orienta pela ideia de um espaço aglomerado. O conforto, o lazer e o conhecimento criam uma relação que se reflete no cenário urbano. Uma das grandes novidades que introduz o moderno é o modo pelo qual os homens urbanos da renascença apresentam o campo. Em vez de observá-lo

---

11 A noção de "obra de arte" que é aqui utilizada indica não as obras de arte em si, mas sim o movimento geral de desenvolvimento da ação e criatividade humanas, conforme interpretada por Jacob Burckhardt (1991).

12 A dissertação de Silvia Patuzzi intitulada *Renovatio e reformatio na Europa do século XVI* é um estudo abrangente e consistente sobre essas ideias. A dissertação foi apresentada no curso de mestrado do Programa de Pós-Graduação em História Social da Cultura do Departamento de História da PUC-Rio.

como oposto à cidade, ele tornar-se-á o espaço aberto à experiência moderna, passará a ser o entorno da cidade, o lugar da ação civilizatória dos valores modernos.

A relação cidade-campo torna a cidade o centro de todo o modo de conceber o mundo, definindo por aproximação, o conhecimento como aberto e infinito, caracterizando essas aproximações como aquelas que acentuam o cosmopolitismo e o universalismo da cultura moderna.

Nesse quadro, Vasari pode ser tomado como indicador dessas tendências de renovação que anunciam um novo tempo e que dão à Idade Média a qualificação de idade de trevas, pois ao avaliar a cultura do seu tempo, identifica-a ao novo, opondo-a ao velho e aproximando-a do antigo, lembrando, entretanto, que já no século XV Pico della Mirandola em uma carta a seu dileto amigo Pietro Bembo decretava *somos maiores que os antigos*.

As considerações de Vasari atestam a necessidade de estabelecer as diferenças entre o Renascimento = novo e a arte gótica = velho = Idade Média em relação à cultura clássica dos gregos e romanos = antigo.

Culturalmente, a construção de Vasari é impecável. Na constituição do moderno como novo precisou pensá-lo como Renascimento de algo que foi enterrado pelos bárbaros que estenderam suas ações por toda a Europa e criaram obstáculos ao crescimento da cultura ocidental de base clássica. Para Vasari, durante o domínio do Gótico, verifica-se o que ele identifica como *maniera tedesca*, desenvolvida pelos godos no Ocidente. No Oriente, por outro lado, acentua-se a *maniera greca* que influencia a Itália nos séculos XIII e XIV com Cimabue e Giotto. No século XV inicia-se a *maniera moderna* com o Renascimento, termo usado por Vasari.

A *maniera moderna* estrutura-se em três etapas. A primeira – a infância – começa em 1250, acentua-se no século XIV e funda-se na compreensão, conhecimento e análise das maneiras *tedesca e greca*. A segunda – a maturidade – surge no século XV como imitação dos exemplos gregos e romanos, buscando na pesquisa da natureza a percepção do belo. A terceira – perfeição – aparece no século XVI e produz uma reflexão sobre a arte e seu fazer que supera os modelos clássicos e associa-se ao vigor e à ânsia de Michelângelo e à delicadeza de Corregio. No caso de Michelângelo, Vasari o identifica ao *divino* porque realiza a síntese da perfeição, ao demonstrar no seu trabalho a superação dos valores antigos.

Assim, para se conceber o moderno, como novo, cria-se um hiato temporal, que acentua o novo como Renascimento do clássico, transformando o período intermediário em negativo, ou em obstáculo para a continuidade do esplendor antigo. Neste caso, a radicalidade do moderno está baseada na exclusão do gótico, como velho. Entretanto, nota-se que o esforço de definição do novo pelo antigo, não pode deixar de encontrar no velho elementos que não só permitem a crítica como apresentam novas proposições que alimentam o moderno, na medida em que trazem em si a perspectiva do clássico.

Essas interrogações e tensões é que constituem a base da polêmica entre antigos e modernos, pois já na renascença vislumbram-se situações divergentes quanto à qualidade geral da cultura clássica, tomada como um todo. Aparecem avaliações críticas quanto aos textos e autores e principalmente às obras. A arqueologia de Roma é um sinal claro de que a evidência do que era, em realidade, a cidade tinha que voltar a aparecer para confirmar a verdade dos clássicos. As recepções diferenciadas de Platão e Aristóteles também se movimentam como exemplo desse processo de autoconsciência do que é o moderno para os homens da renascença. Alberti e os homens de Florença são evidências das questões que envolvem o debate sobre o novo; a cúpula de Brunelleschi é a idealização de um novo tempo.

A estratégia de retomada dos valores clássicos anuncia-se, dessa forma, através de uma dupla interpretação. A primeira, que utiliza a noção de imitação, dando-lhe um papel preponderante no exercício de implantação do novo; alimenta o novo tempo de textos e ideias que se associam à educação e à cultura como erudição; a consequência dessa primeira atitude é a de tomar os clássicos como exemplaridade. A cultura clássica, tomada em bloco, responde em todos os aspectos às demandas do homem renascentista, não havendo nenhuma atividade mais fértil do que o deleite com a beleza das formulações retóricas da

Antiguidade. Em cada autor antigo é possível enxergar a sua atitude inteligente quando uma frase ou uma oração associa-se ao momento presente. Da mesma maneira, quanto à arte e à arquitetura, nada de novo ocorre, os antigos já haviam revelado os mistérios da arte através da sua produção do urbano.

Nessa primeira forma de interpretação, a revalorização dos clássicos produz modelos que devem ser copiados. O exercício constante da imitação redunda num aprimoramento do modo de ver e provoca, como ação, um movimento capaz de transportar os clássicos para o presente. São exemplos, a filologia, o estabelecimento da nova retórica e os estudos humanistas em sua primeira fase, assim como as descobertas arqueológicas. Entretanto, o resultado é a construção de uma identidade com os antigos feita através da produção de modelos.

Se o primeiro modo de apreciar o novo apresenta-se como imitação promovedora de modelos, o segundo modo anuncia-se como produtor de ideais. A pesquisa do mundo natural e o desenvolvimento da poesia e da literatura, assim como da filosofia e da história, embora devedoras do alcance metodológico introduzido pela repetição da forma clássica, ampliam o campo de experiências e evoluem para um modo de produção do conhecimento menos interessado no produto e muito mais atento ao caminho percorrido para a efetivação do produto, mais preocupados como os usos do que com as funções.

Se a ética e a moral produzem a cultura política da renascença, a arte é a forma mais refinada de discursar sobre o verdadeiramente novo, pois é o lugar onde as poéticas adquirem o sentido da novidade, descobrindo e inventando um novo mundo.

Nos dois modos a cidade é o fundamento do novo, no entanto, nessa segunda forma de interpretação ela adquire a expressão de um ideal e só através dessa nova qualidade da cidade moderna é que é possível radicalizar a crítica moderna à Idade Média. Mas há um aspecto que caracteriza essa radicalidade de modo distinto daquilo que se entende como ruptura.

A radicalidade do Humanismo renascentista não trabalha com a exclusão da cultura medieval. Isto não quer dizer que os humanistas do século XV não olhassem a Idade Média como trevas, apenas associavam essas trevas a um período de adormecimento que só seria movimentado se houvesse uma crítica profunda aos erros cometidos na avaliação e interpretação dos clássicos. Neste aspecto, os humanistas da emulação identificam as trevas com um esforço de continuidade dos estudos clássicos na cultura medieval, apenas destacam o modo equivocado de atribuir-lhes sentido que prejudicou o entendimento da verdade de seus valores.

Cabia a essa segunda postura confirmar esses erros e a partir deles recuperar a pureza original dos clássicos, buscando um ecumenismo que associava gregos, romanos, persas, os homens da Idade Média, a humanidade como um todo.

Esse esforço heroico dos humanistas republicanos perde-se, em parte, com as crises vividas pelas cidades no século XVI, não motivada pelas questões religiosas, que são apenas a expressão de tensões mais significativas entre os dois modos de ver o moderno, mas por uma tendência de ordem que justifica o desenvolvimento dos estados modernos territoriais, por pensarem ser a única alternativa de manter o moderno. Verifique-se que, ao fim e ao cabo, a restauração de atitudes consideradas como não modernas aplicadas à política desses estados evidencia a aliança entre a primeira interpretação e os representantes da tradição mais conservadora da cultura medieval – a Igreja em sua configuração institucional. Essa derrota dos humanistas da emulação limita o desenvolvimento do individualismo e acentua a perda de substância da posição do homem como potência.

Dois textos do início do século XVI são relevantes para expressar, de forma diferente, o que se passa no século XVI com essa questão do moderno: *O príncipe* de Maquiavel e o *Cortesão* de Castiglione. Escritos intelectuais, expressões da cultura da renascença, esses dois textos podem ser tomados como qualificadores da genealogia da querela entre antigos e modernos.

Maquiavel mostra-se um perfeito representante da segunda interpretação, preocupado que está com o caminho seguido pela cultura republicana em direção às formas de centralização monárquicas, justificadas pelos próprios humanistas e classificadoras de um novo tipo de governo onde a liberdade e a autonomia passavam para um segundo plano[13].

Maquiavel defende radicalmente a continuidade dos ideais do homem renascentista e acaba por transformar *O príncipe* num projeto de radicalização do novo ou de continuidade das experiências humanas como legitimadoras da ação, transformando-o em metáfora do novo homem. Ninguém dúvida que não é qualquer príncipe que pode seguir os conselhos de Maquiavel. No livro, Maquiavel vai buscar uma forma de sair do caminho do desastre e vai eleger a *virtù* e a fortuna como as noções portadoras do sentido da salvação. Assim, Maquiavel está menos interessado em justificar os meios de consolidação do poder absoluto e mais interessado em encontrar um modo que permita ao homem manter os ideais, contrapondo-se aos modelos.

Em Castiglione, observa-se a tendência de institucionalização do novo, do ordenamento das ações através de normas e regras capazes de mostrar ao homem os limites de suas ações individuais. Neste sentido, o *Cortesão* condena o mundo das experiências criadoras como promovedor de desordem e acentua a novidade dos modelos tomados como mecanismos de controle social, de definição e reconhecimento do alcance limitado da potência individual do homem. Castiglione define um *a priori* que delimita o espaço de ação do homem. O homem não precisa de *virtù* e de fortuna, pois essas noções estão incorporadas às normas sociais, basta segui-las para manter a sua identidade de homem. Os modelos qualificam as diferenças e os homens passam a ser reconhecidos pelo seu comportamento social e não mais pela produção do conhecimento. A cidade transforma-se num lugar de aprimoramento da civilidade, não é mais reconhecida como campo aberto de

---

13 Esta interpretação de Maquiavel decorre da forma pela qual a renascença pode ser periodizada. Assim, Maquiavel marca o início de um processo de reação contra a perda de experiência do homem moderno.

116

investigação, agora ela é dividida, separada, adquire mais importância a função do que o uso que os homens fazem dela[14].

No decorrer do século XVI, encontram-se aliados dos ideais de Maquiavel: Erasmo de Roterdã (*O elogio da loucura*) e Thomas Morus (*A utopia*). São dois intelectuais que mantêm uma atitude crítica com relação ao processo de perda de potência do homem como indivíduo. Mas, além dos dois, entre tantos outros, destaca-se Michelângelo. O homem radical identificado com o maneirismo possui o perfil de um ser incomodado com as presenças das novidades na linha de Castiglione.

A força da expressão da arte de Michelângelo incomoda a sociedade da época porque aprofunda o novo no campo da crítica e da experiência e, por isso, amedronta aqueles que já conquistaram o novo e agora querem apenas transformá-lo em modelo.

A acusação aos "radicais" tem sua origem exatamente no modo como eles percebem os valores clássicos em sua conexão com o presente, pois isso abre caminho para uma posição de abertura que pode permitir o Renascimento de uma consciência estética associada à recuperação da potência do homem individual. A sensualidade e a sensibilidade apresentadas sob a forma dos retorcimentos do artista indicam um incômodo proveniente da negação dos ideais.

Para Maquiavel e Michelângelo, a tradição é uma presença permanente e fundamental, pois é ela a revelação da diretriz de renovação, imprimindo ao novo um caráter mais crítico e profundo, garantindo-lhe raízes, como história.

Assim, para os radicais a tradição inova ao construir as raízes da cultura moderna e, ao mesmo tempo, serve de medida para o alcance do novo. Nesta perspectiva, o moderno anuncia a sua historicidade de dois modos. Em primeiro lugar, como avaliador crítico dos clássicos e, em segundo lugar, como construtor de uma nova ordem, onde a cultura aparece como campo da crítica, mostrando como a tradição pode ser ponto de origem para o novo.

---

14 Para a história da recepção do *Cortesão*, cf. *A fortuna do cortesão*, de Peter Burke, editado pela Editora da Unesp.

Ao contrário de Castiglione, que cada vez mais associa os clássicos a modelos, aprisionando-os na forma de exemplaridades, Maquiavel e Michelângelo procuram fugir às regras dos modelos e garantir a liberdade do homem através da busca e do encontro de ideais.

Essa tensão entre as duas visões de mundo estabelece, na cultura da renascença, um momento crítico, que, ao mesmo tempo que evidencia diferentes interpretações, introduz historicamente a autoconsciência do moderno. O debate entre duas formas de pensar a cultura moderna define as bases em torno das quais a polêmica continua. Um caminho fértil para identificar essas tensões entre formas diferentes de pensar alternativas seria a comparação no contexto das reformas religiosas entre Lutero, Calvino e as decisões do Concílio de Trento.

A querela no Barroco e no Iluminismo

A cultura barroca apresenta-se como portadora de um movimento de crítica aos pressupostos metodológicos inaugurados pelo Renascimento, sem, entretanto, alterar os seus valores essenciais. O Barroco, motivado pela razão social em oposição à razão natural da renascença, instaura um conhecimento que apreende e torna inteligível o real pelas imagens.

Na cultura barroca, as imagens adquirem um significado gramatical promovedor de um aprisionamento da dimensão crítica do homem, mesmo que o fim seja construir uma referência de ordem e de poder que transforme o público em plateia, na configuração assumida pelo Estado Absoluto. Ao espaço da representação opõe a ideia de figura, à metáfora a ideia de alegoria.

Desse modo, pode-se dizer que a cultura barroca se anuncia como o desdobramento das questões que envolveram o final do século XVI. Durante o século XVII os dois aspectos do moderno permaneceram como referências, apenas com a hegemonia da linha de desenvolvimento que vinha de Castiglione, do reforço de um moderno institucionalizado, daí os reis absolutos serem portadores do sentido do moderno através do novo ordenamento político, social e artístico. É no século XVII que se fundam as bases institucionais da cultura ocidental e o momento inicial de uma forma de especialização de saberes e de construção de novas disciplinas.

Devoção, êxtase, monumentalidade, capitalidade e outras características do mundo no século XVII são avanços importantes do novo no registro da hegemonia anteriormente indicada. A paisagem se modifica, agora o Palácio do Rei apresenta-se como centro de espacialidade; é a partir dele que o espaço adquire sentido e expressa movimento. A teatralidade do poder avança pela sociedade e altera os critérios de gosto, propiciando um envolvimento maior dos homens com a arte. A consequência é a estetização do mundo e sua produção como gestualidade[15].

Entretanto, a consequência maior e mais importante é a da evidência do corpo como agente único do movimento; tudo que é produzido resulta das qualidades da presença do corpo. Os sentidos e a sensibilidade, assim como os instintos, ganham um lugar novo na cultura barroca e, de alguma forma, antecipam a configuração de um homem psicológico ao lado de um homem social. A plateia social do século XVII interage no drama barroco, garantindo-lhe efetividade, produtividade e utilidade, demostrando que não é apenas uma assistência muda e bestializada, mas que a sua presença autoriza o movimento.

Essa tensão entre poder e sociedade produz um clima de opinião que mais tarde poderá reivindicar liberdade, mesmo, como diz J. Starobinski (1995), que essa liberdade seja, ao mesmo tempo, objetivo dos libertários e dos libertinos[16].

A cena pública depende dessa ação de reciprocidade. É necessário que os sentimentos sejam associados, não a razão natural, mas a razão social, ou melhor, a um empreendimento que se revele cada vez mais concreto, voltado para o mundo e para a experiência da tensão, do

---

15 Para a discussão do Barroco foram utilizados, principalmente, os textos de J.A. Maravall e G.C. Argan, indicados nas referências.

16 Para essa relação o texto fundamental é a *A invenção da liberdade*, de Jean Starobinski, publicado pela Editora da Unesp em 1995.

mergulho trágico da realidade, projetado sob a forma do rei melancólico. É preciso colocá-los em ação e isso dever ser entendido como a consciência da ação dos homens do Barroco[17].

Somente no final do século XVII, após a proposta cartesiana das ideias inatas e das revoluções científicas, é que a questão entre antigos e modernos, novamente ganha relevo, pois, a garantia absoluta de que o novo estava institucionalizado deu margem a uma certa atitude de relaxamento por parte dos intelectuais que dominavam o conhecimento. Isso abriu brechas que fizeram reaparecer os defensores da tradição clássica. O retorno dessa discussão não deve, no entanto, ser apresentada de forma tão simplificada, pois pode dar a entender que a tradição clássica se colocava como entidade reacionária.

Na verdade, é a consciência de uma nova época que estimula o debate, principalmente com relação aos seus desdobramentos. Ao adquirir um sentido político, o desenvolvimento da cultura barroca acaba por esbarrar na produção de dois modos distintos de interpretação. Um que dogmatiza o novo e não permite que haja uma intensificação da sua dinâmica, apresentando o novo como modelar e criando uma atmosfera de medo em torno do que poderia representar, como retrocesso, a perda da unidade e a explosão da ordem. Essa atitude acaba por legitimar as práticas absolutistas em geral, deixando de lado aquilo que caracterizava, até então, o Barroco, que era o forte sentimento de crítica.

O outro caminho desenvolve-se em torno da ideia da ruptura com os sistemas classificatórios e dogmáticos e pretende ultrapassar os limites impostos pela ordem, na busca de um horizonte de conhecimentos mais amplo e garantidor da fé no progresso humano e intelectual. Assim, a defesa da tradição como exemplaridade altera o seu conteúdo, não mais se trata de reproduzir os padrões da Antiguidade, mas de perceber os modos de produção do desastre da barbárie como elementos motivadores da crítica ao Antigo Regime. É o retorno do

---

17 A leitura central para as cenas privada e pública do Barroco é o livro de Walter Benjamin sobre o drama barroco. Como referência complementar vale a indicação da obra de Richard Sennett *O declínio do homem público*, publicado pela Cia. das Letras.

ideal que anima a volta da querela e não se trata mais de inimigos ou não da Antiguidade, mas sim de duas formas diferentes de olhar para trás.

O debate, nesse momento, tem tal importância, que acaba por fundamentar toda a autoconsciência do moderno na forma da Modernidade. A defesa dos clássicos produz como alternativa a manutenção do espírito do moderno, apresentando-se como um momento de renovação porque o novo burocratizado acabou por evidenciar sua dimensão autoritária e a exclusão da liberdade como procedimentos de garantia da sua continuidade como espaço de cultura hegemônica.

Assim, os ataques aos clássicos reapareceram principalmente na boca daqueles que não viam com bons olhos a domesticação da razão humana, associando o Antigo Regime ao classicismo e este à Antiguidade. No fundo, a questão era criticar uma apropriação específica da cultura clássica, mas até se aclararem as coisas, a confusão já estava feita, tanto assim, que as polarizações entre antigos e modernos fez surgir uma posição intermediária que acabou reforçando a ideia de que no fundo a oposição era puramente política.

Para identificar os elementos da nova querela é necessário acompanhar o debate em torno daquilo que se consagrou como o nome da "Querela entre antigos e modernos". A identificação dos termos da querela, por si só, já introduz um novo significado, qual seja, de assumir a oposição e de considerá-la como relevante para a redefinição do, agora, projeto de modernização. A querela, no século XVII, começa a ganhar forma na Itália com Tassoni, em 1620, com a publicação de seu livro *Pensamentos mistos*, onde empreende um ataque feroz contra Homero, acusando-o de ter realizado um trabalho recheado de defeitos na trama, na caracterização de personagens e situações e na linguagem. A *Ilíada* e a *Odisseia* eram tomadas por Tassoni como exemplos da inferioridade dos antigos com relação aos modernos.

O desdobramento das provocações de Tassoni toma como espaço a França e a Inglaterra. Por razões que ultrapassam a história da querela, são franceses e ingleses que acabam por assumir a polarização no debate. Boileau, Temple e Swift[18] definem-se como defensores dos antigos e o último vai promover uma cruzada radical em defesa dos clássicos através das ironias críticas contidas em suas obras. Ao contrário, na França, os ataques contra os antigos são feitos principalmente por Charles Perrault, autor conhecido principalmente como criador de contos infantis, e Fontenelle, cujo livro *Diálogos sobre a pluralidade dos mundos* é um exemplo de toda a ideia do progresso intelectual do Iluminismo.

O confronto entre esses autores acabou por levar os analistas da querela a considerá-la apenas como um debate literário, sem nenhuma consequência maior para a história das ideias, restrito a temas e a estilos, isto porque, para eles, a polêmica não ultrapassava um debate entre pedantes, usando para essa conclusão as mesmas ironias utilizadas por Swift.

O mapeamento da produção até os anos 20 do século XVIII mostra que a querela se desdobra pelas luzes, resultando numa batalha que estabelece a diferença, entre outras, de libertinos e libertários. Em todos os campos do saber é possível reconhecer a querela, não mais como ataques indiscriminados a quem quer que seja, mas como base para a produção do novo pensamento das luzes, colocando no meio dela, a própria avaliação de Descartes.

Um fato que ilustra esse desdobramento é a moda das ciências com a divulgação dos laboratórios particulares e caseiros, onde é possível observar duas atitudes diferentes, aquela que configura a moda e a outra que se dedica a um exercício de experimentação comprometido, como acontece com as luzes, com a busca da utilidade daquilo que é descoberto, voltando-se para a fundação de uma nova crítica que atingirá todas as esferas do conhecimento e também alcançará as bases da querela entre antigos e modernos. Dois setores do século XVIII destacam-se como comprovadores dessas atitudes diferenciadas e agentes do debate.

O teatro é o primeiro, com a constituição da sua crítica com Denis Diderot, através do texto *O paradoxo do comediante* (1982), onde

---

18 Para uma caracterização maior destes autores é essencial a leitura do livro *Filosofia do Iluminismo*, de Ernst Cassirer. Quanto a Jonathan Swift vale lembrar que é o autor das *Viagens de Gulliver*.

é possível observar como o autor traz à baila a polêmica em torno de uma atitude antiga e moderna de interpretação teatral.

Diderot anuncia a novidade do reconhecimento das novas atitudes ao colocar em debate quem é o melhor ator, se aquele que se envolve com a personagem e vive tudo o que o texto apresenta como sentimentos e emoções, assumindo a personagem e não produzindo nenhuma distinção entre ator (sujeito) e personagem (objeto); ou se aquele que imita as emoções e os sentimentos usando a razão e distanciando o sujeito do objeto de sua ação, passando aparentemente esses sentimentos como farsa, sem se deixar levar pela personagem. Para Diderot, é obvio, o melhor ator será o segundo.

Em Diderot, a imitação não é um processo simples de cópia, mas um profundo movimento de descobertas e de expressões que façam o público acreditar que ele é efetivamente a personagem. O ator mantém, por todo o espetáculo, o controle sobre a cena, permitindo-se, em certas situações, colocar-se como crítico dele mesmo. Este ator realizará sua encenação sempre como a primeira, não alterará cenas ou situações em função de situações externas. Neste aspecto, a imitação move-se como resultado da capacidade de discernimento do ator, não envolve um padrão ou um modelo, mas um ideal da renovação da interpretação teatral.

O outro setor é a pintura e o melhor exemplo é Jean-Honoré Fragonard, não por ser exemplar para a época, mas por sua recepção ter sido voltada para o lado vazio do aparente e da sociedade de espetáculo, acabando por produzir uma interpretação equivocada de sua obra, consolidada pelos valores burgueses do século XIX, como nos mostra Starobinski, em *A invenção da liberdade*.

A produção pictórica parece refletir a festa do Antigo Regime, o luxo da sociedade de corte, a superficialidade da sociedade. No entanto, um olhar mais demorado sobre a produção da arte no século XVIII demonstra como a tensão entre as duas atitudes anteriormente indicadas estão presentes em Fragonard. Suas telas são, ao mesmo tempo, a realização de dois modos de ler a novidade.

O modo que administra o novo como moderno em si e destaca a superioridade do presente sobre o passado, revelando a sua condição de promover o futuro como uma realidade consequente, planar e linear. E o modo que toma o novo como moderno para si, ou seja, que traduz o novo como um momento de solução para a tensão entre a tradição e o moderno em si, buscando nos antigos considerações e procedimentos que possam fazer a novidade tornar-se útil ao futuro, pensado como um processo que tem história. Um outro exemplo das luzes é o uso, por Voltaire, Montesquieu e outros, de personagens orientais como estratégia de definir uma crítica ao novo em si; *Zadig* e *Cartas persas* são modos disfarçados de colocar em debate os modos antigos e modernos de pensar e viver.

Assim, o moderno não é pensado como grau zero, mas como um momento onde a razão humana exigida se torna suficiente para indicar o caminho do progresso. Com isso, verifica-se como a polêmica do século XVII atravessa o século das luzes. Mas para completar o cenário da querela talvez valesse à pena destacar o seu ponto crucial com o intuito de fazer aparecer os elementos novos que indicam, com maior expressão, a história do debate na passagem do século XVII para o século XVIII.

O debate do final do século XVII aprofunda-se com a publicação, por parte de Swift, em 1704, de dois livros que vão referenciar o antes e o depois da querela: *A batalha de livros* e a *História da banheira*. Swift começou sua vida intelectual como secretário de Temple e assim pôde conhecer, com autoridade, os argumentos dos dois grupos e usá-los de forma a mostrar que a querela não ia levar a nada, pois, a cada passo, ela se tornava um empreendimento puramente acadêmico, além de ter produzido um bom material para as irônicas histórias de grandes e pequenos de Gulliver, aparentadas com pedantes, sabichões e ignorantes. Nos dois livros indicados, Swift usa a sua fina ironia para criticar os dois grupos – antigos e modernos – e assume a defesa dos antigos, seguindo em sua narrativa o estilo de Homero.

Na França, a querela instaura-se no interior da Academia, que havia sido fundada em 1635, e há indicações claras que o debate envolvia, no fundo, a disputa pelo controle político da Academia e pouco, ou quase nada, de afirmação de princípios. Com exceção de Nicolas Boileau, não há obra que se defina como defensora dos antigos, especialmente porque já desde a segunda metade do século XVII os intelectuais patrocinados por Luís XIV acreditavam que eram superiores aos antigos em função da chamada lei do progresso intelectual.

Os dois nomes de peso que defendiam a perspectiva dos modernos, na França, eram Charles Perrault e Bernard de Fontenelle:

> Em 27 de janeiro de 1687, no apogeu do classicismo francês, Charles Perrault lançava diante da Academia Francesa o protesto que, no fim dessa era, punha fim ao reino do ideal humanista de perfeição, provocando, assim, a decadência da imagem clássico-universalista do homem e do mundo. Era o início de uma nova *querelle des anciens et des modernes*, que abrangia todos os intelectuais relevantes da época, que os dividia em dois campos inimigos e que os reunia novamente mais de vinte anos depois em uma nova visão que solucionava, de maneira imprevista, a oposição inicial (JAUSS, 1996: 60).

Perrault utiliza, em seus textos, uma comparação entre antigos e modernos que surpreende pela qualidade dos argumentos que vai associando à comparação. Longe de ser um homem desprovido de ideias, Perrault elabora uma interpretação que isola a Modernidade do século XVII como superior à do Renascimento, utilizando para isso a lei do progresso intelectual. Ao fazer esse movimento, o autor se depara com a interpretação da renascença sobre a Idade Média que tornaria a sua teoria insuficiente, pois a Idade Média, do modo como foi apresentada pelos autores da renascença – Idade das Trevas – inviabilizaria a lei do progresso intelectual.

Perrault faz uso da imagem de um rio que tem seu leito seco, mas que continua correndo subterraneamente para explicar a continuidade subterrânea do progresso intelectual entre os antigos e os modernos. Dessa forma, o autor estabelece uma linha de tempo onde se observa o contínuo processo de acumulação de conhecimentos e a partir daí comprova a superioridade dos modernos sobre os antigos. Há dois argumentos que perpassam a defesa dos modernos que são muito bem construídos, além de indicarem o respeito intelectual pela Antiguidade, sem transformá-la em modelo. O primeiro, já ouvido na renascença, era de que os antigos sabiam que aqueles que viriam mais tarde saberiam mais do que eles; e o segundo, mais forte, e enaltecedor da sabedoria antiga, era de que a diferença entre antigos e modernos derivava da situação dos modernos terem tido os antigos como antecessores e os antigos não terem tido ninguém.

Fontenelle acompanha Perrault na defesa dos modernos com a produção de um projeto especial e ambicioso de concretização da ideia de progresso para todo o conhecimento. Seus escritos são estudos sobre os progressos da razão vistos sob o ponto de vista da multiplicidade, confluindo para a reflexão de Leibniz e afastando-se de Descartes. Como Perrault, Fontenelle também elabora, com engenhosidade, os argumentos da superioridade dos modernos, talvez até duvidando menos do que Perrault da real superioridade. A engenhosidade de Fontenelle está exatamente na não exclusão dos antigos e na ordenação da história do progresso intelectual.

Fontenelle, aberto ao mundo do conhecimento, já parte, na defesa dos modernos, da base de tradição dos antigos como medida, o que facilita sua interpretação da presença universal dos valores da Antiguidade que permitem que os modernos sejam superiores, uma vez que a superioridade destes está em ter como inspiradores os antigos. Esse argumento é importante uma vez que concede, aos antigos, o lugar de fundação do conhecimento, e aos modernos o lugar de ampliadores desse conhecimento, dando a ele um uso que tornou possível ultrapassar os usos dos antigos, mesmo à razão humana. A relação entre tempo e qualidade da produção é uma das proposições centrais de Fontenelle para indicar o progresso intelectual, afastando-se dos argumentos inconsistentes que apenas consideravam a distância temporal ou a inexistência do novo antes do tempo presente.

A contribuição de Fontenelle acendeu uma nova chama na disputa, permitindo a explosão de um terceiro grupo de argumentos que considera uma posição equidistante da dicotomia antigos e modernos.

O estranho é que esse terceiro grupo acaba por determinar o fim da polêmica no Iluminismo, pois esses argumentos produzem o consenso entre os dois grupos:

> Nessa perspectiva, o processo que, na passagem para a época do Iluminismo, iniciou uma revolução intelectual com a *Querelle* pode ser sintetizado em três fases. Primeiramente, à afirmação de que a Antiguidade é incomparável por ter criado para sempre a medida ideal da perfeição artística, os *Modernes* opõem o argumento racionalista da igualdade natural de todos os homens e começam a submeter aos critérios absolutos do *bon goût* as produções da Antiguidade – em outras palavras, a criticá-las em nome do gosto do tempo classicista (*les bienséances*). Os *Anciens*, então, argumentaram, inicialmente na defensiva, que cada época tem costumes diferentes e, consequentemente, também um gosto próprio. Eles exigiram julgar as epopeias homéricas em função dos costumes de um outro tempo. Dessa discussão resultou pouco a pouco o reconhecimento comum aos adversários – ainda que não confessado abertamente desde o início – de que existe, paralelamente à beleza atemporal, também uma beleza própria a cada época; que existe ao lado da *beauté universelle*, igualmente um *beau relatif*. É assim que a gradativa desconstrução das normas estéticas do classicismo dá origem à primeira compreensão histórica da arte da Antiguidade (JAUSS, 1996: 62-63).

O dia 27 de janeiro de 1687, como vimos, é emblemático para a querela, pois além de marcar o início de sua radicalidade, envolve uma situação peculiar de um jogo de poder próprio da cultura barroca e seu aprofundamento pode revelar facetas importantes da dinâmica cultural na sociedade europeia do século XVII.

O debate ocorre na Academia Francesa, criada pelo Cardeal de Richelieu durante o reinado de Luís XIII. Na forma de versos, Charles Perrault inicia sua oração em homenagem a outro Luís, o XIV, o rei-sol. *O século de Luís, o Grande*, além de ser um elogio ao rei, é uma afirmação da potencialidade cultural da França e nessa afirmação há, por parte do autor, uma chamada vigorosa para que os acadêmicos voltem seus olhos para a força criativa da época, tomando como base as tradições da França e de seu povo:

Eu olho os antigos, sem abaixar-me diante deles
São grandes, mas são homens como nós
E com toda a justiça podemos comparar
O século de Luís com o século de Diógenes.

A força e a radicalidade das palavras de Charles Perrault produz um profundo silêncio na Academia, quebrado apenas pela força das palavras de Nicolas Boileau-Despréaux, denunciando o insulto aos antigos.

O embate do dia 27 de janeiro de 1687 é o aprimoramento de um debate não público que vem do início do século XVII com o ataque aos antigos feito por Hubert de Montmort e Michel de Marolles. O ataque se afirma através do elogio à tradição carolíngia e católica da França, excluindo da forma de realização dos trabalhos qualquer referência ao modo antigo dos clássicos.

Em 1673, já Boileau intervinha no debate publicando a sua *L'Art poétique* como defesa dos antigos. Neste livro, o autor faz um enorme elogio à metodologia antiga e proclama a sua utilização como modelo, principalmente no que se refere ao conceito de beleza simétrica. Um ano após, Pierre Daniel Huet, no seu ingresso na Academia Francesa, produz uma forte oração criticando os antigos, indagando sobre a maneira conservadora dos que imitam os antigos. Essa primeira oração é apenas o preâmbulo do que em 1675 aparece em seu livro *Défense de la poésie et de la langue française*, onde declara que é traição à França e às suas tradições culturais e históricas assumir uma atitude de reverência com relação aos antigos.

Jean de La Fontaine, conhecido pelas suas fábulas que utilizavam como modelos Esopo e Fedro, apresenta-se junto com o moralista Jean de la Bruyére como intelectuais fornecedores de grande parte das referências clássicas utilizadas por Boileau, sem terem nunca, entretanto, produzido qualquer texto mais pontual sobre o debate.

Do lado dos defensores de uma perspectiva moderna, além de Perrault estão Phillippe Quinault, dramaturgo e, segundo os franceses, criador junto com o músico Jean-Baptiste Lully da ópera francesa. A aproximação de Perrault verificou-se quando em 1674, com as primeiras demonstrações das novas expressões musicais, abriram-se críticas,

Perrault sai em defesa dos dois criadores. Mas o seu principal aliado foi Bernard de Fontenelle, como vimos anteriormente.

Na disputa pela primazia, ambos os lados buscavam uma afirmação mais concreta no terreno da política que dominava a cena francesa com Luís XIV. Segundo as crônicas da época, depois da transferência da corte para Versalhes, em 1682, os aliados dos antigos passaram a ocupar o palácio, detendo todas as iniciativas culturais. Enquanto isso, os modernos se lançavam num movimento de ação sobre a França. Inicialmente, buscando os espaços dos cafés de Paris, nos quais apresentavam suas novas composições, ampliando o espectro de ação de suas críticas, numa cidade que anunciava a sua primazia de capital e adquiria uma monumentalidade que a tornava maior que a França. Além disso, investiram pesado na pesquisa das tradições populares francesas.

Há um outro aspecto da querela que é importante de destacar. O dia 27 de janeiro de 1687 representa também a atuação nefasta do representante dos antigos. Boileau opta pela ridicularizarão de Perrault, assumindo o pressuposto de que a grande maioria era defensora dos antigos. Essa estratégia de Boileau acaba por se transformar no elemento de promoção dos modernos. A atitude de Perrault é marcada pela seriedade e atenção com que debate a questão, incorporando a querela no seu horizonte intelectual, um horizonte que iria muito além de sua produção de contos sobre as tradições. O resultado foi o seu reconhecimento como agente principal das mudanças que levariam a França ao seu apogeu cultural.

Entretanto, sua trajetória e seu projeto não o fazem optar por uma política de favorecimento real, num primeiro momento, muito embora isso vá acontecer paralelamente aos seus estudos sobre a querela. Em 1688, apresenta o primeiro volume do seu importante trabalho *Paralléle des anciens et des modernes*. Na forma de um diálogo, este primeiro volume dedica-se às artes e às ciências. Dois anos depois – 1690 – aparece o segundo volume onde Perrault discute a eloquência; e em 1692, aparece o terceiro volume dedicado à poesia.

O sucesso dos livros faz avançar a presença de Perrault no meio intelectual francês e com ela os argumentos em defesa de um modo moderno. Diante desse sucesso, Boileau é obrigado a tomar uma atitude que permitisse minimizar a força adquirida pelo moderno. Em 1693, escreve uma nota defendendo Píndaro, segundo ele um dos autores mais maltratados por seu opositor. Em 1694, publica *Sattire X* com o objetivo de discutir o papel das mulheres na sociedade. No fundo, o argumento de Boileau é tomar a liberalidade da época e demonstrar a falência dos valores morais, ocupando-se dos modos modernos das mulheres. A recepção da nota é pífia. Novamente, torna evidente a manutenção de uma atitude de ridicularização dos modernos e seu efeito é praticamente nenhum. Percebendo que sua estratégia não levaria a nada, no mesmo ano de 1694 escreve *Refléxions critiques*, onde se propõe examinar a oração de 1687 e os *Paralléles*, através de um reforço da autoridade dos antigos e para isso, no final do seu texto, faz um enorme elogio ao *Tratado sobre o sublime* de Longino.

Como a expectativa de um final rápido não se anunciava para a querela, ao contrário, o debate parecia apenas ter começado, chegando inclusive a ameaçar a paz na Academia Francesa, os antigos e os modernos resolvem submeter seus argumentos, como era próprio na época a uma autoridade reconhecida. O escolhido é o teólogo Antoine Arnauld, um dos fundadores e professores de Port Royal, admirado na época pela sua sabedoria e discernimento. Segundo consta, o intermediário desse episódio foi Jean Racine, não só interessado na paz da Academia, mas também porque havia sido aluno em Port Royal.

Na sessão de 04 de agosto de 1694 da Academia Francesa é tornado público o fim da querela. Entretanto, a paz aparente não modifica as posições. Boileau, que teve o privilégio de conhecer a decisão de Antoine Arnault antes de Perrault, confirma essa situação, ao dizer que cada um continuava no mesmo partido e com os mesmos sentimentos: "Você, mantendo o menosprezo por Homero e Virgílio; e eu, decidido a ser sempre um apaixonado defensor deles."

Em 1697, não por acaso, Charles Perrault apresenta ao público o quarto e derradeiro volume de *Paralléles*, onde estuda a astronomia, a música, a filosofia, a medicina, a arquitetura e outras especialidades.

130

Ao mesmo tempo, torna públicos seus relatos em prosa sobre as tradições populares da França, assinadas por seu filho e através do qual passará a ser conhecido pela posteridade.

Na trajetória de Charles Perrault falta ainda a parte de seu projeto cultural. O ano de 1663 é, nesse aspecto importante, pois é nesse ano que Perrault se incorpora ao serviço burocrático do Estado, sob as ordens de Jean-Baptiste Colbert, ministro de Luís XIV. O cargo que ocupa foi especialmente criado para ele e era uma espécie de assessor cultural. A presença de Perrault no serviço é tão importante que em 1672 é designado inspetor geral de edifícios e jardins, artes e manufaturas, cargo também criado especialmente para ele por Colbert, em função do desempenho como empreendedor cultural com a criação de várias academias, a de pintura e escultura em 1648, a de ciências em 1666, a de música em 1669 e a de arquitetura em 1671 e participa de vários outros comitês. O cargo o torna quase que o organizador da política cultural francesa.

Outro lado interessante de apresentar é examinar os seus argumentos com relação à defesa dos modernos. Ocupado seriamente pela querela, investe no desenvolvimento de argumentos lógicos que possam sustentar as novas atitudes. Sua estratégia é combater os defensores dos antigos utilizando os seus próprios argumentos e chega a conclusões importantes. A primeira e mais relevante associa as artes e as ciências de um Estado ao seu momento civilizacional e reconhece nesse movimento o progresso.

Sua concepção de cultura e de civilização permeia a ação cultural de Colbert e possibilita uma ampla mudança na concepção de arte de corte. Inspirado nos valores da tradição da França, Perrault insiste na abertura das Academias e na recepção de homens notáveis dos vários segmentos sociais. A sua insistência na querela mostra a sua vontade de promover o debate sobre o final do século XVII, buscando um novo paradigma para o conhecimento. Ele mesmo ao refletir sobre temáticas que envolviam a querela, como por exemplo, o ideal de beleza, demonstrava o seu atento olhar sobre os conceitos e a necessidade de fazê-los avançar na interpretação de um novo horizonte humano. Ao tratar da beleza, aproximando-a da verdade, Perrault produz a distinção entre beleza natural e beleza arbitrária. A primeira pensada como universal, consolidada pela tradição dos modelos gregos e romanos, e resultante da intuição. A outra, definida com particular, seria o resultado mais apurado da reflexão e contém todas as demandas sociais em torno da ideia do progresso humano.

Um homem com tamanho discernimento não pode ser envolvido pelo radicalismo da querela. Notamos, ao longo da história do debate, como a atenção de Perrault dirigiu-se para a crítica mais apurada e completa com o cuidado do exame dos argumentos. A observação, mais atenta dos seus textos nos mostra o seu reconhecimento da importância dos antigos, não como um obstáculo ao progresso, mas como inspiração, exemplo de descoberta de caminhos. Nesse movimento de avaliação crítica dos antigos e a sua possibilidade de promover a recuperação da ideia de ideal há a descoberta do progresso humano como única força capaz de produzir um novo tempo.

Ao solicitar que se avaliassem as produções contemporâneas à luz dos princípios da época, Perrault caminhava em direção à ultrapassagem do limite dogmático produzido no século XVII com relação aos antigos, no que se refere à imitação, recuperando a tradição do *emulatio* renascentista.

Nos seus volumes de *Paralléles* defendia a liberdade radical do artista e sua força em direção à inovação. O vigor de suas reflexões ampliou-se para todas as áreas do conhecimento, entretanto, foi na arquitetura, através da produção de vários textos de reflexão conceitual e teórica, que demonstra a sua atenção com os antigos, pois dedica-se com vagar à tradução de Vitrúvio. Essa ação na arquitetura produz frutos importantes, não só seu irmão Claude promove o desenvolvimento de suas ideias em projetos por ele idealizados, mas também, na Inglaterra, Christopher Wren (1632-1723) defende suas ideias como base de produção de uma nova estética para a arquitetura, resultando daí não só o projeto de Roma-Vaticano como também o avanço da linguagem construtiva.

Lembremo-nos de que na Inglaterra a querela também teve um peso importante com o ensaio de William Temple *Essay upon Ancient and Modern Learning* em defesa dos antigos, em 1692, e depois com Charles Boyle através da tradução de textos dos antigos. A reação moderna começa em 1697 quando William Wotton publica *Reflections on ancient and modern learning*, incluindo um anexo de Richard Bentley *Dissertation on Phalaris* onde o autor se concentra em um dos textos traduzidos por Charles Boyle e propunha uma autoria distinta para o texto, confirmando o erro de Boyle. Em 1699, Bentley confirma novamente o erro em seu livro *Dissertation upon the Epistles of Phalaris*. A autoridade de Bentley é tanta que praticamente com o seu trabalho a querela termina. O único a continuar na defesa dos antigos é o secretário de Temple, Jonathan Swift com o seu livro *The Battle of the books*, escrito em 1704.

Embora o debate continue no século XVIII, já mudou de rumo. A vitória dos modernos sem a derrota dos antigos, ao mesmo tempo em que constrói a base do progresso das Luzes, apura e sofistica as temáticas referentes à produção da cultura. Voltaire ao refletir sobre usos e costumes mantém a ideia do aprimoramento do que de particular caracteriza cada sociedade e Diderot observa que o projeto da *Enciclopédia* é a continuação da querela, sem ela a *Enciclopédia* talvez tivesse outra forma.

O século XVIII: a busca de uma especificidade moderna

Ao pretender dar conta da disputa entre antigos e modernos, observa-se que ela já está colocada desde o final da Idade Média e que se transformou em fio condutor do processo de construção da identidade do moderno como libertação do jugo da autoridade exemplar, como manifestação da liberdade e da razão humanas.

A querela é importante porque, além de mobilizar as inteligências europeias desde a renascença, transformou-se, ao longo do tempo, em um debate sobre o gosto e adquire o significado de disputa metodológica, cujos pontos debatidos permanecem até hoje como atuais.

No sentido mais geral, ela se ocupou de discutir as relações entre tradição e Modernidade e originalidade e autoridade. Tomadas como relações de oposição fica difícil ultrapassar os limites do campo de oposições que não levam a nada, especialmente, quando se ocupa da relação entre originalidade e autoridade.

Na disputa, originalidade e autoridade ocupam campos opostos. A originalidade, defendida pelos adeptos dos modernos, encara os antigos como modelos que deviam ser ultrapassados e, nesse movimento, revelam a superioridade dos modernos pelas diferenças na linguagem e na filosofia, transformando os antigos em referência desnecessária que não devia ser mais seguida. Antigos são, então, todos aqueles que até esse momento presente apenas copiam os antigos.

Desse modo, os modernos apresentam-se como livres e autônomos com relação às tradições, indicando um caminho novo, capaz de ser trilhado simplesmente pela razão emancipada. O outro termo da relação – autoridade – traz mais problemas, pois norteia um tipo de interpretação devedora e dependente dos antigos; subjugada à autoridade dos clássicos, e envolvida com um conjunto de temas e fazeres não voltados para as tensões do tempo presente.

Aludiam os defensores da superioridade dos modernos, a escassa liberdade que os defensores dos antigos tinham. No fundo, as aparências enganavam e quando se falava em autoridade referia-se à consideração da fundação de tradições que fundamentaram o próprio conhecimento do presente, que revelaram a condição de autoconsciência do atual, não como modelos, mas como ideais capazes de gerar modos de entendimento renovados e, por isso, originais. A originalidade não precisava eliminar a história e a filosofia, ela era o modo novo de perceber o lugar dos valores antigos, garantindo a eficácia do novo.

Assim, a aparente posição progressista dos modernos, orientada pela busca da originalidade, produz uma cultura sem base, superficial, que olha o mundo a partir de referências locais, desligando-se da universalidade. Sua vontade de novidade é de tal ordem que é preciso, mesmo que à força, produzir o novo. Entretanto, mesmo que se possa construir *a priori* a visão dos modernos como produção da utilidade e necessidade do novo, para confirmar as apreciações vejam-se os argumentos.

Para os defensores dos modernos, os antigos sendo pagãos não possuíam emoções nobres e temas nobres, por isso, não poderiam ter produzido uma poesia que desse conta da ação humana pelo reconhecimento da sensibilidade do mundo; os antigos possuíam uma consciência estética limitada às formas e dependiam delas para aprender o belo no mundo, ignorando, dessa forma, as emoções da alma. Só aqueles que passaram pela experiência religiosa cristã é que podem produzir uma poesia sensual que aprofunde as razões da existência humana.

O segundo argumento é mais pesado, pois não trabalha no campo dos conteúdos. Diz o argumento que o conhecimento humano está progredindo constantemente e o século XVII era uma época mais avançada que a época de Péricles e de Augusto. Em consequência, os homens do século XVII eram mais sábios e, assim, tudo quanto escrevessem ou fizessem era melhor que o que os gregos e romanos escreveram e fizeram na Antiguidade.

O terceiro argumento dizia respeito à natureza. Como a natureza não se modificava, os modernos são capazes de ultrapassar o conhecimento dos antigos e propor análises da natureza mais avançadas em função dos elementos que os modernos dispõem pelo progresso do conhecimento intelectual.

O último argumento aqui exposto é o que se refere ao gosto dos antigos por temas e formas de narrativa que condicionaram os homens aos limites das referências pagãs. Esses argumentos desenvolveram-se a partir das perguntas que aparecem no desenvolvimento do debate. Indiquemos algumas delas para que se perceba o peso da polêmica:

> Pode o homem de hoje lutar em igualdade de condições com os ilustres escritores antigos, ou são por acaso intelectualmente inferiores? Esgotou a natureza os seus poderes? Por acaso não é mais capaz de produzir homens inteligentes e vigorosos semelhantes aos que foram produzidos em outros tempos? Está exausta a humanidade, ou, pelo contrário, são permanentes e inesgotáveis suas forças? Avançamos mais que os gregos e os romanos? Ou estamos adiantados com

relação a eles em algumas coisas e atrasados em outras? Ou somos inferiores a eles desde todos os pontos de vista, bárbaros, semicivilizados que nos servimos das artes de homens verdadeiramente cultos?

Essas perguntas introduzem mais um aspecto da querela. Além da oposição entre originalidade e autoridade, aparece uma nova oposição entre degeneração e progresso. A apresentação dessa oposição demonstra que, se num primeiro momento, a questão era imitar ou não, no segundo momento, a questão desloca-se para a degeneração e o progresso. Agora, o ataque dos modernos é mais radical porque supõe que os antigos não são mais pontos de referência, uma vez que se aproximam perigosamente dos góticos, considerados como velhos e, no presente, pela via do gosto, como antiquados.

O adjetivo antiquado revela o modo de eliminar as referências culturais para introduzir o modo temporal da atualidade, do novo, do moderno. Implicitamente, os modernos culpam os antigos pela barbárie, pois não produziram valores que pudessem permanecer como eternos. Bem faziam os modernos que eram atuais porque sabiam dar utilidade aos que pensavam e faziam, utilidade possível de ser apreciada pela mudança da paisagem natural e humana.

O argumento da lei do progresso intelectual tornar-se-á a mola propulsora da razão técnica. O homem perde a noção de aventura e regula o mundo e sua ação por parâmetros quantitativos. Entretanto, se os antigos foram derrotados pela razão técnica e se o mundo foi desencantado, o horizonte de um novo século abria caminho para algumas novas expectativas.

A invenção da Modernidade e a Paris de Charles-Pierre Baudelaire

No final do século XIX, a polêmica adquire um novo sentido que altera os próprios modos de referência do debate. Antes concentrado no exercício de identificação da melhor posição, agora a questão que se impunha era a da consideração do momento de ultrapassagem da dicotomia com a radicalização da consciência do presente, ou seja, é claro que a melhor atitude é viver a experiência do novo, mas é necessário estabelecer um lugar para os antigos, que não seja de obstáculo ou de concorrência ao moderno. A *modernité* inaugura o novo tempo. Associada a Baudelaire, transformada em emblema da nova época, a Modernidade incorpora toda a história ocidental a partir do Iluminismo, principalmente no que se refere à utilidade das técnicas e tecnologias desenvolvidas pelo crescimento industrial.

O problema se, num aspecto, é resolvido pela eliminação das oposições, em outro, complica-se por idealizar um único modo de desenvolvimento da Modernidade. Com relação ao poeta, é um erro considerá-lo como o arauto do novo tempo, desconsiderando a sua reflexão como o momento mais crítico de definição crítica do moderno. Preocupados com as atitudes paradoxais de Baudelaire, seus críticos enveredaram por uma qualificação de modernidade que apresentava o novo em constante tensão com o antigo, não compreenderam que a questão era outra, que não tinha mais sentido colocar, em campos opostos, as duas categorias. Assim, aprisionaram o poeta a uma modernidade que não era a sua.

Uma das mais lúcidas tentativas de abrir um novo campo de debates em torno da Modernidade e de Baudelaire é a feita, na forma de apêndice, por H.R. Jauss. Nesse apêndice, Jauss estabelece sua crítica ao modo de Walter Benjamin considerar a reflexão do poeta como descuidada da questão da tradição. A proposição de Jauss é de que não há sentido em colocar essa questão uma vez que os termos do debate evoluíram para a radicalidade da autoconsciência do presente. A Modernidade compreende a autoconsciência histórica e estética do presente, afastando-se de qualquer outra referência de passado. O moderno livrar-se do fardo pesado do passado para poder se estabelecer como Modernidade.

No entanto, não se observa somente, no final do século XIX, um discurso poético do novo. No campo das ciências sociais desenvolve-se um debate intelectual, promissor, que propicia o desenvolvimento de um discurso sociológico sobre o moderno, que compreende uma nova oposição: sociedades modernas x sociedades tradicionais, a primeira definida como sociedade em constante mudanças, rápidas e permanentes, ao contrário, das sociedades tradicionais nas quais

> [...] o passado é venerado e os símbolos são valorizados porque contêm e perpetuam a experiência de gerações. A tradição é um meio de lidar com o tempo e o espaço, inserindo qualquer atividade ou experiência particular na continuidade do passado, presente e futuro, os quais, por sua vez, são estruturados por práticas sociais recorrentes (GIDDENS, 1990: 37-38).

Em contraste, a Modernidade é definida, por Giddens, como reflexiva: "[...] as práticas sociais são constantemente examinadas e reformadas à luz das informações recebidas sobre aquelas próprias práticas, alterando, assim, constitutivamente, seu caráter (GIDDENS, 1990: 37-38).

O discurso do novo emergindo da nevrose anuncia a Modernidade pela sua identificação com a cidade-metrópole anônima e impessoal, lugar da vida do indivíduo isolado, exilado e alienado. A cidade moderna é denunciada como lugar do vício e discutida como espaço de experiências contrastantes que fazem surgir os movimentos estéticos e intelectuais associados ao modernismo.

O poeta, o *voyeur* e o *flâneur* são a mesma pessoa, ou seja, o eu descentrado na polifonia do moderno, mas também são dimensões fragmentadas de um eu crítico, que percebe por baixo da superfície do moderno, um movimento subterrâneo, descrito por Baudelaire no *Pintor da vida moderna*. Ao associar o pintor da cena urbana como associado à multidão e anunciá-lo, como *flâneur*, o observador privilegiado do novo, o poeta estabelece a base de uma nova crítica histórica e estética, pois toma a imagem do pintor com aquilo que associa o antigo ao moderno, na descoberta de uma beleza pontual, identificada com um determinado gosto de época, mas que só pode reconhecer essa dimensão de época porque conhece os padrões ideais da Antiguidade, ou da beleza eterna.

A figura de Baudelaire emerge como emblemática, embora a medalha não reproduza as formas concretas de desenvolvimento da Modernidade. O poeta anuncia-se como indicador de tensões, como portador da responsabilidade de dizer à técnica que ela não sobrevive sem a estética e que a estética também não sobrevive sem a técnica.

O ponto forte do poeta é ter dado à palavra *modernité* um sentido definitivo, projetando-a como fronteira entre dois modos diferentes de percepção da vida, e, nesse aspecto, como um neologismo que separa o passado do presente:

> Ele deve designar a dupla natureza do belo, que permite a compreensão simultânea da *vie moderne*, do cotidiano histórico e da atualidade política, esboçados por Constantin Guys: para Baudelaire, a experiência estética e a experiência histórica da *modernité* coincidem (JAUSS, 1996: 79).

Walter Benjamin anuncia, ao contrário do que o poeta afirma, que lhe falta um contato mais acentuado com a tradição, com a Antiguidade e que isso transforma a reflexão do poeta sobre a arte: "A teoria da arte moderna é o ponto mais fraco da concepção baudelairiana da Modernidade" (WALTER BENJAMIN, 1993: 78).

Benjamin não percebe que a Modernidade não tem como oposto a Antiguidade ou qualquer antiguidade. A força da consciência histórica e estética do moderno é "[...] ser digna de tornar-se Antiguidade, [para isso] é necessário que dela se extraia a beleza misteriosa que a vida humana involuntariamente lhe confere (BAUDELAIRE, 1997: 13).

Para o poeta, a Modernidade concentra a força do novo, da novidade, da curiosidade e, ao mesmo tempo, celebra um movimento de apreciação do antigo, não como exemplaridade, mas como história, gerando uma consciência da historicidade do presente.

Concluindo, pode-se dizer que há dois temas que podem sugerir um caminho para a compreensão da questão da Modernidade no século XIX. O primeiro indica como a tensão entre antigos e modernos foi encoberta pela diferença entre sociedade tradicional e moderna. O segundo reconhece que se instaurou uma outra oposição que é entre ciência e arte, no interior da qual emerge a figura crítica de Baudelaire, anunciando o rompimento com o passado como exemplaridade e norma e impondo a Modernidade como um caminho que recupera a leveza que se desmancha no ar, não como alienação, mas como poética, distinto do paradigma da ciência positiva.

Baudelaire procura manter a tensão entre as duas visões, dando-lhes dimensões modernas:

> O passado é interessante não somente pela beleza que dele souberam extrair os artistas para quem construir o presente, mas igualmente como passado, por seu valor histórico. O mesmo ocorre com o presente. O prazer que obtemos com a representação do presente deve-se não apenas à beleza de que ele pode estar revestido, mas também à sua qualidade essencial de presente (BAUDELAIRE, 1997: 8).

E acompanha a sua reflexão sobre o passado e o presente, introduzindo aquilo que o transforma no defensor da arte diante da pragmática do cientificismo:

> Esta é uma bela ocasião para estabelecer uma teoria racional e histórica do belo, em oposição à teoria do belo único e absoluto; para mostrar que o belo indubitavelmente sempre tem uma dupla dimensão, embora a impressão que produza seja uma, pois a dificuldade em discernir os elementos variáveis do belo na unidade da impressão não diminui em nada a necessidade da variedade em sua composição. O belo é constituído por um elemento eterno, invariável, cuja quantidade é excessivamente difícil determinar, e de um elemento relativo, circunstancial, que será, se quisermos, sucessiva ou continuadamente a época, a moda, a moral, a paixão.

Enfim, tomando apenas um dos níveis possíveis de discussão em torno da Modernidade percebe-se o grau de complexidade das questões anunciadas pela eclosão da categoria do moderno. Embora, seja lugar-comum chamar-se atenção para a brutalidade da Modernidade quando se considera o que se conveniou identificar como Alta Modernidade, associada diretamente ao modernismo e capaz de explicar o porquê de uma modernidade sem Modernidade até o final do século XIX, o movimento de viagem em torno da história das tensões construtoras do moderno nos mostra que essa distinção menospreza as experiências anteriores, desqualificando-as como menores, ou se quisermos como antigas.

Entretanto, a célebre frase de Marx e Engels no *Manifesto Comunista* apresenta-se como possível de ser estendida a todo o desenrolar da história da Modernidade:

> [...] é o permanente revolucionar da produção, o abalar ininterrupto de todas as condições sociais, a incerteza e o movimento eternos [...]. Todas as relações fixas e congeladas, com seu cortejo de vetustas representações e concepções, são dissolvidas, todas as relações recém-formadas envelhecem antes de poderem ossificar-se. Tudo que é sólido se desmancha no ar (MARX & ENGELS, 1973: 70).

5
As manifestações locais
e sua dinâmica

Para facilitar o entendimento do que estamos dizendo, utilizaremos os exemplos clássicos da Inglaterra e da França, com o objetivo de construir as bases dos processos de afirmação dos estados nacionais em sua dimensão local e universal. Trataremos também de outros dois exemplos de modernização calcados na afirmação dos ideais burgueses, mas patrocinados pelo Estado; um na Europa – a Alemanha – e outro na Ásia – o Japão. Por último, nossa atenção se concentrará no caso norte-americano.

O caso inglês

Os historiadores têm constantemente utilizado o exemplo inglês como aquele que melhor corresponde ao processo de constituição da sociedade burguesa capitalista. Não apenas porque a Inglaterra exibiu, em sua plenitude, os avanços técnicos e as teorias econômicas mais consistentes, identificadas a uma gama de intelectuais iluminados como David Ricardo, Adam Smith, Stuart Mill, Jeromy Bentham e outros, mas por apresentar uma forma de consolidação dos valores burgueses que associou radicalismo com religiosidade, lucro com atuação política.

A Inglaterra foi reconhecida como um exemplo completo de transformações radicais realizadas, de tal forma no tempo, que seu caráter violento foi atenuado até chegar aos mecanismos de conciliação. A manutenção de um regime monárquico até os dias de hoje é a evidência da sedimentação de uma cultura política eficaz para o processo de ampliação da economia industrial capitalista (HOBSBAWM, 1980).

Por isso mesmo é que essas mudanças estão, na historiografia, identificadas com a Revolução Industrial e não simplesmente com o advento das máquinas. Ligam-se sim com a administração dos capitais e a organização industrial, transformando a realidade inglesa em modelo para o que se denominou processo de industrialização. As formas de acumulação de capital, os mecanismos de produtividade associados à liberação de mão de obra e as inovações técnicas passaram a ser identificadas como as condições do crescimento industrial (RODRIGUES, 1974).

Karl Marx tomou o exemplo da Inglaterra para discutir o desenvolvimento histórico do capitalismo por achar que este, no caso inglês, já havia amadurecido. Engels descreveu os processos de miséria e fome nas cidades industriais usando as cidades inglesas. Charles Dickens transformou os paradoxos ingleses em temas de seus romances, explorando desde a miséria da infância em Londres até os sentimentos de medo da multidão nas ruas de capital inglesa (MARX, 1976; ENGELS, 1973; DICKENS, 1979).

Entretanto, a história da Inglaterra não pode ficar associada meramente a um modelo de referência. Torna-se necessário investigar os processos que atuaram na afirmação de uma realidade tão nova que acabou por se tornar modelo.

A história do caso inglês começa no ponto onde a maioria da história dos países europeus se inicia: nos tempos modernos. A atuação inglesa no Humanismo renascentista foi fundamental, basta lembrar a produção de Thomas Morus – chanceler e xerife de Londres –, profundamente envolvido com a fé católica, que morreu pela sua fé no episódio do juramento da Lei de supremacia de Henrique VIII (MORTON, 1972).

144

No século XVII, Hobbes e Locke construíram as bases dos procedimentos contratualistas no plano da sociedade e da política, criando um espaço de desenvolvimento capaz, no caso de Locke, de se contrapor, via as experiências sensoriais, às ideias inatas de Descartes (SKINNER, 1996).

Ainda o século XVII foi para a história inglesa, segundo Chistopher Hill, o século da revolução. Durante, praticamente 100 anos, a sociedade se envolveu num conflito entre rei e parlamento – representação da sociedade civil. Em 1688, terminou a Revolução Gloriosa e com ela as tensões entre rei e parlamento, instaurando-se, através de um instrumento legal, uma monarquia constitucional, exemplo mais característico da cultura política contratualista (CHISTOPHER HILL, 1977).

A estabilidade política criou condições para o crescimento econômico. Em primeiro lugar, porque reconheceu o homem inglês como acumulador e produtor, assegurando sua inserção social pela via de suas ações no mundo privado e público, consolidando com isso, a noção de trabalho como determinadora da virtude social e política. Além disso, houve no final do século XVII e início do século XVIII um significativo aumento da população que permitiu um alargamento da produção industrial e agrícola, diferenciando a Inglaterra de outros estados europeus, pois no caso aqui tratado, a harmonia entre cidade e campo foi o principal agente do crescimento econômico.

A institucionalização do mundo do trabalho, associado ao crescimento das cidades e das indústrias, e as repercussões das novas técnicas no campo asseguraram à Inglaterra a posição de pioneira no desenvolvimento dos valores liberais.

As condições particulares do desenvolvimento inglês fizeram com que o crescimento de sua riqueza tanto se realizasse nos campos como nas cidades. A eliminação das barreiras geográficas unificou os mercados e as áreas de produção, beneficiando a expansão do capital na forma do aumento da circulação de mercadorias, e pelos investimentos industriais, alicerçados num bem organizado sistema bancário.

Concretizaram-se, dessa forma, na Inglaterra, as condições para o desenvolvimento das transformações de qualidade através de mudanças econômicas e políticas. Entretanto, para além das transformações econômicas, que já começaram no final do século XV, as garantias de continuidade das chamadas leis do reino, inscritas na conhecida Magna Carta, realizadas pelo movimento da Revolução Inglesa prepararam o terreno para que a Inglaterra assumisse a liderança no desenvolvimento industrial (FALCON, 1983).

Vejamos, suscintamente, o que ocorreu. Embora no século XVII a sociedade inglesa tivesse defendido, com todo o vigor, os direitos civis, privados e públicos, e transformado a vida política, isto somente não permitiu conhecer a Revolução Industrial como simples consequência dessa revolução, pois nem mesmo a revolução do século XVII possuía um sentido burguês em seu início, era um movimento de oposição à centralização real e combatia o projeto de implantação do absolutismo.

A consciência política que fez a sociedade se levantar contra o rei derivou das modificações ocorridas desde o final do século XV e, paradoxalmente, promovidas pela reforma de Henrique VIII. Com o intuito de estabelecer a centralização, Henrique VIII elaborou um movimento de reforma religiosa que conduziu a um processo de ampliação do poder real, na medida em que fez com que todas as terras dos católicos passassem a ser propriedade real. Com isso, haveria uma redução significativa do poder do parlamento, uma vez que, distribuindo essas terras entre homens de sua confiança, o rei aumentaria a sua representação no Parlamento (HILL, 1977).

O resultado, no entanto, foi negativo. Apropriando-se das terras por desígnio real, os gentis homens ingleses passaram a defender a liberdade tradicional dos proprietários de terras na Inglaterra, assegurando a autonomia do parlamento.

Sucederam-se tensões durante todo o século XVI entre reis e parlamento, mas a vida econômica inglesa se desenvolveu. Com a reforma de Henrique VIII houve um aumento das áreas cultivadas e uma presença maior dos produtos ingleses na economia espanhola; aumentaram as rendas dos proprietários, mostrando-lhes que o caminho estava no aumento da produção como única alternativa de manutenção da riqueza.

Isto provocou contradições, uma vez que o poder real, cada vez mais limitado, não possuía meios de acumular recursos para manter sua estrutura de poder. Também isso, por mais surpreendente que fosse, auxiliou o desenvolvimento inglês, pois fez com que surgissem as companhias de comércio e a política colonial, principalmente, com Elizabeth I, no final do século XVI.

Por maior que fossem os conflitos havia na Inglaterra uma consciência clara da atenção para a produção. Com as crises do século XVII, essas fontes de recursos apresentaram problemas, a manutenção da política mercantilista inglesa tornou-se muito custosa, porque envolveu guerras, principalmente com a França, e a necessidade de aumento de recursos indicou como única saída o aumento das rendas reais através do fiscalismo ou aumento de impostos. A aplicação dessa política produziu graves consequências e reintroduziu o embate entre rei e parlamento.

Foram esses conflitos que originaram a Revolução Inglesa do século XVII, anunciando uma nova etapa de sua história, com a consolidação dos valores burgueses através da monarquia limitada de caráter constitucional.

Uma pergunta que sempre surge quando um historiador interpreta o século XVII inglês é como depois de um século de guerras civis, a Inglaterra pode no século XVIII realizar a sua Revolução Industrial? É em direção às possíveis respostas que podemos encontrar elementos que expliquem o desenvolvimento inglês.

O primeiro elemento importante foram as guerras civis do século XVII, que tiveram como vitoriosos os homens comuns da sociedade inglesa. Os setores burgueses foram os que mais fortemente se bateram pela autonomia com relação ao poder real, associados aos interesses comerciais e financeiros de Londres. Juntos derrotaram os exércitos reais e derrubaram, durante um breve período da república de Crowwell, a monarquia.

147

O segundo elemento originou-se da configuração da fé religiosa na sociedade inglesa, especialmente, pela não separação entre fé e ação, que redundou na afirmação de uma ética e de uma moral capazes de desenvolver uma disciplina de trabalho e de poupança que garantiu a fundação do mundo do trabalho e do mundo da ordem na nação inglesa (WEBER, 1965).

O terceiro elemento derivou dos dois primeiros e pode ser assim expresso: durante os conflitos civis a sociedade continuou a trabalhar e as guerras circunscreveram-se a regiões onde os impactos sobre a economia não foram tão significativos.

Por último, o século XVII produziu um movimento de renovação de visão de mundo, ancorado numa perfeita ligação entre tradição e modernização. Além das consequências percebidas em solo inglês, importa destacar como o século XVII anunciou a possibilidade de ampliação da ação inglesa no mundo com a ocupação dos peregrinos das 13 colônias da Nova Inglaterra.

Para concluir, ao lado desse processo de luta pelas liberdades do reino, entendido como o lugar da sociedade, houve três condições que se realizaram plenamente na Inglaterra moderna.

A primeira foi a acumulação de capital, ou melhor, os caminhos trilhados pela sociedade inglesa desde o século XVI que permitiram uma concentração de riquezas capaz de reorientar a economia. A história desses modos de acumulação de capitais começou no final da Idade Média, quando se modificaram os estatutos tradicionais de servidão e as antigas senhoriais foram obrigadas a implementar novos processos de produção, muito bem assinalados por Marx, no *Capital*, quando se referiu as formas de obtenção de renda desse período de passagem para os Tempos Modernos (MARX, 1976).

O importante dessas formas não foram apenas os resultados obtidos pelos proprietários de terras, mas o aumento dos mercados, a introdução de uma economia monetária, a circulação de mercadorias, a plantação de novos produtos, a incorporação de novas técnicas de plantio etc. Tão importante quanto os aspectos anteriormente mencionados foram as mudanças sociais que daí decorreram. A passagem das formas de obtenção de renda sobre o trabalho a consolidação do trabalho assalariado, aumentou a capacidade de produção de riqueza em outros setores que não apenas a aristocracia. Pequenos e médios proprietários surgiram, ao longo desse processo, assumindo funções econômicas, primeiro complementares, como a circulação, mas mais tarde, controlando bancos e industriais (DOBB, 1976).

Essas modificações fizeram-se, no entanto, à custa de muitas lutas, principalmente, por parte daqueles que foram excluídos do processo inicial de acumulação.

Verificou-se isso através do chamado processo de cercamentos, que se iniciaram no século XVI e que tiveram como objetivo racionalizar o uso da terra, dando-lhe uma função específica de acordo com as tendências de aumento das rendas e de desenvolvimento dos mercados. Dessa forma, os cercamentos dos campos podem ser identificados, desde o século XVI, com uma tendência de produção que já mostra a força de uma economia capitalista (IGLÉSIAS, 1996).

Esses cercamentos, que aumentaram a capacidade de obtenção de renda pela profissionalização de sua produção, expulsaram famílias que viviam da agricultura e que tiveram como alternativa a concentração de seu trabalho no artesanato da lã e o afastamento dessas unidades cercadas, ocupando novas áreas e funcionando como alargadores da fronteira agrícola. O importante é perceber como a lógica desse movimento engendrou formas de ampliação da produção e novas condições de fazer riqueza (ARRUDA, 1990).

Se os cercamentos do século XVI estavam envolvidos com a produção agrícola, os do século XVII e XVIII já mostravam uma qualidade diferente. Basicamente dirigidos para a atividade de organização de matérias-primas para o desenvolvimento industrial e urbano, estes cercamentos concentraram-se na produção da lã. Seu exame mostra-nos como existiram elementos semelhantes aos primeiros tipos, principalmente no que diz respeito à sua dinâmica (IGLÉSIAS, 1996).

Os cercamentos do século XVIII podem ser considerados como sínteses de todas as transformações que levaram à consolidação do capitalismo na Inglaterra. Em primeiro lugar porque sua especialização requereu uma articulação fundamental com o mercado. Como se concentraram na atividade da lã, a realização da renda dependeu dos mercados, de novas tecnologias de beneficiamento da lã, e de novos tipos de ovelhas. O crescimento dessa atividade impôs novas formas de organização das indústrias urbanas, representando o fim dos sistemas clássicos das corporações, aumentando a oferta de empregos urbanos e atraindo a população rural para a nova expressão da riqueza – as cidades.

Mas, o movimento de crescimento urbano e de sua economia foi devedor ainda dos cercamentos do século XVIII em outro aspecto. Examinando os efeitos dos cercamentos, nota-se que a opção pelos rebanhos de ovelhas produziu um grande impacto sobre a população rural. O principal aspecto desse impacto foi a liberação de mão de obra, que acabou por gerar duas formas diferentes de desenvolvimento. A primeira situou-se no próprio campo e foi responsável pelo desenvolvimento das formas domésticas de artesanato, fosse o artesanato disperso ou o concentrado em determinadas áreas. Isto porque, diferente das áreas de produção agrícola, as especializadas em ovelhas não precisavam do número de trabalhadores destas, liberando assim mão de obra (FALCON, 1983).

A segunda concentrou-se na inter-relação do campo com a cidade e, num primeiro momento, também se vinculou à liberação de mão de obra que, nas cidades, se incorporou tanto às novas indústrias quanto ao comércio internacional.

Houve, além disso, uma outra dimensão dos cercamentos do século XVIII, tão importante quanto as anteriores, que dizia respeito ao processo de especialização e divisão do trabalho. As áreas cercadas foram uma espécie de laboratório para a organização do trabalho manufatureiro e para o desenvolvimento de técnicas de racionalização da produção eficazes para o aumento das rendas. O resultado, em geral, dessas transformações no campo foi a expansão técnica da produção rural, sua especialização e, por fim, o crescimento das manufaturas rurais.

Essas alterações só podiam ganhar consistência e adquirirem a forma de um processo porque a continuidade de seu desenvolvimento articulou-se diretamente com a atividade econômica que incentivou essas transformações: o comércio interno e externo. Foram os resultados positivos das atividades mercantis inglesas, principalmente, a partir do século XVII com as companhias de comércio, que serviram de sustentação para essas mudanças, pois por ser um setor de ponta acelerou o crescimento da produção interna e produziu um tal volume de capitais que possibilitou investimentos no campo e na cidade, na forma de compras diretas de terras, de organização de indústrias, mas, principalmente, da organização bancária.

A presença desses capitais fez com que as inovações técnicas se processassem mais rapidamente através dos empréstimos gerenciados pelos bancos. A afirmação do sistema bancário potencializou a circulação e garantiu o aumento da velocidade de circulação, gerando lucros incessantes e promovendo a base que possibilitou a Revolução Industrial (IGLÉSIAS, 1996).

Os impactos sociais foram evidentes, entretanto, manteve-se a marca constante do período do século XVI ao século XVIII, a riqueza e a pobreza corriam juntas.

Essas novas formas de desenvolvimento, embora pouco a pouco eliminassem as diferenças entre campo e cidade, mantiveram a presença da perspectiva tradicionalista e as diferenças sociais e espaciais. A não eliminação dos interesses agrários desse processo fortaleceu o desenvolvimento de uma nova aristocracia de proprietários e o crescimento e enobrecimento de setores agrários vinculados à *gentry*.

Um dos segmentos sociais atuantes nessas mudanças, os comerciantes e homens de negócios, que já no século XVII haviam contribuído para o crescimento mercantil inglês, transformaram-se nos empresários empreendedores da nova economia industrial. É bom que se reafirme que o envolvimento com a economia, embora definisse um círculo de interesses privados, jamais afastou esses homens da vida pública, como acumuladores e produtores, exemplos para a sociedade. Eles atuaram politicamente, controlando os empregos e as atividades marginais do pequeno comércio.

Outros segmentos populares também foram premidos pelas novas ideias. Os arrendatários livres, os pequenos proprietários e os trabalhadores rurais em geral, muitos deles antigos proprietários, excluídos pelo processo de cercamentos, embora mantivessem a sua sobrevivência, sofreram as pressões da nova racionalidade econômica e, a curto-prazo, funcionaram como instrumentos importantes do aumento do lucro do capital na medida em que ingressaram naquilo que Marx denominou exército industrial de reserva (MARX, 1976).

A complexidade social não foi esvaziada pelo programa de desenvolvimento, ao contrário, o paradoxo da Revolução Industrial foi ter produzido a contradição entre o capital e o trabalho e uma nova classe social – o proletariado urbano e rural. Acentuaram-se as diferenças sociais, que ficaram mais explícitas pela transparência dos mercados, indicando uma relação direta entre o ganho e as formas de vida. Ao ficarem patentes as diferenças e ao tomarem consciência da mecânica do sistema, os motins e as rebeliões se produziram por conta de lutas por terras, por controle de atividades urbanas e, principalmente, por falta de alimento.

Esses motins, entretanto, não possuíam uma ideologia de unidade e respondiam a situações conjunturais imediatas, sem representar a produção de um outro modelo de sociedade (RUDÉ, 1982).

As transformações industriais deram uma dinâmica nova à sociedade inglesa, de um lado, consolidando as ideias de representação política e, por outro, construindo uma referência para as ideais de soberania popular e direitos civis.

As influências de Adam Smith, Robert Malthus, Jeremy Bentham e David Ricardo, associadas a ética protestante e ao aumento de mercado estabeleceram uma sociedade que apoiava a introdução do livre-comércio e a consolidação da Inglaterra como oficina do mundo. O aumento dos lucros, o crescimento industrial e comercial e a acumulação de capitais prepararam a eclosão da Revolução Industrial.

Em linhas gerais, assistiu-se, no final do século XVIII, a passagem da manufatura para a fábrica moderna, onde a produção das mercadorias era feita em série. A produção domiciliar deu lugar ao trabalho organizado e especializado. O agente desse processo, o empresário, dono dos capitais, atuou como agente produtivo e organizador da racionalidade na produção. Essa racionalidade, escorada num primeiro momento, na observação da vida humana nas fábricas, caminhou em direção a um processo de complexidade com o advento da máquina, que requereu um novo padrão de organização industrial e novas relações de trabalho (FALCON, 1983).

Dessa forma, mais importante que as máquinas em si foi a introdução do maquinismo, do mecanismo de associar o trabalho à produção e ao lucro, com a participação do trabalhador, sem que este se desse conta dos novos procedimentos de exploração e se encantasse pelos novos recursos tecnológicos.

Embora, na Inglaterra, tenha ocorrido o movimento dos *ludd, itas* ou quebradores de máquinas, a ideologia do maquinismo e da automação já penetrava no fundo do coração dos homens, apresentando-se como novidade e diferenciando os trabalhadores. Além disso, verificou-se a legitimidade da razão burguesa pela aproximação entre a valorização do trabalho e o desenvolvimento da ciência, produzindo uma aparente atmosfera de felicidade ou de progresso futuro, escondendo suas vinculações com a necessidade e a utilidade de um novo tipo de economia e contrastando-se com a vida em cidades como Manchester, tão bem observada por F. Engels em seu livro sobre as condições de vida do proletariado inglês (ENGELS, 1973).

A Revolução Industrial inglesa e o processo de desenvolvimento

A Revolução Industrial, no cenário inglês, resultou da ação conjunta da tradição renovada ao longo dos séculos XVI e XVII, da ampliação da ação mercantil inglesa, dos cercamentos e do crescimento das cidades e das indústrias, mas também de um grupo de economistas e empresários que se ocuparam, com constância, de pensar os mecanismos de otimização dos elementos anteriormente descritos. Assim, a Revolução Industrial não foi apenas uma mudança na paisagem, mas a afirmação de uma nova ciência aplicada à produção (DOBB, 1976).

A segunda metade do século XVIII (1750) é frequentemente indicada como aquela que marcou o início da Revolução Industrial. Mesmo que a consideremos, ela é apenas um marco simbólico de um processo que foi longo e lento em sua maturação. Melhor seria associá-la às transformações ocorridas a partir de 1769 com o aperfeiçoamento da máquina a vapor por James Watt, que assegura o impulso necessário ao crescimento da industrialização, por tornar mais eficaz o processo de utilização de força ou energia e consolidar as indústrias dos setores de tecelagem, cerâmica, mineração e metalurgia.

Podemos estabelecer, em termos de Inglaterra, que os três setores mais importantes foram as técnicas de desenvolvimento da máquina a vapor, que aumentou a produção dos setores têxteis e da indústria pesada (mineração e metalurgia).

Entretanto, para nós talvez as ferrovias sejam o setor que sintetiza a grandiosidade dessas transformações. Não só porque incorporou diretamente todo o aperfeiçoamento técnico, mas porque também teve como função essencial ligar áreas de produção a áreas de matérias-primas, aumentando a velocidade de incorporação destas indústrias e promovendo o aumento da oferta de produtos. Mas, há um outro aspecto tão importante quanto esse primeiro, as ferrovias integraram os mercados, aumentando-os quantitativamente. Mas, o processo também não se esgotou aí, o desenvolvimento das ferrovias exigiu uma reorganização das indústrias e impôs o surgimento de estabelecimentos industriais especializados na construção de locomotivas e trilhos, assim como, provocou impactos sobre as áreas de formação de mão de obra, principalmente na engenharia.

Foi esse o caminho nacional da Inglaterra. O Estado inglês se fortaleceu não apenas internamente, como representação dos interesses dos empresários, mas principalmente externamente, através de uma política de obstáculos ao desenvolvimento industrial em outras áreas, pois só assim seria possível manter a taxa de desenvolvimento inglesa. Esse processo de dependência ficou conhecido como divisão internacional do trabalho e fez com que a Inglaterra fosse a potência europeia hegemônica no mundo até o final do século XIX (RODRI-GUES, 1974).

A via francesa: a modernização pela revolução

As bases de formação do Estado francês

Considerado também como modelo clássico no processo de implantação da vida burguesa, a França, se comparada com a Inglaterra, teve uma história marcada pelos conflitos e pela violência. A radicalidade desses conflitos resultou do modo como se processaram os mecanismos de constituição da sociedade de corte na França e da sua tradição feudal, ao mesmo tempo aristocrática e guerreira.

Para termos um ponto de começo talvez seja interessante dizer que a França foi a primeira unidade territorial a sofrer um processo de identidade política, e isso decorreu da permanência das instituições do antigo Estado carolíngio. Mas, se por um lado, essa tradição pode servir de base para esse vanguardismo, só comparado ao Estado da Sicília, por outro, pela forma de sua constituição, mostrou como o poder real tinha que aceitar a autonomia dos senhores proprietários de terra, projetando uma difícil relação entre o poder central e o poder local (ANDERSON, 1983).

Durante os últimos séculos da Idade Média, a situação tendeu a mudar. O movimento das cruzadas e as mobilizações contra as heresias transformaram a nobreza francesa na defensora do patrimônio católico do Ocidente.

Assumindo a função de defensora da fé, a sociedade da França passou a se beneficiar do alargamento do poder do Papado e a projetar seus interesses para fora do seu território. As lutas entre o Papado e o Império pelo domínio da Europa e em especial da Itália, fez com que a França se tornasse a única potência em condições de defesa da fé católica e foi eleita, pelo Papado, como o grande Estado católico da Europa. Essa posição só foi perdida no final do século XIV, devido à politização da Igreja e às tensões entre os membros da cúpula romana, que redundou no cisma de Avignon.

Essa crise do século XIV anunciou mudanças. Aos poucos a confiança do Papado na França diminuiu e o Papado passou a investir no mundo ibérico. O resultado foi a perda da autoridade e da hegemonia da França na Europa. Entretanto, a França, por sua posição central na Europa e por sua força militar não podia ser descartada de qualquer maneira. Assim, como um mecanismo de compensação, o Papado, através da Concordata de 1516, assegurou ao rei da França – Francisco I –, a condição de soberania sobre o seu território, uma vez que além de ter o controle dos mecanismos da tradição real, ainda passou a ser o responsável pela nomeação do corpo eclesiástico, podendo usá-lo para estabelecer uma rede de relações, que partindo de Paris a ela voltavam, ao mesmo tempo, que permitiu a constituição de rendas reais oriundas dos pagamentos dos cargos (ANDERSON, 1983).

Esse modo de centralização deu ao rei autonomia com relação à sociedade, uma vez que ele não dependia mais das circunstâncias de obediência e reconhecimento dos seus súditos, permitindo ao rei organizar a sua economia na direção da expansão territorial com o objetivo de manter a unidade do território e dispor de um mecanismo de novas rendas por conta da política mercantil.

O resultado foi um processo de dualidade no território que projetou uma maior autonomia nas decisões locais, constituídas, no campo da política, pelo modelo tricurial, ou seja, pela sociedade de ordens ou estamentos, que se beneficiaram da centralização territorial sem que esta interferisse radicalmente sobre os poderes locais, diluindo também a ação administrativa real, fosse pela lentidão das comunicações ou pelos obstáculos produzidos pelo poder local.

Essa divisão, erradamente associada à oposição campo/cidade, criou um dualismo territorial, político e econômico. No campo, em geral, mantiveram-se as relações clássicas do período medieval, o que determinou um controle político sobre a população rural, que beneficiou os senhores proprietários de terras, constituindo-se no elemento central de produção de rendas através da manutenção dos antigos impostos. Outro aspecto importante foi que esses senhores continuaram a ter o monopólio das armas e asseguraram a sua função militar (AN-DERSON, 1983).

Mas, mesmo considerando a estrutura rural percebe-se que essa generalização produziu situações singulares. As regiões mais afastadas de Paris e as áreas de fronteira experimentaram um processo de mudanças econômicas decorrentes das relações comerciais com outros espaços europeus, promovendo não só o aumento da riqueza dos proprietários, mas alterações nas relações sociais. Essas modificações produziram o alargamento da economia de trocas e fundaram uma nobreza provinciana voltada para a produção e o comércio, mas que manteve suas atitudes tradicionais no que diz respeito à cultura política, ou seja, com essas novas possibilidades qualquer mecanismo de intervenção real era visto com maus olhos e provocava embates (DOBB, 1976).

Ao lado dessa nobreza renovadora, encontramos áreas, como a Bretanha, onde se mantiveram as velhas relações de servidão, com a manutenção do espírito feudal e a vontade de autonomia.

Se o século XVI trouxe consigo essas mudanças no campo, as modificações não foram menores e com menos impacto nas cidades. A política mercantil de Francisco I e sua estratégia diplomática asseguraram um crescente processo de expansão dos negócios e com esse crescimento as cidades adquiriram uma nova função no cenário francês. Ao lado de suas funções mercantis e industriais, as cidades transformaram-se em centro de atuação da burocracia real, dando-lhes a condição de controle do campo. Isto fez com que as cidades dependessem muito mais do rei do que os campos, pois seus negócios decorriam das ações políticas reais (ANDERSON, 1983).

Com isso, estruturou-se na França, modos renovados de ampliação de rendas tanto no âmbito do rei como no da sociedade em geral. Como se mantiveram as formas de autoridade local, a médio prazo esse dualismo foi responsável pela constituição de obstáculos ao próprio processo de centralização, não só pelas particularidades de cada uma das áreas, mas pelo reconhecimento, em ambas, da necessidade de controle da máquina política, transformando a França num espaço de tensões.

O modo pelo qual essas disputas pelo poder se revelaram foi próprio do século XVI, a partidarização da sociedade francesa seguiu o caminho dos conflitos religiosos. A segunda metade do século XVI foi marcada pelas guerras religiosas na França. Inicialmente, apresentando um caráter francês, os conflitos acabaram por adquirir um sentido europeu e os adeptos do catolicismo receberam o apoio da Espanha, que nesse momento estava debaixo da autoridade de Felipe II, denominado defensor do Papado, e com um projeto de tornar-se o imperador do mundo. O outro lado era formado pelos huguenotes, protestantes de inspiração calvinista, que controlavam o comércio e os bancos (GOUBERT, 1971).

Para observarmos como essa divisão espelhou as disputas pela coroa basta lembrar que os dois grupos tiveram como líderes os pretendentes à coroa de França: os católicos chefiados pela família Guise e os protestantes pela família Bourbon.

A partir de 1562, esses conflitos transformaram-se em guerra e desembocaram na célebre Noite de São Bartolomeu, fato dramático na história da França que na época radicalizou os conflitos pela eliminação de qualquer canal de ligação entre os dois lados.

A tensão evoluiu durante o reinado de Henrique III (1574-1589), principalmente na década de 1580, quando os exércitos de Henrique de Guise atacaram os do líder protestante, Henrique de Bourbon. Entretanto, esse aumento dos conflitos não resultou unicamente das tensões internas. O que estava em jogo, no fim do século XVI, era a própria condição de existência da França como espaço político soberano. O desenrolar geral das reformas religiosas e a atuação pesada do Papado no sentido de barrar o desenvolvimento do protestantismo, assegurava espaço político para o projeto de Felipe II. Nesse momento, os domínios do monarca espanhol avançavam sobre a Europa tanto na Península Ibérica – com a união das duas coroas – quanto no Império pelas pretensões de Felipe II (OGG, 1974).

A França transformou-se no espaço de decisão para a política do rei de Espanha e Portugal; dominada a França estava aberto o caminho para a expansão na Itália e para a retomada de parte dos Países Baixos, consolidando o domínio sobre o Mediterrâneo europeu e criando as bases para sua penetração no Norte da África. Assim, a França era o fiel de uma balança.

Por outro lado, por parte dos ingleses e alemães, a França desconfiava que o apoio aos huguenotes também poderia trazer, embora em menor escala, prejuízos, pois configuraria uma atitude de isolamento que redundaria em perdas econômicas e políticas.

Henrique III diante dessa situação optou por aquilo que lhe pareceu mais confiável e passou a apoiar os setores protestantes, reconhecendo Henrique de Navarra como seu sucessor. Embora a resolução real fosse resultado de um cálculo de sobrevivência, concretamente, a massa protestante era, no sentido quantitativo, muito menor que a massa católica. No caso específico do volume de riquezas os protestantes levavam vantagem. Mas, essa vantagem poderia ser perdida com o isolamento político de Henrique de Navarra, além de provocar restrições à circulação e aos negócios.

Por último, o sucessor de Henrique III deveria fazer a França retomar as suas antigas posições de prestígio no cenário europeu e isso só seria concretizado se ela demonstrasse a sua vantagem sobre os outros, estabelecendo a paz no que concerne aos problemas religiosos, retomando suas ligações com o Papado e adquirindo condições de passar a ser o árbitro mais competente no trato das questões religiosas.

Em 1594, Henrique de Navarra assumiu o trono francês como Henrique IV e como católico. Segundo os comentários de época, Paris bem que valia uma missa. Entretanto, muita água havia rolado durante esse período de guerras religiosas. A politização da sociedade foi apenas um dos aspectos decorrentes do conflito e enquanto tal agiu no sentido de reordenar as práticas políticas da monarquia francesa.

A sociedade francesa queria a paz e lutou por ela, mas não julgava que essa luta podia ser resolvida sem que a unidade política da França se concretizasse e isso dependia agora do modo pela qual a autoridade real reconhecesse os direitos dessa sociedade.

Como os interesses continuavam apresentando diferenças acentuadas seria muito difícil se projetar uma unidade se a estrutura permanecesse a mesma. Eram urgentes reformas que mostrassem a boa vontade do soberano em atender ao conjunto da sociedade, como também aproveitar o seu resultado para estabelecer a autoridade do rei como algo que estava acima da sociedade e associá-lo à única possibilidade de ordem.

Henrique IV conseguiu fazer com que a sua soberania fosse reconhecida ao definir como base de seu reinado a organização administrativa e a pacificação. A primeira demonstração veio com o Edito de Nantes de 1598, que estabeleceu a liberdade religiosa para os calvinistas, reconhecendo-os como homens da França e garantindo-lhes a manutenção de suas atividades.

Entretanto, a grande realização de Henrique IV ficou por conta do modo de usar a figura do primeiro ministro. A partir do seu reino, o primeiro ministro funcionou como gerente do Estado, como muro onde batiam todas as queixas, possibilitando ao rei um maior espaço para as decisões, assegurando-lhe a função de árbitro.

A força de Henrique IV ficou também associada ao Duque de Sully, seu primeiro ministro. Homem extremamente competente e cuidadoso, possuía um grande conhecimento da situação da França e realizou um projeto de reformas que ajudou a consolidar a autoridade real e a pacificação.

O cerne do projeto de Sully decorria de sua avaliação da função política do rei. Dado que o rei se apresentava como representante da ordem, a manutenção da mesma decorria de um processo diferenciado de ações econômicas que tiveram como base a possibilidade de integração do campo à cidade pela intermediação do Estado. O Estado foi o lugar para onde convergiram as diferenças e de onde elas voltaram marcadas pelo selo real.

Com isso, Sully construiu uma forma de manter o crescimento da ação do rei sobre a sociedade, criando as bases de um processo racional de centralização. Suas reformas projetaram um grande conjunto de medidas que atendessem as despesas reais e fomentassem a riqueza da sociedade.

Assim, a abertura de mercados internos e externos e os incentivos agrícolas adquiriram uma função de organizadoras da unidade, pois convinham a todos, independentemente dos interesses específicos. Além disso, ao valorizar as terras transformava-as em lugar de investimento de riquezas urbanas, diminuindo a distância entre cidade e campo e intensificando as suas relações para, ao fim, estabelecer uma unidade cultural.

Como o Estado passou a assumir um papel de destaque foi preciso reorganizar os mecanismos econômicos para agilizar a autonomia do rei e facilitar o desenvolvimento dos mercados. Paris cresceu não apenas como capital da França e sede do poder, mas como centro articulador da política de Sully, isso transformou a cidade em lugar de circulação e prestígio, aumentando a população e a demanda por serviços, abrindo novas oportunidades e fazendo crescer os setores urbanos, desde os comerciantes até os trabalhadores assalariados.

A estratégia de Sully reconhecia as dificuldades, dadas as diferenças no território francês, de realizar uma unificação econômica se não ocorresse primeiro a legitimidade da autoridade central e esse modelo ainda, no final do século XVI, dependia de ações que reconheciam a importância dos ricos protestantes, fazendo com que outros setores se sentissem excluídos desse processo (ANDERSON, 1983).

As possibilidades de solução só se verificaram no reinado de Luís XIII (1610-1643) com a atuação do Cardeal De Richelieu. Em termos gerais, a política do primeiro ministro deu continuidade ao reforço do poder central, mas realizou esse objetivo através de uma inversão da política de Sully. Talvez uma imagem possa tornar compreensível a comparação. Para Sully, a França vinha a Paris, para Richelieu Paris vai à França.

Essa inversão alterou substancialmente a ação do Estado e pode ser reconhecida como aquela que conduziu a concretização da centralização. Entretanto, em um ponto houve certa continuidade, que foi o reconhecimento de que a política real deveria atender, de forma diferenciada, às demandas da sociedade francesa.

A questão era que as reformas de Sully haviam encaminhado um resultado mais positivo para as esferas urbanas, notadamente reconhecidas como sendo de influência protestante e isso havia criado um desequilíbrio político que tinha que ser compensado. Ao mesmo tempo, tinha transformado Paris numa cidade sitiada por pressões de variados graus. As reformas anteriores também não haviam diminuído a politização da sociedade francesa o que inviabilizou grande parte dos projetos de Sully (ANDERSON, 1983).

Diante desse quadro tornou-se necessária uma demonstração de força que antecederia as reformas. Essa demonstração tinha como objetivo definir que o poder maior da França era o rei e que o rei era a representação corporal de todos os franceses, mas como estava acima deles era o único capaz de enxergar mais longe e vislumbrar que medidas podiam ser tomadas para manter a soberania da França e de sua sociedade.

Elaboraram-se, assim, os princípios norteadores do Estado absoluto, associando o corpo do rei ao corpo social e revelando a morada do rei como a França em ponto menor, onde eram jogados os destinos maiores do Estado (ANDERSON, 1983).

A demonstração de força ficou por conta da perseguição dos huguenotes que ocupou a atenção do primeiro ministro até 1629, quando foi promulgada a Graça de Alais que restituiu a liberdade aos protestantes. Na verdade, esse tipo de ação tinha um duplo objetivo. Em primeiro lugar, atendeu à demanda da maior parte da população francesa e acenou positivamente para o Papado, reconhecendo como correta a política da Igreja Católica no Concílio de Trento. O efeito de demonstração abriu espaço para a França retomar a sua posição de defensora da fé, num momento de crise na Península Ibérica, transformando a França novamente em potência hegemônica (GOUBERT, 1971).

Fixada essa primeira base, a segunda dizia respeito à reorganização interna do Estado. Havia que se considerar dois aspectos. Um ligado ao modo mais eficaz de tornar Paris presente na França e outro à separação em Paris da excelência do poder com o reforço da sociedade de corte, mecanismo através do qual criava-se um conjunto de nobres potencialmente legitimadores da autoridade do rei e ávidos a ajudarem nos negócios do Estado, seja através de cargos administrativos ou de doações de suas riquezas, isolando a Igreja que perdia parte de suas rendas.

Entretanto, o clero também fazia parte dessa sociedade de corte e, por isso, o alto clero francês, formado em sua grande maioria por proprietários de terras, participou intensamente como conselheiro dos negócios do reino.

Os custos dessa reforma foram muito altos e dependiam de um novo sistema de rendas reais que só poderiam decorrer de ações fiscais. Entretanto, esses expedientes só seriam aplicados depois que estivessem consolidadas as bases de controle do Estado sobre a sociedade e para isso era fundamental que se conhecesse cada palmo de terra na França (RUDÉ, 1982).

A introdução dos censos urbanos e rurais teve como objetivo assegurar esse conhecimento, facilitando a aplicação de políticas fiscais diferenciadas, ao mesmo tempo que fez avançar a burocracia real, sobrepondo-se aos poderes locais sem tirar deles, nesse momento, qualquer forma simbólica de poder. Mas, aos poucos, os funcionários reais foram sendo reconhecidos, principalmente pelos setores explorados, como interlocutores entre eles e o rei e isso vai desmobilizando a autoridade local, concretizando-se com a formação dos Tribunais reais, que podiam reivindicar ou avocar para si o julgamento de determinados processos quando estes fossem do interesse do rei ou dissessem respeito aos funcionários reais (TOCQUEVILLE, 1984).

Essa ação de conhecimento e de intervenção sustentou-se, para alcançar seus objetivos na reforma administrativa de Richelieu, que se concentrou na criação das intendências, entre as quais destacaram-se a das finanças, da justiça e da polícia. A função dessas intendências foi de dar ordem à França, impondo a lei e, ao mesmo tempo, fornecer informações sobre o que se passava na sociedade.

Além disso, elas representaram a consolidação do poder real sobre o poder local, pois atuaram, nas áreas locais, representando os interesses do rei e da França, podendo atribuir a determinadas ações da sociedade o sentido de oposição à vontade do rei. Também funcionaram como redutores do poder do clero, agindo como patrocinadores de projetos de reformas nas áreas locais, para atender às demandas dos novos segmentos sociais em detrimentos dos setores do clero.

A atuação dessas intendências, no campo e nas cidades, supunha a subordinação absoluta da sociedade ao Estado e provocaram o surgimento de movimentos sociais de oposição que as associaram à centralização real. Entretanto, a ação real imediata desmontou esses movimentos uma vez que sempre que estes ocorriam a ação do rei era de salvação da sociedade, culpando os burocratas pelos excessos (RUDÉ, 1982).

Por outro lado, as intendências ocuparam os espaços das áreas locais através da cooptação das famílias mais ilustres e se transformaram numa rede de informações que favoreceram à rapidez da intervenção no caso de sedição.

A distância entre o rei e a sociedade alargou-se e com isso a sua autoridade se fortaleceu por se manter fora dessas tensões, que diziam respeito ao cotidiano da vida e não às causas nobres que pesaram sobre os ombros do rei, que tinha que cuidar dos destinos da França.

A parcimônia, a tranquilidade e a justiça eram atributos que garantiam ao rei a soberania. No caso de Henrique III, no entanto, as questões eram mais complexas. Casado com Ana d'Áustria, de uma família declaradamente inimiga da França, além disso, protestante, o rei se distanciou realmente da sociedade que governava. O seu primeiro ministro, pelo uso que fez de sua competência política, acabou por assumir não apenas as funções de gerente do Estado, mas de sombra do rei.

Quem já se debruçou sobre as páginas de *Os três mosqueteiros* e acompanhou suas aventuras nas séries televisivas pode compreender melhor a imagem que Richelieu construiu de si mesmo. A filmografia, acompanhando Alexandre Dumas, transformou o primeiro ministro num demente, deixando de lado o reconhecimento de seu cálculo político e sua contribuição para o desenvolvimento do absolutismo na França. O uso que Richelieu fez da rainha indicava a inimizade com a Casa d'Áustria. Através das críticas, veiculadas por seus homens, o primeiro ministro tentou consolidar uma unidade nacional, ultrapassando a unidade territorial e politizando a sociedade francesa em torno do seu destino soberano.

A ideia da França ter uma rainha estrangeira foi o veículo pelo qual Richelieu encontrou espaço para assegurar o seu poder. Entretanto, a construção da unidade política só poderia se realizar se, ao lado dessas medidas de caráter estatal, houvesse um conjunto de projetos econômicos que atendessem aos anseios das demandas sociais, principalmente, mantendo a sociedade de corte e sua caracterização como modo exemplar de vida nobre, passível de ser exportado e, com ele, as rendas e os bordados de ouro, as espadas e as capas, alimentando as indústrias francesas.

Era necessário que as reformas funcionassem como algo monumental, colocando a França no topo da história da Europa e o que se desenvolveu foi uma política organizada de desenvolvimento do comércio, da marinha e da colonização como forma de alavancar a economia francesa, propiciando o aumento das rendas reais, o crescimento do comércio através das companhias e o incremento da produção agrícola e industrial.

A política desenvolvida pela França também acentuou as rivalidades com outras áreas nacionais. Foram com a Inglaterra e os príncipes alemães que as tensões adquiriram maior relevância, indicando objetivos distintos. Com relação aos príncipes alemães as questões diziam respeito à hegemonia continental francesa, tanto no plano de política internacional quanto no plano da economia, pois a consolidação da hegemonia francesa favorecia a ampliação da influência de seus costumes e hábitos sobre as outras cortes europeias.

Com relação à Inglaterra as questões, além de envolverem também a luta pela hegemonia na Europa, atingiam a política colonial francesa, especialmente no que diz respeito às áreas da América Central e do Norte.

Para a França, no entanto, os custos dessa política implicaram uma maior necessidade de controle interno, não só em função das despesas financeiras, mas também das formas usadas para obtenção de recursos. As poucas alternativas de acumulação fizeram com que o enobrecimento, via venalidade, expandisse a nobreza da França e aumentasse a parte da população envolvida com os privilégios reais. O resultado foi o aumento da população de Paris e o início de tensões nos segmentos nobres e do clero.

A nobreza de primeira ordem, ciosa de sua tradição de fundadora da França, não via com bons olhos o enobrecimento dos burgueses, especialmente porque ficava patente a pouca relevância econômica que aqueles possuíam. Longe de suas propriedades, muitas delas já ocupadas por interesses burgueses ou afundadas em rebeliões de camponeses, sem condições de ampliar suas rendas, viviam da presença na corte, ou seja, sobreviviam como representações do luxo e da honra de uma sociedade centralizada.

O refinamento da corte era uma forma de diferenciação num processo de enobrecimento que já não distinguia quem era nobre de sangue, além disso, a proximidade do rei, acentuava a importância dessa nobreza, que podia facilmente manipular suas relações com o objetivo de assegurar a sua sobrevivência, especializando-se em intrigas que não deixaram de ser, no Antigo Regime, uma forma de ação política.

Muitos desses nobres de alta estirpe se envolveram com o exército e a Igreja, ou desenvolveram formas de sobrevivência que acabaram sendo muito bem representadas no romance, e depois filme, *Ligações perigosas*. Como conselheiros ou como militares, a alta nobreza continuava a manter um controle sobre a corte, evidenciando-se, no caso de Richelieu, a tensão entre os interesses pessoais da nobreza e a política do Estado.

Por outro lado, os comportamentos dessa alta nobreza acabaram por servir de modelo para as outras cortes da Europa e isso fez com que a França fosse definida como o centro de todas as manifestações de bom gosto. Diziam os portugueses, através da voz de D. Luiz da

Cunha, que os franceses haviam inventado a maior praga do mundo: a moda.

O luxo, a etiqueta, a sociabilidade e o refinamento abriram caminho para uma atividade que, ao fim, acabou por ter efeitos negativos sobre a sociedade do Antigo Regime. A ociosidade da nobreza em Paris provocou não apenas conspirações por poder e cargos, mas também estabeleceu relações que conduziram, a médio prazo, a mudanças.

O refinamento envolvia aquilo que à época denominava-se graça e humor, palavras que designavam o que os franceses chamavam de espírito ou de espiritualidade, que fez avançar o gosto pela literatura, pela arte e pela discussão sobre a natureza. Os salões da nobreza passaram a ser os lugares da diferença numa sociedade em que os processos de herança sanguínea não possuíam mais a mesma eficácia.

Molière, mais tarde, ao escrever *O burguês fidalgo*, inspirou-se justamente nessa nova diferença que atraía os burgueses: a sabedoria, a retórica e a filosofia. O conhecimento passou a estabelecer um novo modo de sobrevivência e de ascensão social.

Ainda na corte, avançavam os novos homens de negócios. Paris cada vez mais apresentava uma dupla face. De um lado, a monumentalidade do poder real que fazia com que Paris fosse maior que a França, de outro, a Paris dos novos homens, da nova sociedade, da multidão de trabalhadores que faziam com que a fronteira urbana se ampliasse, diminuindo a distância entre o mundo urbano e o mundo rural.

Mas, e o mundo rural? O que acontecia no campo? A política de centralização implementada no reinado de Luís XIII configurou a expansão de valores urbanos sobre o mundo rural. O resultado evidenciou-se pelo crescimento urbano no campo. Novas cidades e antigas aldeias, agora com novas atividades povoavam o território rural, fazendo concorrência com as antigas sedes episcopais. O campo, na segunda metade do século XVII, mudou bastante. A consciência política dos proprietários e dos trabalhadores rurais implicou uma alteração das relações sociais.

O desenvolvimento da política francesa incrementou, no interior, novas profissões, ligadas não só ao processo de centralização administrativa, mas também aos novos empreendimentos produtivos, fossem eles ligados à agricultura, à indústria ou à mineração.

Ao lado da antiga nobreza de terra, surgiam novos proprietários, mais interessados em transformar suas terras em empreendimentos produtivos e que precisavam de maior espaço e de novas relações de trabalho, abalando as formas tradições de trabalho, e injetando capital no mundo rural. A monetarização do mundo rural implicou um processo de avanço dos interesses burgueses sobre as antigas propriedades nobres, reabilitando-as e tornando-as produtivas.

Entretanto, esse movimento, assim como na Inglaterra, provocou a exclusão de grandes massas de trabalhadores rurais e arrendatários ou parceiros das terras da antiga nobreza, gerando revoltas e rebeliões. Esse avanço das novas formas de propriedade alargou o espaço agrícola e pressionou tanto os trabalhadores como os nobres que haviam mantido a sua moradia no campo, aqueles que não foram para Paris e que viam nesse movimento os dedos do poder real como forma de consolidar o seu domínio sobre a França (RUDÉ, 1982).

Por isso mesmo, foram muito comuns as rebeliões da chamada nobreza provinciana contra as regulamentações reais, estabelecendo alianças circunstanciais entre trabalhadores rurais e nobres de terras. O aumento da pressão centralizadora transformou essas alianças em ações políticas que se desencadearam quando da morte de Luís XIII e da decadência da autoridade do cardeal.

Mas, antes de enfrentarmos a crise política da França na passagem para a segunda metade do século XVII, olhemos o que ocorreu com o clero. Qualquer um que lesse o que aqui foi escrito poderia se perguntar sobre a ausência de referências ao clero, pois, todos estamos acostumados a ver a França como sendo uma sociedade constituída por três ordens ou estamentos: clero, nobreza e terceiro Estado.

Se vocês se lembram de como nós começamos, talvez parte dessas indagações já possam ser entendidas. Um dos aspectos importantes do processo de centralização, iniciado por Francisco I, foi a prerrogativa real de indicar os membros do clero francês, o que fazia com que a distinção entre clero e nobreza passasse a ser menor e o comportamento de uma e de outra ordem caminhasse no sentido de uma aproximação política, em primeiro lugar, como garantia de sobrevivência da sociedade do Antigo Regime e, em segundo, como forma de ocupação de cargos administrativos, transformando-se num braço importante da centralização.

O que ocorreu foi exatamente um movimento de identidade entre clero e nobreza que foi responsável pela manutenção da estabilidade política até Luís XIII. Com Luís XIII as coisas se modificaram. Para exercer sua política de centralização o Cardeal acabou passando por cima do clero e da nobreza e retirando dessas duas ordens poder e autoridade, provocando reações que conduziram a uma fragmentação, principalmente do clero. A principal maneira de se apreciar isso foi através da forte politização do clero no século XVII, que não apenas conduziu a uma quebra de sua hierarquia, mas também a uma radicalização religiosa, possível de ser observada na perseguição aos jansenistas (LEFEBVRE, 1989).

Instaurou-se uma divisão no clero. O alto clero associou-se à vida cortesã e deixou de lado a vida espiritual, provocando a revolta do baixo clero das cidades e do mundo rural, desenvolvendo uma divisão nítida entre campo e cidade naquilo que diz respeito à vida social.

Foi como se a França do século XVII apresentasse uma dualidade de imagem. Havia as cidades, principalmente a capital, onde tudo se concentrava, e havia o resto da França, tão perto e ao mesmo tempo tão longe de Paris. A centralização fez com que a distância diminuísse, ao tornar presente a figura do rei em qualquer lugar da França, mas também criou problemas, pois um muro de uma Igreja que desmoronasse só poderia ser reconstruído com ordens reais.

A burocratização imposta pela centralização produziu descontentamentos nas cidades e principalmente no campo que, aos poucos, se tornou um lugar próprio para o refúgio daqueles que eram perseguidos por suas ideias ou simplesmente por aqueles que queriam ficar longe da corrupção e da luxúria que viam em Paris. O mais importante foi que o reconhecimento de uma situação de crise tomou agora a forma de denúncias. O clero, por ser o estamento mais preparado intelectualmente, vai tanto fazer a defesa do rei como patrocinar as críticas ao poder real. As tensões no interior da hierarquia religiosa abriram caminho para a divulgação, através da imprensa, de situações da corte que tornavam mais claro para o homem da França a decadência moral do Estado francês. Os párocos e padres seculares agiram como publicistas numa sociedade onde poucos sabiam ler.

Tornou-se cada vez mais evidente que havia uma dualidade na França e que essa dualidade não refletia apenas modos diferentes de vida – campo x cidade – mais interesses e projetos políticos distintos.

Foi essa politização, associada às pressões centralizadoras, que conduziu a crise dos anos 40 do século XVII. Para que fique mais clara a conjuntura, vocês devem lembrar-se de que o Cardeal produziu boa parte dos resultados de seu programa de centralização atacando a rainha Ana d'Áustria, principalmente no tocante à política de unidade do território francês, a mobilização em torno de objetivos nacionais.

O que se verificou foi que tudo aquilo que havia sido apregoado por Richelieu como negativo – ter uma rainha estrangeira –, acabou por se tornar realidade. Com a morte de Luís XIII e a menoridade do delfim, assumiu o trono da França, como regente, a grande inimiga do cardeal: Ana d'Áustria.

Mesmo que esse aspecto não fosse fundamental na vida política da França, a situação aqui descrita já nortearia uma sucessão complicada. A luta pelo poder da França ganhou ao longo do reinado de Luís XIII, fruto dos resultados da centralização, novas condições. Os ganhos de ser rei da França provocaram a ambição de todos aqueles que de alguma maneira se achavam com o direito de requerer a legitimidade de sua presença como rei.

Assim, é fácil perceber em que circunstâncias Ana d'Áustria assumiu a regência. Além disso, havia a necessidade de equilibrar interesses no interior de Paris e na própria corte. Por isso, a escolha do primeiro-ministro recaiu sobre Mazzarino, que não só era o responsável pela educação do futuro Luís XIV, mas também havia sido introduzido nos negócios da política por Richelieu. Isso concretamente indicava que, em linhas gerais, a política de centralização se manteria e seria reforçada a noção da soberania real.

O acaso fez com que o primeiro-ministro escolhido fosse de descendência italiana o que, associado a uma rainha estrangeira, suscitou a atenção daqueles que aproveitaram a crise da sucessão para tentar mudar a política da França.

A crise de sucessão era o sinal para que os vários tipos de descontentamentos adquirissem a sua forma de ação política. O principal problema enfrentado pela regente e seu primeiro-ministro foram as frondas. Normalmente identificadas a reações feudais, as frondas não podem ser estudadas apenas como se fossem partes de um movimento mais geral que estariam colocando em questão a centralização, em busca da situação anterior de autonomia dos poderes locais.

Mazzarino assumiu a direção do governo francês em 1643. Em 1648, o Parlamento de Paris associou-se às rebeliões populares na cidade, que tinham como objetivo a renúncia da regente, e decretou a vacância de governo para a França, projetando a organização de um novo governo regido pelos homens de sabedoria da França. Conhecida como fronda parlamentar ela foi derrotada pelo príncipe Condé, que tinha como objetivo tomar o poder na França, iniciando a denominada fronda dos príncipes, associada a um movimento de retorno ao feudalismo.

Condé foi derrotado pelo exército francês, leal à manutenção da regente e de Mazzarino. A avaliação desse resultado é interessante para o que se segue. A vitória da regente indicou que a centralização da França estava em vias de se consolidar, porque num momento de crise as estruturas construídas ao longo do reinado de Luís XIII foram as que se apresentaram como mais competentes para superação da crise política, dando condições de continuidade à centralização com Mazzarino.

Ouvinte atento de Richelieu, Mazzarino retirou da crise muitas lições, a mais importante foi de que o equilíbrio político da França estava ameaçado e que a sua manutenção no poder era difícil. Tratava-se então de costurar a unidade da França em torno da ordem política na figura do soberano. O trabalho de Mazzarino foi o de desenvolver as estruturas de centralização sem provocar conflitos e anunciando que a soberania da França só seria mantida pela manutenção da legalidade da sucessão.

Sem grandes alardes, Mazzarino foi construindo formas de atender às reivindicações do mundo rural, principalmente aquelas envolvidas com a produção para o mercado, deu continuidade à política de fomento fabril, principalmente na região de Lion, e patrocinou, também, o desenvolvimento da cultura da França.

Dessa maneira, quando em 1661 Mazzarino morreu, assumiu Luís XIV sem que maiores conflitos relativos à legitimidade da soberania afetasse a coroação do novo Luís.

O reinado de Luís XIV foi o esplendor da França. Foram atingidos durante os quase 50 anos de reinado do rei-sol todos os objetivos de centralização anunciados anteriormente e, com isso, fica fácil entender o porquê de seu reinado ser tomado como o exemplo da política absolutista (cf. Figura 15 do caderno iconográfico).

Em primeiro lugar, foi com o novo rei que se consolidou o poder pessoal do soberano sobre o território e os homens da França, isto porque Luís XIV se colocou acima do Estado como seu construtor, apresentando-se como a França. Se com Luís XIII, Paris já era maior que a França, com Luís XIV o rei era maior que Paris e maior que a França.

A consolidação dessa posição não se realizou por direito divino, embora este fosse invocado para legitimar o soberano. O que se anunciou como mais importante foi a eliminação de barreira que separava o rei dos seus súditos. Com isso, eliminou-se a dualidade das duas Franças e recuperou-se a autoridade real, colocando-a acima dos estamentos e ordens. Anunciou-se um novo tempo, o tempo do progresso da França, dos investimentos na nova ciência do século XVII, dos grandes projetos de inovações urbanas e rurais, com a criação de sociedades agrícolas e com o incentivo para a leitura e eliminação do analfabetismo como forma de buscar a igualdade dos súditos.

O palácio do rei transformou-se na morada de todos os franceses. A monumentalidade arquitetônica de Versalhes era a da França, o novo rei veio para regenerar a Europa. O palácio abria-se na procissão real para o olhar admirado e emocionado dos seus súditos. Mas a construção de Versalhes foi além da fundação na França de uma nova Roma, aonde todos os caminhos levavam, como imagem definitiva da centralização absolutista (ARGAN, 1990).

A construção de Versalhes foi fruto da racionalidade política que se anunciou na França com Luís XIV. O objetivo da construção foi o de alterar os mecanismos de pressão sobre as decisões reais, recompor o quadro de relações entre o rei e os estamentos. E isso se explica quando associamos Versalhes ao que ocorreu quando da ascensão ao poder do rei-sol.

A primeira atitude de Luís XIV foi eliminar a figura do primeiro-ministro. Lembremo-nos de que a figura do primeiro-ministro fazia parte da cultura política da centralização, uma vez que se anunciava como um lugar onde todas as demandas sociais seriam avaliadas e levadas ao rei, tornando o rei o grande árbitro. O primeiro-ministro era um filtro que, ao mesmo tempo, dava ao rei espaço e tempo para decidir, anulando qualquer pressão ou encobrindo atitudes apressadas, dando aos conselheiros espaço para avaliação das decisões reais (DOYLE, 1991).

A supressão da figura do primeiro-ministro eliminou essa barreira e abriu caminho para as pressões sobre o rei. A construção de Versalhes atuou como uma nova barreira para a atuação política do rei, ao mesmo tempo, que permitiu a superação das relações de reciprocidade como a Corte de Paris. Transferindo-se para Versalhes, o rei renovou a corte e reestruturou as relações entre o rei e os demais estamentos da França, impondo através da distância entre Paris e Versalhes uma nova imagem do rei (ANDERSON, 1983).

Além disso, a eliminação do primeiro-ministro fez com que os projetos implementados pelo poder real estivessem diretamente associados ao rei, nada na França a partir desse momento deixava de levar a marca do rei, consolidando sua soberania e realizando a centralização absolutista.

Entretanto, essa marca no caso do reinado de Luís XIV não foi uma demonstração de obediência acomodada, pela tradição, ao rei. Se houve alguma coisa que configurou a atuação de Luís XIV foi a sua atuação pessoal em termos de política. O sucesso do absolutismo de Luís XIV estava diretamente ligado às formas de presença física do rei, a sua atenção com o criador das Academias, a sua participação nas reuniões, ao mecenato do Estado na forma de pensões para projetos que pudessem desenvolver a França, não se descuidando da política econômica, agora transformada na questão mais sensível da França, pois dela dependia a afirmação da soberania do rei.

A política econômica agora tinha sua definição ancorada na contabilidade geral do reino da França, nada mais se improvisava. Sob a direção de Jean-Baptiste Colbert, a política mercantilista ganhou novo impulso. Primeiramente, com uma revisão geral da política aduaneira, principalmente com relação à Holanda, com a intenção de equilibrar a balança comercial e gerar recursos que pudessem implementar as companhias de comércio, básicas para o processo de expansão em direção à América, especialmente para estabelecer o controle do açúcar e sustentar a política de colonização nas áreas do Canadá e da Louisiana.

Para se tornar eficaz, essas diretrizes tiveram que avançar os custos de guerras resultantes da política de expansão e colonização com a Holanda e a Inglaterra e da hegemonia europeia da França com os Habsburgos.

A sustentação dessas diretrizes dependia de uma reforma administrativa que permitisse o aumento da velocidade de relacionamento do Estado com a sociedade. Assim, estabeleceu-se a política dos conselhos, enfatizando em especial o Conselho de Estado, órgão definidor dos projetos de controle político, mas também conferindo ao das Finanças, chefiado por Colbert, o papel de controlador do reino e de incrementador das mudanças econômicas, com atenção especial para a agricultura e para as indústrias, especialmente aquelas que tinham maior aceitação na Europa, as de luxo.

Durante 50 anos a França e o mundo viveram à sombra do rei-sol e durante esse período a França assumiu uma posição de destaque pelo seu modo de vida e pelo incremento de novas tecnologias de desenvolvimento.

Entretanto, esse novo tipo de política, que passava a ter adeptos em todo mundo, refazia o quadro das relações sociais na França, principalmente, porque alimentava de forma clara o sonho de riqueza dos burgueses, ampliando suas rendas e mantinha uma política de alargamento da fronteira agrícola, patrocinando o avanço burguês para o campo, propiciando conflitos entre os vários interesses rurais. Desde logo isso mostrou que se não se aprofundasse o domínio real no sentido da identidade da França, se voltaria a uma situação anterior.

Os custos de manutenção da Corte de Versalhes exigiu uma política fiscal que dificultou as ações econômicas da França no cenário internacional. Os preços dos produtos franceses eram mais elevados dos que os ingleses, dificultando a inserção dos mesmos nos mercados. Isto acarretou um peso maior sobre a sociedade francesa e seus setores de ponta, que acabaram pagando os custos.

A preocupação maior localizava-se na política industrial, especialmente nos produtos de luxo. No final do século XVII, não só outros estados começaram a oferecer produtos com essa destinação, como o mercado das cortes europeias diminuía. Boa parte das dificuldades também derivou dos desvios de grandes quantidades desses produtos para o consumo da corte, tornando os preços altos e dificultando a circulação e a acumulação mesmo com o apoio do Estado.

A crise do Antigo Regime e a Revolução Francesa

Como vimos, na França do Antigo Regime os preceitos legais estabeleciam a diferença entre três ordens ou estados: o clero, no topo da hierarquia, a nobreza, logo abaixo e o terceiro estado, onde se juntavam, segundo a lei, todos aqueles que não estavam socialmente compreendidos entre os dois primeiros estados.

Numericamente era o terceiro estado que se apresentava como mais numeroso, dos 23 milhões de habitantes, cerca de 100 mil eram sacerdotes e 400 mil pertenciam à nobreza (RUDÉ, 1982).

O clero, além da posição de honra, era também o estamento mais privilegiado. A tradição de um corpo coeso, que se traduzia por uma assembleia periódica, dava-lhes força política, além de lhes dar uma autonomia administrativa que tornava o clero um corpo administrativo no interior da administração francesa (LEFEBVRE, 1989).

Economicamente, diferente da nobreza, o clero não dependia do Estado, pois possuía uma rede de arrecadação dos dízimos e dos impostos sobre as propriedades eclesiásticas. O clero agia como um nobre superior e concorria com a nobreza, inclusive, no que diz respeito ao sistema financeiro, muitas vezes, por sua riqueza, emprestando dinheiro ao rei, aos nobres e aos burgueses. Outro aspecto, tão importante quanto os anteriores, foi a decisão, depois da revogação do Edito de Nantes por Luís XIV, de que todos os franceses eram católicos, o que alargou o poder do clero, uma vez que para ser considerado francês era necessário que qualquer homem tomasse todos os sacramentos, sob pena de seus filhos não serem considerados legítimos e não poderem receber as heranças (LEFEBVRE, 1989).

Tudo isso associado ao controle da educação pelo monopólio do ensino, da assistência de saúde, controlando hospitais e locais de assistência aos pobres, e da ação de censura, transformou o clero em segmento profissional.

No entanto, essa aparente unidade, embora se mantivesse no campo espiritual por força das circunstâncias, no plano social era frágil. Apresentando uma grande variedade de formas de inserção, em função de sua posição de Igreja, o clero apresentava uma divisão entre alto e baixo clero. O alto clero, formado pelo clero nobre, e o baixo clero, pelos plebeus. Essa distinção, no interior do clero, transformou-se na base das discórdias e das denúncias de corrupção do alto clero.

A nobreza gozava também de privilégios, tanto no que se referia aos impostos quanto com relação ao privilégio de poder usar a espada. Diferente do clero, não formou um corpo unido em função da variedade de interesses e do processo de associação à sociedade de corte. No final do século XVII estava perdendo a sua prerrogativa de nascimento. Entretanto, os privilégios da nobreza acabaram funcionando como uma faca de dois gumes, pois, em compensação, eles estavam proibidos de exercer qualquer profissão ou ofício, restringindo sua atuação à grande propriedade (ANDERSON, 1983).

Com Colbert, a nobreza se abriu para novas atividades, não por conta das pressões da nobreza de sangue, mas pela força de um novo tipo de nobreza, aquela que tinha o seu título comprado e que já exercia atividades profissionais. No reinado de Luís XIV, os nobres puderam se envolver com o comércio, principalmente marítimo.

Ao lado da nobreza de espada, surgiu um novo tipo de nobreza, aquela que dependia da bondade do rei ou do valor pago pelo título. O uso da venalidade como mecanismo político de centralização fez com que o rei utilizasse os títulos de nobreza para recompensar servidores reais, aumentando o número de nobres e colocando-os em paralelo com os nobres de sangue. Em oposição à velha nobreza de espada, os novos nobres eram descendentes de famílias ricas burguesas e tinham sobeja competência para administrar suas riquezas e rendas. A principal atividade da nobreza foi na área jurídica – a nobreza de toga –, expandindo determinadas normas e formas de vida burguesa e minando a velha etiqueta aristocrática.

Diante do avanço desse novo tipo de nobres e do isolamento da nobreza tradicional na corte, depois da morte de Luís XIV, a nobreza de sangue tentou reagir, buscando alianças em setores de oposição ao Antigo Regime e, ao mesmo tempo, elaborando um movimento de retorno às suas propriedades rurais.

A reação, entretanto, foi limitada. Em primeiro lugar, porque as modificações sofridas pela estrutura fundiária não permitiram que a volta aos campos se efetuasse sem conflitos com os burgueses e os camponeses e, em segundo, porque a nobreza provinciana, ciosa de suas posições, descartou as alianças.

Perdida com o avanço burguês, a nobreza de sangue entrou em decadência, não sem antes utilizar a sua derradeira arma: o conhecimento das mazelas e abusos reais, com o intuito de chamar a atenção do rei e recuperar-se, invertendo o caminho inicial.

Mas, a aristocracia sofreu outro golpe. Com a morte de Luís XIV, depois de um longo reinado, no qual as práticas da corte adquiriram novos componentes, Felipe de Orleans, agora regente da França, anunciou uma guinada em direção a um processo de alargamento dos interesses dos nobres que não participavam da corte e dos burgueses, esvaziando a importância da corte.

Ao lado desses aspectos, ainda possuiu importância a luta pela sucessão do rei, principalmente porque antes de morrer Luís XIV reconheceu, como legítimos, todos os seus filhos bastardos, abrindo caminho para disputas entre os nobres.

O enfraquecimento do poder real e a decadência da sociedade de corte anunciaram um novo tempo. A falta de alternativas para os setores dominantes do Antigo Regime e o desespero diante da perda de poder fizeram os conflitos ultrapassarem o espaço do poder e avançarem sobre as cidades, especialmente Paris. As cidades transformaram-se no palco dos conflitos entre velhos e novos interesses, levaram de roldão todos aqueles que, de formas distintas, viviam a expectativa da mudança (ANDERSON, 1983) (cf. Figura 16 do caderno iconográfico).

No entanto, as formas de oposição se renovaram. Já não eram as armas que desempenhavam papel importante, os duelos estavam em fraca decadência. Com a ampliação da influência burguesa no sistema jurídico, o espaço dos confrontos passou a ser o tribunal ou a repartição administrativa (LEFEBVRE, 1989).

A reação ao centralismo real organizou-se a partir das cortes – tribunais que com o tempo haviam adquirido função política –, pois qualquer edito real tinha de ser registrado por elas e os seus membros podiam apresentar objeções, reduzindo, por vezes, a eficácia das medidas reais, notadamente aquelas que se relacionavam aos impostos.

Não se deve, evidentemente, avaliar essas cortes como limitadoras, pois o soberano podia convocar as cortes para registrar suas resoluções, sem que houvesse tempo para interpor objeções. Afinal, a França continuava sob a tutela do poder real absoluto.

Por outro lado, essas tensões não permitiram que se concretizasse a unificação nacional. Diante do enfraquecimento do poder centralizado, surgiram novas formas de organização dos poderes locais, fazendo com que se desenvolvessem os dualismos de decisões e as diferenças no entendimento do significado do poder central. Essas formas de representação dos poderes locais assumiram, com o tempo e o aprofundamento dos conflitos, expressão política, na forma de novos projetos para a sociedade francesa. Desde projetos que levaram em conta as dimensões estamentais, até aqueles que apresentaram a incorporação das ideias da liberdade e da igualdade, passando por fora da sociedade de ordens.

A crise do poder centralizado tinha sua origem nas pressões internas, que desorganizaram as formas de controle fiscal e inviabilizaram a autonomia econômica do poder real e nas pressões externas. Quanto a estas, verificaram-se de dois modos diferentes. No primeiro modo, derivaram da perda da hegemonia francesa nos mercados das cortes europeias em decorrência dos avanços industriais ingleses e do desenvolvimento dos valores burgueses que supunham uma nova racionalidade econômica. No segundo modo, pelo crescente processo de aproximação com a América inglesa, na defesa dos objetivos coloniais franceses, que acabaram por determinar a Guerra dos Sete Anos, na qual a França foi derrotada (GOUBERT, 1971).

Na busca desesperada por uma saída, Jacques Necker – ministro das finanças de Luís XVI e de origem burguesa – viabilizou a sobrevivência da economia através de empréstimos que, além de desequilibrar as contas nacionais, aumentando o déficit real e as dívidas do Estado, foram utilizados não para a retomada da produção, mas para enfrentar as situações imediatas de guerra e de miséria.

O esbanjamento, a evasão fiscal, o descontrole administrativo e a decadência da soberania real impediram que novas intervenções fiscais tivessem resultados positivos: como aumentar impostos, se cada vez mais ficava evidente o luxo da realeza.

A crise foi de tal ordem que os estamentos não tiveram condições de se mobilizar para assumir as rédeas do Estado, pois ainda não havia um elemento comum que pudesse juntar interesses tão diversos. A convocação dos Estados Gerais feita por Luís XVI demonstrou a fraqueza do soberano e foi o acontecimento político capaz de unificar a sociedade francesa contra a política real (LEFEBVRE, 1989).

Quando algumas alternativas eram apresentadas, orientavam-se por pregações moralistas ou voltavam-se para a recuperação de privilégios, o que aumentava os entraves a uma solução conjunta. Foi no interior dessa conjuntura que começaram a surgir proposições de modernização da máquina estatal oriundas dos setores mais avançados da nobreza e que constituíram o ramo liberal desta, acenando para o terceiro estado como única saída para o progresso da França.

A realidade do avanço da oposição ao Antigo Regime traduziu-se no desenvolvimento da burguesia. Constituída por diferentes setores da atividade econômica e financeira, os burgueses, além disso, possuíam origens sociais variadas que ajudavam no momento, pois não compreenderam radicalizações com relação aos nobres liberais. A ocupação de cargos públicos, desde a época de Luís XIV, fez com que os comportamentos burgueses penetrassem na corte e passassem a se incorporar as políticas reais, principalmente no campo da economia e das finanças (SOBOUL, 1965).

Atuando no comércio e na indústria, os interesses burgueses tomaram, pelas bordas, o Estado francês, transformando-o em seu refém, ou seja, mesmo que a política real tendesse a salvar a nobreza da corte, ela não só esbarraria na oposição burguesa, mas também na impossibilidade de a realeza, pelos compromissos financeiros, se ver livres deles.

Os preceitos burgueses evoluíram para reações que colocaram em xeque toda a estrutura do Antigo Regime. Pela propaganda filosófica e pelas atitudes econômicas, esses valores alcançaram a qualificação de uma nova visão do mundo, impondo através das Luzes novas concepções sobre o homem e suas relações com a política.

O aprofundamento da crise, no reinado de Luís XVI, tornou a revolução iminente. O descontentamento geral da sociedade francesa isolou o rei e a sociedade de corte e avançou em suas críticas aos procedimentos do Antigo Regime. Reações espontâneas surgiram em toda a França e a alternativa real foi, depois de 100 anos, voltar a convocar os Estados Gerais da França (RUDÉ, 1982).

No período que antecedeu a convocação dos Estados Gerais, a burguesia ampliou sua inserção na sociedade francesa. Detentores da riqueza, os burgueses estavam em todos os lugares. Exerciam funções públicas e controlavam as atividades econômicas, o que fazia com que fossem privilegiados em termos do conhecimento da situação geral da França e passassem a divulgar esses conhecimentos. O desenvolvimento da imprensa francesa constituiu a base sobre a qual esse conhecimento produziu impacto e unificou as visões com relação aos abusos da sociedade de corte (DARNTON, 1990).

A Revolução Francesa e a França capitalista

Convocados os Estados Gerais e reunidos em assembleia foram eles, através de seus representantes, que depois de negarem os aumentos solicitados pelo rei, declararam-se em Assembleia Constituinte e patrocinaram a discussão do novo Estado francês. A reunião dos Estados Gerais juntou todos os descontentamentos e permitiu identificar os graus diferentes de interesses apresentados no descontentamento.

Na avaliação de George Lefevre (1989), as origens da revolução derivaram de quatro formas diferenciadas de oposição ao Antigo Regime e que teriam dado origem a quatro revoluções ou quatro modos distintos de encaminhar o processo de transformações. Uma revolução aristocrática, que reivindicava a descentralização e a autonomia local e que no século XVIII estava longe de representar valores feudais. Uma revolução burguesa, que tinha como projeto a eliminação dos entraves à produção e propunha a propriedade privada, mas que continha variantes mais radicais, adeptas da república francesa. Uma revolução camponesa, que almejava a conquista da terra pelos camponeses e a eliminação de todas as formas de exploração antigas e uma revolução popular, constituída, em verdade, pela junção de setores radicais da burguesia e dos pobres urbanos que, além da melhoria das condições de vida e do trabalho, não conseguiam exprimir claramente o seu projeto.

Essa avaliação reforça o clima de insatisfação da França que atingiu os diferentes segmentos sociais e que tomou forma na reunião dos Estados Gerais. A primeira etapa da Revolução, identificada por Ernest Labrousse, como era das constituições, teve como objetivo reformar o Antigo Regime, demonstrando os limites de sua ação revolucionária. Acabou com o feudalismo, eliminou os privilégios da nobreza e do clero (FALCON, 1974).

Os debates nos Estados Gerais mostraram que o grande inimigo da sociedade francesa, neste momento, reunida e una, era o rei e iniciou-se um movimento de radicalização política que transformou os Estados Gerais em Assembleia Nacional Constituinte.

Com a nova ação dos burgueses eliminaram-se os obstáculos à livre-concorrência e à livre-circulação das mercadorias e aceleraram-se as mudanças, com a eliminação das bases corporativas da antiga economia e com a secularização dos bens da Igreja, através da Constituição Civil do clero que, daí em diante, eram considerados como funcionários do Estado.

O impacto dessas reformas não agitou apenas os setores de oposição à Revolução. Os segmentos que haviam apoiado a Revolução olharam com maus olhos o crescimento da direção burguesa, principalmente a pequena burguesia e os trabalhadores urbanos. Mesmo a ampliação dos direitos de igualdade a todos os franceses, com a consequente eliminação de qualquer tipo de privilégios, não reduziu a insatisfação dos setores mais à esquerda, que queriam reformas sociais (RUDÉ, 1982).

Além disso, o modelo político, na forma de uma monarquia constitucional de caráter censitário, reproduziu essa dominação burguesa e superou a hierarquia do Antigo Regime, pois estabeleceu outra que dividia a sociedade francesa em cidadãos ativos e passivos, uma vez que só aqueles que possuíam riquezas podiam participar das eleições ou serem eleitos.

A eliminação da censura e a introdução da livre-expressão fez com que as insatisfações penetrassem no âmago da sociedade francesa, despertando conflitos escondidos pela boa nova da revolução ou anunciando novos.

O Estado e sua máquina administrativa também foram objeto de atenção. Os princípios de racionalidade do Iluminismo foram introduzidos, garantindo eficiência e expressando o avanço da burguesia, em termos do individualismo e da propriedade privada.

Nesse período de 1789 a 1791 ocorreram simultaneamente as revoluções aristocrática e a burguesa e iniciou-se a revolução popular. Durante esse período, os projetos aristocráticos foram derrotados e avançaram as reivindicações burguesas e populares. A grande derrota da aristocracia verificou-se com a perda da direção na condução das reformas; as pressões sociais pela demora da implantação das reformas justificaram a mudança na direção (FALCON, 1974).

Mas, não foi apenas uma derrota da aristocracia. Além dos nobres da corte e da realeza, também foram derrotados setores aliados da burguesia. Os pequenos comerciantes e industriais viram-se, da noite para o dia, envolvidos com um ritmo de alterações nas relações econômicas, que acabaram por perder o controle da produção e da circulação, sendo substituídos pelos novos empreendimentos burgueses, onde já se viam industriais, grandes comerciantes associados aos grandes banqueiros.

Também foram vitoriosos nessa etapa os membros da chamada nobreza liberal, responsáveis pela implantação da monarquia constitucional que junto com a burguesia reinventaram o Estado, transformando-o em campo de ação da política de acumulação de riquezas.

Os avanços e os conflitos deles decorrentes, ao correr desse primeiro período, ultrapassaram os muros das cidades, tomaram os campos e nestes atingiram os setores que tradicionalmente os ocupavam: a nobreza de terra, os camponeses e pequenos proprietários e os burgueses proprietários agrícolas. O mundo rural, de certa maneira, recebeu com maior impacto as reformas burguesas. Seja no aspecto jurídico, com o avanço da propriedade privada e dos maus usos dos cartórios, através do registro de propriedades que não pertenciam aqueles que as registraram, até o aspecto econômico, revelado pela concorrência entre os empreendimentos industriais urbanos e o artesanato rural.

O medo do mundo rural passou a fazer parte do universo político dos burgueses que perceberam nele o grande opositor às suas reformas, uma vez que o controle da produção agrícola estava fora do domínio burguês. Foram exatamente as crises de carestia, que já eram observadas no Antigo Regime e que associaram Maria Antonieta à célebre frase "se não há pão, dê-lhes brioches", os grandes obstáculos ao prosseguimento das reformas burguesas. A oposição impera o debate e a lentidão nas decisões afetou o governo da nova França.

A Constituição de 1791 e a transformação da Assembleia Constituinte em Legislativa indicou que a burguesia, embora dividida nos seus interesses particulares, ganhou espaço e acentuou a sua direção, dando origem aos conflitos e às disputas entre os vários projetos que emergiram da oposição ao domínio da burguesia, originando a segunda etapa da revolução, identificada por E. Labrousse, como era das antecipações (FALCON, 1974).

A partir de 1792, teve início a radicalização das críticas, que anunciou o avanço dos movimentos populares, urbanos e rurais, além do crescimento da ação política dos jacobinos, que se encarregaram de anunciar o novo tempo, assumindo a direção política da nova etapa da revolução.

Essa nova etapa trouxe consigo problemas. Se, até 1791, boa parte da realeza e da alta nobreza ainda mantinha a ideia de voltar a ter uma posição de destaque na vida francesa, mesmo com a Revolução, a reação jacobina acabou com essas expectativas e provocou a contrarrevolução. A nobreza foi buscar nas cortes europeias, também receosas de que essas situações de radicalização se verificassem em seus territórios, auxílio para eliminar a revolução, dando origem, num momento delicado da vida francesa, a uma guerra da Europa dos Antigos Regimes contra a Nova França (SOBOUL, 1965).

A mobilização para a guerra foi custosa, mas, por outro lado, encheu de brios os revolucionários que decidiram destruir de todo a reação aristocrática. A manipulação da guerra e dos seus negócios trouxe de novo à cena a burguesia. Qualificados para administrar a guerra, os burgueses começaram a reocupar espaços e a ilustrá-los com o lema da unificação, situação que os fazia avançar em direção à consolidação de seu domínio econômico nas fronteiras.

Por outro lado, os custos da guerra eram repassados para a sociedade, que passou a pagar, na forma de impostos, as despesas com a guerra. Além disso, a mobilização para a guerra reduziu a produção, pois desviou da atividade econômica bom número de trabalhadores.

A iminência da derrota e os impactos da política de guerra produziram conflitos que fizeram retornar ao palco da política os movimentos populares, que através dos jacobinos assumiram o controle do Estado e da guerra. Surpreendidos pelas vitórias que foram acumulando, os jacobinos passaram a radicalizar as reformas, tomando como decisão a eliminação de qualquer resquício burguês ou nobre (LEFEBVRE, 1989).

Jean-Paul Marat, o amigo do povo, Maximilien de Robespierre e Georges Jacques Danton eram alguns dos líderes daqueles que se reconheciam como sendo a verdadeira França e em nome desse privilégio, consideravam-se os únicos capazes de indicar o caminho correto da revolução, através dos tribunais revolucionários e das decisões revolucionárias que não podiam ser discutidas, pois eram para o bem comum da França (ARENDT, 1976).

A apreensão dos resultados da guerra e a ineficácia de certas medidas econômicas fizeram com que os jacobinos anunciassem que os culpados eram os traidores da França, que se escondiam com máscaras e atuavam em nome dos interesses revolucionários e que deveriam servir de exemplo para toda a sociedade, através de suas mortes na guilhotina, apelidada de Santa Guilhotina pelo efeito de purificação que provocaria, segundo os jacobinos, na sociedade francesa. A desconfiança, somada às intrigas, fez com que a política de purificação atingisse os próprios revolucionários, projetando um regime de violência, conhecido como época do terror e organizado na forma do que se conheceu como período da Convenção, que foi até 1794 (SOBOUL, 1965).

De 1794 a 1815, a revolução readquiriu, em grande parte, a feição do primeiro período, apenas com a diferença de que agora não eram apenas os burgueses que passavam a comandar o Estado, os setores da nobreza liberal também a eles se associaram, determinando a recuperação de boa parte das prerrogativas dos nobres, fazendo avançar uma aliança política entre os novos e velhos setores da sociedade francesa e alijando do processo os setores radicais jacobinos e todo o movimento popular, dando início à última fase da revolução, a era das consolidações.

Mas, além da burguesia perceber que não possuía base social e política suficiente para voltar a ter a direção, que dependia dos seus aliados, ainda observou que o período revolucionário havia esgotado o tempo da modernização, que se fazia urgente à renovação da França e, para isso, era preciso deixar o Estado sob a direção de uma força que, além de ser reconhecida como capaz de proteger, ainda simbolizasse a unidade da França: o exército.

Com o apelo ao exército, a consolidação política deveu-se à afirmação do general Napoleão Bonaparte. Entre 1795 e 1799, a França assistiu ao desenvolvimento de uma república, onde a presença do exército se constituiu no móvel principal da ordem e da estabilidade da sociedade. Entretanto, a multiplicidade de interesses presentes no Diretório não permitiu a consolidação das reformas, dando origem a confrontos e rebeliões, principalmente no campo, que demonstravam os limites do novo governo e faziam reaparecer os velhos movimentos de camponeses, identificados como *jacqueries*, em alusão ao movimento do século XIV (LEFEBVRE, 1989).

As fases seguintes desta última etapa – o Consulado e o Império – foram períodos de consolidação da intervenção militar que manteve o ideário liberal da revolução e reprimiu qualquer atitude de oposição, identificando-a como traição da revolução.

Com Napoleão Bonaparte, os avanços burgueses se consolidaram não apenas na França, mas alcançaram o mundo, abrindo caminho para o crescimento da economia francesa, agora não mais dependente de produtos de luxo, mas buscando uma alternativa que pudesse fazer aparecer na economia mundo uma nova força econômica.

O problema era a expansão industrial inglesa. Com poucas chances de produzir, de forma imediata, capitais que sustentassem a sua Revolução Industrial, a França dependeu de sua força militar para alavancar determinados mercados e regiões de matérias-primas, como o vale do Ruhr. O bloqueio continental, furado pela Coroa portuguesa no Brasil, em 1808, anunciou o desespero dessa falta de base.

Assim, pode-se concluir que a emergência do capitalismo na França se associou à própria história da sociedade francesa do século XVI ao XVIII. O processo de avanço do capitalismo sempre se orientou pela atuação do Estado como organizador dos interesses econômicos, que nem sempre eram os verdadeiros interesses da sociedade, como o caso dos investimentos nas indústrias de luxo, distanciando-se, assim, do processo inglês.

A revolução, se deu à França a honra de ser tradutora de novos valores, por outro lado, limitou o seu desenvolvimento econômico. Só com Bonaparte foi que se iniciou um processo de reestruturação da economia, com o fortalecimento dos setores privados. Mesmo assim, as despesas provocadas pela expansão também exerceram um papel negativo na consolidação desse projeto econômico. Além disso, havia a concorrência inglesa.

Como a direção da industrialização francesa manteve a antiga feição de produção de produtos de luxo, após a queda de Napoleão sérios problemas se apresentaram. Em primeiro lugar, porque os tempos eram outros e o avanço da ética do produtor como acumulador reduziu o fausto do mercado de luxo. A saída para a França foi manter a política protecionista, que reduziu ainda mais a circulação de seus produtos. Mas, a consequência mais grave da não consolidação da Revolução Industrial na França foi a manutenção, em boa parte de seu território, das formas tradicionais de desenvolvimento econômico no campo, reduzindo o mercado interno e desestabilizando a sua balança comercial. Só em 1860 foi que se verificou um grande surto industrial na França, através da opção de desenvolvimento dos setores financeiros que investiram pesado na recuperação da economia (FALCON, 1983).

A revolução passiva: a modernização alemã

A história do desenvolvimento alemão é complexa e difícil de ser apresentada de forma sucinta, se nos ligarmos em algo mais do que mencionar a passagem tardia do complexo de estados alemães para o capitalismo e a ação intervencionista do Estado como organizador do projeto de industrialização (HENDERSON, 1983).

Essas definições diminuem a importância da historicidade alemã e do seu processo de revolução, além de excluir das interpretações questões fundamentais como a cultura política e econômica associada aos processos de reformas religiosas do século XVI e da nova ética protestante como manifestação concreta do início da modernização.

A trajetória alemã em direção ao capitalismo deve ser procurada no processo histórico e o ponto de partida é a renascença.

O que hoje conhecemos como Alemanha era formada, no início dos Tempos Modernos, por um conjunto de unidades políticas autônomas, participantes do Império, denominação genérica para a área que havia constituído o Sacro Império Romano-Germânico (SKINNER, 1996).

Nessas unidades destacaram-se a política, a economia e a religião. No terreno da política, essas unidades promoveram o desenvolvimento de instituições e normas jurídicas que foram capazes de constituir a experiência mais antiga de organização de um Estado moderno: o Estado da Sicília. Influenciaram, também, decisivamente, na vida política das principais repúblicas italianas da renascença.

Além disso, os conflitos entre Império e Papado revelaram, no final da Idade Média, a produção de categorias políticas que atuaram como formadoras dos estados modernos, entre elas a noção de particularismo, em oposição à noção de universal, que forneceu a base de constituição das primeiras unidades estatais.

A essas contribuições, tão bem apresentadas por Quentin Skinner (1996), devemos associar as transformações, em termos de secularização, das reformas religiosas de cunho protestante. Além de representarem uma espécie de síntese do vigor do pensamento moderno, as reformas protestantes aceleraram a ruptura com a tutela teológica e com o dogmatismo da escolástica, ao mesmo tempo que indicaram um novo caminho de liberdade, revelando um novo espaço de atuação do homem em sua busca de horizontes.

As reformas protestantes fizeram com que o homem se percebesse como moderno através da exigência concreta de uma ação na realidade, uma intervenção da razão humana como consciência da vida. Os resultados desses novos modos de conhecer o mundo e os homens estão até hoje presentes e deles derivaram formas de organização econômica que se constituíram em terreno fértil para o capitalismo, conforme descreveu-nos Max Weber. Assim, podemos concluir que as bases da emergência do capitalismo na Alemanha são bem anteriores ao século XIX (WEBER, 1965).

Durante os séculos XVII e XVIII, a Alemanha revelou intelectuais do peso de I. Kant, G.W. Leibniz, G.E. Lessing, J.G. Herder e outros; desenvolveu a tecnologia da mineração e da siderurgia, influenciando o desenvolvimento dessas tecnologias na Inglaterra e no resto do mundo (CASSIRER, 1996).

Talvez o que tenha feito a historiografia tratar a Alemanha de forma menor, seja a sua história política, pois enquanto a Europa assistiu ao processo de unificação política em direção ao Estado nacional, na área dos estados alemães afirmou-se a autonomia das unidades estatais. Alguns historiadores identificaram essa defasagem como decorrente da manutenção de valores feudais, explicitando isso através da manutenção de uma economia predominantemente agrícola.

Esqueceram, entretanto, que durante esses dois séculos – o XVII e o XVIII – a região da futura Alemanha foi uma das áreas europeias de maior crescimento populacional e urbano. Nesse período, não apenas a região da Prússia definiu-se como portadora de um sentido expansionista, pela via do desenvolvimento militar, mas várias outras regiões impulsionaram novas atividades econômicas, desde a continuação das experiências mercantis que vinham da Idade Média, na forma das Ligas de cidades, como a Liga Hanseática, até investimentos na organização de manufaturas e na sua infraestrutura técnica (KEMP, 1985).

189

O que parece ter ocorrido com as interpretações foi que elas ou buscaram na história da Alemanha elementos que explicassem os acontecimentos do século XX, principalmente o nazismo, ou deixaram de prestar atenção na singularidade da nobreza dos estados alemães e nos seus modos de atuação, fazendo com que a nobreza alemã, comparada com a nobreza europeia, fosse identificada como menor em sua competência política e econômica.

Os nobres dos estados alemães conduziram a modernização através de uma ação que, ao mesmo tempo que expandiu as suas riquezas, manteve os seus poderes e as suas autonomias, o que não permitiu que encontrássemos nela algo semelhante ao que se passou na Inglaterra e na França.

Um dos exemplos mais contundentes da modernização da nobreza alemã foi a maneira de conceber o poder e o rei ou imperador. Depois da repressão aos movimentos camponeses no século XVI, as atitudes dos príncipes e nobres evidenciaram a perspectiva de que a unidade política decorria de um sistema de aproximações que, ao mesmo tempo, reforçava as unidades locais e permitia uma ação mais ampla de controle. Entretanto, o limite dessa perspectiva foi o elemento que deu origem à ideia de que sem uma ação mais concreta, em termos de mudanças nas estruturas de produção e de trabalho, não seria possível realizar o controle, ou seja, o impulso modernizador começou como complemento da manutenção dos poderes locais tradicionais.

Sem os tradicionais privilégios da França, os estamentos nobres alemães tiveram que se dedicar à produção e à administração dos seus bens, o que implicou numa presença mais acentuada dessa nobreza em seus domínios, fornecendo-lhes a base de conhecimento para ampliar a produção. A nobreza, no entanto, não teve um procedimento padrão na Alemanha. De região para região, variavam os modos de produzir e as relações de trabalho. Essas variações deram força às unidades estatais e reforçaram a autoridade real e a cultura do Império (RUDÉ, 1974).

Durante o século XVIII, os valores das Luzes expandiram-se para a Alemanha, assegurando o desenvolvimento da arte, da religião e da política, e auxiliaram no processo de desenvolvimento econômico. O exemplo mais elucidativo foi a presença nas cortes dos estados alemães de filósofos franceses como Voltaire (CASSIRER, 1996).

O fortalecimento das unidades estatais e a sua atuação progressista no campo da economia não eliminou as diferenças e, ao lado desse processo crescente de modernização, verificaram-se conflitos e guerras decorrentes da consequência lógica do fortalecimento, da expansão ou dos mecanismos protecionistas que acabaram com as políticas de alianças entre as unidades estatais. Essa fragmentação não pode nos induzir a achar que se manifestou, nesse momento, todo o teor feudal das visões de mundo dos estados alemães. A fragmentação resultou de um duplo procedimento – expansão e proteção – que mesmo antes da unificação do século XIX foi revertida, pois os nobres empreendedores verificaram os limites econômicos dessas ações. Não causou espanto, por isso, que a unificação alemã tenha sido iniciada pelos acordos econômicos (LOWY, 1993).

Esse processo lento de modernização foi identificado como conservador ou tradicionalista, que sugere a ideia de que não houve revolução na Alemanha por terem sido as modificações dirigidas por setores identificados pela história, como tradicionais. Na verdade, as transformações podem ter sido lentas, mas foram marcadas por processos de conflitos radicais que envolveram também a vitória de um projeto que, ao fim, revelou a sua consistência por ter deixado de lado grandes voos filosóficos e orientou-se sempre para a realidade concreta, transformando a história no instrumento de explicação e compreensão do mundo.

A revolução alemã é comumente associada a uma revolução passiva, porque era difícil identificar as mesmas dualidades de classe encontradas na Inglaterra e na França, a uma revolução pelo alto, porque sua vitória dependeu totalmente da intervenção de um Estado ou a uma modernização conservadora. O processo de constituição do novo, como sociedade burguesa e capitalismo, decorreu da ação conjunta dos setores tradicionais e do Estado com o intuito de expandir mercados e concorrer com os produtos ingleses. Para realizar esses objetivos, era necessário primeiro realizar a unificação.

A questão é que os desdobramentos desses rótulos ou identificações acabaram por comprometer o próprio entendimento do processo. É comum se ler que a industrialização alemã foi feita pelo Estado, ou que o avanço em direção à modernização foi feito por Bismarck ou, pior ainda, dizer que o caso alemão é resultado da ação burguesa de um Estado feudal. Todas essas identificações deixam de lado a realidade histórica alemã e apenas se preocupam em descrever o processo alemão em contraposição aos demais processos de desenvolvimento, excluindo da interpretação elementos que conduzam a buracos ou vazios.

A ação do Estado foi decisiva, como também a atuação de Bismarck, entretanto, o que fundamentava a política do Estado? O próprio Estado? Ou os interesses dos nobres alemães? A unificação, como estrutura de desenvolvimento, resultou da vontade política da Prússia e dos outros estados alemães (SKOCPOL, 1985).

A política do Estado abriu caminho para a ordenação econômica, permitiu reduções em vários segmentos da economia, conduziu os recursos para setores que precisavam, mas não realizou isso sem a participação dos que detinham as riquezas e controlavam os mercados. Os critérios de racionalidade do projeto de desenvolvimento decorreram das próprias experiências feitas nos territórios alemães e já promoviam a inserção dos valores burgueses pelas formas de organização da circulação de mercadorias.

A racionalidade garantiu o progresso e manteve a estabilidade política do Estado alemão, principalmente a partir da administração de Bismarck, onde os critérios de racionalidade atingiram o ponto mais alto. Assim, a unificação alemã, sob a direção da Prússia, foi resultado de um longo processo de transformações no qual se associaram os valores iluministas às experiências dos setores tradicionais que, no momento da unificação, já não podiam mais ser considerados como tradicionais; eram setores burgueses que dominavam a economia dos alemães antes da unificação, e ela deve ser vista como o resultado vitorioso desses setores (SKOCPOL, 1985).

Uma das decisões mais importantes relacionou-se ao processo de formação da Liga Aduaneira dos Estados Germânicos – Zollverein – que se constituiu na primeira etapa de desenvolvimento da unificação política. Isto porque, além dos resultados concretos em termos econômicos – como maiores condições de concorrência com os produtos ingleses em função da eliminação das barreiras internas e dos impostos fiscais sobre as matérias-primas, organização da produção agrícola e industrial, aumento da circulação de mercadorias com a expansão dos mercados e a melhoria dos transportes, além do desvio dos capitais que saíam para as importações, transformando-os em novos investimentos internos, disponíveis para a política industrial e garantindo o equilíbrio da balança comercial com a redução das importações – houve a busca de um sentimento nacional que englobasse a identidade germânica.

Os anos 1833 e 1834 anunciaram um processo consciente de Revolução Industrial, dirigido pela região – a Prússia – que já havia experimentado, com maior radicalidade, a modernização conservadora.

Entretanto, esse processo não teve um desenvolvimento sem conflitos. No nível das relações entre as regiões, a Áustria comportou-se como oposição à liderança prussiana, mas foi derrotada pelos sucessos da Liga Aduaneira. No nível interno das relações sociais, os conflitos e as tensões também atuaram como identificadores da força de exclusão da revolução passiva e do caráter centralizador da intervenção estatal de Bismarck. O processo, no século XIX, atingiu uma velocidade que até então não havia sido impressa às mudanças e, neste aspecto, as consequências foram complicadas, uma vez que fragmentou a unidade, suscitando reações de isolamento que prejudicaram a unificação (HENDERSON, 1983).

Entretanto, eles não foram suficientes para barrar o crescimento econômico. A partir de 1860 e principalmente no ano de 1861, com a ascensão de Bismarck ao ministério de Guilherme I da Prússia, ampliaram-se os distritos industriais, cresceram as cidades em atividades econômicas e população e desenvolveram-se os mercados.

Mas, a grande transformação ocorreu com o crescimento da malha ferroviária de 2.000km para mais de 10.000km, o que acelerou a industrialização com a integração das áreas de produção às áreas fornecedoras de matérias-primas e exigiu o aumento da produção de carvão e de ferro, em decorrência dos novos caminhos de ferro; desenvolveu-se a siderurgia, a metalurgia e as artes mecânicas, o que acabou por impulsionar o ensino técnico-científico, ao lado do cultivo das humanidades.

As novas condições eram tão significativas que a Áustria vai tentar entrar na Liga Aduaneira, ela que no primeiro momento, havia se excluído da fundação do Zollverein. O coroamento dessa política foi a vitória alemã na Guerra Franco-prussiana de 1870. Além disso, o sucesso da industrialização funcionou como atenuador dos conflitos sociais na medida em que aumentou a oferta de trabalho. A vertigem do crescimento econômico amadureceu a unificação política e determinou o modo de desenvolvimento do capitalismo através da concentração monopolista, não apenas em função da feição mais geral do capitalismo internacional, mas da tradição política centralizadora (SKOCPOL, 1985).

Por outro lado, a estruturação da nova economia alemã abriu caminho para o avanço do modo de vida burguês e em consequência para pressões políticas orientadas para a busca de autonomia e de participação nas decisões do Estado. Essa ação dos homens empreendedores da nova Alemanha, identificada com uma política liberal, chocou-se com os interesses dos setores tradicionais, pois colocava em xeque a política de centralização.

A escolha de Bismarck, cuja biografia o identificava como antiliberal e partidário da monarquia centralizada com forte controle político-administrativo, inseriu-se nesse conflito de interesses. A ação de Bismarck, no entanto, mesmo conservando a sua rigidez autoritária, dirigiu-se para uma composição de interesses, especialmente porque para o ministro era fundamental a unificação política e a modernização do Estado e da sociedade.

A questão da militarização não se prendeu apenas às tradições prussianas ou ao opositor austríaco, funcionou como elemento de mobilização da ideia do sentimento de nação alemã, ultrapassando os conflitos locais e colocando-se acima do Estado. A prática burguesa de oposição apresentou-se concretamente contra a política de Bismarck quando este, para manter as suas diretrizes, propôs a extensão do tempo do serviço militar obrigatório e a elevação dos impostos para financiar a política militar. Com a intenção de levar adiante os seus objetivos, Bismarck passou por cima dos interesses e radicalizou o seu controle sobre a sociedade, aprimorando a intervenção do Estado, garantindo a unificação política, mas deixando permanecer a oposição. O problema da oposição liberal foi que o seu projeto era o mesmo de Bismarck, eles divergiam na condução do projeto e a força de controle do ministro acabou por ser o elemento de decisão (SKOCPOL, 1985).

Se, no contexto mais amplo, foi possível observar como se processou o desenvolvimento da industrialização alemã, controlada pelo Estado e conduzida por ações aparentemente sem relações com os valores liberais, no plano político esse processo revelou-se extremamente autoritário, não apenas em suas instituições, mas na sua aplicação, ou seja, em suas políticas para a sociedade.

As tensões sociais, dominadas pela força, revelaram como havia na sociedade interesses diferenciados. Os *junkers*, proprietários de terras de origem nobre, eram os grandes baluartes da economia. Acostumados com as guerras e com tensão por seu rigor religioso, esses nobres experimentaram um modo de vida distinto dos seus pares da Europa (KEMP, 1985).

Desde cedo envolveram-se com a produção para o mercado, atuando como empresários, mas também não dispensaram a sua atuação política, reforçando os poderes locais. Associando esses aspectos à sua tradição, eles eram reconhecidos como aqueles que davam sentido ao próprio Estado como reserva moral das tradições.

Além disso, boa parte desses *junkers* diversificou as suas atividades econômicas, investindo no comércio e na indústria, favorecendo a manutenção das tradições pelo domínio familiar da economia. As famílias eram reconhecidas pelo tipo de atividade econômica desenvolvida. A ordem interna da casa representava a identidade da ética que moveu a economia.

As guerras e os conflitos religiosos só fizeram consolidar essas tradições ao mesmo tempo em que abriram caminho para o crescimento de atividades complementares. A economia agrícola manteve-se dominante, mas atuou como realizadora de outras atividades; neste aspecto, as relações sociais distribuíam-se de modos variados (WEBER, 1965).

Essas variações confirmavam a política pessoal dos *junkers* e fizeram com que a diferenciação social entre as várias regiões apresentasse conflitos com tons e problemas diferenciados.

Como não nos cabe aqui examinar pontualmente cada tipo de conflito, iremos apenas, com o perigo da generalização, indicar os pontos comuns. As relações sociais no campo eram, em sua grande maioria, determinadas pelo controle pessoal do proprietário, o que fez com que tanto a servidão como o trabalho assalariado fossem comuns.

Além disso, mesmo nas áreas de maior domínio servil, os camponeses possuíam certas liberdades que garantiam a sua sobrevivência, permitindo o alcance de alguma riqueza que os inseria no mercado das trocas. As atividades complementares eram o artesanato e a criação de gado.

O crescimento urbano e as ligas aduaneiras ampliaram a produção do mundo agrícola, elevando as rendas de todos que se ocupavam dos campos. O clima de liberdade de circulação fez com que os camponeses se envolvessem também com atividades mercantis, garantindo o seu acesso a alguma forma de propriedade da terra. Em nenhum momento, entretanto, observou-se a aquisição, por parte dos setores subalternos de direitos políticos.

Os avanços econômicos tiveram um papel importante na superação dos conflitos, pois propiciaram o desenvolvimento de novos ramos da economia. A diversificação econômica consolidou o mundo da produção e organizou o sistema de trabalho, garantindo o sucesso da via prussiana.

Quando Lenin analisou a via prussiana, embora assumisse uma posição crítica, considerou-a, em conexão com a realidade russa, como um tipo de desenvolvimento particular do capitalismo e da industrialização que justificava a revolução na Rússia, ou seja, considerava a realidade alemã como já sendo capitalista e promotora da modernização.

A inserção do Japão na economia mundo: a emergência do capitalismo

Para que se tenha uma ideia mais clara da evolução japonesa em direção ao Estado nacional torna-se necessário estabelecer alguns fatos relevantes na história japonesa para compreensão principalmente da Revolução Meiji.

O Japão depois de ter sido objeto da ação expansionista europeia, nos séculos XV e XVI, a partir de 1680, com o Shogunato Tokugama, realizou um processo crescente de isolamento, aliado a uma forte repressão interna, que produziu a centralização política e a hierarquização da sociedade através de um movimento de privilégios do segmento Kuge – nobreza cortesã – que funcionou como garantidor da legitimidade do Shogunato e dos Daimio – nobreza feudal/proprietários de terras. Abaixo desses segmentos encontramos os Heimin – a sociedade não privilegiada – e os Eta ou Hinin – párias – que se ocupavam do trabalho nas cidades e no campo, com um estatuto muito próximo àquele do servo europeu da Idade Média.

Grande parte dessas categorias inferiores dedicava-se ao trabalho no mar, ou seja, atuavam na pesca e na produção de barcos. Entre os segmentos privilegiados e os excluídos, observa-se a existência da Samuria, formada por funcionários da burocracia do Shogunato e de guerreiros e de vassalos dos Daimios (SKOCPOL, 1985).

O domínio político do Shogunato Tokugama estendeu-se até à Revolução Meiji, não sem tensões internas e externas. O processo crescente de desenvolvimento da centralização, através do aumento de impostos, fez com que ocorressem revoltas entre os segmentos privilegiados, agravando a crise com problemas de destruição de áreas agrícolas, o que determinou a miséria e a carestia dos setores subalternos.

Essas crises, que ocorreram periodicamente, também revelaram um processo de deterioração do poder do Shogunato com o surgimento de lideranças regionais que disputavam os privilégios e o controle do poder.

No século XIX, o confronto entre o poder central e os poderes locais ganhou uma nova dimensão. Frente às restrições impostas pelo poder central, os poderes regionais, como forma de ampliar a sua riqueza, propuseram a eliminação do isolamento com o exterior.

Em 1853 conseguiram que o Shogunato, enfraquecido pelas contradições internas, abrisse os portos japoneses aos comerciantes ocidentais. Daí resultaram importantes modificações na economia e na sociedade japonesa, todas elas relacionadas ao processo de ocidentalização. Cresceram o comércio e a indústria e apareceram os primeiros núcleos urbanos especializados na relação entre produção e comércio.

A partir de 1854, com o Tratado de Kanagawa, consolidou-se a abertura do Japão e iniciou-se a expansão nipônica sobre a Ásia. Estabeleceram-se concessões aos Estados Unidos da América e foram firmados acordos comerciais entre o Japão, a Inglaterra, a França e a Rússia.

Essas alterações nas condições de desenvolvimento da economia projetaram-se sobre a vida política e determinaram o surgimento de novos conflitos. Esses conflitos iam desde questões relacionadas à manutenção da tradição cultural e religiosa oriental, até luta por terras. O desenvolvimento dessas tensões acabou por significar o fim do Shogunato e a criação do Império, depois das tensões entre os nobres proprietários de terras do norte e os guerreiros samurais do sul.

A guerra entre o norte daimio e o sul samurai indicava a existência de dois modos diferentes de observar o desenvolvimento do Japão. Do lado dos daimios a pressão de autonomia e liberdade de circulação que apostava na continuidade do Shogunato mais descentralizado e, de outro, os samurais, requerendo um poder centralizado forte que pudesse garantir o desenvolvimento de uma política de abertura controlada no sentido de manter as tradições.

A passagem ao Japão moderno

Com Mutsu Hito, em 1867/1868, começou a época da luz do Imperador, conhecida entre nós como era Meiji ou revolução Meiji ou ainda reconstrução Meiji. Essa nova etapa de desenvolvimento do Japão estendeu-se até 1873 e consistiu na reorganização do regime político japonês. A constelação de governos locais de nobres sobre a hegemonia do Shogunato Tokugawa deu lugar a um Estado nacional centralizado, baseado na burocracia e no exército, na figura do Imperador Meiji.

A definição de um novo padrão de relacionamento externo e a atenção para o desenvolvimento interno foram os caminhos abertos pela revolução Meiji para a modernização japonesa:

> [...] a restauração Meiji desenvolveu-se independentemente dos camponeses. A restauração foi orientada contra o perigo da pressão estrangeira que ameaçava a semicolonização do Japão e contra o regime Tokugawa devido à sua incapacidade para governar com eficácia. Foi desencadeada por um golpe de Estado no Palácio Imperial e os agricultores acabaram por se ver como vítimas de mudanças planejadas e operadas por membros da classe governante dos guerreiros [...]. O poder de governar deslocara-se de um grupo de guerreiros dirigentes (os Tokugawa) para o imperador e para o grupo de clãs ocidentais que o apoiavam. Não houve qualquer derrubada da classe guerreira governante, qualquer ascensão dos camponeses ao poder ou qualquer mudança radical nas suas condições (BORTON, 1938: 2).

O movimento em direção à modernização enfrentou três momentos diferenciados, que demonstraram as preocupações de equilíbrio entre a abertura para o Ocidente e a tradição oriental.

O primeiro relacionou-se à superação das antigas estruturas fundiárias japonesas. Essa superação verificou-se através da divulgação do "Programa da Nova Era", anunciado em 1869 e da pressão sobre os daimios do sul para que aceitassem a autoridade do imperador. Com a incorporação dos proprietários de terras ao Império ficou fácil desenvolver o projeto de reformas. Em 1871, o governo imperial decretou a abolição da ordem feudal e da servidão e os antigos feudos deram lugar aos modernos distritos administrativos – ken – (províncias). O cuidado em manter o equilíbrio social fez com que logo a seguir fosse decretada a igualdade jurídica de todos os japoneses.

A necessidade de evitar confrontos com os antigos poderes locais criou um sistema de pensões estatais como forma de indenização dos antigos daimios que passaram a circular entre os nobres do Imperador e assumiram funções na burocracia e principalmente no exército como grandes chefes militares.

Ao lado de medidas que pretenderam consolidar o poder territorial do Imperador, notam-se outras que dizem respeito à intenção de recolher frutos da relação do Japão com as potências mundiais.

A organização de um programa de bolsas de estudos para japoneses viajarem e estudarem fora e a licença para a entrada no Japão de técnicos e assessores europeus demonstrou a preocupação em definir as novas bases de progresso do Japão.

A consolidação desse primeiro momento realizou-se com um conjunto de reformas básicas. A primeira no exército. Para estabelecer um movimento de renovação de quadros que desobstruísse os emperramentos de controles pessoais foi implantado o serviço militar obrigatório em 1872 (SKOCPOL, 1985).

Ainda neste mesmo ano foram reformados o ensino, tornando-o obrigatório, e idealizadas, a partir de padrões europeus, as instituições policiais, a imprensa, a constituição do direito japonês, o sistema de correio, a organização de um novo sistema de transportes, que privilegiou as estradas de ferro, a definição de um sistema de saúde e a criação de uma moeda, de valor internacional, o yen, e com ela a fundação do Banco do Japão, responsável pela economia monetária.

Esse primeiro momento, por mais que mostre a vontade de modernização, não ficou incólume a conflitos. Com as reformas houve a supressão das pensões aos antigos samurais e a eliminação do "direito de espada" que, em 1877, provocou a revolta dos samurais japoneses.

A repressão é forte e os samurais foram derrotados, simbolizando com a derrota o fim de uma era e o início de outra voltada para a consolidação econômica, política e social do Estado japonês.

O segundo momento relacionou-se à efetiva consolidação do poder interno, com a institucionalização das mudanças políticas. Em

1878, foram criados os parlamentos provinciais, que representavam a forma concreta de subordinação dos poderes locais ao Imperador.

Em 1884, foi formada a Câmara Alta, integrada pelos nobres – Kuge – e pelas famílias dos daimios. Em 1885, definiu-se a figura do primeiro-ministro que era de nomeação exclusiva do Imperador. Em 1888, foi criado o Conselho Secreto do Estado (Sumitsuin), cuja função era proteger o Imperador através do controle geral de tudo o que acontecia no Japão, estabelecendo, ao mesmo tempo, as estratégias de controle sobre a sociedade.

Em 1889, foi promulgada a Constituição da Nova Era, redigida pelo príncipe Ito Hirobumi que instituiu a monarquia constitucional hereditária com a Câmara Alta e a Câmara dos Deputados, ambas com 300 membros, mas a primeira composta pelas famílias nobres e a segunda através de eleições.

A Constituição ainda estabeleceu a autonomia administrativa das cidades e das comunidades e, o mais importante, mesmo sendo uma Constituição ocidentalizada, assumiu a autoridade suprema do Imperador em função de sua descendência divina.

O terceiro momento foi aquele em que, confirmados os resultados internos, o Japão se lançou como potência mundial e expansionista. Além das reformas, essa evolução só se tornou possível porque houve um grande crescimento populacional.

Em 1867, o Japão possuía 26 milhões de habitantes e, em 1913, 52 milhões. Este aumento populacional, ao lado do incremento industrial que provocou, determinou uma política de expansão que pudesse garantir a sobrevivência japonesa.

No período de 1875 a 1910, a política japonesa orientou-se para a consolidação industrial, para a formação do mercado interno e para o controle de novas áreas. Foram exemplos dessa política, a guerra Chino-japonesa de 1894/1895, no fim da qual a China cedeu Formosa, Port Arthur e as Ilhas Pescadores ao Japão, pagou uma indenização de guerra e reconheceu a independência da Coreia, que passou a ser área de influência japonesa. Além disso, a intervenção na Guerra dos Boxers e a Guerra Russo-japonesa de 1904/5 ampliou as áreas de controle do Japão e consolidou-o como potência mundial, uma vez que nesse período a economia teve seu auge industrial (MOORE JUNIOR, 1983).

As consequências desse modelo de concretização capitalista, decorrente de uma ação política autoritária e de uma mobilização que traduzia a manutenção das tradições, ficaram claras no século XX, tanto na Primeira como na Segunda Guerras mundiais.

A experiência americana: a formação dos Estados Unidos da América

A via norte-americana envolveu a recepção dos valores europeus na América e a criatividade decorrente das formas de adaptação da nova área às experiências anteriores.

A formação da nação americana teve sua origem na Europa, o que não quer dizer que a história dos Estados Unidos da América seja simplesmente uma decorrência da história inglesa. Ao contrário, a via americana foi o desenrolar de um processo particular determinado pela junção entre ação humana e ambiente natural (GUSDORF, 1990).

Devedores dos valores europeus, a experiência americana reuniu a disciplina religiosa puritana à ação social e, como consequência, produziu uma nação na América capaz de elevar os valores das Luzes ao seu lugar mais alto.

A partir do século XVII iniciou-se a saga lenta da formação dos Estados Unidos da América. Ao norte, região sob o controle da Nova Inglaterra, as terras foram ocupadas pelas colônias de Massachusetts, New Hamphire, Rhode Island e Connecticut, que reuniram juntas uma população em torno de 700 mil habitantes. Na região central localizaram-se as colônias da Pensilvânia, New York, New Jersey e Delaware cuja população chegou a 530 mil habitantes. Ao sul, onde se localizou o maior número de colonos, cerca de 1 milhão de habitantes, fundaram-se as colônias de Virgínia, Maryland, Carolina do Norte, Carolina do Sul e Geórgia (NARO, 1987).

O crescimento dessas colônias fixou-se nos parâmetros do processo de fundação da Modernidade europeia. O desenvolvimento foi desigual e diferenciado. Na região do norte e do centro desenvolveu-se a pequena e média propriedades, baseadas, em termos globais, no trabalho livre, realizado em grande parte pelo próprio proprietário e sua família. Havia ainda, em algumas áreas dessas regiões, o trabalho temporário de acordo com o sistema de colheitas dos produtos agrícolas e das estações do ano. Este trabalho temporário compreendeu contratos que absorviam parte das novas levas de colonos, que vinham complementar a escassez de mão de obra permanente.

A produção no norte e no centro dos Estados Unidos da América organizou-se a partir de critérios racionalistas, fazendo com que a produção, desde o início, já tivesse capacidade de abastecer o mercado interno e concorrer no mercado externo. A concorrência verificou-se principalmente com os ingleses metropolitanos, uma vez que a semelhança entre os produtos coloniais e europeus era absoluta. Os resultados foram, do lado americano, a continuação de sua ação produtiva, e do lado inglês, a redução de sua presença nos mercados coloniais americanos, determinando o início de um processo de conflitos, importante, nesse momento, porque politizava as relações e mostrava aos colonos que o caminho a ser seguido era o que eles haviam idealizado (RUDÉ, 1982).

Os principais produtos eram a madeira, os produtos oriundos da atividade pesqueira e os produtos ligados à navegação e eram eles que representaram a presença americana na balança comercial inglesa.

Como o volume de produtos não era ainda significativo e as regiões eram ricas em matérias-primas, a política inglesa abriu mão da proibição da produção de manufaturas na América e incentivou o desenvolvimento industrial. Embora a Inglaterra, mais tarde, tenha se arrependido de ter criado a base de desenvolvimento das indústrias coloniais e de ter constituído uma região capaz, a médio-prazo, de concorrer com os produtos industriais metropolitanos, em função do aumento constante da produção e com ela da necessidade de ampliar mercados, esse movimento em direção ao progresso já mostrava a força que a ética de vida dos colonos possuía (NARO, 1987).

Além disso, como as colônias do sul dependiam mais fortemente da metrópole, as áreas do norte e do centro criaram mecanismos de circulação próprios, aumentando as suas rendas sem a intervenção inglesa. A simplicidade dos procedimentos de trocas facilitou o desenvolvimento e a expansão dessas regiões, garantindo-lhes a sobrevivência sem depender da Inglaterra. Esse movimento em direção à autonomia agitou as cabeças dos colonos, que desde cedo descobriram mecanismos de garantir as suas liberdades.

No sul, o comércio com a Inglaterra era feito em torno de produtos tropicais como tabaco, anil e algodão e da importação dos produtos manufaturados ingleses. Em função dessa relação entra a metrópole e o sul colonial americano, a propriedade, na região, apresentou-se sob a forma da grande propriedade com o uso da mão de obra negra, na forma da escravidão.

A peculiaridade das colônias do norte e do centro permitiu um desenvolvimento autônomo que, além da concorrência com os ingleses em largas áreas, inclusive no sul dos Estados Unidos da América, alargou sua presença sobre a América Central e as regiões atlânticas da África.

Os conhecidos "comércios triangulares" foram estruturados a partir do comércio de peixes, madeira, gado e de produtos agrícolas das regiões antilhanas, onde os colonos do sul obtinham melaço para o rum que concorria com a produção das Antilhas nos mercados africanos. O açúcar fazia parte do circuito que ligava a Filadélfia, New York ou New Port, onde era trocado por produtos coloniais e enviado da África para a Inglaterra. O retorno fazia com que os colonos recebessem tecidos e instrumentos de ferro.

Outra ligação comercial importante era aquela que ia das colônias para o mundo ibérico. Em trocas dos produtos coloniais, os colonos conseguiram receber sal, frutas e outros que eram enviados à Inglaterra em troca de produtos manufaturados.

O avanço econômico das Treze Colônias começou, aos poucos, a dominar os mercados atlânticos e a disputar a primazia sobre eles com os comerciantes metropolitanos, dando origem ao processo de tensão entre a área colonial e a metrópole, que acabara por emancipar as colônias, mas que no momento exigiu uma ação de força da Inglaterra.

Diante da concorrência das colônias, a Inglaterra passou a desenvolver uma política de controle mais acentuado. Não que interessasse à metrópole eliminar a produção colonial, mas estava na hora de reorientá-la no sentido de atender mais de perto às necessidades inglesas. No fundo, o que a metrópole fez foi aplicar as leis que já presidiam as relações entre as duas áreas. Entretanto, esse reposicionamento inglês não se deveu apenas ao processo de crescimento das colônias. Havia também a questão do avanço colonial francês em direção à América Central, ao Canadá e à Louisiana.

O avanço francês era mais preocupante porque tornava os franceses parceiros comerciais das colônias, possibilitando o domínio dos mercados do Atlântico Norte. A Guerra dos Sete Anos que ocorreu entre 1756 e 1763 foi a culminação de uma tensão que se arrastava desde o início do século, que envolveu em determinados momentos Portugal, França e Inglaterra e que, em 1710, fez com que os franceses invadissem a Baía da Guanabara, em represália ao não cumprimento, por parte de Portugal, dos acordos com relação às Guianas (RUDÉ, 1982).

Na passagem da primeira para a segunda metade do século XVIII a tensão aumentou e deu origem a um conflito mais violento, porque não estavam em jogo na guerra apenas os interesses de ambos os Estados na América, mas também a hegemonia na Europa.

Com a vitória inglesa reforçou-se o poder metropolitano na medida em que a anexação das áreas de domínio francês estabeleceu uma nova base para a presença inglesa na América, além de justificar medidas de proteção com o posicionamento de forças militares inglesas no Atlântico Norte.

Entretanto, a estratégia metropolitana foi além do que aumentar sua área na América. Com a justificativa de que os novos territórios beneficiavam os colonos como área natural de expansão da produção e dos negócios, os ingleses aprovaram no Parlamento, uma solicitação de que os colonos americanos arcassem com os custos da guerra junto com os cidadãos metropolitanos, alimentando com isso o ideal de unidade.

No quadro geral das relações entre colônia e metrópole, a manifestação do parlamento envolveu mais do que pagamentos de guerra. Os custos da guerra serviriam para a retomada dos direitos ingleses sobre a América e ainda era uma forma de represália pela atitude passiva dos colonos diante da guerra com os franceses.

Além disso, o aumento da intervenção fiscal incidiu sobre os produtos, aumentando seus preços e diminuindo a capacidade de presença dos colonos nos mercados, abrindo espaço para a ação inglesa e criando limites para a autonomia dos colonos. Na verdade, a derrota francesa já havia sido um grande castigo para os colonos que perderam os mercados franceses.

A nova posição de pressão da Inglaterra possibilitou o avanço da consciência política dos colonos, que viam a construção de sua liberdade ameaçada. O resultado foi a radicalização de posições e a produção de conflitos que, concretamente, ocorreram em função, em primeiro lugar, do envio para as colônias de uma nova força militar metropolitana encarregada de definir a nova posição inglesa na América, não simplesmente em função da presença dos soldados, mas porque as autoridades inglesas fizeram recair sobre os colonos a manutenção da tropa através de duas novas leis aprovadas pelo Parlamento: Sugar Act e Stamp Act (NARO, 1987).

A lei do açúcar de 1764 limitou a autonomia comercial dos colonos, impedindo que a riqueza colonial crescesse e interferindo no alcance do comércio interno. Já a lei do Selo de 1765 foi a forma de controle administrativo e burocrático, exigindo a selagem em documentos legais, contratos, jornais, opúsculos e até baralhos de cartas e dados de jogo.

As respostas dos colonos concentraram-se na lei do Selo, com a argumentação de que era um imposto que incidia sobre a vida interna da colônia e não sobre as relações entre a coroa inglesa e os colonos.

Entretanto, o que preocupou mais os colonos foi que as novas leis acabaram por limitar, não apenas o comércio externo de exportação, mas também as importações, fundamentais para o crescimento econômico, pois o peso do pagamento dos novos impostos diminuía a acumulação interna da riqueza e reduzia a circulação monetária, impossibilitando a produção de alternativas que pudessem aliviar as novas cargas fiscais (RUDÉ, 1982).

Em 1765, os colonos reuniram-se em New York para discutir as leis inglesas. A realização desse congresso de colonos, embora fizesse questão de manter a posição de obediência à Coroa, significou o avanço político dos colonos que criticaram as restrições comerciais, tomando a decisão de não mais realizar qualquer forma de comércio com os ingleses, o que para os colonos representava criar altos prejuízos para os homens de negócios da Inglaterra e para a riqueza inglesa em geral.

A estratégia dos colonos foi a de colocar os comerciantes ingleses contra a Coroa, fazendo-os aliados dos colonos e automaticamente grupos de pressão sobre o Parlamento para eliminação das leis. A política dos colonos foi coroada de sucesso e o Parlamento, pressionado pelos comerciantes ingleses, aboliu a Lei do Selo e as taxas sobre o açúcar.

O resultado positivo para os colonos alargou o horizonte de expectativas dos americanos, anunciando a retomada da luta pela autonomia e aprofundando as críticas à política inglesa. No entanto, esse movimento precisou de uma base filosófica que se identificasse principalmente com os objetivos do progresso econômico e social. As ideias das Luzes transformaram-se na base de orientação da ação dos colonos, adaptadas aos valores éticos e morais resultantes das conquistas dos colonos (NARO, 1987).

A demonstração dessa nova etapa de desenvolvimento das ideias dos colonos verificou-se durante o ano de 1766, quando foi discutida a autoridade do parlamento metropolitano em negócios internos da colônia, através do repúdio à chamada Lei do Aquartelamento, que exigia dos colonos prioridade no auxílio para alojamento, alimentação e transporte das tropas inglesas assentadas na colônia.

No fundo, os colonos começaram a entender que só seria possível manter a liberdade e a autonomia se eles se organizassem coletivamente através de um governo que os protegesse e garantisse os seus direitos.

As autoridades metropolitanas percebendo o avanço da política colonial e da recepção das ideias iluministas atacaram mais pesadamente e, através dos chamados Atos Tomnshend, impuseram o pagamento de impostos sobre os produtos importados como o chá, os vidros, o papel e as tintas. O que apareceu como novo foi que esses atos vieram acompanhados de formas concretas de cobrança, como a constituição de Juntas Alfandegárias, encarregadas de cobrar os impostos e de, para desespero dos colonos, ter autoridade para fazer buscas nas casas comerciais e nas residências dos colonos em apuração de situações de contrabando.

A reação seguiu a direção já anteriormente indicada de pressão sobre os comerciantes ingleses através do boicote das importações, reduzindo a circulação e provocando crises nos negócios. Novamente, o resultado foi positivo e os atos foram abolidos. Entretanto, o sucesso não foi integral, a Coroa inglesa além de manter o imposto sobre o chá, aprimorou-o, através de uma nova regulamentação que veio em 1773 com a Lei do Chá (Tea Act).

A Lei do Chá, na verdade, era complicada, pois, de um lado, diminuía o preço do chá, mas, de outro, eliminava os ganhos dos intermediários uma vez que dava o monopólio de circulação à Companhia das Índias Orientais. Os prejuízos foram grandes e colocaram um novo problema: depois do chá, outros produtos poderiam também receber o mesmo tratamento.

A reação dos comerciantes coloniais assumiu a dimensão da violência social. Em Boston, os comerciantes destruíram as caixas de chá que estavam nos porões dos navios ancorados no porto (The Boston Tea Party).

A ação inglesa foi imediata e radical, pois as ações dos colonos começavam a sair do controle da metrópole. Em 1774, o Parlamento inglês votou as conhecidas Leis Intoleráveis, que redefiniam as formas de autoridade da Coroa na colônia, impedindo que os colonos tivessem qualquer autonomia ou liberdade e incidindo sobre a livre-circulação dos homens, das ideias e da expressão (NARO, 1987).

Não apenas os comerciantes se organizaram contra os ingleses, os agricultores também sofreram com a política metropolitana e estavam ressentidos com a Coroa. Estimulados a avançar na ocupação para o oeste, como modo de afastar as pretensões francesas e espanholas, os homens da terra sentiram-se reprimidos pela Coroa. Em primeiro lugar, porque o alargamento da fronteira agrícola diminuía o controle metropolitano; em segundo lugar, os novos agricultores do oeste passaram a concorrer com os ingleses no comércio com os índios. A saída dos ingleses foi estabelecer um limite para os pioneiros, utilizando para isso os índios através da demarcação de suas reservas.

O ato derradeiro ocorreu em 1764, quando a metrópole determinou que as terras disponíveis fizessem parte do controle metropolitano de Quebec. As consequências mais pesadas para os desbravadores foram a perda das propriedades pela limitação de seu uso ou por venda em busca de novas áreas, principalmente de minas de ouro. Os proprietários do sul também foram afetados pela política inglesa. A baixa tecnologia aplicada na produção, provocando o esgotamento das terras, fez com que os colonos procurassem constantemente novas terras, também limitadas pelos atos metropolitanos.

A situação se complicou em 1764 com a proibição da emissão de dinheiro na colônia, que limitava o aumento das rendas e intervinha nas formas tradicionais de organização das trocas. O descontentamento com a metrópole tomou a sociedade de colonos como um todo e anunciou um embate que fez surgir uma nova nação.

O que mais preocupava os colonos era a organização coletiva da oposição à metrópole que só poderia ser concretizada pela construção de uma direção política que garantisse as liberdades, as autonomias e as diferenças.

A questão era que a possibilidade de construção desses direitos políticos dependia da emancipação. Amadureceu, então, a ideia de que só a eliminação dos laços de dependência faria com que a liberdade e a autonomia fossem mantidas.

A discussão começou com a convocação do Primeiro Congresso Continental da Filadélfia, em 1774. Os debates mostraram que as posições dos colonos se dividiam entre a independência e as tentativas de fazer com que a Coroa reconhecesse os direitos dos colonos. Vencedores os reformistas, demarcaram o sentido da obediência à Inglaterra e mandaram uma petição ao Parlamento e ao rei. O conteúdo da petição revelava o desgaste das relações entre os dois lados, fazia uma análise dos prejuízos e, por fim, solicitava a eliminação das leis de restrição à vida dos colonos (EISENBERG, 1982).

Um detalhe marcou a petição, detalhe que evidenciou a presença de uma proposta de definição dos interesses dos colonos através da ideia de igualdade de direitos com os cidadãos metropolitanos. As divisões entre os colonos e a pouca atenção da Coroa deu origem a conflitos que aumentaram a partir de 1775, quando os mais radicais passaram a se organizar militarmente.

Em 1775, reuniu-se um Segundo Congresso Continental na Filadélfia, agora fomentando a separação com a organização armada dos colonos. Nesse congresso despontaram duas figuras importantes no processo de construção do Estado americano: George Washington – comandante das forças dos colonos – e Thomas Jefferson – intelectual encarregado de redigir o documento de concretização da vontade dos colonos de construir um novo Estado, especialmente a Declaração de Independência que deveria conter os valores que regeriam os direitos do homem americano.

A presença de tropas inglesas transformou a luta pela emancipação em guerra pela independência. Durante o processo da guerra, os dirigentes americanos enviaram representantes aos vários estados europeus para apresentar o projeto dos ex-colonos, o que garantiu a ajuda dos franceses e espanhóis através de Benjamin Franklin.

Em 1783, com o Tratado de Versalhes, terminaram os conflitos e a independência foi reconhecida. Em 1787, foi redigida e promulgada a primeira Constituição dos Estados Unidos da América, que apresentava como novidade a criação de um governo republicano presidencialista com a divisão em três poderes, já mostrando a influência de iluministas, como Montesquieu. Também, nessa oportunidade, George Washington foi eleito primeiro presidente americano (EISENBERG, 1982).

A Declaração de Independência de 04 de junho de 1776 representou, de forma clara e límpida, o ideal dos ex-colonos associados aos valores da Luzes, pois reconhecia a igualdade e os direitos naturais, por obra divina, a vida, a liberdade e a felicidade, identificando o governo como a justiça garantidora dos direitos.

É importante registrar que embora influenciados pelos valores da razão moderna, a experiência americana da independência deveu muito à tradição das formas de colonização. O que deu sentido à nação americana foi o aprendizado de liberdade que envolveu a construção das colônias.

A consolidação do capitalismo nos Estados Unidos da América

A euforia da independência escondeu problemas que foram reaparecendo ao longo do século XIX e que determinaram a Guerra de Secessão em 1860. Embora a forma política desenvolvida fosse, à época, a mais avançada no Ocidente, era preciso que ela atingisse toda a sociedade. Entretanto, o próprio momento da independência mostrou que os interesses dos ex-colonos das várias regiões eram distintos e haviam tomado um corpo único, na forma de uma nação soberana e livre, em função de um inimigo comum: a Inglaterra.

Associe-se a isso a expansão reprimida no momento anterior à revolução, o aumento populacional e as imigrações, produzindo limitações de controle social. Além disso, o governo, deliberadamente, ocupou-se de aumentar o território e a população. Em 1803 comprou a Louisiana da França; em 1819, adquiriu a Flórida da Espanha e anexou o Texas, em 1845; em 1846, foi a vez da anexação do Oregon e, em 1848, após a guerra com o México, incorporou a Califórnia e os estados de Nevada, Utah, Arizona e Novo México.

Aumento de população e condições políticas favoráveis fizeram com que a nação americana recebesse, ao longo da primeira metade do século XIX, um grande número de imigrantes. O resultado foi a continuação do alargamento da fronteira oeste, a corrida do ouro na costa do Pacífico.

A diretriz do Estado americano foi de fortalecer a ocupação territorial e, em 1862, através do Homestead Act, o governo autorizou a distribuição gratuita de terras aos estrangeiros, afetando as áreas indígenas e dando início ao seu extermínio.

As atuações estatais se ocuparam de aprimorar o sistema de governo, sem interferir nas áreas que tradicionalmente compunham as antigas áreas dos colonos. Entre essas áreas se mantiveram as diferenças, fazendo com que o desenvolvimento econômico se realizasse de forma desigual e em condições singulares. As áreas agrícolas aumentaram a sua produção, principalmente de algodão, em função da industrialização europeia. O sucesso do algodão fez avançar as ferrovias e a maquinaria para a agricultura em decorrência da rapidez de incorporação de trabalhadores e a oferta em retorno mais lento.

Por outro lado, os sucessos confirmaram dois modos diferenciados de crescimento que, de certa maneira, confirmaram as diversidades de origem. Os estados do norte, desde o início, voltados para o incremento da produção, baseados nas fazendas e com mão de obra assalariada, estimularam a sua riqueza, a partir de 1860, com uma política deliberada de industrialização.

Os estados do sul, por outro lado, desde o início tiveram uma base escravista num sistema de grandes propriedades, aceleraram a sua riqueza através do aumento da produção do algodão, agora não mais apenas para a Europa, mas também para as indústrias dos estados do norte.

O crescimento dos estados do norte e do sul, ao mesmo tempo que favoreceu a nação americana, representou a abertura das tensões por conta das políticas econômicas. Concretamente, havia dois modelos econômicos e ambos apresentavam resultados positivos. Entretanto, no plano político, o modelo que melhor representava os ideais da democracia americana era o dos estados do norte, pois os estados do sul apresentavam a mancha da escravidão negra, que funcionava como marca negativa para a consolidação de uma nação civilizada.

Essa pressão sulista, de manter a escravidão, já apresentou problemas em 1828, com conflitos derivados da política tarifária. Cada área reivindicava condições diferentes. Enquanto para o sul eram melhores taxas baixas de importação e exportação, porque assim a economia crescia pelo aumento da venda dos produtos agrícolas e as condições de vida dos sulistas melhoravam porque também os produtos importados ficavam baratos. Além disso, o sul não dependeria dos produtos do norte (NARO, 1987).

Para os interesses dos estados do norte, as tarifas deveriam ter um sentido protecionista e, nesse aspecto, tinham que se manter altas para tornar viável o aumento de mercados para seus produtos industriais.

No fundo, os estados do norte, unidos politicamente, estavam interessados em gerar a autonomia do Estado americano através da formação de um forte mercado interno e de uma parceria com o sul no sentido da utilização do algodão para aumentar as indústrias têxteis e também diversificar os investimentos e os produtos pela incorporação de outras áreas fornecedoras de matérias-primas, no centro e no oeste. Mas, para concretização desse projeto, era preciso aumentar a malha ferroviária, ampliar as comunicações e produzir o crescimento urbano, pois só assim os investimentos teriam sentido. A questão se colocava da seguinte maneira: o norte precisava de sócios na empreitada e o sul era o sócio ideal, juntos poderiam consolidar a unidade territorial e desenvolver a economia, tornando-a nacional.

A manutenção do trabalho escravo no sul era um obstáculo ao sonho de um forte mercado interno, pois retirava do mercado um grande contingente de consumidores, na perspectiva do norte. Entretanto, nas condições do sul, a escravidão garantia o desenvolvimento da base econômica.

Depois de 1815, o preço dos escravos aumentou por conta da proibição do tráfico negreiro e os proprietários do sul passaram a criar escravos negros. Suas áreas de produção eram divididas entre algodão e negros. Para o sul tornou-se fundamental a ampliação de áreas onde fossem utilizados os escravos negros.

A posição do norte era manter a linha desenvolvida no processo de ocupação através dos imigrantes e dos trabalhadores livres, pois significavam mercados para a produção nortista. Mais competentes intelectualmente, as elites nortistas desenvolveram a campanha pela abolição da escravidão baseada na reapresentação dos valores que haviam criado a nação americana: a igualdade entre os homens e a moral religiosa oriunda os preceitos bíblicos (WEBER, 1965).

O primeiro resultado positivo da luta dos nortistas foi o Acordo do Mississipi de 1820, que limitava a escravidão à área do Estado americano abaixo do paralelo 36, ao mesmo tempo em que a formação dessa dualidade fez avançar estratégias de fuga de negros do sul. Alguns estados, como a Califórnia, que estavam na região delimitada, também passaram a integrar os que proibiram a escravidão. O parecer favorável à solicitação da Califórnia produziu a abertura de uma brecha para que a direção nortista do estado nacional ampliasse a sua política antiescravista através do Compromisso Clay de 1850, que transferiu a decisão sobre a escravidão para cada estado, ouvidos os seus habitantes.

A questão da escravidão politizou a sociedade americana e as pressões sobre os escravistas aumentaram, saindo do controle do Estado e iniciando os primeiros conflitos entre nortistas e sulistas. Os dois partidos políticos – os democratas e os republicanos – passaram a tentar conduzir a questão. Enquanto os republicanos, que optaram pela abolição mas queriam apaziguar os conflitos e manter a união, apresentaram, em 1860, Abraham Lincoln como candidato às eleições; os democratas, que eram mais fortes politicamente, mas estavam divididos, o que não permitiu a unidade do partido em torno de um candidato, viabilizaram a vitória de Lincoln e dos democratas (EISENBERG, 1982).

Entretanto, a polarização em torno da escravidão fez o seu primeiro efeito com o desligamento da união, ainda em 1860, do estado da Carolina do Sul, seguido de outros estados que passaram a formar os Estados Confederados da América.

A Guerra de Secessão era iminente e durante cinco anos a guerra civil alastrou-se pelo território americano. A vitória do norte significou a hegemonia do modelo industrial em bases diferentes daquilo que tinha sido o desenvolvimento inglês.

Baseado na industrialização radical que envolveu o avanço sobre as áreas agrícolas do sul, a economia americana, sob a direção do norte, lançou-se definitivamente no processo de afirmação da racionalidade capitalista, possível graças à unificação, às condições internas de desenvolvimento e ligada diretamente à política da Doutrina Monroe de 1822 – a América para os americanos.

Racionalidade, investimento, trabalho e tradição religiosa somados aos empreendimentos de desenvolvimento da ciência e de sua aplicabilidade às indústrias, propiciaram o crescente desenvolvimento americano, que passou a ocupar o lugar que nos séculos XVIII e XIX era da Inglaterra, substituindo a denominação de Revolução Industrial pelas denominações mais contundentes do século XX: americanismo e fordismo.

PARTE II

A ARTE NO RENASCIMENTO E NO BARROCO

João Masao Kamita

Introdução

Não é exagero afirmar que o nosso conceito de arte tem no Renascimento o ponto de origem. No final do século XIV e início do XV, o fazer ganha importante diferenciação, com algumas esferas sendo guiadas não exclusivamente pela tradição ou pelo uso. Elas passam a ser coordenadas por aquilo que se poderia denominar "concepção". Esse fazer orientado por uma concepção chamou a atenção para o realizador, para o artesão que realiza a obra com habilidade e inteligência. Sejam obras de arquitetura, pintura ou escultura, tais trabalhos nos atraem por um algo a mais que contêm. No princípio, esse aspecto é ainda pouco definível, mas pouco a pouco ele começa a ser identificado como um *disegno*, um desenho da mente, uma ideia guiada por uma intenção.

A obra deixa de ser um trabalho de uma coletividade e torna-se expressão de uma individualidade, ou seja, o que se representa não são mais os valores comuns e dominantes, mas sim a visão que se tem deles e daquilo que representam. Fica evidente que a emergência do indivíduo e da individualidade moderna foram fundamentais para a liberação das artes, daí sua intrínseca relação com o Humanismo renascentista. A obra passa a ser um processo que agrega aquele que a realizou, o que ela expressa de singular e o modo como afeta os outros. Assim, começam a se forjar o sistema que define o conceito de arte no Ocidente: obra, autor, concepção, valor representativo.

Ao longo do século XV, abordaremos esse longo, árduo e intenso processo das artes, acompanhando o percurso dos principais protagonistas, destacando obras marcantes, localizando o contexto do período e relacionando-o com o debate de ideias vigente. Como qualquer investigação, estabelecemos um recorte bastante preciso, tanto por razões histórico-culturais, pela sua reconhecida importância, como por razões pragmáticas, pela necessidade de uma narrativa concisa e abrangente. É por tais razões que esta seção fala da arte no Renascimento com foco exclusivo na Península Itálica e se concentra nas artes da arquitetura, pintura e escultura: pelo entendimento de que ali se daria a gênese do conceito de arte do qual ainda participamos.

Ainda que esta narrativa histórica seja conduzida em sentido cronológico – começando no final do século XIV e indo até o final do século XVII, tomamos o cuidado de evitar sentidos teleológicos que *a priori* confeririam aos acontecimentos artísticos um sentido evolutivo. Embora a arte renascentista tenha introduzido o valor do clássico (recuperado dos Antigos) e a partir de então tenha se tornado predominante, de início na Europa e, depois, em outros continentes, evitamos considerá-la um projeto hegemônico e unitário que, de conquista em conquista, tenha erigido progressivamente um edifício sólido e inquestionável. Ao contrário, nossa abordagem procurou considerar os dilemas do momento histórico, considerando as polêmicas e disputas em curso. Por isso, de saída buscamos demonstrar como as poéticas de Alberti e Brunnelleschi divergiam das de Fra Angelico, as de Botticelli contrastavam com a de Leonardo e esse último tinha profundas diferenças para com Michelângelo.

A história da arte é um processo muito mais de crises do que de consensos. A maior prova disso é o valor que a contrição assume ao longo do século seguinte. O século XVI é o século da chamada Alta Renascença – o auge da arte com Michelângelo e Rafael –, mas é simultaneamente o momento da crise maneirista e das dramáticas tensões espirituais que vão abalar as estruturas da Igreja Católica, criar uma cisão aguda no seio da doutrina cristã a ponto de dividir a Europa entre católicos e protestantes. A arte obviamente não passou incólume por essa crise existencial. Mas momentos de tensão são justamente propícios para a autorreflexão. Em meio a dúvidas e questionamentos, a arte não fica isenta de procurar pensar a si mesma, a investigar a natureza de seu processo e a sua diferença com as demais atividades. Esse é o momento em que se configura, não por acaso, a História da Arte, com o monumental *Vida dos artistas*, escrito por Giorgio Vasari em 1550.

Com as divisões e guerras religiosas, a questão se torna europeia. Por um lado, a crença na superioridade dos antigos se espalha pelo continente, propagando o culto à arte clássica. A arte renascentista se impõe como padrão e se expande, afirmando sua autoridade. França, Alemanha, Inglaterra, Países Baixos estabelecem um profícuo intercâmbio com a Itália. Artistas italianos são contratados pelas cortes europeias, e o inverso também ocorre: artistas de várias regiões buscam na Itália atualização e aprendizagem.

Contudo, na nova constelação de poder do século XVII, entre nações católicas e protestantes, surgem grandes artistas dos dois lados. O principal artista do mundo católico é El Greco, que serve à corte espanhola, dando início à grande tradição pictórica hispânica, cujo vértice é a arte severa e altamente consciente de si de Diego Velázquez. O contraponto dessa arte de corte é a extraordinária pintura existencial de Rembrandt, que consegue dar dignidade à experiência burguesa. Roma – capital do mundo católico – continua a ser o centro da arte religiosa, e, depois de superadas as guerras religiosas, a Cúria investe maciçamente na construção de imagens sacras, voltando a potencializar a função da arte na propagação da mensagem espiritual. Novamente, isso não significa que os artistas compartilhem dos mesmos valores e projetos. É flagrante o contraste de tendências entre Caravaggio e Carraci, assim como entre Bernini e Borromini, um pouco depois.

O próprio do Barroco, de fato, é o contraste, a tensão entre movimentos. Nesse âmbito, a arte da corte se realiza com esplendor e magnificência na França, com a construção de Versalhes como símbolo do Estado Absolutista. O classicismo francês se impõe como signo de requinte, etiqueta e bom gosto.

Aquilo que então se insinuara no início do texto – os conflitos entre os pioneiros da renascença – ganha contornos radicais no Barroco, a ponto de podermos afirmar que, mais do que uma convergência de tendências, o que domina é a afirmação da diferença. E, apesar dos intensos conflitos religiosos, o século do Barroco é de uma secularização mais extrema que a do século XV.

Sem descuidar das análises específicas das obras de arte, esta seção procura abordá-las no campo de tensões sociais dos períodos, a partir da convicção de que o valor estético intrínseco dos trabalhos se dá *pari passu* com o valor cultural que materializam. Obviamente, por falta de espaço, não entramos a fundo na abordagem dos acontecimentos políticos, religiosos e científicos. Contudo, como esta seção está em diálogo com a primeira parte do livro, acredito que uma pode iluminar a outra e, assim, formar um par elucidativo.

De um modo geral, o texto que se segue é resultado do exercício cotidiano das aulas de história moderna aos alunos do curso de graduação. Logo, tanto na sua linguagem como na sua forma de abordagem procura, na medida do possível, seguir a orientação mais didática possível.

1
Arte como forma de conhecimento

Em *A cultura do Renascimento*, o historiador Jacob Burckhardt ressalta o inquieto e inquiridor estado de espírito do homem renascentista, dando acento àquilo que considera uma das marcas diferenciais do período: o desenvolvimento da individualidade. Tal processo implicava, não obstante, um delicado movimento: o estudo mais completo da Natureza, tanto humana quanto aquela exterior ao homem. A razão desse desdobramento deve-se à ideia de que a noção de indivíduo só é possível, em termos epistemológicos, operando-se uma distinção lógica entre o sujeito e o objeto do conhecimento. Burckhardt procura sintetizar o empenho investigativo do período através da célebre fórmula "descoberta do homem e do mundo". Apesar da grandiloquência retórica da expressão, ela ainda constitui uma referência significativa do momento inaugural do período moderno. No campo das artes plásticas, especialmente, ela encontra plena correspondência naquele dispositivo inventado no princípio do século XV pelo arquiteto Filippo Brunelleschi – a perspectiva –, o qual sustenta a estrutura fundamental da arte ocidental até o advento da arte moderna. A possibilidade de representar com precisão geométrica a realidade em três dimensões (o mundo) num plano bidimensional (o quadro) não significa meramente a descoberta de um artifício técnico de desenho, mas acima de tudo a consagração da visão como sentido privilegiado de captura da realidade exterior. Procedendo desse modo, o olhar se flagra em plena atividade, revelando a si mesmo suas potencialidades: aquele que conhece o mundo pelo olhar não deixa de, simultaneamente, conhecer a si próprio.

O conjunto de transformações culturais que se verifica nesses quase dois séculos e meio, do século XV a meados do XVI, forma um quadro abrangente e complexo, que obviamente não se restringe ao campo artístico. Contudo, é nele que o processo em curso se mostra com evidência e imediatismo exemplares. Seus atores principais buscavam marcar uma nítida diferença com o período precedente – a Idade Média –, investindo-se da consciência do emergir de um tempo distinto, que tinha nas artes a sua expressão mais vivaz, talvez porque elas consubstanciassem e demonstrassem visualmente a intensidade das mudanças. O que se vislumbra, portanto, é uma nova consideração sobre o valor do *fazer* humano, enfim, da ação humana no mundo.

Para se compreender melhor tais transformações na estrutura cultural da arte, faz-se necessário relembrar como as atividades ditas "artísticas" eram inseridas e reconhecidas pela sociedade no *Quattrocento*. Antes de mais nada, é preciso esclarecer que isso que denominamos arte não existia enquanto tal, já que todas as práticas manuais (incluindo-se aí pintura, escultura, construção e ourivesaria) eram enquadradas na categoria geral do artesanato. Assim, não existiam diferenças hierárquicas, tal como a que se estabeleceu com a fundação das academias francesas, a partir do século XVII, entre artes maiores (letras, música e artes plásticas) e artes menores (artesania).

No entanto, foi exatamente nesses dois séculos de predomínio da cultura italiana que os artistas conquistaram, não sem dificuldades e lutas, reconhecimento social semelhante aos poetas e literatos, ou seja, aos homens de letras. Vale lembrar, ainda, que essa elevação de mero artesão, produtor de objetos úteis, à condição de artista liberal só alcançou plena realização no fim do período renascentista, ou seja, no limiar do século XVI, com Michelângelo – não por acaso o artista das "ideias sublimes". Por outro lado, não havia ensino formal para artistas, tampouco um espaço exclusivo reservado à criação artística – o atelier. O lugar no qual se estabelecia o artesão era a oficina e, segundo Chastel, "a condição dos artífices continuava a ser modesta e desprovida de dignidade particular. São produtores de objetos úteis. Estão ligados à sua guilda" (CHASTEL, apud GARIN, 1991: 172).

Em suma, a sociedade não identificava uma diferença qualitativa entre o "artista" e o artífice, uma vez que todos partilhavam de um mesmo reconhecimento social. De fato, a trajetória do aspirante ao ofício, como se vê, dava-se dentro dos moldes tradicionais, seguindo o sistema pautado pelas corporações. O aprendizado ocorria quando o jovem ingressava na oficina de algum mestre artesão na condição de artífice. Ali, durante os primeiros anos de sua juventude, ele realizava, de início, tarefas banais, para depois tomar contato com os instrumentos de trabalho, tais como cinzéis ou pincéis, a fim de adquirir o conhecimento das técnicas utilizadas na obtenção das tintas, no tratamento das madeiras e de tudo o que fosse necessário ao preparo dos afrescos. Só depois de dominadas tais lições, ele começava a ter rudimentos de desenho e das modulações das cores. Técnicas de construção, fundição em bronze e modelagem em pedra também poderiam, dependendo do tipo de oficina, fazer parte de seu aprendizado. Pouco a pouco, o artífice começava a participar diretamente nas grandes empreitadas encomendadas ao mestre, preparando os materiais e mais tarde se encarregando, junto com outros assistentes, dos detalhes mais simples, até dominar a ordem geral das atividades da oficina.

Em síntese, o que se almejava era o domínio de um ofício. A aspiração do "algo a mais" – o *plus* estético – que comumente se atribui à arte não era ainda o que se colocava, pelo menos não de modo privilegiado e intencional, pela cultura do medievo. A diferença, portanto, começa a aparecer com o articular consciente dessa intenção, e o almejado reconhecimento social advém, enfim, desse diferencial, que nada mais é do que o valor estético. É claro que, como se verá mais adiante, trata-se de um processo gradual de conquistas, e é preciso não esquecer que grande parte dos mestres do Renascimento permaneciam ligados à tradição dos ofícios. Por isso, a remissão constante da história da arte ao mestre de dado artista como referência de sua formação, como, por exemplo, Cimabue-Giotto, Masolino-Masaccio, Perugino-Rafael, Verrochio-Botticelli/Leonardo.

O extraordinário desenvolvimento artístico que vai do final do século XIII, com Giotto, a meados do século XVI, com os grandes mestres Leonardo, Rafael, Michelângelo e Ticiano – desenvolvimento que, obviamente, não se restringe às artes plásticas, mas alcança outras expressões, como as letras, a filosofia, a música e o teatro –, deixa claro o valor do fato cultural para aquela sociedade.

No entanto, a conquista de um novo estatuto para as atividades artísticas – de arte mecânica a arte liberal – não dá uma ideia completa das mudanças culturais em curso. Corolário da consciência dos novos tempos é a atitude diferenciada para com a história. Julgava-se que o passado imediatamente anterior não servia de lastro para os problemas do presente; ao contrário, constituía um período obscuro de "transição" – uma idade das "trevas". Por trás desse juízo havia muito do desejo de retorno às origens latinas, sobretudo por parte dos florentinos, que sempre viram no gótico um estilo estrangeiro, mais afinado com uma sensibilidade anglo-saxã e nórdica. Voltar às origens significava, na realidade, continuar a verdadeira história, após um longo período de interrupção. Significava fazer reviver aquele indiscutível momento de grandeza que foi a Antiguidade. Disso decorria o culto renascentista de que os antigos gregos e romanos foram grandes porque tinham conhecimento das leis do belo. E, apesar de serem pagãos, ou seja, povos que não tinham a revelação da verdade, ainda assim conseguiram produzir coisas belas e grandiosas. Qual seria, então, o segredo dos antigos?

A resposta estava na sua fonte de inspiração: a natureza. Desvendando seus mistérios, os homens da Antiguidade descobriram os princípios harmônicos das formas. Ora, como acreditavam que a Natureza era criação Divina, ao se aproximarem dela, mesmo adorando divindades pagãs, eles alcançariam a intuição da verdade. Por isso, os homens do Renascimento deduziram que era preciso, a exemplo da Antiguidade, voltar os olhos para a natureza, desvendar seus processos, descobrir suas leis, apropriar-se de suas formas. Em uma palavra: realizar a *mímeses* da natureza.

Desde Dante, Petrarca e Giotto, essa necessidade se impunha. Porém, como advertia Petrarca, era preciso imitar não as formas, e sim a atitude dos antigos perante a natureza. Eles teriam compreendido que nela as regras da *concinnitas* se realizam, daí a necessidade de observá-la e dela extrair padrões de ordem e medida: "Os melhores autores da Antiguidade nos ensinam [...] que o edifício é como o corpo de um animal, e que para delimitá-lo temos que seguir o proceder da natureza" (ALBERTI, 2012: 364).

A lei da natureza, contudo, é a garantia de decoro, evitando a sedução do gosto pessoal e da mera fantasia do artista, pois o intelecto se depura e aprende a admirar a beleza e, por consequência, repudiar o feio a partir da capacidade do exercício do juízo sobre as coisas belas.

> [...] tudo o que se manifesta na natureza é regulado pelas normas da *concinnitas*; e a natureza não tem tendência mais forte que aquela de fazer com que todos os seus produtos sejam absolutamente perfeitos. Objetivo que nunca seria alcançado sem a simetria, pois nesse caso desapareceria o necessário acordo entre as partes. [...] a beleza é um certo acordo e uma certa união das partes dentro do organismo de que fazem parte, conforme um determinado número, delimitação e colocação, tal como o exige a *concinnitas*, isto é, a lei fundamental mais exata da natureza (ALBERTI, 2012: 368).

A remissão à Antiguidade, tão ardorosamente propagada pelos humanistas, tinha, contudo, outra motivação. Havia, em paralelo à razão estética, uma justificativa histórica: a Antiguidade também fora o berço da Cristandade, que tivera origem com a chegada do Messias. Ela, em suma, fora o centro da renovação espiritual que dominaria os séculos posteriores. Os humanistas da renascença sentiam-se seguros em invocar a autoridade dos antigos, porque contavam com a força de um argumento tanto histórico quanto teológico e estético.

Tal convicção expressa uma visão de história que orientou a humanidade até o limiar da Modernidade. Refiro-me à concepção da *Historia magistra vitae* – história mestra da vida é o "imperativo moral" enunciado por Cícero e que perdura até meados do século XVIII, no qual a lição do passado consolidado pela história ajuda a nos orientar no presente, evita os desastres e incita ao êxito. O valor exemplar dos acontecimentos antigos dá suporte à imprevisibilidade do futuro. A história, em suma, ensina a sermos sábios e prudentes para assim evitar o erro.

Giotto e a invenção do acontecimento

A pintura de Giotto (*c.* 1266-1337) distingue-se de outras obras do período pelo sentido de humanidade que transmite. Nas representações sacras medievais importava menos a representação fidedigna das ações descritas nas escrituras do que a manifestação da autoridade do fato; por isso, representava-se a imagem, não o acontecimento. A imagem fixa imediatamente o significado que se quer comunicar, razão pela qual, por exemplo, uma figura santa, representada numa pintura qualquer, aparece muito mais como um emblema que se impõe pela força do símbolo, passível de ser reconhecido e apreendido por todos os fiéis, do que como narrativa histórica de um fato. A imobilidade e a rigidez de tais figurações respondem a tal função, bem como o aspecto superficial da imagem, denotando ainda a marcante influência da cultura bizantina na pintura gótica.

As virgens, os personagens bíblicos, os santos "habitam" uma espécie de lugar intermediário entre a esfera terrena e a esfera celeste, que escapa ao espaço e à temporalidade humanas. Trata-se, verdadeiramente, de um espaço-luz, completamente inconciliável com uma noção geométrica de espaço, tal como se desenvolverá no Renascimento. O característico fundo dourado que os engloba nada mais ilustra que essa ambiência celestial, na qual a luz é o signo sensível condizente com a representação do divino, já que vista como pura emanação destituída de matéria e corpo. Participar da luz significa colocar-se em posição hierarquicamente diferenciada em relação às demais criaturas; afinal, quanto mais luminosa a alma, maior a proximidade com Deus. Compreende-se, desse modo, a expressão distanciada e imóvel das representações figurativas medievais, resultado de uma concepção que priorizava a ideia do eterno, ou melhor, o transcender a realidade empírica para alçar-se à esfera celeste. Não havia, portanto, razão para ressaltar as qualidades e ações humanas enquanto tais, uma vez que o objetivo era justamente ultrapassar a condição finita e falível que caracteriza o homem.

Uma comparação entre Giotto e um pintor do século anterior, Boaventura Berlinghieri (século XIII), ainda ligado à tradição bizantina, ajuda a esclarecer melhor esse ponto. Tomemos, por exemplo, um tema comum aos dois: a representação de São Francisco, cuja doutrina encontrava-se em franca expansão desde seu surgimento no início do século XIII. No São Francisco de Boaventura Berlinghieri, a figura aparece ocupando quase toda a extensão do quadro. O hábito e a fisionomia são característicos o suficiente para identificá-lo sem muita dificuldade, e o único indício de movimento é o gesto do braço elevado em sinal de benção. Como se vê, não há propriamente ação, apenas gesto emblemático de bênção. A imagem de Berlinghieri, do ponto de vista figurativo, encontra-se em concordância com o que rezam as convenções pictóricas: o elemento formal de base é a linha, pouca ênfase é dada ao volume plástico das formas; o esquema proporcional de montagem do corpo, seguindo o modelo bizantino, ainda tem como módulo-base o círculo da cabeça (a altura total é padronizada por 12 módulos); frontalidade da cena e justaposição de episódios distintos. Esse último ponto é particularmente revelador. Observe-se como as laterais são preenchidas por franjas retangulares que contêm em miniatura cenas da vida do santo. As histórias focalizam episódios extraordinários da vida de Francisco de Assis que atestam sua fé, podendo-se mesmo afirmar que, através disso, elas legitimam a condição santificada, daí a sua função na representação. Mas elas estão em situação claramente subalterna em relação à imagem maior e mais significativa do santo em si. As ações são a causa, mas indubitavelmente o que Boaventura Berlinghieri quis comunicar é o efeito que provocam: a recompensa de uma vida dedicada a Deus é a promessa de um lugar ao céu. O aspecto modelar é preponderante, mas num sentido de reforço da autoridade religiosa.

Giotto, por sua vez, parece inverter o procedimento de Boaventura Berlinghieri. Preocupa-se, fundamentalmente, em individualizar e captar o sentido específico de cada ato de São Francisco.

Para conseguir tal efeito de realidade é necessário colocar-se, antes de mais nada, uma questão básica: de que modo teriam aquelas ações realmente ocorrido? Trata-se, como se vê, de uma indagação específica sobre os conteúdos humanos possíveis de serem extraídos dos episódios da vida do santo. Giotto quer sentir os acontecimentos não como algo consumado no passado, mas como se estivessem ocorrendo no instante em que os testemunha, com todas as incertezas e os dramas de algo ainda em curso. Para dar essa consistência aos fatos, o artista tem de igualmente repensar os modos tradicionais de representação, já que, como vimos, as imagens figuradas se colocavam como se habitassem um outro lugar que não esse em que se processa a vida. Ao se partir da pergunta sobre como teriam acontecido tais fatos, surge imediatamente a interrogação sobre o lugar e o tempo dessa ação. Giotto percebe a importância de localizar as ações, definindo minimamente o sítio em que teriam ocorrido, o que significa tornar tangível o espaço em que se desenvolvem. O método pictórico que se pode vislumbrar é, de início, distinguir as coisas em suas características singulares, dando-lhes a sensação de volume e solidez. Assim, cria-se uma primeira distinção entre as coisas sólidas e o vazio que as cerca.

Em relação à arte vigente, pode-se dizer que a novidade pictórica do quadro de Giotto é a distinção que ele estabelece entre o cheio e o vazio, ao marcar claramente o volume dos seres e das coisas em oposição àquilo que os cerca. Institui-se, por consequência, a primeira manifestação de uma consciência moderna do espaço, ainda que intuitiva. No campo das artes plásticas, trata-se de um dos modos de constituição e consolidação do credo humanista, que só se formulará no século seguinte, do homem como criatura distinta dos demais seres da natureza. Como se vê, para Giotto, a atribuição de um sentido de profundidade mínima aos seus afrescos corresponde ao desejo de marcar enfaticamente a presença humana no espaço. No entanto, para o artista, semelhante presença não se evoca sob a forma de ícone ou emblema, tal como na figuração dos santos medievais, mas pela representação de ações. O que se vê, e justifica a presença de Giotto como o primeiro mestre renascentista, é a figuração "viva", pela primeira vez, do acontecimento humano.

Antes de prosseguir, é interessante observar que a encomenda de pintar a basílica de Assis, tematizando justamente a história religiosa da ordem franciscana, ocorre após uma breve passagem a Roma, berço latino da Antiguidade, nos últimos anos da década de 1290. Ali, o pintor toma contato com alguns artistas, entre os quais Pietro Cavalini, que vinha se inspirando em fontes antigas para suas obras pictóricas.

Voltando ao afresco de Giotto, vemos São Francisco (cf. Figura 17 do caderno iconográfico) doando seu manto ao pobre viajante. A mensagem é clara e representativa dos ideais da ordem: a deposição dos bens materiais em prol de uma alta moralidade religiosa. Mas é o modo como tal ideia é expressa que distingue Giotto de seus contemporâneos. Não só a cena acontece num instante preciso, diferenciando-se, sob esse aspecto, da justaposição de lugares e tempos díspares da pala de Berlinghieri, como também as coisas representadas possuem caracteres singulares que se distinguem claramente. A franja escura e irregular ao pé da margem inferior do quadro é suficiente para indicar o piso como uma faixa paralela, tendo ao fundo dois morros, encimados por construções. Tais são os indícios que gravam sinteticamente as coordenadas espaciais do quadro, garantindo assim a percepção do lugar em que o evento ocorre. Entre o observador, a estreita faixa de terra (na qual se colocam as duas figuras e o animal) e o céu, mais ao fundo, estabelecem-se planos diferenciados de profundidade.

A cena deve ser lida, tal como a leitura da escrita ocidental, da esquerda para a direita: compreendemos de imediato que São Francisco vinha a cavalo, quando se depara com o viajante. Nesse instante, percebendo a condição de necessidade do estranho e, fiel ao voto de pobreza e humildade, desce do cavalo e doa suas vestes. O desenho da arquitetura nos dois morros também contribui para esse sentido de leitura, pois, no da esquerda, percebe-se o conjunto urbano, provavelmente indicativo do local de onde o santo partiu, e, no da direita, há uma igreja, que representaria o impulso da renovação religiosa que estava em curso. Dessa maneira, Giotto parece fixar um instante decisivo, no qual se vê uma ação em transcurso, mas uma ação que tem uma origem no passado e um desdobramento futuro.

Agora que sabemos qual é e em que lugar se passa o episódio, observemos com mais atenção a composição. Trata-se, sem dúvida, de uma cena religiosa, mas para Giotto a religiosidade não mais se representa como fato inquestionável e convencional. O máximo que ele se permite é manter como sinal de divindade no humano a tradicional auréola que envolve a cabeça de São Francisco. De fato, é justo nesse ponto que se localiza o foco compositivo que estrutura toda a cena. Por ele passam as diagonais que cruzam o retângulo, que saem dos perfis das montanhas e se concluem, por um lado, na ação do santo, e por outro, no animal descansando. Em termos dogmáticos, diríamos que os termos de conclusão da nova religiosidade propagados pela ordem franciscana e exemplarmente representados por Giotto são a ação religiosa e um retorno à natureza. Sem dúvida, para o artista, o divino se manifesta nos atos inspirados, não tanto na pura emanação incorpórea das imagens góticas. Enfim, é o operar humano que pode ou não ter um caráter religioso. Em caso afirmativo, isso ocorre quando se dá a consonância do humano com a ordem natural, e então o gesto inspirado alcança uma reverberação que atinge todos os seres.

Já podemos marcar, enfim, Giotto como um mestre da composição precisamente pelo modo como, em sua pintura, os meios formais e o conteúdo que ela visa comunicar encontram-se indissociados. Dito de outro modo, Giotto concebe os elementos plásticos (linhas, cores, formas, volumes, figuras) estruturalmente, ou seja, como elementos significantes do seu conteúdo e como estratégia para enfatizar sua mensagem. É por essa razão que a arte em Giotto não se reduz meramente a um meio de ilustrar certo conteúdo em detrimento da reflexão dos seus meios. Distintamente da imagem gótica, na qual o significado dogmático (a mensagem da fé) ultrapassava em muito a capacidade das técnicas artesanais de transpô-las em imagens sensíveis, razão do seu aspecto torpe em termos de proporção, acabamento e verossimilhança com as formas da natureza, a obra de Giotto estabelece uma cumplicidade admirável entre forma e conteúdo, unidade que está na base de seu classicismo.

A renovação cultural no Quattrocento: Brunelleschi, Masaccio e Donatello

Apesar da importância e do reconhecimento alcançado, as inovações introduzidas pela arte de Giotto só viriam a ser efetivamente desenvolvidas no início do século seguinte – no *Quattrocento* –, com a geração de Brunelleschi, Masaccio e Donatello. Durante esse longo período intermediário – cerca de 60 anos – que vai da morte de Giotto, em 1337, até o início do século XV, dominaram as tendências ligadas ao gótico internacional, com sua propensão cortesã e fascinantemente decorativa. Os artífices da renovação artística que constituíram esse primeiro Renascimento (ARGAN, 1999), cujo centro cultural é Florença, entram em polêmica aberta contra o gótico tardio, retomando a lição de Giotto, sobretudo o naturalismo de seus afrescos e retábulos, em contraposição ao artificialismo decorativo que se encontrava em mestres contemporâneos como Lorenzo Monaco e Gentile da Fabriano.

O primeiro a ter certeza da renovação cultural em curso foi Leon Battista Alberti (1404-1472). Arquiteto e humanista, Alberti foi o autor de célebres tratados artísticos (sobre pintura, estátua e arquitetura), que são espécies de correspondentes teóricos dos princípios e processos da nova arte. O primeiro deles, o tratado *De pictura* (Da pintura), escrito entre 1435 e 1436, decorreu do impacto produzido pelas obras de Masaccio, Donatello e, sobretudo Brunelleschi, a quem o livro é dedicado.

[...] depois de um longo exílio em que os Alberti envelhece-ram, voltei a esta minha pátria [Florença], a mais bela entre as demais, compreendi que em muitos homens, mas princi-palmente em ti, Filippo [Filippo Brunelleschi], no nosso que-ridíssimo escultor Donato [Donatello] e em outros como Nencio, Luca e Masaccio, existe engenho capaz de realizar qualquer obra de valor e de rivalizar com qualquer artista antigo e famoso (ALBERTI, 1992: 67-68).

De fato, Alberti havia percebido a radicalidade e o alcance das transformações que as obras desses três artistas colocavam, a ponto de marcar o novo momento cultural. Afinal, elas abrangiam o campo principal das atividades do fazer – a arquitetura, a pintura e a escul-tura. E, ainda que pudessem ter suas especificidades, havia uma base comum orientando os trabalhos – o *disegno*. Mais do que a exibição do domínio do símile (GOMBRICH, 1984), ou seja, da demonstração da perfeição da cópia, o desenho, mais além da preciosidade da fatu-ra da coisa individual, colocava-se como método de criação, no qual importava a composição do conjunto: da imagem pintada, das partes do edifício, dos membros do corpo esculpido. Em última instância, o desenho se põe como modo de organização intelectual do objeto, pro-jeção de suas possibilidades de realização. A perspectiva é novamente a base comum, pois é o método que estabelece a medida comum, isto é, o módulo proporcional que possibilita a identidade das partes com o todo: a escala humana. Outro aspecto que chama atenção nessa rele-vância do desenho sobre a cor, por exemplo, é a "certeza" demonstrada pelo traço diante da "instabilidade" do colorido. A "certeza" da for-ma desenhada, portanto, identifica-se como um modo intelectual do raciocínio, o que por certo tem a ver com a conquista de uma condi-ção liberal das artes, fundamentada na concepção abstrata do desenho como "imagem descolada da matéria".

As "artes do desenho", para usar a expressão que Vasari extrai de Michelângelo, significam uma mediação intelectual que pensa o fazer e as técnicas em estreita relação com o tema representado. É fácil per-ceber como, por exemplo, a maneira enfática como Masaccio define o contraste entre claro e escuro de suas figuras tem a ver com a intenção de conferir corporeidade às formas, ressaltando, assim, a sua presença física e moral na cena. Esse novo modo de encarar o fazer foi de suma importância, pois introduziu uma reflexão crítica sobre a especificidade e o valor da arte para uma dada sociedade. Dois aspectos devem ser ressaltados: primeiro, a arte começou a diferenciar-se do mero artesanato, na medida em que ela não mais se restringia a uma dimensão utilitária, seja ilustrando certos conteúdos religiosos ou da nobreza, seja fabricando objetos decorativos ou de uso cotidiano. Essa separação é geralmente atribuída, sobretudo, ao fato de o seu fazer ter passado a exigir algo a mais do que aquele *quantum* dado pela tradição.

Ora, tal exigência foi decorrente da nova função que ela passou a exercer – não mais ilustração, mas representação da realidade. Mas isso só pôde se dar por determinação dos fatos do presente. E, aqui, tocamos no segundo ponto, na medida em que a arte sentiu a necessidade de atualizar-se sob a forma dos novos conhecimentos exigidos para cumprir tal função. Para além do "saber fazer" aprendido na oficina do mestre – que se restringia ao imitar uma prática consolidada pela tradição, por exemplo, o ofício da carpintaria –, o artista precisa dominar algumas matérias para estar devidamente preparado para as demandas recentes e inéditas de uma sociedade agora dinâmica e que incentiva as ações de engenho. Quer dizer, ele precisa de noções de geometria e matemática para projetar perspectivamente as formas no espaço; da física para calcular com precisão os esforços e as tensões dos novos tipos arquitetônicos que surgem com o desenvolvimento das cidades italianas; de anatomia para bem desenhar e esculpir os "belos" corpos segundo a inspiração dos antigos; das escrituras sagradas para realizar inovadoramente, e não seguir passivamente o modelo ditado pelos programas iconográficos da Igreja; e, por fim, da história e das letras para dar veracidade e poesia às suas representações.

O Renascimento inaugurou, assim, essa dimensão do *fazer* moderno que foi orientado pela "ciência", no sentido do conhecimento necessário ao *realizar*. O artista que resume exemplarmente essa nova condição é Brunelleschi, não por acaso um arquiteto que alia técnica, ciência e poesia no seu fazer. A referida dedicatória de Alberti ao arquiteto é, não por acaso, louvação a um feito – a construção da cúpula da catedral de Santa Maria dei Fiori (cf. Figura 18 do caderno iconográfico) – que "se julgava impossível em nosso tempo" (ALBERTI, 1992: 68). Contudo, o fato técnico para o autor de *Da Pintura* assume dimensão cultural, ao qual reserva uma das mais belas imagens para sintetizar tal obra: "Quem haverá tão insensível e invejoso que não louve o arquiteto Pippo, vendo aqui uma construção tão grandiosa a se elevar ao céu, ampla a ponto de cobrir com sua sombra todos os povos da Toscana [...]". Em suma, o que observa Alberti é como um elemento de construção torna-se marco urbano na paisagem florentina, a ponto de fazer sua influência ir além dos limites da cidade até converter-se em marco territorial que alcança todos os povos da Toscana. Mas o que há de especial nessa forma projetada por Brunelleschi? Vejamos as condições em que se deu essa realização.

Com base na biografia do artista – *A vitta de Felippo Brunelleschi*, atribuída a Antonio Manetti (MANETTI, 2013), humanista florentino contemporâneo do arquiteto –, podemos acompanhar o desenvolvimento das obras da cúpula. Sabemos que a igreja de Santa Maria dei Fiori foi iniciada no final do século XIII por Arnolfo di Cambio, inclusive com a previsão da cúpula coroando a igreja.

Após a morte de Arnolfo, a continuidade dos trabalhos foi encarregada a Giotto. Em 1334, inicia-se a construção do campanário, uma das torres mais altas da cidade. Dois anos depois o mestre falece e seu sucessor é Taddeo Gaddi. Depois assume Andrea Orgagna, o construtor da Loggia de Lanzi.

No início do século XV, os trabalhos ainda não estão concluídos, devido a um impasse técnico: a construção da cúpula. As naves e os demais anexos estavam executados e o tambor sobre o arco-cruzeiro, base para a sustentação da cúpula, tinha sido levantado. Mas o problema da execução da calota se localizava nas dimensões exageradas do vão, tanto em altura, quanto em largura. A dificuldade era, a princípio, técnica, por causa da impossibilidade de armar uma estrutura de madeira capaz de sustentar o peso da cobertura durante a construção. Segundo a hipótese de Argan (1999), tratava-se do desaparecimento de um saber técnico que, no tempo de Arnolfo, que previra no projeto inicial a cúpula, estava à disposição tanto em termos de mestres-carpinteiros existentes quanto no que diz respeito às armações. Os cimbres, isto é, o madeiramento que escora previamente a alvenaria até que a argamassa e as ferragens de ligação entre todos os elementos da construção encontrem o equilíbrio desejado e conclusivo, conformavam o sistema construtivo tradicional para tais casos. Mas, devido à amplitude e à altura do tambor, com as dimensões agravadas pela própria introdução do campanário de Giotto, cuja altura era quase o dobro da fachada, os cimbres mostraram-se solução impraticável. Não havia como armar escoras e vigas que vencessem tal altura e suportassem o enorme peso da cobertura. O fato de a igreja contar com as paredes principais do volume exterior elevadas também dificultava a montagem das estruturas e a movimentação do canteiro de obras.

É nessa circunstância de crise das técnicas de construção, talvez provocadas pela explosão do decorativismo do gótico tardio, que dá maior valor aos elementos de pequena escala, que se chega à ideia de lançar, em agosto de 1418, um concurso para a construção da cúpula. A proposta era, na realidade, a de um concurso de "ideias", para saber quem poderia inventar uma nova técnica.

Brunelleschi teve como grande rival no concurso Lorenzo Ghiberti (1378-1445). Anos antes, em 1401, eles já haviam protagonizado outro embate: o concurso para as *formelle* (medalhões em relevo) das portas do batistério. Nesse caso, o vencedor fora Ghiberti, que dedicava a maior parte de sua produção aos problemas da escultura. O tema dado nesse primeiro concurso era "O sacrifício de Isaac", ou seja, um tema iconográfico que, de saída, estabelecia um critério estilístico básico para o julgamento: a fidelidade às fontes antigas e a adequação narrativa. Distintamente, o episódio da cúpula exigia da parte dos concorrentes e julgadores um conhecimento e um critério antes técnicos do que estilísticos. Afinal, o problema a ser resolvido era de natureza construtiva. Nesse terreno, a vitória coube ao arquiteto.

Contudo, a invenção da cúpula não se reduz a um episódio meramente técnico; ao contrário, significa um novo posicionamento nas relações entre as esferas do pensar e do fazer, pois Brunelleschi seria o primeiro a afirmar a dimensão intelectual da arquitetura.

Para começar, o fato de não haver precedentes para tal empreendimento implicou fortes alterações na maneira de abordar o problema. Era claro para o arquiteto que o "saber fazer" que as corporações de ofício detinham era insuficiente para o caso em questão, algo reconhecido até mesmo pelos próprios mestres-artesãos, motivo pelo qual se abriu o concurso. O significado cultural desse episódio foi imenso, já que um saber coletivo acumulado por séculos viu-se desafiado pela colocação de um problema inédito, cuja solução dependia muito mais de uma iniciativa individual.

O fato de um único indivíduo deter o saber implicava, de imediato, o rebaixamento dos demais ao mero papel de executantes. A distinção que começou a se estabelecer entre o *fazer* e o *pensar* se radicalizou, na Renascença, à medida em que o artista alcançou maior respeitabilidade como autor de uma concepção própria, o que lhe garantiria fama e glória crescentes. Brunelleschi foi o primeiro artista consciente dessa nova condição. Não por acaso, seu relacionamento com os mestres-artesãos, segundo relatos, foi muito conflituoso, devido, por um lado, à resistência e à contrariedade desses mestres em seguir as ordens de um único agente responsável; e, por outro, à arrogância do arquiteto-projetista, ciente da superioridade de sua situação no canteiro de obras, graças a um conhecimento que só ele detinha.

Segundo as informações de seu biógrafo, desde o início do século XV Brunelleschi fez várias viagens a Roma, sendo que a primeira delas estaria vinculada ao concurso das portas do Batistério, com o intuito preciso de ir ver as belas estátuas romanas. Ainda segundo Manetti, a formulação das regras da perspectiva teria ocorrido nos anos finais do século XIV (no que o arquiteto teria sido auxiliado pelo amigo e matemático Paolo dal Pozzo Toscanelli, que lhe teria ensinado geometria), o que parece reforçar a hipótese de que esse período, que vai dos últimos anos do *Trecento* a 1420, data do início da construção da cúpula, foi de intensa pesquisa, por parte de Brunelleschi, sobre as leis da visão e sobre as formas da Antiguidade. Mas, adverte o biógrafo, enquanto observava as estátuas, o arquiteto começou a estudar as ruínas das construções, buscando compreender o raciocínio construtivo e a razão proporcional, muito mais do que a forma dos elementos em si. É claro que isso não quer dizer desinteresse pela recuperação do vocabulário clássico. Ao contrário, a volta às ordens arquitetônicas (dórica, jônica, coríntia e compósita) é algo ensejado, como se pode perceber em dois projetos do arquiteto que se desenvolvem paralelos aos trabalhos da cúpula: o hospital dos Inocentes (1419-1444) e a Igreja de São Lorenzo (1418-1442).

Tratam-se de obras completas, e não do complemento de uma construção existente, como em Santa Maria dei Fiori. Portanto, nelas Brunelleschi pôde exibir toda a gama de formas recuperadas do antigo, principalmente o jogo de colunas e arcos ritmados em intervalos regulares que dão uma cadência matemática ao interior e ao exterior. Consoante com a teoria da visão em perspectiva, ordens são compreendidas igualmente como módulos proporcionais, comportando em si a razão geométrica que define sua sucessão rítmica e, em consequência, a geração do espaço. Arquitetura e perspectiva tornam-se uma só entidade.

Pode-se dizer, em princípio, que tanto a dedução da perspectiva quanto o interesse pela Antiguidade romana são iniciativas derivadas da já visível preocupação do arquiteto em recuperar a medida dos elementos da construção com vistas a obter um controle rigoroso das formas arquitetônicas. Nisso, é óbvia a crítica ao gótico não tanto pela falta de "medida", mas sobretudo pela ausência de um denominador proporcional comum a mediar o contraste entre o excessivamente distante – a verticalidade dos vãos – e o excessivamente próximo – a decoração de superfície das catedrais góticas. Obter um controle racional das formas, independente da variação da distância do objeto visado, é o objetivo de Brunelleschi, que deseja a estabilidade e a constância da forma.

Voltando ao problema de Santa Maria dei Fiore, o que Brunelleschi pesquisa nas ruínas romanas são justamente os antecedentes tipológicos da cúpula, dos quais o mais célebre é o Panteão, na tentativa de conhecer mais a fundo os métodos e os instrumentos utilizados pelos antigos nas construções. Entre as observações extraídas dessas visitas, teve fundamental importância a decodificação das técnicas de alvenaria, sobretudo das bossagens. Em particular, destaca-se o modo singular como os romanos armavam as abóbadas de cobertura, dispondo os tijolos em forma de "espinha de peixe", procedimento que reforça a solidez da estrutura e a sua capacidade de autossustentação.

Ainda que essa técnica aliviasse a carga a ser suportada pelas escoras, por si só não era suficiente para resolver o problema da igreja. Fez-se necessário combiná-la a outros sistemas portantes conhecidos, além do desenvolvimento de métodos originais de construção. Assim, aos gomos em alvenaria foram intercaladas arestas de pedra, à moda dos arcos ogivais góticos. Um duplo sistema portante operava em sintonia na distribuição das cargas. Contudo, se os problemas de construção eram dominantes, não eram exclusivos. Para o inventor da perspectiva, a forma cobrava importância equivalente, ou, para ser mais exato, os problemas de forma não se davam em separado aos problemas de construção. É o que se pode constatar na decisão de Brunelleschi de dilatar o volume da cúpula para o formato ogival, não só porque conseguiria controlar melhor o crescimento da calota, ou seja, fazendo com que a forma fosse sendo construída sem a necessidade de armação prévia, na medida em que poderia alternar as etapas de lançamento da estrutura com o tempo de secagem dos aglomerantes, como também para transmitir a sensação de um volume mais inflado e aéreo, apesar de suas dimensões monumentais. Outra demonstração de que os problemas formais e construtivos eram simultâneos foi a solução da dupla casca de curvaturas diferenciadas, que no exterior aparece dilatada e, no interior, comprimida. Por fora prevalece uma razão urbanística: impor ao território o volume unitário da cúpula, fazendo dela o elemento dominante e referencial da paisagem ao redor. Por dentro, uma razão simbólica: transmitir a sensação de abóbada celeste, ou seja, espaço que a todos encobre.

Em resumo, a combinação de diferentes sistemas estruturais e formais possibilitou ao arquiteto o notável feito de fazer levitar um objeto de proporções inéditas, sem os tradicionais cimbres, pois a forma fora concebida como estrutura autossuficiente que, por força de sua razão e sua coerência internas, se sustentasse ao longo de seu próprio processo de construção. O "milagre" que arrebatou os florentinos foi a emergência de algo gigantesco que lhes parecia crescer por virtudes internas, quase como coisa viva, orgânica. A unidade da forma, a perfeita proporcionalidade das partes com o volume geral, a correspondência formal e conceitual entre interior e exterior e a exibição da lógica construtiva contrastam frontalmente com a variabilidade, a dispersão e a multiplicação de episódios que conformam o corpo abaixo da catedral gótica. Volume unitário, igual a si mesmo de qualquer posição em que nos coloquemos, enfim, objeto perspéctico, ponto de fuga para qual todos os olhares convergem, que com sua sombra "cobre todos os povos da Toscana", a cúpula surge como um novo tipo de objeto sobre o horizonte, um autêntico monumento da nova mentalidade de um povo que crê no engenho e na ação humanos. Ela celebrava, enfim, a grandeza da cidade como potência cultural, econômica e política.

Embaixador, esteta, literato e arquiteto, Leon Battista Alberti conseguia vislumbrar a unidade dos fenômenos à sua volta: a renovação das artes com Masaccio, Donatello e Brunelleschi, a influência política e intelectual dos humanistas, a hegemonia e a prosperidade econômica dos mercadores – fatos que faziam de Florença a mais radiante e progressista república da península, encarnação exata da própria ideia de Renascimento. Antes mesmo da restituição da autoridade e da importância capital a Roma, fato que se consolidou na virada do século XVI para o XVII, Florença foi a verdadeira capital da Renascença, herdeira de fato e de direito, declaravam seus orgulhosos cidadãos, da grandeza e da glória de Roma. Assim, o antigo e o novo encontravam seu ponto de interseção à sombra da cúpula de Brunelleschi.

A teoria da perspectiva

Perspectiva, palavra de origem latina, significa "ver através". Em termos simplificados, podemos traduzir esse "ver através" como o modo de desenhar figuras sobre uma dada superfície bidimensional (painel, parede, tecido), dando a impressão de que, ao ser inscrito no suporte, o plano de projeção pareça perder a condição de superfície opaca com apenas duas dimensões, para ganhar a transparência da terceira, justamente a dimensão da profundidade. Trata-se, em suma, de uma representação pictórica de figuras e coisas que se faz acompanhar da sensação do espaço que as envolve. O efeito de "realidade" que temos ao visar uma forma perspectivada deriva da crença de percebermos imagens como se elas fossem dotadas de corpo e ocupassem, de fato, um lugar no vazio.

A inscrição de objetos tridimensionais sobre a superfície existe desde a Antiguidade Clássica. Mosaicos e afrescos greco-romanos deixam ver cenas compostas com apurado grau de realismo e refinamento, muito embora não saibamos discernir com certeza, dada a falta de registros documentais, os métodos e sistemas técnicos empregados. Nas imagens medievais, no entanto, é possível, graças ao clássico estudo de Panofsky (1991), identificar os sistemas de perspectiva adotados, mas tanto as cenas da Antiguidade Clássica quanto as do medievo, quando comparadas às do Renascimento, parecem adquirir uma forte carga de instabilidade e incoerência internas. Apesar da inegável qualidade paisagística e das gradações tonais dos murais de Pompeia, não é possível discernir um foco unificado de convergência das linhas de profundidade – como o "ponto de fuga" do sistema perspéctico renascentista. Por seu turno, nos retábulos góticos, à parte toda riqueza cromática e decorativa, verificam-se discordâncias métricas entre os vários elementos componentes da cena, seja porque não há uma regra que os unifique, seja pela falta de sistematização daquilo que comumente estrutura a percepção do espaço profundo, como, por exemplo, a distinção dos limites entre chão, parede e teto. No primeiro caso, temos uma sensação "intuitiva" da profundidade; no segundo, há uma desconsideração pela ambiência naturalística na qual as coisas se encontram, justificada pelo desejo de situá-las em um lugar intermediário entre o céu e a terra.

Em um período em que a investigação racional do real passa a ser uma constante exigência, essas "imprecisões" não podiam ser toleradas. Era preciso superá-las, em parte, porque se percebia que o transcurso da vida no mundo não era apenas de resignação e fatalidade, ao contrário, poderia ser de disposição ativa e recompensa; em outra parte porque a natureza passava a ser vista não somente como lugar de decadência e ocasião para o pecado, mas sobretudo como manifestação de um saber divino, logo valeria a pena conhecer melhor seus fundamentos. A perspectiva, ao afirmar uma nova maneira de conceber o espaço, fez parte desse esforço de conquista do real, pois, como esclarece Garin:

> Por um lado, a perspectiva oferece aos corpos o espaço em que eles podem desdobrar-se plasticamente, e cria uma distância entre o homem e os objetos; por outro ela reúne os objetos na vista do homem. Por um lado, ela reduz os fenômenos a regras matematicamente exatas; por outro, os reconduz ao homem e os faz depender do indivíduo (GARIN, 1991: 61).

Empenho artístico e engenho técnico e científico estão envolvidos na descoberta da perspectiva. Inventada por Brunelleschi e definida teoricamente por Alberti no tratado *Da pintura*, a perspectiva renascentista, conhecida como perspectiva *artificialis*, (em oposição à perspectiva *comunis*, derivada dos estudos de ótica e da luz, de acordo com Perez Gomes), é o método pelo qual cada elemento da cena representada tem suas dimensões estabelecidas com rigor e precisão matemáticos. Qual o fundamento dessa invenção?

Em termos bastante simplificados, podemos dizer que, para uma construção exata do espaço em uma superfície bidimensional, é necessário, antes de mais nada, a posse de certos dados básicos: as medidas de largura, comprimento e altura do objeto a ser representado. Largura e comprimento podem ser extraídos de uma visão em planta, como se estivéssemos em posição acima do objeto; altura é deduzida de uma vista de perfil, como se estivéssemos vendo a sua face lateral. Se as dimensões da coisa a ser representada são os dados iniciais do problema, a eles deve ser acrescido outro: a distância em que se encontra o sujeito que o observa. Ver uma coisa em perspectiva envolve o intervalo entre aquele que olha e o objeto a ser visto, pois parece claro que a imagem da coisa vista aumenta ou diminui em função da distância em que nos encontramos dela. Como saber exatamente a relação entre distância e proporção da imagem, como controlar a degradação das medidas dos objetos enquanto se afastam de nosso olhar?

No tratado sobre a pintura, Leon Battista Alberti, o principal teórico da perspectiva do *Quattrocento*, define: "O quadro é uma interseção plana da pirâmide visual." Apoiando-se em filósofos da Antiguidade como Pitágoras, Aristóteles e Euclides, que afirmavam que o valor da superfície das coisas é medido através de raios visuais que o olho lança para se apropriar delas, como se fossem fios extremamente finos que tocam o objeto e retornam ao ponto de origem, como um feixe convergente, Alberti conceitua o sentido da visão como a apreensão da figura pelo olho, que não é outra coisa que o ponto de vista. A imagem espacial desse ato é justamente a pirâmide ou o cone visual, sendo o campo de visão a base e o olho, o vértice. Se o plano figurativo é concebido como a interseção que corta perpendicularmente essa projeção, o postulado teórico é que ele intercepta ponto por ponto os raios visuais que marcam a "orla" de uma imagem percebida. Dessa suposição, Alberti extrai, por dedução lógica, o postulado de que a condição ideal de visão é aquela determinada por aquilo que ele considera o "príncipe dos raios" – o raio cêntrico –, cuja projeção forma um ângulo de 90 graus em relação ao objeto visto. Em termos mais simples, a visão indicada é a frontal, com o conjunto compositivo ordenado ao redor desse ponto central.

Porém, no campo geral do visível, as coisas são vistas não só em superfície, mas acima de tudo em três dimensões. Os índices que assinalam a profundidade do objeto comportam-se de maneira conjugada: as partes ou faces vistas em escorço começam a diminuir gradativamente conforme recuam, e as linhas de contorno parecem convergir para um ponto único que se encontra no infinito, tal como quando estamos numa rua e notamos que as linhas do pavimento e as paredes das edificações que a cercam, embora saibamos ser paralelas, dão-nos a nítida impressão de que caminham rumo a um ponto comum.

Ora, o plano de projeção – o quadro – funciona como o termo-limite entre dois campos de visão: um real, cujo vértice é o olho do observador, e outro figurativo, cujo vértice é o ponto de fuga. Mantendo a imagem da pirâmide visual, diríamos que o quadro é a base comum de duas pirâmides de desenvolvimentos opostos. A partir desta definição, podemos dizer, então, que o "raio cêntrico" é a perpendicular que sai do olho do sujeito, atravessa o quadro e conecta-se ao ponto de fuga, perfazendo, desse modo, o eixo da pirâmide visual. A razão desse alinhamento entre o observador e o ponto em que se representa o infinito é estipular uma condição privilegiada de visão, determinar um lugar ideal para a observação. Embora Alberti não afirme explicitamente, um dos pressupostos fundamentais da teoria da perspectiva é a simetria, que deve ser compreendida num registro que vá muito além da ideia compositiva de distribuição equilibrada de elementos em torno de um eixo vertical. Como se viu, simetria é a relação ideal que se estabelece entre o olho do observador e o ponto de fuga ou, em termos epistemológicos, entre sujeito e objeto (DAMISCH, 1993), sendo que o sujeito se constitui ao determinar seu objeto, e esse último se constitui ao se afirmar em distinção ao sujeito.

De fato, estipular um ponto de vista único significa submeter todas as variações dimensionais a um único critério, pois, se todas as linhas convergem para um ponto central, isso quer dizer que os valores de longitude, altura e profundidade sofrerão uma variação constante em função da posição que os objetos ocupam em relação ao ponto de fuga. Dessa maneira, relacionar os dados métricos do objeto com a posição que ele ocupa, colocando-os em dependência mútua, implica tomá-los, já, como índices funcionais do espaço. Corpos e seus intervalos, e por extensão o modo de seu deslocamento, são aferidos e metricamente determinados, pois se encontram enquadrados num sistema de coordenadas que constitui o fundamento desse "espaço sistemático" renascentista.

A imagem fornecida pela perspectiva é a de um plano transparente através do qual parecemos ver o espaço. Daí o enunciado de Alberti do quadro como uma *janela* aberta por onde o olhar penetra. A metáfora albertiana dá a medida exata da perspectiva, já que o quadro como plano de projeção ideal permite "ver através", a partir da fixação de uma distância. Fica claro, portanto, que a condição do ver em perspectiva é a da não participação ou da impossibilidade de interferência – afinal, estamos de outro lado da "janela". Essa definição revela perfeitamente o postulado intelectual da perspectiva, que dá muito mais a imagem que a mente concebe do real, do que, como supõe o senso comum, a imagem tal como os nossos sentidos a captam. Se não, como compreender a situação do observado colocado no centro do mundo para melhor apreender a realidade, a não ser para ter a perfeita relação de simetria que torna tudo equidistante? Como justificar a coincidência do olho do pintor/observador com o ponto de fuga do quadro senão como condição ideal da visão, que abstrai o fato de que se vê com dois olhos e que a imagem que se crava no olho não é plana, tal como o quadro, mas sim esférica?

O sentido de representação que lhe atribui Alberti significa que a imagem construída do espaço é unitária e evidente, quer dizer, não corresponde a um momento particular ou a um lugar específico, mas diz respeito à totalidade dos casos possíveis. Em suma, a perspectiva é a representação total do espaço. O fato de estar fundamentada em uma lei matemática assegura a sua validade universal como ideia, daí a infinitude, a constância e a homogeneidade de sua estrutura. O espaço sistemático da perspectiva reduz idealmente tudo o que, no espaço da realidade psicofisiológica, é fugaz, heterogêneo e localizado.

Ora, um espaço concebido idealmente só permite o estabelecimento de relações ideais: tudo se resume a coordenadas que definem matematicamente a posição dos corpos. E, de fato, conhecendo-se a lógica da construção perspéctica, é plenamente possível deduzir a localização, a distância e a medida dos objetos nela situados e, por fim, comprovar a diminuição proporcional das formas conforme adentramos o quadro.

A perspectiva como construção geométrica

Os experimentos de Brunelleschi e o enunciado teórico de Alberti sobre a perspectiva têm fundamento comum na geometria euclidiana. Os postulados mais conhecidos são: a) as paralelas se encontram no infinito; e b) triângulos equiláteros, quando cortados paralelamente à base, mantêm-se proporcionais, já que seus ângulos não são alterados. Visto que o plano figurativo funciona como se fosse uma pirâmide cujo interior observamos desde a base, com o vértice coincidindo com o ponto de fuga, e que seus lados são triângulos, se interceptarmos paralelamente a pirâmide visual em coordenadas nas quais colocaremos os elementos no espaço, e se estipularmos o tamanho e a distância entre elas, o "teorema das proporções" nos dá a lei matemática da degradação dos tamanhos segundo a distância (ARGAN, 1987, I: 105).

A aplicação dos teoremas de Euclides à visão, para se determinar com a certeza da geometria uma razão comum para a alteração das medidas dos corpos conforme a variação da distância que tomamos delas, nos faz ver que a questão da perspectiva *artificial* é, acima de tudo, um problema de proporção. No parágrafo 18 do *Da pintura*, Alberti afirma que adjetivos como grande e pequeno, longo e breve, alto e baixo, largo e estreito, claro e obscuro, luminoso e sombreado, entre outros, não podem ser tidos como qualidades inerentes às coisas a não ser quando medidos "por comparação".

> [...] essas coisas todas se conhecem por comparação. A comparação tem em si esta força, a de mostrar nas coisas o que é mais, o que é menos ou igual [...]. Faz-se comparação sobretudo com as coisas mais conhecidas. E como para nós o homem é a coisa mais conhecida [...] (ALBERTI, 1992: 87-88).

É importante perceber as profundas implicações desse parágrafo e ver seu alcance para o desenvolvimento da *epistéme* moderna, pois proceder por comparação significa contrariar o conhecimento pela revelação, significa apoiar-se na coerência e na clareza internas de seus próprios procedimentos. Segundo essa formulação, o raciocínio geométrico da perspectiva exige a autoevidência do seu próprio funcionamento. Daí a coincidência necessária entre o ponto de vista do observador e o ponto de fuga da composição, pois o sistema contém a possibilidade de, pelo processo inverso, deduzir as medidas prévias à preparação do quadro, inclusive a distância do sujeito que olha do plano de projeção. Ou seja, se quisermos, podemos reconstruir exatamente a imagem que temos à frente, tal como o pintor a viu. Colocamo-nos no lugar preciso para ver com a certeza dos sentidos e a exatidão da matemática.

Aqui cabe uma descrição mais detida dos fundamentos geométricos do tratado albertiano, uma vez que, na biografia de Brunelleschi, seu autor limita-se a descrever os aspectos exteriores dos experimentos do arquiteto com o mecanismo da perspectiva, mas não discorre sobre seus fundamentos geométricos. Manetti fala do ponto em que se colocou o arquiteto, do ângulo de visão, das dimensões aproximadas dos quadros e das condições estipuladas por Brunelleschi para a contemplação do desenho, onde aparecem o batistério da igreja de Santa Maria dei Fiori e a praça da Signoria.

Entretanto, Alberti declara, logo nos primeiros parágrafos de seu tratado, desejar que suas palavras sejam interpretadas visando unicamente ao domínio e ao conhecimento da pintura; uma vez que afirma que "as coisas que não podemos ver, ninguém negará que elas não pertencem ao pintor".

O método de Alberti, de acordo com o esquema gráfico de Panofsky, consiste em primeiro fixar a forma geométrica da superfície – o quadrado de base que se converterá na *janela* através da qual se vê a imagem pictórica – para, em seguida, determinar o tamanho desejado para a figura humana. Uma vez estabelecida a medida do homem, tudo o que ocupar o espaço ao seu redor a ela se referirá. Para melhor ilustrar seu método, Alberti toma como exemplo didático o desenho das divisões do pavimento. Para tanto, inicialmente ele divide a linha de base do quadrado em segmentos idênticos, determinando com esse procedimento a largura dos módulos do piso. Feito isso, o passo seguinte será colocar, à altura que melhor convier, o ponto em que o raio cêntrico irá atingir o plano. Aí se localiza o ponto de fuga. Este, por sua vez, define a altura em que passa a linha do horizonte, ou seja, o limite último entre a abóbada celeste e a terra. Do ponto de fuga, também denominado ponto cêntrico, basta traçar retas ligando-o aos pontos marcados na base do quadrado, seguindo o postulado de Euclides de que todas as paralelas se encontram no infinito. Temos, assim, um concreto índice de profundidade, que são as linhas convergindo para o mesmo ponto.

Falta-nos, no entanto, outro dado fundamental: as divisões transversais do pavimento, que, já sabemos, diminuem conforme sua progressão rumo ao infinito. Para esses artistas do Primeiro Renascimento, ignorar tal impasse, lançando aleatoriamente a progressão dos intervalos não é admissível, tampouco a aplicação de uma regra mecânica para a diminuição dos tamanhos, tal como ocorria na tradição medieval tardia. A exigência de preceitos rigorosos e precisão matemática leva os artistas a repor o problema da geometria para a construção exata do espaço, daí esse gênero que, não por acaso, começa a se desenvolver a partir de tais pesquisas: a geometria projetiva. É exatamente disso que se trata: da projeção tridimensional de figuras no espaço.

A visão que temos da malha ortogonal formada pelas linhas de um pavimento é, como sugere até aqui o desenho de Alberti, um plano triangular inclinado e facetado internamente. Como vimos, a definição da largura dos módulos do piso deu-se pela marcação de pontos na linha de base do quadrado, mas as medidas de comprimento (já que as de altura são dispensáveis) não podem ser obtidas do mesmo modo. Falta, exatamente, um plano de perfil. O procedimento consiste em transpor esses dados relativos aos intervalos ao longo do comprimento em dados frontais. Para executar tal operação, Alberti sugere prolongar lateralmente a linha do horizonte para fora do quadrilátero, para, desse modo, desdobrar na mesma vista um plano de perfil. A borda comum funciona, na visão lateral, como o ponto em que a tela é vista em perfil. O prolongamento dessa linha do horizonte nada mais é do que a projeção do "raio cêntrico". Logo, o ponto em que ela deve se interromper é a distância que se fixa entre o olho e o plano da pintura. Feito isso, basta repetir a mesma operação efetuada no plano frontal, ou seja, assinalar os intervalos do piso na linha de base e projetar os raios do olho a tais marcas. Os pontos em que eles atravessam o plano perpendicular assinalam precisamente as distâncias em que as linhas transversais devem ser colocadas no plano frontal. Resta, portanto, transportá-las para o quadrado de base. Assim, teremos as informações de frente e de lado conciliadas num mesmo plano de projeção. Para se ter a certeza matemática da correção do procedimento, basta traçar uma diagonal no desenho do pavimento visto em perspectiva: se todos os quadrângulos forem divididos exatamente em dois triângulos, isto é, se a diagonal se tornar a hipotenusa do triângulo, teremos a prova real de uma construção legítima.

Em síntese, a perspectiva *artificialis* é a construção geométrica que conjuga analiticamente dados tridimensionais, definidos *a priori*, para transpô-los recodificados num plano de projeção unitário. Trata-se de uma legítima construção intelectual, uma *abstração*, portanto, muito distante da impressão ótica de nossa experiência cotidiana.

O alcance e o significado artístico da perspectiva inventada no *Quattrocento* é algo que podemos atestar melhor confrontando obras em que esse princípio se apresenta. Já observamos como a visão em perspectiva fundamenta a concepção da cúpula da Igreja Santa Maria dei Fiori, de Brunelleschi. Vejamos, a partir de agora, como tais procedimentos organizam uma pintura como a *Trindade* (1426-1427) (cf. Figura 19 do caderno iconográfico), de Masaccio, ou um alto-relevo como o *Banquete de Herodes* (1427), de Donatello. Contemporâneos do arquiteto, ambos representam uma cena de inspiração bíblica, na qual nota-se uma distribuição equilibrada de personagens e objetos dentro dessa marcação geométrica definida pelo retângulo da superfície da pintura e pelo ponto que corresponde ao centro do espaço.

Na *Trindade* de Masaccio, Cristo crucificado e Deus-Pai sobreposto alinham-se no mesmo eixo vertical, e os demais personagens ocupam simetricamente as laterais, como se todo o conjunto estivesse regido por coordenadas geométricas (linhas verticais e horizontais) instituídas pela cruz. De fato, a cruz é um dos elementos estruturais do afresco, pois relaciona o primeiro arco arquitetural com o que se repete atrás. Contudo, Masaccio emprega outro recurso formal para reforçar a profundidade do vão espacial no qual a cena se processa: a inscrição das figuras dentro de um rigoroso esquema triangular. Podemos entrever, em princípio, duas razões para tal preferência: uma simbólica, pelo significado teológico da Trindade, e outra geométrica, pelo escalonamento gradual dos planos triangulares como recurso para marcar a profundidade. As figuras dos doadores do afresco à igreja situam-se em primeiro plano e em nível mais baixo, fora da moldura do pórtico; a Virgem e São João, mais recuados, inserem-se dentro da moldura; prosseguindo rumo ao fundo, temos Cristo crucificado e, por fim, Deus-Pai, último termo e vértice inabalável do arranjo compositivo.

O afresco de Masaccio é já concebido dentro do conceito albertiano de "interseção plana da pirâmide visual", pois não só a construção da profundidade através da disposição de planos paralelos a partir da moldura de base – a "janela" – obedece à regra euclidiana das proporções do triângulo, como também todas as linhas que delimitam a arquitetura convergem para um único ponto. Aqui, já podemos abordar outra das inovações da composição: a decisão do artista por deslocar a cena da crucificação, tradicionalmente situada em meio à paisagem aberta, para o interior de uma arquitetura. Mais precisamente para uma arquitetura recuperada da Antiguidade, cujo principal defensor era justamente Brunelleschi.

Já vimos o significado conceitual da *Trindade* quanto às razões teológicas e espaciais. Agora, se nos detivermos particularmente sobre o severo arranjo arquitetônico, observaremos que, mais do que um interior qualquer, Masaccio nos dá um espaço de qualidades universais, enfim, uma estrutura de divisibilidade infinita. Senão vejamos: o formato retangular do afresco é intencionalmente enfatizado pela moldura arquitetônica que nada mais é do que um módulo espacial com abertura transversal e longitudinal, dados, respectivamente, pelo leve recuo da moldura em relação ao plano da pintura, suficiente o bastante para sugerir uma porção de espaço aberto à frente do vão, e pela repetição das colunas encimadas pelo arco e a vista da estrutura interna da cobertura em abóbada. Ora, como nos revelam os tratados de arquitetura publicados posteriormente, sobretudo ao longo dos séculos XVI e XVII, a modulação da forma clássica traz consigo a previsão de seu desdobramento. A base do sistema é a ideia de ordem arquitetônica, na medida em que ela pressupõe no ato de sua escolha – dórica, jônica, coríntia e compósita – a aplicação das proporções estipuladas tanto para os elementos em si quanto para a composição do conjunto edilício: o módulo da base, o corpo cilíndrico da coluna, o desenho do capitel, as partes e medidas do entablamento e o intervalo entre colunas. Ou seja, a ordem traz em si o princípio de divisibilidade e modulação do espaço, do mesmo modo que o novo espaço dado pela perspectiva é pensado como homogêneo, mensurável e infinito.

A obra de Masaccio é, de fato, uma demonstração conceitual da ideia mesma da perspectiva, que é capaz tanto de organizar eventos, tornando visual o significado histórico e teológico dos fatos sagrados (o escalonamento ascensional das figuras dirigidas pela figura do triângulo mantém inalteradas a autoridade e a hierarquia religiosas), quanto de assinalá-los com a certeza de fatos ordenados num espaço límpido e geométrico (a progressão dos planos em profundidade).

Se a descoberta do método renascentista da perspectiva tem grande importância para o desenvolvimento da pintura, a ponto de manter sua vigência até a revolução cezanneana, já em fins do século XIX, que tipo de repercussão teve ela sobre a escultura?

É sabido que Donatello (1386-1466) e Brunelleschi eram próximos, como nos confirma Manetti, o biógrafo do arquiteto, uma vez que eles teriam efetuado visitas regulares às ruínas de Roma para estudar as Antiguidades: o arquiteto estava interessado nos métodos construtivos, nas simetrias e nas proporções das formas; o escultor procurava recuperar a expressão vívida que aqueles fragmentos do passado ainda eram capazes de transmitir ao presente, aspiração muito de acordo com a tradição clássica da escultura, que se funda na ideia de a estátua reproduzir a vida. A gravidade, a solidez e a firmeza das esculturas de Donatello demonstram como sua obra se vale da serenidade e da nobreza plástica das estátuas da Antiguidade greco-romana. Mas ele almeja que suas figuras de mármore e bronze transmitam um sentido físico da presença, assim como os exemplares antigos, somente sob a condição, compreende o escultor, de que elas se coloquem como "figuras no espaço".

A fórmula decorativa gótica da escultura ditava as poses do corpo segundo um movimento em espiral, em que todos os membros – pernas alternadas, quadril e torso em giro, braços movimentando-se como se fossem arcos, pregas formando ondas e cabeça em rotação – sugerem um sintomático movimento ascensional. Aí, a luz, como um feixe grácil e veloz, corre pelas superfícies deslizantes da figura, formando um jogo orbital rítmico de formas leves e movimentos luminosos. Desvencilhando-se da forma medieval, as estátuas de Donatello parecem exigir outro comportamento da luz, distinto da concepção escolástica e tomista que concebia a luz como pura emanação espiritual, substância separada dos corpos. Assim, a graciosidade e leveza rítmica do gótico é substituída por uma densidade e peso que parecem causar retenção, ou melhor, absorção da luz pela matéria, o que significa uma radical alteração no modo de concebê-la, uma vez que ela passa a ser considerada uma substância física, atmosférica. Passa, em suma, a ser valorizada por suas qualidades espaciais, atuando como aquilo que relaciona as coisas ao seu ambiente. Até mesmo ao nível das singularidades estilísticas, pode-se perceber essa vontade de capturar a luz no talhe duro e sulcado, no *modelato* sintético das superfícies e, principalmente, no acentuado contraste entre cheio e vazio, luz e sombra.

Enquanto no juvenil *David* (1409) Donatello ainda está preso à matriz gótica do tema da graciosidade cavalheiresca do herói adolescente, o *São Jorge* (1417-1420) (cf. Figura 20 do caderno iconográfico) já é um corpo adulto condensado, solidamente assentado no solo, tanto que, para afirmar o peso físico de seu corpo, tem suas pernas abertas e alinhadas ao busto. Os braços, assim como o panejamento, aparecem colados ao corpo, sendo que um deles equilibra o escudo. Nessa massa compacta, esse último elemento cumpre um papel fundamental, uma vez que a cruz nele inscrita define as coordenadas espaciais horizontal e vertical: os índices direcionais que localizam e inserem a figura no espaço.

Note-se, pois, a identidade entre corpo e entorno, fato que autoriza a conclusão de que Donatello, sintonizado com as ideias de Brunelleschi, possui uma concepção perspectiva da escultura, sem a qual não seria possível se pensar na liberação do volume escultórico no espaço.

É nesse justo ponto que o problema da escultura e o problema da pintura encontram-se coligados pela questão da representação do espaço como algo que se dá ao conhecimento não mais pelo resgate das causas finais, mas "por comparação", ou seja, pela relação das partes com o todo. Em torno dessa questão em comum surge o problema do *Banquete de Herodes* (1427). Embora o baixo-relevo seja antes um problema pictórico do que propriamente escultórico, ele interessa ao escultor porque, como vimos acima, propõe uma nova relação entre a massa e o entorno. Como tal, abrange um ponto fundamental para o escultor e o pintor: a reflexão sobre o modo de ação das coisas e figuras no espaço. A perspectiva, portanto, é compreendida também como um método de organizar a ação, de ordenar as personagens numa história. É o que vemos no *Banquete*, no qual figura em primeiro plano o tema principal: a apresentação da cabeça do Batista a Herodes, enquanto Salomé executa a dança dos véus. O impacto da cena macabra produz um vazio no centro do relevo. Esse choque súbito determina a rítmica sucessão dos planos em profundidade, que prosseguem por saltos bruscos entre os ambientes distintos que se vê ao fundo, sob a marcação obsessiva dos arcos. E, apesar da alta dramaticidade do evento, a composição é rigorosamente ordenada pela perspectiva.

A convivência próxima entre os três artistas e a associação do nome de Brunelleschi a Masaccio e Donatello na dedicatória de Alberti no tratado *Da pintura* confirmam tal proximidade e, de certo modo, explicam, em tese, a aplicação correta das regras da perspectiva no afresco, no qual todas as linhas convergem para um único ponto. E até mesmo os fatos de Masaccio transpor a cena para o interior de uma arquitetura – bem entendido, uma arquitetura clássica – e de Donatello realizar um relevo que é mais um desenho perspectivado reafirmam a influência brunelleschiana sobre seus contemporâneos; porém, mais importante, demostram a unidade dos problemas culturais que preocupavam essa geração, a ponto de um método inventado por um arquiteto construtor para servir à arquitetura ter plena validade para o pintor e para o escultor.

Figura 17 *São Francisco doando manto ao pobre viajante.* Giotto (1296).
Fonte: Basílica Superior de Assis.

Figura 18 *Cúpula da Catedral de Santa Maria del Fiori.* Brunelleschi (1420-1436).
Fonte: Foto de Sailko.

Figura 19 *Trindade*. Masaccio (1426-1427).
Fonte: Basílica de Santa Maria Novella. Florença.

Figura 20 *São Jorge*. Donatello (1417-1420).
Fonte: Museu Nacional de Bargello. Florença.

Figura 21 *Condottieri Guattamelata*. Donatello (1443-1453).
Fonte: Foto de Nina Aldin Thune.

Figura 22 *Anunciação*. Fra Angelico (1440).
Fonte: Museu São Marcos. Florença.

Figura 23 *Primavera*. Botticelli (1478).
Fonte: Galeria dos Ofícios. Florença.

Figura 24 *Nascimento de Vênus*. Botticelli (1485).
Fonte: Galeria dos Ofícios. Florença.

Figura 25 *Anunciação*. Leonardo da Vinci (1475).
Fonte: Galeria dos Ofícios. Florença.

Figura 26 *Última Ceia*. Leonardo da Vinci (1495-1497).
Fonte: Convento de Santa Maria da Graça. Milão.

Figura 27 *Monna Lisa*. Leonardo da Vinci (1503-1506).
Fonte: Museu do Louvre. Paris.

Figura 28 *Sagrada Família "Tondo Doni"*. Michelângelo (1504).
Fonte: Galeria dos Ofícios. Florença.

Figura 29 *David*. Michelângelo (1501-1504).
Fonte: Galeria da Academia de Belas Artes de Florença.

Figura 30 *Capela Sistina*. Michelângelo (1508-1512).
Fonte: Palácio Apostólico. Vaticano.

Figura 31 *Juízo final*. Michelângelo (1536-1541).
Fonte: Palácio Apostólico. Vaticano.

Figura 32 *Tempestade*. Giorgione (1508-1509).
Fonte: Academia de Belas Artes de Veneza.

Figura 33 *Vênus de Urbino*. Ticiano (1548).
Fonte: Galeria dos Ofícios. Florença.

Figura 34 *Nossa Senhora de Ca'Pesaro*. Ticiano (1526).
Fonte: Santa Maria Gloriosa dei Frari. Veneza.

Figura 35 *Bela do Jardim*. Rafael (1507-1510).
Fonte: Museu do Louvre. Paris.

Figura 36 *Escola de Atenas*. Rafael (1508-1511).
Fonte: Palácio Apostólico do Vaticano.

Figura 37 Nossa Senhora do Pescoço Longo. *Parmeggianino* (1535-1540).
Fonte: Galeria dos Ofícios. Florença.

Figura 38 *Baldaquino*. Bernini (1624-1633).
Fonte: Foto de Jorge Royan.

Figura 39 *Colunata da Praça São Pedro* – Roma. Bernini.
Fonte: Foto Staselnik.

Figura 40 *Cúpula da catedral*. Michelângelo (1557-1593) / (1656-1676).
Fonte: Foto Wolfgang Stuck.

Figura 41 *Las Meninas*. Velázquez (1656).
Fonte: Museu do Prado. Madri.

Figura 42 *Autorretrato*. Rembrandt (1669).
Fonte: National Gallery, Trafalgar Square. Londres.

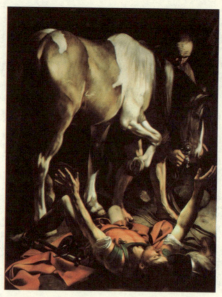

Figura 43 *Conversão de São Paulo.* Caravaggio (1601).
Fonte: Igreja de Santa Maria del Popolo. Roma.

Figura 44 *Triunfo do Nome de Jesus.* Giovanni Battista Gauli (1674).
Fonte: Igreja de Jesus. Roma.

Figura 45 *Êxtase de Santa Tereza*. Bernini (1645-1652).
Fonte: Basílica de Santa Maria della Vittoria. Roma.

Figura 46 *Igreja de São Carlos nas Quatro Fontes* – Fachada. Borromini (1634-1667).

Figura 47 *Igreja de São Carlos nas Quatro Fontes* – Interior. Borromini (1634-1667).
Fonte: Erin Silversmith.

ILUSTRAÇÕES

Ilustração 1 *Dia de Santa Maria das Neves*. Leonardo da Vinci (05/08/1473).
Fonte: Galeria dos Ofícios. Florença.

Ilustração 2 *Igreja de Jesus de Roma* – Fachada desenhada por Vignola.
Fonte: *Igreja de Jesus de Roma* – Reprodução.

2
Cultura artística e a cidade ideal renascentista

O desenvolvimento das artes está intrinsecamente relacionado ao desenvolvimento das cidades italianas da Renascença. Florença é naturalmente o foco de irradiação das novidades, mas a arte florentina não é o único centro da cultura artística. Veneza, Milão, Mântua, Pádua, Ferrara, Rimini, Bolonha, Perugia e Urbino são outros núcleos de destaque. Neste capítulo, nos deteremos nos casos mais expressivos: Florença e Roma.

O salto qualitativo que marca a mudança de sistema artístico, responsável pelos crescentes controle e autonomia que os artistas do Renascimento começam a ter sobre suas obras, é a *ideia de projeto*, que nada mais é do que a antevisão do objeto antes de sua realização. Trata-se da projeção proporcional do objeto hipotético numa superfície bidimensional, seja uma cena religiosa ou profana, uma estátua em praça pública ou um edifício.

Como se pode deduzir, a projeção fundada na perspectiva, em princípio, não encontra limites: vai de pequenos artefatos ao desenho de novas estruturas urbanas. Embora teoricamente ilimitado, ele não chega a provocar transformações radicais na estrutura física das cidades ou dos territórios, ficando mais restrito a obras de pequeno e médio porte, como objetos utilitários, edificações, praças e decoração urbana.

A rigor, as grandes transformações urbanas começarão a ocorrer no início do século XVI, em Roma, mas só no século seguinte se realizam com eficácia e porte com o fenômeno das cidades capitais barrocas.

Um projeto pouco conhecido, mas de extrema importância para o novo ideal urbano é a reforma do núcleo urbano de Pienza, elaborado a partir de 1459, por um discípulo de Leon Battista Alberti, Bernardo Rossellino (1409-1464). Sob a inciativa do Papa Pio II, são construídos a nova catedral, o Palácio Piccolomini, o Palácio Borgia e o Palácio Público. A disposição se ordena ao redor da praça, cujo sentido geométrico é reforçado pelo desenho ortogonal do pavimento. O exemplo de Pienza é feito conforme a *concepção humanística* de Alberti (1404-1472), segundo o qual o palácio do "senhor" não deve se impor por seu aspecto ameaçador, senão pela harmonia das proporções e a beleza das formas. Outra significativa distinção feita por Alberti, conforme Garin, é entre principados e reinos e repúblicas livres: "Os novos principados devem sediar-se nas montanhas, permanecendo na defensiva, mantendo a desconfiança e o temor; enquanto os povos livres podem habitar as cômodas cidades da planície" (Garin, 1996: 74).

A nova *ordem plástica* inaugurada no Renascimento, portanto, tem em vista não somente um *ideal estético*, como também um *conceito político*: seu fim é a *Cidade Ideal*.

Essa correlação entre bom governo e estrutura urbana aparece em textos de chanceleres florentinos – Coluccio Salutatti e Leonardo Bruni – e nos tratados dos artistas – Alberti, Leonardo, Filarete – e é o resultado de uma longa meditação histórica, tendo como referência tanto os episódios recentes quanto a experiência dos antigos. Em suma, é sobre a reflexão a respeito da experiência da cidade real que se pensa o ideal.

A *cidade* começa a ser pensada à *medida humana*, uma vez que está empenhada em gerir com *autonomia* seu destino, independente de pressões exteriores, seja do império ou do papado. Além da atenção à proporção e à regularidade das estruturas urbanas, a questão dos usos, funções e conforto e sua necessária organização estão implicadas nos projetos urbanísticos. O artista, assim como o governante das cidades-

-estado italianas, pensa a cidade ideal tentando conciliar organização política com estrutura arquitetônica.

O Duomo da Catedral de Santa Maria dei Fiori (1420-1436) e o Palácio da Signoria (1299-1314), em Florença, são exemplares arquitetônicos que condensam um simbolismo político e expressam a ideia de República como centros de poderes em equilíbrio – igreja e comuna. Contudo, o monumento cívico construído por Arnolfo de Cambio (1245-1302), que também construíra o corpo principal da catedral em estilo gótico, é uma massa cúbica compacta, dura e fechada, marcando a paisagem pela imponência de sua torre. Apesar, portanto, de seu sentido e de sua função cívica, o palácio ainda se coloca como um castelo senhorial que se impõe pela força e pela impenetrabilidade. O verdadeiro monumento, no sentido albertiano acima referido, que representa os valores estéticos e cívicos da cidade é a *cúpula* da catedral de Santa Maria dei Fiori, concebida por Brunelleschi. Ao contrário das torres das igrejas e palácios, com sua impostação vertical, a cúpula se eleva como um volume unitário e de qualquer ponto da paisagem circundante ela se impõe não como uma agulha gótica, mas como um volume circular perfeito. Ela se torna o ponto de referência, de interpolação a partir da qual tudo se localiza. Inversamente, do alto de sua lanterna pode-se divisar o horizonte completo da cidade e das colinas que a cercam. Outro campo que cruza arte, urbanismo com ideais humanísticos é o da escultura. A *estátua* equestre de Erasmo de Narni – o *condottieri Guattamelata* (1443-1453) (cf. Figura 21 do caderno iconográfico) –, realizada em bronze por Donatello (1386-1466), situada no centro da praça pública de Pádua, representa o heroísmo de uma figura do presente sob as vestes do antigo. Trata-se de uma homenagem a uma *figura histórica* celebrativa da glória terrena. Assim como a cúpula de Brunelleschi, a escultura de Donatello magnetiza o espaço ao redor, retomando o tema clássico do monumento e atribuindo-lhe um sentido histórico e ideológico.

A síntese dessa conjugação entre pensamento humanista e cultura artística pode ser aferida nos escritos de Leon Battista Alberti. Alberti era a junção mais perfeita do homem de letras e do mestre construtor, tendo se dedicado à arquitetura, ao restauro dos monumentos e à tratadística. Após ter teorizado a perspectiva como o fundamento da nova pintura – *Da pintura* –, Alberti dedica-se ao exaustivo tratado da arquitetura – *De Re Aedificatória* (finalizado em 1452, mas publicado apenas em 1485) –, tendo escrito entre as duas obras (a datação não é inteiramente comprovada, apenas suposta) o tratado *De Statua*.

Embora não mencione a teoria da perspectiva o tratado começa como um desdobramento desse raciocínio logo no livro I, "O desenho", na medida em que a arquitetura depende igualmente dessa conjunção entre imaginação espacial e racionalidade geométrica. Segundo o humanista:

> [...] a arte da construção no seu conjunto se compõe do desenho e da sua realização. No que diz respeito ao desenho, o seu objeto e o seu método consistem principalmente em encontrar um modo exato e satisfatório para ajustar e unir linhas e ângulos, mediante os quais possamos delimitar e definir o aspecto de um edifício. [...] E o desenho não depende intrinsecamente do material, pois é de tal índole que podemos reconhecê-los como invariável em diferentes edifícios, nos quais é possível observar uma forma única e imutável entre os seus componentes. [...] Poder-se-ão projetar mentalmente tais formas na sua inteireza prescindindo totalmente dos materiais. [...] (ALBERTI, 2012: 35).

É evidente que o conceito moderno de projeto encontra em Alberti o princípio fundador e, ao desvincular a dependência da forma da matéria, confere ao projeto uma dimensão intelectual inegável. Desenho se define como ideia, intenção que se projeta na forma. O apreço pela geometria como idealização pura demonstra que a origem do projeto se confunde com o ideal geométrico que concebe figuras através de linhas e ângulos na determinação de áreas e na articulação do conjunto. Um pouco mais à frente, retoma o tema agora em relação à fase de construção.

> Não cansarei então de recomendar o que costumam fazer os melhores arquitetos: meditar e meditar novamente sobre a obra a ser empreendida, sobre o seu conjunto e a medida de

> todas as partes, utilizando não somente desenho e esboços, mas também, modelos. [...] Somente após essa avaliação poderemos enfrentar a despesa e o cuidado que a obra comporta (ALBERTI, 2012: 68).

O tratado insiste reiteradamente na necessidade de ponderação sobre todos os aspectos envolvidos na arte de construir para evitar os fenômenos naturais ou a própria imperfeição do homem levem a obra ao caminho da destruição precoce.

> Há lugares nos quais os homens facilmente perdem a razão; nos quais por nada se arruínam; nos quais matam com toda facilidade ou se enforcando ou se jogando em um precipício ou com uma espada ou com o veneno. [...] leva-se muito em conta que é próprio de uma pessoa profundamente inteligente intentar tudo o que for possível para que os esforços e os gastos que a construção implica não sejam vãos, e para que a obra se torne duradoura e salubre. E dever da pessoa prudente e ajuizada é o de cuidar do mínimo pormenor para que se alcance seu objetivo (ALBERTI, 2012: 48-49).

O elenco de situações e as soluções ideais alcançadas são analisados a partir do estudo dos antigos, sempre exemplares na resolução dos problemas. São o exemplo máximo de sabedoria, engenho e prudência. Não se trata de ir contra as forças hostis da natureza, mas compreender intrinsecamente as leis universais que a regem, a beleza verdadeira por cima das aparências, integrar a razão humana na lei natural. Razão e natureza integram-se com intermediação da história.

Munido, em suma, de tantas experiências e reflexões, Alberti pode chegar a uma conclusão extraordinária sobre a Arte da Construção – a arquitetura –, cujos alcance e repercussão incidiriam até o limiar da Modernidade. O ideal ético e estético do republicanismo albertiano atribui ao arquiteto uma responsabilidade maior que simplesmente construir o abrigo do homem. Se o artista é, agora, um intelectual, se interpreta a natureza e os feitos do homem ao longo da história, se atua ao lado dos políticos que lideram a República ou o Principado, seu campo de atuação não se restringirá apenas à edificação. Pelo contrário, deverá expandir e alcançar a cidade e o território. E tal abertura de horizontes não poderia ser senão o corolário do grande teórico da perspectiva que reflete sobre a posição dos objetos no espaço, ou seja, pensa sobre a forma da relação. Assim como a disposição dos espaços de uma casa devem buscar o lugar e a posição mais oportunos, também na *urbis* o foro e as avenidas devem ser desenhados com igual rigor e decoro. "A cidade seria uma grande casa, e a casa por sua vez uma pequena cidade [...]" (ALBERTI, 2012: 55).

Assim concebida, na convergência entre concepção política e concepção artística, a cidade pode ser interpretada como "obra de arte", e a tarefa da arquitetura não mais restrita à construção de edificações funcionais, mas ao conjunto geral de estruturas e sua inter-relação com a esfera da sociedade. Tampouco se reduz a desenho de massas proporcionadas e em equilíbrio entre cheios e vazios segundo as leis da simetria. A forma ideal da cidade é uma resultante de articulação entre considerações político-sociais e urbanísticas, envolve aspectos de abrigo, segurança, higiene, defesa, abastecimento, comércio, leis, funcionalidade, técnica e beleza. E um tal equilíbrio entre liberdade e necessidade, entre a necessária unidade e harmonia do conjunto urbano e a livre-existência da diversidade de usos e expressões é o que o arquiteto deve buscar num ordenamento racional, justo, organizado e belo. A cidade ideal renascentista de Alberti e dos humanistas cívicos, como aponta Eugenio Garin, é a *res publica*. E tal visão não poderia deixar de ter sido gestada mediante uma experiência histórica concreta, a das cidades-estado italianas, principalmente, da república de Florença.

Religiosidade e poesia: outros pontos de vista

A novidade técnica da perspectiva artificial difundiu-se rapidamente a ponto mesmo de ser confundida com os fundamentos do novo estilo. Apesar da rápida disseminação, o novo método não se impôs sem que a ele se interpusessem algumas resistências. Vale lembrar que em Flandres, menos de uma década depois da *Trindade* e do *Banquete de Herodes,* Jan Van Eyck (1440-1441) apresentava outra solução para a construção do espaço com o seu *Casal Arnolfini* (1434), sem a precisão geométrico-abstrata da perspectiva *artificialis*, mas com um sentido de realidade muito superior, graças ao extraordinário nível de detalhe que a técnica do óleo permite. Contudo, algumas reações vieram do interior mesmo da cultura florentina, sobretudo daqueles setores ligados às esferas religiosas, para os quais as bases laicas do novo sistema eram objeto de forte contestação. Não se pode esquecer que, até então, a arte estivera submissa à religião, cumprindo importante papel como instrumento de pedagogia visual dos iletrados. A autoevidência reclamada pela perspectiva aparecia aos olhos dos teólogos e eclesiásticos como um desvio do dogma religioso.

Para um artista e religioso como Fra Angelico (1400-1455) tais preocupações eram centrais. Como artista, ele não ignorava a importância e o alcance cultural da pintura de Masaccio; como teólogo, alertava para o risco de uma excessiva secularização da arte. Assim, introduz-se com a obra do beato um primeiro questionamento à concepção da arte como investigação "científica" da realidade visível.

Giovanni da Fiesole, mais conhecido como Fra Angelico, nasceu nos arredores de Florença. Em 1417 ou 1418 ingressou na Ordem dos Dominicanos, herdeira do pensamento doutrinário tomista de Florença, que pregava uma adesão à genuína tradição cristã como resposta às propostas humanistas de valorização dos textos clássicos em detrimento das Escrituras Sagradas. Não que isso significasse rejeição completa dos estudos humanistas, tratava-se mais propriamente do redirecionamento da esfera da cultura para o seu seio originário.

É evidente que para um pintor com formação erudita como Fra Angelico, a reconquista da religiosidade para a arte não se limitava à simples representação de temas consagrados. O beato estava ciente das limitações decorativas da pintura gótica, caso contrário não acataria as inovações plásticas da nova pintura florentina. O problema, porém, é que não podia aceitá-las na íntegra, como vimos, pelas motivações leigas que apresentavam. Uma pintura religiosa atual, mas fundamentada teórica e teologicamente, é o desafio que coloca a si próprio o frade-pintor.

O cerne da arte de Fra Angelico era, sem dúvida, a questão da luz. Fra Angelico, arriscamos dizer, operava com uma noção geométrica da luz, senão não teria tal controle proporcional de sua emanação, mas isso em nada diminui o significado religioso da cena.

O problema pictórico crucial de Fra Angelico consistia em estabelecer a exata correlação entre forma da luz e forma do ambiente. É o que constatamos na *Deposição da Cruz* e nos afrescos do Convento de São Marcos (ambos produzidos em torno de 1440). O grandioso retábulo da *Deposição* tem o evento localizado em uma paisagem clara, repleta de árvores, edificações, relvas com flores, montanhas. As cores lívidas, a suavidade das formas e a amenidade de gestos compõem um ambiente límpido e leve que nada lembram a dramaticidade do fato em si, tradicionalmente simbolizado pela aspereza e secura do calvário, pelas chagas do corpo desfalecido do Salvador e pela lamentação dos presentes. Outra diferença marcante é a cena se passar numa bela manhã de primavera, não no trágico entardecer, como narram as Escrituras. Parece evidente que o beato está interessado no sentido histórico do evento – como data inaugural da Cristandade – e não tanto na construção fidedigna dos fatos narrados. Talvez isto justifique as vestimentas contemporâneas das figuras e a presença dos grupos laterais – o dos sábios, à direita, debatendo sobre os símbolos da paixão, e o das mulheres pias, prestes a receber o corpo de Cristo. Este, por sua vez, ocupa naturalmente o centro da composição, mas o que de fato impressiona é a arquitetura da cena, composta pelas ortogonais da cruz e pela complexa mecânica da deposição: um cruzamento de diagonais formado pelo corpo desfalecido de Cristo e pelos quatro homens que realizam a tarefa.

Como se pode perceber, em Fra Angelico, Renascimento, História, Providência e Geometria encontram-se unificados pela coerência e segurança de sua visão espiritual da arte, e nesta comunhão entre os elementos compositivos da cena talvez se possa identificar a primeira visão panteísta da arte, muito próxima, inclusive, de uma concepção platônica de mundo. Por outro lado, destaca-se igualmente o tema da caridade – o amor a Deus e às coisas por ele criadas – e que em termos pictóricos se traduz na extrema delicadeza das formas. Assim, à purificação dos tons corresponde a simplificação da linha, que com respeitosa amabilidade contorna as figuras e coisas, definindo planos cromáticos sintéticos e isentos da acidentalidade e inconstância da matéria bruta. Devido a estes expedientes, as formas dão a nítida impressão de emergirem como puros perfis gráficos, destituídos de materialidade. Esta virtude poética da linha e da cor terá, sem dúvida, grande influência sobre Botticelli.

Voltando ao tema da conjugação entre cor e luz, é característico observar nas pinturas de Fra Angelico a frequente contraposição entre cores luminosas e um plano de fundo escuro, ou o inverso, tons obscuros contra fundo claro. Esta seria um modo de individualizar as coisas por oposição de valores, assinalando-lhes identidade e lugar sem fixá-las no espaço universal e homogêneo da perspectiva.

As célebres cenas da *Anunciação* (cf. Figura 22 do caderno iconográfico) executadas pelo pintor no Convento de São Marcos parecem, a princípio, contradizer esta tese. Ali vemos o desenho rigoroso e exato do plano de projeção, segundo as regras explícitas da perspectiva de Brunelleschi e Alberti. O módulo arquitetural – a coluna com arco – que assinala, no primeiro plano, duas áreas, respectivamente reservadas ao Anjo e à Virgem, é um motivo brunelleschiano por excelência, que degrada proporcionalmente à medida que avança rumo ao fundo.

O rigor da arquitetura e a austeridade das formas, de certo modo, explicam-se porque agora o pintor se dirige não a leigos, como no caso da *Deposição,* mas a religiosos que abandonaram a vida mundana para conquistar uma comunicação direta com Deus. Assim, no lugar daquela prédica pictórica radiante e colorística, as obras do convento assumem um tom ascético e meditativo.

A pintura religiosa de Fra Angelico, embora fundamentada sobre o problema metafísico da luz, não pode ignorar as conquistas do naturalismo renascentista, que advoga o valor da experiência sensorial como parte do processo para se conhecer a realidade. Eis, provavelmente, a razão de sua assimilação, como pintor, das inovações trazidas pela geração de Brunelleschi, mas o beato exigia uma justificação teológica rigorosa para tais inovações. A tese de Fra Angelico é a de que é possível ver nas formas sensíveis da natureza a presença de Deus. A natureza deixa de ser encarada como lugar condenado e em decadência, para assumir um valor não por si mesma, mas porque aponta para a causa original, para o fundamento de toda criação: Deus. Ver o Criador nas criaturas é a proposição da pictórica espiritual de Angelico. Mas só o consegue aqueles que amam a natureza (ARGAN, 1999: 161). É esse impulso, no sentido platônico, o fundamento religioso da pintura de Fra Angelico. É o amor que permite àquele que vive religiosamente chegar ao estado de perfeição original das coisas imediatamente após a criação, é o que também purifica nossos sentidos.

Ora, quanto mais próxima dessa perfeição original, mais luminosa será a coisa criada. A arte seria, portanto, a forma por excelência de demonstração da perfectibilidade das coisas, pois ela teria a capacidade de eliminar a instabilidade das imagens captadas pelos sentidos, podendo fixar e purificar a forma, iluminá-las, fazendo ressoar a luz interior que lhes foi incutida no ato da criação. Daí a decantação gradual da matéria, de início pela intensificação da cor, depois, ela própria – a cor – passa a se purificar tornando-se etérea, mas sem perder a amabilidade. A tenuidade dos tons e a suavidade crescente das linhas dão às imagens uma característica cândida que incita à comunhão, ao desejo de um contato próximo, belo e agradável. A arte religiosa de Fra Angelico, enfim, não visa tanto a provocar uma comoção emocional, nem tampouco uma piedade exacerbada, mas tão somente, o "desejo pelo bem".

Botticelli

Favorito da corte dos Médici, Botticelli dominou a cena artística florentina durante as três últimas décadas do século XV, mantendo, ao que tudo indica, relações com os humanistas neoplatônicos como Ficino, Pico della Mirandola e Poliziano.

Alessandro di Mariano di Vanni Filipepi (1445-1510) nasceu na região de Florença e aos 13 anos teria iniciado ofício como ourives, época em que, segundo certos biógrafos, recebera o apelido de "botti-cello", que significa pequeno barril ou garrafa. Aos 17 anos começou a se dedicar à pintura, colaborando com Filippino Lippi e pouco depois, completada sua educação, começou a participar do círculo da *bottega* (loja ou oficina) mais avançada da época: a de Andrea Verrocchio. Mais do que simples oficina, a *bottega* de Verrocchio era uma espécie local de encontro de artistas e artesãos, dentre os quais incluía-se (além do próprio Sandro), Perugino, os irmãos Pollaiuolo, Lorenzo di Credi e o jovem Leonardo da Vinci.

Participando desse círculo seleto, Sandro Botticelli começou a chamar a atenção de Lourenço, "O Magnífico", que teria enco-mendado ao artista, em 1469, a representação de uma das "Sete Vir-tudes" – a "Caridade" para o salão do Tribunal da Mecatanzia. Desde então, tornou-se o pintor favorito da família, para quem teria executa-do seus mais célebres trabalhos, como a *Adoração dos Magos*, *Marte e Vênus*, *Primavera* e *Nascimento de Vênus*.

Com Botticelli temos, pode-se arriscar dizer, o caso de uma poé-tica identificada a uma filosofia: o neoplatonismo. Já em Alberti tal convergência se fazia manifesta, sobretudo pela idealização platôni-ca da geometria contida no *Da pintura*. No entanto, como foi bem observado por Panofsky (1985), o conceito de beleza de Alberti é demasiado fenomênico, ou seja, dependente da noção clássica de *concinnitas* – a conveniência desejada entre todas as partes da obra: harmonia das cores, das massas e das qualidades. Para o neoplatonis-mo, porém, o belo é a resplandecência divina que existe em todas as coisas, mas que não se individualiza em nenhuma em particular. A be-leza tangível e visível é apenas uma ocasião para remeter ao belo ideal, cuja origem só pode ser Deus.

Uma poética orientada para o sentido ideal de beleza é o que dis-tingue a pintura de Sandro Botticelli, baseada em incorpóreos movi-mentos lineares, de uma rítmica vaga e evanescente, verdadeiramente pura poesia de imagens sem matéria. Nas obras mais célebres como *A Primavera* (cf. Figura 23 do caderno iconográfico) *O Nascimento de Vênus* (cf. Figura 24 do caderno iconográfico) e *A Alegoria da Calúnia*, a cena parece imersa numa atmosfera irreal, esvaziada de densidade, arredia à ação, indiferente à marcação geométrica de coordenadas espaciais. Nelas fica claro que a intenção do pintor não é tanto a representação do acontecimento histórico, mas sobretudo criar uma experiência de encanto poético visual, por isso um dos seus elementos formais mais expressivos – a linha – requisitar um andamento autônomo, sem deter-se como contorno ou limite do espaço. Ao perpetuar-se nessa movimentação intensa e autossuficiente, a pintura de Botticelli demanda um tipo de percepção diferenciada, digamos mais temporal que espacial. Tudo isto faz com que o ato de ver se dê como contemplação lírica da ideia da beleza, pois para o artista, como afirma Argan (1999: 209), o belo é tudo aquilo que é destituído de fins, sejam morais, históricos ou cognoscitivos.

Tal como as estrofes líricas do poema, na qual o encadeamento rítmico e a construção de imagens se completam, também nas obras do pintor florentino ocorre semelhante conjunção entre forma e conteúdo. Por isso é a linha, e não a massa como em Masaccio, que requer maior atenção e exige um tempo lento de percepção. Não que isso signifique que em seu frêmito e mobilidade ela adquira um expressivo acento dramático. Se assim fosse, ela se conformaria como mero meio de uma ação, ou seja, apareceria como substrato de um gesto ou postura humanos – vital como em Michelângelo ou exemplar como no caso de Rafael.

O recurso às fontes literárias como inspiração para as obras de Botticelli poderia denunciar aquele culto à Antiguidade que moldara o desenvolvimento do Humanismo renascentista desde finais do séc. XIV, o que estaria, em princípio, em contradição com uma poética reativa à representação de ações exemplares. Contudo, segundo Argan, a recorrência a textos antigos, sempre marcante em Botticelli, ocorre muito mais pela sedução da "beleza do discurso e das imagens", do que por importância histórica ou moral. É possível ver claramente tal procedimento figurativo no *Nascimento de Vênus*, tema caro ao círculo neoplatônico, frequentemente associado ao nascimento da beleza. Segundo a mitologia, a deusa nascera da espuma do mar, fora conduzida à terra por Zéfiro (carregando sua esposa Flora), deus do vento, e recebida pelas Horas. É exatamente essa "ação" que a pintura apresenta: Vênus em pé, ao centro, numa concha, com sua nudez casta e pura é impelida à terra pelo deus eólico, recepcionada por uma chuva de flores e prestes a ser envolvida pelo manto que uma das Horas carrega. A cena lê-se, como na escrita ocidental, da esquerda para a direita, conforme indica o vetor de movimento: o vento. Envolventes linhas modelam, de um lado, o impetuoso Zéfiro, de outro, a acolhedora Hora. Asas, penteados, panejamentos e membros formam, nas extremidades, conjuntos plásticos agitados, contrapostos à elegância e placidez da Vênus, cujas formas suaves e alongadas reforçam a beleza de seu corpo, como se fosse uma baliza que equilibra o dinamismo das figuras laterais. O ponto de passagem do movimento eólico para a gravidade terrestre é o gracioso e flamejante cabelo, composto com extremo cuidado, cujas pontas chegam a tocar o manto florido, indicando a transmissão da energia linear, que passa pelo vestido de Hora até descarregar no solo.

Em contraposição ao esmero com figuras e vestimentas, a paisagem ao fundo apresenta uma definição bastante sumária. Céu e mar dominam o fundo como planos homogêneos, onde apenas uma diferença de tons parece diferenciá-los. Outro motivo distintivo é eminentemente gráfico: dois traços conjugados são suficientes para indicar o movimento das águas. A presença do solo é sucinta, limitando-se a tênues margens que avançam e recuam; as árvores são módulos repetidos de uma mesma unidade, tanto que os troncos e folhas são quase idênticos. A pouca presença da terra acentua a impressão de insubstancialidade e flutuação dos elementos, e mesmo a figura feminina que recebe a deusa mal parece tocar a superfície, já que se encontra na ponta dos pés. Esse modo sintético de representar a paisagem indica o pouco interesse do pintor em considerar a natureza segundo a visão científica que orientava os artistas do Primeiro Renascimento, que viam na arte uma investigação sobre a estrutura do real.

Destituída de peso e massa, a cena botticelliana toma a característica de uma imagem desencarnada, decantada de sua materialidade, ausente de referências espaciais estáveis como a marcação distinta entre superfície terrestre e horizonte infinito. É claro que Botticelli sabia que as coisas habitam o espaço, mas seu modo de marcar a profundidade ocorria, tal como em Fra Angelico, por contraposição de valores: o contraste entre claro e escuro basta para definir o primeiro plano onde se encontra a Hora com manto, em oposição ao bosque ao fundo; o cruzamento das figuras eretas contra a linha do horizonte acusa os planos subsequentes em que se encontram os demais personagens, mas basta olhar para a concha abaixo para compreender que a Vênus ocupa posição um pouco à frente de Zéfiro, que flutua acima da superfície marítima.

Há que se notar, por fim, o sentido iconológico desta pintura. Mais do que simplesmente uma exaltação pagã da beleza, o *Nascimento de Vênus* contém significados implícitos, sendo um símbolo caro aos neoplatônicos como Poliziano e Ficino, que a associavam, segundo o historiador da arte Ernest H. Gombrich (1983: 75), à beleza, ao amor e, principalmente, à humanidade (*humanitas*). De fato, segundo eles, o belo gera o amor, que é a energia (daí também a conexão com a primavera) que une o mundo inteligível e o sensível, em suma, Deus e homem. Trata-se, enfim, da deusa que inspira o homem a transcender sua condição finita, que o incita a se aculturar, isto é, a sobrepujar as paixões e instintos em prol do ideal. Já foi notado que, apesar do caráter de celebração da cena, Vênus apresenta uma fisionomia melancólica como se pressentisse o decréscimo do ideal tão logo ela começasse a participar do universo humano.

Por outro lado, outros assinalam as analogias com o tema do batismo, como rito originário que marca o nascimento da alma cristã. De fato, não se pode deixar de notar as semelhanças com o esquema compositivo do *Batismo de Cristo* (1440-1445) de Piero della Francesca, o que só vem reforçar o argumento neoplatônico de fazer convergir a filosofia de Platão com o cristianismo.

O *Nascimento de Vênus* é um exemplo daquilo que Gombrich assinala como *ekphrasis* clássica – transposição visual de um mito poético – procedimento adotado no Renascimento, que consistia em realizar pinturas inspirando-se em descrições literárias, reais ou imaginárias, de quadros mitológicos da Antiguidade. Inclusive uma referência bastante explícita sobre a deusa do amor, que pode ter inspirado Botticelli a pintar não só o *Nascimento de Vênus*, como também a *Primavera*, é a *Giostra*, de Poliziano. Outra fonte vem do próprio Alberti, no *Da pintura*, que incitava os pintores a retratarem a *Calúnia*, tal como descrito nos textos de Luciano, desafio que Botticelli aceitará.

Ao aproximar-se do ideal poético, a arte de Botticelli assinalou sua diferença para com o conceito de *imitação da natureza*, fundamento da investigação cognoscitiva que a arte do Renascimento, desde Brunelleschi, havia empreendido. Ao não se colocar como *mímeses* do real, mas como poética aspiração transcendente, a obra do pintor, tal como a de Fra Angelico, assinalou seu desacordo com a concepção da arte como forma de conhecimento.

Na esteira do frade dominicano, portanto, a arte de Botticelli assumiu abertamente um tom problemático no ambiente artístico florentino, dominado pela cultura da forma perspectiva, que procurava conhecer racionalmente a estrutura da realidade. Pode parecer estranho que uma obra tão lírica quanto esta se coloque de modo polêmico, mas foi justamente por assinalar outro caminho para a arte que ela provocou reações significativas, tanto que um dos seus maiores críticos era o mais investigativo dos artistas: Leonardo da Vinci.

Leonardo, que convivera com Botticelli sob o teto comum da oficina do mestre Verrocchio quando ainda eram aprendizes, dizia que o colega mais velho fazia "péssimas paisagens". As restrições diziam respeito a uma certa negligência deste com relação à perspectiva. Nos códices que reúnem os escritos de Leonardo, há referências diretas sobre este ponto: "Sandro, tu não dizes por que essas coisas segundas (em segundo plano) aparecem mais baixo do que as terceiras" (apud BRAMBY, 1989: 299). Atuando simplesmente por contraposição, o fundo nas pinturas de Botticelli têm, na visão de Leonardo, função subalterna, a ponto do pintor não se preocupar em definir o espaço com a certeza da geometria, daí aquelas "incorreções" localizadas na indistinção entre a extensão do solo e os elementos verticais que a ele se contrapõem, como, por exemplo, as árvores e as pessoas.

É claro que, para uma poética que fazia da inserção das coisas na atmosfera o centro de sua pesquisa, deveria incomodar tal aparente "displicência" com as regras científicas de estruturação do espaço. Mas é exatamente por isso que a pintura de Botticelli alcança notável originalidade. É claro que o pintor conhecia as regras da perspectiva; afinal, formara-se com mestres que dominavam amplamente tais mecanismos técnicos, principalmente Verrocchio, que mantinha relações com o velho Toscanelli, matemático que era amigo de Brunelleschi.

Focalizemos, primeiro onde as reservas de Leonardo parecem ter fundamento, considerando a *Primavera*, para depois contrastar com outra obra correta do ponto de vista da construção perspectiva.

O antecedente direto da *Primavera* é o *Nascimento de Vênus*, pelas associações neoplatônicas entre a deusa da beleza e do amor e a estação primaveril, que Poliziano retomou a partir de autores da Antiguidade como Lucrécio, Apuleyo e Horácio. Partindo da poesia antiga e da dos seus contemporâneos, Botticelli representou o reino da divindade com Mercúrio, as Três Graças, a própria Vênus um pouco mais afastada, tendo Cupido voando sobre ela com seu arco e sua flecha. Na sequência, vem uma das Horas, e na outra extremidade Zéfiro perseguindo Flora. As figuras são desenhadas com graça e elegância, sobretudo os detalhes de menor dimensão, como as flores espalhadas ao chão, que parecem subir pelo vestido de Hora, que as joga para o alto, onde se ligam às árvores. O mesmo cuidado se percebe nos corpos e vestimentas, evidente nas Três Graças cobertas com véus transparentes. Mas aqui surge o dado sintomático: qual o sentido de se cobrir coisas se o pintor não pretende ocultá-las, a não ser para ressaltar simultaneamente o gracioso movimento ondulante das linhas que definem os corpos e o panejamento que os cobre? Em meio aos agrupamentos laterais, outra vez a Vênus se coloca placidamente como a mediatriz dos fluxos lineares. Do mesmo modo, repetem-se, como no *Nascimento de Vênus*, as fusões simbólicas entre mitologia pagã e história cristã na representação casta e tipologicamente próxima da Vênus com a Virgem. Note-se, a propósito, como os arbustos ao fundo formam um arco, tal como os nichos dos retábulos e igrejas onde as figuras sacras eram inscritas.

Partindo da esquerda para a direita, acompanhamos o vetor de leitura proposto pela composição da tela, focalizando figura por figura, detalhe por detalhe. O fundo é um campo escuro de árvores e arbustos, contra o qual reverberam os planos luminosos que compõem as personagens. Não há noção dos limites entre o solo e a linha do horizonte, tudo parece um único plano, tanto que as figuras dão mais a impressão de estarem flutuando num campo neutro, do que efetivamente ocupando um espaço real. Por certo, é essa indefinição que provoca as censuras de Leonardo. No entanto, essa "presença" vaga e irreal do espaço é justamente o que confere à linha o seu destaque, esvazia a imagem do peso e da inércia da matéria e a faz mais e mais próxima da dimensão incorpórea da ideia. A decantada pureza das obras de Botticelli decorre desta sensação de se estar mais além da realidade.

Mas, avancemos rumo a um trabalho em que, agora sim, o pintor faz questão de construir o espaço com precisão geométrica – a *Calúnia*. Trata-se novamente de uma *ekphrasis*, desta vez, uma reconstrução ideal de uma obra de Apeles, considerado o maior pintor da Antiguidade, do qual não sobrou nenhum testemunho visual de seus trabalhos, apenas descrições literárias. A de Alberti, que aparece no *Da pintura* como tema exemplar para o pintor, é acatada por Botticelli. Sigamos as suas indicações.

Aqui, o pintor parece querer demonstrar todo o domínio técnico que possui: das fontes antigas, dos significados alegóricos, da composição e da estrutura perspectiva, do desenho. Por isso, situa a cena numa arquitetura antiga, repleta de referências eruditas (relevos, estatuária, ordens de proporção, vocabulário arquitetônico) e a organiza em três blocos, controlando equilibradamente as massas plásticas e o vazio (o mesmo vale para a alternância entre os maciços pilares e os arcos vazados). Apesar de toda demonstração de técnica e conhecimento, ou precisamente por esta razão, a *Calúnia* é uma das mais polêmicas obras de Botticelli. O próprio tema já expõe as reservas de Botticelli quanto ao destino humano no presente, e se torna mais incômoda por estar localizada na "mítica" Antiguidade, lançando desse modo um olhar desconfiado e mesmo descrente do projeto humanista de retomar idealmente o Antigo. Essa contradição entre a fatalidade do presente e a exemplaridade da história mostra-se na intencional desconexão entre a ação dos personagens e a estrutura arquitetônica. O artista parece declarar a antifuncionalidade da perspectiva como estrutura racional capaz não só de ordenar e esclarecer, como também moldar as ações, pois por mais rígido que seja o arranjo arquitetônico, este é completamente impotente para conter o tenso e imprevisto movimento das figuras. Entre saltos bruscos e vácuos sufocantes, acompanhamos com perplexidade o desenrolar do movimento: ele é estável na figura nua que representa a Verdade, contrito na sombria Penitência, caprichosamente agitado no conjunto de figuras enroscadas umas às outras e centradas ao redor da Calúnia e, por fim hesitante no grupo elevado do monarca no trono.

Há algo de terrível, de inexplicável no evento, simbolizado pelo comportamento da vítima da Calúnia, a quem não resta outra atitude a não ser a de entregar sua alma a Deus. Nesse moto perpétuo impiedoso, mais do que o cultivo humanista do ideal da glória prevalece o inevitável sentimento trágico da fatalidade humana, cuja salvação não dependerá tanto da capacidade intelectual e empreendedora do homem, mas tão somente da Graça e da Revelação, que se alcançam quando se transcende a natureza, o espaço e a história.

Não por acaso, a *Calúnia*, ao estabelecer polemicamente tal limite à arte como forma de conhecimento, expressa o momento de angústia do próprio pintor, que experimentava, de um lado, o impacto das pregações de Savanarola, com seu alto teor místico e suas ácidas críticas ao mundanismo da corte dos Médici e, de outro, a morte de Lourenço, "O Magnífico", o grande patrono das artes e mecenas do pintor no início da carreira. Tudo isso parece anunciar não só a decadência econômica e política de Florença, como também a iminente crise religiosa que explodiria com o movimento das reformas luteranas e calvinistas. Trata-se do último Botticelli, cada vez mais trágico e solitário, perseguido por uma extrema ansiedade espiritual, donde o tom místico e ascético de suas últimas obras, como a *Natividade* e a *Deposição*, com sua rítmica linear contraditória e repleta de contrastes de cores estridentes e posturas dilaceradas. Vale lembrar que este sentimento do trágico da humanidade afetará, de modo semelhante, aquele que se tornará o maior artista de sua geração: Michelângelo Buonarrotti.

3

O *Cinquecento*: vértice e ruptura da tradição renascentista

Tornou-se lugar-comum considerar o século XVI – *Cinquecento* – como o período da Alta Renascença. Afinal, após um século de grandes conquistas, que começaria com Giotto, atravessaria a geração de Brunelleschi, Donatello, Masaccio, Alberti e Fra Angelico e, depois, os mestres da segunda metade do século XV – Piero della Francesca, Verrocchio e Botticelli –, chegar-se-ia ao apogeu com a "santíssima trindade" da arte renascentista: Leonardo, Michelângelo e Rafael. Essa leitura de tipo evolucionista teria tido origem na interpretação de Giorgio Vasari (1511-1574), a partir de sua obra *Vida dos mais excelentes pintores, escultores e arquitetos*, escrita em 1550, já sob o impacto da arte dos grandes mestres, e seria retomada, em 1860, pela leitura de Jacob Burkhardt em seu *A cultura do Renascimento na Itália*.

Para Vasari a prova incontestável desse desenvolvimento lógico é a obra de Michelângelo, apogeu da perfeição nas artes, que teria não só se igualado, mas sobretudo teria ultrapassado os antigos. Contudo, ao lançar Michelângelo no vértice da tradição renascentista, tal juízo coloca imediatamente um grave dilema para a produção contemporânea: afinal, o que poderia haver depois do "divino mestre"? A resposta é simples: decadência.

Aos artistas não restaria opção a não ser se inspirar na arte dos grandes mestres, fazendo "à maneira de". Seja qual for o resultado, a arte maneirista estaria, segundo esta definição, condenada à posição inferior em relação às grandezas do período anterior.

De qualquer modo, no *Cinquecento* altera-se substancialmente o modo de aferição do valor da arte, já que ela deixou de ser mensurada por sua adequação a conceitos dados *a priori*, para ser avaliada pela coerência interna do fazer artístico, pela superação de uma dificuldade, pelo ultrapassamento da regra. O que se verificou foi a gradual transformação do quadro cultural, no qual cada *praxis* procura definir seus conteúdos e seus fins, o que valia tanto para arte, como para a religião, a política e a ciência.

Por isso, o século XVI, longe de ter sido um período de suprema glória da cultura, tal como assevera a denominação Alta Renascença, revela-se século de profundos questionamentos da ordem estabelecida, que formaram a base da estrutura cultural da Europa moderna. Enfim, tratou-se do século das "reformas":

> A "reforma" protestante obriga a Igreja Católica a revisar suas próprias estruturas e seu sistema de conduta... Analogamente, a nova ciência não é já uma sabedoria transmitida e fundada sobre a autoridade das antigas escrituras, mas indagação no seio da realidade, entendida como problema sempre aberto. A política deixa de ser a afirmação de uma hierarquia de poderes que derivam de Deus e se converte em luta entre forças em busca de um equilíbrio provisório. E também a arte deixa de ser já contemplação e representação da ordem do criado para fazer-se investigação inquieta [...] (ARGAN, 1987, II: 5).

Uma inquietação geral, portanto, atinge os alicerces da cultura renascentista naquilo que constituía o cerne de sua ideologia: o projeto humanista do *Quatrocento*, que louvando a capacidade cognoscitiva, a engenhosidade técnica e a civilidade, orgulhosamente colocava, na acepção clássica de Pico della Mirandola, o Homem Renascentista no centro do universo. Poderíamos dizer que, no *Cinquecento*, essa posição ideal tornou-se extremamente problemática, e todos os grandes mestres do período acusaram tal questão. A marcada individualidade das poéticas dos grandes mestres denota a inviabilidade de acolher um projeto ou programa cultural comum.

Leonardo desconfiava dos princípios de autoridade estabelecidos, optando por mergulhar na experiência direta dos fenômenos. O simétrico inverso do naturalismo metódico de Leonardo foi Michelângelo, que renegou a *mímeses* da natureza e, de certo modo, da Antiguidade em favor de uma relação direta com o divino, dispensando qualquer espécie de intermediários. Para ele, a arte era busca ansiosa da pura transcendência.

Rafael, por sua vez, apurando incessantemente a legibilidade e a unidade de sua composição formal, chegou ao limite da arte como puro exercício estilístico, uma vez que a busca pela depuração da imagem nada mais era do que o índice de compreensão dos meios e fins da própria arte.

Não obstante o caráter problemático, mas justamente por isso, elevado da arte dos "grandes mestres", a geografia das artes no Renascimento ganha outro expressivo centro de produção: *la seveníssima república de Veneza*. Uma geração extraordinária de artistas venetos se afirma desde o final do século XV – Giovani Bellini, Giorgione, Ticiano, Veronese, Palladio –, porém esta cultura visual veneziana é reveladora de uma sensibilidade distinta, que de algum modo, acrescenta mas igualmente estabelece limites ao projeto humanista do *Quatrocento*, cujos centros, como vimos, eram Florença e Roma. A arte veneziana se diferenciaria pela valoração das qualidades sensíveis das imagens, com particular acento das qualidades cromáticas e luminosas, relativizando o valor supremo que o desenho assumira até então. Evidentemente, quando se fala de Desenho, a referência não é apenas uma técnica de construção de imagens, muito ao contrário, trata-se da condição de equivalência entre a ideia e a forma de expressão, daí a convergência semântica desenho-desígnio, base do projeto de elevação das artes plásticas à condição liberal. Por trás da polêmica desenho x cor, há, como veremos, um debate complexo e denso, reiterando o caráter problemático mas extremamente produtivo do *Cinquecento*.

A realidade como lugar da experiência: Leonardo da Vinci

A nenhum outro caberia melhor a designação de artista-cientista do que a Leonardo da Vinci (1452-1519). Sua obra é o ápice da ideia de arte como forma de investigação do real, pois para Leonardo pintar foi um modo de penetrar no coração dos fenômenos, colocando-os, ao mesmo tempo, em evidência no plano de projeção da pintura. Logo, o quadro é o campo intelectual das formas, lugar da síntese das experiências, no qual o pintar e o pensar se cravam e se confundem na mesma operação.

De fato, Leonardo da Vinci encarnou o tipo albertiano do homem universal, como nos provam o raio de interesses e de intervenções que desenvolveu: pintura, escultura, arquitetura, engenharia, física, química, metereologia, aeronáutica etc. Muito mais do que um revolucionário gênio plástico, Leonardo talvez se colocasse como investigador por excelência dos processos do real, por isso interessou-se pela mecânica dos elementos naturais (água, terra, fogo e ar), pelo fluxo biológico, pelo movimento ótico, pelo comportamento humano, pela formação geológica. É por esta razão que não devemos observar suas pinturas apenas em sua realidade individual, restringindo-nos às inovações pictóricas, composicionais ou temáticas. É necessário ir além, vislumbrar efetivamente o método pelo qual tais processos vieram a ser constituídos. A célebre máxima "pintura é coisa mental" deve ser compreendida dentro desse recorte reflexivo – a compreensão do *método* –, daí a irrelevância e a inocuidade de indagações sobre "sorrisos enigmáticos", uma vez que são abordagens sempre à margem, ou seja, exteriores ao raciocínio específico do trabalho.

O fundamento do método do artista-cientista foi a experiência. Mas para Leonardo da Vinci experiência não significava apenas o captar dos fenômenos pelos sentidos. Ela os pressupunha, certamente, mas procurava ir mais além: incluía, a um só tempo, o processamento analítico dos dados extraídos da observação empírica e a dedução lógica da lei de suas causas e efeitos. Depois, diferentemente do que fizera até então, partia para a reconstituição do fenômeno, a fim de comprovar suas hipóteses. Tal como afirma Rodolfo Mondolfo (1967), o conceito de experiência em Leonardo tinha por base, simultaneamente, a observação e a demonstração, o que atesta a unidade de seu método e confirma o vínculo entre ciência e arte como partes de um mesmo esforço de investigação.

Em resumo, a ciência da natureza apregoada por Leonardo partia da experiência, alcançava a razão, mas precisava retornar à experiência para confirmar suas deduções, sem os quais a ideia não poderia explicar a realidade fenomênica. Percebe-se, neste proceder, um sintomático afastamento da concepção neoplatônica, cuja finalidade última é alcançar a ideia pura como legítimo objeto de contemplação.

Ora, afirmar o primado da experiência significava desconfiar de princípios de autoridade estabelecidos, por isso Leonardo não nutria a mesma confiança e fé na Antiguidade, tal como seus contemporâneos – Marsílio Ficino, Luigi Pulci, Matteo Franco, Pandolfo Collenuccio, Angelo Poliziano, Pico della Mirandola, Antonio Pollaiuolo, Botticelli e Michelângelo – todos ligados à corte humanística de Lourenço de Médici. À erudição exigida pela corte do "Magnífico", Leonardo contrapôs o conhecimento pela experiência e gabava-se dizendo-se "um homem sem letras".

> Sei bem que, porque não sou um letrado, certos presunçosos acreditar-se-ão com direito de criticar-me, alegando que sou um homem sem erudição. Raça estúpida! Ignoram que eu poderia responder-lhes, como Mário aos patrícios romanos: Aqueles que se ostentam com os trabalhos dos outros pretendem contestar os meus. Sustentarão que minha inexperiência literária impede-me de me exprimir [...]. Não sabem que estes exigem menos as palavras de outrem do que a experiência, mestra do bom escritor: foi ela que escolhi como mestra e não deixarei de a invocar (LEONARDO, apud BRAMBLY, 1989: 301).

A desconfiança do pintor incidia, também, sobre qualquer tipo de dogmatismo religioso, a julgar não tanto pelo seu desprezo pela ociosidade e pompa excessiva do clero (BRAMBLY, 1987: 299) mas, acima de tudo, pelo véu que a religião interpunha entre o homem e a realidade, como se fora uma espécie de filtro simbólico de explicação dos fenômenos naturais, prescindindo da pesquisa e do estudo científico da natureza. O que não significava que Leonardo fosse descrente de Deus, porém mantinha firme convicção de que o conhecimento racional das coisas criadas era a melhor maneira de conhecer o Criador.

De qualquer modo, era evidente que o espírito de independência que cultivava expunha as sérias divergências que tinha com os humanistas florentinos e com a cúria romana, situação que o afastava dos cobiçados encargos de Lourenço, "O Magnífico", e da corte papal, cuja preferência pouco depois recairá sobre dois jovens artistas: Michelângelo e Rafael.

O início de Leonardo da Vinci não foi diferente dos demais artistas do período, a não ser pelo fato de haver ingressado, aos 12 anos de idade, como aprendiz na oficina mais avançada de Florença: o ateliê do mestre Andrea Verrocchio.

Uma das experiências fundamentais do jovem Leonardo na oficina de Verrocchio foi participar, em 1467, da conclusão do domo da igreja Santa Maria dei Fiori, segundo os planos de Brunelleschi. Sobre a lanterna da cúpula instalar-se-ia uma esfera de bronze encimada pela cruz. Além dos procedimentos específicos da fundição e moldagem do metal, o desafio consistia em erguer a enorme massa de cerca de seis metros de raio e duas toneladas de peso a uma altura de aproximadamente 107 metros, para depois fixá-la na ponta da lanterna. Isto exigiu uma série de cálculos para definir a forma do engaste dos pontos e a estrutura específica dos guindastes, a resistência dos cabos de tensão e suas respectivas inclinações para que o enorme globo resistisse à força dos ventos. Novamente Vasari sugeriu que o matemático Paolo del Pozzo Toscanelli, que já havia guiado Brunelleschi nos domínios da geometria, contribuísse, de algum modo, na resolução do problema.

Dois aspectos merecem destaque neste episódio: a oportunidade de familiarizar-se com problemas técnicos atuais – da física, da mecânica e da metalurgia – que diziam respeito ao cálculo de estruturas; e a confluência entre arte e técnica, que, mais uma vez, a mítica igreja florentina solicitava, assim como o fizera com Brunelleschi. Sem dúvida, um belo começo para o jovem aprendiz.

O primeiro trabalho comprovado do artista data de seis anos depois e consiste no desenho de uma paisagem, onde ele assinala "Dia de Santa Maria das Neves, 5 de agosto de 1473" (cf. Ilustração 1 do caderno iconográfico), considerada por muitos como a primeira paisagem autônoma da história da arte. Qual a razão de tal juízo? Simplesmente pelo fato de não ser de um mero estudo para o "fundo" de uma pintura muito ao contrário, por tratar-se de uma imagem na qual o pintor procurou uma correlação direta entre processo da visão e notação gráfica.

O desenho mostra o vale do Arno, após uma nevasca, e tem como motivo principal a água de uma cascata que cai precipitadamente do alto do penhasco, choca-se com o solo, formando redemoinhos que corroem a bacia que a acolhe, atravessa uma estreita garganta e espalha-se pela vasta planície ao fundo, através de canais que irrigam campos cultivados. O sentido é claro: a água é compreendida como princípio da vida, que, de força bruta da natureza, transforma-se em fonte de regeneração. O circuito se "encerra" com a evaporação, que contamina toda orla do vale, num movimento inverso ao da cascata, como para indicar o caráter cíclico dos elementos.

Agora compreendemos, a inexistência de personagens humanas não implica ausência do drama: o acontecimento é o próprio movimento da natureza, protagonizado pelo ciclo das águas em seus vários estados – sólido, líquido e gasoso. O notável é que Leonardo consiga manter plenamente uma tal dinâmica apenas utilizando um elemento pictórico básico – o traço – com as mais variadas intensidades e extensões para justamente dar a noção desta vibração atmosférica que domina a paisagem: ele aparece espesso no primeiro plano, mas logo se torna rarefeito, perdendo clareza na planície até quase se dissipar no horizonte, pelo efeito da umidade e do céu luminoso. É justamente em função desta perpétua mobilidade dos elementos que as árvores que cercam a colina recebem notação sumária, com suas copas desenhadas apenas por traços arqueados, cujos contornos se fundem com o céu.

A grande cena da *Anunciação* (cf. Figura 25 do caderno iconográfico) pintada entre 1474 e 1975, ainda que sob visível influência de

Verrocchio, mostra um Leonardo disposto a corrigir certas imprecisões desta tradicional cena da história sagrada. Motivado por um rigoroso sentido realista, almeja dar maior veracidade possível à cena, por isso Maria está destituída de qualquer atributo que não corresponda à condição real (nada do recato ou da pureza angelical convencionais); por sua vez, o Anjo é concebido com toda ciência, como se tivesse asas verdadeiras, numa conjunção verossímil da anatomia humana e animal. De modo semelhante, o jardim florido do primeiro plano denota um forte conhecimento de botânica, assim como a arca antiga (única peça a indicar o tempo passado), sobre a qual encontra-se o pedestal com o livro sagrado, contém pormenores decorativos reveladores das minúcias de um verdadeiro antiquário.

Se retomarmos, por contraste, as etéreas e místicas Anunciações de Fra Angelico, perceberemos neste tratamento realista do sagrado o evidente aspecto iconoclasta destas representações. É óbvio que Leonardo não era um herege, apenas para ele o sentido de religiosidade pulsa na vitalidade explícita dos processos da natureza, por isso era incapaz de evadir-se dela.

Podemos estabelecer um outro paralelo comparativo, desta vez com a *Primavera* de Botticelli. A questão, agora, não mais diz respeito às inovações temáticas, mas envolve o problema da perspectiva. Já vimos as reservas de Leonardo quanto às incorreções perspectivas das paisagens de Botticelli, e, na *Anunciação*, ele parece querer demonstrar todo seu domínio da técnica da perspectiva. De modo bastante singular, o pintor começa assinalando uma dupla fonte de luz (frontal e do fundo) para acentuar ainda mais a percepção da profundidade (cf. como os rasantes raios do amanhecer iluminam os planos horizontais da mureta e do tampo da arca, além do pavimento da cavidade em que se situa a Virgem). As árvores em plano intermediário não passam de silhuetas obscuras, e nisso se assemelham às da *Primavera* de Botticelli, mas, aqui, elas não se reduzem a simples plano de contraposição com as coisas à sua frente, antes são obstáculos, ou melhor, anteparos para os raios luminosos que fluem da paisagem distante. No centro, a sequência de árvores é interrompida para permitir o cruzamento das luzes de sentido divergente. Mas o seu caminho não é desimpedido, como se a atmosfera não oferecesse nenhuma resistência. Conhecendo profundamente a contínua transmutação dos elementos, o pintor sabe que o ar, longe de ser um fluido transparente, é um meio denso, por causa de sua interação com a água pelo processo de evaporação. A densidade do ar provoca tanto a perda gradual de nitidez das coisas em profundidade – efeito ao qual denominou "perspectiva atmosférica" – quanto retarda a passagem da luz. A presença constante de rios nas pinturas do artista decorre deste entendimento da interação dos fenômenos.

O tema da interação entre objeto e atmosfera será uma constante, como se pode constatar nos quadros das Virgens – a *Madona Benois* e a *Virgem do Cravo* –, mas, aqui, o elemento de enlace não mais é a água, e sim a luz. A cena é de interior, com a Virgem e o menino colocados a três quartos, isto é, com uma leve rotação em relação ao eixo frontal. Este recurso será constante em outros trabalhos, especialmente nos retratos, como o de *Ginevra Benci*, e sua razão de ser é atenuar o impacto da luz, fazendo-a deslizar suavemente pelas superfícies, acentuando, desse modo, a sensação de relevo das formas. Em decorrência da dupla fonte de luz, temos a contínua sensação de que, ao percorrer o espaço, ela contorna os obstáculos provocando uma lenta rotação, decorrente da passagem das partes claras às escuras.

Não se pode negar o papel fundamental de uma inovação técnica vinda da região de Flandres – a pintura a óleo – que fora introduzida inicialmente em Veneza e depois chegou a Florença, na segunda metade do século XV. A nova técnica trazia maiores possibilidades de efeitos de gradação e transparência, conferindo às formas uma sensação muito mais vívida do que as técnicas tradicionais, como o afresco. Com este artifício, quase já um efeito de *sfumato*, Leonardo começa a romper com uma das tradições mais clássicas da arte florentina – o contorno de linha dura – que demarca claramente a posição das formas no espaço, mas traz o inconveniente de isolá-las dos planos posteriores ao primeiro. Leonardo, pesquisador infatigável da natureza, observador atento e metódico dos fenômenos, já não podia considerar a atmosfera como algo estático e absolutamente transparente, tal como se pensava até então. Ele sabia de sua mobilidade e espessura, por isso sua atenção se concentrava nas relações do corpo em seu meio ambiente e de como este podia sugerir "estados da alma" das personagens.

A última obra do período florentino é a inconclusa *Adoração dos magos* (1481), tema frequente na pintura do *Quattrocento*, cujo último grande antecedente é a de Botticelli. Para Argan, a leitura de Leonardo segue a concepção do evento sagrado como *epifania*, isto é, como manifestação do divino no mundo: a conjunção e o impacto do evento sagrado sobre toda a natureza (ARGAN, 1987, I: 290). Em suma, mais como fenômeno do que como fábula.

Seguindo, portanto, uma interpretação mais "conceitual", Leonardo elimina a maior parte dos elementos iconográficos habituais da Adoração – os animais, o retábulo de madeira, os traços e vestimentas e traços característicos dos Reis Magos (todos tratados como sábios modestos e humildes), a profusão de presentes preciosos –, despoja-se, em suma, do excesso de exotismo e do circunstancial, para enfatizar o sentido cósmico do acontecimento para a humanidade: um evento que aciona toda a realidade, do qual, inclusive, ainda hoje sentimos as reverberações.

Tudo se concentra ao redor da Virgem, ela mesma uma presença suave e discreta, mas fundamental na composição, pois atua como motor originário da dinâmica rotativa do quadro. Situada em meio à paisagem aberta e concebida como um eixo em giro, dela parte o movimento orbital que tudo contamina: tanto a física dos elementos, vista na agitação gestual das figuras e na fúria dos cavaleiros em combate, quanto a ordem dos afetos pela reação individualizada daqueles que a cercam, de espanto, ansiedade, reflexão, incredulidade, louvor.

Enfrentando, não pela primeira vez, dificuldades para cumprir o contrato no prazo estabelecido com o convento dos frades de São Donato, em Scopeto, para o qual a obra fora encomendada, Leonardo abandonou o encargo e transferiu-se, no inverno de 1481, para Milão. Qual a razão dessa súbita decisão de deixar Florença e seguir para um centro que, apesar de seu poderio econômico, encontrava-se muito defasado em termos de tradição artística, especialmente quando comparado ao fértil ambiente cultural florentino?

Não há registros explícitos para tal tomada de atitude, mas parece certo que o gênio de Leonardo não encontrou o reconhecimento desejado em Florença. Já vimos o seu distanciamento de Lourenço, "O Magnífico", e seu séquito de artistas, do círculo neoplatônico e das ambicionadas oportunidades de trabalho em Roma. Autodidata por excelência, Leonardo fazia questão de manter independência de espírito e, talvez por isso, se sentisse estranho entre os círculos culturais da cidade.

Leonardo chegou a Milão com a idade de 30 anos, e por lá permanecerá por cerca de 16 anos, tendo como um dos principais, senão único interlocutor, o arquiteto Donato Bramante (que também se encontrava, à época, sob a proteção do Duque Ludovico Sforza, poderoso senhor da cidade), ambos admiradores confessos e incondicionais de Alberti. Será, sem dúvida, o período mais fértil do artista: ali aprofundou e desenvolveu, em numerosas direções, suas pesquisas científicas (estudos sobre hidráulica, ótica, engenharia de construções, fisionomia), escreveu grande parte de sua obra teórica, deu conselhos técnicos para obras em Milão e Pavia, esboçou projetos de saneamento, canalização e urbanismo, enfim, viveu um período de plenas realizações e inventividade.

No âmbito da pintura, realizou obras célebres, entre as quais a *Virgem dos Rochedos* (1483) e a *Última ceia* (1495-1497) (cf. Figura 26 do caderno iconográfico). O contrato para o retábulo da Virgem era bastante rígido, estabelecendo em pormenores os elementos da narrativa: a Virgem e dois profetas; detalhes precisos da indumentária, com ornamentos dourados; o trono de mármore; a posição elevada de Deus-Pai, cercado de anjos; e até mesmo as montanhas e rochedos ao fundo, tudo em pleno acordo com a tradição gótica da pintura religiosa. Novamente, o pintor tomará liberdades com relação ao tema. Dispensará as auréolas, os detalhes em ouro, o círculo de anjos, o trono, para concentrar-se no momento da vida da Virgem sugerido pelo tema. Segundo uma lenda apócrifa, extraída de São Lucas, José e Maria, advertidos pelo anjo Gabriel, fugiram de Herodes, que havia decretado a morte de todos os recém-nascidos em Belém. Na fuga para o Egito, a família teria encontrado o pequeno São João Batista, protegido pelo anjo Uriel. É exatamente esse possível encontro o que Leonardo retrata.

A cena acontece à entrada de uma úmida gruta e focaliza o momento em que a Virgem, com expressão terna e serena, apresenta a Jesus aquele que o batizará. Numa curiosa inversão, João, designado com a indicação de Uriel, à direita, ajoelha-se em prece para receber a bênção de Jesus, situado em primeiro plano. O arranjo compositivo é bastante original, pois a disposição dos personagens toma a forma de uma pirâmide, com Maria como seu vértice. Assim como a técnica do *sfumato*, que acentua o contraste claro-escuro fazendo com que as figuras percam a unidade de contorno, também a disposição piramidal amplifica, graças aos índices direcionais cruzados, a fusão das formas com o espaço. Um terceiro e fundamental motivo, finalmente, conclui o arranjo: a obscura gruta que parece envolver completamente o grupo.

Uma luz cálida e frontal ilumina e vivifica as figuras. Outra, fria e translúcida, surge do alto e das acidentadas aberturas ao fundo, ambas se rebatendo tenuemente nas águas plácidas que adentram a caverna. Mais do que em qualquer outro quadro, na *Virgem dos Rochedos* o jogo das luzes e sombras é complexo e ambíguo, com focos luminosos surgindo de pequenos pontos e com intensidades variadas, acentuando o contraste com sua contrapartida – a sombra. No geral, temos uma atmosfera sombria, densa, airosa e úmida, uma paisagem misteriosa e fascinante, na qual estão imersas as figuras.

Ora, revendo os procedimentos adotados, vimos que, primeiro, Leonardo extrai o tema da fábula para tratá-la como história; depois, recoloca-a num ambiente vago e sem precisa localização espaço-temporal. Qual a razão para esta aparente contradição? Sabemos do fascínio do pintor pelo motivo da caverna, presente em vários escritos como lugar do desconhecido, interior sombrio e subterrâneo, que encantava o artista pelas formas imprevistas que a luz produzia ao tocar as rochas. Do ponto de vista geológico, o cientista não ignorava o fermento de vida que atravessava aquelas camadas pétreas, marcando a própria história da natureza. Por outro lado, não deixava de ser também, tal como para o neoplatonismo, uma metáfora da natureza humana, de sua parte irracional e tenebrosa. Leonardo, por certo, não acreditava em nenhum "retorno ao antigo", tampouco concordava com o sentido convencional de religiosidade, daí a sua leitura eminentemente simbólica do evento sagrado como instante de confluência entre natureza e história (ARGAN, 1987, I: 401-404). Desse modo, a caverna e o que está mais além dela representariam a pré-história do homem, já que o ato inaugural da história é o nascimento do Messias.

A pintura de Da Vinci tem sido, muitas vezes, acusada de hermética e "cerebral", e a estranheza da *Virgem dos Rochedos* confirmaria tal julgamento, mas é preciso lembrar que para um espírito inquieto e investigativo como o de Leonardo, uma pintura não era apenas "ilustração para iletrados", antes, deveria fazer pensar, incitar à reflexão sobre seu significado temático e filosófico, indagar sobre o porquê das coisas representadas e sobre o modo com que são representadas. Ao, finalmente, ser tornada "coisa mental", a pintura torna-se legítima arte liberal.

Sobre este último aspecto, vale dizer que Leonardo foi o primeiro artista a inventar técnicas pictóricas que correspondessem ao seu conceito de forma, como foi o caso do *sfumato*. A *Última ceia* impôs desafios técnicos inusitados, por tratar-se do mural do refeitório de Santa Maria delle Grazie, em Milão. O indicado para tais casos era, naturalmente, a técnica do afresco, mas Leonardo, habituado com a pintura a óleo, cuja viscosidade lhe permitia retoques sucessivos, correções, mudanças ao longo de um período mais largo, não se sentia confortável com a execução sobre a cal fresca, que impunha rapidez no lançamento do desenho e do colorido com o emboço ainda úmido. Caso adotasse o procedimento tradicional não teria condições de um controle rigoroso da forma que a técnica do óleo possibilitava. Contudo, sabia que também não poderia empregá-la, porque não teria a necessária aderência na superfície da parede. Por isso, buscou uma solução intermediária, adotando uma têmpera misturada com ovo como aglomerante, sobre um reboque duro e polido. Em termos pictóricos, a nova técnica produziu os efeitos desejados, mas trouxe para posteridade o inconveniente da sua baixa durabilidade, responsável pela sua rápida deterioração. Independentemente desse malogro, importa chamar a atenção para o fato de Leonardo já incorporar o *fazer* como parte constitutiva de seu processo artístico, do fazer como exigência de uma concepção.

Em termos iconográficos, podemos dizer que a *Ceia* remete a questões semelhantes às da *Adoração dos Magos*, mas enquanto esta focaliza o trauma cósmico causado pelo evento sagrado, cuja ressonância alcança toda a natureza, aquela detém-se no trauma psicológico deflagrado pela notícia da traição. Conforme bem observa Brambly (1987: 301), a palavra é o moto da ação, enquanto o corpo com sua gestualidade frenética traduz as reações. Novamente, vemos em cada discípulo um comportamento singular: surpresa, incredulidade, temor, cólera, negação, suspeita, ceticismo, dúvida.

As figuras aparecem reunidas em grupos de três, as expressões dos rostos e as atitudes das mãos são o resultado de um agitado perguntar, responder, consultar. No centro, solene e sereno, domina a figura de Cristo, localizando-se em sua cabeça o ponto de fuga das linhas indicativas da profundidade. Como num jogo de reflexos simbólicos e perspectivos, Leonardo concebe a cena como se o imenso retângulo pintado fosse a continuidade natural do espaço do refeitório. Utilizando todo seu domínio da perspectiva e geometria, busca manter a unidade do espaço real e fictício através do prolongamento das características da sala na pintura (aberturas, tetos e revestimentos) e da identificação da mesa e da toalha com as reais do refeitório dos monges. Esta cumplicidade almejada denota o poder evocativo da pintura, deste modo de fazer que, embora contaminado de tanta ciência, não deixa de maravilhar ao seu usuário cotidiano.

O célebre afresco expõe de modo contundente a atenção concedida pelo pintor ao modo de comportamento dos homens, algo que já percebíamos nas madonas e virgens insufladas de sentimento terno e afetivo. Já observamos como Leonardo suprime elementos iconográficos presentes nas narrativas dogmáticas para se concentrar na interação entre a figura e o seu meio ambiente. Esta interatividade é, inclusive, emocional, ou seja, passa também pela investigação dos sentimentos internos. Por isso os temas religiosos de Leonardo provocarem reações polêmicas pela aparente falta de conteúdo dogmático. Porém, a polêmica decorreria, a meu ver, mais precisamente do intencional esvaziamento do conteúdo retórico tão presente na tradição da arte religiosa. Leonardo evita o tom declamatório por entender que a pintura aciona conteúdos singulares distintos das mensagens impostas pela igreja. Nesse sentido, demonstra uma interpretação sutilíssima do Humanismo, na medida em que afasta qualquer intencionalidade moral (algo que ainda permanece nas poéticas de Michelângelo e Rafael) para se concentrar nos modos de sensibilidade do indivíduo.

Quando as tropas franceses ocuparam Milão, em 1499, Leonardo retornou à sua terra natal, após ter passado por Mântua e Veneza. Reencontrou, no entanto, uma Florença mudada, sem o domínio dos Médici e restaurada a República após a condenação do frade dominicano Savanarola. A situação de Leonardo também era outra: ele não era mais o jovem excêntrico e incompreendido de antes, era reconhecido e respeitado como um grande mestre, tanto pelas obras-primas que realizara, quanto pelos seus méritos de cientista e inventor de talento. Foi nesta Florença que deu início, por volta de 1505, à sua mais célebre obra: a *Gioconda*, ou *Monna Lisa*[19] (cf. Figura 27 do caderno iconográfico). Há várias hipóteses de identificação da mulher retratada, algumas das quais bastante fantasiosas, como a de que seria o próprio pintor travestido. A mais conhecida identifica-a, segundo a afirmação de Vasari, como a esposa do comerciante de sedas Francesco del Giocondo: Lisa de Gherardini.

---

19 Como Leonardo não dava título às suas obras, ela ficou conhecida na Itália como *La Gioconda* e na França como *Jaconde* e *Monna Lisa* nos países anglo-saxões

O quadro, um dos últimos pintados pelo mestre, é um dos que mais põem em evidência a poética de Leonardo. À complexidade da *Virgem dos Rochedos* e à elaboração minuciosa da *Última ceia*, contrapõe-se uma composição extremamente simples, que mostra uma figura feminina postada diante de um parapeito, tendo ao fundo uma insólita paisagem. De modo direto e franco, o pintor apresenta seu motivo, no entanto, ou justamente por isso, a *Gioconda* é tão marcadamente expressiva.

Habitando no limiar entre interior e exterior, a figura a três quartos se deixa acariciar pela luz que surge, outra vez, do fundo e da frente. Neste duplo movimento, a luz constrói a forma, ao revelar seu volume através de uma sutilíssima notação pictórica, capaz de dar valor e individualizar as distintas superfícies envolvidas – a pele cálida e diáfana, os veios dos cabelos e a transparência do véu, as pregas do vestido e as dobras da manga –, como se pudéssemos sentir as vibrações de cada nota de extensão.

Mas a carícia das luzes equilibra-se, simultaneamente, com a graça das sombras, constituindo uma espécie de *sfumato* poético. Os escritos de Leonardo nos esclarecem sobre esse gosto pela penumbra: "Nas ruas ao entardecer, quando faz mau tempo, repara nos rostos dos homens e das mulheres: que graça e que doçura neles se vislumbram quando cai a noite, e faz mau tempo".

A luz crepuscular da *Gioconda* dá às formas um aspecto evanescente, impedindo, em alguns trechos, o contorno de se completar, ensejando dessa maneira uma maior infusão da figura com seu entorno. É por esta razão que a paisagem contra a qual se encontra a figura assume essa aparência nublada, brumosa, cheia de vapores liberados pelos cursos d'água que parecem corroer a consistência das rochas. Como bem observa Argan, não se trata de uma paisagem real, tampouco fantasiosa, mas de uma paisagem construída, ou melhor, deduzida do conhecimento dos fenômenos da Natureza que detém o pintor (ARGAN, 1987, II: 24). Tanto que é fácil observar o ardil ilusionístico montado por Leonardo, que faz parecer contraditórios os dois lados da paisagem que a *Gioconda* divide, pois o horizonte à direita dá a impressão de ser mais alto do que do lado oposto. O aspecto fantástico ou mesmo fantasmagórico deste fundo advém dessa leitura específica da natureza como um jogo dos elementos – ar, água, fogo e terra – em contínua transmutação. Poderíamos dizer que, para Leonardo, o belo era justamente essa oscilação ininterrupta entre o claro e o escuro, entre o úmido e o seco, entre o sólido e o gasoso. Mas por que colocar uma forma tangível contra uma paisagem infinitamente profunda e intangível? Por que um retrato contra uma paisagem? Um interior limitado contra um exterior ilimitado?

Ora, para afirmar que entre o particular – a coisa individualizada – e o universal – o ambiente no qual a coisa habita – não há contradição, senão harmônica continuidade. É essa relação entre fenômeno particular e realidade global, precisamente a base da qual parte Galileu para a definição de seu método experimental, o que atrai o pintor e o cientista, e é o que faz de um quadro de Leonardo ser não apenas um mero espetáculo para os olhos ou o pretexto para um ato de transcendência, mas aquilo que poderíamos definir como um diagrama fenomenal da experiência. É fenômeno, pois plenamente assumido como pura experiência visual, talvez a primeira imagem pictórica autêntica pela valorização dos efeitos luminosos, das manchas, das transparências, dos meios-tons que tanta influência terão sobre a arte veneziana de Giorgione e Ticiano. Mas é fenômeno racionalizado, profundamente meditado, decomposto e analisado em seu processo. Compreendendo a natureza viva das coisas, Leonardo podia, finalmente, colocar o homem na natureza, naturalizá-lo, daí a razão de sua ruptura com a tradição do desenho florentino, que aos seus olhos isolava as figuras do entorno. E se podemos especular algo sobre a discussão acerca do sorriso da *Gioconda*, diria que ele não teve, a rigor, nenhuma motivação específica, seja de fundo psicológico ou circunstancial, é tão somente o sorriso de um estar bem na realidade, um sentir-se confortável em meio a um ambiente acolhedor. Enfim, ele expressa o sentimento de plena naturalidade. O paradoxo do naturalismo de

Leonardo é que quanto mais quer penetrar a realidade dos fenômenos, mais descobre o quão incomensurável é o real. E, por levar ao extremo seu método de investigação científica, acaba por estabelecer os limites entre a arte e a ciência. Depois de Leonardo da Vinci, ficou inviável o projeto da arte como forma de conhecimento unitário do universo. Em lugar da confirmação de verdades estáveis, o artista se viu, cada vez mais, imerso em mistérios, sombras e profundidades infinitas.

Michelângelo: o ideal transcendente da matéria

Desde o início de sua formação, o jovem Michelângelo Buonarrotti (1475-1564) impressionou pela marca de sua forte personalidade. Com a idade de 13 anos, chegou a Florença para ingressar na oficina de Ghirlandaio, mestre pintor. O talento do jovem aprendiz logo começou a ser notado, provocando a admiração do próprio Lourenço, "O Magnífico", que se tornou seu dileto protetor.

Mas, apesar deste começo bastante tradicional, Michelângelo rapidamente sentiu as insuficiências do sistema dos ofícios e, com o empenho do autodidata, empreendeu estudos por conta própria. Visitou as capelas das igrejas de Florença para estudar seus afrescos, porém seu campo de interesse não foi a produção recente, mas a arte dos primeiros mestres, sobretudo Giotto e Masaccio. Por esta mesma época, despertou seu interesse pela estatuária antiga e, como não poderia deixar de ser, pela obra de Donatello. O fato de eleger seus próprios precursores era indício significativo da plena consciência que o jovem aprendiz tinha da tradição cultural florentina, a qual pertencia, razão do orgulho que sentia pelos fatos notáveis que a geração do Primeiro Renascimento realizara, colocando a cidade de Florença como a legítima capital cultural da Renascença, qual uma nova Roma.

Além de atualizar sua cultura artística, Michelângelo teve oportunidade de completar sua formação, ao ingressar na corte d'O "Magnífico", onde teve interlocutores eruditos como Poliziano, Landino, Pico della Mirandola, Beniviene e, muito provavelmente, Ficino. De modo distinto de Leonardo, portanto, ele será educado na melhor tradição das letras, e a base de seu pensamento foi, haja vista o círculo ao qual pertencia, a filosofia neoplatônica. Fica evidente que Michelângelo representava um novo tipo de artista, cujo reconhecimento social e intelectual o ligava diretamente aos círculos da corte laica ou eclesiástica. Definitivamente, as artes do "desenho" ingressavam no seio das Artes Liberais. Mas, como veremos, o neoplatonismo em Michelângelo não deve ser visto apenas como uma teoria orientando a prática; antes, é uma consciente opção poética, ou seja, uma teoria integrada profundamente ao seu fazer artístico.

Na primeira obra reconhecida do mestre – a *Centauromaquia* (1490-1492) – feita quando tinha entre 15 e 17 anos, há inequívocos traços da problemática neoplatônica, mais exatamente dos dilemas entre a idealidade da forma e a finitude da matéria. O tema é inspirado na mitologia clássica, mas o tratamento plástico acolhe a dramaticidade dos relevos de Donatello. O fato curioso é a ausência de qualquer vestígio da parte animal desses seres mitológicos – os centauros. O que vemos são corpos humanos entrelaçados, num movimento frenético de gestos e anatomias. Tampouco há vestígio de espaço perspectivado e, em realidade, não existe aquilo que poderíamos identificar como um fundo contra o qual as figuras se destacam, apenas pequenas porções de superfície rude a revelar a matéria originária do bloco. Como notou Charles de Tolnay, um dos maiores estudiosos da obra de Michelângelo, o que temos na *Centauromaquia* é uma espécie de "compêndio de corpos", num claro prenuncio de sua fixação pela anatomia humana (TOLNAY, s.d.: 11).

Supressão de importante complemento iconográfico, dado imprescindível para a compreensão do tema e inexistência de uma marcação geométrica do espaço a assinalar um lugar no tempo e no espaço: do que se trata, afinal, esse alto-relevo? Por que deixar não só a superfície plana, da qual avançam as figuras, como também os bordos da placa de mármore em estado bruto, como se o artista não a tivesse terminado?

Antes de tentar responder a estas questões, vamos abordar outra obra, em que tal impressão de inacabamento não se apresenta. Ainda que pertença a outra categoria, ou justamente por isso, a *Sagrada Família*, mais conhecida como *Tondo Doni*[20] (1504) (cf. Figura 28 do caderno iconográfico), é a primeira pintura conhecida de Michelângelo. O tema é a passagem de gerações, com o já idoso patriarca José, a jovem Maria e o menino Jesus. Não só pelo físico e fisionomia identificamos a sucessão de gerações, também os gestos completam a ideia: José passa por sobre os ombros de Maria o menino. Em termos formais, as figuras são compostas por um conjunto de curvas contrapostas, sendo a Virgem o eixo central da ação. Ela executa um tenso movimento de giro sobre seu tronco, com as pernas dobradas para direita, enquanto a cabeça e os braços em ângulo se desenvolvem para o lado oposto, num dos escorços mais célebres do artista. Jesus assume posição de seu contraponto, pois seu escorço é o simétrico inverso da Virgem. José é a base estável que tanto a ancora quanto passa o menino para os seus braços. Um baixo parapeito separa as personagens principais do grupo ao fundo, formado por jovens nus, tendo à sua base o pequeno São João Batista. O simbolismo é claro: a baixa mureta separa o mundo antigo do novo tempo que se inaugura com a encarnação do Messias.

Aqui cabe uma comparação com a *Sant'Ana, a Virgem e o menino* (1500-1501), de Leonardo, que representa, de modo similar, o tema das gerações. Mas, enquanto Leonardo estrutura uma composição aberta, com as figuras desdobrando-se no meio-ambiente, como se quisesse dizer que entre o tempo sagrado e o tempo natural não há diferença, a composição de Michelângelo é fechada, constrangida pelo formato circular do suporte. A envolvência interna das figuras, os membros que se dobram sobre si formando saliências que avançam, o desenho de linha dura, tudo, enfim, acentua o aspecto plástico das formas. Mesmo o tratamento cromático é singular[21], uma vez que os tons recebem uma aparência fria, saturada, com as cores primárias

---

20 Tondo é um tipo de quadro em forma circular. Doni é o sobrenome da família de Agnolo Doni, para quem foi feita esta pintura.

21 Tal estranheza cormática será apropriada posteriormente pelos pintores maneiristas como Parmigianino, Pontormo e Rosso Fiorentino.

reduzidas, ou quase transformadas em subtons, além de conferir-lhes um brilho metálico que acentua o modelado da superfície. As cores não pulsam, os claros predominam sobre os escuros, as superfícies estão contidas por contornos duros, enfim, tudo trabalha para transmitir a aparência de relevo plástico. À sensibilidade pictórica de Leonardo, Michelângelo opõe a dureza da forma linear. No entanto, isso não chega a surpreender, afinal, ele próprio afirmava que a pintura é tanto melhor quanto mais se parece com a escultura.

Para Leonardo, a pintura era superior às outras artes por se tratar do fazer que mais próximo estava do puro ato intelectual – da "coisa mental". Do escultor, dizia, numa referência direta ao rival, que este, "resfolegando e transpirando, tem o rosto todo recoberto de poeira, como o de um padeiro". Michelângelo, por sua vez, via na escultura a técnica ideal, pois transcendia a matéria bruta para alcançar a forma pura, ou, para usar as palavras do próprio escultor – "porque ela cresce ali onde a pedra mais diminui". A pintura, ao contrário, não alcança semelhante idealidade porque se faz acrescentando matéria sobre a superfície. Livrar-se do supérfluo, do excesso, do impuro é, por excelência, a tarefa do escultor, movida pela ânsia de chegar à essência da forma. Logo, é a técnica que tem no interior de seu próprio processo a mais elevada carga de espiritualidade. Nessa conjunção intrínseca entre os processos de ideação e execução, o desbastar o mármore significa perseguir e liberar a forma que o seu intelecto havia previamente imposto.

Esta foi, sem dúvida, uma das maiores novidades, assim como o fora também no caso de Leonardo, que trouxe a arte de Michelângelo: incorporar o fazer – a técnica – como dado expressivo de sua operação artística, o que significou nada menos do que a elevar ao nível mesmo do conceito. É em razão disso que ele deixou sempre manifesto na obra as marcas de seu próprio fazer.

Agora, podemos retomar as questões lançadas a respeito da *Centauromaquia*. O inacabado deixa de ser limitação técnica para revelar-se legítima opção poética, uma vez que ao escultor interessa ressaltar o contraste entre a matéria bruta e o emergir das figuras, pela ação formalizadora do cinzel. A batalha foi, nesse sentido, superar a resistência do material bruto para liberar o *disegno* ou conceito.

A *Centauromaquia* e o *Tondo Doni* evidenciam, de modo exemplar, como o artista parte da ideia que formula em si, mas define-se ou mesmo retifica-se ao longo da operação artística, nesse encontro entre o fazer e o pensar. Michelângelo foi, não sem razão, o artista das Ideias Estéticas, razão pela qual suas obras solicitam nossa atenção para o desvelar do conceito que se encontra nas formas. Assim, o tema da passagem das gerações, que Leonardo interpreta em sentido naturalístico, ganha no *Tondo Doni* de Michelângelo um sentido simbólico que o leva a desconsiderar a temporalidade linear, ao representar três gerações distintas, mesmo que saibamos que São José não era tão idoso quanto aparenta ser.

Por isso, podemos resumir a operação artística de Michelângelo como uma superação das resistências da matéria a fim de cumprir o *disegno* da obra. Esta foi a luta titânica do artista: superar as limitações impostas pela Natureza e a contradição fundamental da condição humana – a de um ser finito e imperfeito aspirar à perfeição ideal. Essa ânsia de alçar-se ao estado de pura espiritualidade e materializá-la em escultura faz com que o mestre busque intencionalmente a dificuldade para monumentalizar o esforço de superação.

Vejamos como esta tensão se manifesta em três célebres esculturas. A primeira delas – *Baco* (1496/1497) – produto da primeira estadia em Roma, entre 1496 e 1500, é a obra que mais evidencia relações com a Antiguidade Clássica. O deus do vinho é um jovem exuberante, cuja pose remete à postura clássica, com o corpo apoiado no eixo de uma das pernas, enquanto a outra é levemente dobrada. Michelângelo, de fato, partiu desta ponderação clássica, mas introduziu um acento de instabilidade, sutil ao ponto de não estarmos totalmente seguros da estabilidade da figura. Embriagado, Baco oscila porque seus gestos não têm a devida firmeza clássica: o quadril avança em excesso, o tronco recua, a lenta queda da cabeça procura compensar os movimentos anteriores, a perna direita apoia-se tenuemente no bloco, a musculatura está toda descontraída, caindo sobre a ação de seu próprio peso. O perfeito acabado do corpo de Baco faz com que a luz deslize pela superfície acentuando ainda mais a fluidez e a dilatação da forma. A mão que segura a taça parece assinalar o gesto derradeiro que fará todo sistema desabar sob o olhar sarcástico do pequeno sátiro junto ao jovem deus, cuja posição da perna aparece como contraponto ao braço elevado do deus do vinho. Fica claro, o escultor florentino operou em sentido oposto à noção do equilíbrio clássico, já que preferiu estabilizar o corpo pela contraposição de contrários. Desse modo, pôde conservar toda tensão interna à forma dentro de um arranjo ordenado. O extraordinário do escultor, acostumado a atribuir vitalidade à matéria inerte, foi propor a si mesmo o desafio de representar o corpo em sensual estado de embriaguez, ou seja, numa condição intermediária entre o consciente e o inconsciente.

Da mesma fase, a *Pietá* (1498/1499) segue semelhante raciocínio. Seu ponto de partida, bastante distinto do pagão *Baco*, é a história cristã. Em lugar do prazer sensual, a lamentação dramática. O modelo da *Pietá*, com Cristo jazendo transversalmente no colo da Virgem, é de inspiração nórdica (*Vesperbild*), o que determina uma composição de base piramidal. No entanto, Michelângelo dá à Virgem as feições de uma jovem, o que não condiz com o corpo adulto do Cristo. Da mesma maneira que na *Sagrada Família*, não há linearidade cronológica, quer dizer, não se trata da representação de um acontecimento histórico, mas uma interpretação em clave simbólica do fato sagrado. O que traz à tona outra característica frequente nos trabalhos do artista, que é o tema da premonição: a Virgem estaria, ao que tudo indica, tendo uma antevisão dos acontecimentos futuros. Aceita seu destino, conforme se depreende do gesto resignado da mão, mas não deixa de sentir, com toda intensidade, a dor da paixão e morte do filho. O dom da antevisão, da profecia e da adivinhação aparecerá igualmente em outras estátuas e relevos da Virgem com o menino, nas Sibilas e Profetas da Capela Sistina e nos afrescos finais da Capela Paolina, sobretudo na *Conversão de São Paulo*.

O escorço do corpo de Cristo é um dos mais extraordinários que o artista produziu. Tendo passado pelo estado de embriaguez do *Baco*, Michelângelo radicaliza seus desafios ao esculpir o desfalecimento do corpo. Graças ao conhecimento profundo da anatomia humana, ele consegue o efeito da desarticulação que o corpo sofre ao falecer: a cabeça tombada, o tronco desconexo, a queda do braço, a abertura das pernas, a semicontração da musculatura, tudo, enfim, demonstra o controle absoluto da forma que detinha o escultor. Do mesmo modo, o panejamento da vestimenta da Virgem é altamente dramático e diferenciado em suas partes: agarra-se aflito ao peito de Maria, mais abaixo abre sulcos profundos em arcos que seguem a evolução do corpo transversal, em ambos os casos, porém, formando um drapeado agitado, nervoso, passional.

A última obra da série é o colossal *David* (1501-1504) (cf. Figura 29 do caderno iconográfico), que marca o retorno do artista à sua terra natal – Florença. As circunstâncias dessa volta merecem rápida consideração, já que a cidade vivia a restauração da república livre, após a conturbada queda dos Médici e do martírio de Savanarola. Em comemoração à nova constituição, encomenda-se ao jovem escultor a estátua. Michelângelo parece ter concebido o *David* como verdadeiro monumento à liberdade, símbolo moral inspirador dos cidadãos florentinos na defesa da República.

A estátua foi esculpida a partir de um bloco de mármore de mais de quatro metros e uma comissão composta por Leonardo da Vinci, Botticelli, Filippino Lippi, Giuliano e Antonio da Sangallo, Andrea della Robia, Cosimo Rosselli, Andrea Sansovino e outros, decidiram que o "gigante" deveria ser colocado em frente ao Palazzo della Signoria. Outra vez, Michelângelo inova a iconografia, apresentando o herói não como o cavalheiresco adolescente de Donatello, mas como um jovem adulto plenamente constituído em sua anatomia e sem os atributos convencionais de identificação, como a espada e a cabeça de Golias aos seus pés. A funda está presente, mas, colocada por trás do ombro, não se destaca. Tudo o que vemos é o impacto do majestoso corpo nu, com minuciosa definição anatômica e perfeito acabamento. À semelhança do *Baco*, a estátua de *David* também possui impostação clássica, mas, distintamente do primeiro, seu jogo de tensão e equilíbrio é mais contido. A frontalidade do corpo é interrompida pela súbita rotação da cabeça; à inclinação da perna esquerda contrapõe-se a tensa flexão do pulso direito; a linha contínua do lado esquerdo da figura opõe-se às curvas bruscas do quadril e da cintura no outro lado.

A figura está a meio caminho entre o repouso e o movimento, situação que ela mesmo acusa figurativamente pela divisão entre partes contraídas e partes prestes a iniciar a ação. Na visão de Panofsky (1982: 154), temos uma antítese entre as metades: uma fechada e rígida, outra aberta e móvel. Em função dessa tensão entre opostos, a forma de Michelângelo apresenta pouca ressonância espacial, como se se negasse a qualquer contaminação com o espaço circundante para se ocupar dos seus próprios movimentos internos. Todas as obras que aqui analisamos mantêm esse aspecto de certo enclausuramento, de busca de autossuficiência e imunidade contra qualquer influência do meio-ambiente.

A chave para a compreensão temática do *David* está no cenho franzido e no olhar fixo do herói, como se estivesse divisando o inimigo ou o combate iminente. Aí, percebemos, o artista representou o herói nos momentos que antecedem a batalha, quando, vigilante e cheio de ira, parece querer acumular energia para deflagrá-la no momento decisivo. O que importa, portanto, não é o ato em si, mas a tensão interior, a direção de uma vontade, em suma, o impulso moral que orienta a ação.

Aqui, podemos começar a tocar na mais grandiosa obra do mestre: os afrescos da Capela Sistina (1508-1512) (cf. Figura 30 do caderno iconográfico). Não deixa de ser curioso que o seu trabalho mais reconhecido seja justamente uma pintura, atividade que, como vimos, não era sua favorita. Talvez por isso, Michelângelo tenha tanto relutado ao receber o encargo do papa Julio II, alegando que abandonara esse ofício há algum tempo. Outra razão, ainda mais forte, era a encomenda do mesmo pontífice, poucos anos antes, para a realização de sua tumba, um monumental conjunto escultórico-arquitetônico que ele considerava o projeto de sua vida. A sugestão teria partido de um desafeto seu, Bramante, arquiteto favorito do pontífice, que depois de deixar Milão, em 1499 teria se estabelecido em Roma, sendo o primeiro responsável pelo projeto de reconstrução da Basílica de São Pedro, para a qual estava prevista a alocação, sob a grande cúpula, do mausoléu de Júlio II.

Irritado, Michelângelo também começou a retardar os trabalhos, passando longos períodos na região de Carrara, com a alegação de selecionar os melhores mármores para a tumba do papa. No entanto, Júlio II permaneceu cada vez mais determinado a realizar o projeto. Isolou-se de todos, fechou-se na capela e começou a trabalhar furiosamente, como se, subitamente, estivesse invadido por um *furor divino*.

O programa iconográfico da capela é a concordância entre o Antigo e o Novo Testamento. As paredes já haviam sido reservadas para as cenas da vida de Cristo, cabendo ao teto a representação da Gênese até Noé. A estrutura arquitetônica da abóbada com seus requadros triangulares foi determinante para a composição geral. Complementando o arranjo preexistente, Michelângelo desenhou uma estrutura de frisos e pilastras, de modo a continuar a linguagem das paredes. Nas franjas laterais, inseriu as Sibilas e os profetas, e nos retângulos alinhados ao centro do vão estabeleceu as cenas principais, porém, em sentido cronológico inverso daquele que adentra a capela, ou seja, começou pela *Embriaguez de Noé* e, na sequência, o *Dilúvio universal*, o *Sacrifício de Noé*, o *Pecado original e a expulsão de Adão e Eva do Paraíso*, a *Criação de Eva*, a *Criação de Adão*, a *Separação da terra das águas*, a *Criação dos mundos*, a *Separação da luz das trevas*. Segundo Tolnay, a composição é articulada segundo um "crescendo" formal e temático. Assim, na franja triangular situam-se os antepassados de Cristo que ainda não participam da revelação, por isso aparecem constrangidos à zona restrita e obscura; mais acima, estão os Profetas e Sibilas, dotados da intuição do Divino, portanto, movimentam-se com certa liberdade e seu modelado é de um claro-escuro tênue e cores vibrantes; finalmente, chega-se àqueles que têm a iluminação e, por esta razão, ocupam expansivamente o espaço com gestos impetuosos, cruzando-o diagonalmente em escorços cada vez mais ousados e vibração cromática mais intensa. Aliás, essa passagem do grafismo do desenho para um cromatismo mais pictórico é visível, bastando comparar a primeira cena – a *Embriaguez de Noé* –, quase um relevo clássico pela marcada frontalidade e modelado, com a do final – a *Separação da luz das trevas* – tratado como puro jogo de massas cromáticas agitando-se mutuamente.

Mas, não nos enganemos: apesar dessa abertura para uma efusão pictórica, Michelângelo continuava fiel à tradição florentina do desenho e do relevo plástico. É significativo que os afrescos da Sistina assinalem uma nova forma anatômica dos corpos. Estes ganham massa muscular descomunal, os membros aparecem inflados de energia, como se todo o corpo fosse atravessado por um fluxo revigorante de energia vital.

Os corpos imensos dos Profetas e Sibilas exibem claramente essa condição, tanto que seu volume cresce a ponto de ocupar quase todo o parco espaço disponível. Novamente, parecem não querer qualquer tipo de contaminação com o espaço. De fato, as escalas diferenciadas das figuras em suas respectivas faixas, a divisão sequencial dos quadros, a ausência de fuga-perspectiva acentuada, a inversão cronológica das cenas, tudo, enfim, contradiz os pressupostos da ordenação racional do espaço que a perspectiva exige. De modo similar a Fra Angelico e Botticelli, Michelângelo adotou uma concepção polemicamente antiperspectivada, exterior às rígidas leis de unidade espaço-temporal que o pensamento geométrico do espaço impõe. Note-se, por exemplo, como na cena do *Dilúvio* a natureza quase desaparece da representação: apenas dois campos diferenciados pela cor são suficientes para separar a terra do mar e uma árvore curvada é o único indício da presença da tempestade. No entanto, sentimos a dramaticidade intensa do fenômeno. Tudo porque o artista não privilegiou o acontecimento natural, como faria Leonardo, mas tão somente o drama humano, visto pelo desespero das figuras, pela desconexão dos grupos, pelo ritmo truncado dos acontecimentos.

Está claro que a interpretação de Michelângelo para os afrescos da abóbada da Capela Sistina é idealizadora, doutrinal, razão pela qual início e fim não necessariamente ocupam lugares distintos, tal como sugeriria uma abordagem linear da narrativa histórica. O que os afrescos liberam é o contínuo ir e vir, o cruzamento de eixos direcionais e temporais, muito mais do que o movimento com direção única e certa.

Contudo, é possível vislumbrar um certo percurso espiritual, de ordem neoplatônica nos afrescos: o princípio é o estado de embriaguez de Noé, que tanto pode significar a incapacidade de discernimento, quanto estado místico preparatório para a ascese da alma; em ambos os casos, no entanto, assinalam a condição finita do homem, prisioneiro de seu próprio corpo. Nesse sentido, vislumbrar a gênese – o ato supremo da criação – significa voltar à ideia original, liberar-se finalmente da finitude do corpo. Por isso, o início e o fim confluem num mesmo ponto. Não é por outra razão que do ponto de origem – a *Separação da Luz das Trevas* – desce o muro em que, 22 anos depois, o mestre pintará o *Juízo final* (1534-1535) (cf. Figura 31 do caderno iconográfico).

A composição remete à obra de juventude de Michelângelo – a *Centauromaquia*. O compêndio de corpos em agitação é acionado pelo gesto decisivo da divindade: o gesto de Apolo na batalha dos Centauros, não por acaso, se repete no Cristo do *Juízo*. Sob esta ação decisiva – o julgamento final –, as massas começam a girar, como num turbilhão centrífugo em que se tem a seleção fatal dos escolhidos e dos condenados. Ao centro, um Jesus apolíneo – imagem implacável da justiça –, executa sua sentença sem qualquer sentimento de piedade ou misericórdia, sentimentos que se reservam para a Virgem, ao seu lado. Habitando uma espécie de nicho de luz, as duas figuras dominam a cena. Ao seu redor, encontram-se o conjunto de patriarcas, apóstolos e mártires. À direita, vê-se a luta desesperada dos condenados tentando escapar de seu destino trágico: alguns se debatem contra o vazio, outros tentam escapar dos demônios, outros se amontoam na barca de

Creonte e, à espera, está Minos, para julgar os culpados e enviá-los para as várias regiões do inferno. No lado oposto, o movimento inverso: a ascensão dos eleitos, que saem de seus túmulos e começam a elevar-se no ar, alguns com a ajuda dos anjos. Todo este evento cósmico é regido pelas trombetas do grupo de sete anjos, logo abaixo de Cristo. Fora do turbilhão das almas, na parte superior em forma de dois arcos, na fronteira com o teto, estão dois grupos de anjos que levam em triunfo os instrumentos da paixão.

Como em todas as outras obras, o *Juízo* concentra-se no homem. Aqui, o corpo humano é representado em uma multiplicidade de atitudes, gestos e posturas que só a sublime imaginação do artista poderia conceber. Levar ao máximo a dinâmica dos corpos enquanto massa plástica hegemônica sobre a superfície – afinal, ele ainda pintava como um escultor –, significa sacrificar aquilo que seria o substrato da forma: o espaço.

De fato, o objetivo do escultor-pintor era fazer com que nossa atenção se concentrasse na figura humana, na tensão existente entre interior e exterior, entre corpo e alma, entre seus limites físicos e suas aspirações infinitas. O espaço (o mesmo vale para a natureza), só pode aparecer, portanto, como um valor negativo, informe e sem qualidades. Estabelecer um ponto de fuga que esquadrinhe geometricamente o espaço ou introduzir efeitos atmosféricos de uma profundidade infinita seria desviar o foco de atenção daquilo que é o cerne de sua poética: a reflexão sobre a condição humana. Se há algo que o Barroco aprendeu do mestre foi esta ideia sublime de espaço que escapa ao olhar analítico e racionalizante, no qual o todo domina as partes.

Michelângelo construiu, no *Juízo final*, uma das imagens mais terríficas e assustadoras do evento final da história humana, imagem que se afasta de qualquer expectativa tranquila e pacífica da salvação. Para ele, tratava-se de um evento de proporções sublimes e consequências imprevisíveis, uma mobilização de forças cósmicas incontroláveis que tornariam vãs toda e qualquer ação que pudéssemos realizar, daí o misto de triunfo e catástrofe que a cena transmite. É evidente a visão trágica do artista sobre a humanidade. Ela é heroica não pelas glórias que realizou, que na verdade não passam de insignificâncias, mas por estar eternamente condenada a lutar pela salvação, muito embora saiba que nada do que faça lhe dá alguma certeza.

Solidário com o destino trágico do homem, Michelângelo louvou seu trágico heroísmo monumentalizando-o. Mas, também, estava ciente da casualidade deste seu gesto de simpatia, afinal, não faria a menor diferença. Esta a razão da ambiguidade e melancolia das figuras de Michelângelo: fortalecidas em sua estrutura corporal, executam gestos corriqueiros, ações banais que não envolveriam nenhuma exigência de heroísmo. E, mesmo realizando uma ação condizente com a potência física de seu corpo, as contorções e tensões musculares mais espantosas nunca parecem conduzir a uma ação eficaz e vitoriosa.

Com o *Juízo final*, fica evidente que a obsessão com o tema da morte se tornara inevitável à poética de Michelângelo. Não por acaso, ele considerava a obra de sua vida – a tumba de Julio II – o tema ideal de um neoplatônico que se lamenta da prisão do corpo, que se sente escravo da matéria, por isso almeja desesperadamente transcendê-la pela ascese que a técnica da escultura, como única e verdadeira técnica transcendente (ARGAN, 1999: 314), propicia. Levar ao cabo essa aspiração de pura espiritualidade só seria possível incluindo-se a morte em sua experiência. Esta foi a condição derradeira e absurda para a conclusão da experiência de Michelângelo. Os inúmeros adiamentos e alterações sucessivas do projeto não determinaram o fracasso do mestre, afinal, era uma obra que não poderia terminar.

O último período de Michelângelo foi dominado pelo interesse pela arquitetura, especialmente a realização da cúpula da Catedral de São Pedro (1573-1593). Alheia à figura humana e à *mímeses* da natureza, a arquitetura era a realização direta da tensão entre peso e empuxo, pura transformação da matéria em forma ideal. A cúpula de São Pedro não deixa de ser a obra mais sublime do mestre, purgando inclusive o fracasso do túmulo de Júlio II. Afinal, na igreja-mãe do catolicismo, alça-se ao céu tal como a cúpula de Brunelleschi, só que, desta vez, lançando sua sombra sobre toda a Cristandade.

A cor veneziana: Giorgione e Ticiano

Justamente quando a outra célebre república começa a ruir – a florentina –, cuja desconstituição ocorre em 1532 quando se torna ducado regido pelo duque Alexandre de Médici, Veneza entra no seu ciclo de ouro das artes ao longo do século XVI. E a julgar pela longevidade do sistema (do século IX ao XVIII), a cidade detinha uma estabilidade política e econômica destacada, sem ter que enfrentar tantas ameaças à sua liberdade, como Florença, nem pressões religiosas advindas do papado, vindo a sucumbir somente quando foi invadida em 1797 pelo exército de Napoleão Bonaparte.

Pelo lado econômico, a seréníssima república de Veneza tirou longo proveito do controle que detinha do comércio com o Império Bizantino e das rotas do Adriático até o Oriente. Esta relativa distância dos centros propulsores da arte renascentista e a situação de estabilidade política e econômica, bem como o intercâmbio com a cultura bizantina conferiu à arte veneziana condição ímpar. Sem aderir ao projeto intelectual fundado no *disegno*, nem na devoção à autoridade dos antigos ou ao compromisso histórico com a autoridade da Igreja como Roma, a república veneziana se orgulhava de ser um Estado bem organizado e próspero que tratava de modo equilibrado seus cidadãos e resolvia seus conflitos internos sem tensões exacerbadas. Nesse ambiente os artistas da região do Vêneto demonstram particular apego à atmosfera e à paisagem dessa cidade que nascera da interação com os elementos naturais.

O primeiro grande pintor vêneto a explorar tal condição é Giorgione (1477-1510), e o quadro que marca essa nova fase da pintura veneziana é *A Tempestade* (1508) (cf. Figura 32 do caderno iconográfico) encomendado pelo nobre Gabriele Vendramin, membro de uma rica e influente família de mercadores da cidade[22], para decorar sua residência. Antes, porém, vejamos o grande painel *Nossa Senhora*

---

22 Um de seus ancestrais – Andrea Vendramin – ocupou o cargo de Doge no período de 1476-1478. Posteriormente, Ticiano pintou o retrato da família em 1540, no qual representaria Andrea e seu irmão Gabriele e seus descendentes.

no trono entre São Liberal e São Francisco (1505), também conhecida como *Nossa Senhora de Castelfranco* que antecipa algumas das novidades que a *Tempestade* apresenta. Giorgione opera algumas alterações reduzindo-a ao máximo em termos compositivos, eliminando o séquito de anjos, santos e demais figuras. As referências são historicamente modernas e sintéticas – soldado e santo. O trono, porém, aparece em altura bem elevada, acima dos personagens abaixo. Os personagens habitam mundos distintos, porém em níveis de continuidade entre o mundo da história e o mundo da natureza. A estrutura da composição é geométrica, triangular na locação frontal dos personagens, mas o recuo perspectivo ocorre por degração de planos paralelos. Porém, o que quer demonstrar Giorgione não é tanto reafirmação do desenho florentino, mas justamente o oposto. Toma a estrutura perspectiva para demonstrar que é a gradação cromática dos planos que organiza e define a profundidade. Os degraus do trono e o parapeito modulam o espaço até alcançar as notas mais irradiantes e intensas no alto, onde as três cores básicas da composição – verde, amarelo e vermelho – envolvem a Virgem alcançando maior vivacidade ressoando entre si em plena luz desempedida da paisagem aberta.

Se o tema da paisagem começa a se insinuar nesta obra, ganhará pleno vigor na *Tempestade*. O quadro impressiona pela harmonia tonal cuja intensidade e encanto cromático em nada lembram os tons leves e atenuados da pintura florentina, mas seu conteúdo hermético continua intrigando os especialistas. Numa paisagem vasta e de atmosfera densa, dois personagens se postam nas laterais, uma mulher desnuda com o filho no colo e um homem com vestimentas de soldado. A identificação destes é discutível, de Adão e Eva com seu filho Caim à Virgem e Jesus, passando por divindades gregas como Mercúrio e Isis. Esta dificuldade leva a outra: identificar o que se passa na cena, na medida em que justamente esta não representa o que se poderia chamar de uma ação, senão justamente o seu oposto, isto é, um instante de pausa e descanso. Não obstante tal dúvida, não se pode dizer que a tela não representa um acontecimento. Este se apresenta logo no título: o grande evento é o fenômeno atmosférico. Tudo começa com o clarão no céu cheio de nuvens espessas. Num instante súbito, o raio ilumina todo espaço, expandindo sua luminosidade que bate nas paredes brancas da cidade ao fundo, corre do fundo para frente, rebatendo na relva, na estrada, na ponte, no curso d'água do rio até alcançar o primeiro plano, onde habitam os personagens. O que vemos é a difusão de uma luminosidade colorida, estabelecendo uma continuidade entre tons frios e quentes, de azuis e verdes aos ocres e ao ápice do vermelho da jaqueta do soldado.

Giorgione, segundo informa Vasari, teria sido aprendiz de Giovanni Bellini, iniciador da renovação pictórica que se afirmaria com seu pupilo. Mas, para além da oficina de Bellini, também teria tido contato com Antonello de Messina, o introdutor da pintura a óleo em Veneza. Outra influência marcante é de Leonardo da Vinci, a quem teria conhecido quando da viagem do mestre toscano à Veneza em 1500. Não só a sensibilidade para com a paisagem natural, como também pela apropriação do *sfumato*, não tanto, porém em termos da transição do claro-escuro, mas da transição cromática. Essa transformação se mostrará fundamental para os desdobramentos da pintura veneziana, na medida em que opera um claro deslocamento de valor, do desenho para a cor. Trata-se de uma verdadeira revolução do gosto que terá alcance inédito incidindo por muitas gerações de pintores por toda a Europa.

Voltando à *Tempestade*, exames comprovaram que Giorgione teria pintado o quadro "sem desenho", ou seja, lançando as tintas diretamente na tela sem a estruturação prévia que o desenho, entenda-se perspectiva, prescreveria. É na passagem de tom a tom, no equilíbrio buscado entre cores quentes e frias que a unidade pictórica é alcançada. A resolução do quadro ao longo do próprio fazer é traço da nova pintura que começa a impressionar e cuja amplitude e influência será marcante.

Essa naturalidade assumida, franca e direta com o fenômeno visual, sem mediações abstratas, essa confrontação imediata com a realidade dará início à grande tradição da pintura veneziana que tanta influência terá sobre os séculos vindouros, de Velázquez, Rembrandt, Goya até o Impressionismo de Manet.

Contudo, a revolução pictórica iniciada com Giorgione suscitaria reações. Desde Alberti até Vasari, o desenho era a base do projeto intelectual da arte, na medida em que se colocaria como o equivalente à escrita para as letras. Nos dois grandes centros artísticos da Renascença – Florença e Roma – o desenho era soberano, pois se aproximava muito mais da ideia que da matéria sensível. Supunha apuro do julgamento, processo que elimina o incerto, o acessório, o duvidoso da natureza para de modo seletivo, recolher o essencial, razão pela qual a linha, com sua certeza e estabilidade, é o meio exclusivo e a geometria o ideal. O conhecimento da natureza deveria ser aperfeiçoado pelo exemplo dos Antigos, não bastaria apenas imitar a realidade, era preciso copiar as obras excelentes dos artistas da Antiguidade que já haviam efetuado a síntese das formas apuradas e alcançado a graça e a beleza. Percebe-se como o *disegno* encontra-se no cerne do projeto humanista de investir a arte de estatuto intelectual para assim elevá-la à condição de arte liberal.

Um dos primeiros a questionar o método veneziano seria Vasari por entender que a preferência pela cor colocaria tal projeto em risco e ameaçaria as artes de retrocesso, após tantas lutas e conquistas ao longo do Quatrocentos. Portanto, o sentido do desenho vai muito além de técnica manual para se converter em base fundante para as artes visuais.

> Oriundo do intelecto, o desenho, pais de nossas três artes – arquitetura, escultura, pintura –, extrai de múltiplos elementos um juízo universal. Esse juízo assemelha-se a uma forma ou ideia de todas as coisas da natureza, que é por sua vez sempre singular em suas medidas [...]. Dessa percepção nasce um conceito, um juízo que se forma na mente, e cuja expressão manual denomina-se desenho (VASARI, apud LICHTENSTEIN, 2006, vol. 9: 20).

A plena consciência e domínio desse fundamento na pintura, escultura e arquitetura faria de Michelângelo o ápice da arte e o vértice das *Vidas* de Vasari, tendo triunfado sobre todos os artífices anteriores, sobre a natureza e inclusive sobre os antigos.

Apesar de reconhecer o mérito e o débito, o veneziano Ludovico Dolce (1508-1568) não via razão para Vasari não ter incluído em sua monumental *Vidas* (publicada em 1555) a biografia de Ticiano, a quem Dolce considerava um pintor tão ou mais perfeito que Michelângelo e Rafael. Tal réplica viria em *Diálogo sobre a pintura*, intitulado *O Aretino* (1557) em que procura apresentar argumentos pioneiros em favor da doutrina da cor. Esta teria a propriedade de dotar de alma e de vida as coisas, sendo por isso, mais relevante que a linha, demasiado abstrata e fria como a geometria. Animação e intensificação provocada pelo colorido acentua a sensação visual e, consequentemente, o prazer que sentimos ante as coisas vivas.

> É necessário que a mistura de cores seja tênue e harmoniosa de modo que represente o natural e que em nada ofenda os olhos, tal como acontece com as linhas dos contornos, que se devem evitar (pois a natureza não as fez) [...]. Assim, a principal dificuldade do colorido está na imitação das carnes e consiste na variedade das tintas e na suavidade. É necessário também saber imitar a cor dos tecidos, a seda, o ouro e tudo mais tão bem que se tenha a impressão de ver mesmo a maior ou menor dureza ou maciez conforme o tipo de tecido [...]. Que não se creia, porém, que a força do colorido consiste na escolha de belas cores... porque essas cores são belas mesmo que não se introduzam nas obras: é no saber manejá-las adequadamente que consiste a arte (DOLCE, apud LICHTENSTEIN, 2006, vol. 9: 24-25).

A capacidade de tocar, de comover e de intensificar a experiência da realidade, ou seja, de nos dar a sensação de estarmos perante as coisas vivas é muito mais da cor que da linha. Essa defesa colide contra uma tradição de longa data, cujos ecos platônicos são evidentes, de desvalorização da cor pelo seu aspecto demasiado sensível e acidental. A contraposição veneziana seria precisamente que, embora importante, o desenho é uma condição preparatória (por isso serviria como base para as três artes), mas não seria o elemento de distinção das coisas, cabendo à cor a qualidade de diferenciação pela sua vivacidade. Se assim não fosse, tudo seria plano e homogêneo.

Reagindo às reservas de Ludovido Dolce, Vasari na segunda edição de 1568 (VASARI, 1956), incluiu a vida do pintor *Ticiano de Cadore* (1490-1576). Este teria também se iniciado na oficina de Giovanni Bellini, mas depois teria aderido, por volta de 1507, ao círculo de Giorgione, com quem teria trabalhado em algumas encomendas, como os afrescos da fachada da *Fondaco de Tedeschi* (Armazém dos Alemães). Vasari mantém suas reservas quanto ao método de Giorgione de pintar diretamente sem desenho prévio, pois isto sacrificava a composição e a boa distribuição das partes sobre a superfície, lição ensinada pelos Antigos, mas que os venezianos não haviam adotado. Além de temas religiosos, Ticiano se notabilizou pelos extraordinários retratos de príncipes, nobres, literatos, membros do clero. Os célebres retratos de Pietro Aretino e principalmente do imperador Carlos V fizeram sua fama, acarretando segundo Vasari muitas honras e proveitos.

Uma das passagens mais destacadas da biografia é o relato da ida do mestre veneziano a Roma, em 1547, chamado pelo Cardeal Farnese, ocasião em que teria conhecido o próprio Vasari. Este o guiou pela Cidade Eterna para conhecer seus tesouros, antigos e modernos, e o apresentou ao Divino Michelângelo. Em visita à oficina de Ticiano no Belvedere, para conhecer a pintura de uma Danae teriam, segundo relato, comentado:

> Quando deixaram Ticiano, comentando sua obra, Buonarroti a elogiou bastante, especialmente seu colorido e a fatura, mas que era pecado que em Veneza não se aprendera desde o princípio a desenhar bem. [...] Se este homem (afirmou Michelângelo) fosse auxiliado pela arte e pelo desenho como o é pela natureza, sobretudo na cópia do natural, não se poderia alcançar mais nem melhor, pois tem um belíssimo espírito e um estilo encantador e vivaz. E isto é certo, porque quem não tem desenhado bastante e estudado obras seletas antigas ou modernas, não pode trabalhar bem só com a experiência nem melhorar as coisas que se copiam do vivo, dando-lhes aquela graça e perfeição que dá a arte fora da ordem da natureza, a qual faz comumente algumas partes que não são formosas (VASARI, 1956).

Não obstante tais reservas, a fama de Ticiano só aumentara com um conjunto de obras-primas que lhe fizeram fama e glória. E muito embora tenha Giorgione como mestre e força liberatória, a pictórica de Ticiano apresenta uma solução singular no tratamento da cor.

Enquanto Giorgione busca a harmonização tonal por uma espécie de fusão da luz no ambiente, denunciando sua afinidade com o tema davinciano da paisagem atmosférica, Ticiano procura intensificar a pureza do tom, operando mais por distinção que por complementariedade.

Porém, a grandeza do pintor vai muito além das inovações técnicas. A carreira longeva permitiu que Ticiano atravessasse gêneros diversos – pintura religiosa, alegórica, mitológica e retratística – com alto grau de inovação. Uma obra de início como *Amor Sacro e Amor Profano* (1515) ainda na esfera de Giorgione, se mostra vinculada à poética da correlação entre presença humana e o espírito do lugar. Vemos duas figuras femininas, que encarnam o ideal do belo, porém com tratamentos distintos. Naturalmente, as duas figuras contrapostas perfazem o acontecimento da composição. Tratam-se de corpos luminosos – um é pele alva, outro um cetim prateado. Ambas têm como contraponto o cetim vermelho com seu brilho um tanto metalizado e por força desse contraste os tons se individualizam e ganham presença. Este primeiro plano contrasta com o fundo que alterna objetos que atuam como planos de retenção da luminosidade que advém do céu claro. O fundo luminoso se entremeia por tais barreiras aparecendo em seções alternadas que multiplicam o percurso e o movimento da luz pelos corpos e superfícies das figuras.

Os temas mitológicos destacam-se, contudo, pela intensidade dramática e sensualidade tátil reveladora de um sentimento de vida e paixão. *Baco e Ariadne* (1520-22) remetem ao tema antigo do amor, no momento em que se dá o encontro entre os dois personagens. O instante é de alta intensidade que se revela tanto nos contrastes cromáticos entre o esvoaçante manto vermelho de Baco e o azul intenso do vestido de Ariadne. O conjunto de personagens embora díspares representam todos a força da paixão e desejo – os leopardos, o pequeno fauno, o Laoconte lutando contra a serpente, as bacantes tocando música, o pesado e embriagado Sileno. Embriaguez, música, desejo, instinto, tudo enfim, remeteria ao fervor da vida inserido no mito. Tudo, porém, numa montagem de formas precisas e cores firmes, sem a necessidade de apelar para o sensualismo fácil ou para a voluptuosidade carnal (acusações frequentes na pintura posterior de Rubens) para tratar de temas do amor e do erótico.

Distintamente das pinturas de Giorgine, como a *Vênus Adormecida*, em que predomina o sentimento clássico de unidade e harmonia entre homem e mundo natural, a *Vênus de Urbino* (1548) de Ticiano (cf. Figura 33 do caderno iconográfico) é um tema carregado do mundo social, por isso inserido num ambiente doméstico, formado pelo contraste entre o primeiro plano, onde a figura feminina exibe seu corpo sensual e o fundo habitado por duas criadas que executam tarefas domésticas. A cortina escura divide rigorosamente os dois mundos – da cortesã aristocrática e dos vassalos. Mas, além de assinalar essa divisão social, cumpre função pictórica essencial na medida em que faz ressoar, por contraposição, o corpo luminoso e suave da Vênus, bem como a maciez alva dos travesseiros e tecidos em contraste com a tonalidade fechada e densa das almofadas vermelhas. O ponto de transição entre estes elementos do plano frontal é o buquê de flores que a jovem segura com a mão direita. Percebe-se nesse recorte parcial que se desenvolve o raciocínio formal e cromático do pintor, mais por contraste e individuação dos tons que por sua complementariedade (como em seu mestre Giorgione). Esse tratamento direto, sem a idealização inerente ao mito (como ocorria com as Vênus de Botticelli, por exemplo) faz com que Ticiano, em certo sentido, conceba o tema tal como um retrato ou cena de costumes. Acredito que é devido a essa adesão sensível às coisas que teria chamado a atenção de um pintor moderno como Manet que se apropria e radicaliza o quadro em sua famosa *Olympia* (1863).

O mestre referia-se aos quadros de temas mitológicos e eróticos como *poemas,* bem entendido, não enquanto ilustrações de poesias, mas como autênticos poemas visuais. De modo distinto da tradição florentina, evitam o tom declamatório ou de ensinamento moral em favor do sentimento e do envolvimento. À citação precisa do antigo, à precisão filológica e erudita das fontes, à eloquência discursiva, a pintura veneziana de Ticiano e Giorgione dava preferência ao tom mais alusivo, ao contorno vago e algo indefinido, mas tão sedutor que suscitava o desejo de participação. Nem texto, nem linha, antes sobretudo a cor e a luz são os agentes essenciais da emoção visual desta pintura de altas qualidades formais. Vemos, portanto, que a eleição da cor mais do que meramente uma preferência individual ou técnica, era escolha cultural consciente e de grande alcance.

E as escolhas demonstram claramente como as situações em cena decorrem dessa possibilidade de explorar a exuberância da luz que faz revelar as cores das composições. A escolha do momento do crepúsculo que lança uma luz alta que vivifica o céu azul e produz uma vibração luminosa expansiva, que faz ressoar cada tom como em *Amor sacro e Amor profano* e em *Baco e Ariadne*, tanto na alternância entre o horizonte claro e iluminado e os elementos da paisagem meio a contraluz e os personagens luminosos do primeiro plano, tornou-se frequente em vários temas.

Se observarmos uma pintura religiosa como *Nossa Senhora de Ca'Pesaro* (1526), também conhecida como *Madonna de Pesaro* (cf. Figura 34 do caderno iconográfico), afresco de grandes dimensões pintado na Igreja de Frari, em Veneza, veremos como tais inovações se manifestam. A obra teria sido encomenda de Jacopo Pesaro, bispo de Paphos, no Chipre, ofertada em comemoração pela vitória contra os turcos. Distintamente da tipologia convencional do tema da Virgem no Trono, em geral composições triangulares tendo como vértice a Virgem ladeada por santos, o afresco rompe com o esquema tradicional para estruturar um esquema ascensional.

Do ponto de vista da história, vemos em cena o bispo ajoelhado à esquerda, tendo à direita outros membros da família. Uma diagonal pode ser traçada de Pesaro, passando para o plano seguinte com São Pedro, e no plano mais elevado, a Virgem com o Menino. Simbolicamente, a Igreja de Pedro é intermediadora entre os mortais e a Virgem. Outros personagens religiosos aparecem logo acima dos membros da família Pesaro: São Francisco e frades franciscanos, padroeiros da Igreja de Frari. No lado oposto, um soldado de armadura porta a bandeira papal com escudo e as armas e dois prisioneiros, um mouro e outro turco. A composição é um misto de frontalidade e perfil sendo a posição enviesada da escada o elemento indicativo desse giro perspectivo. Por que adotar esse esquema de perfil senão para tornar a cena mais pausada ampliando o tempo de percepção da pintura? Para nos determos no movimento rubro da bandeira em equilíbrio simétrico com o centro luminoso concentrado na Virgem e em complementariedade com o extraordinário brilho acetinado do outro membro do clã Pessaro. De modo similar, a Virgem encontra correspondência negativa nos negros brilhantes do bispo e do grupo acima. Obviamente a São Pedro cabe o papel de ponto de equilíbrio tonal, entre o irradiante amarelo e a densidade do azul de suas vestes. Para acionar essa máquina pictórica de ressonâncias e complementariedades luminosas, Ticiano localiza a cena numa arquitetura aberta, dominada por duas imensas colunas sem base ou capitel, portam-se como puras presenças plásticas cujo relevo cilíndrico faz a luminosidade do céu correr transversalmente ressaltando assim as cores dos elementos.

Mas, para um pintor que nutre tamanho interesse pela vida, não poderia deixar ao largo o gênero, que por excelência, tem por objeto a presença viva: refiro-me ao retrato. De modo geral, a retratística cumpre uma evidente função social e psicológica, falam da condição de classe e da personalidade do retratado. Indumentária e objetos pessoais são índices externos, gestos e olhares são internos. Porém, Ticiano agrega um outro elemento que não pode ser reduzido ao signo, na medida em que seu significado é derivado não de um referente exterior, senão da própria condição de realização: o fazer pictórico. De acordo com Argan:

> Os retratos de Ticiano são extremamente cheios de vida, não porque guardem semelhanças ou sejam psicologicamente penetrantes (frequentemente não conhecia sequer o personagem e extraía as suas feições de outros retratos), mas porque apreendem, mais do que a pessoa *em si*, uma *situação*, isto é, o seu ser-na-realidade (ARGAN, 2003, III: 152).

Tantas foram as ilustres personalidades que foram retratadas pelo mestre – o Imperador Carlos V, Felipe II, Isabel de Portugal, Frederico II Gonzaga (Duque de Mântua), Isabella d'Este, os papas Julio II e Paulo III, o Cardeal Farnese, os humanistas Pietro Benbo e Pietro Aretino e muitos outros. A grande tela do *Imperador Carlos V na Batalha de Muhberg* (1548) é um quadro oficial do monarca tendo ao fundo uma típica paisagem aberta e banhada pela luz de pôr do sol. Se este gênero mantém-se dentro da tradição dos retratos equestres, que enaltece a bravura do monarca com sua armadura cromada, opera não obstante uma mudança ao concentrar-se totalmente na figura imponente, deixando ao largo, como era costume, cenas de batalha ao fundo que localizariam espaço-temporalmente o acontecimento histórico. É claro o artificialismo da cena, evidente na impassividade da ação e da expressão do imperador. Mas se os aspectos retóricos são secundários, apenas o suficiente para identificar o personagem, tudo ocorre como uma ocasião para banhar toda a cena dessa luminosidade crepuscular que confere um tom avermelhado e caloroso, indo do mais fechado vermelho da sela ao dourado dos detalhes da armadura, passando pelos amarelos, sépias, verdes e marrons da paisagem.

Tomemos outro exemplar, o *Retrato de Pietro Aretino* (1545), amigo do pintor mas figura temida pela escrita afiada e ácida. As proporções da figura avançam e dominam o quadro, contra o fundo escuro. O olhar firme, a testa larga e a barba longa são os poucos atributos fisionômicos delineados, pois toda atenção e cuidado se voltam para o brilho a suavidade do veludo de seda do volumoso casaco. Percebe-se um tratamento mais leve das pinceladas, com manchas largas e fluídas. Assim, ao reduzir os aspectos iconográficos, o pintor nos força a nos concentrarmos no tratamento das superfícies das coisas presentes, seja a seda do casaco, a manga de um vestido, o brasão de uma bandeira ou o ornamento de uma armadura. A situação acima referida por Argan, seria mais exatamente essa vivacidade e animação luminosa que define o espaço e a atmosfera da pintura. Por isso, as pinceladas surgem desinibidas acentuando a dinamicidade da pintura. Assim, a fatura é drama em Ticiano, ela é a própria ação em curso, por isso independe da ação representada ou de uma estrutura ideal fundada na perspectiva.

Essa fatura dramática se radicalizará no final da longa carreira do mestre. No autorretrato do pintor datado de 1550-62 não há menor vislumbre do desenho, tudo se resolve no lançamento direto das pinceladas, a ponto de as mãos apoiadas do pintor não passar de um conjunto de manchas diluídas e a manga manchas pastosas e encrespadas. Delineadas sumariamente, exceto pela face vívida e torneada pela luz sob a pele cálida, dão a impressão de "inacabado", fato que já chamara a atenção do próprio Aretino em seu retrato. Já a segunda versão de *Cristo coroado de espinhos* (1570), Ticiano realizou uma composição altamente dramática e obscura, muito distante daqueles horizontes límpidos e cristalinos da juventude. O espaço é comprimido, a ponto de a figura de Cristo encontrar-se pressionado contra a parede dura e fria. A brutalidade impera nessa convulsiva luminosidade e gestos oblíquos cruzam o espaço rumo ao corpo do torturado. Nesse ambiente de contrastes, os tons se tornam mais pesados e as zonas de luminosidade mais localizadas e trepidantes, intensificando a agitação da cena. A forma mais excitada é a do jovem soldado mais à frente incitando os algozes. Sua vestimenta é um conjunto de intensos brilhos azuis, vermelhos e amarelos que reverbera a principal fonte de luz. Se este personagem em primeiro plano atua como um anteparo reluzente, a luz que vem do alto banha a tênue túnica branca que cobre Cristo, expandindo-se pelo seu torso até o do outro carrasco à esquerda. Essa agitação de corpos encontra contraponto no candeeiro posicionado sob o arco de pedra que com sua luz bruxuleante agita as sombras do fundo. Obviamente o desenho não poderia mais deter essa convulsão pictórica, ao contrário, nas pinturas dessa fase tardia, Ticiano exacerba as pinceladas, amplia sua largura, golpeia com manchas as formas quase que brutalmente, sem preocupação com o acabamento e a clareza dos elementos. Espaço e corpos se fundem dramaticamente e o acentuar do drama para aquele que sentia a vida e as paixões do viver denota certa comoção angustiada diante da iminência do fim da existência.

Novamente, essa fatura pouco diligente receberia reservas de Vasari (1956: 389-390) na medida em que dificultariam a distinção a curta distância das coisas pintadas, algo que não ocorreria nas obras anteriores. No entanto, ao conferir na fase inicial de sua carreira valor equivalente à cor em relação ao desenho e posteriormente assumir a fatura pictórica como cerne de sua poética e como aquilo que define por excelência a pintura, Ticiano dá um passo decisivo para afirmação da visualidade da pintura, razão pela qual sua obra ter tido forte repercussão nos maiores pintores do Barroco ao Impressionismo. O trabalho do pintor agora é fato digno e elevado.

Rafael: a forma do "ótimo universal"

A dúvida espiritual que afligia aquela geração de humanistas da segunda metade do século XIV, de como ser devoto de Cristo e Cícero ao mesmo tempo, parece ter encontrado solução exemplar, quase um século e meio depois, na arte de Rafael Sanzio (1483-1520). A força demonstrativa de suas imagens conjuga o dogma religioso ao culto à perfeição dos antigos, o que faz de Rafael, ao lado de Bramante, o maior protagonista do classicismo do *Cinquecento*. Mas serão também os últimos a defender uma visão universalista do mundo, fundada na crença da identidade entre fé e razão, Cristandade e Antiguidade, natureza e história.

O grande palco desse projeto de unidade universal, como não poderia deixar de ser, é Roma, que finalmente começava, desde as primeiras décadas do século, a assumir a condição de capital do mundo católico. Sob o impulso da cúria pontifical, que atrai cada vez mais artistas de renome, Roma passa a ser o novo centro cultural da península.

É nesse clima de restauração da dignidade e glória da antiga Roma que, em 1508, sob a recomendação de Bramante, o jovem Rafael chega à cidade eterna. Vale lembrar que nesse mesmo ano e por encomenda do sumo pontífice, Michelângelo dá início aos trabalhos da Capela Sistina. Dois anos antes, o arquiteto começara a reestruturação do complexo urbanístico do Vaticano, que culminará no projeto da nova catedral de São Pedro. No ano seguinte à sua chegada, o Papa Julio II encarrega Rafael de decorar as quatro paredes da *Stanza della Segnatura*, sala reservada para audiências com o sumo pontífice. Ali, o jovem pintor realiza os famosos afrescos da *Disputa do Santíssimo Sacramento*, *Escola de Atenas*, *Parnaso* e *Virtudes cardinais*, nos quais fica patente a congregação entre os ideais de Cristo e Cícero.

Antes, porém, de abordar as obras da *Stanza*, cabe enfocar a singular trajetória de Rafael até sua ida a Roma. Ingressando na oficina de Perugino, o jovem aprendiz logo demonstrará talento e grande capacidade assimilativa, chegando tão próximo da graça e gentileza da linguagem do mestre a ponto de ser com ele confundido. A obra, que marca o domínio pleno do jovem pintor, é a que assinala também uma ruptura com a arte de Perugino. Claramente inspirado no afresco *A entrega das chaves* que este pintou na Capela Sistina, em 1481, *Os desponsórios da Virgem* (1504) contém o mesmo arranjo compositivo, com um grupo de pessoas alinhados em primeiro plano e o templo ao fundo, ambos conectados pela forte marcação perspectiva do pavimento. Mas, enquanto a composição de Perugino é ordenada por planos paralelos ao quadro, o de Rafael é modulado pelo grande templo circular e pelas curvas côncavas e convexas que formam as figuras que celebram a união da Virgem e José, em primeiro plano. O imenso volume cilíndrico ao fundo, com suas seções vazadas é uma potente estrutura espacial que irradia sua ordem plástica por todo o espaço, como se ela fosse, na realidade a grande propulsora da força geométrica que advém do desenho em perspectiva marcado no piso. A dupla curvatura que forma o conjunto de personagens à frente, nada mais faz que amplificar, para além dos limites da própria moldura, o espaço projetado. O que Rafael demonstra: que mais além da edificante oratória sacra de Perugino, a pintura, pela sua capacidade de dar o melhor das coisas, consegue colocar em sintonia ordem natural e ordem construída, ou seja, consegue obter uma identidade entre fé e razão.

Esta capacidade de conciliar termos aparentemente contraditórios será a característica marcante da poética de Rafael, tanto que logo após concluir seu aprendizado, ele parte para outras regiões, a fim de assimilar outras experiências pictóricas, entre as quais destaca-se o seu contato com a obra de Fra Bartolomeu, Pinturrichio e principalmente com a produção veneziana de Giovanni Bellini, e provavelmente Giorgione, além dos mestres flamengos, com os quais teve oportunidade de conhecer as experiências cromáticas em voga. A descoberta da cor veneziana significou um grande passo para Rafael, pois lhe dará a chave para adoçar a frieza da perspectiva umbria (sua região natal), cuja origem localiza-se em Piero della Francesca, assim como temperar o intelectualismo do desenho florentino. Será justamente nesta cidade que Rafael tomará contato com obras que exercerão profunda influência em desenvolvimento: as de Leonardo da Vinci e Michelângelo Buonarroti.

De 1504 a 1508, o artista umbrio está em Florença, período no qual pinta uma série extraordinária de madonas e executa retratos de personalidades da elite burguesa que o tornam célebre. É possível ver nestas obras como Rafael absorve e sintetiza poéticas tão opostas como as de Leonardo e Michelângelo. O mergulho nos mistérios da natureza no primeiro é antitético à ansiosa busca de espiritualidade no segundo, como então conciliar imanência e transcendência na mesma obra?

A referência marcante tanto para as madonas, quanto para os retratos são duas obras-primas de Leonardo: *Virgem dos Rochedos* e a *Gioconda*. No retrato de *Madalena Doni* (1506), a posição da figura é exatamente a mesma da *Gioconda*: corpo a três quartos, mãos umas sobre as outras, colo aberto e fundo aberto para uma paisagem natural. A mesma placidez e naturalidade alimenta as duas obras. Mas, enquanto no quadro de Leonardo a luz crepuscular contaminava todas as coisas, numa vibração envolvente que atravessava véus transparentes (tecidos, pele, água, ar), no retrato de Rafael a luminosidade é imóvel e homogênea. Por esta razão, as formas rotundas da mulher se acentuam, mas veja-se como isto é buscado de modo intencional pelo pintor ao desenhar amplas curvas quase com a perfeição do compasso, ou seja, destituídas o máximo possível de qualquer acidentalidade, o que dá às formas forte definição e acentuado relevo – esfericidade –, como podemos ver no traçado curvilíneo dos ombros, no rosto, nos olhos, no busto e no medalhão sobre o peito. Desse modo, volumes firmes e amplos contrastam com o vazio profundo da paisagem clara. Esta, contudo, parece atacada do mesmo movimento de depuração, resume-se a suaves ondulações na topografia e uma finíssima árvore desenhada contra a linha do horizonte. Nada mais distante das brumas evanescentes e misteriosas que preenchem aquela geologia primordial de Leonardo.

Prossigamos nesse jogo de semelhanças e diferenças, abordando agora as cenas da Virgem com o menino: *Madona do Prado* (1506), *Bela do jardim* (1507) (cf. Figura 35 do caderno iconográfico) e *Madona do Pintassilgo* (1507). O modelo desta vez é a *Virgem dos Rochedos*, com sua composição de base piramidal, mas Rafael procura em cada versão testar pequenas variações no esquema original: a Virgem permanece nas três como o eixo vertical dominante; as mudanças ocorrem na distribuição e nos gestos das crianças (Cristo e São João) e também na própria postura de Maria. A luz e a paisagem recebem o tratamento semelhante ao visto no retrato de Madalena Doni.

Em Leonardo, o arranjo em pirâmide, em lugar do tradicional triangulado, favorecia a interpenetração das formas com o espaço. No caso das madonas de Rafael, ele não surge assim tão expansivo e aberto, ao contrário, é mais concentrado e econômico, assim como a paisagem é plana e se abre horizontalmente até o infinito. Nesse ponto já podemos ver surgir outra influência para corrigir a excessiva diluição da figura no meio ambiente que o *sfumato* leonardiano trazia o risco. Na *Virgem do Pintassilgo*, sobretudo, parte da inspiração de Rafael advém da *Virgem com Menino*, escultura feita por Michelângelo em 1501. O agrupamento mais fechado, assim como a forte densidade das formas são os dados que o pintor acolhe.

Em resumo, Rafael se remete a modelos de outros mestres, mas não de modo passivo e conformado, já que exerce relativa liberdade sobre o esquema adotado. O que persegue, afinal, ao buscar conciliar a "forma aérea" de Leonardo e a "forma compacta" de Michelângelo?

Nada menos do que o termo médio. A arte para Rafael não se restringe nem a um puro ato mental, nem tampouco a um exacerbado drama moral. Atenuando o intelectualismo de Leonardo e o trágico de Michelângelo, a pintura de Rafael surge equilibrada e estável, isenta de contaminações e de gestos compulsivos. A conclusão a que se pode chegar é a de que ele aspira colocar a forma na natureza, mas sem dela nada perder. Aí entra o terceiro termo nesta equação de pintura: a cor.

Para Leonardo, compreende Rafael, a luz é a verdadeira protagonista de suas pinturas, é ela justamente que coloca as coisas em conexão, é ela que deflagra a afinidade secreta que harmoniza o homem na natureza. Será, precisamente, este sentido de harmonia que impressiona o pintor umbrio. Contudo, ele também percebe que ao assim proceder, a pintura de Leonardo sacrifica agentes que poderiam perturbar ou mesmo inviabilizar esta relação harmônica das coisas do mundo, no caso, o colorido e o desenho. No lado oposto, Michelângelo pinta esculpindo, por isso seu *disegno* confere uma consistência tal à forma, que ela tende a preencher todo o espaço com a sua autossuficiência. Mas, ao assim proceder coloca o espaço em posição absolutamente subalterna.

Será justamente a cor o termo médio que aciona a transição entre as formas e o ambiente, porque passa a ser pintada reagindo com a luz. Por outro lado, ela também assegura às formas a necessária densidade ao preencher homogeneamente e com mínimo de brilho e variação tonal o interior da orla das coisas. O colorido em Rafael não chega a ser tão exuberante quanto o dos pintores venezianos e flamengos; ele tende a assumir uma emanação rebaixada. Mas, assim como ocorre com o desenho, do mesmo modo a cor acusa um mínimo de acidentalidade, ou seja, de instabilidade luminosa. Por isso o claro-escuro em seus quadros é suave e ocorre dentro do próprio tom, o que contribui para manter a estabilidade linear e cromática das formas.

O que se vê é um equilíbrio entre as diferenças – linha, cor, espaço – que são assumidas, porém de maneira equalizada, sem que um dos dados sobrepuje o outro. A amenidade das linhas, formas e cores que une o homem à natureza, constrói uma harmonia que é, no fundo, o resultado de uma certa afinidade formal. Aqui, finalmente, se torna explícito que o processo de assimilação das poéticas de outros mestres consiste em apreender uma dada "informação" estética para em seguida purificá-lo ao ponto de converter-se em puro dado formal: a perspectiva de Piero, a afabilidade de Perugino, a intensidade cromática dos venezianos, a naturalidade de Leonardo e a densidade de Michelângelo. Contudo, esta unidade fundamental entre todos os aspectos da realidade que manifesta a forma de Rafael, no fundo só pode ser justificada através da certeza que tem o pintor da essência divina que "habita" todas as coisas criadas.

A célebre carta, escrita em 1516, destinada ao conde de Castiglione nos ajuda a compreender a relação que o pintor procura estabelecer entre *experiência* e *ideia*:

> Para pintar uma mulher bela, seria necessário ver várias mulheres belas, e, ademais, com a condição de que Vós depois me ajudasses a escolher. Mas já que existem tão poucas mulheres belas e tão raros e bons juízes, faço uso de uma certa ideia que me vem à mente. Se esta possui algum valor artístico, não o sei: já me esforço o suficiente *em tê-la* (RAFAEL, apud PANOFSKY, 1986: 58).

A acuidade deste parágrafo extraordinário revela o ideal de beleza do pintor como o resultado de um ato de seleção e recomposição de caracteres particulares a partir de uma "ideia interior". É certo que Rafael extrai a beleza por comparação, selecionando o que há de melhor, unificando o que na natureza está disperso; mas de modo diverso do conhecimento por comparação de Alberti, cujo processo buscava preservar e estabilizar as diferenças, o método de Rafael é progressivo e tende, por isso, a almejar a perfectibilidade crescente. O belo, portanto, é a aparência purificada, resultante da escolha do melhor de cada coisa – o "ótimo universal". A composição de belezas particulares (ARGAN, 1999: 289) leva à beleza universal, não tanto como a imagem final resultante de um processo de discriminação seletiva, mas como o princípio harmônico que as enlaça.

A natureza é um todo harmônico e íntegro, mas a experiência que dela temos é, de fato, dispersa e inconclusa. Alcançar a totalidade é reter o princípio inerente à criação, tarefa que cabe à razão, mas ela o faz não procurando transcender a aparência, isto significaria dizer que a Revelação não se cumpre no mundo. Transcender a instabilidade dos fenômenos, dando uma imagem unitária e estável do todo é justamente a função da arte, pois ela é o meio pela qual o universal se revela no particular, o divino na natureza e a Revelação na história.

A *summa* mais completa desse classicismo universal de Rafael (e também de Bramante) são os trabalhos na *Stanze della Segnatura* (1508-1511), no Vaticano. O programa iconológico, formulado por Julio II, estabelecia que os afrescos deveriam representar nada menos do que a atualidade da Revelação no mundo. A ambiciosa empreitada pictórica era o complemento do programa da Capela Sistina, no qual Michelângelo reconstituía o processo divino da Criação, demonstrando já o princípio da reação da Igreja contra a ameaça de cisma provocado pela crescente ameaça luterana. Sem dúvida, o processo de restauração religiosa e cultural de Roma sob o comando do sumo pontífice apresenta-se, neste contexto, como parte da estratégia de reforço do dogma católico no mundo cristão.

O desafio colocado na *Stanze* é reunir numa imagem evidente e coerente que o conhecimento e a virtude são expressões do divino. Ou melhor, que todas as disciplinas humanas participam da revelação da verdade superior. Ela se manifesta indireta e implicitamente nos poetas e filósofos, aberta e explicitamente nas Escrituras e nas tradições da Igreja, no entanto, isso não significa que as mensagens sagradas não devam ser corretamente interpretadas e apresentadas. É por isso que se reúnem nestes afrescos poetas, filósofos, personagens bíblicos e teólogos, de ontem e de hoje, sob as monumentais arcadas do recinto.

Parnaso constitui uma perfeita representação da inspiração divina que alimenta os poetas, com a figura central de Apolo, cercado de musas, olhando em êxtase para os céus. De um lado e de outro estão poetas contemporâneos e da Antiguidade: Safo, Petrarca, Dante, Anacreon, Boccacio, Aroiosto, Horácio. Já *Virtudes cardeais*, apresenta figuras emblemáticas como a prudência, flanqueada pela temperança e fortaleza inspirando Gregório IX e Justiniano à justiça.

Mas, não há dúvidas, os mais grandiosos painéis são a *Disputa do Santíssimo Sacramento* e a *Escola de Atenas* (cf. Figura 36 do caderno iconográfico). Face a face, as duas pinturas realizam uma verdadeira síntese do pensamento cristão e humanístico que constitui as bases da cultura renascentista. Constituem, de fato, os maiores e mais complexos painéis, portanto, hierarquicamente superiores às paredes com aberturas. O problema central a ser enfrentado é composicional: como articular numa clara exposição sequencial um tema que abrange a totalidade do conhecimento humano? A resposta mais uma vez vem da perspectiva, cuja razão geométrica pode assegurar a unidade da forma na diversidade de seus elementos componentes. Por isso, as cenas se organizam a partir de uma mesma estrutura em perspectiva, com ponto de fuga rasante, enfatizada pelo desenho do pavimento. A *Disputa* é dividida em dois níveis: um superior, em forma de plataforma de nuvens, onde tudo é ordenado e simétrico e no qual ocupa o centro Cristo, a Virgem e São João, tendo nas alas laterais santos, patriarcas e profetas; outro, abaixo, ocupado pelos teólogos que debatem sobre o significado do sacramento. Neste nível, e ao contrário da camada superior, os gestos e posturas denotam agitação, movimento e intensa discussão. Esta diferença fundamental entre distribuição geométrica dos componentes da Igreja Triunfante do plano elevado, em contraposição à certa casualidade da Igreja Militante, no plano inferior, é de fundo simbólico, mas de qualquer modo, um elemento comum assinala tais divergências de distribuição espacial, exatamente a perspectiva. À parte esta estratificação de ordem simbólica, ambos os níveis se encontram em continuidade porque têm, ao fundo, um horizonte comum. A continuidade entre os níveis é obtida através de um estratagema estritamente formal: primeiro pela coincidência existente entre o ostensório sobre a mesa, símbolo do sacramento, com o ponto de fuga da perspectiva; depois pelo rebatimento de sua forma no círculo que envolve a pomba do Espírito Santo, na auréola de Cristo, no semicírculo do espaldar de seu trono até finalmente alcançar o grandioso arco que emoldura o painel. Confirma-se, aqui, a tese de que para Rafael a Revelação não se dá nem acima, nem abaixo da realidade natural: ela coexiste e se renova a cada instante na Natureza. Basta saber vê-la. A função da pintura é exatamente demonstrá-la.

A *Escola de Atenas*, por sua vez, representa o conhecimento dos antigos, anterior à Revelação. Por isso, a cena não se passa tendo como fundo a paisagem natural, mas no interior de uma monumental arquitetura derivada da Antiguidade greco-romana. A ênfase no aspecto tectônico é sintomática da ideia de que a sabedoria dos filósofos da Antiguidade é toda construção do pensamento humano. Ao centro surgem Platão e Aristóteles, como os baluartes maiores do saber antigo, caminhando em direção ao espectador, como se estivessem assinalando a conexão do pensamento clássico como o do Humanismo renascentista. Aqui cabe uma observação sobre o modo singular de Rafael identificar seus personagens por meio de atributos que sintetizem a ideia mais conforme à figura representada. Assim, Platão carrega num braço o *Timeu*, diálogo que trata da criação e da natureza do universo, por isso aponta para o céu para caracterizar seu idealismo; a seu lado, Aristóteles traz a *Ética*, tratado moral que se esclarece no outro braço para frente, para assinalar seu interesse pela investigação da natureza humana.

A mesma conjunção entre gesto e atributo se nota em Zoroastro segurando o globo celeste, Ptolomeu o globo terrestre e Euclides o compasso, no lado direito da dupla Platão e Aristóteles, e no lado oposto, temos Pitágoras com o livro de anotações e a tábua com desenhos geométrico, Epicuro com a coroa de louros e a pena na mão e Heráclito contraído e pensativo a escrever algo.

Do mesmo modo que o encaminhamento frontal dos dois filósofos segue em sentido contrário ao infinito apontado pelo ponto de fuga da perspectiva, outro recurso formal para demonstrar a pertinência e o valor dos antigos para os homens do Renascimento consiste na simbiose de certos personagens históricos da Antiguidade com artistas contemporâneos ao pintor, dando as feições de Leonardo a Platão, de Bramante a Euclides, de Michelângelo a Heráclito, sem contar a presença do próprio Rafael autorretratado em meio aos filósofos antigos (na extremidade à direita, próximo a Zoroastro e Ptolomeu).

Falta ressaltar o grande arco que encerra os afrescos. O principal efeito que ele causa é a monumentalização do espaço, por se tratar de um elemento contínuo que engloba a cena, sem perda ou desvio. A alusão imediata é a da abóbada celeste, e de fato Rafael compõe o espaço como se fosse o interior do Panteão (BECHERRUTI, 1969: 96). Para compensar este vão monumental, ele precisa monumentalizar também as figuras, para evitar que elas percam sua força de presença na cena. Mais uma vez a referência formal virá daquele que tinha domínio pleno da anatomia humana: Michelângelo.

Rafael é o último artista clássico do Renascimento, pois acredita que a arte ainda é capaz de demonstrar a forma universal do mundo. O equilíbrio das diferenças e a coerência de seu sistema sustentam que há continuidade plena entre Cristandade e Antiguidade, a mesma fé que nutria Roma, em seu sonho de recuperação da grandeza perdida. Porém, o sonho clássico de Rafael logo alcançou um limite com o encerramento precoce de sua carreira, em 1520, aos 33 anos de idade. O outro representante do classicismo – Bramante – falecera anos antes, em 1514. Pouco depois, foi o próprio sonho de grandeza romana que sofre grave abalo com o Saque de 1527 pelos franceses e pelas hordas de protestantes, fazendo-a novamente cair em ruínas com a redução drástica do poderio pontifical. A partir de então, os conflitos tendem a se agravar, culminando nas guerras religiosas que assolaram quase todo o continente europeu.

Diante da crise espiritual em curso, tornou-se inviável sustentar um projeto de unidade universal. Entre história e fé abriu-se um abismo que não mais foi possível restaurar pela cultura. A força demonstrativa que traz tudo à evidencia na pintura de Rafael, logo começa a perder espaço para a oratória persuasiva da arte da contrarreforma, cuja finalidade é a reposição inflexível do dogma.

4
O maneirismo

Entre o final da Renascença em meados do século XVI e o Barroco do século XVII, um longo e tortuoso caminho foi trilhado, talvez o mais conturbado do início da Era Moderna. Os movimentos reformistas colocam em xeque a autoridade da Igreja e o grande saque de Roma de 1527 põe fim ao mito da sacralidade da Cidade Eterna e impõem limites à influência papal na condução da política dos estados e principados do continente europeu. As contundentes críticas de Lutero à luxúria e corrupção da cúria expõe para a Europa a hipocrisia do clero e reivindicam a inutilidade de todo e qualquer mediação ao puro ato espiritual da fé. Inimaginável, a verdade inquestionável da Revelação promulgada pelo seu agente legítimo torna-se alvo de desconfiança e dúvida. O protestantismo condenaria intermediações ao ato espiritual, propondo o retorno à origem, no caso as escrituras sagradas. Sob o domínio do verbo, passa a condenar a iconoclastia, ou seja, o culto a ídolos e imagens. A crise religiosa atinge diretamente a esfera artística na medida em que coloca em posição vulnerável a Igreja Católica que desde sua origem investira na arte religiosa.

Contudo, a polêmica não ficaria restrita ao âmbito dos debates teológicos, na medida em que os questionamentos incidiam diretamente contra o poder temporal da instituição da Igreja. Lutero e outros reformados logo ganhariam apoio de príncipes germânicos revoltados contra o domínio da corte papal e do imperador do Sacro

Império Romano Germânico. O radicalismo das partes conduziu por longas décadas às guerras religiosas que assolaram a Europa, dividindo política e religiosamente o continente: Itália, França, Espanha, Portugal, Áustria e o mundo bizantino mantiveram-se católicos; Escandinávia, Holanda, parte do Reino Unido e a maioria dos países de língua germânica se converteram ao protestantismo.

Ainda que de maneira mais gradativa e sem o impacto generalizante e radical da Reforma, as novas hipóteses formuladas por astrônomos e físicos que iriam definir o campo da Ciência Moderna começam a minar antigas verdades consagradas e a colocar em dúvida a validade do sistema geral de explicações vigentes. Refiro-me às teses de Nicolau Copérnico publicadas em 1533 que apresentou o modelo do sistema heliocêntrico, no qual a terra girava ao redor do sol, provocando uma revisão geral das interpretações teológicas acerca da estrutura da terra e dos céus. Tycho Brahe na segunda metade do século XVI e depois Galileu Galilei nas décadas iniciais do século seguinte aprofundaram as pesquisas a ponto de promover uma tensão irreconciliável entre verdade científica e verdade religiosa.

Preocupada com tais dissenções a Igreja Católica promove uma intensa e violenta reação ao protestantismo, reação que ficou conhecida como "Contrarreforma". No que se refere especificamente à esfera das artes, os debates giram em torno do controle das representações religiosas. O Concílio de Trento discute o valor das imagens e estabelece regras estritas para a sua produção. Temas iconográficos encontram-se sujeitos à censura, uma vez em que se conclui que existem imagens perniciosas e edificantes. Tudo que desvie e incentive outro comportamento que não a fé é banido, como os temas mitológicos e pagãos, as cenas de nus e toda e qualquer pretensão de exibir a arte como forma cognoscitiva, isto é, como expressão de intelectualismo, seja pelas erudições retóricas ou pelo encanto puro com a geometria.

Um artista profundamente espiritualizado, como Michelângelo, não deixa de experimentar as angústias do momento, como podemos perceber no grande afresco do *Juízo final* da Capela Sistina. Por outro lado, Rafael e Bramante se tornam os preferidos da corte papal pela conciliação que promovem entre o antigo, o cristão e o moderno: mantém a tradição clássica e a monumentalizam como reafirmação da grandeza de Roma. Nesse momento de tensão religiosa, os maiores artistas do Alto Renascimento são convocados para reafirmar a beleza e a autoridade da "cidade eterna". Mas, entre as contorções e angústias espirituais de Michelângelo e o investimento monumentalizante de Rafael e Bramante, um abismo se abre anunciando a crise que se disseminará de modo irreversível por todas as esferas e espaços.

A forma maneirista

Deve-se a Vasari a visão de que a primeira metade do século XVI fora a da Alta Renascença, tendo em Michelângelo o ápice da arte. Depois do divino mestre não se poderia imaginar outra via senão a da decadência. Afinal, quem poderia se arrogar de querer superá-lo? A solução do dilema seria tomar os grandes mestres como regra a ser seguida, fazendo "à maneira de" Rafael, de Michelângelo ou de outro artista ou escola de preferência. Esta seria a origem daquilo que a historiografia da arte chamara de *maneirismo* que, durante muitos séculos foi visto como um fenômeno extravagante e artificial. Uma arte estranha, de refinamentos vazios, de artistas apenas preocupados em demonstrar virtuosismo e que, por mero capricho, saíam à procura de composições complicadas, com inúmeras figuras em escorços forçados, cores artificiais em cenários grandiloquentes e por vezes desconexos apenas para exibir seus dotes artísticos. Por isto, foram vistos como aqueles que se desviavam do Clássico em nome de arbitrariedades narcisísticas.

A rigor, em termos cronológicos, o maneirismo manifesta-se simultaneamente ao período romano de Michelângelo, Rafael e Bramante indo até quase o final do século XVI. Embora tenha nas maneiras precedentes a nova regra, os artistas do maneirismo, de certo modo a eles reagiam pela heterogeneidade e diversidade. O denegrido artificialismo da arte maneirista era intencionalmente polêmico, pois ia contra dois dos fundamentos da Renascença: a volta aos antigos e a imitação da natureza. Por isso, o maneirismo passou a ser identificado como um sentimento anticlássico por excelência. Contudo, a partir da década de 1980, a historiografia da arte reviu sua prevenção contra a arte maneirista, cujos conteúdos foram retificados e reconsiderados. A revisão se deu por conta do deslocamento operado pela crítica ao constatar que as supostas "extravagâncias" das formas maneiristas diziam menos respeito a uma visão distorcida do mundo do que uma problematização contundente da subjetividade do artista. De um lado, a constatação de uma existência insegura num mundo incerto e imprevisível, de outro, uma indagação acerca dos processos artísticos de ideação. A busca da dificuldade revela-se muito mais um calculado modo de investigar as modalidades de composição artística derivadas da tradição artística do Renascimento para levá-las a novos patamares de invenção. Portanto, pensar "à maneira de" Leonardo, Rafael ou Michelângelo, não implicaria, necessariamente, um juízo apenas negativo, pois poderia denotar a compreensão crítica dos métodos e dos processos destes artistas. À arte, doravante, não caberia mais a função de manifestar em imagens a verdade da Criação, uma vez que, plenamente liberada, começou a preocupar-se com seu modo específico de ser, procurando refletir e controlar a operação artística: a arte imita a arte, toma a si própria como referência, pensa a sua própria tradição. Não é mero acaso que o século XVI é o século da tratadística da arte – de Vasari, de Vignola, de Palladio, de Serlio –, que se preocupam em seus tratados definir as regras das disciplinas artísticas. Assim, inspirar-se na "maneira de" significa refletir sobre uma prática, teorizar significa elevar a prática ao nível do conceito. Ambos os casos são sintomas evidentes da crescente especialização do fazer artístico, que um século depois com o Barroco alcançará forma radical, com os artistas assumindo a condição de técnicos da visão.

Tais indagações fazem da arte um dos campos de emergência do sujeito moderno, não por acaso, um dos clássicos temas do Humanismo tardio – a melancolia – ressurge como um tema central no desenvolvimento da arte no *Cinquecento*. As preocupações referentes à personalidade artística – do poeta, do literato, do artista, não importa – marcam o período e estão na origem do tema do temperamento ou modo de ser expressivo do artista.

O jogo entre a regra e o arbítrio se torna o cerne da tensão maneirista da forma. A regra é a norma clássica, recuperada e decantada historicamente pelo Primeiro Renascimento, cuja autoridade cada vez mais se impõe sob o lema da "imitação dos Antigos". Contudo, tanto a aceitação quanto a liberação da regra são resultantes do mesmo valor conquistado pelo Humanismo renascentista: o livre-arbítrio. O uso livre da regra, longe de ser apenas extravagância, se revela desdobramento lógico de tal princípio. No domínio da arquitetura – campo dos mais regrados – essa tensão se mostra de maneira exemplar, especialmente nas obras de Giulio Romano e de Giacomo della Porta. No Palazzo del Té (1525-1535) construído em Mântua, Giulio Romano opera uma série de deslocamentos nas ordens arquitetônicas. Num palácio de pavimento único, bastante incomum, a fachada apresenta uma alternância rítmica entrecortada formada por arcos, pilastras e colunas, mas o mais insólito ocorre no pátio interno, cuja elevação é dominada por agigantadas colunas dóricas, cujos intervalos são alternados. O entablamento tem sua continuidade interrompida por tríglifos que parecem cair, quebrando o alinhamento regular. No interior dos painéis, frontões que coroam os vãos não se apoiam em pilastras, mas em pequenos consolos que quase se confundem com o inquietante rusticado de padrão heterogêneo. O conjunto produz uma percepção embaralhada cujo "desenho" mais confunde que esclarece.

Os elementos de linguagem são convencionais, mas a posição e o tratamento das proporções são inusitados, ou seja, são formas expressivas de uma vontade que busca se liberar num momento em que as verdades eternas começam a ser questionadas.

Nos círculos intelectuais do Humanismo da segunda metade do século XV, o clássico tema da melancolia é retomado com o neoplatonismo e de um tipo de enfermidade negativa, da leitura tradicional, se torna "estado de ânimo" significando muito mais introspecção. O melancólico sofre influência direta de Saturno, que segundo a astrologia é um planeta mais distante do sol e com movimentos lentos e sombrios representaria estados de quietude e solidão. Voltado exclusivamente para o interior, a personalidade saturniana se torna sinônimo de atitude meditativa, puramente mental. Este perder-se em pensamentos trata-se de um dos índices primeiro da emergente subjetividade moderna e no âmbito da história do Humanismo, tal como indica Panofsky, a melancolia é interpretada como uma forma de "consciência intensificada do próprio eu" (KLIBANSKY, 1991: 226), ou seja, um estado de hipersensibilidade e absorção.

Novamente é Michelângelo o artista a assumir a arte como forma de expressão de estados subjetivos, como podemos perceber na estátua de Lorenzo de Médici representado em estado contemplativo, denotando que suas ações e decisões se deram a partir de meditações detidas e calculadas. Mas é o próprio artista (e não suas representações) o melhor exemplo do *indivíduo melancólico*. Toda arte do mestre é carregada desse *pathos* introspectivo, suas poderosas estátuas transbordam de energia interior, não se contendo em ser meramente imagens de exterioridades, tal como na estatuária antiga. É claro que não se trata ainda da expressão de estados emocionais ou retratos psicológicos, antes se trata da ideia que se forma na mente do artista e se transfere íntegra ao material inerte. Michelângelo foi considerado, pela primeira vez na história da arte, o artista que personifica a figura do gênio, tal a excepcionalidade vislumbrada na sua inigualável capacidade do fazer como expressão de uma sublime personalidade. Ou seja, Michelângelo foi reconhecido não apenas por suas obras, mas pela profundidade de seu intelecto, aguda sensibilidade e altivez espiritual. A partir de então, melancolia começou a ser vista como uma qualidade dos grandes homens.

Vários artistas do maneirismo exploraram o tema da introspecção. As figuras reservadas, discretas e algo distanciadas de Lorenzo Lotto, Bronzino e Parmeggianino são típicas deste estado de espírito. Longe da altivez humanista, não escondem sua fragilidade e até certo ponto alienação e deslocamento do mundo. Não por acaso, o fundo que habita tais retratos não exibe mais aquela claridade geométrica que a perspectiva assegurava. Ao contrário, torna-se um espaço estranho, cheio de elementos incongruentes e enganosos. Podemos eleger duas obras de Parmeggianino como paradigmáticas desse espírito de inquietude. *Autorretrato num espelho convexo* (1524) de dimensões mínimas (24 centímetros de diâmetro) é pura polêmica contra o naturalismo anterior, dado que é imagem refletida e distorcida da realidade no espelho curvo. Já a *Nossa Senhora do pescoço longo* (1535-1540) (cf. Figura 37 do caderno iconográfico), apesar de fugir da temática da retratística, por isso mesmo reforça o argumento exposto, nos apresenta o típico tema de Nossa Senhora com o menino Jesus, embora carregado de sentidos herméticos. O rosto afilado e delicado da Virgem com penteado caprichoso e joias ornando a cabeça denota que poderia se tratar de uma dama nobre, o grupo de anjos laterais (se é que o são) tem faces rosadas e olhares vagos, o corpo do menino no colo da mãe é desalinhado e no conjunto apresenta distorções proporcionais intrigantes. O pescoço longo da Virgem que dá título ao quadro, a mão alongada sobre o peito, os membros distendidos da criança, o quadril engrandecido pelo planejamento do vestido, tudo causa estranheza acentuada pelo ponto de vista baixo da composição. Mas, estas decomposições prosseguem e alcançam a gigantesca coluna ao fundo que nada apoia tendo ao lado a minúscula (comparativamente) figura de uma espécie de profeta, do qual não sabemos nada de que palavras está lançando. Ao final, as decisões que levaram o artista a optar por tal arranjo permanecem obscuras, assim como os significados destas articulações incongruentes, o que só acentua o hermetismo e autocentramento inatingível do quadro.

Essa tensão (KLIBANSKY, 1991: 233) entre este indivíduo que se torna consciente de sua fragilidade frente à eternidade do tempo e a infinitude do mundo indica uma mudança de percepção e condição: o altivo indivíduo do Humanismo cívico cede lugar para a consciência de uma situação existencial instável e finita. E não é preciso nos deter nos exemplos das artes plásticas, basta lembrar que o mais marcantes dos personagens de Shakespeare – Hamlet – carrega a consciência trágica dessa tensão irresolvida entre finitude e infinitude.

O mais original artista do período encontra-se fora da Península Itálica, tem origem na Grécia mas serviu à coroa espanhola: El Greco (1541-1614). Natural de Creta, à época sob o domínio da república veneziana, Doménikus Theotokópoulos iniciou seu aprendizado na Grécia, depois migrou para Veneza para completar sua formação e, após uma breve mas marcante passagem por Roma, mudou-se em 1577 para Toledo, na Espanha.

As interpretações correntes da arte de El Greco costuma associá-la a um misticismo delirante típico do espírito da Contrarreforma. O fato de ocorrer no mais tradicional centro religioso da Espanha sob o reinado de Felipe II, fervoroso defensor do catolicismo e dedicando-se arduamente ao combate aos reformistas, reforçariam tais interpretações. A Espanha se tornara um reino poderoso, rivalizando com França e Inglaterra à epoca, e principal aliado da Igreja Católica na luta contra o protestantismo[23], tanto que uma das mais arraigadas ordens religiosas originadas no século XVI, a Companhia de Jesus, ter como fundador Ignácio de Loyola, cuja presença se espalhara por muitas regiões, inclusive o novo continente americano.

Contudo, creditar ao perturbador contexto da época a explicação da obra do artista é desmerecer a importância e a autonomia de suas escolhas artísticas. Reconstituir a trajetória de El Greco nos permite medir o conjunto de influências que forja seu inconfundível estilo. Após absorver a tradição bizantina da pintura de ícones, El Greco segue para Veneza onde teve contato com mestres como Ticiano e com artistas importantes como Tintoretto e Veronese. No período romano, estabelece contato com o círculo intelectual e artístico do Cardeal Alessandro Farnese e conhece as obras de Michelângelo e Ra-

---

23 Felipe II acreditava que a missão que Deus lhe reservara seria preservar a religião caltólica entre seus súditos, em seus vastos domínios, combatendo todo e qualquer foco de reformismo, como o que ocorria na região de Flandres, especificamente nos Países Baixos.

fael. Assim, devidamente atualizado com as correntes mais avançadas da arte italiana, chega à Toledo, então considerada a capital religiosa do reino. Havia grande demanda de trabalho para artistas dado que o gigantesco complexo do El-escorial – o monastério e palácio de Felipe II estava em construção.

A pintura de El Greco acentua duas direções, a tradição bizantina dos ícones expressa na frontalidade e pouca profundidade de seus "retratos" e a tradição veneziana presente na intensificação cromática que confere tônus emotivo à pintura. Estes encaminhamentos contrariam a tradição clássica desenvolvida nos dois principais centros da renascença italiana – Florença e Roma – fundada na afirmação do desenho como ideia.

Greco parecia pintar diretamente na tela, sem a preparação de esboços, sem o lançamento de linhas e cenários arquitetônicos. E o fazia com tamanha veemência que suas pinceladas se tornavam explícitas, parecendo "borrões" como destacou certa vez o pintor e tratadista Francisco Pacheco, (que viria a ser o mestre de Velázquez). As cores apareciam quase sem nuances ou misturas, muitas vezes exaltadas em sua crueza pela força do contraste produzido pela vizinhança da cor oposta. Sem vibrar umas nas outras, ao contrário, contidas dentro de áreas restringidas, é na atribuição de brilho que produzem uma vibração luminosa e isso não a partir da passagem do preto ao branco, como no claro-escuro italiano, mas por passagens da própria tonalidade até alcançar o limite do ofuscamento. O efeito é de um brilho metalizado, talvez derivado do cromatismo cristalino do *Tondo Doni* de Michelângelo, justamente numa das raras e incomuns pinturas do escultor. Os efeitos de panejamento deixam de ser a representação naturalista da volatilidade da matéria, ganham um sentido expressivo, dramático, produzindo uma intensa e exclusiva instabilidade pictórica. Além da carência de desenho e do particular modo de pintar, outras formas contrariam as regras do naturalismo clássico como as formas alongadas que desafiam as leis da proporcionalidade anatômica e geométrica de corpos no espaço e o tratamento corpóreo dado à profundidade atmosférica. Sejam paisagens, nuvens ou rochas, não importa, todos participam dessa atmosfera pesada, oscilante e instável.

Um mundo turvo e opaco emerge nas pinturas de El Greco, de substâncias que tentam alcançar uma pureza em meio a uma atmosfera convulsionada e resistente. A tensão mística associada ao pintor deriva em grande parte dessa tensão entre o impulso transcendente e a matéria mundana. Esta contraposição foi um dos temas dominantes do neoplatonismo florentino, encontrando em Michelângelo a expressão elevada e sublime, mas ganha uma interpretação "negativa" com El Greco pela impossibilidade mesma de encontrar acolhimento e segurança em verdades cristalinas. O mundo turvo inviabiliza a visão da transparência (NAVES, 1985) de seres no espaço, segurança que o desenho e a geometria, como transcrições essenciais da estrutura da natureza e da história, evidenciavam. A idealizada fusão do objeto no sujeito e a identificação plena do sujeito no objeto tornam-se duvidosas, uma mesma incerteza atravessa figura e fundo, corpos e atmosferas, matéria e espírito.

5
O Barroco

Superados os conflitos religiosos, a Igreja Católica empreende ao longo do século XVII a retomada de seu projeto de reconstrução da religião. A antiga relação entre arte e clero se reconstitui e a arte religiosa retorna em grande estilo. A monumentalidade, o fausto, o brilho das grandes igrejas católicas marcam as obras do período, assim como nas cortes mais poderosas como da França e Espanha, pintores, arquitetos, escultores e demais mestres artesãos trabalham na construção, reforma e decoração de palácios, vilas e demais edificações.

Para as artes esse reposicionamento concentra-se majoritariamente no mundo católico, tendo em Roma o centro de irradiação maior. E isto não apenas pela grande tradição artística consolidada a partir da Renascença, mas sobretudo porque na ideologia católica a cultura passa a ocupar uma função estratégica na propagação do dogma religioso. No mundo protestante a arte se profissionaliza de modo distinto, fora dos encargos da Igreja, que de saída banira as imagens da sua doutrina. Praticamente inexiste arte religiosa; nobres e burgueses são os grandes clientes, o que resulta numa produção de gêneros singulares como as cenas de cotidiano, a retratística, a pintura de paisagem e as naturezas-mortas. O centro mais profícuo é a região de Flandres (que corresponde hoje à região da Bélgica e da Holanda). A rigor, desde o século XV artistas destacados foram: Robert Campin, Jan van Eyck, Rogier van der Weyden, Hugo van der Goes e Hieronymus

Bosch – com destaque para artistas como Rembrandt, Ruisdael, Vermeer, Franz Hals, Pieter de Hooch.

Essa diferença entre arte religiosa do mundo católico e arte burguesa do mundo protestante deixa explícito que no Barroco o contraste entre tendências é uma constante e a convivência entre opostos a base de seu sistema. Não aspira, como no Renascimento, a alcançar uma ordem unitária, uma perfeita racionalidade natural, no qual a verdade da história – a humanidade universal para quem o dogma se revelara – e a verdade da natureza – a harmonia universal de todos os fenômenos – se encontram. Toda questão agora passa a ser a racionalidade humana com suas atitudes políticas, modos de investigação, comportamento ético e moral perante a natureza, a história e Deus. Como define Giulio Carlo Argan (2003, III: 21-25), o que está em questão são as condutas ou modos de comportamento, o que significa que na cultura barroca tudo se dá na dinâmica da ordem social.

Assim, para os protestantes a certeza da salvação se perde e a única atitude válida é a fé e não importa se nos conduzimos de modo benigno ou não, pois a salvação é graça concedida por Deus. Nesse mundo de penúrias, o trabalho continuado sem expectativas de conquistar alguma recompensa é o que a existência impõe. Somente uma força de introspecção será capaz de sustentar esse individualismo espiritual. Já a visão católica crê que a salvação é possível por meio de obras benfazejas e edificantes e é justamente a Igreja a entidade capaz de indicar o bom caminho. A exemplaridade das boas ações, da atitude penitente e de auxílio ao próximo são valores a serem multiplicados. O culto religioso desse modo não mais deve estar contido no interior de templos e santuários. Ao contrário, deve irromper e se propagar pelo território, tornando-se culto coletivo. Aí a arte ganha papel primordial na edificação de imagens exemplares e na elaboração de estratégias de convencimento e persuasão e pretende incidir e afetar a esfera dos costumes, da moral, enfim, de toda a vida social.

Tais contrastes de características e tendências podem ser percebidos na extrema contenção e foco no real de Caravaggio, em oposição à efusiva e contagiante das múltiplas cenas de Annibale Caracci, que tendem a ultrapassar pela imaginação os limites da realidade. Semelhante antítese se repõe entre os espaços contritos de Borromini e o horizonte grandiloquente de Bernini, e indo um pouco além de estreitos limites geográficos, é possível confrontar os interiores silenciosos e intimistas dos quadros de Veermer, com os céus infinitos e irradiantes dos tetos das igrejas de Andrea del Pozzo ou a luxúria abusada e popular da pintura de Franz Halls, ao nobre rigor do conceitualismo de Velázquez, que faz a pintura se declarar, declarando o mundo.

Agora o contraste de tendências não pode ser anulado, nem muito menos se poderia afirmar que uma seria superior e mais verdadeira que a outra. Assim como no plano religioso católicos e protestantes são parte constitutiva desta nova realidade, a oposição entre real e ideal se mostram pares dialéticos que podem distinguir, integrar ou complementarem-se, mas constituem polos de um mesmo problema.

A cidade barroca

A escala da cidade barroca já é a da grande cidade. Entre os séculos XVII e XVIII, Roma chega a 100.000 habitantes, Nápoles, Amsterdã e Viena 200.000 habitantes, Paris a 400.000 habitantes, Londres 700.000 habitantes, levando a intervenções na estrutura urbana para se adequarem à nova densidade.

No Período Barroco, temos uma nova realidade político-territorial: o Estado-Nação. Nessa esfera mais ampliada, as cidades ganham importância vital, estruturam-se numa federação de municipalidades.

O século do Barroco é marcado pela instituição de uma nova realidade político-administrativa: a Cidade Capital. Todas as demais cidades se colocam em relação de dependência, assim como a corte e o conjunto dos súditos em relação ao soberano. A *concentração de poder político num único centro nacional*, sob o controle direto do monarca ou do sumo pontífice, significou que a época das cidades livres renascentistas, com sua cultura amplamente difusa e seus modos associativos relativamente democráticos, tinha passado. Por outro lado, é graças a essa centralização de poder e riqueza que se tornaram exequíveis (e necessárias) as grandes reformas urbanas nas capitais.

Em função do rápido crescimento urbano, o traçado viário começa a romper com os limites impostos pelas antigas muralhas de proteção (cada vez mais empurradas para a periferia), adquirindo gradativamente a feição de um organismo aberto e permeável. Uma rede de subúrbios, sobretudo no século XVIII, começa a cercar o centro histórico e o problema das conexões se coloca para as administrações municipais. Por isso a

> [...] avenida é o símbolo mais importante e o principal fato capital da cidade barroca. Nem sempre era possível planejar toda uma cidade nova segundo o estilo barroco; mas, no traçado de meia dúzia de novas avenidas ou de um novo bairro, seu caráter podia ser redefinido (MUNFORD, 2004: 399).

O termo de conclusão das grandes avenidas é a praça, local para o qual converge a perspectiva das ruas. Nesse sistema de vias e pontos de concentração, a cidade se torna um centro urbano moderno, pulsante, aberto, eficiente.

A concentração do poder traz consequências diretas não apenas nas vias e praças, mas também na forma e na estruturação dos elementos edilícios, que se convertem em autênticas formas representativas da autoridade. Disso decorre a retomada da forma monumental como expressão de força e privilégio. O *monumento* não só tem a capacidade de transmitir *conteúdos ideológicos*, como também devido à sua *grande dimensão* se impõe fisicamente ao espaço ao redor.

Para Argan, Roma se institui como modelo representativo da cidade capital (ARGAN, 2004), pois sua estrutura urbana e simbólica se fundamenta no monumento. O processo de restauração de sua autoridade que se dá a partir do século XVI se fundamenta na sua importância histórica e simbólica, tanto por ter sido a grande capital da Antiguidade, como por ter sido o berço da Cristandade. A reforma que Sisto V empreende a partir de 1585, levada a cabo pelo arquiteto Domenico Fontana, pode-se dizer, estabelece o padrão de intervenção da cidade barroca. Enfrentando os conflitos provocados pela Reforma

Protestante, Roma se reestrutura para assumir a forma e a autoridade de capital do mundo católico. O plano de Fontana consistiu em conectar os principais monumentos religiosos e históricos da cidade, através da abertura e ampliação de vias, com intuito de facilitar e direcionar o movimento de peregrinação dos fiéis que para lá acorrem. A ideia era fazer da Cidade Eterna "um só santuário" e, uma vez situado dentro do sistema de vias, pode o peregrino alcançar cada um dos templos sagrados. Monumentalidade e movimento são os dois fundamentos dessa que pode ser considerada a primeira intervenção em escala urbanística na cidade moderna.

O poder e a autoridade de Roma *caput mundi* da Cristandade vai muito além de seus limites físicos, ultrapassa verdadeiramente estados e continentes, chegando, inclusive, ao Novo Mundo. É o centro ao redor do qual gravitam subsistemas e unidades de menor importância: dele partem as decisões, todos os pleitos a ele se dirigem. Embora conformem um sistema hierárquico inquestionável, o princípio de mobilidade lhe é inerente, por isso sua estrutura deve ser necessariamente aberta e até certo ponto flexível.

O centro do sistema da Roma católica é, indiscutivelmente, o complexo do Vaticano. A cabeça do amplo corpo da Cristandade é a monumental Catedral de São Pedro, obra de Michelângelo, e a grande *piazza* construída por Bernini, já no século XVII. Nestes dois organismos plásticos se pode perceber um dos fundamentos da experiência estética do Barroco: o grande espaço.

Um projeto de tais proporções e importância passou por muitas fases e pelas mãos dos mais talentosos artistas e arquitetos da alta renascença, afinal tratara-se da principal igreja do catolicismo. A obra começa com Bramante na condução dos trabalhos, estabelecendo o motivo tipológico que persistira nos desenhos posteriores: a planta central em cruz grega. Versões elaboradas por Rafael, Peruzzi e Sangallo, apresentam algumas alterações ao partido elaborado por Bramante, mas quando finalmente Michelângelo concebe o desenho final, recupera a ideia inicial de Bramante. Em todas as versões persiste o ideal desse objeto plástico perfeitamente equilibrado em que massas e espaços encontram-se equidistantes do centro. Dois eixos cruzam-se em ângulo reto determinando as quatro naves cobertas por abóbodas elevadas e os anexos nos eixos diagonais, ao centro o vão sofre um arranque para o alto até se concluir na cúpula monumental. Em termos de figuras geométricas vemos dois quadrados interceptados com um giro de 45°, porém com uma diferença fundamental, no maior os vértices são encurvados. A intenção de Michelângelo é dar maior sentido de continuidade aos muros e assim acentuar o peso e a unidade volumétrica dessa imensa massa plástica. Mas, tal base monumental deveria ser direcionada para o alto, rumo à cúpula, daí outro expediente foi a introdução da pilastra colossal que, contrariando a regra da diferenciação das ordens, vence num único movimento o imenso pé direito da nave. Já no tambor que recebe o peso da cúpula, o artista inverte a situação, extrapolando a estrutura para fora dos muros. Duplas de colunas que parecem tendões expostos, recebe das vigas arqueadas que seguram a carga da casca. Na lanterna se repete a dupla de colunas até a esfera encimada pela cruz. Se na parte abaixo predomina a unidade das massas, acima o que deseja é produzir um movimento rítmico e ascensional.

Tal como a sua predecessora florentina (a obra de Brunelleschi), a cúpula de Michelângelo se coloca como a representação perfeita da abóboda celeste, tanto que de sua lanterna descem raios de luz que inundam todo o imenso interior.

Assim, o espaço interior ganha a escala e as qualidades do exterior, pois não pode haver barreiras físicas ao movimento da fé.

Porém, no início do século XVII, o esquema de Michelângelo sofre uma alteração, devido às novas diretrizes contrarreformistas, que instituíra uma nova tipologia para as igrejas, voltando ao esquema da nave longitudinal, conforme o modelo instituído pela *Gesu* de Roma. Assim, o eixo da entrada foi prolongado alterando profundamente o sentido de unidade das massas almejado pelo "divino mestre". Por conta disto, uma nova fachada foi desenhada, já tendo em vista a nova praça a ser construída. A difícil alteração (1603-1614) ficou à cargo de

Carlo Maderno, arquiteto hábil e consciencioso, tentou conservar a linguagem de Michelângelo na nova fachada, mas o prejuízo era inevitável: o plano monumental da fachada afastou a cúpula em demasia, colocando-a em posição subordinada, o que confrontava totalmente com a concepção de Michelângelo.

Após tal alteração, coube a Bernini finalizar o interior da catedral e posteriormente realizar a sonhada Piazza de São Pedro. O desafio de Bernini consistia em, ao mesmo tempo, voltar à concepção de Michelângelo sem se intimidar diante da imensa influência e presença do gênio maior da Renascença.

Bernini compreende o sublime michelangesco como potência de invenção e de realização, logo quer expandir a visão espacial do mestre a escalas inéditas. De natureza intrinsecamente espiritual, o sublime se converte, no Barroco, em retórica da grandiosidade.

A operação começa pela definição do altar, que fica exatamente sob a grande cúpula. Abaixo, está o túmulo de São Pedro. Uma simples bancada ficaria muito pequena e desapareceria nas grandes naves, uma estrutura elevada e fechada como alguns retábulos tradicionais interromperia o prolongamento da nave principal, bloqueando o fluxo espacial. A solução encontrada foi inserir uma estrutura vazada inspirada nos andores de procissão, pequenos objetos onde são levadas as figuras santas durante o cortejo. Deslocado de suas funções originais e transformado em sua escada – de objeto menor para uma estrutura arquitetônica – o Baldaquino (1624-1633) (cf. Figura 38 do caderno iconográfico) reenfatiza a antiga centralidade da planta de Michelângelo, ganha dramaticidade ao ser executado em bronze negro decorado com filamentos dourados. O desenho é relativamente simples: quatro colunas salomônicas apoiadas em plintos de mármore e encimadas por um dossel vazado, formado por hastes em voluta, que se unem ao centro, sobre o qual encontra-se o globo dourado com a cruz. Nessa superestrutura, quatro anjos pontuam o eixo das colunas, folhas de palmeiras (símbolo da vitória da igreja) se sobrepõem às volutas e ramos de videiras sobem pelas colunas salomônicas. Os elementos figurativos simulam o movimento do ar que se percebe no planejamento colado ao corpo e no cabelo dos anjos e na folha arqueada da palma, as videiras são indício simbólico da paisagem natural e as contorções das colunas fazem o espaço girar sob o movimento do ar e da luz que cai do alto. A intenção de Bernini com tal ato é transformar o espaço interior em espaço atmosférico. Assim, as qualidades do exterior se realizam no interior e a cúpula de Michelângelo se firma como autêntico céu sobre nossas cabeças[24].

O mesmo princípio se aplica, embora em sentido inverso, na Piazza de San Pietro (1656-1667) (cf. Figuras 39 e 40 do caderno icono-gráfico) ao fazer da praça elíptica uma espécie de rebatimento da cúpula. Agora é o céu real que se coloca como a cobertura do amplo espaço da praça. Bernini dispõe a praça não na contiguidade da igreja, mas um pouco mais distanciada. À frente da fachada introduz uma es-pécie de adro, na sequência a praça surge delimitada por dois grandes braços de colunata em forma de elipse. A grande colunata visa tornar a praça um espaço permeável. Porém, uma vez nela contidos, só temos o céu a nos cobrir e a cúpula da catedral a nos indicar o centro do mundo católico. Em termos alegóricos o significado é claro, representando o acolhimento do catolicismo que com seus braços abertos recebe todos os fiéis do mundo. Porém, em termos plásticos essa estratégia de afas-tar a praça se deveu à intenção de Bernini de recolocar a cúpula como foco da perspectiva, tornando a fachada apenas um plano intermediário que marca a distância do *duomo*. O formato elíptico da planta amplia o horizonte, tanto para nos dar a impressão de que o espaço é maior do que suas efetiva métrica, como para prolongar a vista da cúpula.

O efeito pretendido pelo Barroco, portanto, é tornar os espaços maiores do que são, dando a impressão de que continuam indefinida-mente. É justamente por isso que nos tetos das igrejas, graças aos arti-fícios da arte da pintura, abrem-se céus povoados de figuras sagradas, anjos e personagens alegóricos a incitar o fiel de que tanto dele descem

---

24 A atuação de Bernini prosseguirá com a reforma da nave central (1647-1648) e com a Catedral de São Pedro (1656-1665).

bênçãos, quanto para ele se deve o devoto se voltar. Todos os recursos e estratégias visuais são acionados para provocar a sensação de algo que escapa ao seu alcance. É evidente a função alegórica da imagem, ao se colocar como "uma alegoria do processo da humanidade cristã rumo à salvação; é a mediação entre a terra e o céu, o lugar onde os fiéis se sentem transportados até Deus" (ARGAN, 2003: 217). Aqui se torna clara a relação que se estabelece entre a arte dos séculos XVI e XVII e a retórica[25]. A arte assume a forma de um discurso persuasivo.

Atuar sobre o ânimo, eis a função da imagem barroca, por isso, o artista se converte num especialista na dimensão subjetiva, em tudo aquilo que pode tocar, mobilizar, exprimir sentimentos e afetos. A arte pode assumir, portanto, forma exuberante, monumental, luxuriante, amplificada, diversificada, mas igualmente ser a expressão da regularidade, de ordenação, de uniformidade, tudo depende da finalidade ao qual o discurso deva atender.

Em Roma, como vimos, é a igreja o foco significativo. Em Paris, capital do Estado Francês, e, portanto, sede do governo secular, o foco é a Praça Real e o Palácio.

O principal exemplo da praça renascentista é a *Piazza della Signoria* de Florença, local para o qual todos os cidadãos se dirigiam. No modelo barroco, a praça é um mecanismo retórico desenhado com o fim específico de reforçar o poder vigente, ou seja, demonstrar o modo de relacionamento entre o soberano e seus súditos.

As novas praças de Paris – *Place des Vosges, Place Dauphine, Place des Victoire, Place Vendome* – têm origem e formação similar: uma rigorosa ordenação geométrica de elegantes residências, em cujo centro há um monumento escultórico com uma figura do soberano ou de alguma personagem histórica a dominar o entorno.

O arranjo que se torna dominante é a conjugação do tipo da praça aberta ou fechada e ruas irradiantes. Um mapa da Paris do século

---

25 A retomada do pensamento aristotélico na arte barroca se dá como superação da corrente neoplatônica, e se difunde graças principalmente à tradução de Annibal Caro, publicada, cf. Argan, em 1570.

XVIII (mas também poderia se em Londres, Turim, Roma) deixa claro que tal modelo foi aplicado por todo tecido urbano, conferindo uma unidade de traçado e de escala inéditos. As construções que emolduram a grande avenida surgem regularizadas e uniformes, como se preparassem aquele que a percorre para o momento notável que se dá na praça, onde se depara com o monumento.

Esse motivo do campo gravitacional – da estrela central ao redor da qual giram os planetas – implica, conforme Norberg-Schultz, a formulação barroca por excelência: a *ideia de sistema* (NORBERG--SCHULTZ, 1979). Assim, na figura do soberano e sua corte; na nova capital autônoma e suas municipalidades subservientes, no Estado e suas colônias, na sede do papado e suas dioceses, afirma-se a imagem de um centro irradiador para o qual tudo converge e se reafirma.

Contudo, o tecido histórico de Paris não oferecia grandes condições para as pretensões do rei Sol, não a ponto de configurar uma operação de reestruturação como em Roma. As intervenções alcançam resultado parcial, por isso, Luís XIV, que na ocasião também enfrentava revoltas populares, decide investir no subúrbio da cidade e logo decide transferir sua corte para a nova residência em Versalhes, cujo tamanho e extensão chega a rivalizar com a malha urbana de Paris.

Versalhes, cuja construção se estendeu por quase meio século (1661-1708) tinha por função não apenas abrigar o rei, a família real e seu gigantesco séquito, como também toda a corte e a administração governamental (ministros, funcionários e toda a burocracia de estado). Domina a paisagem o grande palácio em forma de um "U" imenso que se desenvolve horizontalmente, como se quisesse percorrer a superfície disponível. Pavilhões anexos abrigam hotéis particulares, o edifício da Assembleia, o Teatro Real, o Jardim Botânico e Jardim Zoológico, repartições do exército e da administração régia, e todo conjunto de agregados de serviços.

Em meio a extensos jardins geométricos até onde a vista alcança, o palácio real ocupa o centro das infinitas perspectivas, para onde todos os caminhos convergem, de onde todos os caminhos se iniciam.

348

O classicismo francês é a expressão visível do domínio da superfície, da natureza controlada, embelezada com verdes tapetes geométricos e fontes aquáticas mágicas. Ordem e regularidade dominam todo arranjo, tanto a austera fachada do palácio real como as fontes e jardins.

O domínio da extensão é a materialização sensível do Estado Absolutista, conformando a razão da autoridade do Estado de Hobbes (cf. SKINNER, 2010), da vontade do soberano que expande sua autoridade pelo território, justamente no período em que, filosoficamente, Descartes define que o campo da verdade diz respeito à autonomia da consciência. Nenhuma obra de arte compreendeu tão bem o jogo barroco do poder da autoridade e do pensamento livre como o quadro *Las meninas*, do pintor da corte espanhola Diego Velázquez (cf. Figura 41 do caderno iconográfico). Ao inverter as posições tradicionais entre o retratado e o espectador, entre o rei e seus súditos, Velázquez arma um jogo especular incessante, de troca de lugares, posições, pontos de vista, e nessa reflexividade sobre o eu e o outro, discute o tema da liberdade moderna da consciência, justamente num período de reafirmação da autoridade absoluta.

A cena é invertida na medida em que é o pintor que é flagrado em plena ação, no momento exato em que sai da tela e vislumbra o motivo. Vemos o maestro com sua paleta e pincel e o reverso do quadro com sua armação de madeira e fundo de tela. Ao seu lado a infanta Margarita e seu séquito, e por último, ao fundo, uma parede com quadros pendurados na parede e uma porta entreaberta, com uma figura que não sabemos ao certo se está adentrando o recinto ou se retirando. Ele é, na realidade, a chave da pintura, aquilo que aciona o movimento de entrada e saída do quadro.

Na parede do fundo, um dos quadros se diferencia por seu particular brilho que parece emergir de dentro, e por esta razão intriga. Na imagem meio ofuscada aparece um casal que lembra as feições do casal real. Aí, surgiu a interpretação, bastante razoável, de que se trataria de um espelho que refletiria a imagem daquilo que o pintor veria[26].

---

26 Cf. o texto clássico de Foucalt, *As palavras e as coisas: uma arqueologia das ciências humanas* (1987).

Velázquez era pintor da corte de um dos mais poderosos estados absolutistas do século XVII e, em sua produção, predomina retratos da família real e de nobres. Há vários retratos de Felipe IV, bem como da infanta Margarita, do príncipe Baltazar Carlos e da rainha Dona Mariana. Um dos mais impressionantes é o retrato equestre do conde Duque de Olivares, ministro e embaixador de Felipe II e um dos homêns mais poderosos da corte, cujo poder equivalia ao do Cardeal Richelieu da França. Olivares é representado montado num cavalo empinado, típico de retratos de monarcas, pose que refletiria o seu poder no Estado. O conde é retratado de costas apontando para o fundo da tela – uma paisagem em que se vislumbra um campo de batalha. Apesar de sua forma corporal opulenta, Velázquez consegue transmitir a autoridade e capacidade de liderança do nobre espanhol, sobretudo pela forma impositiva do retratado. O peso, a estaticidade, a imposição da vontade são determinantes, mas isso se deve aos méritos do pintor que consegue transmitir a sensação de presença como se fosse uma estátua equestre dominando o espaço ao redor. Velázquez tinha uma capacidade extraordinária de retratar a personalidade das figuras que pintava, vide o caráter distante e até certo ponto alienado de Felipe IV, em contraste com a emocionante dignidade conferida a personagens menores da corte, como os anões e os bufões, cuja humanidade é tocante.

Mas como demonstra *Las meninas* o mérito cabe à pintura que é capaz de traduzir pictoricamente nossa visão da realidade. E as telas do maestro, numa nítida demonstração de seus débitos para com a pintura veneziana, especialmente Ticiano, expõem como nunca o trabalho da pintura, as manchas coloridas e os toques da pincelada, que de perto parecem apenas borrões indistintos, mas, a certa distância, começam a ganhar nitidez e identificação. Velázquez não pinta a noção da realidade como no Renascimento – daí a força do desenho assegurada pela certeza da linha – mas apenas e tão somente o que vê. Lúcida e objetiva, a pintura de Velázquez, apesar de reconhecer como legítimo antecedente, reage ao transcendentalismo místico e angustiado de El Greco, para definir-se como prática reflexiva que promove o contínuo intercâmbio entre o eu e o mundo.

Com Velázquez o problema da pintura se torna a visualidade e a autoconsciência do sujeito moderno, que só pode ser evidenciada como consciência da pintura. Por esta afirmação da autonomia de seu fazer, que significa simultaneamente a liberação da visualidade como objeto de indagação, Velázquez se tornou referência para pintores modernos como Goya, Manet, Monet, Renoir e Picasso.

A título de comparação, outro admirável pintor – talvez o único a rivalizar em grandeza à arte de Velázquez, e que também faz do retrato o cerne de sua obra é Rembrandt van Rijn. Sua série de autorretratos é uma das expressões mais impressionantes do emergir da individualidade moderna (cf. Figura 42 do caderno iconográfico). À diferença com o pintor espanhol, cujos retratos faziam ressoar o poder da vontade e o controle de si, a valorização do indivíduo em Rembrandt ocorre por acumulação existencial ao longo de uma trajetória de vida. A passagem inexorável do tempo, dos momentos elevados, das fatalidades e declínios, não importa, ficam gravados no corpo e conferem densidade ao indivíduo. Daí, tal como apontou Georg Simmel, a extraordinária consistência plástica dessas figuras, mesmo assoladas pelo cansaço ou decadência, como nos últimos retratos do pintor. A luz dirigida para tais personagens faz ressoar sua individualidade, constituindo uma espécie de "aura" que os faz se destacar do fundo obscuro da realidade exterior. Contudo, a realidade social do pintor holandês diverge radicalmente da do maestro espanhol – a poderosa corte de um Estado católico. Nas repúblicas das províncias unidas, assumidamente protestantes, a arte tem um desenvolvimento laico. Os indivíduos e as situações valorizadas por Rembrandt não problematizam a tensão entre autoridade e livre-consciência, senão o sentido de existência do mundo da burguesia e seus valores – o comércio, a cultura e as ciências. É, enfim, a "aura do burguês" que os retratos existenciais de Rembrandt focalizam.

O espaço barroco: o choque da exterioridade e interioridade

A eclosão do urbano como o espaço da atuação artística implica a nova condição do sujeito. Não mais ocupando posição central e privilegiada, tal como acreditara o Humanismo renascentista, o sujeito social do Barroco encontra-se em permanente deslocamento. Sabe que sua atuação afeta o outro, mas é igualmente afetado por aquilo que lhe é exterior. Num cálculo constante entre o próximo e o distante, entre o objetivo e o ideal, entre o reduzido e o imenso, entre dedução e indução, tudo entra em jogo e é submetido ao campo de forças da experiência.

O mestre da tangibilidade é Caravaggio, cujo realismo é reconhecido. Porém, tal realismo não significa adesão ao naturalismo renascentista, senão contraposição crítica ao formalismo maneirista. Esta intencional oposição é a comprovação de que Caravaggio se insere num momento histórico distinto, pois anseia a superação do maneirismo. Os quadros do mestre provocam uma sensação de realidade inédita tal, que temos a impressão de habitar a cena, ou, o que dá no mesmo, a cena parece participar da nossa realidade. Porém, muito mais do que a extrema habilidade do pintor em transmitir uma sensação tátil da representação, há singularidades pictóricas que merecem uma consideração mais detida.

A sensação de instantaneidade deve-se, entre outras coisas, ao acentuado contraste entre luz e sombra. O luminismo em Caravaggio é intenso e concentrado, áreas que recebem incidência saltam para frente criando um efeito plástico impressionante, que ganha ainda mais ênfase pelo modo como o fundo mergulha em sombras intensas. Ou seja, a luz que banha corpos não se difunde pelo ambiente. Ao contrário, concentra-se e paralisa na parte selecionada. Pode-se dizer que, seguindo a lição de Michelângelo, Caravaggio é um mestre da composição anatômica, atribuindo função estrutural aos corpos plásticos. São eles que constroem a espacialidade do quadro, determinam tensões, dimensionamentos, ritmos, acelerações, inércias, tanto que os elementos que tradicionalmente definiriam a geometrização do espaço são reduzidos ao mínimo. São raros os detalhes da arquitetura ou de mobiliários, bem como de paisagens urbanas ou naturais, o característico são os fundos rasos e sumários que contrastam com a força das figuras em primeiro plano.

A unicidade e constância do foco de luz, a concentração de massas plásticas e a condensação espacial produzem uma espécie de congelamento da cena retratada. Não foram poucas as referências às "qualidades fotográficas" das telas tal a sensação de realidade que transmitem, resultado da habilidade inigualável do pintor com as texturas e detalhes anatômicos. Como quer demonstrar na *Incredulidade de São Tomé* (1601-1602) o pintor não esconde os fatos, mostra-os de modo direto na sua crueza, sem querer idealizá-las, criticá-las ou mesmo exacerbá-las, tão somente expô-las. Esta firme adesão ao que via se revela em seu método compositivo, montando minuciosamente a composição da cena e utilizando como modelos pessoas comuns em cenários reais, condição que lhe permitia não só evitar toda e qualquer forma de idealização como também ter controle absoluto do arranjo, sobretudo, do foco da luz. Tal obsessão pela realidade o fazia eleger figuras populares das ruas de Roma para encarnar personagens sacros, o que causou muita polêmica na época. Morbidez, crueldade, ignorância, erotismo, violência, sedução, horror, feiura, humor negro, tantas são as acusações contra esta arte que, contudo, choca por querer aproximar a arte da realidade quase até à indistinção. O fascinante é o modo como a pintura nos captura e mobiliza e, tal como o pintor que não conseguia não olhar para outra coisa que para seus modelos, do mesmo modo não conseguimos desviar o olhar da cena da qual nos sentimos participantes.

A Conversão de São Paulo (1601) (cf. Figura 43 do caderno iconográfico) e a *Crucificação de São Pedro* (1601), ambos painéis pintados na Igreja Santa Maria del Popolo mais uma vez demonstram que Caravaggio tinha em mente Michelângelo, que nas décadas de 1540 pinta as mesmas cenas na Capela Paulina, logo após a conclusão do grande *Juízo final* na Capela Sistina. As pinturas representam dois momentos dramáticos daqueles que são considerados os pais fundadores da Igreja e momentos opostos: conversão e crucificação. Caravaggio nelas se inspira, mas produz uma espécie de recorte, como se fosse um *close* concentrando na queda de Paulo, no instante da aparição milagrosa e no levantamento da cruz após a crucificação. O horizonte, a paisagem, os personagens secundários, tudo é eliminado e só resta o foco na ação, em contraposição ao fundo escuro. Na conversão de Paulo, entre a anca agigantada do cavalo e o soldado caído abre-se um vazio formado pelos braços elevados e as pernas do animal. É esse vão o centro de gravidade da cena, para onde o olhar adentra percebendo os detalhes anatômicos de pernas, braços, patas e cascos. Nada disso, porém, estaria à vista não fosse o foco de luz que cai verticalmente sobre o soldado romano, devidamente após ser intensificado pelas manchas brancas do corpo do animal. Já a crucificação de Pedro é montada como se fosse uma máquina física, de tensões entre peso e contrapeso no ato de levantar a cruz e o crucificado em posição invertida. A composição é organizada por isso como tensões entre linhas diagonais que representam as forças contrárias e os corpos são apenas funções como apoio, alavanca e empuxo. À figura sagrada de Pedro, banhada por uma luz que ressalta o corpo alvo e os sinais da velhice e de sofrimento, não resta outra função a não ser de inerte resignação, nada mais que peso a ser deslocado. Esta atenção ao fato em si é o que nos arrasta e nos captura no puro instante trágico, um trágico, como afirma Argan (1997: 199), sem explicação anterior ou consequências e desdobramentos. A pintura de Caravaggio é puro desdém para com a exemplaridade do passado e, portanto, da história como fonte de conhecimento moral. Do mesmo modo, recusa-se a derivar para a imaginação verossímil, como via para superação da dúvida acerca da salvação introduzida pela Reforma Protestante. Estratégia de persuasão adotada pela igreja católica, ao apostar na produção de imagens e ao incitamento da imaginação, como faculdade capaz de fazer ver a possível salvação.

O realismo de Caravaggio é trágico porque opera uma espécie de equiparação entre seres e coisas, e não nos esqueçamos de que o pintor é um dos primeiros artistas a elevar a então menosprezada "natureza-morta" à condição de declaração existencial plena. Na *Canastra de frutas* (1595) vemos todo o ciclo da vida passando: das folhas que começam a abrir, ganham viço e brilho e frutas que amadurecem para logo em seguida serem atacadas por vermes e começar a murchar até secarem. Vida e morte constituem uma dialética constante na arte de Caravaggio e tal dilema nada mais revela que as profundas inquietações espirituais do período das reformas.

Parece estranho começar por Caravaggio as considerações sobre a cultura plástica do Barroco, quase sempre associada aos efeitos monumentais e à retórica grandiloquente e luxuosa, qualidades antitéticas ao rigor realista do pintor lombardo. Mas, a fixação na realidade é face complementar da cultura barroca, e se semelhante adesão à realidade se verifica nas observações científicas de Galileu e demais investigadores, no desenvolvimento produtivo e mercantil da burguesia em ascensão e nas orientações políticas das monarquias absolutistas.

Na arte barroca esse trânsito entre o real e o imaginário é constitutivo. Não há como viabilizar o voo da imaginação sem começar na concretude dos fatos. Se não o fosse, a imaginação se tornaria pura fantasia quimérica, sem qualquer compromisso com a realidade. Já demonstrara Aristóteles na *Poética* que a ordem do verossímil, isto é, do possível implica o fundamento da história: só podemos crer numa distinta possibilidade da realidade se ela se mostra viável, ou seja, comparada com a situação real o movimento rumo ao futuro imaginado se mostra exatamente verossímil.

Segundo o crítico e teórico Giovanni Bellori (1613-1696), biógrafo de vários artistas italianos do Barroco, o grande rival de Caravaggio fora Annibale Carraci. Natural da Bolonha, Annibale ao lado de seu irmão Agostino e seu primo Ludovico realizaram grandes empreendimentos para a Igreja, sendo um dos mais notáveis a decoração do Palácio Farnese, por encomenda do Cardeal Odoardo Farnese. Os Caracci realizaram duas séries de afrescos, um tem por tema "Os amores dos deuses" – tema mitológico contendo histórias de Baco, Ariadne, Diana, ciclopes; o segundo representa "Hércules", na sala *Camerino* que continha a famosa estátua do herói, conhecida como "Hércules Farnese". São reconhecidas as influências de Michelângelo nos afrescos do palácio, não apenas por se darem na abóboda da sala mas pela integração com a arquitetura (não sabemos o que é arquitetura pintada e o que é a real) e compositivamente no desenvolvimento do desenho e do cromatismo suave e claro. O resgate de temáticas mitológicas chama a atenção, sobretudo, em se tratando da residência de um religioso, por isso mesmo pode-se dizer que se trata de resgate do classicismo, depois das contestações do período da Contrarreforma. E mitologia significa abertura temporal à dimensão da Antiguidade e uma renovação das poéticas naturalistas, da recuperação da natureza como ordem do criado e dos antigos como intérpretes exemplares, o que reinstaura a história como exemplaridade.

Os afrescos do Palácio Farnese estão na origem da vultuosa decoração barroca que posteriormente encontrará campo de desdobramentos nas obras de Pietro Cortona, Andrea Pozzo e Giovanni Battista Gauli (como veremos mais a frente).

Não obstante, o monumentalismo barroco, podemos dizer, não se resume meramente em ser expressão do poder ideológico da Igreja ou do Estado-nação, como também, resulta da preocupação artística de liberar a faculdade da imaginação, única capaz de possibilitar a visão de horizontes alargados temporal e espacialmente. Se os afrescos do palácio são indício do estilo monumental, Carracci também demonstra atenção ao pormenor e ao particular, como em *Açougue* (1585) ou em *Homem comendo feijão* (1580-90), ambas de um realismo quase moderno tal a detenção apenas na cena vista, sem qualquer idealização ou encanto pitoresco. De fato, Annibale Carracci foi um pintor de temas variados, indo de cenas religiosas, retratos, temas mitológicos e cenas de cotidiano.

A arte dos Carraci efetua uma verdadeira síntese das duas grandes tradições renascentistas, florentinas e romanas pelo domínio do desenho e da estrutura perspectiva e veneziana pelo colorido vivaz, complementada pela sensibilidade pela pintura flamenga atenta aos lugares e fatos. Uma obra que demonstra tal síntese é *Nossa Senhora aparece para São Lucas e Santa Catarina* (1592). O tema é o da conversão mediante a aparição miraculosa, um dos motivos mais enaltecidos no século XVII por razões óbvias: o incentivo à uma vida religiosa e a exaltação da figura do santo. O quadro é dividido em duas áreas, acima a Virgem no trono com o menino e sua comitiva de santos e anjos, abaixo São Lucas e Santa Catarina. Ao centro o horizonte se abre para a paisagem com uma modesta habitação ao fundo. Na parte baixa, alguns objetos indicam e reforçam a identidade dos personagens: a pena e o pincel referem-se ao evangelho e a lenda de que Lucas teria retratado Maria; a roda remete ao instrumento de tortura ao qual foi submetida Catarina, condenada pelo imperador romano Maximiano Daia.

Tipologicamente, a composição deriva da *Madona Sistina – Virgem, Santo Sixto II e Santa Bárbara* (1513-1514) de Rafael, mas Carracci atualiza o mestre pelo acréscimo de calor colorístico. Já a divisão em seção alta e baixa lembra o *Enterro do Conde de Orgaz* (1586-1588) de El Greco.

Os escorços dos santos são amplos e indicativos de um movimento e direção: solicitam a atenção do espectador a participar do quadro, como se fosse um convite a adentrar e participar da comunhão. Por isso é tão importante começar pela concretude de objetos abaixo e o leve, mas seguro toque da cor para dar sentimento ao acontecimento, sem o qual o fiel não seria seduzido a mover-se para a cena.

O movimento do real ao imaginado é a passagem fundamental da retórica barroca e marca uma diferença do dogmatismo didático das imagens da arte a serviço dos ideais da contrarreforma. O Barroco supõe a persuasão, isto é, uma mobilização que precisa do consentimento do sujeito, daí ser uma via de mão dupla, diferente da instrumentalização da arte pela igreja, cuja ação é unidirecional, indo do alto ao baixo.

Contudo é na arquitetura da igreja que o mecanismo barroco da persuasão encontrará sua mais completa realização, na medida em que seu empreendimento implica uma conjunção de ofícios, invocando os mais habilitados mestres artesãos e se pondo portanto como um campo efetivo de integração entre as artes na busca de uma expressão unificada – o grande estilo. Embora seja na ópera barroca a fonte da ideia da obra de arte total, pode-se licitamente reivindicar o espaço da igreja também como *summa* artística, até mesmo pela identificação entre o ritual religioso e a cena teatral. A partir da reformulação imposta pelo Concílio de Trento, a missa se torna um espetáculo cênico: a gestualidade calculada do sacerdote durante a celebração, a retórica rica em imagens no sermão, a indumentária programada, as orações cantadas que colorem o rito, a divisão palco-plateia que organiza o espaço da igreja e o circuito de entradas e saídas – o sacerdote tem na sacristia o seu camarim localizado ao fundo da nave, os fiéis adentram pelo pórtico rumo ao altar-mor, antecipado estrategicamente pelo arco cruzeiro encimado pela cúpula monumental. Mas esta vistosa encanação merece um teatro grandioso: a decoração cênica cobre o todo o interior do templo, não ficando restrito apenas ao palco; assim imagens de santos e anjos ocupam os 4 cantos do espaço, quadros povoam altares e pilastras, ornato ramificam-se pela superfícies, colunas marcam o ritmo de cheios e vazios, poderosas arquitraves que assinalam o limite entre muros e coberturas, abóbodas altíssimas protegem o vão coberto por afrescos deslumbrantes, mármores de cores impensáveis recobrem pisos e paredes, enfim, todas as artes são invocadas para realizar a "casa de Deus".

Uma das primeiras edificações construídas segundo o novo tipo, como vimos, foi a igreja de *Gesu* de Roma iniciado por Vignola em 1568 (cf. Ilustração 2 do caderno iconográfico) e completado por Giacomo della Porta em 1580. A planta central que havia orientado a arquitetura renascentista até seu ápice – a Catedral de São Pedro – cede lugar à planta longitudinal, com nave profunda, capelas laterais e capela mor, de modo a atender as novas diretrizes contrarreformistas de fazer das cerimonias religiosas um culto coletivo. Além disso, o tipo longitudinal acentua os efeitos de perspectiva na medida em que direciona o olhar do fiel para o centro visual – o altar-mor – reforçando assim a hierarquia simbólica entre o imanente e o transcendente.

O espaço se amplifica significativamente não só pela profundidade distendida, como pela altura elevada da nave principal, encimada por uma grande abóboda de berço. Como vimos, há um forte investimento ornamental, procurando particularizar e valorizar cada parte ou elemento do conjunto arquitetônico. A fachada maneirista da *Gesu* se agiganta e se torna uma massa compacta consequência da condensação dos elementos arquitetônicos. Observe-se como num só lance as grandes volutas unificam as duas ordens e o frontão, tornando tudo um mesmo plano, veja-se como as colunas do pórtico de entrada colam-se à parede quase se confundindo com as pilastras laterais, note-se no eixo do pórtico de acesso marcando a divisão das ordens, o frontão triangular inserido num semicircular. Estes desenvolvimentos em superfície visam aumentar o impacto monumental da fachada para a cidade, artifício que caracterizará as igrejas barrocas do período.

Mas se na esfera urbana busca-se o impacto monumental, no interior o efeito é o do maravilhamento, e uma das invenções mais espetaculares da arte barroca se realiza: a fuga perspectiva do teto.

Seguindo a trilha aberta por Carracci, Giovanni Battista Gauli pinta em *Gesu*, o *Triunfo do Nome de Jesus* (1674) (cf. Figura 44 do caderno iconográfico), um painel central imenso, que domina o teto da nave principal. O céu se abre para o interior da igreja inundando de luminosidade celeste o espaço abaixo, o foco da luz divina é um anagrama IHS, que significa o nome de Jesus, e como origem da luz é quase imperceptível, pois o branco das letras se confunde com o centro luminoso mais intenso. Daí partem raios que ofuscam a multidão de personagens celestes que das nuvens invadem o interior da igreja. Literalmente saindo da moldura tais personagens vistos em escorço se protegem da luz irradiante e quanto mais próximos mais nítidos se tornam, em contraposição aos puros seres de luz – o círculo de anjos – acima. Diante dessa aparição miraculosa, até mesmo os anjos escultóricos que povoam o teto e o espaço das altas aberturas reagem e se protegem. Igualmente, os ornatos dourados dos frisos, painéis e relevos do teto brilham refletindo a luz que corre pelas arquitraves e pilastras até alcançar o piso da igreja.

Não importa – seres, elementos e estruturas – todos que se encontram sob essa "luz" encontram-se mobilizados e a intenção é justamente essa: produzir uma experiência que nos faça crer que tal milagre ocorre diante de nossos olhos. Não faz diferença que, como mortais, estejamos presos ao chão, tudo se passa como se o céu se abrisse e nos abençoasse, importa que estejamos convencidos de que essa é a via da salvação.

Mas tudo não passa de um engenhoso artifício dessa máquina perspectiva que nos conduz sem traumas ou descontinuidades do real para o imaginado. A pintura nos faz esquecer do fato empírico de nossa prisão do corpo, do fato físico da cobertura, mais, ela extrapola sua moldura e invade o espaço da arquitetura, com a cumplicidade da escultura. De fato, o artista invoca todas as técnicas disponíveis, simula arquitetura e a escultura pela pintura, produz ornatos arquitetônicos em apoio ao afresco, e sobretudo dá a ilusão de um espaço em fuga vertical numa superfície curva, já que se trata de uma pintura numa abóboda. Na verdade, a moldura é ilusória, pois a pintura não está contida por ela, já que não sabemos ao certo quando é real ou quando não passa de moldura pintada.

Esta exaltação miraculosa não se restringe ao espaço sagrado do templo religioso. No Palácio Barberini, Pietro Cortona executa o grandioso *Alegoria da Divina Providencia e o poder dos Barberinis* (1633-1639) exaltando o clã utilizando estratégia similar: o poder dos céus se abre para abençoar o servo fiel, mas enquanto Gauli invoca o poder do signo, Cortona se serve do símbolo que identifica o clã, no caso a figura das abelhas e a coroa de louros. Contudo o artista mais abnegado a tirar partido dessa perspectiva de teto foi o padre Andrea Pozzo. Na Igreja de Santo Ignácio, sede da Ordem Jesuítica, Pozzo realizou a *Alegoria do trabalho missionário jesuítico* (1691-1694) demonstrando um domínio técnico inexcedível na articulação sintética entre pintura e escultura.

No campo da escultura, Bernini – o maior escultor barroco e mestre do ilusionismo – aciona as diversas técnicas que dispõe para criar acontecimentos escultóricos miraculosos. Na Capela Cornaro da Igreja Santa Maria della Vittoria, Bernini realiza uma de suas mais célebres obras – *Êxtase de Santa Teresa* (1647) (cf. Figura 45 do caderno iconográfico) – revelando uma interpretação singularíssima desse momento limite que é a morte da santa. O tema místico do êxtase ganha um tratamento sensual, quase erótico. O gozo espiritual carregaria essa ambiguidade entre ascetismo e sentimentalidade, tanto que o anjo é *Eros* o que reforçaria a associação com o conhecido tema neoplatônico do amor como força que leva a Deus. Bernini mantém a ideia do retábulo como portal de passagem atuando como se fosse um autêntico diretor de cena procurando tirar partido dos personagens, gestos e cenografia. O efeito atordoante é a espécie de frêmito que atinge a matéria plástica – carne e pedra – exaurindo qualquer rigidez e inércia das superfícies, tornando-as maleáveis e vivas. Não só a expressão fisionômica de gozo da santa e o olhar malicioso do anjo prestes a fincar a flecha, também cabelos e sobretudo planejamentos – o da santa ondula e recebe uma consistência láctea, o do anjo mais colado ao corpo sobe como se fosse uma chama nervosa. Os dois realizam uma espécie de metamorfose, da matéria informe abaixo para o liso e acabado mármore alvo, da matéria transformada em forma-chama para a pura luz. E de fato, é a luz o agente a provocar essa pulsação generalizada, tanto que o escultor multiplica o quanto pode o movimento da luz, que penetra do alto (vemos apenas o efeito, não a fonte irradiante), ganha impulso com os raios dourados de metal ao fundo e ressoa nas superfícies alvas dos corpos e vestimentas até se amortecer na base amorfa. Esta, aliás, é uma dos artifícios mais geniais realizados por um escultor, pois ele consegue trabalhando a matéria sólida produzir o efeito oposto, um composto insólito: a forma da nuvem.

Podemos formar uma genealogia tendo como ponto de partida o sublime de Michelângelo seguindo em linha com os Carracci, Bernini, Cortona e Pozzo, definindo o que podemos denominar do Barroco oficial, ligado às representações do catolicismo romano. O monumentalismo barroco se manifesta na exterioridade da forma grandiloquente.

Outra genealogia, contudo, pode ser constituída. O ponto de partida é, como não poderia deixar de ser, o genial Michelângelo e prossegue com as poéticas atormentadas de Caravaggio e Borromini.

Distintamente da interpretação de Bernini, os dois artistas tomam o sublime michelangesco como signo de tensão interior, tudo se resolve na interioridade da forma. Como vimos anteriormente, o drama de Caravaggio era sobretudo moral, reduzindo tudo o que considerava acessório e dispensável para se ater ao sentido do drama do presente. Esquemas convencionais da Antiguidade são recusados, assim como a imaginação que vislumbra futuros possíveis, para se fixar duramente no fato presente de modo a suscitar uma reflexão ética. Já o drama de Borromini é exclusivamente espiritual e se resolve num atormentado fazer. Se Bernini faz uso de todas as técnicas disponíveis, Borromini opera somente no âmbito da arquitetura e do ornamento. Giulio Carlo Argan ressalta que o arquiteto se serve de materiais convencionais como o tijolo, o reboco e o estuque. A matéria humilde se transforma em forma pela ação inspirada do arquiteto fazendo do baixo o alto, aí se vê como o ascetismo de Michelângelo fundamenta a prática de Borromini.

A rivalidade com Bernini era mais do que disputa de egos. Se Bernini é o artista preferido da Cúria e Borromini das pequenas ordens religiosas, isto apenas confirma o contraste de gosto entre os dois. O primeiro opera a partir da tradição, acolhe o vocabulário clássico sem reservas, aceita a regra, não contraria o preceito das ordens arquitetônicas, tanto que faz uso de elementos convencionais como colunas, arquitraves, bases, frontões: a invenção é expandir os horizontes da arquitetura fazendo-a ressoar infinitamente na atmosfera natural. O segundo busca intencionalmente a torção da regra, numa atitude de confronto com a tradição clássica, daí a crítica ácida dos teóricos do neoclássico, especialmente Milizia e Quatremere de Quincy que o acusavam de desdém pelo clássico, sendo sua arquitetura apenas a exibição do bizarro e do fantasioso.

A ação de Borromini investe em afinidades inesperadas ou desconexões abruptas entre componentes da construção que segunda a regra clássica deveriam manter sua unicidade individual, conforme indicado no tratado da arquitetura de Leon Battista Alberti, que fundamentalmente defende a harmonia e o equilíbrio entre a parte e do todo. Na arquitetura de Borromini, estruturas que deveriam cumprir função estática ou aqueles que teriam função ornamental se confundem e por vezes se contradizem, perfazendo um trânsito indistinguível entre elementos portantes e elementos decorativos, como ocorre, por exemplo, no Colégio Propaganda Fide.

Para este colégio jesuíta e sede da congregação para propagação da fé, Borromini foi contratado para reformar a fachada, mas sem dúvida é no interior que se encontra sua grande realização: a Capela dos Reis Magos (1646). Nesta sala longitudinal de cantos curvos, 12 pilares contundentes marcam o ritmo de cheios e vazios e produzem um arranque do espaço para o alto, após vencerem duas linhas de arquitraves, continuam sua trajetória pelo teto abobadado como faixas nervuradas, mas ao contrário do que se poderia esperar, sem convergir para o centro ou estabelecer um desenvolvimento transversal como ocorre em traves de apoio, percorrem uma trajetória oblíqua inesperada, partindo dos quatro pilares do plano curvo menor em movimento paralelo, dois a dois, em sentidos divergentes. O mesmo ocorre no plano oposto e no encontro compõe um losango maior cujo centro é preenchido com uma representação do "Espirito Santo". Nas altas janelas, abertas nos intervalos, a moldura multiplicada do arco estabelece uma onda rítmica específica ao longo do perímetro contínuo dado pela arquitrave. Somada a uma gama variada de ordens específicas (cf., p. ex., a posição deslocada do capitel fora do alinhamento instituído pela primeira arquitrave ou os nichos acima das portadas), entrar neste espaço é experimentar uma mobilização continua de ordens simultâneas, num jogo tenso e nervoso de uma harmonia inesperada e desconcertante.

Enquanto no Colégio Propaganda Fide o trabalho maior se concentrou na fachada e no interior, naquela que é a mais celebrada obra do mestre – a San Carlo alle Quattro Fontane – a realização é total, o sentido de integração completo. Trata-se do primeiro trabalho autoral integral do arquiteto e curiosamente, é curiosamente marca o último encargo quando voltou para completar a fachada da igreja (cf. Figuras 46 e 47 do caderno iconográfico). Como se tratava de uma ordem

pequena, a obra passou por muitas vezes por interrupções e descontinuidades por conta de limitações financeiras, o início da construção se
deu por volta de 1638, mas a finalização em 1668.

Situado na esquina de um das rotas de peregrinação abertas (como
vimos acima) em 1589 pelo plano de Domenico Fontana por ordem de
Sixto V, a pequena igreja é dedicada a São Carlos Borromeu, um dos
mais importantes religiosos na luta contra o protestantismo. A reforma de Roma teve por objetivo conectar as mais importantes basílicas
do catolicismo e o cruzamento das quatro fontes, sem dúvida, é um
local de imenso valor simbólico e urbanístico. A situação de esquina,
em princípio outorgaria uma visibilidade maior ao edifício, porém a
necessidade de respeitar a posição das fontes forçou a introdução de
um terceiro plano de canto, chanfrando a esquina e consequentemente
afastando a fachada do cruzamento. E como se tratasse de uma estreita
via, havia pouco espaço à frente e o sentido do maior fluxo era paralelo
ao plano da fachada. A solução para esta ganhar evidência foi concebê-la como um plano em escorço, ou seja, desenvolvida com forte
acento plástico para ser percebida com ponto de vista diagonal por um
observador em movimento.

Seguindo as sugestões da planta, a fachada ondula em sequência
alternada de duas curvas convexas e uma côncava. As divisões verticais são enfaticamente marcadas por poderosas colunas palladianas,
repetindo o motivo do interior da nave. Uma série de movimentos
se alternam entre cheios e vazios, saliências e reentrâncias, luz e sombras como se o todo estivesse pulsando. O plano côncavo assinala o
pórtico de acesso, tendo logo acima da portada o nicho que abriga a
estátua de São Carlos Borromeu, protegido por um singular detalhe
decorativo, uma moldura formada pelo entrelaçamento de asas de dois
serafins. Nos tramos laterais, outros dois nichos com figuras santas
completam o arranjo da primeira ordem. Na superior, seguindo a pru-
mada da seção central, nova contraposição se forma entre o volume
cilíndrico da varanda contra os dois nichos negativos ao lado. Acima,
fechando a composição, uma estranha combinação de formas mistilí-

neas, com arquitraves em curvas incisivas interrompidas por um óculum com fundo escavado e vazio, apoiado por dois anjos e coroado por um frontão altamente estilizado. No todo, a fachada parece modelada em cada detalhe para se alcançar máximo desenvolvimento plástico e assim fazer reagir e avivar as superfícies pelo toque da luz e o seu oposto, as sombras.

O terreno era bastante exíguo para o programa proposto e de fato, a igreja é reduzidíssima tendo ao lado um pequeno claustro. Os dois setores se inserem longitudinalmente, mas cada qual de modo distinto, Na seção estreita da nave , Borromini ao invés de liberá-la em favor da limpidez, preenche-a de multiplicidade e movimento. A planta é resultante de uma complexa e intrigante ação combinatória de formas geométricas, mas que a rigor, ao experimentá-la tentando fenomenologicamente apreender a configuração do espaço fica difícil identificar uma figura de base. Reconstituí-la é tentar se aproximar do método de projeto do arquiteto. É possível decompor analiticamente a planta e tentar voltar ao ponto de origem. Esta é tendencialmente elíptica, mas seu perímetro volteia e ondula ininterruptamente. Segmentos de círculos parecem definir o acesso, as capelas laterais e os altares, mas a região central tende para o oval.

Na construção de uma elipse devem-se combinar necessariamente algumas figuras geométricas para daí extrair segmentos que se articulam com precisão, mas os pontos de articulação da planta que estabelecem eixos longitudinais, transversais e diagonais denotam que além do desenho de círculos entra no processo duplas de triângulos em sentido transversal e em posição reversa, em sentido longitudinal unidos pela base, a primeira combinação triangular tende para uma estrela, a segunda para um losango dentro do qual habitam os dois círculos (dois centros) que determinam a elipse. Mesmo assim essa decomposição analítica não é suficiente para compreender o desenho final, cujo perímetro da planta parece fazer, como vimos, o contorno elíptico ondular continuamente. Borromini não cultiva nenhum apreço especial por figuras geométricas ideais derivadas do platonismo ou por proporcionalidades estáveis que servem de fundamento às ordens arquitetônicas clássicas e ao princípio da perspectiva *artificialis*. A predominância de motivos formais como a curva e os planos rasantes não denotam apenas uma preferência estilística, para muitos como os teóricos neoclássicos, sintoma de deformação e bizarrice, mas sobretudo atitude crítica para com a tradição e recusa polêmica ao naturalismo clássico.

Comparando-se o mesmo tema estilístico – a elipse – nos dois grandes rivais, vemos como tanto no uso como no sentido as concepções divergem e mesmo se contrapõem. Bernini adota a forma elíptica em sentido transversal na Piazza de San Pietro e na Igreja San Andrea del Valle (situada na mesma via), assim expande o espaço e o torna mais envolvente; Borromini em San Carlo adota-a em sentido longitudinal, visando efeito oposto, ou seja, a contração do espaço. No pequeno claustro a sensação é a mesma, pois ao invés de significar uma respiração rumo ao espaço atmosférico, ele se contrai sobre si mesmo, consequência da multiplicação das colunas e pelo chanfrado dos ângulos que estreita a perspectiva, produzindo um efeito similar à da planta da igreja. Fica patente como as invenções arquitetônicas de Borromini provocam o efeito de recessão perspectiva, inviabilizando a ideia de intersecção do plano de projeção, e portanto, da concepção de um espaço constante e homogêneo no qual as partições seguiriam as guias de coordenadas geométricas de base ortogonal gerando uma cubificação estática do espaço. O espaço de Borromini pressupõe um sujeito descentrado e sempre em movimento, logo, incapaz de vislumbrar a ordem universal por trás das aparências enganosas.

Não só as astúcias da planta, também a introdução de elementos de dimensões que contrariam a regra, como as poderosas colunas em ordem única claramente desproporcionais ao restrito espaço da nave de San Carlo, acentuam a presença plástica de corpos salientes contra o vazio espacial.

Borromini praticamente esculpe o espaço, cortando-o com linhas, saliências, ressaltos e elementos decorativos sobrepostos, tanto que procura multiplicar frisos e faixas de contorno de arcos e cornijas, preencher os caixotões das cúpulas com figuras em relevo como flores, conchas e motivos flamejantes, esculpir cenas nos medalhões, e adicionar em qualquer superfície disponível obsessivos motivos decorativos.

O espaço avança e recua continuamente, trepida pelas superfícies ornamentadas, aprofunda-se nos nichos e capelas secundárias, escorrega nos fustes das colunas, sobe e gira pelas superfícies curvas até alcançar os capiteis que apoiam o entablamento ondulante, onde a velocidade da rítmica espacial acelera. Nesse ponto ocorre a transição para a cúpula mais espetacular da arquitetura barroca.

A rigor não se poderia falar de uma cúpula, senão da interpenetração de várias, contrariando a tradição da forma unitária e circular que viria a se impor a partir de Bruneleschi. Na vista em corte longitudinal é possível ver como esta conjunção de cascas envolve de um só golpe a totalidade do perímetro da nave e em movimento ascensional de segmentos de curvas que vão se fechando até se concluir na lanterna. Tudo começa com os 4 planos côncavos que encimam a extremidades dos eixos onde estão os nichos dos altares e formam volumes espaciais semiesféricos que com seus arcos delimitam a zona central, onde se insere a casca em forma oval em cujo centro está a abertura de luz da lanterna (outras aberturas se encontram nas laterais da casca). Neste plano flutuante, Borromini introduz uma série de figuras geométricas em caixotão – octógonos, hexágonos e a cruz grega – demonstrando absoluto controle sobre geometrias complexas, na medida em que com precisão técnica inigualável insere figuras retilíneas numa superfície encurvada para que a luz reverbere, paire e gradativamente se dissipe pelo espaço abaixo da nave. Visando ganhar o máximo de unidade espacial, Borromini abole parte da estrutura que compunha o sistema portante de cúpulas em grandes vãos como no caso da referida igreja de Santa Maria dei Fiori, refiro-me ao tambor que servia para transmissão do imenso peso da cobertura para os pilares e muros da nave. Em San Carlo, o sistema das cúpulas apoia-se diretamente sobre entablamento que as transmite diretamente para as colunas. Obviamente esta passagem direta se torna mais fácil, do ponto de vista técnico, em igrejas de pequeno porte[27].

Neste teto, portanto, nada de pinturas ilusionistas a simular céus se abrindo, tão somente à arquitetura e à ornamentação cabe realizar a conversão espiritual e toda demonstração de habilidade e virtuosismo técnico é demonstração de uma *práxis* inspirada. A espiritualidade de Borromini é tensão interior, processualidade ininterrupta, por isso em seu fazer não há como isolar o momento do desenho como o protagonista, e a construção não é mera realização mecânica da ideia. Ao contrário, desenho e construção encontram-se em intercâmbio ininterrupto por isso não podemos circunscrever uma forma construtiva isolada, uma figura geométrica íntegra orientando a planta, ou separar o ornato da estrutura tal a incomensurável quantidade de mutações produzidas e de articulações deflagradas, como se o desenho continuasse na construção, ou a construção esperasse pelo novo desenho para efetuar nova e inesperada técnica.

Esta busca ansiosa por novos métodos de desenho e construção explicitadas em inúmeras e variadas estratégias – as interpenetrações espaciais, as articulações truncadas, as transições bruscas, as composições mistilíneas (frontões, cornijas, molduras, pilastras, capiteis etc.), as continuidades ensejadas pelas formas e planos curvos, os perfis cortantes – constituem uma singularíssima obra que procura dar a cada elemento particular um lugar exclusivo num empenho máximo de síntese e unidade. Ao contrário de buscar reverberações expansivas da arquitetura no espaço atmosférico, os espaços de Borromini são condensados e contraídos, revolvendo-se freneticamente para dentro de si mesmos. Passando de um motivo ao outro, numa rítmica frenética e envolvente, os espaços vão se determinando à medida que os experimentamos e é justamente esse sentido de autoenvolvimento da forma faz com que, de maneira similar ao de Velazquez, muitos vejam

---

27 Em San Andrea dell Vale, Bernini também adota esta solução, mas como é de seu feitio, adota uma cúpula elíptica unitária. A exceção extraordinária e referência insuperável é o Panteon, cuja cúpula semiesférica cobre um vão imenso.

em Borromini e no Barroco a origem do conceito de espaço moderno. À arquitetura não caberia mais a tarefa de representar a estrutura universal do espaço, a ordem essencial do criado, antes se converte em espaço em ato, espaço que vai se formando pela experiência, por isso dependente da percepção de um sujeito em deslocamento.

Referências

ALBERTI, L.B. *Da arte de construir* – Tratado de arquitetura e urbanismo. São Paulo: Hedra, 2012.

_____. *Da pintura.* 2. ed. Campinas: Unicamp, 1992.

ALIGHIERI, D. *A divina comédia.* São Paulo: Atena, 1955.

ANDERSON, P. *Linhagens do Estado absolutista.* São Paulo: Brasiliense, 1983.

ARENDT, H. *Da revolução.* São Paulo: Ática, 1988.

_____. *A condição humana.* Rio de Janeiro: Forense, 1982.

ARGAN, G.C. *Imagem e persuasão – Ensaios sobre o Barroco.* São Paulo: Cia. das Letras, 2004.

_____. *História da arte italiana.* 3 vols. São Paulo: Cosac & Naify, 2003.

_____. *Clássico anticlássico.* São Paulo: Cia. das Letras, 1999.

_____. *História da arte como história da cidade.* São Paulo: Martins Fontes, 1993.

_____. *The Renaissance City.* Nova York: George Brazilier, 1989.

_____. *Renascimiento y Barroco.* Vols. I e II. Madri: Akal, 1987.

_____. *L'Âge de baroque.* Genebra: Scrika, 1983.

ARIÉS, P. & DUBY, G. (orgs.). *História da vida privada.* São Paulo: Cia. das Letras, 1991.

ASTHON, T.S. *A Revolução Industrial.* Lisboa: Europa-América, 1973.

BAKTHIN, M. *A cultura popular na Idade Média e no Renascimento*. São Paulo: Hucitec, 1981.

BALESTERO, M. *La revolucion del espírito:* tres pensamientos de libertad. México: Siglo XXI, 1972.

BARBOZA FILHO, R. *Tradição e artifício*: iberismo e Barroco na formação americana. Belo Horizonte: UFMG, 2000.

BARON, H. *The Crisis Of Early Italian Renaissance:* Civic Humanism And Republican Liberty In An Age Of Classicism And Tyranny. Nova York: Princeton University Press, 1966.

BARRETO, L.F. *Caminhos do saber no Renascimento Português* – Estudos de história e teoria da cultura. Lisboa: Imprensa Nac./Casa da Moeda, 1986.

BAUDELAIRE, C. *Sobre a Modernidade*. São Paulo: Paz e Terra, 1996.

BAXANDALL, M. *O olhar renascente* – Pintura e experiência social na Itália da Renascença. Rio de Janeiro: Paz e Terra, 1991.

BECHERRUCCI, L. et al. *The Complet Work of Rafael.* Nova York: Harrison House, [s.d.].

BENJAMIN, W. *O drama Barroco alemão*. São Paulo: Brasiliense, 1982.

BESNARD, P. *Protestantisme et capitalisme*. Paris: Armand Colin, 1970.

BIGNOTTO, N. *Origens do republicanismo moderno*. Belo Horizonte: UFMG, 2001.

BLUNT, A. *Teoria artística na Itália:* 1450-1600. São Paulo: Cosac & Naify, 2001.

_____. *Borromini.* Cambridge, Mass.: Harvard University Press, 1979.

BRANDÃO, C.A.L. *Quid Tum?* – O combate da arte em Leon Battista Alberti. Belo Horizonte: UFMG, 2000.

BRANDÃO, C.A.L. et al. (org.). *Na gênese das racionalidades modernas:* em torno de Leon Battista Alberti. Belo Horizonte: UFMG, 2013.

BRANLY, S. *Leonardo da Vinci:* 1452-1519. Rio de Janeiro: Imago, 1989.

BURCKHARDT, J. *A civilização do Renascimento na Itália.* São Paulo: Cia. das Letras, 1991.

_____. *A cultura do Renascimento na Itália.* Brasília: UnB, 1991.

BURKE, E. *Reflexões sobre a Revolução Francesa.* Brasília: UnB, 1969.

BURKE, P. *A fortuna d'O cortesão.* São Paulo: Eunesp, 1996.

_____. *El renacimiento italiano:* cultura y sociedad en Italia. Madri: Alianza, 1993.

CAMPANA, A *Leonardo.* Milão: Accademia, 1973.

CASSIRER, E. *Indivíduo e cosmos na filosofia do Renascimento.* São Paulo: Martins Fontes, 2001.

_____. *El problema del conocimiento.* México: FCE, 1986.

_____. *Filosofia do Iluminismo.* São Paulo: Edunicamp, 1984.

CASTIGLIONE, B. *O cortesão.* São Paulo: Martins Fontes, 1998.

CAVALCANTE, B. et al. *Modernas tradições*: percursos da cultura ocidental (séc. XV-XVII). Rio de Janeiro: Access, 2002.

_____. *A Revolução Francesa e a Modernidade.* São Paulo: Contexto, 1991.

CHABOD, F. *Escritos sobre el Renacimiento.* México: FCE, 1990.

CHASTEL, A. *A arte italiana.* São Paulo: Martins Fontes, 1991.

CHÂTELET, F. (org.). *A filosofia do novo mundo:* séculos XVI e XVII. Rio de Janeiro: Zahar, 1973 [História da Filosofia, vol. 3].

CHAUNU, P. *A civilização das luzes.* 2 vols. Lisboa: Estampa, 1985.

CHEVILLARD, V. *Itinéraire artistique de Paris.* Paris: Librairie Théatrale, 1910.

CHOAY, F. *A regra e o modelo.* São Paulo: Perspectiva, 1985.

CÍCERO, M.T. *Da república.* 5. ed. Rio de Janeiro: Ediouro, [s.d.].

CUSA, N. *A visão de Deus*. Lisboa: Fundação Calouste Goubenkian, 1978.

_____. *De la docte ignorance*. Paris: Felix Alcan, 1930.

DAMISCH, H. *L'Origine de la perspective*. Paris: Flamarion, 1993.

DARTON, R. *O lado oculto da revolução* – Mesmer e o final do Iluminismo na França. São Paulo: Cia. das Letras, 1996.

_____. *O Iluminismo como negócio* – História da publicação da Enciclopédia, 1775-1800. São Paulo: Cia. das Letras, 1996.

_____. *Boemia literária e revolução*. São Paulo: Cia. das Letras, 1987.

_____. *O grande massacre dos gatos e outros ensaios*. Rio de Janeiro: Graal, 1986.

DEBUS, A. *El hombre y la naturaleza en el renacimiento*. México: FCE, 1986.

DELUMEAU, J. *A civilização do Renascimento*. 2 vols. Lisboa: Estampa, 1984.

DIDEROT, D. *Da interpretação da natureza e outros ensaios*. São Paulo: Iluminuras, 1989.

_____. *Os pensadores*. São Paulo: Abril, 1982.

DILTHEY, W. *Hombre y mundo en los siglos XVI y XVII*. México: FCE, 1978.

DOBB, M. *A evolução do capitalismo*. Rio de Janeiro: Zahar, 1981.

DOYLE, W. *O Antigo Regime*. São Paulo: Ática, 1991.

DRESDEN, S. *O humanismo no Renascimento*. Porto: Inova, [s.d.].

DUBOIS, C.-G. *O imaginário da renascença*. Brasília: UnB, 1995.

DULMEN, R. *Los inicios de la Europa moderna:* 1550-1648. México: Siglo XXI, 1982.

ELIAS, N. *O processo civilizador:* uma história dos costumes. Rio de Janeiro: Zahar, 1993.

_____. *A sociedade de corte*. Lisboa: Estampa, 1987.

ELLIOTT, J.H. *O velho mundo e o novo:* 1492-1650. Lisboa: Querco, 1984.

_____. *La europa dividida*: 1559-1598. Madri: Siglo XXI, 1973.

EUGEN. *Idade Média e Renascimento*. Lisboa: Estampa, 1988.

FALCON, F.C. *O Iluminismo*. São Paulo: Ática, 1986.

FALCON, F.C. & RODRIGUES, A.E.M. *A formação do mundo moderno*. Rio de Janeiro: Campus/Elsevier, 2006.

FEBVRE, L. *El problema de la incredulidad en el siglo XVI:* la religion de Rabelais. México: Uteha, 1963.

FERGUSON, W.K. *La Renaissance dans la pensée historique*. Paris: Payot, 1950.

FERRATER-MORA, J. *Dicionário de Filosofia*. Lisboa: Dom Quixote, 1978.

FICINO, M. Comentario al symposio Banquete de Platon. In: *Humanismo y renacimiento*. Madri: Alianza, 1987.

_____. Carta a Paulo de Mindelberg. In: *Historia de la Filosofia*. México: Siglo XXI, 1980.

FONTENELLE. *Diálogos sobre a pluralidade dos mundos*. São Paulo: Eunicamp, 1993.

FOUCALT, M. *As palavras e as coisas* – Uma arqueologia das ciências humanas. 4. ed. São Paulo: Martins Fontes, 1987.

_____. *Microfísica do poder*. Rio de Janeiro: Graal, 1979.

FURET, F. *Pensar a revolução*. Lisboa: Ed. 70, 1980.

FURET, F. & OZUF, M. (orgs.). *Dicionário Crítico da Revolução Francesa*. Rio de Janeiro: Nova Fronteira, 1989.

GANDILLAC, M. *Gênese da modernidade*. São Paulo: Ed. 34, 1995.

GARCIA-PELAYO, M. *Del mito y de la razón en el pensamiento político*. Madri: Revista de Occidente, 1968.

_____. *Frederico II de Suábia e o nascimento do Estado moderno.* Belo Horizonte: RBEP, 1961.

GARIN, E. *Ciência e vida civil no Renascimento italiano.* São Paulo: Unesp, 1996.

_____. *O Renascimento* – História de uma revolução cultural. 2. ed. Porto: Telos, 1983.

GARIN, E. (org.). *O homem renascentista.* Lisboa: Presença, 1991.

GERARD, A. *A Revolução Francesa.* São Paulo: Perspectiva, 1980.

GERBI, A. *O novo mundo:* história de uma polêmica (1750-1900). São Paulo: Cia. das Letras, 1996.

GETTELL, R.G. *Historia de las ideas políticas.* Barcelona/Buenos Aires: Labor, 1930.

GIDDENS, A. *As consequências da Modernidade.* São Paulo: Eunesp, 1985.

GIDEON, S. *Espaço, tempo e arquitetura.* São Paulo: Martins Fontes, 2004.

GILBERT, F. *Machiavelli e il suo tempo.* Bolonha: Il Mulino, 1972.

GODECHOT, J. *As revolucões (1770-1799).* São Paulo: Pioneira, 1985.

GOMBRICH, E. *El legado de Apeles.* Madri: Alianza, 1985.

_____. *Imágenes simbólicas.* Madri: Alianza, 1983.

GOUBERT, P. *El antiguo régimen.* Vol. 1. Buenos Aires: Siglo XXI, 1971.

GREEN, V.H.H. *Renascimento e Reforma.* Lisboa: Dom Quixote, 1991.

GUENÉE, B. *Occidente durante los siglos XIV y XV:* los estados. Barcelona: Labor, 1973.

GUICCIARDINI, F. *História de Florencia:* 1378-1509. México: FCE, 1990.

GUMBRECHT, H. *A modernização dos sentidos.* São Paulo: Ed. 34, 1997.

GUSDORF, G. *As revoluções da França e da América:* a violência e a sabedoria. Rio de Janeiro: Record, 1993.

HALE, J.R. *Dicionário do Renascimento italiano.* Rio de Janeiro: Zahar, 1988.

HAMPSON, N. *A primeira revolução europeia:* 1776-1815. Lisboa: Verbo [s.d.].

HASKELL, F. *Mecenas e pintores* – Arte e sociedade na Itália barroca. São Paulo: Edusp, 1997.

HAZARD, P. *O pensamento europeu no século XVIII.* 2 vols. Lisboa: Presença, 1974.

HELLER, A. *O homem no Renascimento.* São Paulo: Martins Fontes, 1979.

HENDERSON, W.O. *A Revolução Industrial.* Lisboa: Verbo, s.d.

HESPANHA, A.M. *História das instituições:* épocas medieval e moderna. Coimbra: Almedina, 1982.

HILL, C. *A Revolução de 1640.* Lisboa: Presença, 1977.

HINTZE, O. *História de las formas políticas.* Madri: Revista de Occidente, 1968.

HOBSBAWM, E. *Da Revolução Industrial ao Imperialismo.* Rio de Janeiro: Forense, 1978.

_____. *As revoluções burguesas.* Rio de Janeiro: Paz e Terra, 1977.

_____. A crise geral da economia europeia no século XVII. In: SANTIAGO, T. *Capitalismo-transição.* Rio de Janeiro: Eldorado, 1975.

HOLANDA, S.B. *Visão do paraíso.* São Paulo: Cia. Ed. Nacional, 1970.

HOLMES, G. *Europa* – Jerarquia y revuelta: 1320-1450. México, 1978.

HUIZINGA, J. *El concepto de la historia.* México: FCE, 1980.

HUYSSEN, A. *Memórias do modernismo.* Rio de Janeiro: Ed. da UFRJ, 1997.

JAUSS, H.R. Tradição literária e consciência atual da Modernidade. In: OLINTO, H.K. *Histórias de literatura:* as novas teorias alemãs. São Paulo: Ática, 1996.

KAMEN, H. *El siglo de hierro:* cambio social en Europa, 1550-1660. Madri: Alianza, 1997.

KLIBANSKY, R.; PANOFSKY, E. & SAXL, F. *Saturno y la melancolia.* Madri: Alianza, 1991.

KOENIGSBERGER, H.G. & MOSSE, G.L. *Europa en el siglo XVI.* Madri: Aguilar, 1974.

KOSELLECK, R. *Futuro passado.* Rio de Janeiro: Contraponto/Ed. PUC-Rio, 2006.

KRISTELLER, P. *Tradição clássica e pensamento do Renascimento.* Lisboa: Ed. 70, 1995.

LAPEYRE, H. *Las monarquias europeas del siglo XVI.* Barcelona: Labor, 1969.

LARIVAILLE, P. *A Itália no tempo de Maquiavel.* São Paulo: Cia. das Letras, 1988.

LASLETT, P. *O mundo que nós perdemos.* Lisboa: Cosmos, 1975.

LEFEBVRE, G. *O grande medo de 1789.* Rio de Janeiro: Campus, 1979.

_____. *O surgimento da Revolução Francesa.* São Paulo: Paz e Terra, 1978.

LONGHI, R. *Piero della Francesca.* São Paulo, Cosac & Naify, 2007.

LOWENTHAL, D. *The Past is a Foreign Country.* Cambridge: Cambridge University Press, 1988.

LOWY, M. & SAURE, R. *Romantismo e política.* São Paulo: Paz e Terra, 1993.

LUBLINSKAYA, A.D. *La crisis del siglo XVII y la sociedad del absolutismo.* Barcelona: Crítica, 1979.

MANDROU, R. *Magistrados e feiticeiros na França do século XVII.* São Paulo: Perspectiva, 1979.

MANETTI, A.T. *Novela do Grasso Entalhado* – Vida de Filippo Brunelleschi. Campinas: Ed. da Unicamp, 2013.

MANTOUX, P. *A Revolução Industrial*. São Paulo: Hucitec, 1985.

MAQUIAVEL, N. *História de Florença*. São Paulo: Musa, 1995.

_____. *O príncipe*. São Paulo: Abril, 1976.

MARAVALL, J.A. *A cultura do Barroco:* análise de uma estrutura histórica. São Paulo, Edusp, 1997.

_____. *Antiguos y modernos*. Barcelona: Crítica, 1983.

MARK, K. & ENGELS, F. *O manifesto comunista*. Rio de Janeiro: Paz e Terra, 1978.

MICHELET, J. *História da Revolução Francesa*. São Paulo: Cia. das Letras, 1989.

MOLDOLFO, R. *Figuras e ideias da filosofia da Renascença*. São Paulo: Mestre Jou, 1967.

MONTESQUIEU. *Os pensadores*. São Paulo: Abril, 1982.

MOORE JR., B. *As origens sociais da ditadura e da democracia*. Lisboa/São Paulo: Cosmos/Martins Fontes, 1983.

MORO; CAMPANELLA & BACON. *Utopias del renacimiento*. México: FCE, 1991.

MORTON, A.L. *A história do povo inglês*. Rio de Janeiro: Civilização Brasileira, 1976.

MORUS, T. *A utopia*. São Paulo: Martins Fontes, 1996.

MUN, T. *La riqueza de Inglaterra por el comercio exterior y discurso acerca del comercio de Inglaterra con las Indias Occidentales*. México: FCE, 1978.

MUNFORD, L. *A cidade na história*. São Paulo: Martins Fontes, 2004.

MURGER, H. *Scènes de la vie de bohème*. Paris: Garnier [s.d.].

NAVES, R. *El Greco*. São Paulo: Brasiliense, 1985.

NIETHAMMER, Friedrich Philipp Immanuel. In: FERRATER-MO-RA, J. *Dicionário de Filosofia*. Tomo II. São Paulo: Loyola, 2001.

NORBERG-SCHULZ, C. *Baroque architecture*. Milão: Electa, 1979.

OGG, D. *La Europa del Antiguo Regimen:* 1715-1789. México: Siglo XXI, 1974.

PALLADIO, A. *Os quatro livros da arquitetura*. São Paulo: Hucitec, 2009.

PANOFSKY, E. *La perspectiva como forma simbolica*. 6. ed. Barcelona: Tusquets, 1991.

_____. *Significado nas artes visuais*. São Paulo: Perspectiva, 1991.

_____. *Ideia*. Madri: Catedra, 1987.

_____. *Estudos de iconologia*. Lisboa: Estampa, 1986.

_____. *Renascimento e renascimentos na arte ocidental*. Lisboa: Presença, 1981.

PATUZZI, S. *Renovatio e reformatio na Europa do século XVI*. Rio de Janeiro: PUC-Rio, 1994 [Dissertação de mestrado].

PENNINGTON, D.H. *Europa en el siglo XVII*. Madri: Aguilar, 1973.

PÉREZ-GOMES, A & PELLETIER, L. *Architectural Representation and the Perspective Hinge*. Cambridge, MA./Londres: The MIT Press, 1997.

POGGI, G. *A evolução do Estado*. Rio de Janeiro: Zahar, 1974.

POLANYI, K. *A grande transformação*. Rio de Janeiro: Campus, 1980.

RAFAEL. *Cartas sobre arquitetura*. Campinas/São Paulo: Unicamp/Unifesp, 2010.

RAYNAL, G.T.F. *A revolução na América*. Rio de Janeiro: Arquivo Nacional, 1993.

RENAUDET, A. *Maquiavelo*. Madri: Tecnos, 1965.

RIOUX, J.P. *A Revolução Industrial*. Lisboa: D. Quixote, 1973.

RODRIGUES, A.E.M. & FALCON, F.J.C. *Tempos modernos*. Rio de Janeiro: Civilização Brasileira, 2000.

ROMERO, J.L. *Crisis y orden en el mundo burgués*. México: Siglo XXI, 1980.

_____. *Maquiavelo historiador*. Buenos Aires: Signos, 1970.

ROSENAU, H. & HUDNUT, J. *A cidade ideal* – Evolução arquitectónica da Europa. Lisboa: Presença, 1988.

_____. *Utopia y realidad en la ciudad del renacimiento*. Buenos Aires: Ed. 3, 1962.

ROTELLI, E. & SCHIERA, P. (orgs.). *Lo Stato moderno:* dal medievo all'etá moderna. Bolonha: Il Mulino, 1971.

ROTERDÃ, E. *O elogio da loucura*. São Paulo: Martins Fontes, 1997.

_____. *A civilidade pueril*. Lisboa: Estampa, 1977.

RUDÉ, G. *Ideologia e protesto popular*. Rio de Janeiro: Zahar, 1982.

SENNETT, R. *O declínio do homem público*. São Paulo: Cia. das Letras, 1988.

SHEARMAN, J. *O maneirismo*. São Paulo: Cultrix, 1978.

SIEYÉS, E.J. *A constituinte burguesa*: Qu'est-ce que le tiers état? Rio de Janeiro: Liber Juris, 1988.

SIMMEL, G. *Michel-Angel et Rodin*. Paris: Rivages, 1996.

SKINNER, Q. *Hobbes e a liberdade republicana*. São Paulo: Unesp, 2010.

_____. *As fundações do pensamento político moderno*. São Paulo: Cia. das Letras, 1996.

SOBOUL, A. *A Revolução Francesa*. Rio de Janeiro: Zahar, 1965.

SOMBART, W. *Amor, luxo e capitalismo*. Lisboa: Bertrand, 1990.

STAROBINSKI, J. *A invenção da liberdade*. São Paulo: Eunesp, 1995.

_____. *1789:* os emblemas da razão. São Paulo: Cia. das Letras, 1988.

STONE, L. *La crisis de la aristrocracia:* 1558-1641. Madri: Alianza, 1985.

STOYE, J. *El despliegue de Europa:* 1648-1688. México: Siglo XXI, 1974.

SWEEZY, P. et al. *Do feudalismo ao capitalismo.* Lisboa: Dom Quixote, 1971.

TAWNEY, R.H. *A religião e o surgimento do capitalismo.* São Paulo: Perspectiva, 1971.

TENENTI, A. *Florença na época dos Medici.* São Paulo: Perspectiva, 1973.

THOMPSON, E.P. *Tradicion, revuelta y consciencia de classe* – Estudios sobre la crisis de la sociedad preindustrial. Barcelona: Crítica, 1979.

TOLNAY, C. et al. *The Complet Work of Michelângelo.* Nova York: Reynal And Company, [s.d.].

TOURAINE, A. *Crítica da Modernidade.* Rio de Janeiro: Civilização Brasileira, 1996.

TREVOR, R.H.R. *Religião, reforma e transformação social.* Lisboa: Presença, 1972.

TREVOR-ROPER, H.R. A crise geral do século XVII. In: SANTIAGO, T. *Capitalismo-transição.* Rio de Janeiro: Eldorado, 1975.

TRILLING, L. *Sinceridade e autenticidade* – A vida em sociedade e a afirmação do eu. São Paulo: É Realizações, 2014.

TRUYOL, A. *Dante y Campanella:* dos visiones de una sociedad mundial. Madri: Tecnos, 1968.

VACHET, A. *La ideologia liberal.* 2 vols. Madri: Fundamentos, 1972.

VASARI, G. *Vidas dos artistas.* São Paulo: WMF Martins Fontes, 2011.

_____. *Vidas de los más excelentes pintores, escultores y arquitectos.* Barcelona: Éxito, 1956.

VÉDRINE, H. *As filosofias do Renascimento.* Lisboa: Europa-América, 1974.

VENTURI, L. *Para compreender a pintura:* de Giotto a Chagal. Lisboa: Estudios Cor, 1968.

VILLARI, P. *Maquiavelo:* su vida y su tiempo. México: Gandesa, 1953.

VIVES, J.V. *Coyuntura económica y reformismo burgués.* Barcelona: Ariel, 1968.

VOLTAIRE. *Memórias.* Rio de Janeiro: Imago, 1995.

_____. *Zadig.* Rio de Janeiro: Ediouro, 1975.

VOVELLE, M. *A mentalidade revolucionária* – Sociedade e mentalidades na Revolução Francesa. Lisboa: Salamandra, 1987.

_____. *Introduccion a la historia dela Revolución Francesa.* Barcelona: Critica, 1981.

WETHEY, H.E. *El Greco and His School.* Princeton: Princeton University Press, 1962.

WILSON, E. *Rumo à Estação Finlândia.* São Paulo: Cia. das Letras, 1986.

WOLFFLIN, H. *Renascença e Barroco* – Estudo sobre a essência do estilo barroco e a sua origem na Itália. São Paulo: Perspectiva, 1989.

YATES, F. *Ensayos.* 2 vols. México: FCE, 1989.

Índice

Sumário, 7

Lista de figuras e ilustrações do caderno iconográfico, 9

Parte I – Entre tradições e novidades – Reflexões sobre o estabelecimento do novo na cultura europeia, 13

Antonio Edmilson M. Rodrigues

Introdução, 15

1 História e cultura na Europa moderna, 23

O alvorecer da vida moderna entre os séculos XIV e XVI, 23

As dimensões clássicas do Renascimento, 28

Humanismo e Renascimento, 29

O "novo" homem, 39

O novo cenário, 45

O homem medieval e o homem moderno, 53

O conceito de natureza, 56

As experiências renascentistas e os homens ibéricos, 60

2 Os diferentes caminhos de emergência do capitalismo, 69

O mundo europeu da Modernidade: o longo movimento de transformações do Renascimento ao Iluminismo, 72

3 As reformas religiosas: protestantismo *versus* catolicismo na Europa renascentista, 81

A Reforma Protestante: luteranismo e calvinismo, 88

Lutero, 88

Calvino, 93

A Reforma Católica e a ética protestante, 97

4 A querela entre antigos e modernos: genealogia da Modernidade, 105

O primeiro caso: a polêmica entre antigos e modernos no Renascimento, 110

A querela no Barroco e no Iluminismo, 118

O século XVIII: a busca de uma especificidade moderna, 133

A invenção da Modernidade e a Paris de Charles-Pierre Baudelaire, 136

5 As manifestações locais e sua dinâmica, 143

O caso inglês, 143

A Revolução Industrial inglesa e o processo de desenvolvimento, 153

A via francesa: a modernização pela revolução, 155

As bases de formação do Estado francês, 155

A crise do Antigo Regime e a Revolução Francesa, 175

A Revolução Francesa e a França capitalista, 181

A revolução passiva: a modernização alemã, 188

A inserção do Japão na economia mundo: a emergência do capitalismo, 197

A passagem ao Japão moderno, 198

A experiência americana: a formação dos Estados Unidos da América, 202

A consolidação do capitalismo nos Estados Unidos da América, 211

Parte II – A arte no Renascimento e no Barroco, 217

João Masao Kamita

Introdução, 219

1 Arte como forma de conhecimento, 223

Giotto e a invenção do acontecimento, 228

A renovação cultural no *Quattrocento*: Brunelleschi, Masaccio e Donatello, 233

A teoria da perspectiva, 242

A perspectiva como construção geométrica, 247

2 Cultura artística e a cidade ideal renascentista, 257

Religiosidade e poesia: outros pontos de vista, 262

Botticelli, 266

3 O *Cinquecento*: vértice e ruptura da tradição renascentista, 277

A realidade como lugar da experiência: Leonardo da Vinci, 280

Michelângelo: o ideal transcendente da matéria, 294

A cor veneziana: Giorgione e Ticiano, 307

Rafael: a forma do "ótimo universal", 319

4 O maneirismo, 329

A forma maneirista, 331

5 O Barroco, 339

A cidade barroca, 341

O espaço barroco: o choque da exterioridade e interioridade, 351

Referências, 371

Série História Geral

- *História antiga: Grécia e Roma – A formação do Ocidente*
  Flávia Maria Schlee Eyler
- *Formação do mundo contemporâneo – O século estilhaçado*
  Maurício Parada
– *História medieval do Ocidente*
  Daniela Buono Calainho
– *História moderna – Os momentos fundadores da cultural ocidental*
  Antonio Edmilson M. Rodrigues e João Masao Kamita

CULTURAL

Administração
Antropologia
Biografias
Comunicação
Dinâmicas e Jogos
Ecologia e Meio Ambiente
Educação e Pedagogia
Filosofia
História
Letras e Literatura
Obras de referência
Política
Psicologia
Saúde e Nutrição
Serviço Social e Trabalho
Sociologia

CATEQUÉTICO PASTORAL

Catequese
  Geral
  Crisma
  Primeira Eucaristia

Pastoral
  Geral
  Sacramental
  Familiar
  Social
  Ensino Religioso Escolar

TEOLÓGICO ESPIRITUAL

Biografias
Devocionários
Espiritualidade e Mística
Espiritualidade Mariana
Franciscanismo
Autoconhecimento
Liturgia
Obras de referência
Sagrada Escritura e Livros Apócrifos

Teologia
  Bíblica
  Histórica
  Prática
  Sistemática

REVISTAS

Concilium
Estudos Bíblicos
Grande Sinal
REB (Revista Eclesiástica Brasileira)
SEDOC (Serviço de Documentação)

VOZES NOBILIS

Uma linha editorial especial, com importantes autores, alto valor agregado e qualidade superior.

VOZES DE BOLSO

Obras clássicas de Ciências Humanas em formato de bolso.

PRODUTOS SAZONAIS

Folhinha do Sagrado Coração de Jesus
Calendário de mesa do Sagrado Coração de Jesus
Agenda do Sagrado Coração de Jesus
Almanaque Santo Antônio
Agendinha
Diário Vozes
Meditações para o dia a dia
Encontro diário com Deus
Guia Litúrgico

CADASTRE-SE
www.vozes.com.br

EDITORA VOZES LTDA.
Rua Frei Luís, 100 – Centro – Cep 25689-900 – Petrópolis, RJ
Tel.: (24) 2233-9000 – Fax: (24) 2231-4676 – E-mail: vendas@vozes.com.br

UNIDADES NO BRASIL: Belo Horizonte, MG – Brasília, DF – Campinas, SP – Cuiabá, MT
Curitiba, PR – Fortaleza, CE – Goiânia, GO – Juiz de Fora, MG
Manaus, AM – Petrópolis, RJ – Porto Alegre, RS – Recife, PE – Rio de Janeiro, RJ
Salvador, BA – São Paulo, SP